会计
经典

工商管理经典译丛
会计与财务系列

财务会计理论 第8版

FINANCIAL ACCOUNTING THEORY （EIGHTH EDITION）

［加］ 威廉·斯科特（William R. Scott）

帕特里夏·奥布赖恩（Patricia C. O'Brien）　　著

陈汉文　韩洪灵 等　译

中国人民大学出版社
·北京·

一

在我国会计学术界，许多人认为，实证会计研究基本方法论的主要内容是逻辑实证主义。我们认为，从西方实证会计研究的既有理论成果考察，显然并非如此。罗切斯特学派主要代表人物瓦茨（Watts）和齐默尔曼（Zimmerman）指出："在经济学中，科学上所采用的理论概念传统上被称为实证理论，据以与限定性或规范性论据相区分。这个由弗里德曼加以普及的名词经常导致实证理论概念（科学上使用的概念）与另一概念即哲学上的逻辑实证主义相混淆。"[1]而在弗里德曼的经典文章《实证经济学的方法论》中，证伪主义思想显而易见。[2] 由此可见，实证会计研究基本方法论的主要内容不是逻辑实证主义，而是证伪主义。

人们之所以将逻辑实证主义视为实证会计研究基本方法论的主要内容，一个重要原因便是，不同于规范会计研究，实证会计研究恪守价值中立，这正好切合了逻辑实证主义哲学的主张。我们这里要指出的是，证伪主义哲学也主张理论对价值保持中立。"理论对价值的中立性的主张把科学研究中一切评价的方面都用蒸馏法提取出来，并且把它们凝聚在方法论——科学比赛的规则中，给科学理论留下来的便单纯是经验的内容，没有丝毫的评价成分了，逻辑实证主义和波普学派的方法论乃是理论同价值彻底分离的表现。"[3] 可见，实证会计研究恪守价值中立，并不足以说明其基本方法论的主要内容是逻辑实证主义，当然，也不足以说明是证伪主义。反之，若实证会计研究并未恪守价值中立，则毫无疑义地表明，其基本方法论的主要内容既非逻辑实证主义，也非证伪主义。有鉴于此，作为立论的一个虽非充分但属必要之论据，我们首先须对实证会计研究恪守价值中立这一事实有一个清晰的认识。实证会计研究者对"价值中立"这一主张的支持是显而易见的。著名的罗切斯特学派创始人詹森（Jenson）教授在其名作《有关会计研究现状和会计管制的评论》[4] 中，毫不掩饰地对以特定价值判断为指导的传统会计理论加以针砭。詹森指出，传统会计研究只关注规范性和限定性命题，致力于探求会计"应该是什么"，这对于解释和预测会计实务根本不会产生任何实质性影响，因而是不科学的。从这一批评中我们可以清楚地看出詹森力图摆脱或排斥价值判断的实证倾向。之后，瓦茨、齐默尔曼等诸多实证会计研究者又对此做出积极呼应，重申了詹森的上述思想观念。他们认为：价值判断是一个涉及是非、好坏及善恶等道德标准的问题，其中包含研究者个人的主观意愿和偏好，无法进行客观的经验检验。而且，从会计理论研究的现状来考察，规范会计理论所坚持的价值判断也是不尽如人意的，这些价值判断并非如研究者宣称的那样建立在公众利益的基础上，而是建立在政治家（政治市场的"经济人"）和既得利益集团私利的基础上。基于对传统会计理论的上述批判，实证会计研究者主张，理论对价值保持中立，目标与手段相分离。"理论只提供一种限定所必需的两个因素中的一个：特定行为对各种变量的影响。使用者提供另一个因素：目标以及反映变量对目标施加影响的函数。"[5] 在这一思想指导下，实证会计研究者所构建的会计理论是一套有关会计"是什么"的系统知识体系，无法指明会计"应该是什么"，充其量只能告诉人们，为了达到某一既定目标可以有几种途径。当然，实证会计研究者的上述见解不可避免地要招致规范会计研究者的反击，因为从现实的角度出发，会计研究过程不可能完全排斥价值判断。瓦茨和齐默尔曼也承认："研究人员在建立会计理论的过程中必然带有主观随意性。研究课题的选择与理论模型的建立都会受到会计研究人员自身的价值观的影响。"[6] 但这并不意味着实证会计研究者要接受批评，并放弃其价值中立的研究立场。瓦茨和齐默尔曼随即指出："然而，在对研究进行评价时，争议性问题的主观性将日趋减少。评价过程必定触及所建立模型的含义是否合乎逻辑，以及假设是否与证据相吻合的问题。"[7] 也就是说，实证会计研究者虽然承认在研究的初始阶段，课题的选择和理论模型的构建受研究者价值判断的影响，但他们认为这无损实证会计研究力图排斥价值判断的科学合理性。应该指出的是，这并非实证会计研究者的一家之见，而是整个实证经济学界的共识。要理解这一点并非难事。譬如，在实证会计研究的初始阶段，研究者之所以挑选会计程序的选择与变更作为研究课题，是因为研究者立足自身的价值判断，认为该课题颇具现实意义和理论意义，值得探讨。但初始阶段的此类价值判断并不会对整个实证会计研究过程构成实质性的影响，因为至关重要的是，真正的实证会计研究者实际上自始至终都无意对这种会计现象做出是非判断，以支持或否定之，他们只是致力于探求这种现象的内在动机，从而为解释和预测此类会计现象提供一种理论框架。也正是在此意义上，实证会计研究者宣称他们的理论恪守价值中立。

在研究方法论上，逻辑实证主义者作为现代归纳主义者，主张采用归纳法进行理论研究；而证伪主义者则主张采用试错法，并据此提出了科学知识增长的"问题—猜测—批判—问题"四段图式。从实证会计研究过程来考察，不难发现它们与试错法之间存有某种内在联系。实证会计研究也始于问题的提出。在现实世界中，每一种亟待解释的会计现象都构成一个值得探讨的研究课题，它激发会计研究者认真思考，以致力于为之提供一种合理解释。譬如，20 世纪 70 年代中期，会计研究者观察到一种鲜见的现象，即某个行业会突然在同一时期内实施同一种会计程序变更。这种现象在传统会计理论中无法找到满意的解释，会计研究者便转而求助于新兴的实证会计研究，为之寻求一种合理的解释。实证会计理论中著名的分红计划假设、负债权益比率假设和规模假设便是在这一时期应运而生。也正是在此意义上，瓦茨和齐默尔曼指出："理论的发展始于研究者对解释某些现象的思考。"[8] 在实证会计研究过程中，这种思考富有创造性，实证会计研究者往往突破传统思维定式，广泛借鉴经济学、管理学、社会学和心理学等众多学科的相关知识来构建会计理论，由此得出的理论实际上就是一种大胆的科学猜测。这种"理论由两个部分组成：假定，包括变量定义和变量之间的逻辑联系；一系列本质性的假设。假定，定义和逻辑联系是用来组织、分析和理解所研究的实证性现象；而假设则是从分析中派生的预测"[9]。理论的上述构成也决定了它具有尝试性、暂时性和不确定性等特征，需经经验确证方能接受。经验检验最能体现实证会计研究特色，在这一过程中，实证会计研究者往往先将期望得出的会计理论作为备择假设，同时构造与之相反（相竞争）的会计理论作为原假设，而后着手收集整理相关统计资料，借鉴反证法思想，实施统计假设检验。如果检验结果表明经验事实并未证伪原假设以支持备择假设，则意味着期望得出的会计理论并未得以确证，不能被接受，实证会计研究者应进一步探究其不足之处，对其实施重建或修正，从而开展新一轮的实证研究。如果检验结果表明经验事实证伪了原假设并相应支持了备择假设，则意味着期望得出的会计理论业已得到确证，可被接受以用于解释和预测会计现象。当然，应该指出，这种确证是暂时的而非一劳永逸的，随着新问题的不断滋生，暂时得以确证的会计理论又会受到巨大的冲击而失去存在的合理性，并最终为更完善的实证会计理论所替代。换言之，"理论通常随着时间的发展而发展。通过分析现存理论的预测误差，该理论就可得到修正"[10]。显然，上述整个实证会计研究过程，呈现出与"问题—猜测—批判—问题"四段图式大致相同的轨迹。

如前所述，在实证会计研究过程中，经验检验具有十分重要的地位。在经验检验问题上，逻辑实证主义者坚持证实原则，证伪主义者则坚持证伪原则。在现有的实证会计文献中，尽管研究者没有明确宣称坚持证伪标准[11]，但稍加分析我们不难发现实证会计研究的证伪主义倾向。瓦茨和齐默尔曼在《实证会计理论》一书中便明确赞同下述观点："实证或科学理论中不存在绝对的事实。事实的解释取决于理论。此外，我们无法证明假设是正确的；我们只能证实假设不成立。因而，这种理论强调的是对理论进行批判，并试图证明它们是错误的，而不试图验证它们是正确的。"[12] 而且，从实证会计研究的发展历程来看，我们亦可发现：实证会计研究者正是立足于许多不容辩驳的经验事实，有理有据地证伪了传统规范会计理论的一些主观臆断成分，从而推动了实证会计理论的产生和发展。譬如，作为开实证会计研究之先河的会计学者，鲍尔（Ball）和布朗（Brown）开展了有关会计收益与股票价格相互关系之实证研究[13]，其研究成果表明：在收益公布之前，股票价格的变化与未来预期收益的变化方向和变化幅度呈显著相关性。这意味着：资本市场上显然存在其他信息来源，故投资者可以预先知晓收益公布所欲传递的某种信息。这无疑证伪了"财务报告是外界了解公司信息的唯一来源"的传统见解，并激发广大会计学者的实证研究热情。当然，仅仅指出这种证伪主义倾向是不够的，因为在证伪问题上，有素朴证伪主义和精致证伪主义之分，实证会计研究倾向于何者呢？基于实证会计研究的现状来分析，我们不难发现，实证会计研究在经验检验问题上更倾向于后者，"在这种方法论下，一个理论并不仅仅因为一些不一致性的观察资料而被抛弃"[14]。以规模假设这一实证会计理论为例，该假设认为，在其他条件均不变的情况下，企业的规模越大，其管理人员就越有可能选择那些能够降低现行收益的会计程序（以降低政治成本）。尽管这一假设得到一般经验事实的支持，但在经验检验过程中也碰到不少异例，比如，来自零售企业的经验证据[15]，有关企业规模与研究开发费及利息会计处理程序（是否资本化）之间实证关系的经验证据[16]，均不利于这一假设。事实上，就目前已得出的所有实证会计理论而言，在现实中都可找到异例。但这一事实并未影响实证会计研究者对这些理论的认可与接受，究其原因乃在于：尽管现有的实证会计理论并不完备，但它们或许是目前存在的解释和预测某一方面会计现象的唯一理论，因而，"只要误差和实施的成本小于毫无根据地猜想的成本，这种理论就应予以运用"[17]，或者同与之相竞争的备选会计理论相比，它们得到更多经验事实的支持，能够更具说服力地解释和预测某一会计现象（如依据分红计划假设、负债权益比率假设和规模假设来解释和预测会计程序选择与变更，显然比立足于节税目的来解释和预测这些现象更具说服力），因而，"正如浦泊所指出的：'我们所选择的是那种在其他备选理论竞争中获胜的理论；这种理论通过自然的淘汰能够证明其存在的合理性。'"[18] 基于上述分析，我们可以认为，在经验检验问题上，实证会计研究坚持了拉卡托斯（Lakatos）的精致证伪主义思想，因为这种证伪更为切实可行。不过，也正因为如此，这种证伪反而显得特色不够鲜明，甚至让人觉得有点"无关痛痒"。对于这一现象，美国哈佛商学院的克里斯滕森（Christenson）教授曾于1983年撰文予以批评。[19] 他认为，罗切斯特学派在经验检验问题上没有贯彻波普尔（Popper）的素朴证伪主义思想，因而是不科学的。其实，这种批评不太中肯，因为：（1）社会科学难以贯彻严格的素朴证伪主义思想。波普尔本人曾指出，社会历史现象不同于自然现象：一则，它没有重复性，不能在精确相似的条件下重复，人们无法对它进行实验；二则，社会历史现象是复杂的、人为的现象，有人的思想活动参与，纯属偶然现象。基于以上原因，社会历史现象虽具有一定的发展趋势，但却无严格意义上的规律可言。依此类推，社会科学也就根本不可能存在没有丝毫异例而得以确证的理论，而会计学作为社会科学的一门分支，自不例外。（2）即便是自然科学，事实上也不适用严格的素朴证伪主义哲学。著名科学哲学家库恩（Kuhn）、拉卡托斯和费耶阿本德（Feyerabend）都曾指出，波普尔的证伪原则不符合实际的科学史，科学理论有其特有的韧性，仅仅因为少数几个异例便被证伪并抛弃，在科学史上是极其罕见的。否则的话，许多新兴的科学理论（如哥白尼的日心说）早就夭折了。

概言之，尽管从实证会计研究的整个历程来看，实证会计研究基本贯彻了素朴证伪主义者的试错法思想，但在研究过程中的经验检验环节，实证会计研究更倾向于坚持精致证伪主义者的实证思想，从而使得实证会计研究并非以纯粹的素朴证伪主义思想或精致证伪主义思想为指导，而是同时得到了两者不同方面、不同程度的方法支持。

二

20世纪70年代之前，传统的规范会计研究在西方理论界居于绝对统治地位。之后，随着会计研究中实证性倾向的出现，这一格局被打破，实证会计研究异军突起，对规范会计研究提出了严峻的挑战。实证会计研究由于获得了正统经济学所提供的实证性思想观念的支持，并得到了广大中青年学者的极力推崇，已跃居主流地位。但这是否意味着，从整个发展趋势来看，传统的规范会计研究日渐式微，最终将为实证会计研究所替代呢？

从方法论来考察，两大会计研究均有其存在意义。目前，实证会计研究欣欣向荣，但其方法论本身在科学哲学领域面临巨大冲击，这种冲击主要来自历史主义哲学观。前已述及，实证会计研究的基本方法论的主要内容是证伪主义，归属于逻辑主义哲学观。该哲学观认为科学理论所包含的只是单纯的经验内容，并对评价标准保持中立（亦称"价值中立"）。但20世纪六七十年代兴起的历史主义哲学观则对此持有截然不同的见解，其主要代表人物之一库恩强调，理论系统或"范式"包括规范或评价的成分，理论系统不仅仅包括经验内容，在某种程度上也把正确科学实践的评价标准合并在内。[20] 正是在此意义上，我们可以说，事实与价值难以分离，即便是自然科学，也无法摆脱社会和心理因素的影响而建立在真正客观的事实和感性经验基础上（这一点得到西方很多科学哲学家的承认，只是就其影响程度尚有不同看法）。自然科学都是如此，遑论社会科学。社会科学在考虑和分析社会现象时，更要关注作为现象基础的社会因素和人类心理因素，从而必然受到存在于不同社会中的不同道德伦理观念以及个人主观价值判断的影响和制约。就此而言，应该说，规范理论的规范性才是现实的，实证理论的实证性反而是不完全的和近似的。当然，我们无意据此否认实证研究应有的地位，一则，逻辑主义哲学观和历史主义哲学观各有其适用性，后者并不能排斥前者的合理存在，况且科学哲学界目前也倡导方法论的多元化；二则，不管实证研究的实证性是不是完全的，其思路至少是可取的，也确实能在一定程度上提高理论的客观性。不仅如此，在德国著名经济学家欧肯看来，实证分析亦是得出规范经济理论的必由之路。欧肯认为，社会科学有两方面任务：一为不带偏见地研究现实；二为提出政策主张以实际地解决经济问题。经济学作为"经邦济世"之学，应以第二项任务为目的，这意味着，经济学在最终服务于政策制定时，不可避免地需有价值判断介入。与此同时，欧肯又指出，经济学家要完成第二项任务，需首先摆脱经济政策上的愿望，致力于完成第一项任务。[21] 换言之，只有建立在实证经济理论的基础上，规范性经济政策才更具有科学合理性。再看会计理论的研究，无论是在方法论还是理论准备上，哲学和经济学均是其基础，科学哲学所受的震荡、经济学领域的研究结论，最终必将体现到会计理论研究当中。我们据此推论，规范会计研究与实证会计研究均有其价值，不可厚此薄彼。

从会计研究的实际情况考察，两大会计研究之间的关系正发生微妙的变化，似有一种相互结合、相得益彰的趋势出现。经过多年来全面深入的理论论争，西方会计学术界对于两大研究的一些模糊认识基本得以廓清，看法也日趋客观全面。进入20世纪90年代以来，会计学者开始平心静气地评价两大会计研究。他们认为，就规范会计研究而言，它缺乏严格的事实检验，此为其弊；然其力图找出较佳的会计规则及较优会计程序和方法的思路是可取的，这有利于优化和发展会计实务，并满足全球经济一体化和国际资本流动对会计信息质量所提出的要求。尤其是近年来会计概念框架的建立，为分析评估和指导会计准则提供了一个规范性基础，有利于抵制既得利益集团的政治压力，这无疑使规范会计研究的实践性和有用性大为提高。就实证会计研究而言，它基于观察和实验而得的大量事实、数据，经过严格的经验验证，而且研究过程中数量模式的引进使其在定量化和精确化方面具有比较优势，这与当代经济科学发展的大方向趋同，颇有可取之处。此外，它对西方会计理论的发展也影响颇大，开辟了研究新思路，调整了会计研究方向，拓宽了会计研究领域，在资本市场研究和行为研究方面取得了一系列研究成果，令人耳目一新，大大丰富了会计理论的内容。

实证会计理论的弊端或短板亦十分明显，其认为"存在即合理"，这无疑会堵塞会计发展的道路，使会计实务重返自由放任状态。Ball 和 Brown（1968）开创实证会计研究以来，过去 50 多年西方财务会计理论研究呈现出日益严重的"实证研究帝国主义"（positive research imperialism）倾向。这一倾向尤其表现在：（1）过度实证研究。许多西方实证会计研究未能根植于稳定、均衡的制度背景，热衷于将一切研究问题实证化，以寻找变量之间的相关关系，而未将解决问题本身作为研究目标。在某种意义上，过度实证化的研究氛围抑制了规范会计研究的发展空间。（2）"大胆假设、小心求证"演化为"小题大做、无病呻吟"。许多西方实证会计研究并非从重大会计问题导向出发，而是从数据到数据，发现了一系列不重要、无关痛痒的相关关系。准则制定机构（如财务会计准则委员会等）曾批评道，越来越多实证会计研究未能给准则制定提供任何新的洞见，一系列不重要或相互冲突的"经验证据"无益于甚至干扰了准则制定机构的决策。（3）"科学、严谨"地研究伪命题。许多西方实证会计研究从文献到文献，其所发现的许多"新、奇、特"的相关关系难以或无法从理论或制度层面上加以解释，也不能对实践提供任何启发，亦难以据此提出新的理论，即用冗长的篇幅、庞大的数据研究了本不存在的伪命题。

基于以上分析，我们感到，从方法论的角度看，两大会计研究各有优缺点，偏废任何一种均非善策。理想的选择应该是：消解两者之间的对峙状态，承认彼此的存在价值，并促成两者实现一定程度的结合。那么，这种结合应以何种方式进行呢？它或可理解为使认知过程中各有侧重的两个阶段先后承继、相辅相成，从而促成事实性、描述性论述向规范性、伦理性见解过渡。在会计理论研究过程中，研究者首先应尽可能排除价值判断，侧重于通过实证性或近似实证性研究，力求客观地揭示会计现象及其外部联系；而后，在此基础上，以指导会计准则的制定为己任，侧重于树立合宜的价值判断标准，通过理性思维构建规范会计理论。这些规范会计理论在形成之后，又需在应用中不断接受经验检验，以获得新的突破和发展。在此过程中，规范方法与实证方法得以综合运用，既确保了会计理论构建的逻辑相关性和紧密性，又为会计理论的真理性和精确性提供了检验依据，从而实现优势互补。

在上述相互结合的理想模式中，两大会计研究相辅相成、相得益彰。令人欣慰的是，改革开放以来，中国财务会计理论界始终围绕具有时代特征的重大前沿会计问题，推进中国会计审计准则建设，取得了诸多历史性成就。自 20 世纪 90 年代以来，我国会计理论研究开始呈现出实证会计研究与规范会计研究相互融合、相得益彰的氛围与趋势。根植于中国特色社会主义市场经济制度，中国会计研究领域内新的问题不断涌现，要建设具有中国特色的会计模式，有赖于两大会计研究的融合发展。近年来，中国财务会计理论界日益形成宏微观整合研究（macro-micro integrated study）的模式，并聚焦于中国会计改革与发展过程中的重大现实问题，使会计研究能更好地服务于国家治理、市场监管、组织治理与管理创新。基于此，有望构建新时代中国特色社会主义的会计学科体系、学术体系和话语体系。

三

威廉·斯科特教授和帕特里夏·奥布赖恩教授这本《财务会计理论》力图以信息经济学的框架来解释财务会计在现实世界中所碰到的基本矛盾，即作为一种信息系统的财务会计不可能既协调股东与管理层之间的关系，又保证满足投资者的信息需求，其根源在于市场经济中广泛存在的"信息不对称"现象。正是由于这一矛盾的存在，现实中我们会遇到投资者怎样进行投资组合决策、管理层如何进行会计政策选择、公司或企业为何要进行盈余管理等问题。由此，我们就需要会计准则和财务会计准则委员会，甚至是国际会计准则理事会的存在。此外，这一矛盾也促使各利益集团围绕会计信息的供给展开"博弈"，使得会计准则的制定成为一种"政治程序"。在这一框架内，本书作者总结了西方会计理论界 20 世纪 60 年代以来的实证研究成果。书中所讨论的一系列学术文献为读者勾勒了西方实证会计研究的大致脉络。这些文献或是来自经典名篇，或是颇具时代特征，同时夹以明晰流畅的评述。打个比方，斯科特教授等做了一件将"珍珠"加工成美丽"项链"的重要工作，不仅回答了"将近 60 年的实证研究的意义何在"这样的问题，而且为有志于进行这方面学术研究的读者提供了一个接触实证会计理论研究方法的机会。通过这一砖一瓦的理论建设，呈现了会计理论研究及实证方法的独特魅力。对于以会计学为专业及准备投身财务会计研究的读者而言，这种"导游图"式的著作所提供的帮助是尽快取得成功的关键。对于那些希望从财务会计视角来充分领略经济学魅力的读者而言，该书在展现现代经济学中涌现的纷繁复杂的数理模型的同时，还提供了一个逻辑一致、现实鲜活的运用实例。著名的有效市场理论、有效契约理论都在财务会计的现实领域找到了最好的注脚。此外，该书通过正文和大量习题为我们展示了这串"项链"的背景色——北美的社会经济环境。透过取材于现实的跨国公司财务报告、著名公司案例、各种媒体报道，读者能以立体视角来把握全书的整体结构。这些以环境为基础的前提变量是饱含信息的，它们不仅提供了有关美国证券市场的运行情况，如上市公司如何通过确定高层管理人员的薪酬来建立经理人的定价市场等现实而生动的例子，还对金融、财务领域的专业人士起到了宝贵的借鉴作用，即不论在实务还是理论研究中，都能够从环境的视角来对中国和国外的情况做比较，从而得到意想不到的收获。

本书第一版于 1997 年问世，之后在全球范围内被广泛地用作会计学博士生、硕士生和本科生必修课程"财务会计理论"的教材。本书创造性地以信息经济学的基本框架构建现代财务会计理论，系 20 世纪 60 年代以来实证（positive）与规范（normative）会计研究的集大成者。本书的主要内容与特色如下：

（1）从理想环境下的现行价值会计（current value-based accounting）出发，沿着"信息不对称—信息使用者决策—会计反应"的核心逻辑构建会计信息的决策有用观（decision-useful-ness approach）与有效契约观（efficient contracting approach），进而探讨现实环境下会计准则制定的经济问题与政治问题。

（2）在全面融合财务会计概念框架（conceptual framework）的基础上，将半个多世纪以来的实证会计研究成果纳入统一的财务会计理论之中，从而将分散的实证会计研究（"珍珠"）串成首尾一贯、逻辑一致的财务会计理论体系（"项链"）。

（3）将有效市场理论、有效契约理论、理性决策理论、行为金融、资本资产定价模型等金融经济学理论与财务会计理论进行了完美的融合并实现逻辑自洽。因此，本书亦是会计经济学（accounting economics）的杰出代表。

本书既可以作为高等学校会计学、审计学等相关专业博士生、硕士生及本科生必修课程"财务会计理论"的教材；也可以作为会计学术研究者及投资者、基金经理、审计师、监管者、银行家、投资银行家等实务界人士提高会计理论素养的专业指导书。

为了翻译出版这部名著，厦门大学原副校长吴水澎教授、已故学界前辈常勋教授、香港科技大学陈建文教授、湖南大学龚光明教授、厦门国有资产投资有限公司原总会计师游相华博士、厦门大学会计系计算机室黄剑冰先生给予了大力的支持。本书之前出版的中文翻译版的译者有陈汉文、夏文贤、陈靖、庄江波、陈向民、黄宗兰、陈华晶、许业荣、顾慧慧、白云霞、邓淑芳、廖阳、肖谊、俞元鹄、魏群英、叶宏、黄蕾、杨绮、池铖庭、叶颖玫、王虎超、程智荣、鲁威朝、肖彪、黄轩昊、刘思义、杨道广等。

本书由来自南京审计大学、浙江大学的同仁共同翻译而成，由陈汉文（南京审计大学）、韩洪灵（浙江大学）担任主译和总校。具体分工如下：第1～5章（陈汉文、韩洪灵、陈帅弟）、第6～9章（陈汉文、韩洪灵、董恬媛）、第10～13章（陈汉文、韩洪灵、王梦婷）。除对应的英文原文内容更新外，与之前出版的中文翻译版相比，第8版翻译力求更加忠于原文，并大幅度提高准确性、可理解性与可读性。此外，第8版在每章章首增加了语音导读，方便读者快速了解该章内容。译文若有错误之处，恳请读者批评指正。

陈汉文　韩洪灵

📖 注释

[1] R. L. 瓦茨，J. L. 齐默尔曼. 实证会计理论. 北京：中国商业出版社，1990：9.

[2] 弗里德曼. 弗里德曼文萃. 北京：北京经济学院出版社，1991：191-235.

[3] 江天骥. 当代西方科学哲学. 北京：中国社会科学出版社，1984：60.

[4] M. C. Jensen, "Reflection on the State of Accounting Research and the Regulation of Accounting", Stanford Lecture in Accounting Palo Alto, C. A.：Stanford University Press，1976.

[5] 同[1]10.

[6] 同[1].

[7] 同[1].

[8] 同[1]11.

[9] 同[1]10.

[10] 同[1]17.

[11] 瓦茨和齐默尔曼并未提及"证伪"一词，每每论及方法论，便称系承自实证经济学，而当代西方实证经济学的基本方法论系证伪主义哲学。

[12] 同[1]17.

[13] R. Ball，P. Brown，"An Empirical Evaluation of Accounting Income Numbers"，Journal of Accounting Research，1968，6（2）：159 - 178.

[14] R. L. Watts，J. L. Zimmerman，"Positive Accounting Theory：A Ten Year Perspective"，The Accounting Review，1990，65（1）：131 - 156.

[15] R. L. Watts，J. L. Zimmerman，"Agency Problems，Auditing and the Theory of the Firm：Some Evidence"，The Journal of Law and Economics，1983，26（3）：613 - 633.

[16] R. M. Bowen，E. W. Noreen，J. M. Lacey，"Determinants of the Corporate Decision to Capitalize Interest"，Journal of Accounting and Economics，1981，3（2）：151 - 179；L. A. Daley，R. L. Vigeland，"The Effects of Debt Covenants and Political Costs on the Choice of Accounting Methods：The Case of Accounting for R&D Costs"，Journal of Accounting and Economics，1983，5：195 - 211.

[17] 同[1]14.

[18] 同[1]14.

[19] C. Christenson，"The Methodology of Positive Accounting"，The Accounting Review，1983，58（1）：1 - 22.

[20] 同[3].

[21] 樊纲. 经济文论. 北京：生活·读书·新知三联书店，1995：79.

　　本书源于为加拿大注册会计师协会（Certified General Accountants' Association of Canada）财务会计理论课程准备的一系列课程笔记。这些课程笔记源自这样一些想法：根据多年来对证券市场和基于信息经济学的相关研究，我们对财务会计与报告在社会中扮演的角色有了更深入的了解。同时，只有当我们正式认识到普遍存在于商业关系中的信息不对称时，财务会计理论才能彰显其意义。

　　写作本书面临的重大挑战在于，需要将大量的研究安排到一个统一的框架中。同时，对于这些研究的阐述方式也要加以斟酌，因为我希望专业学生不仅能够在财务会计环境中理解这些内容，也能够在他们的职业生涯中对所学知识加以利用。

　　本书一定程度上实现了上述目标。多年来，除了作为加拿大注册会计师协会专业研究计划的一部分外，本书也被广泛应用于滑铁卢大学、皇后大学以及其他多所大学的财务会计理论课程；不仅适用于高年级本科生，也适用于专业硕士。让我们备受鼓舞的是，从反馈来看，大量的学生能够领会本书的内容，但如果老师在课堂上过于刻板地照本宣科，他们可能会提出反对。因而，教师可以腾出更多的课堂时间，将内容拓展至学生感兴趣的领域，并（或）借助财经报刊及专业学术文献激发学生对某一话题的兴趣。

　　虽然本书以理论为主，但也没有忽视财务会计和准则制定的制度结构。本书的特色是涵盖较大范围的财务会计准则，并对相关准则进行评价。书中对许多重要的准则做了描述和评价，例如，公允价值会计、金融工具、管理层讨论与分析、员工股票期权、减值测试、套期会计、终止确认、合并会计以及综合收益等。本书同样介绍了准则制定机构的组织结构，评价了这一结构在协助提升会计准则普遍满意性的过程中发挥的作用。正文的讨论集中于与本书理论框架有关的准则，使学生能够了解准则的具体内容。

　　本书也被成功地用于博士生研讨会，讨论主要集中于本书的研究文献。学生通过本书的框架学习各领域具体的研究论文。实际上，本书在一定程度上遵循这样的思路：选择重要的研究论文进行介绍，对这些论文进行评论，并提供相关的其他研究文献。这些文献对于那些希望深入研究方法论的老师来说尤其有用。本书不准备对方法论问题进行详细讨论。

第 8 版所涵盖的会计准则仍然以国际会计准则理事会（International Accounting Standards Board，IASB）的准则为导向。以前的版本还涵盖了主要的美国会计准则。

本书保留了导致 2007—2008 年股市崩盘的事件的概要，因为这一事件对许多经济模型的有效性提出了严重质疑，并产生了持续、重大的会计影响。这一事件及其衍生影响贯穿全书。例如，股市崩盘对有效市场理论产生了严重冲击。我始终认为，投资者平均而言是理性的，证券市场虽然不是完全（半强式）有效的，但仍足够接近有效（除了泡沫期和随后的流动性定价期），有效市场理论对于财务报告而言仍然具有重要意义。本书对这些批评和论点给出了批判性的评价。

2018 年的 IASB 概念框架也是本书的重要组成部分。近年来概念框架不断发展完善，日益成为财务会计环境的一个重要方面。为此，本书审慎地评估了概念框架与书中所涉及理论之间的关系。此外，作为理性投资者理论的一个替代方案，投资者行为理论被广泛地讨论。但本书仍然认为理性投资者理论对于会计人员生产有用的财务报告信息是至关重要的。

同时，在市场导向的经济环境下，本书仍然主张激励经理人负责任的行为以及改进经理人市场的运作是财务报告在市场经济中两个同等重要的作用，这对于优化投资决策、提升证券市场效率至关重要。

我们进一步更新了参考文献及对近期研究的评论，并根据关于之前版本的反馈意见及教学实践修改、完善了书中的部分文字表述，同时为各章增加了习题。此外，根据读者的不同需求，本书为那些不希望深入研究某些主题的人提供了部分选学内容，读者可根据实际需求选择性地阅读。

本版主要变动

《财务会计理论（第 8 版）》主要变动如下：

● 通过对近期会计学术领域研究的回顾，增加了对重要研究的解释及讨论。这些研究代表了当前学术界对会计理论的观点，相关文献都发表在重要期刊上，回顾的期间截止到 2018 年年中。

● 修订了所有章节，以提高所阐述内容的可理解性，删除了一些多余的材料，并进一步将许多主题的讨论明晰化。

● 概念框架（第 3 章）的内容已更新至 2018 年 IASB 版本，并在全书中引用了 IASB 概念框架。我们还更新了对新会计准则的引用（第 7 章），其中一些在第 7 版时还处在征求意见稿阶段。

● 添加了许多真实的例子来说明理论，如"实务中的理论"专栏中的例子和一些相关的习题材料，其中涉及东芝公司（第 1 章）、Home Capital Group（第 3、4、6 章）、秃鹫基金（第 3 章）、美国证券交易委员会 EDGAR（第 4 章）、加拿大镍矿公司（第 7 章）、布罗德温能源公司

（第 7 章）、南方保健公司（第 10 章）、巴里克黄金公司（第 10 章）以及威朗制药国际公司（第
11 章）。

● 重写了关于管理层讨论与分析报告的语气可以预测未来收益的证据，参见专栏"实务中
的理论 3－2"，以突出人工智能的重要性。此外，添加了计算机化文本分析的相关示例，包括分
析师书面报告（第 5 章）、语气和情绪对概念框架的影响（第 6 章）以及盈余公告中的定性说明
（第 12 章）。

● 更新了习题的材料，改变了数值的相关解，增加了新习题。①

● 更新了关于管理层讨论与分析（第 3 章）以及 RBC 高管薪酬计划（第 10 章）的内容。

之前版本的使用者请注意，我们更新了一些术语，采用了我们认为更容易理解的措辞。最
重要的是，当涉及准则制定中强调现行价值（current value）方法时，我们将原来的"计量观"
（measurement approach）改为"估值观"（valuation approach）（第 7 章）。此外，我们之前使用术语
"净盈余"（clean surplus）来描述 Ohlson（1995）的理论模型和由此衍生的各种估值技术（第 6
章）。在这一版中，我们使用"剩余收益"（residual income）作为估值方法。我们也已将员工股票
期权中的"延时日期"（late timing）改为"时间追溯"（backdating）（第 8 章）。

本书包括以下栏目：

● "实务中的理论"专栏：提供了现实世界的案例来说明理论概念。有些问题在章末的习题
部分会进一步探讨。

● 例题：计算题附带了详细的解题过程，使理论更加具体，强化了学生的学习效果。

● 图：各章开篇均提供了一张示意图。第 1 章的示意图呈现了本书的整体设计，随后各章
的示意图呈现了该章的结构设计。

● 习题：这些习题可以加深或拓展学习者对章节内容的理解。

---

① 全书每章提供了形式多样的习题（全书共 233 题，合计 82 页），这些习题的训练非常有利于读者理解、消化与吸收各
章的理论知识。请扫描各章章末二维码获取习题资料。——译者

目 录

本章语音导读

第 **1** 章

绪 论

图 1-1 扼要地显示了本书的结构。

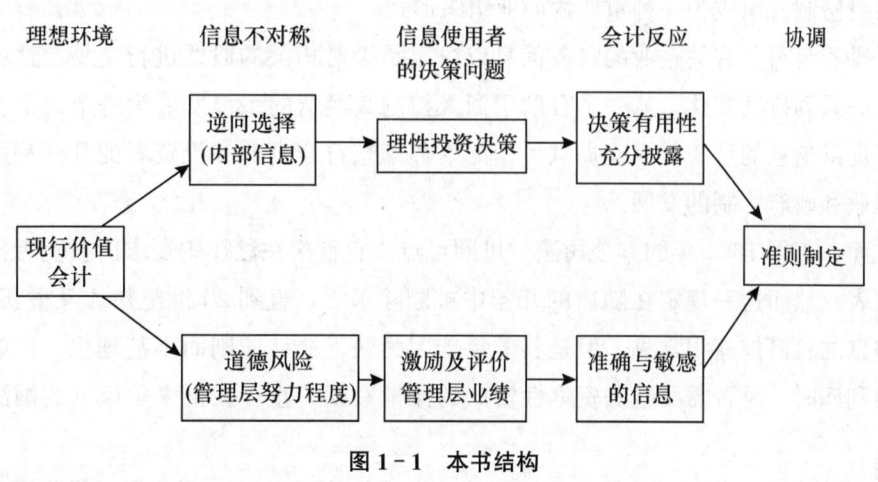

图 1-1 本书结构

1.1 本书的目的

本书探讨会计理论，而非关于如何记账。本书认为，已经接触过会计实务与方法的会计专业学生需要关注财务会计更广泛的影响，以促进经济公平有效地运行。本书的目的是在考虑外部使用者和企业管理层多方利益的情况下，让读者对当前的财务会计与报告的环境形成批判性的认识。

1.2 一些历史观点

会计有着悠久的历史。我们从复式记账法开始论述。1494 年意大利传教士/数学家卢卡·帕乔利（Luca Paciolo）第一次对复式簿记系统进行了完整的描述。[1] 帕乔利并没有发明这一系统——

复式簿记系统在此之前已经存在了很长一段时间。首先发展起来的部分包括应收账款的收回等。这类交易的"双方"容易观察到，因为现金和应收账款的存在都有其物理形式和（或）法律形式，并且现金增加的数额刚好等于应收账款减少的数额。其他交易类型的记录，例如销售或者费用的发生，则经历了更长的发展时间。就销售而言，现金或应收账款的增加以及库存商品的减少是显而易见的。然而，如何解释销售价格与销售成本之间的差异呢？这里不存在任何与销售利润对应的物理上或法律上的等价物。对于此种交易，复式簿记系统需要创造诸如收益和资本等抽象的概念来进行处理。在帕乔利之前，一个完整的复式簿记系统与今天的复式簿记系统已经非常相似。实际上，正是这一系统的抽象属性，比如，资本是利润的积累而利润则是资本变化的比率[2]，吸引了当时众多数学家的注意力。"威尼斯方法"，即帕乔利复式簿记系统，在随后的几年中被引入数学教科书。

1494 年之后，复式簿记系统传遍了整个欧洲。也正是在欧洲大陆，会计经历了一系列重要的发展。1602 年成立的荷兰东印度公司（Dutch East India Company），是首家面向股东发行股票的有限责任公司。该公司的股票可以转让，并可以在同年成立的阿姆斯特丹证券交易所（Amsterdam Stock Exchange）交易。自此，具有持续存在、有限责任、股份可在交易所自由转让等特征的股份制公司成为一种重要的商业组织形式。

显然，投资者需要有关企业的财务信息以决定是否对相关的股票进行交易。这就促使财务会计发生了一系列持续变化，从一个有助于商人控制其经营的系统发展为一个向不参与日常经营的投资者提供信息的系统。企业提供可信的财务信息符合企业和投资者的共同利益，这就促成了审计职业和政府管制的发展。

在这方面，英国 1844 年的《公司法》可圈可点。它首次在法律中要求向投资者提供经审计的资产负债表。然而这一规定在随后的几年中被删除了[3]，直到 20 世纪初才又重新纳入法律。在这期间信息的自愿披露很常见，但是其效果却因为缺乏会计原则而不甚理想。比如在计算可用于分红的利润时，是否需要减去资本性资产的摊销额就一直存在很大争议（英国法庭判决认为不需要）。

20 世纪，财务会计发展的中心转到经济快速发展的美国。1909 年美国开征公司所得税，这为收益的计量提供了主要的推动力，并且正如 Hatfield（1927，p. 140）所指出的，这对劝服企业管理人员接受将摊销作为利润的扣除项的观点产生了重大影响。

尽管如此，美国的财务会计仍然处于一种相对缺乏管制的状态，财务报告和审计在大多数情况下还是一种自愿行为。直到 1929 年的股市崩盘及其所导致的大萧条才使美国政府做出了一些重大变革。最值得关注的是根据 1934 年《证券交易法》创设了美国证券交易委员会（Securities and Exchange Commission，SEC），旨在通过以披露为基础的管制结构来保护投资者的利益。这一法案旨在规制证券市场上达到特定规模且其证券在多个州进行交易的公司的证券交易。作为该法案要求的一部分，SEC 有责任确保投资者获得足够的信息。

Merino 和 Neimark（MN，1982）对导致证券交易委员会产生的原因进行了研究。在研究过程中，他们对 20 世纪 20 年代及以前的证券市场实践进行了报告。正如 Benston（1973）所指出的那样，证券市场中存在普遍的自愿披露行为。然而 MN 认为，出现这样的披露行为是因为大公司想避免披露管制，即担心披露管制会削弱垄断力量。

强化披露管制将会使潜在的行业进入者了解高利润的行业，从而削弱垄断力量。假设自愿披露是充分的，那么政府就不会认为管制是必要的。因此，投资者受到"双层"市场结构的"保护"，这里的证券价格是由具有信息优势的内部人决定的，他们受制于自我"道德约束"以通过控制误导性报告来避免政府管制。然而遗憾的是，道德约束并不总是有效，MN 提到了许多有关财务报告操纵及滥用的事例，这被广泛认为是导致 1929 年股市崩盘的主要原因。

1934 年的证券立法可以被视作一种从避免披露管制的自愿性披露转向通过向投资者提供更高质量的信息以控制操纵财务行为的方式。[4]

20 世纪 20 年代遭到批评的一种会计做法是高估资本性资产的价值，这些资本性资产的价值在 1929 年毁于一旦。[5] 会计人员从大萧条中吸取的一个主要教训就是价值会迅速消逝。其结果是加强了基于已完成交易的历史成本会计的地位，这在 Paton 和 Littleton（1940）的著作《公司会计准则导论》（*An Introduction to Corporate Accounting Standards*）中得到了高度赞赏。该著作以持续经营概念为基础，文辞优美且有力地阐述了历史成本会计的案例。持续经营概念证明了历史成本会计的诸多重要属性，比如，收入的确认需要等到可获得"收入已实现"的客观证据为止、用应计项目将已实现的收入与为获得这些收入所消耗的成本相匹配、在资产负债表中将未实现的利得和损失递延至收入可以确认时。在这种会计观念下，利润表呈现的是公司持续盈利能力中的当期"分期付款"的情况。利润表取代了资产负债表成为第一财务报表。

有人甚至认为，由于 Paton 和 Littleton 的这一专著"过于"令人信服，它排除了对其他会计基础的探寻。然而，最近几年其他计量基础也开始普及，使得现在我们拥有一个**混合的计量体系**（mixed measurement system）。对于重要的资产及负债而言，例如对于资本性资产、存货、长期负债，历史成本仍然是首要的会计基础。[6] 然而，比如资本性资产的减值测试（也称"上限测试"）以及存货的成本与市价孰低法则又将现行价值引入了历史成本。根据国际会计准则理事会（IASB）的标准，资本性资产有时又可以按高于成本的金额加以计量。自 20 世纪 70 年代以来，准则制定者普遍采用现行价值替代历史成本。

除历史成本之外，主要有两种**现行价值**（current value）用来计量资产及负债：一种是**使用价值**（value in use），例如未来现金流量的折现价值；另一种是**公允价值**（fair value），也称**退出价格**（exit price）、**机会成本**（opportunity cost），即假设公司处置这些资产或负债时可获得或付出的金额。我们将在第 7 章中对这些计量基础加以讨论。当无须对其进行区分时，我们将历史成本以外的计量值统称为**现行价值**。

虽然会计师们从大萧条中学到的关于历史成本的教训可能正在被准则制定者所遗忘，但如何在披露管制的环境中生存这个教训应该被铭记。以美国为例，SEC 具有为其监管的公司制定会计准则和程序的权力。然而，SEC 通常会选择将准则制定权交由会计行业。如果 SEC 选择行使这一权力，将大大削弱会计行业的声誉和影响力，缺乏职业判断亦将使会计师对会计准则缺乏影响力。[7] 然而为了保住准则制定这一授权，会计行业必须使 SEC 确信，其能够创造并维持一个能保护投资者并有利于向投资者进行信息披露的财务报告环境，从而确保**资本市场良好运行**（well-working capital markets）。此处的"良好运行"，是指市场中资产与负债的市场价值等于或者合理地接近它们真实的基本面价值。我们将在第 4 章中对此展开详细的讨论。

由此，会计行业开始搜寻基本会计概念，这些基本会计概念成为或应该成为会计实务的基础。会计行业认为，这可以让监管机构相信私人准则制定机构可以制定出高质量会计准则。会计行业还认为，通过概念的界定可以改善会计实务，比如，可以减少不同公司间会计政策选择的不一致，以及可以促进会计人员基于基本会计原则推导新的会计方法，而不是以一种临时的、不一致的方式发展其相关的会计方法[8]。虽然会计人员为寻找这些基本会计概念付出了巨大的努力，但是他们从未就会计概念体系达成共识。[9]

由于未形成概念体系，直到 20 世纪 60 年代末，会计理论和研究仍主要是由一系列有关什么是"最佳"的会计概念和实务组成的。例如，是否应该考虑价格变化和通货膨胀对财务报表的影响？如果应该考虑，如何处理？这一争论至少可以追溯到 20 世纪 20 年代。一些人认为企业应该确认特定资产和负债的现行价值，未实现的持有利得和损失应该包含在净收益中。[10] 其他人则认为，应该确认通货膨胀所导致的货币购买力的变化。在通货膨胀期间，企业的货币性资产会遭受购买力损失，比如现金和应收账款，因为其实际所能获取的商品和服务的数量将会比其本应获取的数量少。相反，企业将能享受到负债所带来的购买力变动收益，例如应付账款和长期负债。单独报告这些利得和损失能够更真实地反映企业的经营业绩，然而这里仍然存在争议。还有一些会计人员认为应该同时考虑个别情况和通货膨胀所导致的价格变动。然而，其他人尤其是企业管理层，都反对这些建议。一种部分源于大萧条经验的观点认为，对通货膨胀的计量是有问题的，因为现行价值总是波动的，因此，考虑它们并不一定能够改善对企业经营业绩（以及管理层业绩）的计量。

尽管如此，许多国家的准则制定者确实要求披露某些价格变动产生的影响。例如在美国经历了一段时间的高通货膨胀后，财务会计准则委员会（Financial Accounting Standards Board, FASB）发布的《财务会计准则第 33 号》(1979)，要求对不动产、厂房、设备以及存货的特定或总体价格水平变动对收益的影响进行补充披露。随后，这一公告被撤销。然而，这一撤销更多是因为之后几年通货膨胀得以缓解使得该项要求实施的成本效益降低，而不是因为前述争论已得到解决。

诸如如何对价格变动进行会计反映等富有争议的一些基本问题，源于缺乏理论基础对会计政策选择进行指导，特别是如前所述，会计行业不能就这些基本会计概念达成一致。

然而，在这一期间，其他一些学科取得了许多重大的进步。尤其是，不确定环境中的理性决策理论发展成为统计学的一个分支。这一理论揭示了个体在获得新信息时如何修正其信念。在经济学和金融学中发展起来的有效市场理论，则对信息在资本市场中的作用具有重大的启示。

另一个发展是 1963 年阿罗提出的不可能定理，这一定理表明，不可能将社会成员不同的偏好合并成满足特定合理条件下的社会总体偏好。这就意味着不存在所谓的最优或正确的会计概念。例如，假设准则制定者正在讨论资产计价问题，历史成本、使用价值和公允价值都是可供选择的方法，此时该如何选择。不同的经理人和投资者会对这些选择有不同的偏好。不可能定理表明，在所有投资者和经理人中，没有一个"最优"概念能够成为社会最青睐的一种选择。[11] 实际上，会计概念需要通过协商及妥协来战略性地反复推敲，使得彼此虽不完全满意但仍愿意接受。[12] 由此，就不难理解会计行业就基本概念达成一致时所面临的困难。如果没有一系列完整的基础概念，源自基础概念的会计准则也面临同样的挑战。

这些于 20 世纪 60 年代后半叶开始出现在会计理论中的理论，促使财务报表信息**决策有用性**（decision-useful，取代了真实反映）概念产生。这一概念于 1966 年首次出现在美国会计学会（American Accounting Association，AAA）[13] 的专著《基本会计理论公告》(*A Statement of Basic Accounting Theory*) 中。2018 年 IASB 发布的《**财务报告概念框架**》(*Conceptual Framework of Financial Reporting*) 作为最新的基础会计概念公告，也是建立在决策有用性基础上的。该公告认为，财务报表的目标是向投资者和债权人提供信息以帮助投资者制定其投资决策。本书后文提及该文件时都称之为概念框架，如果上下文背景明确，则简称框架。本书 3.7 节将对其展开详细讨论。

同样重要的是基于理性决策理论的不完全信息经济学的发展。该理论认为，一些人相对于另一些人来说具有信息优势。这直接导致了代理理论的发展，使我们能够更加深入地理解公司管理层在财务报告和准则制定中的合法利益。

这些理论表明，我们可以通过检验何种会计选择会导致更优的投资决策来解决前述关于价格变动的会计问题。此外，不管最终做出何种选择，都必须考虑管理层和投资者所关注的问题。

在加拿大，尽管最终的结果类似于美国，财务会计与报告的发展过程却完全不同。在加拿大，财务报告的要求由联邦和各州的公司法规定，这一做法延续了前面提及的英国《公司法》的规定。监管财务报告的最终权力归有关的立法机构所有。然而，1946 年，加拿大特许会计师协会（Canadian Institute of Chartered Accountants，CICA）（现在称为加拿大特许专业会计师协会（Chartered Professional Accountants Canada，CPA Canada 或 CPAC））[14] 的会计和审计研究委员会，即现在的会计准则委员会（Accounting Standards Board，AcSB）开始发布财务会计问题公告。相关机构试图通过这些公告来引导加拿大会计人员采取最佳实务，但这些公告并没有法律约束力。1968 年，这些公告被正式编入加拿大特许会计师协会手册。[15] 一开始，遵守这些条款是自愿的，但是考虑到它们的权威性，很难忽略它们。一段时间之后，该手册就在加拿大获得了公认会计原则（Generally Accepted Accounting Principles，GAAP）的地位。最终，州证券委员会和公司法正式承认了它的权威性。例如，1975 年《加拿大商业公司法》（Canada Business Corporations Act）明确要求相关公司遵守手册的相关规定，以满足财务报告要求。最终的结果与美国和其他一些国家的情形类似，即具有最终权威的会计准则制定机构将制定权授权给私人专业机构。[16]

随后，一系列著名的事件对财务会计与报告产生了显著的影响。其中一个典型的事件是 20 世纪 90 年代末的股市繁荣以及 21 世纪初的股市崩盘。在股市崩盘中，很多公司，特别是高科技公司的股价陡然下跌。例如，通用电气的股价从 2000 年 8 月 55 美元的高点跌到 2002 年 10 月 21 美元的低点，同期电信公司北电网络的股价则从 82 美元的高点跌到 44 美分的低点。

导致股市崩盘的一个因素是披露了大量的财务报告违规行为。这通常涉及会计理论与实务中的一个老问题——收入确认。在 20 世纪 90 年代末股市繁荣时，很多公司，特别是那些没有或只有很少盈利记录的新成立的公司，试图通过报告快速增长的收入来打动投资者进而提升股价。结果，当股市繁荣终结时，很多收入的确认都为时尚早而不得不加以修正。在一份针对 1995—1999 年 492 家报告了以前年度收入重述的美国公司的研究中，Palmrose 和 Scholz（2004）指出，收入重述是在其样本中出现频率最高的重述类型。8 年后，Badertscher，Collins 和 Lys（2012）在他们选择的年报重述样本公司中发现了类似的结果。

这个问题产生的部分原因是会计原则的模糊性以及会计原则的应用需要判断。例如，在国际会计准则（International Accounting Standard，IAS）第 18 号下（即上述文献研究期间适用的收入准则）[17]，当与所有权相关的主要风险及报酬已转移给购买方、销售方失去了对商品的控制权、收入及相关成本可以可靠地计量[18]且收款也可以合理确定时，才可以确认已售出商品的收入。美国的收入确认标准与 IAS 第 18 号中的标准大体一致。2018 年，国际财务报告准则（International Financial Reporting Standard，IFRS）第 15 号取代了 IAS 18，其目的在于减少模糊性。该准则与 FASB 的会计准则汇编（Accounting Standards Codification，ASC）第 606 号相一致。[19] 这些准则的核心原则为企业和客户之间必须签订契约，当企业满足契约中包含的**履约义务**（performance obligations）时（例如向客户销售商品的契约履约义务在客户取得对商品的控制权时确认），应该确认收入。当然，这里要求相关的货款是很可能收到的。

涉及一项以上履约义务的销售契约经常滥用收入确认。这类契约的一个常见例子是产品销售加上在一定时期内维护该产品的义务。IAS 18 和 ASC 606 要求分别核算两项履约义务，在其独立价格的基础上分别分配契约价格（如果没有这样的价格，也可以估计），还必须能够合理地衡量履行每项义务的进度，以便在该期间确认的收入与在该期间进行的实际维护工作相一致。如果进度不能合理衡量，在维护期限届满前就不能确认收入。

实务中的理论 1-1 说明了新准则所面临的一些收入确认问题。时间将会证明它们能否降低误报收入的频率。

💡 实务中的理论 1-1

2002 年 7 月，大型互联网通信服务运营商 Qwest 国际通信集团（Qwest Communications International Inc.）宣告其正在接受 SEC 的调查，其股价立即下跌 32%。2003 年 2 月，SEC 宣布对几名 Qwest 高层管理人员的欺诈指控，SEC 宣称这些高层管理人员在 2000—2001 年虚增收入以实现收入及盈余计划。

这些高层管理人员采取的一种策略就是将设备及服务的长期销售分为两个部分。立即确认设备部分的全部收入，而不管服务部分的义务实际上是在较长一段时间内履行的。与此相关的一种策略则是对服务部分按成本计价，而将其所有的利润都计入设备部分。如前所述，计入设备部分可以立即确认收入，尽管仍有义务保护客户免受"售出"设备报废的风险。另一种策略就是提前确认光纤电缆的销售收入而不考虑客户日后可以更换电缆。追溯起来，至少可以说 Qwest 的收入确认为时尚早。

2004 年 6 月，SEC 宣布了对一些受指控人员的处理结果，其中一名人员缴纳了 20 万美元的非法所得和 15 万美元的罚款，并承诺"停止和终止"未来的任何违法行为。

在 20 世纪 90 年代经济繁荣之后，一些严重的财务报告舞弊问题也被暴露出来，其中有两个案例尤为引人注目。第一个案例是安然公司（Enron Corp.）。它是美国一家主要从事天然气分销的大型公司。伴随着 20 世纪 80 年代美国对天然气市场大幅放松管制，安然公司成功地扩大了经营规模，成为天然气生产商与客户的中间商，继而可以应对天然气价格的波动，例如安然公司向公用事业公司及天然气生产商提供长期固定价格合约。随后，安然公司将这种商业模式推广到其他贸易活动中，包括钢铁、电力及天气期货。其股价从 1998 年初的 20 美元跃升至 2000 年 9 月的 90 美元。为了满足快速扩张的融资需求并维持其股价，安然公司既需要大量的资本，也需要稳定增长的利润。由于进入新市场并不总是盈利的，这就使其有动机来掩盖亏损以满足上述要求。[20]

面对这些挑战，安然公司采取了一些不正当的手段。其中之一就是创建各种特殊目的实体（special purpose entities, SPE）。这些实体采用有限合伙的形式，都有其特定的目的，并被安然公司的高层有效控制。这些 SPE 的融资主要来源于安然公司自身的普通股股票，并转换为来自 SPE 的应收票据。随后，SPE 可以用安然公司的股票作为担保进行借款，并利用其借得的款项偿还对安然公司的应付票据。通过这种方式，安然公司的很多债务不会出现在其资产负债表上——而是反映在 SPE 的账簿里。

此外，安然公司对其向 SPE 提供的管理及其他服务收取费用，并确认来自 SPE 的投资收益。其中的投资收益尤其值得关注。通过将其持有的安然公司的股票按现行价值进行会计计量，SPE 在其利润中计入了这些股票价格上涨所带来的收益。作为 SPE 的一个股东，安然公司将其在 SPE 利润中拥有的份额计入其自身的盈余。实际上，安然公司是把自己股票价值的增加计入了报告的利润之中！财经媒体报道称，安然公司 2000 年公布的 9.79 亿美元营业利润中有 8 500 万美元来自该渠道，安然公司的首席会计师因参与安然公司欺诈案而被判 5 年半监禁。

当然，如果将 SPE 与安然公司的财务报表按原本应该采用的方式进行合并，这些把戏的影响就会消失。合并后，SPE 的债务可以在安然公司的合并资产负债表中反映，安然公司所收取的费用可以与 SPE 的相应费用抵销，安然公司对其 SPE 的投资可以从其股东权益中扣除。

但 SPE 并未纳入合并范围，这似乎得到了安然公司审计师的许可。然而，在 2001 年年末，安然公司宣布其会将 SPE 纳入合并范围，这明显是在回应来自 SEC 的质询。合并导致其报告的债务增加了大约 6.28 亿美元，股东权益减少了 11 亿美元，而前期报告的盈利也大幅下降。投资者很快丧失了对这家公司的全部信心。其股价几乎跌至 0，并于 2001 年 12 月申请了破产保护。

第二个案例涉及世通公司（WorldCom Inc.）——美国一家大型电信运营商。1999—2002 年，该公司虚增了大约 110 亿美元的利润，其中近 40 亿美元来自将本该费用化的网络维护及其他成本资本化——这一手段同时增加了报告利润及经营现金流量。另外还有虚增的 33 亿美元来自对坏账准备的削减。同样，当这些行为被曝光时，投资者失去了信心，世通公司在 2002 年申请了破产保护。

虽然公司的财务报告经审计并声明符合 GAAP 的要求，但上述公司以及其他许多公司的财务报告滥用行为仍旧发生了。这极大地动摇了公众对财务报告及资本市场运行的信心。

公众信心降低的结果之一就是管制的增强。最典型的例子就是 2002 年美国国会通过的《萨班斯-奥克斯利法案》(Sarbanes-Oxley Act，SOX)。这份覆盖范围甚广的法案旨在通过减少诸如前述骇人听闻的会计舞弊的可能性来恢复公众的信心。为此，这一法案通过强化审计职能改善公司治理。这里所说的公司治理是指使公司行为与投资者及社会利益保持一致的政策。例如，该法案的一个目标是通过赋予董事会审计委员会更大的权力以改善公司治理。审计委员会必须由独立于管理层的董事组成。审计师现在直接向审计委员会报告，若对公司会计和报告系统的管理层运营方面存有质疑时，应向审计委员会而非管理层报告。

为了进一步改善公司治理，《萨班斯-奥克斯利法案》中的一个重要条款就是建立美国公众公司会计监督委员会 (Public Company Accounting Oversight Board，PCAOB)。这一机构具有审计准则的制定权，可以巡查并惩戒美国上市公司的审计师。在加拿大，2003 年由联邦立法成立的加拿大公众责任委员会 (Canadian Public Accountability Board，CPAB) 也发挥着类似的作用。这一法案同时限制了审计公司向客户提供此前所允许的一些非审计服务，例如信息系统和估价服务。

《萨班斯-奥克斯利法案》的其他条款包括，要求公司的财务报告包含"所有重大的纠正调整"，并披露所有重大的表外负债及与未合并实体的其他关系。此外，首席执行官和首席财务官必须保证财务报告公允地反映了公司的经营成果及财务状况。该法案要求首席执行官的首席财务官及独立审计师核实公司财务报告内控系统运行是否正常、是否存在缺陷及其纠正措施，并要求将以上内容公开报告。（这些要求在 2007 年有所放宽，尤其是对规模较小的公司。）其他几个国家也有类似的规定，不过在欧盟、英国和加拿大，管理层对内部控制的声明无须由独立审计师鉴证。

会计准则制定者同样为挽回公众信心而采取相应行动。如本书后面将讨论的，其中一个举措就是加强与 SPE 有关的规定，使其更难避免与母公司的财务报表进行合并。

⚡ 实务中的理论 1-2

缺乏公司治理可能导致严重的后果，这奠定了公司治理的重要性。例如，总部设在东京的大型日本跨国公司东芝公司，其产品范围从工业电力、能源系统、信息技术到家用电器和计算机，公司股票分别在东京和名古屋证券交易所交易。

2015 年，日本证券交易监督委员会 (Securities and Exchange Surveillance Commission，SESC) 下达报告命令后，东芝公司成立了一个独立调查委员会。调查报告记录了 2008—2014 年公司广泛存在的会计欺诈行为。在此期间，东芝公司将其税前利润夸大了 1 518 亿日元（约 12.2 亿美元）。这导致公司时任和 2 位前任首席执行官和 6 名董事辞职，东芝公司的股价下跌了 32%。其他后果还包括来自投资者、银行和养老基金的多起诉讼。此外，在 2017 年，东芝公司同意向日本证券交易监督委员会支付 13.7 亿日元（约 6 000 万美元）的罚款。夸大陈述包括几个方面，其中一个主要方面是夸大了长期合同的利润[21]，还包括延迟确认营运费用、虚报存货、延迟减记资产减值、填塞分销渠道。[22]

　　东芝公司的调查委员会指出了导致这些欺诈行为的几个原因。其中一个原因是，2007—2008 年证券市场崩盘后引发的全球经济衰退（见 1.3 节），这使得东芝公司很难维持其过去的业绩表现。然而，最主要的原因可能是东芝公司的企业文化，它要求在组织中对上级完全服从；这种文化还包括一种"挑战"政策，在该政策下，销售和利润目标设定得高于可以实现的合理目标。低级别的经理知道提交低于目标的结果没有意义，因为高级别的经理会驳回他们。这为实现目标带来了巨大压力，包括在必要时采取会计舞弊手段。

　　调查委员会提出了几项改善公司治理的建议：改变高层管理人员的心态，包括采用长期管理的观点，放弃完全服从的期望，以及放弃"挑战"政策；改进内部控制；采用吹哨人制度；人员轮换；在公司董事会中引入更多的外部董事。

1.3　2007—2008 年股市崩盘

　　尽管出台了新的管制措施及准则，SPE 的使用却没有减少，特别是对金融机构而言，它们经常称 SPE 为**结构性投资工具**（structured investment vehicles，SIV）。SIV 往往由银行、抵押公司以及金融机构设立，以将其持有的抵押品、信用卡余额、汽车贷款以及其他金融资产**证券化**（securitize）。也就是说，这些机构可以将其持有的大量此类资产转移给其发起的 SIV。而 SIV 将这些资产组合成**资产支持证券**（asset-backed securities，ABS），而资产支持证券通常被分成不同信用质量等级[23]。例如，一级资产支持证券可能被承诺拥有现金流的优先收取权，因此风险非常低。二级资产支持证券在一定程度上风险更高，因此质量更低，依此类推。这些不同等级的 ABS 会被销售给投资者，所得收入将支付给这些资产的持有者。一般情况下，出售给投资者的证券在市场上被标榜为风险极低，以实现收益最大化。通常情况下，SIV 或其发起人会保留风险最高的部分，以使投资者相信公司将为其出售的投资兜底。当抵押人付款时，在抵减各项费用后，现金流向 SIV 以及证券的持有者。

　　ABS 在包括很多金融机构在内的投资者中广受欢迎，因为这些证券的回报率较之债券等更高，并被视为相对没有风险。然而事实证明，这种低风险的感知是错误的。在某种程度上，这种对 ABS 安全性的感知是基于这样的信念：房价——作为抵押品的最终保障，会继续上涨。这种感知的安全性也因信用风险的分散化得以加强，信用风险是指金融合同（如抵押贷款）的一方无法履行其金融义务的风险。其分散化是通过汇集许多抵押贷款或其他金融资产而实现的：虽然一些抵押贷款可能会变成坏账，但人们认为这将只是一小部分，损失将由保险公司或风险最高的部分承担，投资评级机构的高评级也助长了这种感知。另外，投资者还可以通过购买特定风险及其想要的收益来定制其投资。

　　ABS 经常会被进一步证券化为**担保债务凭证**（collateralized debt obligations，CDO），其主要由各种质量等级的 ABS 证券再次组合而成，这样就进一步增加了其多样性和杠杆作用。与 ABS 不同，CDO 多是非公开组合并销售的，而且往往由风险较高的抵押资产或其他资产组合而成。

为了增强可感知的安全性，SIV 经常增加各种信用增级（credit enhancement），这相当于购买了针对损失的保险。受资本充足率管制的金融机构发现，对 SIV 进行信用增级很有吸引力，因为信用增级对资本充足率几乎没有影响——在计算充足率指标时，这种表外负债的权重规定得很低。

除了给 SIV 增加杠杆外，进一步的 CDO 证券化还降低了发起人持有 SIV 风险较高部分带来的声誉利益，这使得在 SIV 中确定索赔的优先次序变得困难。

发行多等级债务证券意味着 SIV 的杠杆率通常很高。结合杠杆的风险增加特性，SIV 通常需要通过发行短期资产支持商业票据（asset-backed commercial paper，ABCP）来取得借款。投资者通常认为商业票据比向同一实体发放的长期贷款风险更低，因为它们能更快获得回报；因此他们对持有证券所要求的回报率更低。然而，对于发行中的 SIV 来说，这意味着借与贷并不同步。例如，如果 SIV 用资产支持商业票据将住房抵押贷款证券化，它将在 30 年内逐步从抵押人那里获得现金流，但必须在一年内满足资产支持商业票据的要求。虽然房价不断上涨以及 ABS 本身具有多样性，但仍然可能发生信用损失，这就使得 SIV 在 ABCP 到期时面临再融资风险。

要注意的是，如果将 SIV 合并到发起人的财务报表中，SIV 的高杠杆就会反映在发起人的资产负债表中。发起人的权益投资者将要求更高的回报，以补偿杠杆风险。对于金融机构而言尤其如此，因其大多受到资本充足率的管制。这样，SIV 的发起人就有动机避免将 SIV 纳入其合并报表。[24]

安然事件后，准则制定者已经着手收紧表外工具的合并规则。在美国，FASB 第 46 号解释公告（FIN 46，2003）对特定形式 SIV（即**可变利益实体**（variable interest entities，VIE））的合并要求有所增加，并要求在 VIE 中持有重要份额的公司进行额外的补充披露。[25] 可变利益是指承担了 VIE 预期损失与收益的所有者权益——换言之，它们承受了相应的风险。如上所述，VIE 资本化程度较低，因此较低级别的债务往往会承担重大的损失风险。

FIN 46 将合并标准从控制（control，先前的定义）更改为受益所有权（beneficial ownership）。VIE 的主要受益人（primary beneficiary）即承担 VIE 预期亏损并获取其主要预期收益的主体，必须将 VIE 纳入合并报表。人们认为，通过强制发起人在受 VIE 的风险及收益影响较大时对其加以合并，可以改善金融机构的财务报告，特别是在其整体偿付能力和资本充足率方面。

尽管如此，发起人仍可以通过设立诸如**预期损失票据**（expected loss notes，ELN）等新的证券来避免合并。发起人向外部第三方出售此类票据，由其承担 VIE 的主要预期损失并获取主要的预期收益。这样，ELN 的持有人成为 FIN 46 中的"主要受益人"。既然无须合并，发起人就可以继续利用表外 VIE 的杠杆作用。此外，发起人也可以因向 VIE 提供的各种服务而收取费用。

2007 年年初，整个体系架构崩塌。日益明显的是，由于宽松的贷款做法刺激了对越来越多的资产支持证券的需求，以攫取杠杆利润，许多资产支持证券的抵押贷款不太可能得到偿还。似乎当抵押贷款方知道其抵押物会被证券化并出售时，其对借方的信用质量评估就没有打算保留抵押物时那么谨慎。此外，复杂的重新包装使信用风险得以分散，但也造成了 ABS 缺乏透明度，特定部分的投资者并不知道这些工具包含什么内容，也不知道还有谁对同一标的资产池拥有债权。随着对抵押违约及房价日益提升的关注，投资者却无法（或忽略）确定与特定 ABS 相关的违约率。基于运行良好的基础资产市场的市场变量构成的估值模型不适用 ABS。相反，估值是建立在预期收益率及历史违约率基础之上的，它未能将已经开始显现的高违约率纳入其中。

对证券价值怀疑越发增加的理性反应就是降低出价，或者根本不买，这又导致了证券市场价值（market value）进一步下滑。持怀疑态度的投资者购买量下降所导致的需求持续下滑的风险，称为**流动性风险**（liquidity risk）。[26] 要注意的是，流动性风险会导致市场价值低于使用价值。为说明流动性风险的影响，财经媒体 2007 年 7 月报道了贝尔斯登（Bear Stearns）（当时美国的一家大型投资银行）的两只共同基金因持有大量 ABS 而面临严重损失。2007 年 8 月，法国巴黎银行（BNP Paribas）暂停认购及赎回其发起的多只投资基金，因为这些基金所持有 ABS 的市场价值难以确定。美国及欧洲的其他金融机构也面临类似的问题。实际上，这些证券所在的市场已经崩盘。

然而，导致市场崩盘的另一个主要原因就是交易对手方风险（counterparty risk）。前已提及，SIV 可以通过购买信用增级来规避其持有的 ABS 的风险，以**信用违约互换**（credit default swaps，CDS）为主要类型的信用增级合约，是不公开安排和交易的。由于缺乏有组织的交易所或清算所，缺乏规范、宣传和保护交易完整性的法规，因此很难知道具体的 ABS 有多少合约尚未结清，也不知道谁持有这些合约。

交易对手方风险因 CDS 的一个重要特征而显著增加——CDS 的购买者无须持有 CDS 赖以证券化的基础资产。任何人都可以购买所谓的"裸"CDS 以防止与特定 ABS 相关的损失。因此，裸 CDS 成为投机者押注房地产市场低迷的工具。CDS 市场规模庞大，这意味着，如果与其相关的 ABS 价值下跌，保险赔付额将会极其巨大。

随着美国许多城市的房价下跌和抵押贷款违约增加，据报道美国国际集团（AIG，美国一家 CDS 的主要发行商）未能履约的债务高达 850 亿美元。AIG 的偿付能力、信用评级及股价在其未能履约时迅速下降。2008 年，美国政府救助了 AIG，以防止金融体系彻底崩溃。总之，交易对手方风险是 ABS 市场崩盘的重要因素。

SIV 同时面临着几个问题。他们持有的 ABS 本身很难或不可能估值或出售，类似 AIG 这样的 CDS 发行商偿付损失的能力也令人怀疑。由于投资者变得谨慎，ABCP 市场疲软，SIV 无法利用新发行的 ABCP 的收益将即将到期的 ABCP 展期。面对市场崩溃以及诸多交易对手方风险时，SIV 要么面临破产，要么需要其发起人回购减值的资产。例如，《金融时报》（2008 年 11 月 19 日）报道称，花旗集团将其最后一笔 174 亿美元的 SIV 资产纳入合并报表，在这一过程中大约减记了 11 亿美元。

然而这些回购行为产生了严重的后果。回购付款降低了发起人的偿付能力，并增加了由此而获得的"有毒"资产的减记。这些减记是在发起人对自己直接持有的 CDS 和 ABS 的减记之外的再减记。发起人的疲软导致这些资产的市场进一步恶化，需要进一步减记。很多发起人破产，以低价筹集权益资本或者由政府救助，这就导致金融体系大幅收缩。其结果是，证券市场崩盘波及实体经济，导致包括股价下跌在内的全球经济衰退。

这些灾难性事件的根本原因在于财富不平均和全球消费、贸易和外汇市场的失衡。经济学家及政客对此辩论多年。然而，ABS 市场最初的崩盘往往被归咎于不严格的抵押贷款实务、管制不足以及市场各方创造的复杂金融工具缺乏透明度。而对于会计人员来说，最重要的则是发起人在获取杠杆收益时未能控制过度杠杆化的风险。公司的管理人员被鼓励接受高风险，如上所述，因为会计准则允许发起人公司不在财务报表中对 SIV 加以合并，从而导致大额的表外杠杆。允许此种不加合并的会计人员及审计师虽然符合 FIN 46 的要求，但却早已偏离其宗旨。

市场崩盘的另一个后果就是对公允价值会计的严厉抨击，因为会计准则要求对许多金融工具进行公允估值。大部分抨击的声音来自金融机构，他们声称，金融工具公允价值下降时减记金融工具的账面价值，这造成了巨额的损失，严重威胁到资本充足率并摧毁了投资者的信心。实际上，公允价值会计被认为是顺周期（procyclical）的——它导致螺旋式下降而加剧经济衰退。减记行为又因在不活跃市场中公允价值需要通过其他途径来加以估计而进一步受到批评。例如，ABS 的公允价值可以通过 CDS 发行人收取的价差来估计。由于 ABS 价值下跌使得 CDS 的要价变得很高，由此导致公允价值估计反映了市场的**流动性定价**（liquidity pricing）。流动性定价是流动性风险的结果（参见注释 [26]），此时市场价值会低于其使用价值（即金融机构认为，如果他们将这些资产持有至到期最终能实现的价值）。

管理层对过度减记的担忧有一定的合理性。如前所述，ABS 缺乏透明度，投资者无法区分好坏，所有证券都变得可疑，所有证券都只能当作"坏"证券一样估值。在第 4 章中，我们将讨论这种由严重的信息不对称引起的市场失灵。在金融危机之后，一些人认为，允许金融机构用其内部的估计方法来对这些资产进行估值，可以避免过度减记。当然，允许经理人用其内部的估计方法进行估值则可能会产生管理者偏差。

在面对公允价值的批评时，会计准则制定者试图坚持己见。然而，在面对政府可能取消公允价值会计的威胁时，准则制定者确实放松了某些要求。比如，2008 年 10 月，IASB 和 FASB 发布了类似关于市场无效（例如，崩盘）时如何确定公允价值的指南。这一指南意味着，在市场价值不存在或不能借鉴类似资产的价值时，公司可以按使用价值确定公允价值。

总体而言，上述事件提出了管制在市场经济中的作用这一基本问题。似乎相对不受管制的资本市场（如上述 CDS 市场）会遭受灾难性的市场失灵。这令很多经济学家及政界人士感到震惊，他们认为，市场总能合理地为资产定价，管制应仅限于维持市场秩序。另外，有人认为，除了带来昂贵的官僚主义，管制在决定价格时也不如市场有效，而且管制失败的后果较不受约束的过度市场行为会给社会造成更多的损失。以上理论都是基于理性投资者行为及资产定价的基本经济模型，由于它们未能预测到股市崩盘，因而招致了强烈的批评。其中一些批评和可能的应对措施将在第 12 章中讨论。

在过去，市场失灵通常会带来更多的管制。问题是，由于市场失灵应该如何以及在何种程度上加强管制？近年来，资本市场的全球化加剧了这一问题，这导致市场失灵的影响在全球迅速蔓延，而管制仍停留在国家或地方层面。

管制机构、经济学家以及政界人士对 2007—2008 年市场失灵的回应进行了持久的争论。一种回应是加强对全球银行业的管制，比如要求金融机构持有更多的资本储备。许多美国金融机构因引导投资者大量投资抵押贷款类证券而支付了巨额罚款。本书对制定新的或扩充的会计及披露准则更感兴趣，部分内容将在 7.5 节中加以概括。

管制机构的另一种回应是要求增加薪酬披露，并让股东更多地参与设定管理层薪酬。人们怀疑，包括大量股票期权在内的现有薪酬做法会鼓励经理人沉迷于过度的表外杠杆，从而导致危机。这些杠杆操作在提高发起人利润的同时也增加了风险。然而，不管是什么原因，市场并未充分认识这些风险，从而抬高了金融机构的股价并因此提高了经理人股票期权的价值。股权薪酬计划鼓励了短期风险行为，这一结果与其预期目的相反。薪酬计划的预期目的是通过鼓励经理人的远期决策行为而使其利益与股东利益一致。美国的《多德-弗兰克法案》（Dodd-Frank Act）等新法规增加了对公司如何决定经理人薪酬的披露和解释，这样投资者就能亲眼看到经理人可能会在多大程度上受到诱惑而重复那些会导致衰退的活动。我们将在 10.6 节中进一步讨论这个问题。

尽管如此，社会需要多少额外管制的问题仍未解决。管制是高成本且容易失败的。随着时间的推移，银行家和其他人对新法规带来的成本表示反对，这可能会导致管制逐渐放松。然而，我们希望从大萧条中吸取的教训不会被完全遗忘。

总之，上述事件中有四点内容与会计人员相关。首先，财务报告必须透明，这样投资者才可以恰当地估计资产和负债，即公司的价值。对复杂的金融资产和负债而言，透明度包括对估价模型的充分报告、所有义务或信用增级的充分披露以及对风险敞口及风险管理策略的解释。其次，由于公允价值会计是基于市场价值或对市场价值的估计，因此，如前所述，当市场因流动性定价而崩溃时，公允价值会计可能会低估使用价值。这会导致管理人员甚至是政府反对公允价值会计。这同时也产生了对流动性定价的原因以及财务报告如何帮助控制流动性定价等问题进行研究的需求。再次，表外活动即使不合并也应该充分披露，因为这会导致管理者过度的风险偏好。最后，会计准则和其他规定发生了重大变化，包括增加了对经理人薪酬的披露。

1.4 有效契约观

一些会计准则制定者似乎认为，公允价值会计是执行决策有用观最有效的方式（决策有用观自 20 世纪 60 年代开始兴起，在 1.2 节中进行了叙述）。例如，本书 1.3 节提到的众多金融工具都是通过公允价值计量的。然而，由于证券市场崩盘而出现的对公允价值会计的严厉批评，强化了针对财务报告的另一种观点，即财务报告的**有效契约观**（efficient contracting approach）。这一观点认为，公司达成的**契约**（contract）（例如，债务契约与管理层薪酬契约）是会计信息需求的主要来源。在有效契约观下，会计信息的作用在于为契约效率的最大化提供帮助，或者更广泛地说，为有效的公司治理提供帮助。

债务与薪酬契约将在本书后面的章节中进行讨论。在此，我们指出，这些契约的制定与实施通常依赖于会计变量，如净收益等。以债务与薪酬契约为目的的财务报告的作用是产生信任（trust）。在债权人决定是否愿意贷款给公司、股东（以董事会为代表）是否愿意委托管理层行使管理职责的过程中，信任是必需的。有效契约可以以最低的成本产生信任。例如，当债务契约条款中规定，营运资本低于某一特定水平时借款公司将不再分红，这将增强债权人对公司贷款安全性的信任。

基于公司净收益的管理层薪酬有利于使管理层与股东的利益趋于一致，从而增强投资者的信任。也就是说，净收益可以用作度量管理层业绩的指标。使管理层与股东的利益趋于一致，是财务报告的**受托责任观**（stewardship）这一最古老会计概念的职能。

有效契约观强调会计数字的可信性，特别是那些在契约中使用的会计数字。相比之下，估值观强调向投资者传递会计信息的及时性。这种侧重点上的差异导致了不同方法在会计政策上的一些重大差异。其中一个差异在于，相对于现行价值会计，有效契约观更加强调会计信息的**可靠性**（reliability）。会计信息的可靠性对债权人是有益的，因为它增强了债权人对公司的信任，相信公司的管理层不会采取损害债权人利益的行为（如隐瞒公司盈余的恶化）。会计信息的可靠性也有益于薪酬契约，它将增强股东的信任，使他们确信管理层不会通过操纵报告的净收益及调高资产负债表项目价值等机会主义行为来掩盖较差的业绩。

有效契约观与估值观之间的第二个重要差异在于财务报告中**稳健性**（conservatism）的作用。在稳健性下，因价值下降造成的未实现的损失应当及时予以确认，但因价值增加形成的利得应当在其实现之后才能确认。会计准则中包含了大量关于稳健性的实例，例如对存货采用成本与市价孰低法、对长期资产及许多金融工具进行减值测试等。

虽然大多数估值观与有效契约观的支持者都承认某些稳健性是合理的，但他们在稳健性的作用机理上存在分歧。估值观认为，当公司基于稳健性公布其重大未预期损失时，将降低公司被诉讼的概率。而有效契约观则认为，稳健性是改善契约效率的工具，可以为投资者（尤其是债券投资者）提供关于公司财务危机的"早期预警系统"。稳健性也可以通过阻止管理层确认未实现的利得夸大其业绩与薪酬，有助于其受托责任的履行。

在本书中，我们认为财务报告的估值与有效契约功能是同等重要的。正如前文所述，估值观的支持者（包括许多准则制定者）认同稳健性的作用，他们指出，当公允价值下降时公允价值会计是稳健的；当公允价值上升时，它也能给投资者提供有用信息。然而，有效契约观的支持者则更愿意接受公允价值下降时，未实现的公允价值损失的低可靠性，他们认为这将有利于提高契约效率和改善公司治理。但他们仍然认为不可靠的、未实现的公允价值利得与稳健性、契约有效性和公司治理是背道而驰的。如何更好地协调估值和有效契约这两个重要而又互相冲突的职能，可以说是财务会计理论的一个根本性问题。我们将在 1.10 节中对此进行讨论。

> ### ⚡ 实务中的理论 1-3
>
> 新世纪金融公司（New Century Financial Corp.）的案例说明了缺乏稳健性将导致的严重后果。成立于 1995 年的新世纪金融公司是美国第二大次级抵押贷款提供商。其借贷大部分基于自助授信计划，也反映了对房价继续上涨的信念。很多抵押贷款都被证券化并转给投资者。新世纪金融公司将这些转让行为记录为销售，因此无须在资产负债表中加以确认。这

样，毛利润就等于从投资者处获得的销售收入与这些转让的抵押贷款成本之差。当然，因为新世纪金融公司承诺回购转让一年内出现问题的抵押贷款，所以公司报告的利润应该考虑信贷损失。

另外，新世纪金融公司也可以自己保留部分抵押贷款（称为保留权益），并由此获得未来现金流量。公司的转让协议也包括后续服务条款，并从中收取费用。这些与保留权益及后续服务相关的资产以其预期未来现金流量折现值为基础按照现行价值进行计量。这样，保留权益的收入在公司决定保留时就被确认，而服务收入在抵押资产转移时被确认。这些政策需要大量的估计和管理判断，对保留权益而言尤其如此（因为此类资产并不存在二级市场）。这些政策也与在获得保留权益的现金流或服务义务已经发生时确认收入的那种更稳健的会计政策相矛盾。

然而，因错误或设计问题，新世纪金融公司严重低估了其所需回购的抵押资产的数量及其所导致的信用损失。在 2006 年前三季度授信的 400 亿美元抵押贷款中，它仅提供了 1 390 万美元用于回购。随着 2006 年第四季度次级抵押贷款违约数量的增加，新世纪金融公司应该重新评估其保留权益，并增加回购准备金。随着投资者担忧的增加，该公司很快无法为回购融资。2007 年 2 月，公司宣布重述 2006 年前三个季度的净收益，大幅降低其金额，并将推迟提交 2006 年年报。2007 年 3 月，公司宣布不再接受新的抵押贷款申请。公司股价下跌 90%，公司也从纽约证券交易所退市。2007 年，该公司申请了破产保护。

新世纪金融公司的审计机构（毕马威（KPMG））随后也陷入了诉讼。2009 年 4 月，财经媒体报道了一起金额达 10 亿美元的诉讼，该诉讼声称审计机构认可了公司对回购准备金的严重低估行为。毕马威否认其应当对此负责，宣称这些准备金在当时是适当的，并将新世纪金融公司经营失败的责任归咎于 2007—2008 年的股市崩盘。2009 年年末，SEC 对三位新世纪金融公司的前高管提起公众欺诈指控，要求赔偿和返还奖金。另外几起诉讼接踵而至。2010 年，财经媒体报道了这一系列集体诉讼的最终裁决结果，新世纪金融公司的前高管与董事被判决支付 6 500 万美元的赔偿金，而毕马威会计师事务所被判决支付 4 475 万美元的赔偿金。

1.5 关于道德行为

安然公司、世通公司的倒闭，以及随后公众对财务报告信任的丧失和股市崩盘引发了这样一个问题，即如何恢复并维持公众对财务报告的信任。一种措施是加强管制，包括制定新的会计准则，如 1.2 节和 1.3 节所讨论的。然而，尽管加强管制有助于增加信任，但这还不够。利益相关者可能会想出多种办法规避管制，或者如果他们觉得预期收益可以超过被发现后的预期成本，可能就会违反管制。例如，安然公司和世通公司的众多会计人员设计、参与了各种财务报告违规行为，或至少是知悉这些违规行为。同时，审计机构也对公司的财务报告是否符合

GAAP 进行了鉴证。然而，这些保障措施不足以防止灾难性的财务报告舞弊。

除了管制，还需要什么来建立和维持信任？首先要注意，一个社会的福利改进依赖于合作，而合作建立在共同的信念与价值观之上。这一观念可以追溯到 17 世纪的哲学家、《利维坦》(Le-viathan）一书的作者托马斯·霍布斯（Thomas Hobbes）。霍布斯认为，如果人们仅作为自私的个体行事，社会就会陷入无政府状态。他认为，规则、管制和法院并不足以保证合作行为，因为没有什么规则可以预期所有的人际互动行为。霍布斯相信，如果人们确认合作是为了共同的利益，他们就会同意合作。

霍布斯的主张可以通过诸如安然公司和世通公司的丑闻看出。我们有一套管制财务报告的规则（例如，GAAP）。然而 GAAP 并未被遵守，或仅遵守字面要求而非其宗旨。合作关系的破裂是因为某些人的行为违反了规则。此类行为至少在短期内对这些个体有利，但对社会不利。正如霍布斯的预言，加强管制不足以确保合作，也不足以防止这些财务报告舞弊重演。

建立合作所需要的互惠互利的关系，需要有长远的眼光。例如，假设一名会计人员被指示对公司的环境负债进行低估。在短期内，这种行为可以通过职位保留、升职以及更高薪酬的形式使会计人员受益。然而放眼长期，后代会因污染加剧受到伤害，股东也会在环境负债的低估被揭露时遭受损失，公众对财务报告信心降低导致股价下跌。如果这个所谓的"长期"不是很长，这位会计人员会被解雇、受到专业纪律处分或被开除，使得所有会计人员的地位降低，进而导致薪酬下降。考虑到这些长期的成本，会计人员就会采取合作行为，从而享受公众信任带来的好处，投资者则可以享受财务报告错报减少带来的好处。在霍布斯看来，薪酬和信任是由感知的自身利益驱动的。与此相一致的是，我们在本书中对投资者和管理者行为的讨论也是基于理性的自身利益，市场、管制和法院为他们获取自身利益提供了一个行动的环境。

然而，作为人类行为理论的基础，霍布斯的利己主义本身是一个相当不完整，甚至令人沮丧的概念。更宽泛的概念是，有些人关心别人，并且愿意帮助别人，即使这对他们来说需要付出代价。在上面的例子中，这位会计人员可以拒绝低估环境负债，即使感知的成本超过了长期收益，因为他希望其他人也能这样做。这是**道德行为**（ethical behaviour）的一个例子。所谓道德行为，是指个人"做正确的事"，尽管会对自己造成潜在的不利后果。在本书中，这意味着会计人员和审计人员的行为正直和独立，在发生利益冲突时能将公共利益置于雇主和客户的利益之上。否则，对经济运行具有重要作用的信任机制就会受到损害。

显而易见，即使我们的思维方式可能不同，但当我们考虑长期影响时，人性的自利观和道德观就可以融合成对高质量财务报告的类似影响。在本书中考虑会计问题时，我们经常会从充分披露、财务报表的有用性与高质量、合作行为及声誉的角度加以讨论。如上所述，这些都可以用自利观和道德观来证明。我们敦促会计人员在贯彻这些理想的财务报告特征时，首先保持道德观。

1.6 会计准则：规则导向还是原则导向

在 1.5 节中所讨论的关于长期主义的考虑直接导致了会计准则应该是规则导向（rulesbased）还是原则导向（principles-based）的问题。规则导向会计准则试图制定如何记账的详细规则。而原则导向会计准则只制定普遍性的会计原则，依靠审计师的专业判断来确保准则的应用不会产生误导。例如，在 1.3 节，我们介绍了 FIN 46。在安然公司滥用早期的准则之后，这一准则包括了可变利益实体的合并规则。然而，这一新的规则又被众多金融机构以创造预期损失票据的形式加以回避。原则导向的合并准则要求：如果未合并会导致重大误导，就需要加以合并。因此，如果会计师/审计师认为不合并会掩盖过高的财务杠杆，就会坚持合并，或至少做出补充披露。

很多时候人们都认为，IASB 准则比美国的准则更遵循原则导向。的确，IASB 章程要求 IASB 遵循原则导向的标准。自 21 世纪初以来，FASB 准则常常与 IASB 准则相似，甚至趋同。不同之处在于 FASB 准则附带大量详细的基础规则和指南。Ball（2009）将美国财务报告规则导向的实质归因于大量的管制以及惩罚，这导致了"规则检查"心态的产生。毫无疑问，惩罚是对欺诈的有力威慑。然而，1.2 节及 1.3 节所描述的事件则显示，惩罚并非总是有效的。此外，2007—2008 年股市崩盘的严重影响引发了这样一个问题：在司法的"车轮"证实其有效性之前，世界是否等得起。阻止误导性的报告才是首要的任务。

原则导向的准则被认为是实现这一目的的方法，因为详细的规则似乎并不起作用。当然，专业会计机构已经开始通过职业行为准则、守纪承诺及准则制定等程序鼓励原则导向行为。然而，Ball 指出，此类规则被人们广泛忽视。尽管如此，SEC 在一份文件中建议，FASB 应该采用原则导向制定会计准则。这一文件对 FASB《关于美国以原则导向方法制定会计准则的建议》（2002）广为赞同。此外，1.2 节中所介绍的 IASB/FASB 概念框架的目标为原则导向准则奠定基础。没有这一基础，就不清楚需要什么样的原则。

这样看起来，世界正朝着原则导向准则的方向前进。然而，即便存在一个较强的概念框架，这些准则也将面临来自管理人员甚至政府的压力，以使财务报告对其有利。为抵制这一压力，审计师及会计师就需要采取 1.5 节中所主张的长期主义责任观。

1.7 财务会计与报告信息的复杂性

现在可以清楚地看出，会计环境非常复杂且具有挑战性。究其原因在于会计的产品是信息（information）——一种非常强大且重要的商品。其复杂的主要原因是 1.2 节中讨论的缺乏完美或正确的会计概念及准则。这导致不同的个体对相同信息的反应也不一致。例如，对于一个精明的投资者来讲，其更倾向于以使用价值评估某些资产和负债，这有助于预测公司的未来业绩。而债券投资者则可能偏好稳健性会计，因为低估资产与盈余使得管理层更难通过向股东发放超额股利的方式降低债务的安全性，从而有利于保护债权人的利益。另一些人则可能钟爱历史成本会计，他们认为现行价值信息并不可靠，或仅仅因为其习惯了历史成本信息。此外，那些被要求必须报告现行价值的管理层则很可能持反对态度。管理层常常反对将资产及负债价值变动带来的未实现损益计入净收益，因为他们认为这些项目导致了盈利的过度波动，不能反映其业绩，所以在衡量经营效果时也不应将这些项目纳入。这一争论可能有些自利，因为管理层工作的一部分就是预测价值的变动，并采取措施防止这些变动对公司造成负面影响。例如，管理层要应对原材料价格的上涨以及利率的变动。尽管如此，管理层的反对意见仍然存在，会计人员立刻陷入这样的困境：净收益报告是要优先满足向权益投资者或债权人报告有用的信息，还是要报告激励负责任的管理层履行职责的信息。

会计信息之所以复杂的另一个原因是，它不仅会影响个人决策，还会影响市场的运行，如对证券市场和经理人市场的影响。这些市场的正常运行对经济系统的效率与公平很重要。

由于不同的利益相关者在财务报告中有着不同的利益，且它们之间的利益往往又是相互冲突的，因此，在以此为特征的复杂环境下，会计人员就面临着如何生存与发展的挑战。本书认为，如果会计人员能够清楚地认识到财务报告对投资者、管理层和整个经济的影响，就会大大提高自身的生存能力，改善发展前景。相反，如果会计人员仅仅是被动地接受既定的报告环境，这只能是一种短期策略，因为环境总是不断地发展变化的。

1.8 会计研究的作用

一本关于会计理论的书必定以大量的会计研究为基础。我们可以从两种相辅相成的角度来看待会计研究的意义。首先考虑它对会计实务的影响。例如，决策有用观作为概念框架的基础，其核心是为投资者和债权人提供信息以帮助他们做出最佳决策。我们只需将现在上市公司的年报与 20 世纪 60 年代或更早公布的年报相比，就会发现，自决策有用观正式成为会计理论中的一个重要概念以来，信息披露程度大幅提高。

然而，信息披露程度的提高并不是偶然发生的。正如 1.2 节中所述，它以投资决策理论和资本市场理论的研究为基础，这些理论指导会计人员确定什么样的信息是有用的。此外，这种理论经过了广泛的实证检验，并且从一般意义上证明投资者如理论预期的那样利用财务会计信息进行决策。

除会计研究对会计实务的影响以外，关于会计研究的作用的还有一种重要的观点，即它改进了我们对会计环境的理解，但这不应该被认为是理所当然的。例如，对冲突解决模型，特别是代理理论模型的基础研究，提高了我们对管理层在财务报告中的利益、管理层薪酬计划在激励和控制公司经营管理方面的作用，以及在薪酬计划中如何使用会计信息等方面的认识，从而可以更清楚地认识到管理层在会计政策选择中的利益，以及他们为什么会扭曲或操纵净收益的报告，或者至少有一些管理"净收益"的能力。这样的研究使我们能够更好地理解公司治理问题，如管理层在财务报告中法律职责的权限。这样的研究也帮助我们理解会计人员为什么常常会卷入投资者与管理层利益冲突之中。

在本书中，我们将运用上述两种视角。我们采用以下两种方式讲解会计研究成果：一方面，选择一些重要的研究文献，对其进行直观的描述，然后说明它们是如何符合财务会计理论和实务框架的；另一方面，简单提及讨论所涉及的文献，感兴趣的读者可以更深入地进行讨论。[27]

1.9 信息不对称的重要性

本书以信息经济学为基础，这是一种独特的范式，认为在商业交易中一些人可能比其他人具有信息优势，或者可能采取其他人无法观察到的行动。当这些情况存在时，一般就认为该经济体系中存在信息不对称（information asymmetry）。我们将讨论两类主要的信息不对称。

信息不对称的第一种类型是**逆向选择**（adverse selection）。这里，逆向选择的发生源于一些人（如公司管理者和其他内部人员）比外部投资者掌握更多的有关公司当前状况及未来前景的信息。他们可以通过各种途径，以牺牲外部投资者的利益为代价谋取他们的信息优势利益。例如，管理者通过扭曲或操纵提供给投资者的信息等机会主义行为，增加其持有的股票期权价值。他们可能会延迟或有选择地提前向某些投资者或分析师发布信息，使知情方（包括他们自己）能够以牺牲普通投资者的利益为代价获利。这种策略损害了普通投资者的利益，因为其降低了普通投资者做出正确决策的能力。进而，投资者会担心信息披露有偏误，他们在购买公司证券时就会格外谨慎，从而导致资本市场无法正常运作。我们可以把财务会计与报告视为通过将内部信息及时、可靠地转化为外部信息来控制逆向选择问题的一种手段。这里，"可靠"意味着财务报表使用者知道公司和管理者有动机如实披露信息。

逆向选择是信息不对称的一种类型，指在一项交易或一项潜在的交易中，其中的一方或多方相对于其他方来说具有信息优势。

信息不对称的第二种类型是**道德风险**（moral hazard），当契约一方可以采取不被另一方察觉的行动且另一方会受到该行动的影响时，道德风险就会产生。道德风险存在于诸多情境。医生可能对病人进行粗略的检查，公司董事会成员可以逃避为股东利益行事的责任。在本书中，道德风险的产生是因为在许多公司所有权与经营权的分离。事实上，股东和债权人不可能直接有效地观察高层管理人员的努力程度和工作效率。于是，管理人员就有可能偷懒，或将公司状况的恶化归咎于他们无法控制的因素，或者通过报告扭曲的收益来掩盖事实。显然，如果出现了这种情况，将对投资者和整个经济的有效运行产生严重的影响。净收益作为衡量管理人员业绩的指标，可以从两个相辅相成的方面帮助我们控制道德风险。首先，净收益可以作为高管薪酬契约的一个因素以激励管理人员。其次，经理人市场可以从净收益中获取信息，从而使那些工作不努力的管理人员在收入、声誉与个人市场价值上遭受损失。

道德风险是信息不对称的一种类型，指契约中的一方或多方在整个契约履行过程中能够观察到自己的行动，而契约其他方则不能。

值得注意的是，逆向选择与道德风险都源于信息不对称。在本书的情境中，二者的区别在于：逆向选择涉及影响公司未来业绩和由此影响证券回报的内部信息；道德风险涉及关于管理者的努力程度的信息——管理者知道自己工作的努力程度，但投资者并不清楚。

1.10 财务会计理论的基本问题

由于不存在完美或正确的会计概念，对投资者而言最有用的计量标准——净收益（即控制逆向选择）未必与用于衡量和激励管理者努力程度的最佳计量标准（即控制道德风险）一致。[28]有利于做出较好的投资决策以及促进资本市场运作的信息最符合投资者的利益。现行价值会计在合理可靠的情况下，可以充分实现这一目的，因为其提供了有关资产、负债价值的实时信息，并降低了内部人利用资产、负债价值波动的能力。

能够较好反映管理人员经营公司业绩的信息最符合管理层的合法权益，因为这促进了有效的激励契约以及经理人市场的良好运行。公允价值会计可以改善受托责任的报告质量，因为管理层最终将对包括现行价值损益在内的一切负责。如果管理层不能从以公允价值计量的净资产中获得可接受的回报，这些资产（或管理层）将被转让（或解雇）。

然而，现行价值会计也会妨碍受托责任的报告。由于现行价值是波动的，从而使报告的盈余波动性可能会超出公司面临的实际波动性。此外，由于现行价值需要被估计与建模，较之历史成本信息更可能存在偏误或被管理人员操纵。在这种情况下，如同 1.4 节所述，契约效率将随之下降。过高的波动性以及操纵行为都会降低盈余中关于管理人员受托责任的信息含量。这样，从管理人员的角度来看，波动较小、较稳健的收益计量方式，比如基于历史成本或至少是剔除某种未实现利得的计量方式，可以更好地满足激励和评价管理人员的要求。

由于财务报表中只有一个底行数字——净收益，因此财务会计理论的基本问题就是如何设计并实施概念与准则，以最好地融合会计信息两个相互竞争的作用：向投资者提供有用的信息和通过激励与评价管理层业绩以提高契约效率。本书后续内容中把财务报告的这两个作用的融合称为财务会计理论的**基本问题**（fundamental problem）。

某些政策需要在二者之间加以权衡取舍。如 1.4 节中所述，与有效契约理论下对管理层业绩评价的功能相比，财务报告对投资者的决策有用功能则更少地强调可靠性与稳健性。其他政策（例如增强披露政策）则可能兼顾二者。2017 年，IASB 发布了一份讨论文件"披露创新——披露原则"，旨在促进更清晰、更有用的披露。它确定的一般原则，如披露应"与主体相关""清晰简单""强调重要事项""与相关信息关联"，既对投资者的决策有用，又对契约效率的提高有用。

💡 实务中的理论 1-4

2001 年 9 月 11 日，美国发生了恐怖袭击，很多公司为此增加了大量的成本。例如，航空公司在袭击发生后的两日停飞了所有航班，航空运输业在此后一段时间内业务量急剧减少。

恐怖袭击导致航空公司营业收入与利润降低的原因很难被视为管理层的责任。因此，对管理层业绩的评价应当在公司盈余中减去这部分难以避免的灾难性事件所导致的成本。然而，从那些更关注公司未来现金流的投资者角度而言，包括这些事件影响的盈余更具相关性。

　　2001 年的一则新闻透露，FASB 决定不再允许将恐怖袭击导致的成本在利润中单独列示。起初，FASB 考虑在财务报告中单独列报这些成本，但最终发现很难保证在运营成本中直接分离恐怖袭击所导致的成本（如航空公司在恐怖袭击发生后停飞两日导致的收入损失）；因为这些损失中有些是逐渐减少甚至最终被弥补的，例如通过保险或政府补贴予以弥补的部分。因此 FASB 最终裁定，因"9·11"事件所导致的所有成本都应当包括在公司持续经营的收入之中，且与公司收到的政府补贴一起，在财务报告中作为单独项目披露。

　　因此，单独报告盈余最适合评估管理层业绩，并能最大限度地满足投资者对可靠性的关注。然而从概念上看，以上事件是基本问题的典型事例。财务报告中相同的净收益数字不一定是对管理层当期业绩及公司未来业绩的最好度量方法。

　　其他综合收益（other comprehensive income，OCI）是协调收益的两个作用的另一个方法。其他综合收益源自美国的财务会计准则公告（Statement of Financial Accounting Standards，SFAS）第 130 号（1997），目前在会计准则汇编（ASC）220 - 10 - 45 中也予以采用。如前所述，准则制定机构越来越倚重现行价值会计。然而我们在 1.7 节中提到，管理层通常反对在净收益中包含因现行价值会计所导致的未实现损益。OCI 是为保证管理层接受现行价值准则而妥协的产物，因为 OCI 在净收益中排除了这部分利得与损失。OCI 包含了未实现的、按现行价值计量的利得与损失，如对特定证券的公允价值调整、外币折算调整、养老金费用组成的损益以及其他类型的未实现损益。当这些未实现损益在实现或被摊销时将转入净收益。净收益及其他综合收益之和称为**综合收益**（comprehensive income）。

　　在国际上，IAS 1 在 2009 年增加了关于其他综合收益的说明。它要求其他综合收益在综合收益表中的净收益项目之后披露，或者当利润表单独披露时直接在净利润之后披露。FASB 准则也包含了类似的规定。

　　为解决基本问题需要对财务报表格式进行何种程度的修正，这仍然有待观察。

1.11　管制：对基本问题的回应

　　解决这个基本问题的观点有两种，一种观点实际上在问："这算问题吗?"为什么不把管制保持在最低水平，从而为贸易、解决争议以及惩戒错误行为创造稳定的环境。然后，让市场力量来决定公司应当提供多少信息以及什么样的信息。我们可以把投资者和其他财务报表使用者看作信息的需求者，把管理者看作信息的生产者。那么，正如市场上的苹果和汽车一样，供求关系可以决定生产的数量。

　　事实上，这种观点认为，市场力量可以充分控制逆向选择和道德风险问题，从而保护投资者，并且使经理人市场和证券市场得以运行良好。确实，我们可以看到，管理者可以通过许多途径提供包括会计信息在内的可靠信息，而在捕获隐含公司未来前景的信息方面，投资者则极为老练。由此，按照这种观点，不受管制的市场价格就合理地反映了公司及管理者的价值。

第二种观点认为应通过管制来保护投资者。这种观点认为，信息是一种复杂、重要的商品，单靠市场力量不能完全控制逆向选择和道德风险问题。这种认识直接导致准则制定的产生，这在本书中被视为一种通过制定一般公认的会计概念和准则来实现对会计的管制的方式。

当然，与阿罗（见 1.2 节）的定理以及霍布斯（见 1.5 节）的主张一致，我们不应预期管制可以完全保护投资者。因此，严格确定恰当管制力度就是一个极其复杂的社会选择。现今，我们还不知道以上两种观点哪种是正确的。我们确实看到很多会计管制措施出台，且新准则制定的速度似乎没有放慢。

不过，在最近几年，交通、通信、金融服务和电力等行业的管制大幅放松，而在以前，对上述行业放松管制是不可想象的。我们需要关注会计管制程度的理由在于管制会给公司、管理者及社会带来成本，这一点常被准则制定者所忽视。关于管制的收益是否大于成本的问题仍旧未决，我们将会在本书第 13 章继续探究这一问题。

1.12 本书的结构

本章章首的图 1-1 总结了本书研究上述财务会计理论问题的框架。它主要由四个部分构成，我们将依次进行阐述。

1.12.1 理想环境

在考虑信息不对称给会计带来的影响之前，我们有必要研究在理想环境下的会计应该是怎样的。这就是图 1-1 中最左边的方框所展示的问题。理想环境指的是，公司未来现金流量及其概率都已知的经济状态。经济运行也具有完善及完整的市场，或者说，没有信息不对称以及其他影响市场公正有效运行的障碍。这一状态也称为"最优"状态。在这种状态下，基于预期未来现金流量现值（如使用价值（value in use））对资产、负债的计价可以为投资者提供所有他们所需的信息。套利行为则保证了现值和市场价值是相等的。投资者及管理者对财务报告作用的看法就不存在差异，也没有要求管制的动机。在这种状态下，就不存在财务会计理论的基本问题。

遗憾的是，或者幸运的是，理想环境在现实中并不存在。不过它提供了衡量什么是更为现实的"次优"会计状态的基准。我们可以看到许多现行价值会计在财务报告中得以运用的例子，例如许多针对金融工具的公允价值会计。研究理想环境下的会计是十分有用的，不仅因为在实务中公允价值的使用越来越多，而且更加重要的是，它能帮助我们看清，当不存在现行价值会计所要求的理想环境时，这种会计方法所面临的真正难题和挑战是什么。

1.12.2 逆向选择

图 1-1 上面的三个方框示意了本书的第二个组成部分，这部分介绍了逆向选择问题。如

1.9 节所讨论的，这是一个从公司管理层到外部投资者的信息交流问题。在这里，会计通过向投资者和其他财务报表使用者充分披露有用、可靠和符合成本效益原则的信息，为市场创造一种"公平的竞争环境"。

要理解财务会计是如何帮助控制逆向选择的，最好先理解投资者是如何决策的。因为会计人员要知道投资者需要何种信息，就必须了解投资者的决策过程。投资者无疑是以不同的方式进行决策的，从直觉、小道消息到随机事件（例如突然需要大量现金）或者精确的计算机模型。这就决定了对投资者决策的研究是一个内容很广的课题。

在本书中，我们假定大部分投资者是理性的（rational），即以实现来自财富的期望效用或满意度最大化为目标进行决策。理性投资者决策理论得到了广泛的研究。我们假定理性决策并不意味着所有投资者的决策方式都是如此。实际上，人们越来越认识到许多投资者的行为并不理性，即并非试图使他们的财富的期望效用最大化。然而，我们认为这一理论包含了在那些信息完备的决策环境下的投资者的一般行为，并且我们的这种想法得到了强有力的实证证据的支持。我们将在第 6 章对此展开进一步的讨论。

报告对理性投资者决策有用的信息称为决策有用观（decision usefulness approach）。正如1.2 节所示，这一观点构成了许多主要准则制定机构的公告（尤其是概念框架）的基础。

1.12.3　道德风险

图 1-1 下面的三个方框示意的是本书结构的第三部分。在这里，信息不对称指的是道德风险，它源于公司管理者在经营中努力程度的不可观察性。也就是说，管理者需要在公司运营中为了股东利益付出努力做决策，由于努力是不可观察的，因此管理者就存在偷懒的倾向。然而，因为净收益反映管理者的业绩，它也就间接衡量了管理者的努力程度。结果，投资者的决策问题就成了如何设计财务报告以激励并衡量管理者的业绩。为使这一业绩数据富有信息含量，净收益应当成为其准确而又敏感的衡量工具。

1.12.4　准则制定

现在，我们可以更加清楚地了解到财务会计理论基本问题产生的原因。资产和负债的现行价值可能更加符合权益投资者的利益，因为在具备一定可靠性的前提下，现行价值提供了当前投资回报的最佳指标。然而，管理者可能会认为，将资产和负债的账面价值调整为现行价值所产生的未实现损益并不反映管理者自身的业绩。这样准则制定者很快就陷入协调投资者与管理者之间利益冲突的困境中。图 1-1 最右边的方框对此进行了讨论。

1.12.5　准则制定程序

我们已经指出，会计概念及准则的制定需要协商及妥协，其实施也应由监管者加以推动。下面对一些准则制定机构做简要描述，以揭示这些机构是如何制定准则的。

国际会计准则理事会（IASB）

IASB 建立于 2001 年，其前身为国际会计准则委员会（International Accounting Standards

Committee）。IASB 的目标是制定一套高质量、易于理解、可实施的全球会计准则，即国际财务报告准则（IFRS）。IASB 由 16 位成员（2017 年有 13 位成员）组成，他们必须拥有技术能力及适当的国际商务经验，并代表不同的地区。

IASB 由国际财务报告准则基金会（IFRS 基金会）托管，而 IFRS 基金会又是由一个来自全球资本市场监管机构的代表（如美国证券交易委员会、欧盟委员会、证券委员会国际组织）组成的监督委员会进行监管。为了使 IASB 独立于职业会计团体和商业组织，IFRS 基金会在财务上支持 IASB，其资金主要来自使用该准则的司法管辖区的自愿捐款。2016 年，会计师事务所提供了 25% 的资金，出版物销售所占比例较小。

新准则通过时，需要 16 位 IASB 成员中的 10 位赞成（如成员不超过 15 位，则为 9 票），这一要求称为**绝对多数表决**（super-majority vote）。这一表决方式降低了仅被理事会勉强通过的准则最终获得批准的可能性，它还倾向于在制定新准则的过程中促进协商与妥协。如果只要求简单多数，则反对者会更加不赞同，而采取绝对多数后，他们就不大可能再认为其意见或观点被忽视了。

在设计准则时，IASB 遵循**正当程序**（due process）。这包括在允许某议题进入理事会议程之前，先进行利益相关方的广泛协商、投资者拓展计划、发布新准则征求意见稿之前先发布讨论稿（每一项都开放给大众进行评论）以及对新准则可能产生的影响的评估。理事会设有多个咨询小组，包括国际财务报告准则咨询委员会。该委员会由投资者、财务分析师、学者、监管机构和其他人士等广泛利益集团的代表组成，为拟议的新准则提供意见和建议。

这些措施使得包含企业管理者、投资者和会计师在内的利益方给予反馈并加以评论。根据公开听证会、现场测试和征求意见稿的反馈，IASB 发布了一份修订后的准则，并包含一份结论基础公告，用以解释准则形成的原因。理事会成员代表不同选区和地区、绝对多数表决、新准则实施后的复核共同构成正当程序的组成部分。需要指出的是，对正当程序的遵循也是与准则制定中的协商及妥协要求相一致的。在这一程序中，企业管理者是重要的支持者，因为一个被大量管理者反对的准则可能是无效的。

很多国家和地区，包括 2011 年后的加拿大及 2005 年后的欧盟，都采纳了国际会计准则理事会的准则。其他采用该准则的国家还包括澳大利亚、以色列、墨西哥、俄罗斯、韩国，以及南美洲与东南亚的很多国家。其他国家，如日本和瑞士，允许但不强制要求执行 IFRS。还有一些国家，包括美国、中国和印度，采用国家或地区准则，但与国际财务报告准则在不同程度上趋同。[29]

美国财务会计准则委员会（FASB）

成立于 1973 年的 FASB 承担了前任机构制定准则的职责。FASB 的使命是建立和改进财务报告准则，以指导和教育公众。FASB 由 7 位委员会成员组成，每届任期 5 年，连任不超过 2 届。总的来说，委员必须具备投资、会计、金融、商业、教育和科研方面的知识和经验；并且关心投资者、其他财务报表使用者和公众的利益。

类似于 IASB，FASB 由托管机构——财务会计基金会（Financial Accounting Foundation，

FAF）监督并对其提供财务资助。这有助于委员会独立于商业和职业组织，包括美国注册会计师协会（American Institute of Certified Public Accountants，AICPA）——美国最大的职业会计团体。FASB 的大部分资金来自美国上市公司支付给 FAF 的"会计支持费"，小部分来自出版物的销售。

在制定和更新会计与报告的概念和准则时，FASB 和 IASB 一样，非常强调正当程序和广泛咨询。启动和采纳新准则的程序与前述 IASB 类似，但与 IASB 不同的是，FASB 只需要简单多数投票就可通过新准则。

2002 年，IASB 和 FASB 开始通过消除现有准则的差异、协调发展新准则，以使二者的准则趋同。它们取得了显著的成功，包括在 2008 年发布了趋同的合并准则，以及在 2011 年发布了公允价值计量准则与合并报表准则。然而，完全的趋同是难以实现的，它们未能就一个共同的概念框架达成一致，各自发布了关于租赁的非趋同准则，并放弃了其他几项准则趋同的尝试。我们将在第 13 章对准则趋同进行进一步的讨论。

加拿大会计准则委员会（AcSB）

AcSB 是加拿大的会计准则制定机构。2011 年之前，AcSB 为所有加拿大公司制定会计准则。2011 年，加拿大采用了国际财务报告准则，主要用于"上市会计实体"，即那些拥有公开交易的股权或债务的主体。从那时起，AcSB 的角色一直是向 IASB 提供意见，并为加拿大的非公众公司和非营利性主体制定准则。

AcSB 由加拿大特许会计师协会（CICA）的监管委员会授权按职责发布报告，2000 年，CICA 成立了会计准则监督委员会（Accounting Standards Oversight Council，AcSOC），其代表来自企业、政府、学术界、财务分析师等，以监督 AcSB 的活动。由 CICA 评价其独立性并减少对该委员会独立思考过程的干扰。然而，加拿大特许专业会计师协会（CPA Canada）是 AcSB 和 AcSOC 的主要资金来源，AcSB 的工作人员向 CPA Canada 标准部副总裁报告。其组织结构不同于独立于相关职业团体的 IASB 及 FASB。

2014 年，AcSB 由原来的 8 位成员扩大到 11 位成员。不同于 IASB 及 FASB，很多成员都是自愿服务的。一般来说，这意味着成员们不会完全脱离他们的雇主（企业、大学、会计师事务所），而是一边承担自己的工作责任一边担任委员会成员。他们被要求独立工作，为公众利益服务。新准则要求 2/3 的绝对多数支持，这一点类似于 IASB，而不同于 FASB 的简单多数原则。

当向 IFRS 提供建议时，AcSB 参与了如上所述的 IASB 的正当程序，包括收集和提炼加拿大利益相关者的意见，并就潜在的新准则或准则修订向 IASB 提供意见和建议。从技术上讲，IFRS 在成为加拿大公认会计原则的组成部分之前必须得到 AcSB 的批准。然而，就政策而言，AcSB 已承诺采纳 IASB 制定的国际财务报告准则，因此，不批准将是非常规行为。

在为非上市主体制定加拿大准则时，AcSB 遵循了类似于 IASB 和 FASB 的正当程序，并基于透明、协商和受托三项原则。第四项原则是"差异化的准则"，即允许 AcSB 为私营公司、私营非营利组织和养老金计划制定不同的准则，所有这些准则都有别于 IFRS。

证券监管机构

如果准则制定机构要达成其目标，财务报告就必须遵循 GAAP。这可以通过多种途径实现，而管理人员及会计师的道德行为尤为关键。如同我们在本书后面将看到的，证券市场以及经理人市场也有助于促进负责任的报告行为。当这些激励因素消失时，就需要监管的力量。职业会计团体的惩戒委员会起到了重要的推动作用，这和财务报告错报导致法律责任这一预期起到的作用相同。

按照我们的观点来看，证券监管机构是最重要的会计准则推动者之一，例如 SEC。在 1.2 节中我们介绍了 SEC 的产生以及它将准则制定权授予 FASB。然而，SEC 通过调查未能遵循 GAAP 的公司及管理人员并在适当的时候加以处罚来履行其职能。SEC 的权力延及很多在美国上市的加拿大及其他外国公司。在本书中，我们会看到很多 SEC 推动准则实施的例子。

SEC 也发布会计准则，主要是关于财务报表之外的披露，包括管理层讨论与分析以及管理人员薪酬的披露，这些将分别在第 3 章和第 10 章加以讨论。

在加拿大，证券监管由各省进行。因此，加拿大并没有一个全国性的证券监管机构。然而，省级及地区性证券监管者建立了加拿大证券管理委员会（Canadian Securities Administrators，CSA），以协调对加拿大资本市场的监管。其任务包括保护投资者，保障资本市场有序运行以及降低风险。其监管措施之一就是 NI 52－109，如同美国的《萨班斯-奥克斯利法案》，其要求管理层披露内部控制有效性的信息。在省级的证券监管机构中，最重要的是安大略证券委员会（Ontario Securities Commission，OSC），因为它对加拿大最重要的股票市场——多伦多证券交易所实施监管。

证券委员会国际组织（International Organization of Securities Commissions，IOSCO）代表全世界的证券监管机构，包括加拿大的监管机构以及美国的 SEC 等。它建议其成员使用 IASB 准则，虽然部分成员国要求 IASB 准则与其国内 GAAP 加以协调。例如，要在美国上市的外国公司，需要满足 SEC 的要求，这包括向 SEC 提交的财务报表要么符合 IASB 的 GAAP，要么符合美国的 GAAP。[30]

IOSCO 以及 IASB 无权促进 IASB 准则的强制实施，该职责由采纳这些准则的各管辖区域的监管者实施。[31] 因此，对来自外国司法管辖区的财务报告的分析就需要对当地习俗及商业惯例、法律及其他制度特征多加注意。研究显示，即便具有相同的会计准则（例如，IASB 准则），各国财务报告的质量也各不相同，相关研究将在第 13 章加以讨论。

1.13　财务会计理论与会计实务的相关性

本书的框架结构为我们提供了研究财务会计理论的一种方式。然而，这本书也会使你看到理论与会计实务的相关性。这是通过两种途径实现的。第一，用浅显的语言描述各种财务会计理论与研究，并通过它们指导会计实务的例子说明它们之间的相关性。例如，第 3 章描述了投资者是如何进行理性投资决策的，然后阐明这一决策理论奠定了概念框架的基础。分散在本书各部分中的"实务中的理论"专栏更清晰地阐明了各种实务背后的理论问题。本书还列举了很多有关会计准则及其评论的例子，除了能使你了解这些准则的部分内容，还能使你具备相关的理论基础，从而更好地理解与运用它们。第二，通过练习题的形式阐明财务会计理论与会计实务的相关性，我们努力尝试选择许多与特定问题相关的素材来说明、演绎和扩展一些会计概念。

当下是一个对财务会计理论富有挑战性，甚至是令人激动的时代。我们可以从前面对信息经济学的研究中充分认识到财务会计在经济运行中的重要作用。如果本书能帮助你更好地理解并欣赏这种作用，那就达到了它的目的。

📖 注释

[1] 关于帕乔利，可参见他的簿记论文翻译稿以及吉恩·布朗和肯尼思·约翰斯顿 1963 年合著的意大利语版《帕乔利会计》（*Paciolo on Accounting*，R. Gene Brown and Kenneth S. Johnston，1963）。

[2] 具有数学背景知识的读者可以认识到这些与算术基本定理有关的关系。

[3] 这一规定被删除并不意味着企业不应该向投资者提供信息，而是认为提供信息的数量和性质是企业与投资者之间的事。实际上，市场力量而非法律要求是信息产生的动力。

[4] MN 实际上提出了一个更深入的问题。分散的股权一直被视为将逐渐增多的大公司与普遍存在的个人主义、财产权以及民主的信念相协调的方式。借此"小股东"可以参与公司治理的过程。伴随着 1929 年股市崩盘及其后披露的财务报告操纵及滥用，人们需要一种新的方法，既能恢复公众对证券市场的信心，又能够被公司的那些有权势的利益相关集团所接受。MN 认为 SEC 的创立体现了这一思想。

[5] 例如，Montgomery（1912，pp. 191 - 192）批判了一个长期存在的会计惯例：在评估基础上对长期资产进行估值，然后采用已入账但未实现的利得作为发放股利的基础。一个类似的惯例是**掺水股**（watered stock），即公司按面值发行股票，以获得某项显著低于该账面价值的资产。关于对掺水股的批评与讨论参见 Hatfield（1927，pp. 208 - 209）。另一个类似的例子是创建**秘密准备**（secret reserves）（亦参见 Hatfield（1927，pp. 319 - 323）的论述），即对资产进行低估或对负债进行高估，然后将准备金用于亏损冲抵（即相当于将亏损计入资产或负债账户，而不是费用账户），且通常不向投资者披露。

然而令人惊奇的是，May（1943，pp. 53 - 58）讨论了会计规则的滥用对 1929 年股市崩盘的影响，并认为"在导致 1929 年持续性的大灾难的过程中，不适当或误导性的报告起到了相对次要的作用"。

[6] 更准确地说，Paton 和 Littleton 采用的会计方法应该被描述为"调整后的历史成本"，因为资本性资产要摊销、债务要计息以及存在其他的调整。为了与数十年来的会计学术相一致，我们将该系统称为"历史成本"，相信本书的读者不会按字面解释这一点。

[7] 这并不是说 SEC 对会计准则的制定漠不关心。如果它认为业界制定的准则与它所设想的准则偏离太大的话，SEC 将会对此施加巨大的压力，而不是接管这一程序。对此问题的讨论，详见注释 [8]。在 2003 年，SEC 重申了委托 FASB 进行准则制定。

[8] 美国投资税贷项会计的争论为我们提供了一个很好的例子。1962年《所得税法》为公司提供了按当前资本性资产投资额7%抵扣应付税款的贷项。争论在于如何对此投资税贷项进行会计处理，是作为当前所得税费用的减项还是在此资本性资产的整个使用期内部分或全部转入收益。会计原则委员会（APB，FASB的前身）发布了《会计程序公告第2号》，要求公司按第二种方法处理。然而，SEC对此表示反对并发布了自己的准则，允许公司在投资税贷项处理中采取更加灵活的方式。APB只能表示放弃原来的主张，并在1964年发布了《会计原则公告第4号》，允许公司在这两种方法中选择。这里基本的问题是缺乏一套能够引导投资税贷项进行"正确"会计处理的会计原则。

[9] 从SEC创建到20世纪90年代美国有关基本会计概念的详细信息，可以参见Storey和Storey（1998）。随后，对会计概念的研究转向了对概念框架的研究。概念框架将在本节进行介绍，并在3.7节进行更充分的讨论。

[10] IASB准则使用"利润或亏损"而不使用"净收益"这一说法。本书中，我们使用"净收益"或者在上下文清楚的情况下使用"盈余"这一术语。

[11] 一个例外是**单峰偏好**（single-peaked preferences）。这是指人口中的每个成员必须有一个最喜欢的选择，即所有其他的选择都排在这个之后。然后，一个简单的投票方案就可以创建一个有效的社会秩序。参见Scott（1977）。单峰偏好是许多经济决策模型的特征。

[12] 阿马蒂亚·森（Amartya Sen）在获得诺贝尔经济学奖时发表的演讲既讨论了阿罗的研究结果作为社会选择理论基础的重要性，也讨论了将其形式公理与非正式要素相结合以得出实际结论的必要性。权衡各方利益的谈判就是这样一种非正式的因素。参见Sen（1998）。

[13] 美国会计学会（AAA）由美国会计教授组成，它并不拥有像FASB一样的会计准则制定权。然而，此后的职业会计师采纳了决策有用观。参见AICPA研究小组1973年发布的《财务报表的目标》（Objectives of Financial Statements，1973），也称为Trueblood委员会报告。

[14] 我们将使用术语CICA，因为这是我们讨论中隐含的名称。否则，我们使用CPAC。

[15] 现在被称为CPAC准则及指南合集。我们引用它以前的非正式名称CICA手册，或者简称手册，当时这个名称在我们的讨论中已经隐含了。按照目前的情况，我们将使用CPAC手册（简称手册）。

[16]《加拿大商业公司法》授权AcSB制定会计准则，这与美国是不同的。在美国，是SEC而不是FASB拥有最终的准则制定权（参见注释[7]与注释[8]）。然而，二者又具有类似的地方，即都是由被选举出来的政府机构对会计准则拥有最终权力。加拿大1982年发生的"石油激励计划拨款"（PIP Grant）事件是一个明显的证据。加拿大最大的几家石油公司反对将获得的拨款按照CICA手册的要求延期确认，而是希望确认为当期的收入。它们向政府申诉并获得了政府的支持。加拿大政府威胁立法机构推翻CICA手册的条款。AcSB坚持其立场，最终迫使政府让步。然而，我们可以清楚地看到是哪个机构对会计准则的制定拥有最终裁决权。关于这一事件的详细讨论，请参见Crandall（1983）。

[17] IASB 准则也称国际财务报告准则（IFRS），并以 IFRS 1（2003）作为开端。在此之前发布的准则称为国际会计准则（IAS），除非被替代，否则仍保持最初的名称和效力。2014 年 5 月，IASB 用新的收入确认准则 IFRS 15 取代了 IAS 18，该准则于 2018 年生效。

[18] 本书中我们经常使用"可靠性"的直观解释，即可靠的信息是指财务报告使用者可以信任的信息，这就是本章中使用的含义。然而，准则制定者偏好使用另一个概念——真实反映（faithfully represent）。根据 IASB/FASB 概念框架草案，财务报告信息应当真实反映其意欲呈现的信息。也就是说，对某一项目的会计计量或描述应与信息所反映的真实项目之间存在对应关系。概念框架未使用可靠性的概念，因为可靠性对不同的人而言含义不同，而真实反映就可以减少这种模糊性。本书中，我们将经常使用可靠性作为真实反映的同义词，因为可靠性更简洁，而且因过去经常被使用大家对此也比较熟悉。有关可靠性的进一步讨论可以参见 2.2 节和 3.7.1 节。

[19] FASB 会计准则现在包含在《会计准则汇编》（ASC，2009）中，当提到最初制定的 FASB 准则时，我们以其原来的名称表示，正如此处的做法一样。当提到现行的 FASB 准则时，我们会给出其 ASC 参考。有时，我们会同时提供这两种名称。

[20] 有关安然公司商业模式的进一步探讨，参见 Healy 和 Palepu（2003）。

[21] 在长期合同的完工百分比法下，迄今已赚取的利润是迄今的合同成本除以估计的合同总成本，再乘以预期的合同总利润。这就需要估算完成合同的成本，这种计算对于外部方（例如审计师）来说尤其难以验证。

[22] 填塞分销渠道涉及说服客户接受超出其需求的更多产品，从而增加该期间的销售额和毛利。

[23] 这个话题充斥着缩略语。公司建立资产证券化的渠道被广泛地称为特殊目的实体（SPE）、特殊目的工具（SPV）、结构性投资工具（SIV）或可变利益实体（VIE）。由发起人或通过这些渠道发行的证券被广泛地称为资产支持证券（ABS）；当证券化资产为抵押贷款时，称为抵押支持证券（MBS）；当发行的证券为债务时，则称为担保债务凭证（CDO）；因此，当不需要区分它们时，我们将这些证券统称为 ABS。

[24] 这一激励将会降到这一程度：市场会觉察到缺乏合并，并将发起人及其 VIE 视为一体。Landsman, Peasnell 和 Shakespeare（2008）发现了市场确实如此反应的证据。同样，Niu 和 Richardson（2006）检验了表外融资与市场对公司风险估计之间的关系。其发现，表外融资越多，风险越大。这两项研究都表明，至少在某种程度上，投资者将表外融资加回到未进行合并披露的资产负债表中。尽管有这些发现，避免合并对面临资本充足率管制的金融机构仍尤为重要。

[25] 在加拿大，《会计指引第 15 号》"可变利益实体合并"（2004）类似于 FIN 46。IASB 准则下的合并受到解释委员会《解释公告第 12 号》"特殊目的实体合并"（SIC 12）的监管。由于资产支持证券市场的崩盘源自美国，我们在此关注 FIN 46。

[26] 证券的**流动性**是指投资者可以迅速地以合理的成本购买或出售任意数量的证券，而不会影响市场价格。**流动性市场**是指由流动性证券构成的市场。市场的流动性是一个重要的指标。

流动性由以下两个要素组成：市场**深度**——投资者购买或出售而又不会影响市场价格的证券的数量，以及**买卖价差**——证券在同期的买卖价格差异。这两个指标都衡量了信息不对称的程度。投资者越是担心他们的信息劣势，将越可能离开市场，或者即使留在市场，相比于卖价，他们愿意支付的价格更低。

因此，流动性风险是市场深度与/或买卖价差发生改变的风险，从而导致买卖交易成本的发生。当然，这种风险在市场崩盘期间会导致负面影响。一旦发生流动性风险，我们就认为市场处于**流动性定价**状态。

[27] 这本书中引用的大多数实证研究都是相关关系，而不是因果关系。例如，假设一名研究人员在对几个国家进行研究的基础上发现，存在大型债券市场的国家的财务报告往往更稳健。为什么会这样呢？一种可能性是，这些国家的大多数投资者持有大量的债务证券，从而要求稳健的会计准则，以防止公司管理者通过夸大利润和资产降低利率。稳健性提供了这种保护，在这种情况下，债务与稳健性之间存在因果关系。

然而，另一种可能性是，居民天性谨慎的国家倾向于稳健性会计，也倾向于债务融资而非股权融资。在这种情况下，因果关系源于风险规避的投资者，共同决定了稳健性与债务融资偏好。在本书中，我们认为理论建立了因果关系。有效契约理论（见1.4节）预测债务与稳健性之间存在因果关系。因此，与理论预测一致的实证证据使我们更加接受这个理论。

[28] Gjesdal（1981）认识到投资决策和评价管理者需要不同的信息。Gigler 和 Hemmer（1998）进一步发展了这个想法。他们认为，在一个理想的投资者环境中，当管理者及时发布可验证的信息时，报告的净收益在确认和约束管理层的披露方面起到了作用，但具有讽刺意味的是，它并没有为投资者提供有用的新信息。

[29] 自 2008 年以来，美国允许外国主体使用国际财务报告准则进行申报，但国内公司必须使用美国公认会计原则。

[30] 在加拿大，按照 NI 52-107 的要求，基于 IASB 准则的外国公司的财务报告无须符合加拿大 GAAP 的要求。对于在美国上市的加拿大公司，跨境披露制度允许其使用向加拿大提交的报告来向美国 SEC 报告，反之亦然。然而，可以利用这种跨境披露制度优势的加拿大公司必须满足《萨班斯-奥克斯利法案》的要求。

[31] 然而，通过于 2002 年签署的关于咨询、协作与信息交换的多国备忘录，IOSCO 促进了关于证券规则一致性的咨询、协作与信息交换。该备忘录在 2016 年得到了加强。

第**2**章

理想环境下的会计

本章语音导读

2.1 概　　述

本章将从现值（present value）模型开始探讨财务会计理论。当该模型被完全正确地使用时，它将会为财务报表使用者提供最大限度的相关信息。在本书中，我们将相关信息（relevant information）定义为与公司未来经济前景相关的信息，即与分红、现金流量和盈利能力相关的时间、数量和风险。

同时，我们将理想环境设定在这样一个条件下：具有相关性的财务报表同时也是可靠的，这些可靠的信息能真实地反映公司的财务状况及经营成果。我们也将探讨在何种情况下，资产及负债的市场价值可以作为现值的间接计量标准。这将是理想环境下（后面将予以定义）将会出现的情况。如果环境并不理想（这是通常的情况），关于资产计价以及收益计量的基本问题就会产生。

图 2-1 概括了本章的结构。

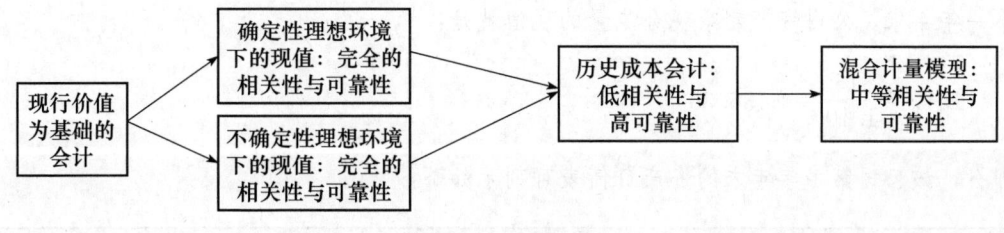

图 2-1　本章结构

2.2　确定性理想环境下的现值模型

现值模型被广泛应用于经济和金融领域，多年来它也对会计产生了重大影响。我们首先讨论在确定性理想环境下，运用该模型的一种简单情况。所谓确定性（certainty），是指公司未来的现金流量和经济体制中的利率是众所周知的，公司未来的经营成果永远不会与当前的预期不同。这也是我们所指的**理想环境**（ideal conditions）。

假定有这样一家公司，P. V. 有限公司，该公司只有一项资产，没有负债。假定该公司会因该项资产在未来两年中每年年末产生 \$150 的现金流入。两年后，该项资产价值为零。同时我们假定经济环境中的无风险报酬率为 10%。那么，在 $t=0$ 时（即该项资产生命周期的第一年年初），该公司未来现金流量的现值 PA_0 为：

$$PA_0 = \frac{\$150}{1.10} + \frac{\$150}{1.10^2}$$
$$= \$136.36 + \$123.97$$
$$= \$260.33$$

这样，我们可以将按现值模型报告的期初资产负债表列示如下：

P. V. 有限公司资产负债表 在 $t=0$ 时			
资本性资产（现值）	$260.33	股东权益	$260.33

那么，该公司第 1 年利润表可列示如下：

P. V. 有限公司利润表 第 1 年	
折现增值	$26.03

由于未来净收益已资本化进入资产价值，净收益就仅仅是期初资产价值的利息，就好比储蓄资产的收益是来自期初账户余额的利息。[1] 这样，本年的净收益就是 $PA_0 \times 10\% = \$260.33 \times 10\% = \$26.03$。这个金额称为**折现增值**（accretion of discount）。其为现值乘以折现率。该项目之所以产生是因为年底较之年初离现金流收款靠近了一年。[2]

第一年年末，公司资产剩余现金流量的现值就是：

$$PA_1 = \frac{\$150}{1.10} = \$136.36$$

那么，该公司第 1 年年末的资产负债表可列示如下：

P. V. 有限公司资产负债表 在 $t=1$ 时			
金融资产		股东权益	
现金	$150.00	期初余额	$260.33
资本性资产（现值）	136.36	净收益	26.03
	$286.36		$286.36

这里假设公司不发放股利。发放股利时，按同等金额减少现金及股东权益即可。

在例 2-1 中，我们应注意以下几点：[3]

1. 资本性资产每年年末的账面净值等于其现值或使用价值（见 1.2 节中有关使用价值的定义），这里使用价值等于来自该资产的未来现金流量按 10% 折现率折现后的现值。

2. $26.03 的折现增值也被称为事前或预期净收益。因为在 $t=0$ 时公司预期会获得 $26.03 的收益。当然，由于各种条件已经确定，这一预期的净收益会等于事后或已实现（realized）的净收益。

3. **相关的**（relevant）财务报表信息可以向投资者传递有关未来经济前景的信息。例 2-1 中列示的信息就是完全相关的。为了理解这一点，首先，我们应注意到这样一点，即经济前景原则上应该用公司未来发放的股利（也就是发放给投资者的股利）来阐释，即应以未来发放的股利的现值来确定公司的价值。

那么，似乎公司的股利政策会影响它的价值，因为股利发放的时间会影响现值的计算。然而理想环境下，情况就并非如此了。我们称之为**股利无关性**（dividend irrelevancy）。

为了弄明白为什么在理想环境下股利政策不会影响公司价值的评估，我们应注意到，投资者可将分得的股利进行投资，而他获得的报酬率如果与公司未作为股利发放的那部分现金产生的报酬率相同，那么投资者在公司中总利益的现值将不受股利发放时间的影响。在上述例子中假定经济环境中只有一种利率，因此股利无关性得到满足。事实上，公司的现金流量构成了投资者最终可得到的"总金额"的大小，而这个总金额早分还是晚分则是无关紧要的。如果当年分配，投资者可从分配中得到 10% 的回报；如果它在下一年分配，公司将会从未分配部分中获取 10% 的回报，而这部分回报实际上是通过投资价值的增加而积累到投资者手中。两种方式下，投资者的投资价值现值都是相同的。

在这种股利无关性的情况下，现金流量和股利一样重要，因为公司的现金流量体现了其股利支付能力，所以例 2-1 中的财务报表是完全相关的。

4. 作为一名会计人员，你也许会产生这样的疑惑：为什么公司净收益在公司的价值评估中不会发挥任何作用？在理想环境下，它的确如此——公司净收益不会影响公司的价值评估。原因是，未来现金流量是已知的，并且我们可以通过对其折现直接获取资产负债表项目的估值数据。净收益是完全可预测的，仅仅是如前所述的折现增值。事实上，理想环境下的资产负债表包含所有的相关信息，而利润表不包含任何信息。[4] 由于投资者可以通过资产负债表期初值与折现率的乘积得到相关数据，所以即便净收益是"真实而准确的"，它也没有传递任何信息。从另一方面讲，就是指净收益中并不包含可以帮助投资者预测公司未来的经济前景的增量信息。根据假设，投资者已经知道这些信息，并将其转化为资产估值。这一点十分重要，下面我们仍将提到它。现在，我们只要明白当理想环境不存在时，利润表将会发挥十分重要的作用就够了。

5. **可靠的**（reliable）财务报表信息真实反映了其意欲呈现的内容（参见第 1 章注释 [18]）。例如，如果经营费用被资本化，资产负债表中资本性资产的计量以及相应的摊销就是不可靠的，正如 1.2 节讨论的世通公司的情况。当某些负债被剔除在资产负债表之外时，对长期负债的计量也是不可靠的，正如 1.3 节描述的导致 2007—2008 年股市崩盘的那些金融机构一样。

例 2-1 中的信息是完全可靠的，因为我们假设未来现金流量以及折现率是确定的。这样，资产负债表的计量真实反映了公司的资产及负债。任何管理层试图隐藏资产或负债的行为，或对现值计算中的输入偏差，以及任何的计算错误都会被立刻发现，因为各种信息都已为公众知晓。

6. 理想环境下，由于未来现金流量是确定的，并且无风险利率是固定的，资产或负债的现值将等于其市场价值。[5] 1.2 节中就不同版本的现行价值会计进行了概述，使用价值与公允价值（退出价值）相等。为了说明这一点，我们来看看下述情况：给定 10% 的报酬率，没有人会在 $t=0$ 时支付超过 \$260.33 的价格来购买该公司的资产——如果有人这么做，他将会从该资产上获取少于 10% 的回报；反之，资产的所有者不会以低于 \$260.33 的价格出售该资产——如果有人支付的价格低于 \$260.33，那么所有者会持有该资产直到可获取 10% 的回报。因此，唯一的市场均衡价格就是 \$260.33。这是体现**套利**（arbitrage）原则的一个简单例子。如果相同商品或服务的市场价格是非均衡的，那么仅仅从一个市场购买而到另一个市场出售就可以获取无风险的利润，这种利润就称为套利利润。然而，我们可以合理地预见到，如果未来现金流量和无风险报酬率是众所周知的，自利的个人对这种利润的争夺将会迅速消除市场上的任何价格差异。[6]

7. P. V. 有限公司只有一项资产，没有负债，所以公司在 $t=0$ 时的市场价值应为 \$260.33，也就是金融资产[7] 与资本性资产所产生的未来现金流量的现值之和。这样，P. V. 有限公司外部流通股的市价总和也就是 \$260.33。更进一步讲，如果一家公司拥有多项资产，该公司的市场价值就等于其金融资产的价值加上其全部资本性资产（包括无形资产）联合产生的未来现金流量现值，减去全部负债现值的差额。在 $t=0$ 时之后的任意时点，公司市场价值始终等于金融资产加资本性资产减去负债。不过应注意，股利政策将会影响金融资产的余额。从某种程度上讲，公司不会将其利润全部用于分红，那么它的市场价值将包括再投资产生的回报。本章的习题 1 说明了这一点。同时也可以参考上述对股利无关性的讨论。

2.2.1 小结

例 2-1 的目的是展示在未来现金流量是确定的、已知的，且经济中的无风险报酬率是固定的这一理想情况下，我们可以编制出完全相关又可靠的财务报表。套利的过程确保了资产的市场价值与其产生的未来现金流量的现值相等，而公司的市场价值也就等于金融资产的价值加上全部资本性资产的价值（减去全部负债的现值）。

2.3 不确定性理想环境下的现值模型

将现值模型推广到存在不确定性的理想环境下，是具有指导意义的。除了一个主要因素外，大部分的概念都与例 2-1 中一致。

例 2-2　不确定性理想环境下的现值模型示例

延续例 2-1，考虑经济每年都可能存在"好"或"差"的状况。在"差"的状况下，该年的现金流入为 $100；在"好"的状况下，该年的现金流入为 $200。

假定每年"好"的状况与"差"的状况发生的概率各为 0.5。在本例中我们还假定，这两年不同状况的实现是独立的，也就是说，第一年状况的实现不会影响第二年状况实现的概率。[8]

在这里，对未来不确定的事件，例如经济状况，我们称之为**自然事件**（states of nature）或简称为**事件**（states）。在本例中，每年事件的发生情况如下：

事件 1：差的经济状况（$100 的低公司业绩）。

事件 2：好的经济状况（$200 的高公司业绩）。

注意，没有人可以控制各种事件的发生——这也是我们为什么称之为"自然"事件。当然，还有其他影响现金流量情况的例子，如天气、政府政策、供应商的罢工、设备的损坏，等等。在现实环境中，有许多可能发生的事件。我们虽然仅用两种事件的例子，但它足以说明这一点：自然事件可以采用概念工具的方式将那些会影响公司现金流量的不确定的、不可控制的未来事件模型化。

在 $t=0$ 时，我们虽然不知道何种事件将会发生，但可以假定可能发生的事件组合是众所周知的、完整的。也就是说，人人都知道可能影响现金流量的全部未来事件，并且人人都知道其他人知道。[9] 这样，虽然没有人确切知道何种事件将要发生，但是无论发生何种事件，它都包含在我们已知的可能发生的事件组合里。此外，我们假定任何事件的发生都是公开的、可观察的，也就是说，每个人都知道事实上已发生的事件。最后，我们假定事件发生的概率是**客观**（objective）且已知的。所谓客观，在本例中是指如果我们设想两个周期经济的长期重复序列，差的经济状况将在一半的时间中出现（出现的相对频率等于事件概率）。就像掷一对骰子。掷骰子时，我们知道出现 7 点的概率为 1/6。也就是说，如果我们大量多次地掷这对骰子，那么出现 7 点的客观概率就为 1/6。这里应注意的是，客观概率有这样的含义，即任何一次掷骰子的结果都未事先告诉我们骰子的真实状态——也就是说，每一次掷骰子都是公平的。这样，下一次掷骰子得到 7 点的概率仍是 1/6，而且对于其他任何一次结果都是相同的。正如在这个例子中，好的经济状况出现的概率保持在 0.5，无论这段时期的实现情况如何。

这些假定扩展了前述理想环境（或称最优环境）的内涵，即将不确定性考虑在内。综上所述，不确定性**理想环境**（ideal conditions）的特征是[10]：

（1）具有一个给定的、固定的用于公司未来现金流量折现的折现率；

（2）一组完整的、众所周知的自然事件；

（3）自然事件发生的概率是客观的、众所周知的；

（4）自然事件的实现是公开的、可观察的。

理解不确定性理想环境的另一种方法是，它们类似于确定性理想环境，只是未来现金流量的知悉需要建立在最终自然事件实现的前提下。即如果最终事件 1 出现，那么公司业绩将会很低，现金流量将是 $100，等等。我们假定 P. V. 有限公司未来现金流量的折现率为 10%。

你一定要意识到，虽然投资者知道自然事件发生的可能值的集合及其概率，但在周期结束之前，他们不知道实际哪一个自然事件将发生。我们把这种因不清楚哪种自然事件发生而导致的风险称为**估计风险**（estimation risk）。一般而言，当决策者不能确定那些影响其决策的基本参数（如自然事件）的取值，比如经济状况或公司的持续盈利能力时，就会产生估计风险。[11]

在这样的理想环境下，我们可以计算出 P. V. 有限公司在 $t=0$ 时的未来现金流量的**期望现值**（expected present value），具体如下：

$$PA_0 = 0.5 \times \left(\frac{\$100}{1.10} + \frac{\$200}{1.10} \right) + 0.5 \times \left(\frac{\$100}{1.10^2} + \frac{\$200}{1.10^2} \right)$$

$$= (0.5 \times \$272.73) + (0.5 \times \$247.93)$$

$$= \$136.36 + \$123.97$$

$$= \$260.33$$

那么，P. V. 有限公司期初资产负债表如下所示：

P. V. 有限公司资产负债表 在 $t=0$ 时			
资本性资产（期望现值）	$260.33	股东权益	$260.33

在这里，值得一问的是，在 $t=0$ 时资产的市场价值（此时亦为公司的市场价值）是否与资产负债表所显示的一样，为 $260.33。可能很多人给出的答案是肯定的，因为给定股利无关性，公司的市场价值就等于对公司的期望价值。然而，相对于 2.2 节介绍的确定性理想环境，不确定性理想环境下应有一个附加考虑，即投资者可能趋向于规避风险。虽然在 $t=0$ 时公司的期望价值为 $260.33，然而在第 1 年年末，公司的期望价值将依赖于第 1 年出现的是好的经济状况还是差的经济状况。因此，它的价值在第 1 年年末有可能是 $236.36，也有可能为 $336.36。这个 50：50 赌注的现值是：

$$PA_0 = 0.5 \times \frac{\$236.36}{1.10} + 0.5 \times \frac{\$336.36}{1.10}$$

$$= (0.5 \times \$214.87) + (0.5 \times \$305.78)$$

$$= \$107.44 + \$152.89$$

$$= \$260.33$$

结果与确定性理想环境下的 $260.33 完全一样。大部分人更喜欢有把握的事，因为风险更低。这样，由于在某种程度上全体投资者倾向于规避风险，他们将对有风险的公司的评估值降到它的现值以下，这样公司的市场价值就低于 $260.33。在本章，我们将忽略上述情况。因此，我们假定投资者是风险中性的，即对于他们来说，上述确定的情况与 50：50 赌注中的情况没有差异。这样，公司在 $t=0$ 时的市场价值将是 $260.33。不过由于会计人员的职责是向投资者披露公司的风险和期望价值，所以我们将在后续章节的讨论中放松这个假定的要求。同时，在 3.4 节，我们将会介绍风险规避投资者的概念，在 4.5 节将会讨论风险对公司价值评估的影响。现在，我们可以认为，无论投资者对风险的态度如何，未来现金流量的期望价值，或者更普遍地说，未来公司业绩的期望价值，都与投资者相关。

假定风险中性，套利原则将会确保公司资产和公司的市场价值都为 $260.33。不过在投资者规避风险的情况下，虽然套利原则仍会起作用，但是公司的市场价值将因此低于 $260.33。

现在回到本例上来，你可以证实公司第 1 年的期望净收益（或者说折现增值）等于 $0.10 \times$ $260.33 = $26.03。

不确定性理想环境与确定性理想环境的主要区别在于，在不确定性理想环境下的期望净收益与最终实现的净收益可能不一致。为进一步对此进行分析，假设第 1 年的经济状况并不好。这样第 1 年实际现金流量就是 $100，而期望现金流量是 $0.5 \times $100 + 0.5 \times $200 = 150。已实现的净收益即为期望净收益加上期望与实际现金流量的差额，如下列利润表所示：

P. V. 有限公司利润表（事件 1）第 1 年		
折现增值（0.10 × $260.33）		$26.03
减：异常盈余（事件 1 所导致的）		
期望现金流量（0.50 × $100 + 0.50 × $200）	$150.00	
实际现金流量	100.00	(50.00)
净损失		($23.97)

注意，$-$50.00 是非期望的现金流量，它导致本年 $50.00 这个"意外"的损失，我们称这 $-$50.00 为**异常盈余**（abnormal earnings），或者**非期望盈余**（unexpected earnings），因为它使得期望收益 $26.03 减至损失 $23.97。在不确定性理想环境下，净收益包括期望净收益加减本年的异常盈余。[12]

现在，第 1 年年末由公司资产产生的剩余现金流量的现值为：

$$PA_1 = 0.5 \times \left(\frac{$100}{1.10} + \frac{$200}{1.10} \right)$$

$$= $136.36$$

年末的资产负债表如下所示：

P. V. 有限公司资产负债表（事件 1）第 1 年年末			
金融资产		**股东权益**	
现金	$100.00	期初余额	$260.33
资本性资产			
年末余额	136.36	净损失	(23.97)
	$236.36		$236.36

同样在第 1 年，套利确保公司资产的市场价值为 $136.36，公司的市场价值为 $236.36。我们仍沿用上例假定，即公司不发放股利。正如确定性理想环境下所论述的，理想环境确保了无论公司是否发放股利，都不会对公司的价值产生影响。换句话说，股利无关性仍一贯地发挥

作用，本章习题 4 将讨论这一点。

这里应注意，在这个例子中，异常盈余并非**持续存在**（persist）。也就是说，它们的影响仅限于它们产生的这一年。一般来讲，现实中并非如此。例如，如果差的经济状况是由于影响经济活动的市场崩盘而造成的，那么异常盈余的影响将会在以后几个期间持续存在。但我们在这里排除这种可能性，仅仅是为了简化案例。不过，我们会在第 5 章和第 6 章讨论这种持续影响的问题。

现在，让我们考虑在事件 2（即好的经济状况）下的会计计量。第 1 年的利润表如下所示：

P. V. 有限公司利润表（事件 2）第 1 年	
折现增值	$26.03
加：异常盈余（事件 2 所导致的）	
（$200－$150）	50.00
净收益	$76.03

第 1 年产生的异常盈余，也就是实际与期望的现金流量之间的差异为 $50.00。这些异常盈余导致 $26.03 的期望盈余上升至 $76.03 的实际净收益。

在第 1 年年末，剩余现金流量的现值仍然为 $136.36。该年年末的资产负债表如下所示：

P. V. 有限公司资产负债表（事件 2）第 1 年年末			
金融资产		**股东权益**	
现金	$200.00	期初余额	$260.33
资本性资产		**净收益**	76.03
年末余额	136.36		
	$336.36		$336.36

假定投资者是风险中性的，套利原则再次确保公司第 1 年的市场价值为 $336.36。

例 2-2 中我们应注意以下几点：

1. 本例中，财务报表信息仍然是完全相关且完全可靠的。相关性之所以成立，是因为资产负债表建立在预期未来现金流量的基础上，而且股利无关性仍然成立。可靠性之所以成立，是因为理想环境确保了现值的计算可以真实反映公司的预期未来现金流量。

要注意，财务报表的可靠性与盈利的**波动性**（volatility）是两个不同的概念。虽然在理想环境下，现值的计算是可靠的，但净收益与资产负债表中的价值却是波动的，因为期末现值取决于何种事件得以实现。本例中，波动性以异常盈余来表示，此处的净收益在好的和差的状况下分别是－$23.97 和＋$76.03，进而导致年末公司价值分别为 $236.36 和 $336.36。因此，即便财务报表完全可靠，投资者依然要承担风险。[13]

2. 与确定性环境下的情况相同，这里有两种方法可以计算出资产负债表所反映的公司价值。我们可以直接用未来现金流量计算出期望现值，也可以用市场价值来确定公司价值。在理想环境下，套利使这两种方法得出的结果相同。由此，在例 2-1 中，使用价值与公允价值是一致的。

3. 即使期望净收益与已实现净收益不需要相等，但当异常盈余不持续存在时，利润表就仍不具有任何信息含量。因为一旦投资者知道本年度事件的发生状况，他们就会有足够的信息自己计算出已实现净收益。这种计算是程式化的，不需要了解任何会计政策。我们此时就可以说，净收益的可预测性建立在自然事件的条件下。

让我们探讨一下，利润表如何才会具有信息含量。为了做到这一点，我们只需要放松事件概率是客观的这一假定。这将我们置于一个主观概率（subjective probabilities）的领域（我们将在第 3 章予以详细讨论）。这样，投资者不再有"现成的"事件概率，以便于他们计算预期的未来现金流量和收益。他们必须自己运用任何可用的信息估计这些概率。同时，我们不再确保，对一个长期连续重复发生的经济事件组，好与差的状况的发生与投资者的预期保持相同的相对频率，原因是个体知识和预测能力的局限性。应注意，如果事件概率是主观的，那么所计算出的期望价值也是主观的。也就是说，公司的价值也是主观的。

主观概率是一个比客观概率更加合理的假设，因为一个企业实体未来的经营业绩比掷骰子的简单游戏要复杂得多，而且更难预测。因此投资者知道，他们的预测将会产生偏差。所以，他们将对有助于他们修正概率估计的信息十分关注。当事件概率是主观的时候，利润表就是这样一个信息来源，利润表将会提供有关这些概率的信息。例如例 2-2 中，当看到本年的净收益是 $76.03 时，这也许会促使你提高对未来期间事件 2（好的经济状况）发生的概率估计，同时也会提高你对公司未来现金流量和盈利能力的预期。

如果你对上述讨论仍不是很清楚，那么现在回到与此相似的掷骰子的例子中来，不过现在我们假定你并不知道这个游戏是不是公平的。那么，你掷 7 点的概率是多少？当然，这种概率不再是客观的，并且你必须依据任何相关的信息与你过去的经验做出判断。掷骰子的过程将会提供信息（就如通过观察利润表可获取信息一般），这使你掷几次骰子后将对它们的真实状况有较为清楚的认识。例如，如果你掷 5 次，每次都是 7 点，那么你可能会将 7 点出现的主观概率提高到 1/6 以上。正如有关掷骰子的真实状况有助于你认识预测未来掷骰子的情况，更好地了解公司真实状况，也将有助于你预测未来事件发生的概率和投资回报。在第 3 章，我们将展示投资者如何运用财务报表信息来修正他们对公司未来业绩的主观概率。

2.3.1　小结

例 2-2 的目的是拓展现值模型，通过引入自然事件和客观概率的概念，正式将不确定性纳入理想环境。理想环境的内涵不仅包括一套完整的、众所周知的自然事件组合；还包括在自然事件实现的条件下已知的未来现金流量。此外，理想环境还强调了事件发生概率是客观的，事件实现是公开的、可观察的，以及投资者是风险中性的。除了市场价值是基于预期现金流量之外，现值模型在确定性理想环境下的逻辑继续适用于不确定性理想环境。

确定性与不确定性理想环境的主要差别在于，不确定性理想环境下的期望净收益与已实现净收益不再相等。这一差别称为异常盈余。不过，在期望现值基础上的财务报表仍是相关的、可靠的。由于建立在期望的未来现金流量基础上，财务报表具有相关性。同时，财务报表是可靠的，因为它们客观地反映了期望的未来现金流量。在两种理想环境下，管理层的遗漏、错误和偏差都是不存在的。所有这些结论都独立于公司的股利政策：股利无关性仍然成立。

2.4 修正的历史成本会计

2.4.1 不同计量基础的比较

到目前为止，我们主要考虑了在理想环境下应用现行价值会计的一种方法，即现值（例如使用价值）。但是，正如我们在 1.2 节中所描述的那样，当前的会计实务采用一种混合计量的模式。虽然在过去的数年中准则制定机构引进了众多基于现行价值的准则，但是现行价值会计却引发了关于盈利波动性及报表可靠性的争论。这些争论引发了关于现行价值会计在多大程度上能够或应该取代历史成本会计的问题。因此，接下来我们讨论与这两个计量基础相关的重要会计概念。

相关性与可靠性

相关性与可靠性是会计信息的重要特征。正如我们在前一章总结的那样，有必要对二者进行权衡取舍。但是，不同的计量基础意味着不同的取舍。历史成本会计相对可靠，因为公司的资产成本或者负债往往可以加以验证而不受现行价值计算中的估计错误和偏差的影响。不过，历史成本的相关性可能较低。虽然成本在资产取得日与其现行价值一致，但是现行价值随时间而变化导致这种一致会很快消失。结果，现行价值会计的相关性总体上超过了历史成本会计的相关性。可是当条件不太理想时，现行价值会计对估计的需要又会使其面临可靠性的问题。

收入确认

正如 1.2 节所讨论的，关于收入确认的时点是有争论的。我们也可以用收入确认来作为会计计量的基础特征。回想对每一项资产及负债计量的基础，都有一个相关的收入确认基础。更通俗地讲，资产及负债的现行价值计量意味着需要在其价值变动时确认收入。在历史成本法下，按照成本对存货进行计量以及按照销售价格对应收账款进行计量意味着当存货出售时才确认收入。因此现行价值会计就意味着其收入确认要早于历史成本会计。

确认滞后

同样的计量基础排序也出现在确认滞后的概念中，即在多大程度上收入确认的时间滞后于真实经济价值变动。现行价值会计的确认滞后比较小，因为经济价值的变动在其发生时即被确认。历史成本会计的确认滞后则比较大，正如刚才所指出的，收入只有在存货价值的增加可验证时才加以确认，而存货价值增加的可验证性往往需要通过销售才能实现。因此，历史成本下收入确认滞后于存货经济价值的增加。

成本与收入的匹配

最后我们考虑成本与收入的匹配。正如已经指出的那样，匹配主要针对的是历史成本会计，因为历史成本会计下的净收益是通过应计项目将已实现收入与为赚取收入所花费的成本进行匹配的结果。正如你所知，通常应计项目包括应收及应付账款、坏账准备、摊销，以及保修费用准备，等等。在所有情形下，这些应计项目对现金流量进行平滑并将之分配到相关的期间。现行价值会计将不需要匹配这一概念，因为如前所述，净收益只是对该时期资产及负债现行价值变动的一种解释。此时，不需要进行匹配，因为资产及负债价值的变动是市场力量以及公司应对这些力量的结果。

虽然历史成本会计的匹配相对可靠，但也并非完全如此，认识到这一点很重要。为了了解这一点，可以考虑资本性资产摊销的情形。匹配原则要求从纳入利润表的本期收益中对资本性资产的摊销进行扣减。然而，这一原则并没有说明应计多少摊销，除了模糊地指出摊销应该是系统合理的。例如，在 IAS 16 下，摊销应该在资产的生命周期内系统地发生，并且反映价值消耗的模式。然而，由于资产的生命周期以及价值消耗的模式很大程度上是主观估计的，也就没有唯一的方式来对成本与收入加以匹配。[14]

这种模糊性就使得存在多种摊销方法，例如直线法、余额递减法、工作量法等。这使得公司之间盈利性的比较更加复杂，因为在进行比较之前我们必须确切知道公司的摊销方法。模糊性同样降低了可靠性，因为公司的管理人员可以通过选择摊销方法以及资产使用年限或者对这些政策加以改变来操纵其报告的盈利情况。

2.4.2 小结

以相关性与可靠性、收入确认、确认滞后以及成本与收入的匹配对计量基础的特征加以描述基本上是类似的。因此，当我们说历史成本会计的相关性较低但相对可靠，也就意味着历史成本会计下会计人员直到客观证据发生时才确认收入，历史成本会计在确认资产及负债价值变动上存在确认滞后，历史成本会计是一个将成本与收入进行匹配的过程。历史成本会计以及现行价值会计在这些特征中进行不同的权衡取舍。

2.5 真实净收益并不存在

编制一份完全建立在现行价值基础上的财务报表，要求全部的资产和负债都以现行价值进行计量，而净收益只是公司该期间现行价值的变化额（注意还需调整如股利发放等资本性交易事项）。然而即使对一项简单的资产采用现值法都会产生严重的问题，若将这一方法纳入财务报表[15]，并且扩展到全部其他资产和负债，那么这些问题将更加复杂。

这就导致了一个重要而有趣的结论，即在会计运行的现实环境下，净收益并不是一个可以精确定义的经济术语。[16]

一个基本问题就是缺乏完整的未来事件清单及客观的事件概率。在理想环境下，资产和负债的现值正确地反映了公司面临的不确定性，因为现值考虑了所有可能的未来事件及其概率。在这种情况下，会计信息才是完全相关和完全可靠的，此时才会存在真实的经济收益。

理想环境下，现值与市场价值相等向人们揭示了一种获得真实经济收益的间接方式——以市场价值变动而非现值变动为基础计算净收益。然而，这种方法要求经济中的一切资产与负债都存在一个市场，这一条件称为**完全市场**（complete markets）。如果不是这样的市场，则为**不完全市场**（incomplete markets）。例如，一桶原油可能存在一个市场价格，那么原油公司储备的市场价值又是多少？面对数量、价格以及成本的不确定性时，尝试获得其市场价值的措施会面临估价问题。结果，一个可靠的市场价值并不存在。如果公司的资产或负债缺少市场价值，建立在市场价值变动基础上的收益计量就是不可能的。Beaver 和 Demski（1979）给出了正式的论证，表明在不完全市场中收益是界定不明确的。[17]

你也许会对我们所宣称的真实净收益并不存在感到疑惑。我们会把自己的职业生涯奉献给计量一个并不存在的东西吗？恰恰相反，我们应该对不存在理想环境而感到高兴。如果它真的存在，就不再需要会计人员！正如例 2-1 和例 2-2 所讨论的，在理想环境下，净收益不具有任何信息含量。现值计算以及相关的收益计量将会成为一种程式化的过程。这样，我们需要的只是事件组合、它们的概率和事件实现的有关信息，而并不需要会计人员。从而我们可以这样评价收益："如果我们可以自己计算出收益，我们就不需要它。"

缺乏理论上正确的收益概念，使得会计既令人沮丧，又令人着迷。令人沮丧是因为很难就会计政策达成一致，不同的使用者会对相关性和可靠性做出不同的取舍。因此，对相同的项目常常有不同的会计核算方法。令人着迷是因为无法准确阐释收益概念，使得在资产估价和收益计量的过程中需要大量的主观判断，而正是这种主观判断使会计职业具有价值。事实上，它为这种职业奠定了基础。

2.6 有关理想环境下会计的结论

会计人员不再纠结于净收益是否存在的问题，而是致力于促使财务报表更加有用。下一章，我们将讨论决策有用性。

第 2 章习题

📚 注释

[1] 第一年的净收益也可以用一种更加熟悉的方式加以计算：

现金流量（例如销售）	$150.00
摊销	123.97
净收益	$26.03

摊销费用的计算公式为 \$260.33－\$136.36＝\$123.97，亦即资产未来收益现值的减少额。这一计算公式与会计人员通常使用的方式不同。尽管如此，在本例的理想环境下（未来现金流量确切地知道，存在一个固定的无风险利率），这是一种恰当的方式。

我们认为理想环境下计量收益的方式较之例题中的折现增值方式缺乏启发意义。因为它给人这样一种感觉，即收入在实现销售时确认。然而，正如例题所阐释的，因为未来净收益被资本化为资产价值，所以实际上收入应该随着资产的取得而加以确认。两种方式净收益的结果相同的原因在于，来自以资产取得为基础的收入确认的差异被计入摊销费用。

[2] 另一种计算收益的方法——类似于会计导论中介绍的——是计算本年资产负债表中净资产的变动。在本例中，我们有：

净收益＝\$286.36－\$260.33－\$0＝\$26.03

此处的资本交易是 0。若知道所有资产及负债的现值，就可以计算现值基础的净收益。

[3] 例 2-1 描述了公司经理人的角色。假设由于经理人疏忽或不称职，X 有限公司每期只能从该资产获利 75 元。投资者会立即意识到这一点，经理人将被替换。这将激励管理者在理想环境中始终如一地经营公司。类似的注释也适用于例 2-2。在第 9 章中，我们考虑了管理者表现不佳的后果，以及如何激励管理者更好地经营。

[4] 这一主张可以反过来说。我们可以认为，如果公司的未来利润表已知，那么结合利率，该报表就可以包括所有相关的信息，资产负债表也可以很容易地推导出。实际上，每一个报表都包含了其他报表需要的所有信息。不过，我们仍认为在理想环境下资产负债表更为根本。

[5] 为什么我们要提到无风险利率？在理想环境下，未来现金流量是确定的，因此不存在风险。如果我们引入未来现金流量的不确定性，那么利率将反映出高于无风险利率的风险溢价。我们将在下一节以及第 3 章和第 4 章中进一步阐述这一观点。

[6] 套利的另一个例子，假设 ABS 有限公司在多伦多证券交易所的股价是 10 加元，而在纽约证券交易所的股价为 10.5 加元。不考虑佣金，可以从多伦多市场上以 10 加元的价格购买股票并在纽约市场以 10.5 加元的价格出售，这样每股就获得 0.5 加元的收益。然而，多伦多市场的价格会因为需求的增加而迅速上升，纽约市场的价格则会因为供给的增多而降低。这种供求的变动会使两个市场的价格趋于一致。

[7] 本处唯一的金融资产就是现金。通常来说，金融资产是指这样的资产：其价值以货币衡量（例如应收账款）以及面值确定的投资（例如债券）。某些其他资产，例如股票投资，如果存在一个即时市价，也可以视为金融资产。金融负债，例如应付账款、银行贷款以及发行的债券，其定义与此类似。

[8] 本例中的独立假设并不是最关键的。当增加些许复杂性时，我们可以使用条件概率，即第 2 年事件状况实现的概率取决于第 1 年的事件状况。例如，如果第 1 年的事件状况为好，就会增加第 2 年事件状况也为好的概率。理想环境得以维持的关键是，如果概率随着时间而变化，变化的模式应该是已知的。

[9] 这是一个**共识**（common knowledge）的实例。即每个人都知道自然事件的分布，而每个人都知道其他人知道自然事件的分布……如此循环。这一假设通常用于经济与会计模型。本书在4.5.2节和6.5.2节将对共识展开进一步讨论。

[10] 比此稍弱的条件也足以保证获得最佳环境。本处的目的仅在于，给出一系列条件足以确保净收益被准确计算且不具有信息含量。

[11] 一个相关的概念是**信息风险**（information risk），即公司发布的信息是虚假的、具有误导性的或错误的风险。由于这些信息降低了投资者对公司盈利能力的评估能力，我们将其纳入风险评估中。

[12] 我们也可以如此计算净收益：

现金流量（比如销售）	$100.00
摊销（$260.33－$136.36）	（123.97）
净收益（损失）	（$23.97）

我们更倾向在例子中使用净收益计算方式的原因参见注释[1]。以期望现值为基础计算摊销使得两种方式计算的净收益相同。

[13] 当然，如果投资者是风险中性的，风险就不会对其造成影响。然而，在我们后面加以叙述的更加现实的状况下，风险确实会造成影响。要注意的是，公司可以利用对冲来降低这种波动性。

[14] 有关资产负债表与利润表的比较，以及利润表无法完全解决成本与收入如何匹配这一问题的进一步探讨，参见Storey和Storey（1998）。

[15] 严格地说，"财务报表"这一术语包括了报表附注。当我们提及在财务报表表内披露的内容时，我们使用"财务报表表内"这一术语。因此，如果公司在账目中以现值计量资产并在资产负债表中报告这一数字，我们就说该公司在财务报表表内确认现值。如果公司仅在报表附注中披露了现值，我们就说该公司在财务报表中披露了该事项，但并未在财务报表表内加以确认。

[16] 公司整个生命周期的真实净收益确实存在，但只有在其生命周期结束时，当所有的现金流量已知时才会存在。如前所述，要想知道特定时期的真实净收益，就必须能完美地预测所有未来的现金流量及其时间分布。这通常是不可能的，因此特定时期的真实净收益只能是对可能的净收益进行持续估计过程中的一种结果。由于得到正确估计的可能性基本上是零，所以我们可以简单地说，真实的净收益是不存在的。

[17] 对立的观点参见Ohlson（1987）。

财务报告的决策有用观

本章语音导读

3.1 概　述

从第 2 章的讨论中我们可以得出这样一个结论：现值模型在实际操作中存在某些严重的缺陷。人们不禁对在现值模型基础上编制整套财务报表的可行性产生怀疑。无法以现值或市场价值为基础对整个公司价值加以衡量意味着，在会计人员所处的复杂的现实世界中，理论上被明确定义的净收益这一概念实际上是不存在的。

然而，所有的会计人员都认同的是，财务报表应当是有用的。这就引出了会计中的一个重要概念：决策有用性（decision usefulness），即财务会计信息帮助使用者做出良好决策的能力。为了更好地理解此概念，我们需要借鉴经济和金融方面的某些理论（即现值模型以外的理论）。因为只有了解什么是有用性，才能提供更加有用的财务报告。此外，我们还要准确定义信息。实践证明，理性决策理论和资本市场理论有助于我们理解何为有用的财务报表信息。

本章侧重于介绍其中的一个理论——理性决策理论，并讨论它与会计的相关性。图 3-1 概述了本章的结构。

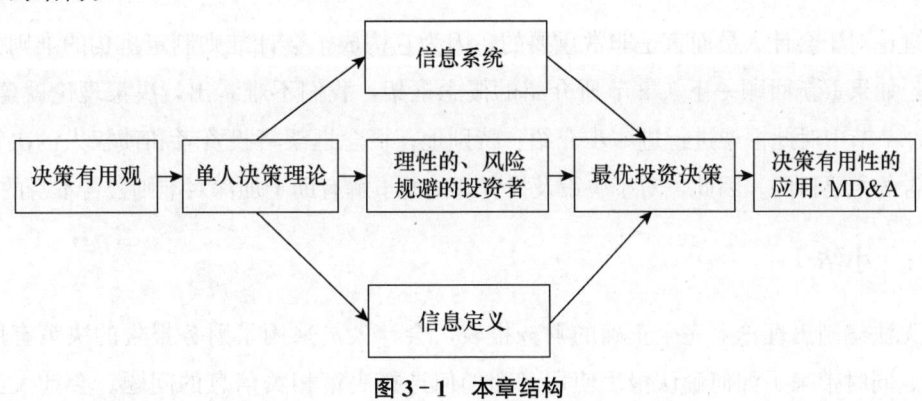

图 3-1　本章结构

3.2 决策有用观

从 2.5 节我们可以推断，会计理论中的决策有用观认为："如果我们不能提供理论上正确的财务报表，至少我们可以尝试使财务报表变得更加有用。"这一观点于 1966 年首次提出[1]，并于 1973 年在具有广泛影响的 Trueblood 委员会报告中得到了强调。[2] 这一结论对于会计理论和实务来说有着重要的意义。特别地，较之第 2 章我们必须更加关注财务报表使用者和他们的决策需要，因为在非理想环境下，我们无法直接从财务报表中看出公司的价值。

决策有用性包括对受托责任的评估，即对管理层在管理公司资源方面的成功与否进行评价。与我们在第 2 章中讨论的帮助投资者预测公司未来业绩的作用相比，这一评估更多的是面向过去。当然，激励管理者业绩也可以看作是面向未来的，因为当管理者知道其过去及未来的经营正在被监督时，会激励管理者对未来加以规划。我们认为受托责任是评估会计信息有用性的一个重要因素。本章我们将讨论决策有用性，对于受托责任的深入讨论将从第 8 章开始。

在采用决策有用观时，我们应指出两个主要问题。其一，谁是财务报表的使用者？很显然，存在许多使用者。将他们分成诸如股权和债权投资者、管理者、工会、准则制定者以及政府等各团体将有助于问题的解决。这些团体被称为会计的信息群体（constituencies）。

其二，报表使用者面临怎样的决策问题？通过理解这些决策问题，会计人员将更好地满足各信息群体的信息需求。在编制财务报表时考虑信息需求，换言之，按照报表使用者的特殊需求定制财务报表信息将有助于他们做出更好的决策。从这个意义上说，财务报表会变得更加有用。

当然，推断使用者的特殊需求绝非易事。例如，投资者需要什么信息来做出关于是否购买或出售某些股票或债券的理性决策？现行价值会计会帮助或阻碍这一决策吗？稳健性会计会有帮助吗？

面对此类复杂的问题时，会计人员着手利用经济及金融等各种途径来寻求帮助。理性决策理论，简称**决策理论**（decision theory），对于我们理解个人在不确定条件下如何进行理性决策是一个很好的出发点。

决策理论使我们更好地了解信息的概念，这又促使信息决策者不断修正他们对决策未来回报的主观估计。它也有助于我们理解投资风险的概念，以及如何通过投资组合多样化策略控制部分风险。

决策理论对于会计人员而言是非常重要的，因为它构成了会计准则制定机构的准则公告的基础。例如，如果重新回顾一下 1.2 节所介绍的概念框架，我们不难看出，决策理论就蕴含其中。我们将在 3.7 节中对此框架进行进一步介绍。特别地，概念框架将投资者和债权人的决策需求作为财务报告的主要目的。因此，对于决策及投资理论的了解有助于加深对准则公告本身的理解。

3.2.1 小结

鉴于无法编制出理论上完全正确的财务报表，会计人员采用了财务报告的决策有用观。然而，此观点同时带来了如何确认报表使用者和如何选择决策相关信息的问题。会计人员普遍认为，投资者是主要的报表使用者，并已经转向求助经济和金融学的各种理论——特别是决策和投资理论——以了解投资者所需要的报表信息类型。

3.3　单人决策理论

单人决策理论是指一个人必须在不确定条件下做出决策。[3] 它首先指出，事件概率不再与理想环境中一样是客观的，并制定了一个正式的程序，根据该程序，个人可以从一组备选行为中进行选择，从而做出最佳决策。该程序允许获得额外信息，以修正决策者对决策后可能发生的事件概率的主观估计（如自然事件的概率）。如例 3-1 所示，由于财务报表提供了许多对决策有用的额外信息，从而使决策理论与会计密切相关。

3.3.1　决策理论的应用

例 3-1　**典型的投资决策**

比尔在某一期间拥有 $10 000。他将投资范围缩小到两个领域：X 公司的股票或年利率为 2.25% 的无风险的政府债券。我们定义 a_1 为购买股票，a_2 为购买债券。

假如购买股票，他将承担风险。[4] 也就是说，当他做决定时，下一期间的投资净收益是不确定的。所以，他定义了两种事件类型：

事件 1：X 公司未来盈利高。

事件 2：X 公司未来盈利低。

我们可以用未来股利分配、现金流量或者盈余，以及其他所有影响期末股价的因素来衡量 X 公司的未来业绩。这里不管未来业绩如何定义，我们都将现在的财务报表信息作为预测 X 公司未来业绩的最佳因素。

X 公司的股价会反映投资者对其未来经营的预期。假如 X 公司发生事件 1 的话，下一期间的净收益将达到 $1 600，净收益计算如下：

净收益＝期末股价＋期间股利－初始投资

假如 X 公司发生事件 2 的话，下一期间的净收益将为 0。

如果比尔购买债券，不管未来状况如何，都将获得 $225 的利息。也就是说，债券投资是无风险的。

从某一决策行为中获得的收益称为回报（payoffs），我们可以用一张回报表来表示，如表 3-1 所示。

表 3-1　例 3-1 中决策理论的回报表

行为	事件	
	高（H）	低（L）
a_1（购买股票）	$1 600	$0
a_2（购买债券）	$225	$225

现在让我们考虑一下事件的概率。比尔主观地估计事件 1 的概率（高盈利能力）$P(H)=$ 0.30，事件 2 的概率 $P(L)=0.70$。这些概率包含比尔所知道的目前 X 公司的所有资料，因而称为先验概率（prior probabilities）。他可以基于对 X 公司过去财务报表的分析，假设过去的业绩将持续下去，再加上迄今为止有关该公司的其他信息，得出这些概率。此外，他还可以考虑经济状况、竞争情况、X 公司管理层的管理水平、过去研发的成功以及影响未来公司业绩的其他因素。他还可以研究 X 公司股票当前的市场价格。假如股价很低，就意味着市场对 X 公司的未来不看好，这可能会导致比尔降低他对 X 公司具有高盈利能力的先验概率。

比尔是风险规避者。让我们假定他从回报中获得的效用值，即满意度等于回报值的平方根。[5] 所以，如果他获得的回报为 \$1 600，则效用值为 40。该假定对于本例来说并非必要条件，我们完全可以简单地认为比尔是风险中性者，并以此评估各种回报的期望值。然而，投资者通常是风险规避的，因而我们用效用值替代回报值。3.4 节将具体讨论风险规避的情况。

对于行为效用的全面评估要求比尔估计其决定对他人的影响。不过，在这里，比尔的行为是相对独立的。也就是说，他购买股票抑或债券，带来的其他影响很少。这样，我们就可以根据对他自身财富的影响来衡量其效用的高低。在其他的决策问题中，例如是否购买一家高污染企业的股票，比尔就会因认识到购买其股票的负面社会影响而降低其回报的效用。

比尔是一个足够小的投资者，他的买卖决定不会影响市场价格（用经济学术语来说，他是价格接受者）。比尔在决策中排除了其他可能影响其回报的因素，这些因素发生的可能性极小，因而不值得考虑。例如，一场地震会严重影响 X 公司的经营。然而，由于地震在 X 公司的经营范围内是不大可能发生的事件，比尔就忽略了这种可能性。这被称为"缩小决策树的规模"。

图 3-2 给出了关于此决策的决策树。中间一列括号内的数字代表事件的概率。右边显示回报的金额，以及每一金额对应的效用。

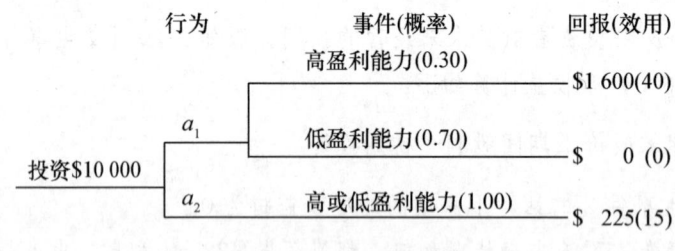

| 行为 | 事件(概率) | 回报(效用) |

图 3-2　比尔的决策树

决策理论告诉我们，假如必须立即决策的话，比尔将选择期望效用值最大的行为。我们就定义行为 a_1 的期望效用为 $EU(a_1)$，依此类推。

$$EU(a_1)=(0.30\times40)+(0.70\times0)=12$$
$$EU(a_2)=1.00\times15=15$$

所以，显然比尔会选择 a_2，即购买债券。[6]

但是，比尔还有其他选择：在做出决策前获得更多的信息。据此，我们假定他决定获取更充分的信息。X 公司的年报不久后将公布，比尔决定耐心等待，因为年报中提供了关于公司经营状况的信息。当年报公布时，比尔注意到净收益很高，公司的净流动资产和债务权益比率较上年有所改善。也就是说，本期财务报表显示为"好消息"（GN）。

基于对报表编制及分析的丰富经验以及对 GAAP 的熟悉，比尔认定，假如 X 公司确实具有高盈利能力的话，那么有 80% 的可能本期财务报表将显示 GN，20% 的可能显示"坏消息"（BN）。分别定义条件概率 $P(GN|H)=0.80$，$P(BN|H)=0.20$。要注意，即便公司在好的状况下，公司的财务报表也有 20% 的概率显示的是 BN。这是因为会计准则并不会带来完全的相关性及可靠性。例如，$P(BN|H)$ 的概率有 20% 可能源自相关性和可靠性之间的权衡，如果是研究密集型公司，冲销研究成本可能迫使报告收益下降，即使研究可能有益于未来期间，也会造成 BN 的印象。此外，会计准则倾向于防止提前确认收入，因此，一份新的合约带来的预期盈余就不会包含在 X 公司本期盈余之中，即便其确实与未来回报信息相关。另一方面，高盈利的公司也可能有意报告 BN 来掩盖高收益，借此进行盈余平滑，或者减少对竞争者的吸引力。由于会计准则给了公司选择会计政策的灵活性，故而这种行为并不违反 GAAP。

比尔也知道，如果 X 公司是一家盈利能力低的公司，其财务报表也有可能显示 GN。例如，X 公司管理层可能会选择会计政策来掩盖其低盈利状态，或者至少推迟投资者对低盈利的认识。例如，可以通过少报坏账费用或减少研究和广告等可自由支配支出来实现这一目标。假如 X 公司处于低盈利状态，那么本期财务报表显示 GN 的概率为 10%，而显示 BN 的概率则为 90%。由此，分别定义条件概率 $P(GN|L)=0.10$，$P(BN|L)=0.90$。

现在，结合当前关于财务报表的 GN 证据和上述条件概率，比尔可以使用**贝叶斯定理**（Bayes' theorem）来计算后验概率（posterior state probabilities）（即后于财务报表证据的概率）。[7] 高盈利能力的后验概率为：

$$P(H|GN)=\frac{P(H)P(GN|H)}{P(H)P(GN|H)+P(L)P(GN|L)}$$

$$=\frac{0.30\times0.80}{(0.30\times0.80)+(0.70\times0.10)}$$

$$=0.77$$

式中，$P(H|GN)$——在好消息条件下高盈利能力的概率；

$\qquad P(H)$——高盈利能力的先验概率；

$\quad P(GN|H)$——在高盈利能力条件下得到好消息的概率；

$\qquad P(L)$——低盈利能力的先验概率；

$\quad P(GN|L)$——在低盈利能力条件下得到好消息的概率。

所以，X 公司处在低盈利能力的后验概率 $P(L|GN)$ 为 $1.00-0.77=0.23$。假如盈利能力高，比尔的投资回报也大（\$1 600）；假如盈利能力低，其回报也小（\$0）。

比尔现在可以在后验概率基础上计算出每一行为的期望效用：

$$EU(a_1|GN)=(0.77\times40)+(0.23\times0)=30.8$$

$$EU(a_2 \mid GN) = 1.00 \times 15 = 15$$

因而，本期财务报表的 GN 信息导致比尔做出最优决策 a_1——购买 X 公司的股票。

3.3.2　信息系统

在这里，理解财务报表信息为什么对投资者有用至关重要。为了具备有用性，财务报表必须有助于预测未来的投资收益。在非理想环境下，财务报表不能直接给出公司未来业绩的期望值。不过，财务报表在一定程度上仍然有用，即它们所包含的好消息或坏消息将持续到未来。想象一个过程，从财务报表本期的好消息或坏消息到预期的未来公司业绩，再到未来的预期投资回报。

回到我们的例子中，好消息是公司目前的盈余及流动性都很高。这一信息使得比尔预期 X 公司未来经营业绩好的概率为 0.77，这一概率也是其投资回报高的概率。当然，信息是一把双刃剑。如果财务报表显示的是坏消息，比尔预期高回报的概率就要调低，就像好消息时调高其概率一样。

我们认为，即使财务报表未按现值基础直接报告公司未来现金流量，它仍然对投资者有用。在这里，正是因为缺乏理想环境，财务报表才变得富有信息含量——回想在例 2-1 和例 2-2 中，净收益实际上没有任何信息含量。虽然例 2-2 和例 3-1 都考虑了不确定性，但二者之间的主要差异在于例 2-2 中估计的概率是客观的，而例 3-1 中则是主观的。这使得信息能够帮助决策制定者更新其主观概率并预测未来的投资回报。

将当前财务报表信息与公司未来业绩建立关联的核心是表 3-2 中给出的条件概率（也称为或然性），如 $P(GN \mid H) = 0.80$，$P(BN \mid H) = 0.20$ 等。表 3-2 所示的这些概率统称为信息系统（information system）。请注意，整个表内的概率加总为 1。0.80 和 0.90 称为主对角线概率，其他称为非主对角线概率。

表 3-2　例 3-1 决策理论中的信息系统

		本期财务报表信息	
		GN	BN
事件	高盈利能力	0.80	0.20
	低盈利能力	0.10	0.90

信息系统以每一个自然事件为条件，给出所有可能的财务报表证据项的客观[8]概率。

要注意的是，财务报表并不总是完美或"正确"的——只有在理想环境下才会如此。在我们的示例中，在给定的 GAAP 下，即使 X 公司具有高盈利能力，它的财务报表仍然有 20% 的概率显示 BN，以及当公司具有低盈利能力时，它的财务报表仍然有 10% 的概率显示 GN。这种误判概率既反映了 GAAP 固有的相关性与可靠性的权衡，也反映了 GAAP 在一定程度上允许管理层出于自身目的对财务报表加以干预的灵活性。[9]

由于这些错误概率削弱了当前财务报表信息与未来公司业绩之间的关系，这些概率有时被描述为噪声（noise），或财务报表中的低盈余质量（earnings quality）。尽管如此，如果信息系统能使决策者更准确地修正先验概率，从而潜在地影响决策，那么信息系统就仍然是有信息含量（informative）的。请看本章习题 1 的例子以了解信息含量充分和无信息含量的信息系统。

要注意的是，信息系统这一概念总是与特定决策关联在一起。表 3-2 中的信息系统是为了满足是否购买股票的决策需要。其他的决策类型则可能包含不同的表格形式。例如，一个用以衡量管理者受托责任的决策可以将事件定义为"高管理者受托责任"与"低管理者受托责任"。此时，对财务报表的分析就会以调查净收益反映管理能力与业绩的程度为目标，从而具有不同的信息系统概率。

高信息含量的财务报表以及背后的基础信息系统通常被认为是透明（transparent）、准确（precise）或者高质量（high quality）的，因其向投资者传递了大量的信息。尽管信息含量是一个更加原始的概念，本书中我们也同时使用其他的概念，特别是与盈余相关时，因为各种盈余信息含量的度量方法被用来评估报告净收益的有用性。

信息系统与信息含量的概念有助于我们思考 GAAP 的变化。例如，假定一项新的会计准则要求 X 公司对资本性资产的计价方法从历史成本法转为使用价值法。这将导致相关性提高的同时引发主对角线概率提高及非主对角线概率降低。这是因为以使用价值计量的资产比以历史成本计量的资产能更好地预测未来公司价值。但是，使用价值会降低可靠性，必须对资产或负债的使用价值进行估计，从而会产生误差和管理层偏误。这将对信息系统概率产生负面影响。因此，只有当相关性的提高超过可靠性的降低时，使用价值才会提高信息含量。

但是，假如能在不牺牲可靠性的前提下提高相关性，或能在不降低相关性的前提下提高可靠性，其结果都将增加财务报表的有用性。达成此目的的方法之一是提供补充信息，例如管理层讨论与分析（本节将进一步论述）。对于那些想要在决策过程中参考这些增量信息的投资者而言，这些方法将提高其相关性，而又能较大程度地保留财务报表表内披露的可靠性。

信息含量也取决于财务报告的稳健程度。回想我们在 1.4 节中的讨论，稳健性要求确认收入采用比确认损失更高的标准。也就是说，直到客观情况表明收入已经实现，会计人员才会加以确认，而发生价值降低时则通过减记资产（或者增加负债）来记录未实现的损失。确认未实现的损失但不确认未实现的收入，在合理可靠性的前提下，与高盈利状态时显示好消息的条件概率（GN｜H 的概率）相比，更能提高低盈利状态时显示坏消息的条件概率（BN｜L 的概率）。其他稳健性的例子具有类似的效果，如对研究成本的及时费用化处理。表 3-2 就包含了一定的稳健性偏差，因为 BN｜L 的条件概率（0.9）超过了 GN｜H 的条件概率（0.8）。也就是说，当会计稳健时，GN 消息必须克服向下的偏差，GN 的概率（0.80）非常有力地预测了公司的高盈利能力。作为稳健性的进一步表现，给定处于低盈利状态，更可能发生稳健的收益减记，因此，低盈利状态下 BN 消息的概率（0.90）是一个比高盈利状态下 GN 消息的概率（0.80）更优的指标，因为高盈利状态时更不太可能进行收入调增。

信息系统的信息含量的概念有助于人们理解信息在决策中的作用。主对角线相对于非主对角线的概率越高，系统信息含量越高，换言之，估计风险越小（见 2.3 节）。这是因为信息含量更高的系统可以更好地预测自然事件以及最终的回报，从而降低风险。因此，信息系统的信息含量越高，对决策就越有用。在投资意义上说，这些回报即为投资收益。

将财务报表看作一张条件概率表可能需要一些时间才能习惯，但在财务会计理论中，信息系统是最强有力且最有用的概念。这是因为它捕捉了财务报表的信息含量，从而决定了其对于投资者决策的有用性。此外，它是一个有用的概念，还因为许多实际的会计问题都能被纳入其对信息系统的影响这一框架中进行讨论。例如，上面我们已经指出，如果采用使用价值会计反映资本性资产对决策更加有用，那么相关性的提高（提高主对角线的概率）必须超过可靠性的降低（降低非主对角线的概率）。相同的推理过程可以运用到新的会计准则或者是准则征求意见稿中。比如，要求运用公允价值对金融工具进行会计处理的会计准则也是出于类似的权衡。由于绝大多数关于财务报告的争论都能通过相关性和可靠性之间的权衡的方式进行论述，因此，信息系统为我们评估这些争论对决策有用性的影响提供了一个有用的框架。

比尔如何知道信息系统的概率？一种方式是，简单假定这些概率已知，我们在例 3-1 以及表 3-2 中都做了此类假定。这是**理性预期**（rational expectations）的一个例子——假定投资者可以迅速形成对未知以及潜在参数的准确估计，在本例中就是信息系统概率。[10] 这一假定在很多理论经济学及会计研究中很常见。

作为一个实务问题，形成准确估计的方式之一就是观察过去的经验。比尔可以对 X 公司和类似公司当前和过去的财务报表进行抽样，记录一家公司财务报表出现 GN 之后该公司随后实际处于高盈利状态的次数，对于 BN 也是如此。如果 GAAP 在样本期间没有变化且样本也足够大，这些频率就对应于表 3-2 中的概率。

上述过程就是人工智能的基础，这是一种基于计算机的程序，在此程序下，计算机通过阅读大量数据来确定数据所呈现的信息与每种自然事件相关联的时间比例，从而"学习"信息系统的概率。在这里的讨论中，计算机将读取每家公司的财务报表，将其分类为 GN 或 BN，然后确定 GN 与一家高盈利公司关联的次数和 GN 与一家低盈利公司关联的次数，这给出了表 3-2 中信息系统的第一行。BN 也遵循类似的程序。如例 3-1 所示，比尔可以处理他对 X 公司的先验概率和人工智能建立的概率来估计他的后验概率。在实务中的理论 3-2 中给出了一个更详细的关于人工智能的例子。

Easton 和 Zmijewski（EZ，1989）采取了另一种方式来评估信息系统的信息含量。他们检验了价值线分析师根据本季度盈余中的好消息或者坏消息对未来季报盈余预测的修正。也就是说，分析师被视为理性的投资者，他们利用财务报表的盈余信息修正其关于未来公司业绩的预期，就像例 3-1 中的比尔一样。未来的季度盈余也类似于表 3-2 中的事件概率（价值线以盈余的形式预测公司未来的业绩），本季度盈余中的 GN 和 BN 则构成了该表中财务报表的证据。价值线提供了对大量公司的预测，这些预测按季度进行修正。

在 EZ 跟踪的 150 家美国大公司 1975—1980 年的价值线样本中，他们发现在报告盈余中，对于 $1 的好消息或者坏消息，分析师对下一季度的盈余预期大约增加或者减少平均 34 美分。这意味着构成样本公司财务报表的信息系统具有信息含量，即分析师使用本期的财务报表信息修正他们对于公司未来业绩的预期。EZ 将本期财务报表信息对分析师下一季度盈余预期的影响称为"修正系数"。这一系数是其样本公司平均盈余质量的替代变量，或者说其反映了信息系统概率的大小。

EZ 还发现，公司修正系数越高（平均为 34 美分），本期盈余中的好消息或者坏消息对公司股价的影响越大。这表明投资者接受了分析师对信息系统的评价，信息系统的质量越高，股价的涨跌幅度越大。

EZ 的研究结果表明季度盈余是决策有用的，与例 3-1 的决策理论模型一致。在第 5 章中将详细讨论有关股票价格对财务报表信息的反应的实证研究。

3.3.3　信息的定义

决策理论和信息含量的概念为我们提供了定义信息的精确方法：

信息（information）是指会对个体决策产生潜在影响的证据。

需要指出的是，这是一个推断的定义。假如个人不想获得足够的信息以影响其决策的话，我们很难要求他去搜集证据。贝叶斯定理只是一种帮助我们处理已知信息的工具。作为构成信息的证据，它必须具备以下特征：至少在可能收到一些证据时，最优决策的概率将会有所改变。

要注意的是，与信息系统一样，信息的定义是针对特定决策的。因此，好的投资决策所需要的信息通常不同于衡量管理人员受托责任的信息。此外，该定义也因人而异。在 1.7 节中已经指出，即使是面对于类似的决策，不同的个体对于相同的信息也可能会有不同的反应。因为他们的先验概率和效用可能不同，所以，即使面对相同的证据，他们的后验概率与投资决策也可能不同。不同投资者之间的不同信息需求使会计准则的设计复杂化，因此阿罗不可能定理（见 1.2 节）预测，通常没有一项会计准则能让所有投资者都满意。

信息的定义实际上应该包含成本效益原则。一个信息源可能会潜在地影响个人决策，但如果它成本过高，它就不会被采用，因而就无法成为信息。然而通常认为，财务报表是一个符合成本效益原则的信息来源（至少对不需要自己编制报表的投资者来说如此），因为投资者可以随时获取财务报表，并合理地理解财务报表。

最后，应该强调，个人接收信息和随之而来的信念修正概率是一个连续的过程。我们可以想象每当出现新的信息时，个体就会使用贝叶斯定理。例 3-1 集中阐述了如何在阅读年报后修正概率判断，但显然还有诸如分析师预测、季报、媒体、网站、演讲、公告和统计报告等信息来源也会影响决策。我们希望，通过在相关性和可靠性之间进行有效的权衡，使财务报表继续扮演重要的信息来源角色。

3.3.4　小结

决策理论非常重要，它有助于理解为什么信息是具有如此大的影响力的商品——它能影响投资者的行为。会计人员在提供投资者所需的信息时应当意识到这一重要的作用。

3.4 理性的、风险规避的投资者

在决策理论中，理性投资者的概念是指在进行决策时，会选择使其期望效用最大化的行为。[11] 这意味着个体会搜寻与决策相关的额外信息，以便使用贝叶斯定理修正事件概率。

需要强调的是，上述决策理论是一个理性投资决策的模型。很难说个人是否真的这样进行决策。不过，在讨论决策有用性时，不妨假设情况果真如此。正如我们将在 6.2 节中介绍的，我们并不是说所有人都会按照理论建议的那样做出决策，而是说该理论代表了那些想要做出明智决策的投资者的平均行为。或者，我们可以说，如果投资者想要做出正确的决策，这就是他们应该采取的行动。假如个人不这样以理智和可行的方式做决策的话，会计人员或其他人就很难知道他们认为哪些信息是有用的。无论如何，该理论已经过经验检验，我们将在第 5 章中加以详细阐述。由于该理论在某种程度上已为实证所肯定，增强了我们对决策理论模型合理性的信心。

我们同时假定，理性的投资者是风险规避（risk-averse）的。[12] 为了理解它，假设你自己是投资者，你和你的导师一起掷硬币——硬币是 1 美分。假如只是为了与导师开玩笑的话，你会很愿意掷这 1 美分硬币。随着赌注的提高，你可能也愿意掷 10 美分硬币、25 美分硬币甚至 1 美元硬币。但当赌注提高到 $100 000 的话，你就会拒绝。（如果你不拒绝的话，你的导师也会这么做。）

时刻提醒自己，掷硬币的期望回报等于 0，而不管赌注多少，因为你有 50% 的机会会赢，同时也有 50% 的机会会输。然而，随着赌注的提高你会越来越紧张。这说明在赌博的期望回报之外，另一种超出赌博期望价值的效应正在起作用，这就是风险规避。

应注意的是，风险规避者也在期望回报和风险之间权衡。例如，假设硬币会偏向你那边——比方说，你有 75% 的机会赢——你很可能愿意押比输赢参半时更高的赌注。实际上，你愿意以高风险换取高期望回报——你的赌注的回报值现在已经达到 $0.50 而不是原来的 0。

在建立风险规避模型时，决策理论者引入了效用函数，把决策者的回报值和效用值联系起来。

为了描绘效用函数，请看图 3-3。纵坐标代表比尔在例 3-1 中的效用函数。比尔的效用函数为：

$$U(x) = \sqrt{x}, \quad x \geqslant 0$$

式中，x 为回报值。要注意，对于风险规避者而言，效用函数是凹函数。

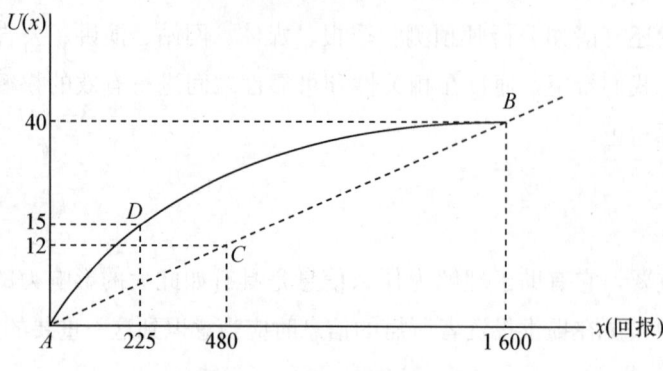

图 3-3 风险规避效用函数

基于先验概率，比尔的期望回报为 a_1，即（0.30×1 600）+（0.70×0）= \$480。回报的期望效用在连接 A，B 两点虚线上的 C 点，值为（0.30×40）+（0.70×0）=12，小于图 3-3 上 D 点无风险投资的效用 15。所以，如果比尔根据其先验概率行动的话，那么他的理性选择是无风险投资。尽管风险投资的期望回报（\$480）大于无风险回报（\$225），比尔仍会理性地选择无风险投资，这也证明了比尔是风险规避者。

为了阐明比尔在投资风险减少时如何改变决策，我们假定可能的回报为 \$200（概率为 0.7）和 \$1 133.33（概率为 0.3），而不是之前的 \$0 和 \$1 600。你可以证明期望回报仍是 \$480 而期望效用却升至 20。[13] 所以，此时比尔的理性决策是购买风险投资。当期望回报不变时，风险减少会带来期望效用的提高。

不管投资者直觉上如何规避风险，有时我们假定他们是风险中性的。这就是说，他们严格地以期望回报来评估风险投资——风险本身并不重要。在例 2-2 中，我们已经做了这样的假定。图 3-4 为风险中性效用函数。典型的风险中性效用函数为 $U(x)=bx$，其中，b 代表直线的斜率。这里效用只是回报的简单线性函数。

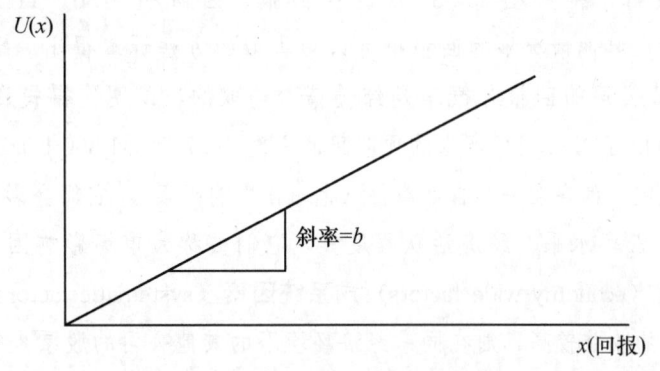

图 3-4　风险中性效用函数

当回报很小时，风险中性假设比较合理。而在大多数条件下，风险规避假定更符合现实。风险规避意味着投资者既需要有关未来期望回报的信息，也需要有关风险的信息，所以它对会计人员来说尤为重要。

3.5　投资组合多样化的原则

在例 3-1 中，相对于把所有的 \$10 000 投资于 X 公司，比尔可以做出其他更好的投资选择，他可以采用投资组合多样化（portfolio diversification）的策略来增加其效用。为了对此进一步阐述，我们假设比尔可以分析一家与 X 公司类似的 Y 公司，并预期如果投资购买 Y 公司 \$5 000 的股票，则有 0.6 的概率产生 \$993.50 的净回报，或者有 0.4 的概率产生 \$50 的净回报。比尔决定在每家公司各投资 \$5 000。值得注意的是，比尔的投资总额不变，但投资于两种证券。

例3-2　多样化投资决策

现在比尔的投资组合中包括了两家公司的股票，因此就会产生四个自然事件——两家公司的经营业绩都较好（Hi，Hi），两家公司的经营业绩都较差（Lo，Lo），或者一家公司业绩较好而另一家业绩较差。此项投资组合的预期回报的计算结果如表3-3所示。

表3-3　X公司与Y公司投资组合的预期回报

事件	回报	概率	预期回报
Hi，Hi	$800＋$993.50＝$1 793.50	0.500 0	$897
Hi，Lo	$800＋$50＝$850.00	0.250 0	212
Lo，Hi	$0＋$993.50＝$993.50	0.116 9	116
Lo，Lo	$0＋$50＝$50.00	0.133 1	7
		1.000 0	$1 232

与例3-1一致的是，如果X公司业绩较好，对X公司投资$5 000将产生$800的净回报。如果Y公司业绩较好，将产生$993.50的净回报。因而在（Hi，Hi）的情况下将得到$1 793.50的总回报。其他情况下的回报也可以用类似的方法计算得出。需要注意的是，为了方便比较，本书对Y公司的回报与概率是经过精心选取的，以便使得投资组合的预期回报与例3-1中投资$10 000于X公司所产生的预期回报一致（0.77×$1 600＋0.23×$0＝$1 232）。

在任何经济环境中，都存在一些自然事件（也叫作影响因素），它们会影响所有公司股票的回报，例如利率水平、汇率水平、经济活跃程度等，它们被称为市场影响因素（market-wide factors）、经济影响因素（economy-wide factors）或**系统因素**（systematic factors）。它们的存在意味着：如果某一只股票的收益较高，则在同一经济环境下的其他公司的股票也很可能具有较高的回报——也就是说，这些股票的回报可能不是独立分布的。假设比尔的投资最终得到（Hi，Hi）的自然回报的概率是0.500 0，这一概率显著高于X公司与Y公司回报独立时得到状况（Hi，Hi）的概率（后者的计算结果是0.77×0.60＝0.462 0）。二者的差异反映了这些潜在的共同因素的影响。

用同样的方法计算表3-3中最后一行的结果，得到（Lo，Lo）回报概率为0.133 1，也高于两家公司回报独立时计算得到的（Lo，Lo）下的回报概率（0.23×0.40＝0.092 0）。基于同样的原因，如果市场影响因素导致较低的回报（例如经济不景气），则两家公司的股票回报将显著高于二者独立时的结果。

当然，即使股票之间会因为共同因素的影响而产生联动，这种协方差也不是完全的，依然有可能一家公司产生较高的收益而另一家公司产生较低的收益——表3-3中间两行的记录可以作为相关的证据。这是因为除了经济影响因素外，还存在仅仅影响单家公司回报的公司特定因素（firm-specific factors），例如公司管理人员的管理水平、新专利、罢工、机器故障等。因此，表中第二行表示X公司实现了较高收益（例如因为该公司某项新发明刚刚获得专利）而Y公司未能获得较高收益（例如因为该公司生产线出现严重的机器故障）。比尔评估发生这种（Hi，Lo）结果的概率是0.250 0。我们可以类似地评估第三行的结果。[14] 最终，我们可以计算比尔在这种投资组合多样化策略下的预期效用。

$$EU(P) = 0.5 \times \sqrt{1\ 793.50} + 0.25 \times \sqrt{850} + 0.116\ 9 \times \sqrt{993.50} + 0.133\ 1 \times \sqrt{50}$$

$$= 0.5 \times 42.35 + 0.25 \times 29.15 + 0.116\ 9 \times 31.52 + 0.133\ 1 \times 7.07$$

$$= 21.18 + 7.29 + 3.68 + 0.94$$

$$= 33.09$$

式中，$EU(P)$ 表示投资组合的预期效用。由于该效用（33.09）显著大于同期债券投资的预期效用（15），比尔依然是在进行风险投资。即使他的投资总额（$10 000）以及预期回报（$1 232）与例 3-1 中相等，但投资组合多样化使得比尔的预期效用由 30.80 增加至 33.09。其原因在于抵消了公司特定风险（也称异质性风险，idiosyncratic risks）。如果比尔仅仅持有 X 公司的股票，他将承担 X 公司的所有异质性风险；而投资组合多样化之后，他只需要承担 50% 的 X 公司异质性风险以及 50% 的 Y 公司异质性风险。X 公司取得高收益而 Y 公司取得低收益的概率，或者相反（X 公司取得低收益而 Y 公司取得高收益的概率），都降低了总的异质性风险。由于比尔是风险规避者，他的预期效用提升了。

如果一个由两种证券构成的投资组合可以降低公司特定风险，那么一个由三种证券构成的投资组合将在更大程度上降低公司特定风险。依此类推，这一推论是正确的[15]（虽然预期效用增长的幅度呈减弱趋势，这意味着投资组合多样化带来的收益在很大程度上是由相对少数的几种证券带来的）。我们可以推断，如果不存在投资成本，比尔应当购买市场上所有的证券以便进行完全多样化的投资，这称为持有市场投资组合（holding the market portfolio）。

3.6　财务报告决策有用观的发展

3.6.1　引言

我们将于本节概述与说明管理层讨论与分析（management discussion and analysis，MD&A）。这一准则要求公司提供关于其运营状况的描述性解释，以帮助投资者理解公司财务报表。

MD&A 准则除本身很重要外，它也为如何增加公共领域中有用信息的数量提供了重要的说明。即使所有上市公司都需要提供 MD&A，但它们在满足披露要求的程度上具有一定的自由度。例如，一些公司可能提供"模板化"信息或者对财务报表中的信息略加修改，而其他公司可能会超出最低披露要求，提供更具体的信息。

3.6.2　管理层讨论与分析的目标

这里所讨论的 MD&A 范围是基于 2012 年安大略证券委员会发布的 NI 51-102 准则。经由加拿大证券委员会协调之后，这一准则已经在加拿大全国范围内实施。其他国家的司法机构也制定了类似的披露要求，比如 SEC。2010 年，IASB 发布了一个关于 MD&A 的实务公告——"管理层评述"（Management Commentary），它在很大程度上与加拿大及美国的 MD&A 实务保持一致。由于 IASB 并未要求公司强制实施该准则，因此本书重点讨论 NI 51 - 102。MD&A 从管理层角度对公司绩效、财务状况、风险和发展前景进行描述性说明，它要求用投资者能理解的语言编写，并鼓励提供前瞻性信息。

MD&A 的目标包括：

- 帮助现有的以及潜在的投资者理解财务报表。
- 对财务报表中未充分反映的信息进行讨论。
- 讨论重大的趋势与风险，包括影响未来业绩的风险。
- 提供关于盈余和现金流量的质量和潜在变化的信息，以帮助投资者判断公司以往业绩是否对未来业绩具有参考意义。
- 提供关于公司信用评级的信息。

为了实现以上目标，明确要求披露的信息包括：

- 讨论公司满足短期与长期流动性需求的能力。
- 讨论重要的委托事项与表外交易。
- 解释与讨论可能影响公司未来业绩的行业趋势、风险、不确定性。
- 解释对先前提供的前瞻性信息的必要更改，这些信息因后续变化而存在误差。
- 讨论公司应用的金融工具及相关风险。

以上要求中需要注意的事项有：

- MD&A 准则具有明显的前瞻性导向（forward-looking orientation）。例如，要求对影响公司未来业绩的趋势进行讨论。这一导向与例 3 - 1 是一致的。例 3 - 1 认为，投资者最关心的问题是预期公司未来业绩。同样，MD&A 准则中也暗含信息系统的概念。如 3.3.2 节所讨论的，信息系统说明了本期财务报表与未来公司业绩的概率关系。在财务报告中加入 MD&A 信息后，由于增加了关于趋势与风险的讨论，财务报告中关于当期信息与公司未来业绩的联系也相应加强了。也就是说，提高了信息系统中主对角线上的概率。这一作用在 MD&A 目标中也有所反映，即帮助投资者判断公司以往业绩是否对未来业绩具有参考意义。

与前瞻性导向相一致的是，这一准则在相关性与可靠性的权衡中更倾向于相关性，即与财务报表中的信息相比，MD&A 对客观证据的需求更少。然而，MD&A 也并未完全忽视可靠性。例如，NI 51 - 102 要求公司的 MD&A 必须获得董事会批准。我们可以认为这是为了降低管理层操纵与偏误的概率。同样，对于之前 MD&A 披露的、事后被证明存在误差而需要修改的预测性信息，公司必须进行讨论与披露。这些要求有助于提高其可靠性，因为管理层知道，他们估计的信息一旦产生误差或偏差，事后必须对此进行解释。

- MD&A 准则似乎与理性投资者决策理论相当一致。例如，它强调了投资者所需的前瞻性信息与风险信息的完全披露与确认。然而值得注意的是，它强调的是公司特定风险的披露。正如本书 3.5 节所讨论的，大部分公司特定风险是可以被投资组合多样化抵消的。因此，高质量的 MD&A 披露应有助于提高主要对角线概率，从而增加投资者对公司的信心。

以此为背景，下面提供一个 MD&A 披露实例进行进一步的阐述。

3.6.3　一个 MD&A 披露的实例

下文节选了加拿大轮胎有限公司（Canadian Tire Corporation，CTC）2016 年年报中的部分 MD&A 内容，其中包含了绝大部分关于风险管理的讨论。加拿大轮胎有限公司是一家大型零售商，拥有全国性的销售网络，并提供诸如信用卡、银行服务、保险在内的金融服务。其 2016 年年报获得了 CPAC 2017 年度卓越财务报告奖，这一奖项包含了对该公司披露风险管理策略的赞扬。

该公司还对当期经营及融资活动进行了深入讨论，同时讨论了公司主要部门的业绩与风险，本书并未复制以上讨论内容。

关于风险管理的讨论内容中，加拿大轮胎有限公司面临多种风险，包括经营风险、业务关系变更、竞争环境变化、自然灾害、技术变更、违规与法律风险等。同时还包括诸如信用风险、财务报告差错、汇率与利率变化等财务风险。最后，需要特别注意公司披露控制这些风险的策略。

加拿大轮胎有限公司 2016 年财务报告中的 MD&A 风险部分节选

12.0　公司风险管理

为了维护和提升股东价值，运用公司风险管理（ERM）计划对风险进行战略管理。公司的 ERM 计划支持风险识别、量化、监控和报告能力，并将这些能力整合到管理过程中。

公司的战略和目标影响着 ERM 计划的优先次序。该计划解决了战略、财务和运营风险及其对公司所有业务的潜在影响：

- 从跨职能的角度看问题；
- 旨在提供连贯且严谨的方法，以支持有效的风险管理；
- 旨在帮助支持和优化风险/回报相关决策；
- 纳入战略规划和报告过程；
- 旨在评估和纳入管理风险的方法，包括风险规避、风险控制、风险转移和风险承受；
- 由管理层在董事会监督下制定和实施。

公司在其正常活动过程中继续完善 ERM 计划，重点关注公司战略的关键风险和该战略的执行，以及支持该计划的基础流程和工具。

12.1　风险治理

公司董事会的授权中包括了监督 ERM 计划的制定和实施，因为董事会把这一职责授权给了审计委员会。审计委员会负责：

- 对公司主要风险进行年度审查并向董事会提出建议；
- 向董事会建议全面的 ERM 政策，并向董事会报告 ERM 计划。

公司职能管理者负责有效地管理与其业务领域相关的风险。ERM 计划使首席执行官能够管理公司的风险概况，并监督主要风险和其他公司级别风险的管理。

公司内部审计服务部门的首要职责是协助审计委员会履行风险及不确定性、财务控制与控制偏差、合法与合规性等相关事项职责，遵守公司的商业行为准则和董事会批准的政策。为此，内部审计服务部门负责独立、客观地评估公司风险管理、控制与治理流程的有效性。

12.2 主要风险

公司 ERM 计划的一个关键组成部分是对主要风险进行定期检查、识别与评估。公司主要风险的定义是：单独或与其他风险相结合，对公司财务业绩、声誉、服务能力有显著不利影响，且一旦缺乏控制就很可能发生的风险。主要风险属于公司级别的战略、财务、经营风险。公司管理层完成对主要风险进行正式的年度回顾后，提交给审计委员会并获得董事会批准。

以下提供了对公司的 13 个已识别的主要风险的抽象定义（作者注：我们在这里只复制了其中的一部分），并描述了公司为缓解这些风险对业务目标的潜在影响而采取的主要策略。为了确保将与主要风险相关的所有风险要素考虑在内，对主要风险的缓解和管理进行了全面的研究。本公司维持保险责任范围以进一步减轻某些风险。尽管本公司认为以下所述的旨在降低风险的策略是合理的，但不能保证这些策略能有效地降低可能对 CTC 的财务状况、品牌和/或实现其战略目标的能力产生负面影响的风险。

风险管理策略：全球和国内市场

CTC 受外部商业环境波动或重大变化所带来的风险影响。这些波动或重大变化可能包括：

- 经济衰退、萧条或高通货膨胀，影响消费者支出；
- 零售，金融服务或房地产行业竞争格局变化，影响 CTC 商品的吸引力以及其房地产的价值；
- 国内或国际政治环境变化，影响产品成本和/或经营能力；
- 加拿大人口结构变化，影响 CTC 提供的产品和服务；
- 消费者的购买行为或天气改变，影响 CTC 所提供的产品和服务；
- 新"技术"引入，影响 CTC 提供的产品、渠道或服务，这可能会对 CTC 的财务状况、品牌和/或实现其战略目标的能力产生负面影响。

公司会定期监测和分析加拿大的经济、政治、人口、地理和竞争发展以及其采购商品或技术解决方案的国家/地区的经济、政治和竞争发展。管理层认为适当的运营计划和投资决策，可以降低风险并利用可能出现的机会。

风险管理策略：人才

CTC 面临着无法吸引和留住足够的、有适当技术的人才的风险。这些人才拥有专业知识（专注力、决心和能力）来支持 CTC 战略目标的实现。CTC 的财务状况、品牌和/或实现其战略目标的能力可能会因其无法管理其人员风险而受到负面影响。公司通过组织设计、员工招聘计划、继任计划、薪酬结构、持续培训、专业发展计划和绩效管理来管理人员风险。公司的商业行为准则规定了员工和董事的道德行为。商业行为合规办公室为员工提供多种渠道举报违规行为，提供对行为准则的解释和培训，并监督可能违反行为准则的调查和结果。

风险管理策略：技术创新与投资

技术的引进会影响 CTC 的业务，对 CTC 的产品、渠道和服务可能产生正面或负面的影响。

CTC 对技术投资的选择可能支持其实现战略目标，或可能对其财务状况、品牌和/或实现战略目标的能力产生负面影响。

公司通过在人员、流程以及满足操作和安全要求的技术方面的投资，利用市场上的先进技术来实现关键战略目标。公司通过政策、流程和程序来解决功能、性能、安全问题，以及系统、基础设施和数据的弹性和恢复。公司定期监测和分析公司的需求和技术表现，以确定其投资的有效性和投资的优先次序。

风险管理策略：网络

CTC 所有的操作领域都依赖 IT 系统。公司的信息系统受到越来越多的复杂的网络威胁。获取未授权的访问、禁用或降级服务或破坏系统的方法正在不断演变。如果网络攻击成功，敏感信息被泄露或系统和服务被破坏，CTC 的财务状况、品牌和/或实现其战略目标的能力可能会受到负面影响。

公司通过政策、流程和程序来解决功能、性能、安全问题，以及系统、基础设施和数据的弹性和恢复。安全协议与公司信息安全政策共同解决了信息安全标准的合规问题，包括与属于公司客户和员工的信息相关的标准。公司积极监控、管理并继续提高其通过公司范围内的计划来降低网络风险的能力。

风险管理策略：财务

宏观经济状况具有高度周期性和波动性，会对公司实现战略目标和预期的能力产生重大影响。CTC 必须管理的相关风险包括：

● 资本市场紧张/或资本成本高；

● 汇率的显著波动；

● 利率的剧烈波动或变化。

如果未能制定、实施和执行有效的策略来管理这些风险，可能会导致资金不足，无法承受意料之外的损失和/或利润减少和/或资产价值的变化，从而对 CTC 的财务状况、品牌和/或实现其战略目标的能力产生负面影响。

公司有一项经董事会批准的财务风险管理政策，用以规范资本、融资和其他财务风险的管理。财务主管和首席财务官提供政策合规的保证。详情请参见 8.3 节。

特别是本公司的对冲活动受此政策约束，该对冲的目的是降低公司对外汇汇率波动的风险敞口，以及对利率和股票市场不利变动的敏感性。对冲交易由评级较高的金融机构执行，并受到政策限制的监控。详情参见 8.5 节和 12.3 节。

风险管理策略：财务报告

像 CTC 这样的上市公司面临着与财务报表重述和重新发布有关的风险，这可能是由于：

● 未遵守财务会计和列报准则以及与财务报告有关的证券法规；

● 欺诈活动和/或未能维持有效的内部控制系统；

● 对公司的经营业绩、财务状况和未来前景的解释不充分。

其中一个或多个风险的发生可能会导致与监管相关的问题，或可能对 CTC 的财务状况、品牌和/或实现其战略目标的能力产生负面影响。

内部控制包括政策、流程和程序，为财务报告的可靠性、财务报表的编制和其他披露文件提供合理的保证。包括监测和响应管理会计和财务报告的法规和标准的变化。

12.3 金融风险

金融工具风险

公司面临与金融工具相关的若干风险，这些风险有可能影响其经营和财务业绩。公司的主要金融工具风险敞口涉及应收信用卡贷款和信用损失备抵以及被用来管理外汇风险、利率风险和股票风险的金融工具（包括衍生工具和投资）的价值，这些都受到金融市场波动的影响。

关于公司金融工具的进一步披露、分类、对财务报表的影响以及公允价值的确定，请参阅公司 2016 年致股东报告合并财务报表附注 32。

流动性风险

流动性风险是指公司在履行与其金融负债相关的债务时遇到困难的风险，这些债务是通过交付现金或其他金融资产来结算的。公司管理流动性的方法是尽可能确保在正常及合理压力的条件下，始终有足够的流动性来偿还到期债务。公司有适当的政策来管理其流动性风险。

对公司流动性风险的全面讨论，见年度合并财务报表附注 5。

外汇风险

该公司在全球采购商品。为加拿大轮胎、Mark's 和 FGL Sports 横幅广告购买的存货价值中，分别有大约 40%、45% 和 6% 直接来自北美以外的供应商，主要以美元计价。为了减轻外汇汇率波动对这些采购成本的影响，公司有一套既定的外汇风险管理方案，该方案规定了必须通过购买外汇合同进行套期的美元预期采购比例。该计划的目的是为未来商品购买的外汇部分提供确定性。

由于该公司已对其以美元计价的短期预测的很大一部分购买成本进行了套期，因此外汇汇率的变化不会影响这部分购买成本。即使汇率持续变化，该公司仍继续进行套期计划。由于套期按当前汇率计算，汇率持续变化的影响最终将反映在公司的美元购买成本中。长期来看，该套期计划使公司能够延缓汇率突然变动对利润率的影响，并使其有时间制定策略，以减轻汇率持续变化的影响。一些供应商可能受到美元汇率波动的影响，这可能会影响他们向公司收取的商品价格，公司的套期计划并不能减轻这种风险。虽然公司可以通过定价来转嫁外汇汇率的变化，但这一决定将视市场情况而定。

利率风险

本公司可偶尔使用利率衍生品来管理利率风险。公司有一项政策，规定至少 75% 的长期债务（期限超过一年）必须按固定利率和浮动利率计算。

为什么一些公司有动机披露超过最低报告要求的信息？这本身是很有趣的，特别是如果这些前瞻性披露不符合预期时公司还可能被诉讼。一个可能的原因是，公司通过降低信息不对称程度可以增加投资者信心，从而降低公司资本成本。本书第 12 章将对此进行详细讨论。然而，另一个可能的原因在于，公司充分披露的声誉本身也会影响客户及投资者的信心。

💡 实务中的理论 3-1

Home Capital Group（HC）的案例说明了违反 MD&A 要求可能带来的严重后果。[16] HC 是加拿大一家大型金融服务公司，提供抵押贷款和其他金融产品，比如存款和有担保的投资凭证。高风险抵押贷款是其业务的一个重要组成部分，这些贷款发放给那些信用状况不佳、无法从银行等要求较高的机构获取借款的个人。

HC 的抵押贷款并不是由 HC 自己安排的，而是由贷款经纪人安排，然后提交给 HC 审批的。然而，多年来一些经纪人提交虚假借款人收入信息，HC 直到 2014 年 6 月才发现。HC 除了解雇 45 名违规经纪人，还对其处理抵押贷款申请实施了耗时的新控制，结果是 HC 签发的新的抵押贷款数量减少，市场对不断下滑的业务提出质疑。HC 在其 2014 年年报的 MD&A 中，将下降归因于经济因素和激烈的竞争，没有提及经纪人欺诈。

2015 年 6 月，有人向 HC 董事会审计委员会举报了该欺诈行为。HC 很快将报告提交给安大略证券委员会并公开宣布，HC 的股价随即下跌了近 20%。

HC 的麻烦迅速扩大。该公司三名最高级别管理人员或辞职，或被解雇。在 2017 年，安大略证券委员会宣布展开调查，声称经这些人核证的财务报表包含重大虚假信息。在随后的和解中，HC 支付了 3 000 万美元，前首席执行官被罚款 100 万美元，并被禁止在 4 年内担任任何上市公司的董事及高级管理人员。前首席财务官和财务主管分别被处以 50 万美元的罚款，并被禁止从业 2 年。

更严重的是，投资者对 HC 诚信的信心下降，投资者撤回了大约 95% 的高息存款，并停止购买其 GICs。这些撤资严重降低了 HC 发放新抵押贷款的能力，HC 似乎将要破产了。在 2017 年 4 月，它从安大略省的养老金基金中获得了 20 亿美元的信贷额度，但是这一利率很高。市场将这一信贷额度解读为坏消息，HC 的股价下跌了 60%。然而，2017 年 6 月，在新的高管和有声望的新董事的加入下，HC 以更好的条件从沃伦·巴菲特（Warren Buffett）的伯克希尔·哈撒韦公司（Berkshire Hathaway Inc.）获得了 20 亿美元的贷款。伯克希尔也以每股 9.55 美元的价格购买了 HC（约）20% 的股份。HC 在多伦多证券交易所的股价迅速升至 16.65 美元，并于望日涨至 19 美元。[17]

因此，HC 在这场灾难中幸存下来。尽管如此，对于经历过 2007—2008 年美国股市崩盘的投资者来说，这一系列事件的发生顺序一定是非常熟悉的（见 1.3 节）。多伦多和温哥华的房地产市场非常活跃，在许多人看来，它们处于泡沫之中。现在，一家主要的金融机构因宽松的抵押贷款制度而破产。实际上，投资者担心，HC 缺乏透明度的问题可能也存在于其他金融机构之中。例如，HC 的主要竞争对手股价下跌 25%，该公司还获得了 20 亿美元的信贷额度，以防止不安情绪蔓延。此外，2017 年 4 月 HC 获得初始信用额度后不久，穆迪投资者服务公司（Moody's Investor Service）下调了加拿大主要银行的债务评级。

然而，加拿大现有的法规在没有政府进一步明显干预的情况下遏制了潜在的危机。例如，加拿大的大多数省份都不允许房主在房产价值低于抵押贷款时直接离开。房屋所有者的其他资产可能会被没收，以抵偿欠款。此外，获得抵押贷款有严格的规定，如最低首付和分期偿还期限的限制。诸如此类的管制措施降低了抵押贷款违约的可能性，并增加了投资者对金融体系的信任，这表明 2007—2008 年股市崩盘的教训没有被忘记。

然而，这些事件说明了信息的力量（在这个案例中，就是缺乏信息），以及充分披露的失败是如何产生广泛影响的。

MD&A 是证券监管机构制定标准以增强财务报告有用性的重要措施。可以想象，证券监管机构之所以积极参与 MD&A 披露监管，大概是因为会计准则与财务报表相关，然而安大略省及其他证券监管机构关注管理层所披露的年报中的其他信息——也就是说，在财务报表范围之外的信息披露。

3.6.4　MD&A 对决策有用吗？

我们很难评价 MD&A 的决策有用性，虽然 MD&A 涉及定量信息，但其讨论内容还是以文字为主。然而，财务报表本身是基于定量的，其决策有用性是因为其可以方便地与公司前期、其他公司、既定基准（如资产回报率）进行直接比较。同时，MD&A 不是及时的信息来源，还受到低时效性的影响。因为当公司公开发布年报时，许多财务信息已经通过新闻稿和管理层电话会议发布。然而，利用复杂的计算机软件进行文本阅读和分析，评估 MD&A 决策有用性的工作正在取得进展。

这里阐述两个有关此类决策有用性的研究实例。第一个实例参见实务中的理论 3-2。

💡 实务中的理论 3-2

Li（2010）研究了 MD&A 报告的语气。首先，他在 15 个具有会计背景知识的学生的协助下，把随机选择的 MD&A 报告中的 30 000 个前瞻性语句分为正面语气、负面语气、中性语气。前瞻性语句指包含了诸如"将要""期望""打算"等词语的语句。前瞻性句子中积极词（如"扩大"）的数量越多，就越有可能使用正面语气。正面语气的语句是指暗示了管理层对公司未来持乐观态度的语句。

按照我们在 3.3 节所讨论的决策理论，语气可以被认为是一种自然事件。分类的结果是：

正面语气：占所有语句的 20%；

负面语气：占所有语句的 40%；

中性语气：占所有语句的 40%。

Li 使用以上比例作为先验概率。也就是说，如果某人从 MD&A 报告中随机选取了一个前瞻性语句，则他有 0.2 的先验概率挑选到正面语气的语句。他们所使用的各种正面的、负面的和中性的词语以及句子的语气被输入一个能够阅读文本的计算机程序中。实际上，计算机现在已经从过去的经验中学会了如何将一个 MD&A 句子分类成它的语气，并且知道每个语气的先验概率。计算机也有足够的信息来确定信息系统。例如，在这 6 000 个正面语气的语句中（占 30 000 条语句的 20%），统计某一个特定单词出现的次数（用计算机确定与统计）。假设在这 6 000 个语句中"将要"这个单词出现了 4 200 次，则单词"将要"在正面语气条件下出现的概率是 4 200/6 000=0.70。在负面语气与中性语气的语句中重复这一统计计算过程。[18]

由此得到的是在某种语句中某个单词出现的条件概率。根据 3.3.2 节讨论的信息系统，三种语气的出现属于自然事件，而每一个特定单词就成为一个证据项。

借助这些先验概率与信息系统，Li 提取了 1994—2007 年美国所有 MD&A 报告中 1 300 万个前瞻性语句。对每份 MD&A 报告，他使用贝叶斯定理根据语气对其分类。[19] 例如，可以根据语气的先验概率（20%）与信息系统对正面语气语句中出现某个单词的概率判断某个语句是正面语气语句的后验概率。同理判断得到某个语句是负面或中性语气语句的后验概率。由此可以把所有的语句按照语气分为三类并按照后验概率高低进行排序。整个 MD&A 报告的语气就是其所包含前瞻性语句的平均语气。

最后，Li 根据语气对季度 MD&A 进行了分类，共得到 145 479 个样本。Li 发现，MD&A 报告中最常见的是负面语气。因为他所采用的 MD&A 样本区间包括了安然公司的破产影响及其他相关财务报告造假案件，还包括了 2007—2008 年的股市崩盘，也许这一计算结果与人们的预期是一致的。

接下来的问题是，MD&A 报告的语气有助于预测公司未来业绩吗？如果可以，这意味着 MD&A 具有决策有用性。Li 检验了 MD&A 报告的语气与披露 MD&A 报告之后四个季度盈余的关系。在控制了影响公司未来业绩的其他因素（如当季度盈余、股票市场表现等）之后，Li 发现公司语气与下个季度的盈余呈现出显著的正相关关系。也就是说，如果公司的 MD&A 是负面语气的，则公司在下季度更可能报告坏的盈余消息，反之亦然。这种正相关关系会持续到下三个季度，但影响是逐渐衰减的。Li 还发现公司 MD&A 语气与下一季度的盈余变动之间也存在类似的正相关关系。

Li 把他的样本按照时间分为两个子样本：2003 年以前、2003 年及以后期间。他发现两个期间 MD&A 的决策有用性几乎没有发生变化。

第二个实例是 Brown 和 Tucker（2011）的研究。他们用计算机软件分析了 1997—2006 年公司每年 MD&A 报告中词语的相似程度与变化情况。他们认为，如果公司达到了 MD&A 披露要求，则当公司当年的经济活动越好时，公司当年的 MD&A 报告所用的词语与前一年度报告所用词语的变化越大。相反，公司将可能采用模板式文件，使其披露的信息最少。经济活动的度量指标包括每股盈余的变化量、偿付能力的变化情况、股票收益的波动程度（反映了公司风险）、并购情况等。

Brown 和 Tucker 提取了 28 142 份 MD&A 报告，计算了每个报告与上一年度报告的词语变化情况并进行打分。[20] 他们发现，报告得分与经济活动指标（除了公司风险指标）呈现出正相关关系，他们进而认为，平均而言，公司是符合 MD&A 披露要求的。

然后，他们通过比较公司的 MD&A 报告披露评分与 MD&A 报告发布后三日的股票回报，检验了 MD&A 的决策有用性。他们发现二者存在显著的正相关关系，这与决策有用观是一致的。[21]

然而，Brown 和 Tucker 也发现，当公司发布 MD&A 报告时，分析师是不会修改其对该公司的盈余预测的。他们认为，分析师预测主要是针对短窗口期的（例如仅分析下一个季度或年度），而 MD&A 报告强调的是前瞻性，提供了更多的长期信息。

接下来，他们将数据按年度分类后发现，单词变化评分与投资者反应都呈下降趋势，因而 MD&A 报告中的模板语言越来越多，以及 MD&A 报告所包含的信息含量越来越多地被其他信息源所替代，这两种趋势降低了 MD&A 报告在时间序列上的决策有用性。在某种程度上，这一结论与 Li（2010）的结论是不同的。后者认为，MD&A 的决策有用性并不会随着时间变化而改变。然而，Li 对决策有用性的度量指标是 MD&A 报告预测公司下一季度盈利水平的能力，而 Brown 和 Tucker 所用的度量指标是股票市场反应。因此，二者结论存在差异的一个可能原因是股价受到除净利润之外的许多其他因素的影响。

3.6.5　小结

MD&A 代表证券监管机构制定的超出 GAAP 要求的准则的一个重要措施。可以想象，证券监管机构之所以积极参与 MD&A 报告披露管制，是因为会计准则仅与财务报表相关，而证券监管机构也关注公司管理层的所有披露（包括表内和表外）。

目前的研究表明，MD&A 对决策是有用的。然而，还需要进一步的研究来确定这种决策有用性是否会随着时间的推移而下降。

3.7　职业会计团体对决策有用观的反应

3.7.1　概念框架

主要的职业会计团体都采用了决策有用观。例如，根据 IASB 概念框架（2018；1.2 段）第 1 章，财务报表的目标就是对现在和潜在的投资者、贷款者和其他债权人提供有用的财务信息，以便于其向实体提供资源。[22]

这个目标包括财务报表在报告管理层受托责任方面的作用。该概念框架规定投资者需要关于"公司管理层与治理层在多大程度上履行了其使用公司资源的效率与效果"的信息。然而，这一受托责任目标意味着，旨在告知投资者关于公司未来业绩的同一套报表也有助于告知其管理层业绩。显然，这一观点在某种程度上是正确的。但是，如本书 1.10 节所述的基本会计问题所表明的，通常我们难以使用单一的业绩计量方式来满足上述双重目标。因此，正如 Dopuch

和 Sunder（1980）在几十年前所指出的那样，概念框架能否为会计准则奠定一个通用的基础，这本身就是一个有争议的问题。

我们将于第 8 章开始讨论管理层在财务报告中的作用。在此之前，我们继续讨论决策有用观对投资者的影响。需要注意的是，"决策有用"意味着制定决策的人是投资者，财务报告的目标是提供对决策有用的信息。这就是我们在 3.2 节所概述的决策有用观的实质。尤其要强调，概念框架指出会计人员的任务并非为投资者制定决策。

概念框架的总体目标包含了广泛的使用者，亦即现在及潜在的权益投资者、贷款者以及其他债权人。这些使用者在概念框架中称为主要使用者（primary users），他们使用财务信息的目的在于制定投资决策。认识到有责任向所有的资本提供者进行报告，概念框架采取了财务报告的主体观（entity view）。也就是说，财务报告反映了公司的整体视角，而不仅仅是公司股东的视角。[23]

这就产生了一个问题：资本提供者需要什么样的信息？概念框架继续阐述：主要使用者需要有关未来现金流量的金额、时间及其不确定性的信息。这与我们在 3.2～3.6 节中讨论的投资者需求是一致的。特别是，不确定性意味着投资者被假定是风险规避的——正如我们在 3.4 节中指出的那样。如果其为风险中性的，也就不会在意风险。

我们可以看到，概念框架所涉及的首要决策就是对公司股票以及债券的投资决策。具体来说，现金流量就是回报，类似于例 3-1 中的回报表（见表 3-1）。这些投资决策既适用于现有投资者，也适用于潜在投资者。这意味着，财务报告必须向市场而不仅仅是向公司现有的投资者传递有用的信息。

还要注意的是，信息的目标是未来导向的——需要有关"未来"投资回报的信息。虽然所使用的词语与我们之前有关投资决策的讨论中所使用的有出入，但是概念框架的基本目标仍然意味着投资者需要面向未来的信息。更具体地说，这些信息有助于他们衡量投资的期望收益及风险。

财务报告如何才能有助于预测未来回报？我们认为有必要在当期公司业绩和未来前景之间建立联系。没有此种联系，概念框架的决策导向目标就难以实现。

通过决策理论模型我们可以清楚地看到这种联系。特别地，可以参见例 3-1 中的信息系统（见表 3-2），表中提供了有关本期财务报表信息（GN 或 BN）与未来事件状态（高盈利能力或者低盈利能力）之间的或然概率。实际上，现在的财务报表信息与未来回报之间就是通过信息系统的条件概率联系在一起的。

与信息系统联系相一致，概念框架陈述道（方括号中的部分是本书作者加的注释）：

> 有关报告主体过去［包括当前］财务业绩的信息……通常有助于预测该主体未来对其经济资源的回报。（CF 1.16 段）

这些论据使得概念框架能够坚持认为，即使财务报表所报告的是关于公司本期的财务状况及业绩，这些信息对前瞻性投资者仍有所帮助。回忆一下，在历史成本会计中，利润表是最重要的财务报表（见 2.4.1 节）。概念框架重新强调了资产负债表的重要性（方括号中的部分是本书作者加的注释），它认为利润表提供了：

……有关改变主体经济资源及其要求权［如，改变资产负债表项目］的交易的信息，这两种信息［即资产负债表和利润表］都为向主体提供资源的决策提供了有用的输入信息。（CF 1.12 段）

实际上，应计项目的作用是将交易对公司资产负债表的影响包括在这些影响发生的期间，即使由此导致的现金收支发生在不同的期间。例如，应收账款减去坏账准备（二者都是应计项目），从资产负债表角度预计了未来将收到的净现金流入。虽然本期纯利润包括这部分净额，但应计项目的主要作用并不能被认为是匹配成本（坏账费用）与销售收入。更确切地说，应计项目提供了关于应收账款未来净收益的相关资产负债表信息。

概念框架中还指出，以应计制为基础的财务报表比当期现金流量本身更能精准地预测未来现金流量。这听起来似乎令人吃惊。然而，一些研究者，比如 Kim 和 Kross（2005）实证检验了这一观点。他们以 1974—2000 年的美国公司为样本，发现本期盈余对下期经营现金流量的预测能力超过了本期经营现金流量。

Nikolaev（2017）将应计收益定义为由两个部分组成。一个部分是业绩，它衡量由当期业务产生的未来现金流量。另一个部分是应计误差，由估计误差、偏差、盈余管理和会计稳健性造成。Nikolaev 提出了一个公式来估计每个部分的方差。如果误差部分的方差超过了业绩部分的方差，这意味着应计项目中存在太多的计量误差，以至于当期净收益对未来现金流量的预测能力不如现金流量本身。然而，基于 1987—2014 年的大量公司样本，Nikolaev 发现业绩部分的方差（这个方差估计了公司运营的真实波动）超过了应计误差部分的方差。因此，他得出结论，与概念框架一致，当期净收益比当期现金流量更能预测未来现金流量。

概念框架继续谈及了财务报表信息有助于投资者决策的必要特征。这是整个概念框架关键而又微妙的另一个方面——财务报表如何呈报可以在预测未来回报时被投资者最大限度地利用？答案还是相关性（relevance）和可靠性（reliability）——概念框架视之为财务报表有用性的基本特征。

在第 2 章，我们定义相关财务报表为向投资者提供有关公司未来经营预期信息的报告。概念框架中的定义与我们的一致：

相关的财务信息可以对投资者的决策制定产生影响……（CF 2.6 段）

很明显，如果信息可以帮助投资者评估公司未来的经济前景，就会对投资者的决策产生影响。这一概念也与决策理论中信息的概念一致。回想一下，信息是能够改变投资者决策的证据。实际上，如果不能影响投资者的决策，也就不是真正意义上的信息。信息的作用与例 3-1 中贝叶斯定理的应用一致。在该实例中，贝叶斯定理使得投资者更新其有关未来经营状态的看法，模拟了信息是如何为使用者提供不同决策信息的。

可靠性是另一个可取的信息特征。在 2.2 节，我们将可靠信息定义为，真实反映了其意欲呈现的内容的信息（亦可参见第 1 章的注释［18］，我们说过我们通常会用可靠性这个词来表示真实反映（faithful representation），因为这个词比较短，而且它与过去的用法比较相近）。概念框架的定义与我们的相同：

信息必须真实反映其意欲呈现的内容，其才是有用的。(CF 2.4 段)

概念框架进一步指出，为了能真实反映，信息必须是完整的（例如，有关影响信息真实反映的估计及描述没有被遗漏）、没有重大错误并且是中立的，在这里，中立意味着其不带任何影响投资者对信息进行解读的偏见。

尽管概念框架允许做出权衡，但相关性起着主要作用，而且可以进行权衡的情景似乎有限。相关性和可靠性之间的权衡是必要的，概念框架对这种权衡的部分接受似乎令人惊讶。尽管如此，这一段似乎认为历史成本会计在某些情况下是可以接受的。

其次，概念框架的权衡过程仅限于因"计量不确定性"而导致的不可靠性。回想一下，概念框架对真实反映的定义包括了完全性、无错误和中立。然而，概念框架中的相关讨论没有提到由于不完整或缺乏中立性而产生的不可靠性，管理层可能会机会主义地影响报告的各个方面。在我们看来，概念框架中的这一表述忽略了一些最重要的在相关性和可靠性之间进行权衡的原因：那些由管理者的自私自利行为引起的原因，这一主题我们将在第 8~10 章加以讨论。

然而，相关性与可靠性之权衡的存在可以通过实证研究加以证明。例如，Bandyopadhyay，Chen，Huang 和 Jha（BCHJ，2010）以美国公司为样本，以公司净收益预测未来现金流量的能力作为对净收益相关性的度量指标；而以净盈余的持续性（即其预测未来净收益的能力）作为对净收益可靠性的度量指标。[24]

基于以上度量方法，BCHJ 发现，在样本期间内（1973—2005 年），净收益的相关性是提高的，而其可靠性是降低的。这清楚地表明二者是折中权衡的。BCHJ 把这一发现归因于在此期间稳健性的增加。稳健性增强了相关性，因为及时地记录资产减值预示着未来现金流量的降低；稳健性在一定程度上会降低可靠性，因为减值可能存在误差及管理层偏误。

⚡ 实务中的理论 3 - 3

Gietzmann，Isidro 和 Raonic（GIR，2018）记录的秃鹫基金（vulture fund）策略充分说明了权衡的必要性。秃鹫基金是指投资于陷入财务困境公司的对冲基金，比如那些即将破产的公司。该基金的一种策略是购买这些公司的大量债务。除非完全有担保，否则这笔债务的出售价格会比票面价值低很多。

在债权人仅获得部分偿还的情况下，债权人在公司破产退出时获得一部分公司股东权益。优先级较高的债权人首先得到他们的股份。优先级较低的债权人得到的数量可能较少，或者什么也得不到。

违反债务契约可能会赋予债权人对破产公司管理的权力和影响力。因此，持有大量折扣债务给秃鹫基金带来了几个优势。例如，秃鹫基金可能会任命新的管理层，或者在公司努力摆脱破产之际，向现有管理层成员支付留任奖金。这为管理层与基金合作创造了明显的动力[25]，尤其是如果他们想在离职后保住工作的话。请注意，完全担保债务的持有人对影响管理层不感兴趣，因为无论如何他们都会得到全额偿还。

当破产退出时，美国公认会计原则要求"重新建账"（fresh start accounting）。也就是说，公司所有的资产和负债，包括无形资产，必须以公允价值计量。GIR 选取了 127 家公司作为样本，这些公司在 1994—2011 年破产后采用了重新建账的会计方法。其中 60 家公司有秃鹫基金的参与。

虽然可能会聘请不同的专家，但管理层对确定公允价值负有主要责任。现在考虑一下持有大量优先级较高债务的秃鹫基金的策略。他们将获得部分债务面值的偿还，其余部分以股权形式获取。虽然偿还债务可能会带来一些收益，但"大笔资金"将来自持有的股权，前提是公司在破产退出后实现盈利。因此，GIR 认为，这些基金希望最大限度地增加其股权持有量。持有高优先级债务的基金可以通过影响管理层对资产，特别是包括商誉在内的无形资产设定较低的公允价值来实现这一点，因为在这些资产中，有相当大的估值自由裁量权。这将减少他们收到的债务偿还金额，从而增加他们的股权份额，并减少优先级较低的债权人和原始股东收到的股权。GIR 报告称，在秃鹫基金持有优先级较高债务的样本公司中，67%的公司在破产后的初始账面价值低于破产时的账面价值。

现在，考虑一下持有优先级较低债务的基金。如果这些债务完全受损，它们将一无所获。这些基金将希望管理层提高退出时的初始账面价值，以确保它们持有的债务不会完全受损。GIR 报告称，在拥有秃鹫基金持有优先级较低债务的样本公司中，95%的公司在退出时的初始账面价值高于破产时的账面价值。[26]

这些发现表明，秃鹫基金能够利用公允价值会计中的估值自由裁量权，特别是无形资产，以增加他们在样本公司的股权比例。GIR 的研究结果支持相关性/可靠性权衡的重要性，因为正是全面公允价值会计的低可靠性使秃鹫基金能够从所描述的策略中获利。在对具有高度估值自由裁量权的资产进行历史成本核算的情况下，这些策略将会困难得多。GIR 的研究结果也支持了我们的担忧。

概念框架继续探究了有用的财务报表信息所需的其他特征（在概念框架中称为增强特征）。其中之一就是及时性（timeliness），其被视作对相关性的限制。也就是说，当新的事件发生时，信息的延迟发布会降低其预测未来现金流量的能力。可比性是另一个增强特征，可比的财务报表降低了投资者和分析师在做出投资决策和建议时比较不同公司的成本。由于会计政策选择的不同，即使是采用相同公认会计原则的类似公司的财务报表也可能存在重大差异。在比较不同国家的财务报表时，例如使用 IASB 和 FASB 准则的国家，可比性尤为重要。降低投资者的成本，将不同的报表放在一个可比的基础上，鼓励投资者进入市场，有助于提高市场的深度和流动性（见第 1 章注释 [26]）。

其他增强特征还包括可验证性（verifiability）以及可理解性（understandability）。尽管如 1.4 节所示，在会计准则中存在大量的减值测试，但概念框架目前并未把稳健性确认为会计信息的必然特征。概念框架认为"谨慎"或"在不确定的情况下做出判断时的谨慎"是用来支持中立性的，而不是用来支持稳健性（conservatism）的。

正如我们在 3.3.2 节中讨论的，稳健性会计意味着不对称，因为它在确认利得时比确认损失时要求更高的确定性；这种不对称显然被概念框架的审慎观（view of prudence）排除在外。上述段落的后一句话认为，这种不对称在某些决策情景下可能是有效的，因此可能在具体的准则中得到支持。在第 8 章中，我们将讨论各种契约情景，如债务契约和薪酬契约，在这些情景中，稳健性对使用者来说是具有价值的。

2018 年的概念框架修订了资产和负债的定义。例如，一项资产是"由于过去的事项形成的，当前被公司控制的经济资源"，并具有"产生经济利益的潜力"。这与以前关于资产的定义形成了对比，在先前的定义中，资产本质上是一种预期经济利益的流入。与新概念框架的资产负债表导向一致，新的资产的定义更强调的是资源（resource），而不是流入（flow）。

该概念框架还考虑了其他问题，如资产和负债的确认与终止确认的标准、计量方法（如历史成本还是公允价值还是使用价值），以及其他综合收益。对于计量方法，尤其是适用于单项资产或负债的计量方法，单一的计量基础（如公允价值）可能很难在所有情况下为使用者提供最有用的信息。相反，对于公司中使用的资产，如财产、厂房和设备，历史成本（接受减值测试）可能在相关性和可靠性之间提供了更好的权衡，因此它在预测未来现金流量方面比完全的公允价值更具决策有用性。

有趣的是，概念框架规定（CF 2.14 段），财务报告应当包括管理层的解释以便使用者更好地理解财务报告。如 3.6 节所述，MD&A 是证券监管机构的一项要求，而不是会计准则。这引发了一个问题：概念框架的这一陈述是否表明准则制定者打算把 MD&A 和其他非公认会计原则信息包括在其职责范围内？

2018 年，加拿大会计准则委员会（AcSB）就其"业绩计量报告框架草案"征求意见，这可能提供了一个答案。正如该意见所指出的，公司发布了许多业绩指标，如非公认会计原则的收入、订单积压和新店开张。该框架草案的目标是提高这种业绩衡量的质量，从而提高财务报告的相关性。为了推进这一目标，它基于概念框架中的概念描述了理想的业绩计量特征，如相关性、可靠性、可比性等。

3.7.2　小结

概念框架发展了会计信息为获得有用性而应具备的特征。实质上，会计信息应提供一个富有信息含量的信息系统，以便能将当前财务报表与未来事件实现和回报联系起来。为满足投资者决策有用性的要求，财务报表无须直接包含对公司未来回报的直接预测。相反，如果信息具有某些可取的质量特征，如相关性和可靠性，这些特征可以帮助投资者形成对这些回报的预测。为了最大限度地发挥作用，会计人员必须在这些质量特征之间寻求适当的权衡。

3.8　有关决策有用观的结论

在具有开创性的《基本会计理论公告》（ASOBAT）和 Trueblood 委员会报告发布之后，财务报告的决策有用观意味着，会计人员需要理解财务报表使用者的决策问题。单人决策理论及其在组合投资中的应用让我们了解了理性的、风险规避的投资者的信息需求。该理论告诉我们，投资者需要有助于他们评估证券期望回报及与这些期望回报相关的风险信息。

即使并不直接报告未来投资回报的状况，财务报表对投资者来说仍是一个重要且符合成本效益原则的信息来源。GAAP 的作用在于，提供了这样一种信息系统，即它本身能帮助投资者预测未来公司业绩，从而预测未来的投资回报。为了最大化财务报表的信息含量，会计人员需要在相关性与可靠性之间进行最佳的权衡，并同时关注其他增强特征。

MD&A 标志着一种进一步提高财务报告信息含量的尝试，其未来导向的特征增加了财务报告的相关性。MD&A 对投资者决策有用的程度正是当前会计研究者的重要研究问题。

主要的会计准则制定机构，诸如 IASB 和 FASB，均已经采纳了决策有用观。从其概念框架中不难看出，其概念框架确认了财务报告在提供对投资者有用的信息中的作用。

第 3 章习题

📚 注释

[1] 正如 1.2 节所述，决策有用观是 1966 年美国会计学会（AAA）的专著《基本会计理论公告》（ASOBAT）的重点。

[2] Trueblood 委员会是美国注册会计师协会下的一个研究组，在它 1973 年的报告《财务报表的目标》中采纳了《基本会计理论公告》中的决策有用观。这一采纳的重要意义在于美国注册会计师协会是一个会计职业团体，而美国会计学会只是一个学术团体。

[3] 要了解效用理论、信息系统以及信息价值等决策理论的发展，请参见 Laffont（1989）的第 1、2、4 章，Demski（1972）的第 1～3 章。要更深入地了解该理论，请参见 Raiffa（1968）。

[4] 一些理论界人士对风险与不确定性进行了区分。当人们根据已知基本参数将得到随机结果时，决策制定者面临着风险。但如果人们并不知道这些基本参数时，他们将面临不确定性。因此，在投掷一枚均匀的硬币时，决策者面临风险。但如果投掷的是一枚不均匀的硬币，决策者面临不确定性。

但在本书中，我们并不作如上区分，我们把风险与不确定性视为可以互换的概念。但是我们对主观概率与客观概率加以区分。如果我们不区分风险与不确定性，当结果出现的概率是客观的（也就是理想环境下），我们认为投资者面临着风险；当结果出现的概率是主观的（现实环境下），我们认为投资者面临着不确定性。

[5] 对于风险规避的投资者而言，承担风险本身就是一项投资。风险越高，要求的预期回报率越高。这意味着比尔的效用是一个凹函数（例如回报数额的平方根）。这里我们通过净回报来定义效用函数。从概念上来说，效用函数应该由投资者的总财富来定义。但是，在本例中，我们选择最简单的形式。同时还要注意，以开平方方式计算效用的回报数额应当是一个正数。如果存在负数的可能，我们就可能直接使用回报作为效用函数，或者使用其他形式，例如回报的自然对数值。

[6] 另一种可能就是进行多样化投资，各种证券都购买一些。我们通过假设购买少量证券的经纪费用过高而排除这种可能。3.5 节简要考虑了投资组合多样化策略。

[7] 贝叶斯定理是决策理论的基本工具。它允许决策者通过将先验信息与新信息相结合，将先验信息更新为后验信息。在这种情况下，先验信息是事件 H 和事件 L 的初始概率，新信息是财务报表中包含的 GN。

[8] 虽然决策制定者的先验概率和后验概率是主观的，但信息系统的概率却是客观的。有关主观及客观概率的区分，参见例 2-2 的讨论。也可以参见本章注释 [10]。

[9] 如 3.3.1 节所述，虽然信息系统的概率依赖于 GAAP，但 GAAP 对不同公司的影响也是迥异的。例如，由于存在信息收集成本，在报告公司盈利情况时，相对于未公布相关信息的公司，存在大量盈余信息的公司可能因面临高昂的信息收集成本，因而不得不减少信息收集，从而得到与前者类似的报告信息。因此，即使两者报告的结果类似，但两家公司的未来业绩可能存在很大的差异，从而导致不同的信息系统概率。同时，公司管理层可以在 GAAP 范围内选择不同的会计政策，甚至可能违背 GAAP。例如，某个管理者可能出于增强个人声誉的动机而选择使得报告盈余最大化的会计政策，而另一个管理者由于担忧潜在的竞争，可能选择降低报告盈余的会计政策。因而，即使他们都遵循 GAAP，两家公司的信息系统概率也可能存在差异。

因此我们认为，信息系统概率依赖于 GAAP。但我们也应当清楚地意识到，信息系统概率也受到不同行业、不同公司治理条件下会计政策的影响。公司治理将影响管理者在多大程度上出于个人目的对财务报表进行机会主义管理。

[10] 理性预期假设不应当仅按字面进行解释。更应该说，这一假设意欲揭示投资者通过经验了解到未知参数值时的最终结果（本例中就是信息系统概率的正确值）。要注意的是，这一假设并不涉及事件本身。如果比尔知道 X 公司处于何种事件中，就没有必要再去收集信息了。同样，信息系统的理性预期假设并不是必需的。比尔可以估计事件以及信息系统概率的联合分布，此时事件解释为未来经营状况分布的均值，而信息系统则解释为方差。对 X 公司及其财务报表的观察，可以成为用以提供均值以及方差信息的样本。通过每个观察值，比尔更新其关于事件及信息系统的概率。我们假设信息系统是一致的，主要是为了简便起见。

[11] 严格来讲，选择效用最大化的行为是理性的结果，而非理性本身。Savage（1954）定义了一系列主观概率不确定下理性行为的规则。如果个体按照这些规则选择相应的行为，就意味着当且仅当该方案的期望效用高于另一方案，个体才会倾向此方案，此处的期望是与个体的主观概率相关的期望。参见 Laffont（1989，pp. 14 - 17）。

[12] 有关风险规避理论正式的发展及分析，参见 Pratt（1964）或者 Laffont（1989）第 2 章。

[13] 预期的回报为：$0.7 \times \$200 + 0.3 \times \$1\,133.33 = \$480$

预期的效用为：$0.7 \times \sqrt{200} + 0.3 \times \sqrt{1\,133.33} = (0.7 \times 14.14) + (0.3 \times 33.66) = 9.90 + 10.10 = 20$

[14] 由于影响整个经济范围的因素会增加发生（Hi，Hi）或（Lo，Lo）的概率，因此如表中所示，这些高/低回报实现的概率将低于两家公司相互独立时的回报实现概率。

[15] 这取决于如下条件，即证券组合中的股票回报不是完全相关的。如果存在完全相关的情况，则购买这样的证券组合就与用更多资金购买同一只股票是一样的。

[16] 我们感谢 Kareen Brown 和 Kevin Veenstra 与我们分享他们详细的案例材料和分析。我们的讨论在很大程度上依赖于 Brown 和 Veenstra（2018）的材料。

[17] 巴菲特还承诺购买大约 2 400 万股 HC 普通股，这使伯克希尔·哈撒韦公司获得该公司的多数股权。然而，这一收购被 HC 股东投票否决。

[18] 由于样本容量是如此之大，以至于我们可以认为这些条件概率几乎是客观的，如同贝叶斯定理所假设的那样——参见注释 [8]。

[19] 在对语句的语气进行分类时，Li 假定句子中的每个单词都是独立于其他单词而使用的，并没有试图将这些单词组合在一起。例如，如果"l surely expand"出现在一个句子中，这个短语可能比简单地把"surely"和"expand"单独作为积极语气时的语气更强。单独处理每个单词被称为"朴素的"贝叶斯方法。计算单词序列的计算机程序正在开发中，但这需要一个更复杂的程序。虽然这类程序保障了更准确的句子分类，但它们的复杂性造成了比"朴素的"贝叶斯方法更大的因错误分类句子含义带来的危害。

[20] 这一评分随着 MD&A 报告的长度有所调整，因为报告越长，同一单词出现重复的可能性就更高。

[21] 虽然统计显著，投资者反应程度相对于其他财务信息（例如盈余信息）来说还是较小的。然而值得注意的是，由于 MD&A 缺乏及时性，而其他财务信息（如盈余公告、管理层电话会议等）具有及时性，因此，这些信息的存在将降低投资者对 MD&A 报告的反应。

[22] SFAC 1（1978），也就是最早的概念框架，也是与决策有用观相一致的。其与2018 年 IASB 概念框架的区别在于，SFAC 使用理性决策的概念，增加了与理性投资决策理论之间的联系。SFAC 1 未使用"理性"一词的可能原因是，理论与实务表明个体可能并非如理论所假设的那样完全理性。我们在第 6 章中会对这一理论加以回顾。

[23] 主体观区别于**所有权观**（proprietorship view），在所有权观下，利润表是为了满足公司所有者的需要编制的。

[24] 作者需要说明的是，从某种程度上说净收益也是不可靠的，它包含着误差与偏误。这些误差与偏误可能在未来期间转回，从而降低当期收益与未来预期收益的关联性。也就是说，如果当期收益不可靠，则它是不可持续的。

[25] GIR 报告称，有秃鹫基金参与的样本公司的管理层薪酬比没有秃鹫基金参与的样本公司高出 4 倍。

[26] 平均而言，秃鹫基金持有优先级较高债务的样本公司的差异为负。相比之下，那些秃鹫基金持有优先级较低债务的样本公司，平均而言差异为正。GIR 报告说，这两个平均值之间的差异具有统计学意义。

第**4**章

有效证券市场

本章语音导读

4.1 概 述

在这一章，我们将思考理性投资者的行为对证券市场的影响。有效证券市场预测，理性决策所产生的证券价格能"充分反映"投资者的集体知识和信息处理能力。价格参与这个机制的过程非常复杂，以至于我们难以充分理解。不过，这个过程的大致轮廓却很容易看出，我们也将集中精力讨论这一过程的要点。

证券市场的有效性对财务会计具有重要影响，其中一个影响就是它直接导致充分披露（full disclosure）概念的产生。有效性意味着证券市场重视所披露信息的实质内容，而不是披露信息的形式或渠道。这样，在附注和补充报表中的披露与财务报表中的披露同样具有信息效力。这一理论也会对会计人员思考应该如何报告公司风险产生影响。

有效市场理论认为，会计有助于其他信息渠道——例如新闻媒体、财务分析师，甚至市场价格本身获取更多的信息，但也会与这些信息渠道相互竞争。作为向投资者传递信息的渠道，会计只有在与其他信息渠道相比能传递更为有用、及时和符合成本效益原则的信息时才能得以生存。

有效市场理论还提醒我们注意，会计之所以能够存在的基本原因就是信息不对称。当证券市场的某些参与者掌握内部信息时，第 1 章提到的逆向选择问题就会出现，从而滋生不信任，并可能导致市场崩溃。当投资者关注内部信息时，有效市场理论是思考影响证券价格的一个很好的起点。这样，我们就可以视会计为一种机制，它能够将相关的信息从公司内部传递到外部。这不仅有助于投资者做出更好的决策，还可以通过促进证券市场运行良好带来社会效益。

会计学者是从 20 世纪 60 年代末开始认识到证券市场有效性的重要性的。从那时开始，有效市场理论给许多会计研究指明了方向，并且给会计实务带来了一些重要的启示。虽然本章概述了完全有效证券市场的特征及其对会计人员的影响，但应该强调的是，有效性是证券市场如何运行的一个模型。就像其他模型一样，它不可能涵盖这样一个市场的全部复杂因素。因此，相关的问题就是有效性程度（degree of efficiency）的问题——也就是真实的市场与充分有效的理想市场到底有多接近？实际上，最近几年，人们对在市场有效性假设下行动的投资者是否像模型所设想的那样理性提出了许多的疑问，并有越来越多的证据质疑市场有效性。这些问题在 2007—2008 年的股市崩盘之后尤为突出（见 1.3 节）。

我们将在第 6 章探讨证券市场如何运行的其他理论，并得出结论：虽然现实的证券市场并非完全有效，但发达经济体的证券市场通常已足够接近完全有效，这样会计人员就可以遵循有效性及其内在的理性投资理论的指导。我们也认为，如果在某种程度上证券市场并不是完全有效的，这就增加了财务报告的重要性。尽管得出以上结论，但很显然，证券市场在流动性定价期间（例如 2007—2008 年股市崩盘期间）会严重偏离正常的有效性。我们将在第 7 章讨论流动性定价。

图 4-1 概括了本章的结构。

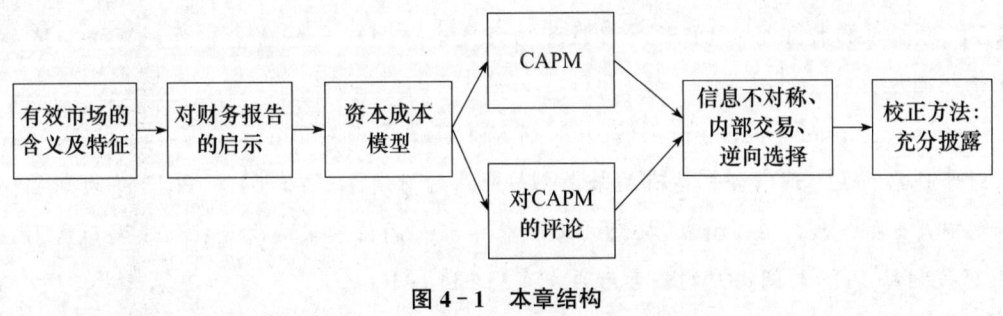

图 4-1 本章结构

4.2 有效市场的含义及特征

4.2.1 有效性的含义

在第 3 章，我们研究了理性投资者的最优投资决策。现在，我们将考虑当这种理性能概括投资者在证券市场上的平均[1] 交互行为时将会发生什么。我们所感兴趣的是市场交易中证券的市场价格特征，以及这些价格如何受到新信息的影响。

如果信息是无偿的，很显然，投资者会愿意利用这些信息。例如，在例 2-2 所示的理想环境下，投资者想知道最终实现的是哪一个自然事件，因为这会影响公司的未来现金流量和股利。我们可以假设，由于自然事件能够被公众观察到，因此在理想环境下信息是无偿的。这样，所有的投资者都会利用这些信息，并且投资者的"套利"（即投资者买卖未完全反映新信息的证券）确保公司证券的市场价格随之调整，以反映修正的预期现金流量，正如例 2-2 所示。

遗憾的是，在非理想环境下，信息并不是无偿的。投资者必须决定要获得多少会计专业知识和信息，然后对公司未来业绩形成自己的主观估计。这样，每个投资者都面临成本与效益的权衡以决定应该获取多少信息以及从哪些来源获取信息，如财经新闻、朋友或同事的闲谈、政府统计数据、财务分析师以及经纪人的建议等。我们可以认为，理性投资者在收集到此类信息时将不断修正其主观概率。当然，从我们（会计人员）的立场出发，公司的年报和季报是主要的符合成本效益原则的信息渠道。例 3 - 1 解释了财务报表信息引起的对未来事件概率的修正。

至少会有一部分投资者花费相当多的时间与财力来运用这些信息指导其投资决策。类似的投资者称为**信息知情者**（informed），在例 3 - 1 中，比尔就是这样一个投资者。

很明显，掌握信息的投资者在获取新的信息后将"迅速"行动。如果他们行动不迅速的话，其他的投资者就会先行一步，从而导致市场证券价格的调整，这样就会减少甚至消除新信息所带来的利益。实务中的理论 4 - 1 说明了市场对新信息的反应有多快。

⚡ 实务中的理论 4 - 1

美国证券交易委员会 EDGAR（电子数据收集、分析和检索）网站是一个公开的网站，包含了美国证券交易委员会管辖下的公司需要提交的文件，其中包括 MD&A 报告和财务报表信息，以及显示公司高管和董事内幕股票交易的表格（Form 4）。美国证券交易委员会还提供了一项公共传播服务（PDS），该服务向订阅者（即信息知情者）发送 EDGAR 档案，并收取一定费用。

Rogers，Skinner 和 Zechman（2017）研究了股票市场对 Form 4 信息的反应。他们专注于内部股票购买，通常会传达有关未来公司业绩的好消息。在 2012—2013 年为期 22 个月的研究中，他们发现，在 Form4 提交的文件中有 57% 的信息实际上是在信息发布前 18.2 秒由 SEC 发送给 PDS 订阅用户的，然后再发布到 EDGAR。

这一时间差足以让 PDS 订阅用户在购买后的 2 分钟持仓期内获得 0.28% 的平均回报率。值得注意的是，由于这 2 分钟的时间比 18.2 秒的延迟时间要长，在公开发布 EDGAR 后，整个市场也对这个好消息迅速做出了反应。

在这项研究公布后，美国证券交易委员会决定采取措施消除这种信息优势。

当有足够多的投资者在收到新信息后迅速而理性地进行交易时，市场便变得有效。有效证券市场有不同的定义。这里我们所使用的定义为**半强式**（semi-strong form）有效证券市场，源自 Fama（1970）。

有效证券市场（efficient securities market）是这样一个市场，市场上任何时候的证券交易价格都将充分反映所有为公众所知的与该证券有关的信息。

这种形式的有效性与**强式有效市场**（strong form efficiency）相对立。在强式有效市场中，证券价格可以反映所有的信息，而不仅仅是公众可以获得的信息。作为一个现实的问题，由于消除所有内部信息的成本高昂，股价不太可能达到强式有效。为此，后续内容中当我们提及市场有效性时，都指的是半强式的。

关于有效性，有四点值得注意。第一，市场价格有效是针对公众已知的信息。因此，这个定义并不排除内部信息存在的可能性。实际上，拥有内部信息的人比市场上的普通投资者所知晓的信息更多。如果他们利用内部信息的话，他们就能够在投资上以牺牲外部人的利益来获取超额利润。这是因为这些证券的市场价格仅仅反映了外部或公众可获得的信息，而没有反映内部人所拥有的信息。当然，也并不是说每个内部人都是"坏"的。一些经理人可能会设法向市场可靠地传达他们的内部信息，也许是为了提升公司的股价以及他们的声誉。尽管如此，投资者仍然对内部交易的可能性表示担忧。

第二，市场的有效性是一个相对的概念，指相对公众可获取的信息而言市场是有效的。有效证券市场的定义并不意味着证券市场无所不知以及市场价值总是反映了公司真实的内在价值。例如，在 2007—2008 年股市崩盘之前的几个月，资产支持证券的市价及发行这些证券的公司都严重高估了它们的真实价值。然而，半强式有效市场的一个重要问题就是，证券价格是否反映了导致股市崩盘的公开信息。

但是，这个定义的确具有这样的内涵：一旦新的、正确的信息为公众所知，市场价格将针对其迅速做出调整。产生这个调整是因为理性投资者一旦获取任何渠道的新信息，就会尽快修正其对未来收益的预测。这样就会导致投资者现行投资组合的预期收益与风险发生改变，投资者将进入市场，以修改他们的最佳风险—收益决策。由此而导致的买卖决策将迅速影响证券价格，以充分反映这些新的信息。

第三，如果市场是有效的，投资便是一个**公平的游戏**（fair game）。这意味着，投资者不能期望从股票或者投资组合中获取高出正常预期收益的超额回报，这里的正常收益已经考虑了风险。正如 4.5 节将会说明的，建立正常回报标准的一种方法是利用资本资产定价模型（CAPM）。

第四，考虑到市场的有效性，证券的市价应当随时间而随机波动，也就是说，股票回报不应该存在可预测的模式。所以，如果一家公司今天报告了好消息，那么公司股票价格应该在同一天上升以反映这一消息。在缺乏进一步消息的情况下，如果股票价格在接下来的一天中继续上升的话，这就是证券市场非有效性的证据。证券市价随机波动的原因是，任何关于公司的预期（例如公司业务的季节性波动或公司主要管理人员退休）一旦形成，就会反映在公司的证券价格中；也就是说，市场对这些事件给公司价值带来的影响的预期总体上来说是无偏的。证券价格变化的唯一原因是出现了相关的非预期信息。根据定义，非预期事件是随机发生的。例如，一个意外事件可能会改变一份契约的预期利润，而公司的股价会迅速对这个随机事件做出反应。这样，如果我们考察某特定证券价格变化的时间序列图，根据有效市场理论，应该会发现它在整个期间是随机波动的。表示这类序列无关行为的时间序列有时称为**随机游走**（random walk）。

4.2.2　市场价格如何充分地反映所有可获取的信息？

我们现在讨论市场价格如何充分地反映所有可获取的信息。这个过程绝不是显而易见的。正如前面所描述的，理性的、掌握信息的投资者需要有关证券的信息。然而，很难保证理性的个人对相同的信息做出一致的反应。例如，投资者有不同的先验信念或不同程度的专业知识。从某种意义上来说，决策理论模型就像是一辆汽车，它只是提供了处理信息的一种工具，却不能保证每个人的驾驶习惯是相同的，也不能保证他们都会走同一条通向目的地的路。

这样就很可能导致不同的投资者对同一信息做出不同的解释——尽管他们都是理性行事的。然而，投资者在市场上相互作用，每个人都在对不同的证券做出买卖决策。既然证券的市场价格是投资者需求和供给的结果，那么，当做出买卖决策的个体不同时，市场价格如何充分地反映所有可获取的信息呢？

对于这个问题，我们可以从 Beaver（1981，p.162，表6-1）中获得一个很有意思的例子。这个例子是有关预测足球比赛结果的。1966—1968 年，《芝加哥每日新闻》每周均刊登其体育部每位职员对哪一队将在周末大学足球联赛中获胜的预测。表4-1 为 Beaver 汇总的这些预测的结果。

表4-1　足球比赛结果的预测

	1966 年	1967 年	1968 年
预测者总数（包括集体意见）	15	15	16
做出的预测总数	180	220	219
集体意见排名*	1（并列）	2	2
预测者的平均排名	8	8	8.5
最佳预测者排名：			
J.卡明科尔（1966）	1（并列）	8	16
D.耐特尔（1966）	1（并列）	11	5
A.贝都（1967）	7	1	6
H.杜克（1968）	8	10	1

＊三年结合在一起考虑，集体意见排名第一。

资料来源：William H. Beaver, *Financial Reporting*: *An Accounting Revolution*® 1981，p.162，Table 6-1. Reprinted by permission of Prentice-Hall Inc.，Upper Saddle River，New Jersey. Data are from "Here's How Our Staff Picks'Em," as published in the *Chicago Sun-Times*. Courtesy of Chicago Sun-Times.

对于表4-1，以下几点值得注意：第一，有很多不同的预测者（15 或 16 人）并且做出了大量的预测（三年共做出 619 个预测）。第二，没有一个预测者在预测能力上占绝对优势。1966 年最佳预测者在接下来的年度里排名大幅下降，1967 年亦如此。第三，集体意见的表现稳定。《芝加哥每日新闻》每周也刊登了集体的预测意见，集体意见即预测中多数人认为能够获胜的球队。很明显，集体的预测能力要比个人的强，而集体意见是结合个人预测产生的。

把这个例子引入证券市场，我们可将预测者视为投资者，将他们的预测视为买卖决策，集体意见就好比市场价格，因为它是各种单独预测的平均值。

不难看出这个例子中所包含的道理。当集体意见形成时，单个预测者之间预测能力的差异便被抵消了。这样就产生了一个比任何单个市场参与者的预测能力都要强的"市场价格"。

近年来，Tang（2018）研究了推特上的帖子是否可以预测公司的销售，并发现了类似于足球预测的结果。她研究了 2012—2015 年发布的推文，确定了这一期间每个季度那些表示购买或有意购买某一特定产品或品牌的推文。她将推文分为三种来源：产品专家、媒体渠道和普通消费者（"大众"）。然后，她找出了拥有这些产品或品牌的公司，并调查了这些季度推文对公司该季度销售增长的预测效果，以及哪个来源的预测效果最好。

在控制了其他影响销售增长的因素后，Tang 报告说，大众对销售增长的预测比媒体渠道或产品专家的预测效果要好得多。这看起来令人惊讶。但是正如 Tang 所断言的那样，结果显示了"群众的智慧"（见注释 [2]），也就是推特用户对产品或品牌的平均看法准确地预测了所有消费者的购买行为。由于销售增长是公司业绩的一个重要方面，Tang 认为对推特帖子的分析对投资者来说是一个很容易获得的公共信息来源。

当然，仅凭集体意见比单个预测者对足球赛结果的预测更准确，或者推特用户的预测表现好于专家和媒体，并不意味着证券价格的情况亦是如此。事实上，应要求投资者对证券价格的预测总体上来说是无偏的，每个投资者的估计误差是独立于其他投资者的估计误差的。[2] 也就是说，市场不会系统地对大量信息给评估带来的影响做出错误的解释，而是对证券有一个大体上正确或无偏的估计。正如前面所提到的，这并不意味着任何个体投资者都必然是正确的，而是指大体上来说，市场利用了所有可获取的信息。这就是从前述证券市场有效性定义的角度来看的"充分反映"的意思。

⚡ 实务中的理论 4-2

伯顿·马尔基尔（Burton Malkiel）教授在 1973 年出版的《漫步华尔街》（*A Random Walk Down Wall Street*）一书中指出，在纽约证券交易所交易的股票清单上随机进行选择，所选择股票获得的回报将与专业基金经理挑选的股票获得的回报一样高。他的论点借鉴了有效市场理论，该理论预测由于股价总是充分反映所有公开信息，因此不存在"廉价"股票（即投资是公平的游戏）。那么，专业基金经理并不会比随机选择股票这一策略做得更好。

20 世纪 90 年代，《华尔街日报》对这一论点进行了检验。该公司每月举办一系列竞赛，由 4 名投资分析师各自挑选一只其青睐的股票。对未来 6 个月内每只股票的回报进行统计，并与同期随机选择的股票的回报进行比较。在前 100 场比赛中，投资分析师挑选的股票 6 个月的平均回报率为 10.9%，而随机选择的股票的回报率为 4.5%。这 6 个月道琼斯工业指数的平均回报率为 6.8%。

当被要求解释这些结果时，马尔基尔教授为有效市场理论辩护，认为这些结果可以用风险差异来解释。如果专业人士选择风险高于平均水平的股票，我们预计他们会随着时间的推移获得更高的回报。他还指出，20 世纪 90 年代的股市表现是由大公司推动的。但是，由于市场上相对较小的公司比大公司多得多，随机选择到小公司的概率相当高。此外，当投资者了解到专业人士挑选的股票时，他们会向上修正对这些股票的看法。与随机选择的股票相比，由此产生的需求增加将提高它们的价格和回报。

虽然马尔基尔没有提到，但也有可能专业人士可以获得内部信息。SEC 颁布的 FD 条例禁止经理人在向公众披露信息之前向分析师披露信息，该条例直到 2000 年才生效。我们在 13.4 节中讨论 FD 条例。

应该强调的是，上述论点假设个体的决策是相互独立的，因此个体决策的差异对股票价格的影响会相互抵消。如果不是这样，有效性的观点就不成立。所以，如果足球预测者在一起预测并形成集体意见，假设这些预测结果反映的是团体中占据统治地位或者具有说服力的成员的意见，这些预测结果就不是独立的。如果发推特的人群中有几个占主导地位的人，他们拥有大量的关注者，那么占主导地位的人的错误就会被他们的关注者重复，从而不会被抵消，这也可能使预测产生偏差。

类似地，如果大量投资者对有关公司的新信息表现出来的是集体的误解，那么最终的股价将是误导性的。例如，公司可能会报告某一增长盈余的模式。如果投资者仅仅因为过去盈余的增长就预测未来盈余将持续增长，就会产生股票价格**惯性**（momentum）。因此股票价格会被过去的价格增长推得"过高"，而无法得到独立投资者对信息的理性评价。我们将在第 6 章再介绍这一主题，届时再讨论证券市场是否完全有效。

4.2.3　小结

在有效证券市场中，价格能充分反映所有可获得的公开信息，在这个证券市场中的证券价格总是随着时间而随机波动。有效性是针对信息的供给而定义的，如果信息不完整，比如存在内部信息，或信息是错误的，证券价格就会不正确。所以，市场有效性并不保证证券价格能准确地反映公司的价值。然而，它表明证券价格相对于公开可获得的信息来说是无偏的，并能对新的或者修正的信息迅速做出反应。

及时报告和充分披露信息能增加公众可获取信息的数量与质量。然而，不同的个人投资者可能会有不同的先验信念和（或）对同一信息做出不同的解释。但是，大致说来，我们可以认为这些差异会被"平滑修正"，这样，市场价格就要比市场中参与交易的个人的信息处理过程有更高的信息质量。然而，这一观点假设投资者，或者至少是一部分主要的投资者，在评估新信息时是相互独立的。

4.3　有效证券市场对财务报告的启示

4.3.1　启示

对有效证券市场报告的启示的早期研究出现在 W. H. Beaver 的文章《FASB 的目标应该是什么?》(1973) 中。该文向职业会计人员解释了当时出现的新理论的一些启示。在此我们对 Beaver 的观点做一简单回顾。

Beaver 认为，第一个重要启示是只要会计政策没有导致现金流量产生差异，或对所采用的特定会计政策所形成的差别予以披露，以及投资者能获得足够的信息以至于能在不同的会计政策之间做出转换的话，公司所采取的会计政策就不会影响证券的市价。这样在 Beaver 看来，会计政策的选择，如资本性资产的摊销采用直线法还是余额递减法，就仅有"纸面上"的影响，其所选择的会计政策只影响报告净收益，但不会直接影响未来现金流量和股利。特别是，只要税务机关规定的核算方法独立于公司对股东报告的核算方法，公司需要支付的所得税金额就不会因其摊销政策的选择而受到影响。如果投资者对未来现金流量和股利以及它们对股价的影响感兴趣，并且会计政策的选择不会直接影响这些变量的话，公司在会计政策之间的选择就是无关紧要的。

因此，有效市场理论认为只要公司披露其所选择的会计政策，以及从一种会计方法转变为另一种会计方法的任何附加信息，市场就能清楚地计算出最终的现金流量及股利。这样，有效市场在区分不同公司的证券时不会被不同的会计政策所"愚弄"。这说明只要会计政策不会对现金流量产生直接的影响，管理人员就不必过分考虑应该选择什么会计政策。

这样，我们可以看到充分披露原则已扩展到披露公司的会计政策。这也被准则制定机构所接受，例如 IAS 1 指出，一套完整的财务报表包括对会计政策的披露。

第二个重要启示便是有效证券市场是与充分披露的概念紧密联系在一起的。如果一家公司的管理者拥有公司的相关信息，并且能以少量成本或零成本将其披露，除非其能确认投资者已从其他信息渠道获取该信息，否则管理者应及时地将这些信息予以披露。更一般地说，只要给投资者带来的收益超过成本，管理者就应该报告有关公司的信息。原因有两点。首先，市场有效性意味着当投资者竭力提高自己对未来收益的预测时，他会使用所有可获得的相关的信息，这样，新增加的信息就不会被"浪费"掉。其次，公司披露有关自己的信息越多，公众所知道的也就越多，这样就增加了投资者对证券市场的信心。

第三个重要启示是市场的有效性意味着公司不必过分考虑无知的投资者，即财务报表信息不必为了使任何人都能理解而使用过于简单的方式呈报。原因是，Fama（1970）指出，如果有"足够多"的投资者能够理解披露的信息，这就足以保证公司股票价格与所有投资者都理解所披露的信息时的股票价格一样。因为理解财务信息的投资者将在所披露的信息的基础上制定买卖决策，而所披露的信息将会促使市场价格达到有效水平。同样，无知的投资者也可雇用其他人（如财务分析师或投资基金经理）为他们解释信息，或者可以参考那些有充分财务知识的投资者的买卖决策。这样做的结果是，有充分财务知识的投资者的信息优势很快就消失了。换句话说，即使这些投资者没有足够的知识水平或理解能力，他们（无知的投资者）也可以"信任"有效市场会将证券定价到能充分反映公司披露给公众的所有信息的水平上。有时称这些投资者为受到有效市场**价格保护**（price-protected）的投资者。

自 Beaver 的文章发表以来，会计人员发现有多种原因促使人们进行证券交易。例如，一些投资者会将市场价格作为未来收益的良好指标，并以此为依据进行理性决策，而不承担获取信息的成本。其他投资者可能出于许多非投资组合的原因而进行交易——可能是由于非预期的现金需求。由此可见，无知的投资者可能并不是形容未掌握信息的投资者最好的词语，这将在4.4 节中进一步介绍。

有效证券市场对财务报告的最后一个启示是会计人员正在与其他信息提供者相互竞争，如网络和媒体、公司管理层和不同的金融机构的披露等。这就是说，正如 3.3.3 节中所指出的一样，信念的修正是一个连续不断的过程。如果会计人员不能提供有用且符合成本效益原则的信息，会计职能的作用会日益衰退并被其他信息渠道所取代——在竞争激烈的信息市场中，会计人员没有与生俱来的生存权。但是，如果会计人员认识到其职业的终极责任是对社会的责任，那么他们更有可能生存下去。通过对那些为短期利益而滥用公众信任的个体加以处罚，以及对道德行为的鼓励，这一长期的观点得到了那些增进有效信息的准则的支持。

Beaver 的文章发表于 1973 年。他是早期有效证券市场会计理论研究的代表者，并使得披露导向的思想大放异彩。该文还强调了奠定概念框架基础的决策有用的概念（见 3.7 节的讨论）。

4.3.2 小结

Beaver 认为证券市场的有效性对财务报告来说有几个启示。第一，除非不同的会计政策对现金流有直接的影响，否则管理人员及会计人员不必顾虑公司选择何种会计政策。许多会计人员一直竭力争论的备选会计政策并不会对现金流产生影响。第二，公司应披露尽可能多的有用信息——内容而非披露的形式才是重要的。在同等情况下，有效市场会选择成本最低的可靠信息。也可以说，财务报表是一个符合成本效益原则的披露媒介。第三，公司在选择会计政策及披露形式时不必考虑无知的投资者。这些人是受价格保护的，因为有效证券市场的价格充分反映了所有为公众所知的有关证券的信息。此外，还有许多媒介，包括网站、管理人员以及金融机构的披露，投资者可以充分利用复杂的信息，而不必自己去充分理解这些信息。第四，有效市场对任何渠道的相关信息都感兴趣，而不仅仅是财务报告。

4.4 价格的信息含量

4.4.1 逻辑的不一致性

至此，认真的读者可能意识到，我们对有效证券市场的讨论存在逻辑不一致性。有效性意味着证券的市场价格总是能充分地反映为公众所知的有关证券的信息。是什么促使市场价格有这种"充分反映"的特征呢？答案是那些掌握信息的投资者所采取的行动，他们总是竭力获取并处理信息，以做出正确的买卖决策。

然而，依据市场有效性的定义，所有可获取的信息早已反映在市场价格中。[3] 由于信息获取成本高昂，而且当市场价格已经反映了所有公共信息时，投资者无法期望击败市场，这意味着投资者将停止收集信息，并将市场价格作为公司价值的最佳指标。例如，一个简单的决策原则是购买并持有投资组合，直到投资组合的风险—收益均衡被打破，才改变投资组合的组成。

这样，逻辑的不一致性就体现在：如果价格充分反映了可获取的信息，投资者将没有动机去获取信息，这样证券价格也就不能充分反映可获取的信息。用 4.2.2 节预测足球比赛结果的例子来说，预测者会停止努力预测，因为他们不可能击败集体意见的预测，然而这样又会使集体意见失去其卓越的预测能力。

这种逻辑的不一致性给会计理论提出了潜在而严肃的警告，如果市场及时且无成本地反映了报表中的所有信息，那么成本高昂的财务报表分析的目的又是什么？

避免不一致性的一个常用的方法就是，应看到除了理性的掌握信息的投资者的买卖决策以外，还有其他影响证券供求的因素。例如，投资者出于众多不可预测的原因而买卖证券——他们可能决定提前退休，可能需要偿还欠款，或者他们可能得到"可靠情报"，等等。这些人称为**噪声交易者**（noise traders）。他们的买卖决策会影响证券的市场价格，但他们的决策是随机做出的——决策并不是建立在对相关信息的理性评价的基础之上的。

为了说明噪声交易的出现是如何影响市场价格的，让我们设想一下，一位理性的投资者发现股票的价格高于他基于目前拥有的信息所做出的预期。现在，这位投资者就会认为，其他理性投资者也拥有关于这一证券的信息，并且很可能是有利的信息，这些投资者也许正在购买并推高了证券价格。结果，我们假设的这位投资者就倾向于提高他对证券价格的预期。事实上，该投资者并不清楚其他投资者拥有什么信息，但他相信这一信息是有利的，并且正是这一信息提高了股票的价格。

然而，这位投资者也知道，高于预期的证券价格也许仅仅是由于存在噪声交易。也许，突然有人向某一随机选择的证券投资组合投了一大笔钱，这一投资组合包括有问题的证券。如果是这样的话，那么我们所假设的这位投资者将不会增加他对股票价值的预期。由于每一种情况都是可能的，因此投资者会增加其预期值，但是增加后的数值会低于当前股票的市场价格，即理性的投资者会为每一种可能的情况赋值。实际上，当前的股价只传递了部分有关股票价值的信息，而不是全部信息。

就我们的目的来说，需要注意的一点是，现在投资者有充分的激励去收集更多的信息以提高估计的准确性，正如例 3 - 1 所显示的那样。例如，如果未来的调查表明公司价值被低估了，投资者就会买进。相反，如果调查表明股价因为噪声交易而被暂时高估，投资者就会卖出。这样理性的、知情的投资者就会将股价推向其有效价值。据推测，至少有一些额外信息来自对财务报表的分析。

投资者的此类行为是理性预期的另一个例子——投资者恰当地估计出股价反映噪声交易的可能性的权重，以及其他投资者拥有更优信息的可能性的权重。在噪声交易和理性预期的情况下，证券价格被认为具有**部分信息含量**（partially informative）。但是从期望价值角度来说，由于噪声的预期为零，因此在存在噪声的情况下，市场价格仍然是有效的。也就是说，投资者预期证券市场价格完全反映了所有公开可获得的信息，但是进一步的研究表明情况并非如此。

投资者自己收集信息的程度大小取决于很多因素，如具有信息含量的价格是什么样的、财务报表信息的质量、分析及解释的成本等。这些因素导致了关于证券市场价格如何对财务报表信息做出反应的实证预测。例如，我们预期大公司的股票价格更具有信息含量，因为大公司相对小公司来说更"引人注目"。这样，大公司的证券市场价格就能综合大量的信息。这就削弱了财务报表增加信息的能力。因此，我们可以预期大公司相对小公司来说，其证券市场价格对财务报表信息的反应更为微弱。

此外，应注意到公司管理人员可能出于某种动机，去迎合那些想探听某些信息的投资者的需求。例如，公司管理人员根据所掌握的内部信息认为，公司价值被低估了。为了纠正股价，公司的管理人员会进行**自愿披露**（voluntary disclosure），即披露的信息含量会超过 GAAP 及其他报告准则的最低要求。对于这样的披露，即使不被审计也具有可信度，因为法律责任会对管理人员的报告决策形成约束。遗憾的是，自愿披露有其局限性，这不仅因为法律体系不能完全保证披露信息的可信度，还因为管理人员会不愿意披露可能泄露竞争优势的信息。

然而，自愿披露比简单的披露信息更为复杂和微妙。管理人员可以通过会计政策的选择，以及自愿披露的性质和程度来传递一些内部信息。理性投资者由此会仔细观察管理层在会计政策选择及披露上都做了什么。例如，一家自认为价值被低估的公司可能会选择非常保守的会计政策，而不是直接披露一项秘密研究的好消息。这揭示了有关公司未来经营的内部信息，因为除非管理人员认为未来现金流量及收益足够高，能够抵消稳健性带来的影响，否则其不太可能采用稳健性政策。即便并不知道具体的内部信息是什么，理性投资者也会通过竞价抬高该公司的股价来作为对这些稳健性政策的反应。这意味着，对财务报告进行仔细而全面的分析的投资者会获得潜在的回报。这些分析可能会识别出错误的定价，并迅速转变为盈利的投资决策。

同样，在其他条件相同的情况下，财务报表信息质量的提高会导致投资者更多地利用有关价格的财务报表信息。例如，证券监管机构有关公司在其年报中包含管理层讨论与分析（MD&A）的要求可能提高年报的决策有用性，因为包含了 MD&A 的年报拥有更高的信息含量。正如我们在 3.6.4 节所讨论的那样，已经有证据表明 MD&A 对决策是有用的。

我们可以总结认为，在有效证券市场的定义中对"充分反映"一词应谨慎地加以解释。它并不意味着证券价格在任何时点都对可获取的信息具有充分的信息含量。实际上，如果证券价格在所有时点都"充分反映"的话，这反而给财务报表有用性带来负面影响。更确切地说，"充分反映"应解释为，反映了噪声交易者及流动性交易者的盲目性和投资者及分析师分析能力之间的一种平衡关系。而投资者和分析师的分析能力就在于通过对会计政策的选择、自愿披露的性质和程度以及其他任何可获得的信息进行分析，最终发现定价有误的证券。对"充分反映"做出这种解释之后，有必要指出的是，4.3 节中 Beaver 所描述的证券市场有效性对财务报告的启示依然适用。特别地，充分披露的重要性依然存在。

4.4.2 小结

正如我们在预测足球比赛结果的例子中所看到的那样，尽管市场价格对投资者个体信息处理的差异具有"平滑修正"的能力，但是，证券市场中对价格信息的处理过程远比这个复杂。通过仔细分析管理层的信息披露决策，理性投资者可以获得更多信息，通过允许噪声交易，会计人员能够更好地理解信息在价格中的作用。非理性交易者的出现并不意味着有效证券市场的含义——股票价格"充分反映"了信息——是不适用的，而是说对这一含义必须予以谨慎的解释。

对价格形成过程更深入的了解，产生了有关证券价格如何对会计信息以及最终对更有用的财务报表做出反应的实证预测，并最终促使会计人员能够编制更有用的财务报表。

4.5 资本成本模型

4.5.1 资本资产定价模型

现在，我们要建立一个公式，以将有效市场中的证券价格、风险及其预期收益联系起来。我们将使用著名的 Sharpe-Lintner 资本资产定价模型（CAPM）（Lintner，1965；Sharpe，1964）。

首先，我们需要一些初步讨论。我们定义 R_{jt} 为 t 期间内 j 公司股票的净收益率：

$$R_{jt} = \frac{P_{jt} + D_{jt} - P_{j,t-1}}{P_{j,t-1}} = \frac{P_{jt} + D_{jt}}{P_{j,t-1}} - 1 \tag{4.1}$$

式中，P_{jt}——j 公司股票在 t 期末的市场价格；

D_{jt}——j 公司在 t 期间支付的股利；

$P_{j,t-1}$——j 公司股票在 t 期初的市场价格。

这正是例 3-1、例 3-2 与例 3-3 所使用的回报概念。它是在分子中扣除期初市场价格而得到的净收益率。我们亦可定义一个总收益率——$1+R_{jt}$：

$$1 + R_{jt} = \frac{P_{jt} + D_{jt}}{P_{j,t-1}}$$

由于两个收益率的概念之间的差别仅为 1，我们可以将二者互换使用。实际上，为了与通常做法保持一致，我们经常把净收益率和总收益率都简单地称为收益率。

我们可以将收益视为已实现收益或预期收益。正如在式（4.1）中，从已实现收益角度来看，我们是在 t 期末计算这一期间的实际收益。相反，也可以从 t 期初的角度来计算预期收益：

$$E(R_{jt}) = \frac{E(P_{jt} + D_{jt})}{P_{j,t-1}} - 1 \tag{4.2}$$

即 t 期预期收益等于 t 期末预期市价加上预期股利，再除以期初市价。注意这个公式是如何反映证券市场有效的，即期望价格充分反映了 $t-1$ 时点上所有公开可得的信息。

现在考虑这样一个经济环境，它拥有大量理性的、风险规避的投资者。假设在此经济环境下存在一项无风险资产，其收益率为 R_f。再假设证券市场是有效的，而且交易费用为零。我们便得到 Sharpe-Lintner 资本资产定价模型：

$$E(R_{jt}) = R_f(1 - \beta_j) + \beta_j E(R_{Mt}) = R_f + \beta_j[E(R_{Mt}) - R_f] \tag{4.3}$$

式中，β_j 是股票 j 的 β 值；$E(R_{Mt})$ 是 t 期间投资组合的收益率。

β 值的定义如下：

$$\beta_j = \frac{\text{Cov}(j, M)}{\text{Var}(M)}$$

式中，$\text{Cov}(j, M)$ 是股票 j 的收益与市场组合 M 的收益之间的协方差。这个协方差值衡量了股票 j 的收益随着市场变化而变化的程度。例如，当市场条件变化时，高 β 值股票的收益将剧烈波动。航空和飞机制造商就是两个典型，因为这些行业易受经济条件的影响。电力行业和食品快餐业的股票是低 β 值的，因为它们的收益不易受经济状况的影响。因此 β 值代表了因整体经济因素所导致的股票风险。这一风险被称为**系统风险**（systematic risk）。

$\mathrm{Var}(M)$ 是市场收益的方差，它是一个标准化值，以使各 β 值具有可比性。例如，多伦多、纽约、欧洲，以及其他证券交易所的收益有不同的方差，将协方差除以各交易所收益的方差有利于比较各公司的系统风险。

要注意的是，模型计算的是市场预期收益。式（4.3）表明，在 t 期初，t 期的预期收益等于固定的 $R_f(1-\beta_j)$ 加上另一固定的 β_j 倍的投资组合收益率。$E(R_{jt})$ 也可以看作公司的权益资本成本，因为其代表了市场对公司股价的预期收益。式（4.3）中 CAPM 的第二版本的 $\beta_j(E(R_{Mt})-R_f)$ 可以看作 j 公司的风险溢价，因为其代表了由于 j 公司回报的不确定性，风险规避的投资者要求的高于无风险利率的预期额外回报。

严格地说，市场本身并不会做出预期——是投资者个人做出预期。要谈市场预期的话，一种方法是将股价的波动比作市场对该股票未来业绩所做的特定预期。更根本地说，股价是所有掌握信息的投资者的平均预期，正如在 Beaver 的预测足球比赛结果的例子（见 4.2.2 节）中集体意见的预测是预测者的平均预期一样。

不难看出此模型的直观性。因为在交易费用为零时（唯一衡量风险的是 β_j），理性投资者会进行完全分散的投资。公司特定风险并不会影响股价，因为在完全分散的投资组合中其早已消失。此外，记住，在其他条件相同的情况下，β_j 越高，该股票的投资预期收益越高。[4] 这与风险规避是一致的，因为风险规避的投资者会要求更高的预期收益以补偿更高的风险。

同时也要注意模型中当前市价 $P_{j,t-1}$ 的作用。t 期市场对股票 j 要求的收益，亦即式（4.3）中的 $E(R_{jt})$，仅仅是 R_f、R_{Mt} 和 β_j 的函数。j 公司当前的市价并未出现。但是，在式（4.2）中，考虑到预期的期末价格 P_{jt} 及股利 D_{jt}，我们可以看到，分母中的 $P_{j,t-1}$ 可以加以调整，这样式（4.2）的右边就等于 $E(R_{jt})$。也就是说，股价的当前价格可以加以调整以使其预期收益等于式（4.3）中市场对该股票要求的收益。

现在可以讨论信息如何影响 j 公司的股价了。假设 t 期初出现了一些新信息，导致投资者对 P_{jt} 的预期（对 D_{jt} 的预期也有可能）提高，而这不会影响 R_f、β_j 或者 $E(R_{Mt})$，这将使得式（4.2）失去平衡，因为式（4.3）中的 $E(R_{jt})$ 没有变化。这样，当前市价 $P_{j,t-1}$ 必须升高才能使得等式两边重新相等。这自然是与市场有效性相一致的——市场有效性即说明证券市价会立即对新信息做出反应。

对我们来说，CAPM 模型有三个主要用处：第一，它清楚地指出股票市价如何依赖于投资者对未来股票价格和股利的预期。如果这些预期（式（4.2）的分子）发生了变化，当前市价 $P_{j,t-1}$（分母）将迅速变化以反映这些新的预期。

给定预期的变化并给定 R_f 和 $E(R_{Mt})$，当前市价变动的大小就仅仅依赖于该股票的 β 值了。换句话说，在其他条件相同的情况下，预期变化越大，股价变化也越大。

第二，回到已实现收益的概念，CAPM 为我们提供了一种方法，将某股票的已实现收益区分为预期收益和未预期收益两个部分。为了解释这一点，可考虑 CAPM 模型的下面这个形式——在该式中我们是从 t 期末的角度来考虑的：

$$R_{jt}=\alpha_j+\beta_jR_{Mt}+\varepsilon_{jt} \tag{4.4}$$

CAPM 的这种形式称为**市场模型**（market model）。它表明期间已实现收益 R_{jt} 等于期初的预期收益（$\alpha_j+\beta_jR_{Mt}$）加上未预期的或**异常收益**[5]（abnormal return）ε_{jt}。预期收益来自 CAPM 公式，这里 $\alpha_j=R_f(1-\beta_j)$。ε_{jt} 综合了期初未预期的在 t 期间发生的所有对 R_{jt} 产生影响的事项。在有效市场的定义中，$E(\varepsilon_{jt})=0$，因为新的信息是随机出现的。然而，在任何期间，ε_{jt} 的已实现值都不会为零。这样，市场模型就从已实现的角度将已实现收益 R_{jt} 区分为预期收益（$\alpha_j+\beta_jR_{Mt}$）和未预期的或异常收益（ε_{jt}）两个部分。

第三，市场模型为研究者及分析师估计某股票的 β 值提供了一个便利的方法。注意到市场模型是以回归方程的形式表示的。通过得到 R_{jt} 和 R_{Mt} 的历史数据，回归方程中的系数可以用最小二乘法预测。假设市场能对 R_{Mt} 做出准确的预测（这样就成为不可观察的 $E(R_{Mt})$ 的一个很好的替代值），并且假设 β_j 在整个期间是稳定的，那么通过最小二乘法计算出的系数是对 β_j 的最好预测。[6] 此外，估计的合理性能够通过比较预期的系数 α_j 和 $R_f(1-\beta_j)$ 来加以检验——二者应该相等。

同样，正如我们将在第 5 章中看到的，很多会计的实证研究要求对 β 值有一个准确的预测，我们将在 7.12.1 节中讨论 β 值的预测问题。现在，重要的是应意识到 CAPM 提供了一个重要且有用的途径来将收益的市场预期模型化，这个模型完全建立在证券市场有效性的基础之上。而且它清楚地表明了新信息是如何影响当前股票价格的。

4.5.2 对资本资产定价模型的评论

我们考虑 CAPM 模型的几个基本假设，供大家以后参考。这是很有意义的，因为 CAPM 模型是一个饱受批评的经济数学模型的实例。该模型未能准确预测股票的错误定价，从而引发了如 1.3 节所述的 2007—2008 年的股市崩盘。仔细思考这些假设条件有利于我们更好地理解这些批评。

首先，CAPM 模型采取理性预期假设。也就是说，假设投资者知道股票的 β 值，而 β 值可以被认为是一个未知的基本决策参数。作为一个实务问题，这可能难以准确知道。于是，投资者就可能因此产生估计风险（请回想 2.3 节中我们定义的估计风险，即由于不知道影响决策的基本参数的真实值而导致的风险）。例如前述，市场模型可以用来估计 β 值，但这种估计不太可能完全准确，特别是当只有几期数据可用来估计时；同时，β 值也可能发生变化。因此，投资者需要一个收集数据、修正信念的学习过程，以便在得到新的 β 值之前准确地估计它。这个学习过程是需要花费时间的，在此期间股价可能偏离其有效的市场价值。在某种程度上说，这种估计风险是无法通过投资组合多样化消除的（因为在某个多样化投资组合里，对某些股票 β 值的高估会被对另一些股票 β 值的低估所抵消）。为补偿这一额外风险，投资者将要求比 CAPM 模型更高的收益。

其次，CAPM 并未考虑到，证券市场的理性投资者可能具有不同的投资水平。我们之前的讨论中假设存在知情投资者与噪声交易者的区别。但在现实中，证券市场中存在着不止一个类型的理性投资者。而与现实相反的是，CAPM 假设存在着**共识**（common knowledge）。也就是说，不仅所有人都知道 β_j，而且所有人都知道别人知道 β_j……依此类推。共识假设的意义在于，CAPM 排除了一部分投资者（例如对冲基金）比其他投资者（例如普通的理性投资者）更加知情的可能性。因为在这种情况下，投资水平更高的投资者将认为普通投资者对 β_j 的理解准确性低于他们，从而会做出不正确的投资决策。这部分更知情的投资者将利用由此导致的股票错误定价而行动，而不是以 CAPM 为基础进行多样化投资决策。

再次，如上所述，CAPM 假设买卖证券的交易成本为零。也就是说，它假设市场是完全流动的。请回忆（第 1 章注释 [26]）流动性市场的定义，它是一个投资者可以以当前的市场价格、合理的成本自由且迅速地买入或卖出任何数量的证券的市场。显然，投资者喜欢具有高流动性的市场。

然而实际上，市场不是完全流动的——市场总是存在买卖股票的成本，例如经纪费用和买卖价差。此外，根据流动性水平，大宗交易本身可能影响价格。进一步地，市场流动性可能随时间变化，产生流动性风险。当出现如 2007—2008 年股市崩盘（见 1.3 节）的流动性定价问题时，这种风险变得更明显。

最后，CAPM 假设投资者是理性的。这一假设长期受到人们质疑，我们将在第 6 章中对此进行详细讨论。

如果关于资本市场中信息作用的经济模型想要驳斥对它的批评，则其必须捍卫投资者的理性假设，或者发展新模型以融合理性与非理性行为。此外，还必须开发更符合现实的、包含放松理性预期、共识和完全市场流动性假设的模型。我们将在第 6 章中描述一些符合以上特征的模型。

4.5.3 小结

尽管存在各种问题，CAPM 仍是了解信息在资本市场中的作用的良好起点。它对多样化投资者的假设与许多投资策略是一致的，并仍然继续被公司和研究人员用来估计资本成本。

4.6 信息不对称

4.6.1 对信息不对称的进一步讨论

在这一部分，我们继续深入考察有效证券市场定义中"公众所知的"信息的含义，这又直接导致了财务会计理论中公认的最重要的概念——信息不对称。正如 1.9 节中所提到的，信息不对称有两种类型：逆向选择与道德风险。当一种类型的市场参与者（如内部交易者）可能知道一些其他类型的市场参与者（普通投资者）不知道的有关正在交易的资产的某些信息时，就可能出现逆向选择。而管理层运营的努力程度通常无法被直接观测，因而可能导致管理层推卸责任，从而产生道德风险。

这两种信息不对称将使得投资者产生额外的估计风险。在逆向选择的情况下，内部交易者的诚实程度是未知参数；而在道德风险的情况下，管理层的懈怠程度则是一个未知参数。面对信息不对称，外部投资者将预期到内部交易者因信息优势而给自己造成的损失，并由此降低股票的买入价，从而保护自己。最终结果将是增加公司的资本成本。这种估计风险不太可能完全被分散，因为投资者更可能因逆向选择和道德风险产生亏损，而不是从中获益。实际上，我们将看到很多公司通过诸如最优披露等手段来减少估计风险的案例。[7]

第 9 章将详细讨论道德风险，在此我们主要讨论逆向选择。

首先，要注意信息不对称是市场不完全的一个重要原因（见 2.5 节）。也就是说，在极端的情形下，作为信息不对称的结果，市场将会崩盘。为此，请考虑保险合约市场。假如你是风险规避者，你可能会购买保险以防你可能无法获得学位或者会计职业资格。只要费用公道，你会很高兴地接受这个险种。举个例子来说，疾病或者意外可能会使你无法完成学业，但只要你购买了这个险种，就可以消除疾病或者意外可能带来的风险，因为保险给你的补偿会弥补你的损失——这个损失就是你得到学位后可能因获得学位带来的收益增长的现值。

但是提供此类保险会使保险公司面临诸多困难。其中之一就是，生病的人会蜂拥参与这一教育计划（称为逆向选择问题，因为健康状况与保险公司利益刚好相反的人会选择购买保险）。这样，当他们因疾病导致求学失败时，他们就会获得保险赔偿并同样享受到学历可能带来的金钱收益。

另一个问题是，如果你购买了此类保险，你就会在学业上放松，即便你是完全健康的。如果拿不到学位还可以获得保险的等额补偿，又何苦拼命学习呢？这就称为道德风险问题，因为只有你清楚自己的努力程度。这样，你可以通过懈怠学业来欺骗保险公司。要注意的是，在这种情况下，即使保险公司要求提供一张医学鉴定书也是没有多大用处的，因为很难证明是疾病导致了你求学失败。

结果将是没有任何一家保险公司会为你承保这个险种，并在你拿不到学位时补偿你全部的收入损失。问题就在于信息不对称。相对于保险公司，你具有信息优势，因为保险公司只能观察到你是否求学失败，而不能观测到你是否由于疾病、意外或者松懈而导致求学失败。

面对如此严重的信息劣势，鉴于市场的不完全性，保险公司的对策就是不提供上述保险。

在其他情形下，信息不对称可能不会严重到阻碍市场发展的程度。然而，市场也可能因此而失效。Akerlof（1970）研究了这一情形。一个存在信息不对称的市场的典型例子就是旧车市场。汽车的主人要比潜在的购买者更清楚汽车的实际状况及其未来收益流。这就导致了逆向选择问题，因为汽车主人意欲将一个"柠檬"（lemon）带进市场，尽可能利用这种内部信息来获取优势，以期望从一个不曾起疑的买者手中获得比汽车本身更高的收益。然而，买方会意识到这种可能性，但由于其没有信息区分破车和好车，他们会对任何想购买的旧车都给予低价，这是一个被称为"均衡"（pooling）的过程。事实上，二手车的市场价格反映了该市场上二手车的平均质量。这样一来，大量好车的市场价格会低于其未来收益流所代表的真实价值，反之亦然。而当难以确切知道旧车的真实服务潜能时，前面所述的套利行为将会失效，从而使得具有相同服务潜能的车无法以相同价格出售，因此，好车的主人就不愿意在二手车市场上出售他的车。这是市场不完全的另一个来源——市场可以存在但却不完全，因为某些产品，在这里是指高质量的二手车，没有进入市场。

我们也可以从风险角度考虑这种均衡过程。二手车的买方面临估计风险，因为他不知道二手车真实的基本状态。值得注意的是，由于卖家有动机将"柠檬"带到市场，与此同时好车的所有者知道他们将获得低于其汽车未来服务预期价值的收益，因此市场上二手车的平均质量将随着时间的推移而恶化，直至市场崩溃的临界点。然而，市场将使用各种管制和自愿性手段来减少逆向选择的影响及由此产生的估计风险。从而，二手车市场将产生安全证书、维修记录、保修、试驾、试图建立良好信誉的经销商等特征手段。具体到我们上面提到的保险的例子，保险市场设置了诸如寿险的体检、火灾保险的共同保险和免责条款、对有良好驾车记录者的保费优惠等手段。但是，由于以上手段都是有成本的，这些披露措施并不能完全消除这些问题。然而它们可能足够有效，至少可以使二手车和一些保险市场正常经营起来——即使无法像不存在信息不对称的情况下那样运行良好。

我们可以认为二手车的卖方与股票市场中的内部人类似。这样一来，证券市场显然也会受到"柠檬问题"的影响。由于逆向选择的存在，外部投资者将面临估计风险，因为他们不知道公司的真实未来业绩前景。如上所述，在此问题中，潜在的未知参数是内部人的诚实程度，他们面临着利用其信息优势牟利的诱惑。然后，正如同二手车市场案例一样，外部投资者将预期内部人由此带来的损失并将之反映在市场价格之中。为了防止市场彻底崩溃，大多数证券市场禁止利用非公开信息进行内幕交易。然而，不十分恶劣的违规行为仍然存在。例如，公司内部人为了保住工作或者保住他们作为有效管理者的声誉，会延迟发布坏消息，如果外部投资者在坏消息发生和最终发布之间购买股票，他们将蒙受损失。或者当内部信息是好消息时，内部人可以在好消息被公开之前购买相关股票赚取利润。这也是以在此期间出售该股票的外部投资者的利益为代价牟取收益。因此，无论内部信息是好还是坏，外部投资者做出买卖决策都面临着预期损失。为了减少这种情况并维持投资者信心，证券监管机构要求迅速披露重大事件，如美国的 Form 8 - K 和加拿大的重大事项报告（Material Change Report）。

请注意，与二手车不同，投资者因内部信息而产生的估计风险可能会存在一些差异，这是因为不同公司内部人的诚实程度存在差异。因此，对于一些公司，投资者在某些内部人手中的损失可能超过其预期，而在其他内部人手中的损失可能低于其预期。

然而，尽管股票价格将反映内部人给投资者带来的平均损失，但是具体到某家公司，它们希望通过更多的披露，以减少关于本公司的内部信息，从而降低其资本成本。这非常类似于二手车交易中的卖方，如果他向买方提供维护记录，则会得到更高的出售价格。

4.5.1 节引入的 CAPM 模型并不考虑内部信息的影响。然而，如刚刚所讨论的，股票价格将反映投资者对内部人行为的预期损失，在这种情况下 CAPM 将低估资本成本。在 12.9.1 节中，我们将讨论 CAPM 模型的扩展，以纳入投资者的估计风险。

要了解内部信息对投资者的潜在影响，请参考 Jagolinzer，Larcker 和 Taylor（JLT，2011）。他们以 260 个存在**限售政策**（blackout policies）的美国公司为研究样本，这些公司限制了公司内部人在他们可能拥有内部信息期间买卖公司股票。例如，一个典型的限售政策就是，禁止在季度盈余公告发布之前和之后几周进行内幕交易。

在 2003 年 6 月至 2005 年 12 月期间，JLT 的样本中有 7 856 名内部人进行证券交易。也许令人惊讶的是，这些交易中的 24％ 发生在限售期内。JLT 还发现，80％ 的样本公司要求它们的总法律顾问批准内幕交易。这大概是为了保护内部人和公司免受违反内幕交易法规的可能后果，这些法规可能会惩罚那些利用非公开信息赚取交易利润的内部人。

对于无须总法律顾问批准的公司，JLT 报告说，在其股票购买和出售交易在限售期之外的 180 天期间，内部人获得了 3.6％ 的平均超额收益率（即 7.2％ 的年化收益率）。而在限售期内的交易，其平均超额收益率为 10.8％，即年化收益率为 21.6％。这表明，考虑到时机的话，内部人确实利用了他们的信息优势。然而，当需要总法律顾问批准时，这些异常收益被有效地消除了。JLT 认为，总法律顾问审批是比限售期本身更有效的公司治理手段。然而，没有法律顾问批准（特别是在限售期内）时的内部人超额收益率，给投资者对内幕交易程度的判断带来了很大的不确定性。

4.6.2　基本面价值

在本节中，我们考虑有效市场中股票价格与其**基本面价值**（fundamental value）之间的差异。

> 股票的基本面价值是股票在没有任何内部信息的有效市场上应有的价值。也就是说，所有有关该股票的信息公众都可以知道。[8]

基本面价值是一个理论上的概念。第 6 章我们将讨论研究人员试图用会计数据估计基本面价值的方法。即使在一个（半强式）有效市场中，我们也不应期望股票价格总是等于基本面价值，因为内部人可能有理由不分享他们所有的优势信息。例如，公司直接披露目前进行的研发的战略信息或者接管竞价的计划就完全不符合成本效益原则。

在有效市场中，任何与公司价值相关的非公开信息都可能导致股票价格不等于基本面价值。这包括，例如，财务报告中的遗漏或错误、应计项目的操纵；对公司来说，公布这些信息代价高昂，比如关于并购的信息以及研发项目的预期价值。人们很自然地认为是内部人掌握了这些信息，但也有可能是经验丰富的投资者掌握了这些信息，他们有能力和资源发现一些内部信息，或察觉到会影响公司的竞争状况。这些经验丰富的投资者可能会利用他们优势信息来获利，这是建立在牺牲普通投资者利益的基础上的。

财务报告的作用是将内部信息转化为外部信息，从而使股票价格更接近基本面价值。股票价格越接近基本面价值，消息灵通的个人（如内部人和经验丰富的投资者）从优势信息中获利的机会就越少。作为一个实际问题，消除所有非公开信息的成本将是天文数字。

在 1.2 节及 1.3 节描述的股市崩盘之后，政府以及会计团体重塑市场信心的措施可以看作是通过提高财务报告信息含量，减少内部信息引起的估计风险，从而使股票价格接近基本面价值。2002 年通过的《萨班斯-奥克斯利法案》就是一个典型的实例。同时，我们将在 7.5 节中介绍一些在 2007—2008 年股市崩盘之后出台的旨在控制表外负债以及证券化金融工具的新准则。

我们将市场价值"接近"基本面价值的市场称为**运行良好**（work well）的市场。如果财务报告的改善使市场价值更接近基本面价值，我们可以说市场**运行得更好**（work better）。

Maffett（2012）的研究支持更高质量的财务报告可以使投资者受益的观点。Maffett 区分了普通投资者与经验丰富的投资者，其中经验丰富的投资者是具有足够的专业知识和资源的投资者，其有效利用关于公司未来业绩的私人信息的能力优于普通投资者。

基于 1999—2009 年 42 个国家 42 930 只共同基金（以此作为经验丰富的投资者的代理变量），以及 43 290 家公司的样本，Maffett 发现，共同基金投资于某公司股票并获得正的异常收益的能力与标的公司的财务报告质量负相关。[9] 这表明经验丰富的投资者可以通过利用自己的私人信息来获得比普通投资者更大的信息优势，而且标的公司在其财务报表中发布的公共信息含量越低，这种信息优势越大。[10] 这一结论意味着，高质量的财务报告将有利于促使证券市场运行得更好，并使普通投资者从中受益。

Maffett 还估计了样本中国家层面的财务报告质量。[11] 他发现，随着该公司所在国家的总体财务报告质量的提高，共同基金对低质量报告的公司股票获得异常收益的能力降低。正如他所指出的，这表明一个国家的会计准则和公司治理的改善可以降低普通投资者的信息劣势。当我们在第 13 章讨论某一国家采纳 IASB 会计准则的潜在收益时，这一点将具有重要意义。

4.6.3 小结

在理想环境下，公司的市场价值能充分反映所有信息，并不会因估计风险而降低价值。也就是说，价格与其基本面价值是一致的。但在非理想环境中，内部信息、不确定参数和其他因素会使价格偏离基本面价值。如果证券市场是半强式有效的，价格就会充分反映所有公众所知的信息。市场价值的这种"充分反映"特征，包括了由于（不可分散化）估计风险而导致的价值减少。

基本面价值和有效市场价格之间的差异由内部信息所致。全面及时的披露将减少内部信息，使证券市场更好地运行。然而，由于消除所有内部信息成本过高，即使是在一个有效的市场中，内部人和经验丰富的投资者也将继续保留一些信息优势，而普通投资者将面临估计风险。

4.7 证券市场运行良好的社会意义

在资本主义经济中，证券市场是资本筹集并分配给各竞争性投资需求的主要载体。由此，这些市场的良好运行就成为社会性的期望——即股价接近基本面价值。此时，公司会投资于资本项目直到未来投资的边际收益等于边际成本，并由此实现资本的有效配置。当投资者可以信任管理者时，市场运行最佳，即他们所关注的逆向选择问题得到控制。当然，这只是社会所希望的，毕竟投资资本的供给是稀缺的。当有限的资本流向生产效率最高的方向时，社会福利就得以增强。

但是，如前所述，存在内部信息使证券价格并不能完全反映基本面价值。投资者会意识到逆向选择以及内部交易带来的估计风险，可能会产生"柠檬现象"。投资者会发现证券市场并不是一个"公平游戏"的场所，并且会退出市场交易或降低其愿意购买的任何证券的价格。这样一来，拥有高质量投资项目的公司其证券价格较之社会有效水平就不会高，从而使其投资不足。一个相关的问题是，如果太多的投资者退出市场交易的话，市场就会变得**"疲软"**（thin），也即失去**"深度"**（depth），此处的深度指的是投资者可以购买或出售的股票数量不影响其市场价格（参见第 1 章注释［26］）。市场疲软限制了可用资本，这又进一步阻碍了投资。

Wurgler（2000）提供了市场对资本进行有效配置的重要的实证证据。他估计了 65 个国家 1963—1995 年资本配置的效率，并发现股价包含更多公司特定信息（较之影响所有股价的行业或者宏观经济信息）的国家，其资本配置效率更高。[12] 要注意，股价包含更多公司特定信息也就意味着市场运行良好。

你或许会问，公司特定信息如何包含在股价之中？一种答案就是通过高质量的报告，这有助于股价反映公司未来的业绩，并更接近公司的基本面价值。

Francis，Huang，Khurana 和 Pereira（FHKP，2009）研究了报告质量对资本配置的影响。他们从各个国家的公司都想要抓住新的全球增长机遇的优势（例如，手机）这一前提开始。但是公司如此做的能力却受制于其获得融资的能力。于是他们认为，在其他因素相同的情况下，财务报告的质量越高，该国的公司就越容易筹集到资金。

为了验证这一观点，FHKP 预测，如果两个国家有类似的高质量财务报告，若报告质量是资金筹集的重要决定因素，则各国的行业增长率应当是类似的（亦即高度相关）。如果一国或两国的报告质量较低，各国的行业增长率的相关性就会较低，因为促进增长的融资的能力更多地取决于其他因素（例如，经济发展水平、资本流入），各个国家的这些因素也不尽相同。

FHKP 研究了 1980—1990 年 37 个国家的行业增长率。他们用不同的方法衡量一个国家的报告质量（例如，审计质量、同步性，参见注释［12］），在控制了其他影响融资增长的因素之后，结论与其预期一致。

当然，发达资本主义经济体有一系列机制用以提高报告质量，其中一种措施就是管制。这样，我们就看到了各个国家的证券监管机构，如 1.12.5 节所示。这些机构创造或者实施管制，例如制定会计准则，来控制内部交易，促进重大事项的即时披露，并惩罚违反管制的行为。如果此类管制是有效的，内部信息导致的估计风险就会下降。投资者不再把公司当作"柠檬"，最终愿意为证券支付更高的价格。

但是，市场会为披露超过管制要求数量的内部信息的公司提供**激励**（incentive）。就像一个以诚实和公平交易而闻名的二手车经销商将享受更高的销售价格一样，制定超过管制最低要求的可靠信息披露政策的公司会获得更高的股价以及更低的资本成本，因为充分披露减少了投资者对内部信息的担忧。

很明显，管制以及市场激励并不是彼此排斥的——它们在我们的经济体中同时存在。管制机制就像"大棒"，需要实施惩罚予以促进。如果"胡萝卜"（诸如提高的声誉、较高的股价以及较低的资本成本）能促进公司充分披露的话，管制的必要性就会降低。在任何一种情况下，经济体都会因为证券价格接近基本面价值而受益。

Biddle，Hilary 和 Verdi（BHV，2009）的研究显示"胡萝卜"（例如，公司高质量披露带来的收益）具有增进投资效率的潜力。正如我们前面所述，他们指出，内部信息导致公司资本成本提高，最终导致相对于社会有效水平的投资不足。他们也指出，如果管理层将公司规模（例如，投资过度）作为提高声誉及报酬的工具（一个道德困境问题），这些公司就会投资过度。

基于 1993—2005 年美国公司的大量样本，并以多种方式衡量报告质量，BHV 发现了高质量报告减少投资过度与投资不足的证据。[13] 这就意味着，报告质量是经济中投资效率的重要决定因素。

这样，我们可以总结认为，当下面两个条件达到时，运行良好的证券市场，社会效益将得到促进：

- 所有的相关信息为公众所知，或至少存在惩罚和激励机制以促进内部信息的有效披露。
- 证券的市场价格与这些信息紧密相关。

4.8 有关有效证券市场的结论

有效市场理论对财务会计来说具有重要的启示。然而，并非所有投资者都必须以相同的方式对信息做出反应。真正需要的是消除投资者个人反应的差异，使得证券价格充分地反映公开可用的信息。因此，理性投资者模型以及由此所导致的有效证券市场价格代表了投资者行为的平均水平，而不一定反映个人投资者的特定行为。

有效证券市场对会计人员的影响内含了充分披露。充分披露内含了对会计政策的披露，因为市场只要知道使用了什么会计政策，就将忽略那些对现金流量没有影响的差异化会计政策。如果信息披露完整且及时，"无知"的投资者将受到有效市场的价格保护。会计人员要在竞争性的信息市场生存，就必须为市场提供有用的信息。

市场效率包含一个逻辑悖论，因为如果市场价格总是充分地反映所有公开可用的信息，则没有人有动机收集（昂贵的）信息，在这种情况下价格将很快失去其有效性特征。为了挽救该理论，理论家们引入了噪声交易者的概念。

尽管有充分披露，但市场上总会存在内部信息，这些内部信息给投资者带来了信息劣势，使得投资者通过股价折价的方式对内部人将造成的预期损失做出反应。会计人员可以通过鼓励使用决策有用的准则以及促进公司披露尽可能多的符合成本效益原则的信息，将这种不利影响降至最低。在此过程中，证券价格将尽可能地接近其基本面价值，这将有利于投资者和公司，并改善经济中稀缺资源的配置。

近年来，那些以理性投资者和有效证券市场为假设前提的模型，例如 CAPM，受到了严厉的批评。这些模型被批评没能预测到 2007—2008 年的股市崩盘。为了应对这些批评，人们必须在投资者行为中引入投资者混合行为模型，并/或放松完全流动市场、理性预期以及共识等基本假设，使得这些模型变得更加符合现实情况。

尽管存在以上这些批评，但有大量的实证证据支持投资者平均理性以及有效市场理论。我们将在下一章里讨论这些证据。

第 4 章习题

📖 **注释**

[1] 市场中的所有投资者并不需要都采取理性行为，只要他们的行为总体上是理性的即可。

[2] 这一现象，即大群体的共同决策惊人地准确，被记录在无数文章中。Surowiecki（2004）给出了该现象所需的四个条件：信息多样化、独立性、分散化，以及集结化。在证券市场中，这些条件都是存在的。

[3] 在类似于例 2-2 的理想环境以及 4.2.1 节所描述的强式有效市场下，价格不仅充分反映了可获得的信息，还具有**充分的信息含量**（fully informative），即投资者不再需要其他信息。Grossman（1976）指出，如果股价完全聚集了所有可用的信息，那么稳定的均衡价格就不存在，因为收集信息的动机被破坏了。

[4] 这要求 $E(R_{Mt}) > R_f$。这是合理的，因为市场收益是有风险的。市场预期收益超过无风险利率的部分称为**（权益）风险溢价**（(equity) risk premium）。

[5] 这种异常收益不应和例 2-2 中 P. V. 有限公司的异常收益相混淆。虽然意思是一样的，但前者指的是市场收益，而后者指的是会计净收益。

[6] 有很多原因造成实际收益与预期收益可能不同，包括市场对未来现金流量的预期变化和贴现率的变化。如果样本的平均实际收益是对市场预期收益的良好替代，这些原因的总影响必须为零。否则，实际收益将是对预期收益的有偏估计。

考虑到实际收益是对预期收益的合理估计，通过最小二乘法估计 β 值与式（4.3）给出的 β 值的计算公式不一致。最小二乘法仅提供了进行估计的便利方法。要明白这一点，请注意回归模型中自变量的系数的定义：它是因变量（R_{jt}）对于自变量（R_{Mt}）的单位变化的变化量。这正是 β 值的定义。如上所述，β 值衡量的是当市场收益变化时，某个证券收益的变化强度。

[7] 实际的损失或收益是一个随机变量。这个随机变量的平均值越低，降低股票报价的投资者就越多。然而，实际收益或损失将围绕这个平均值随机分布。这种剩余值的估计风险是可以分散的。迄今为止，估计风险的分散程度依然是财务会计中尚未解决的问题。我们将于 12.9.3 节中进一步讨论。

［8］基本面价值也可以解释为强式有效市场中的价值。

［9］Maffett 使用**不透明度**（opacity）这一概念来衡量财务报告质量，其中不透明度被定义为"上市公司的特定信息不能被外界获得"。实际上，它是衡量财务报告质量的一个负面指标。

Maffett 用以下指标衡量公司财务报告的不透明度：追踪公司的分析师数量、分析师预测准确性、分析师预测的差异程度、是否由权威会计师事务所审计、收入平滑程度。

［10］Maffett 指出，利用内部信息的成本可能超过异常收益。然而，他提出证据表明这一推测不可能发生。

［11］Maffett 通过披露法规的质量和公司治理的质量来衡量国家层面的财务报告质量。他还提出了衡量某一国家媒体渗透度的方法，如果一个国家的媒体越发达，媒体报道质量越高，则投资者越难找到内部信息。

［12］Wurgler 通过研究投资增长率与产出增长率之间的关系来估计一个国家资本分配的效率——每单位投资增长带来的产出越多，资本配置效率越高。他通过股价的**同步性**（synchronicity）（股价同步变动的程度）来估计公司特定信息的数量——较低的同步性，或者说，股价之间同步变动较少，就意味着较之行业或者经济层面的信息，股价包含了更多的公司特定信息。在得到其结论时，Wurgler 控制了少数股东权益以及该经济体中的国有股比例。这些因素也会影响资本配置效率。

［13］BHV 以资本投资、并购以及研发的总和来衡量投资。他们将样本公司划分为低现金高杠杆（可能会倾向于投资不足）与高现金低杠杆（可能会倾向于投资过度）两类。他们发现，对低现金高杠杆的公司而言，较高的报告质量与较低的投资不足相关，而对高现金低杠杆的公司而言，较高的报告质量则与较低的投资过度相关。

在补充测试中，BHV 检验了其样本公司的增长机会（以销售增长率替代）。公司的增长率创造了一个预期的投资水平，因为增长与投资往往相伴而生。对于实际投资低于预期（投资不足）的样本公司而言，BHV 发现较高的报告质量与较低的投资不足相关。而对于实际投资超过预期水平的样本公司而言，较高的报告质量与较低的投资过度相关。这些结论与他们的现金杠杆检验结果一致。

第5章

会计信息的价值相关性

本章语音导读

5.1 概 述

如果有效市场理论及其背后的决策理论是对现实的合理描述，我们就应该能观察到证券市场价格以可预测的方式对新信息做出反应。

这催生了会计领域的实证研究。虽然我们难以设计实验来检验决策有用性，但会计研究已经证实，证券市场价格确实会对会计信息做出反应。当证券价格做出反应时，我们将其表述为会计信息具有**价值相关性**（value relevance）。关于证券市场对盈余公告的反应，最早的重要证据来自 1968 年发表的两项研究，一项是 William Beaver 的研究，另一项是 Ray Ball 和 Philip Brown 的研究。随后，大量的实证研究证明了价值相关性其他方面的内容。

根据这些研究，看起来投资者似乎确实使用了会计信息来估计证券回报的期望值与风险。只要考虑例 3-1 中贝叶斯定理的运用，便会发现如果会计信息不具有信息含量，那么投资者在获取此信息后将不会改变原有观点，财务报表也就不会触发买卖决策。没有触发买卖决策，成交量和交易价格也就不会发生变化。实际上，只有当信息能改变投资者的观念和行为时，它才是有用的信息。此外，信息的有用程度可以通过其公布后导致的成交量和交易价格的变化程度来衡量。

价值相关性的观点认为，投资者希望对证券未来的回报做出他们自己的预测（而不是像在理想环境下那样，让财务报表替他们做出预测），并有能力"吸收消化"所有有用的信息。此外，这一观点意味着，实证研究通过市场反应来引导会计人员了解特定的信息对投资者而言是否具有价值，以帮助会计人员进一步提高信息的有用性。

然而，在将有用性等同于证券价格的变化程度时必须注意：虽然投资者及会计人员可以从有用信息中受益，但这并不意味着社会也会变得更好。信息是一种非常复杂的商品，它的私人价值和社会价值是不同的。其原因之一就是成本。财务报表使用者一般不需要为使用这些信息直接支付费用，因此，他们可能认为信息仍然是有用的，即使社会成本（即公司产生和报告这些信息所发生的成本，以提高产品价格的方式体现出来）高于有用性增加带来的价值。此外，信息对人们的影响是不同的，需要进行复杂的成本—收益权衡来协调不同团体间的利益冲突。

这些社会因素并没有使价值相关性失效。会计人员仍然可以通过提供更有用的信息来努力提高自身在信息市场中的竞争地位。如果证券价格能够提供投资机会并为公司未来业绩提供良好的指示作用，那么证券市场将会更加有效。然而，并不能认为那些能够产生最大市场反应的会计政策便是最好的会计政策。

图5-1概括了本章的结构。

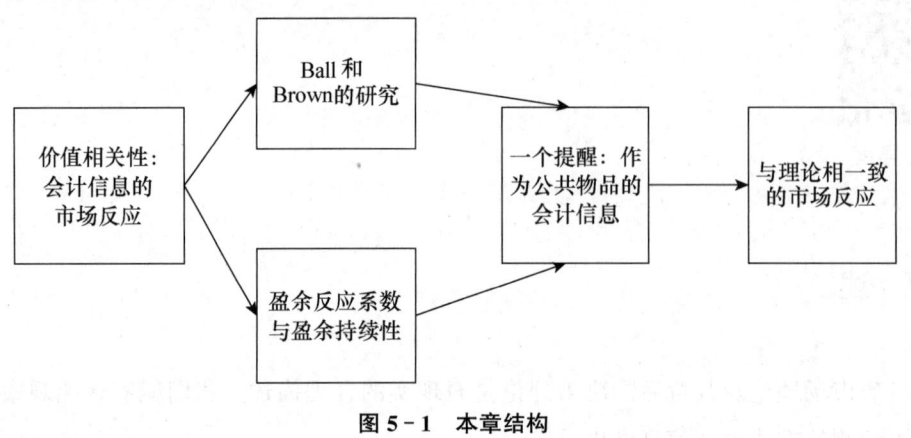

图5-1 本章结构

5.2 研究问题概述

5.2.1 市场反应的原因

首先回顾为什么公司的股价会对财务报表信息做出反应。在本章的大部分内容中，我们把财务报表信息限定在报告净收益上。净收益的信息含量已经成为广泛的实证研究的主题。财务报表其余部分的信息含量将在5.6节和第7章进行讨论。

考虑下列关于对财务报表信息做出反应的投资者行为的预测：

1. 投资者对一家公司的未来业绩，如公司的股利、现金流量和/或收益有一些先验信念，这些先验信念会影响对该公司证券的预期回报和风险。在有效市场中，这些先验信念是基于所有公开可知的信息，包括公司本期净收益公布之前的市场价格。即使这些先验信念是基于公开的可知信息，它们也并不一定完全一样，这是因为投资者所获得的私人信息的数量和对信息的主观估计会有所不同。

2. 在本期净收益公布之后，某些投资者将会结合其他新闻和他们自己的先验信念对其进行分析。例如，如果净收益高于期望值，这可能是好消息。据此，一些投资者将会提高他们对公司未来业绩的预期。另外，那些对本期净收益有着过高期望的投资者，可能会将同样的净收益信息解释为坏消息。

3. 那些提高了对公司未来业绩信念的投资者将愿意以当前的市场价格买入公司股票，反之亦然。投资者也可能改变他们对这些股票的风险估计。

4. 我们预期会观察到，公司公布其净收益后不久股票成交量将增加。此外，不同的投资者关于公司未来业绩的先验信念和他们对本期财务信息的解释的差异越大，成交量就越大。[1] 如果把报告净收益解释为好消息（这将增加投资者对未来业绩的预期）的投资者多于解释为坏消息的投资者，我们预期会看到该公司股票的市场价格上涨，反之则会下跌。

Beaver（1968）在其经典研究中研究了成交量对收益信息的反应。他发现在盈余公布的那个星期内，成交量急剧增加。在本章的后面部分，我们将集中讨论市场价格反应。市场价格反应与成交量反应相比，前者为决策有用性提供了更有力的检验，例如 Kim 和 Verrecchia（1991）提出了一个模型，在这个模型中，投资者对公司价值有着不同的先验信念。然后，当他们收到一份公开的收益公告时，他们会修正他们的信念，并在修正后的信念的基础上进行交易。正如 Kim 和 Verrecchia 所指出的，成交量反映了业绩公布后投资者信念变化的总和。由于投资者之前的信念各不相同，一些信念的改变可能导致投资者购买股票，而另一些信念的改变可能导致投资者出售股票。因此，股价的变化反映了投资者的平均信念变化。由于成交量变动的方差可能大于交易价格变动的方差，作者认为，作为衡量财务报表信息决策有用性的指标，成交量的噪声也许比价格变动的噪声更大。

你将看到前述的预测紧扣第 3、4 章的决策理论和有效市场理论。如果这些理论与会计人员有关联，那么他们的预测将在实证研究中得以证实。实证研究人员可以将公布年报的公司作为样本，研究在盈余公布时成交量和交易价格对好消息或坏消息做出的反应是否与理论引导我们所相信的一样，从而对所做的预测进行检验。然而基于诸多原因，这并不像看起来那样简单，我们将在后续内容中进一步讨论。

5.2.2　寻找市场反应

1. 有效市场理论意味着市场将对新的信息快速做出反应。因此，知道当年报告的净收益何时首次被市场所知悉很重要。如果研究人员几天以后再去寻找成交量和交易价格的影响，那么即使影响真的存在也可能观察不到。

研究人员通过使用公司净收益的最早发布日期解决了这个问题，该日期可能是财务报表呈报之前的几天或几周。很多公司通过新闻稿、新闻发布会或者电话会议的形式发布盈余信息。如果有效市场做出反应，那也应该在这些最早发布日期前后几天的**短窗口期**（narrow window）内反映出来。

2. 报告净收益被评价为好消息还是坏消息，是相对于投资者的期望值而言的。如果一家公司报告净收益为 200 万美元，刚好是投资者所期望的（通过季度报告、公司高管的演讲、分析师的预测，或者 MD&A 的前瞻性信息及股价），那么该报告净收益几乎没有什么信息含量，因为投资者不会改变其之前根据较早的信息形成的先验信念。然而，如果投资者期望净收益为200 万美元，而报告净收益为 300 万美元，情况就会完全不同。这种好消息将会引发投资者迅速改变对公司未来前景的信念。这意味着，为了评估信息含量，研究人员必须获取一个代理变量，用来表示投资者的期望净收益，而这些代理变量往往是基于以前的盈余或分析师的盈余预测。

3. 总会发生许多事件影响公司股票的成交量和交易价格，这意味着市场对报告净收益的反应很难被发现。例如，假设某公司公布它的当年净收益，包含好消息，而同一天政府宣布赤字大幅增加。这一政府公共信息可能影响市场上所有或大部分证券的价格，这可能反过来掩盖了该公司所公布的盈余信息的影响。因此，理想的状况是把这些影响股票收益的市场因素和公司特定因素分开。

5.2.3 分离市场因素和公司特定因素

正如4.5节所叙述，市场模型广泛用于在事后分离对证券收益产生影响的市场因素和公司特定因素。图5-2给出了 t 期 j 公司的市场模型，这里，我们假设期间为一天。研究人员有时使用更长的期间，如一周、一个月或一年，也可以是更短的期间，精确到几分之一秒。

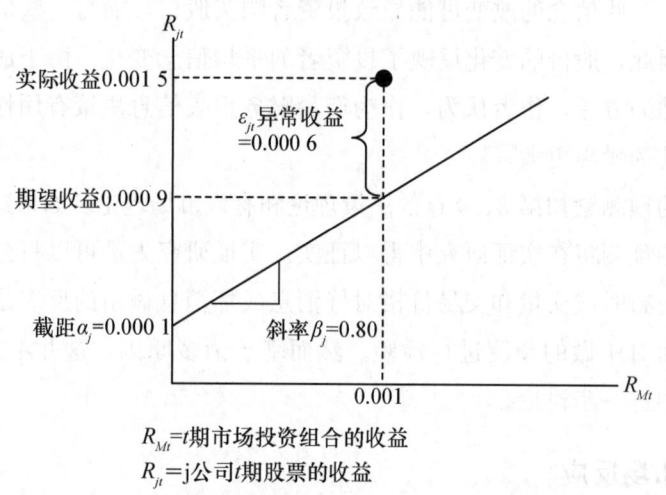

$R_{Mt}=t$期市场投资组合的收益

$R_{jt}=j$公司t期股票的收益

图 5-2　用市场模型分离市场和公司特定证券收益

图5-2列示了 j 公司股票收益与市场投资组合（例如，道琼斯指数或者 S&P/TSX 综合指数）之间的关系。

考虑4.5节中的市场模型（见式4.4）：

$$R_{jt}=\alpha_j+\beta_j R_{Mt}+\varepsilon_{jt}$$

正如4.5节所述，研究人员将获取 R_{jt} 和 R_{Mt} 的历史数据，使用回归分析方法来估计模型的系数。这里假设 $\alpha_j=0.0001$，$\beta_j=0.80$，如图5-2所示。[2]

现在，知道了 j 公司的估计市场模型之后，研究人员就可以借助媒体查阅本期盈余的公告日期。我们把这一公告日期叫作"第0天"。假设第0天道琼斯指数回报为 0.001[3]，那么根据 j 公司的估计市场模型便可预测它在这一天的股票收益。如图5-2所示，它的期望收益[4]为 0.0009。现在假设 j 公司第0天的股票实际收益为 0.0015，于是实际与期望的收益之间的差额为 0.000 6（即这一天 $\varepsilon_{jt} = 0.000\,6$）。这里的 0.000 6 是当天 j 公司股票的异常收益的估计值。[5] 这一异常收益也可以解释为第 0 天 j 公司股票剔除市场因素后的股票收益率。请注意，这种解释与例 3 - 2 是一致的，我们在该部分对市场因素和公司特定因素做了区分。目前的程序为这一区分提供了一种可操作的方法。

5.2.4　回报与收益的比较

现在，实证研究人员可以把前面计算出来的第 0 天的股票异常收益，与该公司本期报告净收益的未预期部分进行比较。如果未预期净收益是好消息（即正的未预期净收益），那么，在有效证券市场条件下便会出现正的股票异常收益。这说明，投资者总体上对盈余的未预期好消息反应良好。若本期盈余宣布的是坏消息，则相似的推理方法同样适用。

为了提高研究的效力，研究人员也许希望同样地比较第 0 天前后几天的情况。例如，因为消息泄露或研究人员未能准确确定最早发布盈余消息的日期，有效市场有可能提早一两天获悉利好或利空的盈余消息。相反，当市场在第 0 天消化信息后，正的或负的股票异常收益还有可能延续一两天，尤其是对于成交量较少的股票。因此，研究人员通常对第 0 天前后共 3～5 天的短窗口期内异常收益的合计进行检验，似乎比仅检验第 0 天的异常收益更为合理。

如果研究人员在公司样本中发现对于好消息或坏消息产生了相应的正或负股票异常收益，那么，研究人员就可能得出结论：这支持了基于决策理论和有效市场理论的预测。这也将反过来支持财务会计与报告的决策有用观，因为如果投资者认为报告净收益信息没有什么用，那么将无法观测到市场反应。

当然这种方法不是万无一失的，其中使用了许多假设和估计。一种复杂情况是在公司盈余公布时，其他的公司特定信息也纷至沓来。例如，如果 j 公司在公布本期盈余的同一天宣布股票分割或股利变动，那么，我们将很难知道市场是对其中哪个因素做出的反应。然而，研究人员在处理这类问题时，可以把这样的公司从样本中剔除，或者单独检验它们。

另一种复杂情况是对公司 β 值的估计，它需要像图 5 - 2 那样把市场股票收益和公司特定股票收益分开。正如前面所提到的，这种估计通常是利用市场模型对历史数据进行回归分析得到，β 值的估计值就是回归线的斜率。然而，正如我们将会在 6.2.3 节中谈到的，公司的 β 值可能一直在变化，例如，在公司改变其营运或资本结构的时候。估计值只是对实际的 β 值的估计，如果估计值不等于实际的 β 值，这将影响对股票异常收益的计算，也就可能导致研究结果存在偏差。

此外，市场模型可能无法充分捕捉产生股票收益的实际过程——参见 4.5.2 节的讨论。如果市场模型不能完全捕捉这一过程，在使用市场模型估计 β 值和异常收益时会导致更多的误差，甚至超过直接扣除市场收益和控制风险这一方法所带来的误差。

Brown 和 Warner（1980）在一项模拟研究中对这些问题进行考察。通过在真实股票收益数据中植入模拟异常收益，Brown 和 Warner 可以比较不同方法识别植入收益的效果，Brown 和 Warner 得出结论：对于月回报的研究窗口而言，5.2.3 节中介绍的基于市场模型的处理与忽略 β 值或基于过去公司特定收益的预期收益等备选方案相比，表现得更好。基于 Brown 和 Warner

的研究结果，我们将聚焦于使用前述的市场模型这一处理程序去估计预期收益。

使用市场模型，我们的确可以看到，市场对盈余信息的反应与理论所预测的基本一致。我们将回顾该反应的第一个有力证据以及对此的解释，即 Ball 和 Brown 在 1968 年的著名研究。

5.3 Ball 和 Brown 的研究

5.3.1 方法与结果

1968 年，Ball 和 Brown（BB）开创了资本市场实证会计研究的先河，这种研究一直持续到今天。他们第一次以令人信服的科学证据提出，公司的股价会对财务报表的信息含量做出反应，即财务报表具有价值相关性。由于他们的基本方法现在仍在使用并得到改进和扩展，所以值得对他们的论文做一简单回顾。他们的论文为那些希望更好地理解财务报告决策有用性的人提供了指导和鼓励。

Ball 和 Brown 以 1957—1965 年纽约证券交易所 261 家上市公司为样本进行检验。他们的研究集中在盈余的信息含量上，排除了财务报表可能提供的其他部分信息，如偿付能力和资本结构。原因之一是，正如前面所述，纽约证券交易所的上市公司一般在真正公布年报之前就已经在媒体上报道了其盈余，所以估计其信息何时首次公开相对比较简单。

BB 首先度量盈余的信息含量，即报告净收益是否高于（GN，即好消息）或者低于（BN，即坏消息）市场已有的预期。当然，这里需要一个代理变量来表示市场预期值。他们使用的一个代理变量是上一年的实际收益值，在此基础上将变化额作为未预期收益。[6] 这样，那些收益高于上一年的公司就被视为 GN，收益低于上一年的公司被视为 BN。

接下来，使用图 5-2 所示的股票异常收益步骤估计样本公司在盈余公布前后的股票市场收益。唯一的区别是 BB 使用的是股票月收益（1968 年的数据库无法获得股票日收益）。

类似于图 5-2，假设 j 公司 1958 年 2 月公布的 1957 年的收益是好消息。同时假设 1958 年 2 月纽约证券交易所市场投资组合收益为 0.001，得出 2 月的预期收益为 0.000 9。BB 将计算 j 公司 1958 年 2 月的股票实际收益，假设为 0.001 5，得到 2 月的异常收益为 0.000 6。由于 j 公司 1957 年的盈余是在 1958 年 2 月公布的，而且它这个月的股票收益比市场收益多 0.000 6，人们可能认为，之所以得到正的异常收益，是因为投资者对盈余信息反应良好。

问题是："整个样本都是这种模式吗？"答案是肯定的。如果我们考虑样本中所有好消息的公布（有 1 231 次），那么在公布盈余的那个月里，这些证券的平均异常收益也显著为正。相反，样本中 1 109 次坏消息的公布，导致了显著为负的平均异常收益。这充分表明，在包含盈余公布月份的短窗口期内，市场确实对好消息和坏消息做出了反应。

在 BB 的研究中，既有趣又重要的是，他们在长窗口期内重复了市场异常收益计算，长窗口期包括盈余公布月份（第 0 月）前 11 个月和后 6 个月。BB 计算了这 18 个月长窗口期内的每月平均异常收益。在盈余公布前 11 个月，公布好消息公司的业绩表现远超于总样本（总样本代表了市场收益），而公布坏消息公司的业绩表现远不如总样本。

5.3.2　因果关系与相关关系

事实上，让投资者能够预测未来收益的消息可以从很多方面获得，比如季度报告、分析师预测、新闻报道、经济和行业状况、内部人士买卖以及公司高管的演讲。可以看出，如果一个投资者可以在公布好消息一年之前买入所有公布好消息的公司的股票，并持有到公布该消息的月底才卖出，那么可以获得比市场收益高出 5% 的超额收益。类似地，在公布坏消息前一年买入公布坏消息公司的投资组合股票，并持有到消息公布才卖出，就会产生将近 9% 的异常损失。[7] 重要的是要记住，这一收益是假设的。投资者需要很有远见才能赚到这笔钱，因为研究人员根据年底公布的收益对 GN 和 BN 公司进行了分类，而投资者需要提前一年做出投资决定。

这就导致了信息含量的长窗口期和短窗口期存在重要的区别。如果在盈余公布前后几天（或 BB 的研究中的一个月）的短窗口期内能观测到证券市场对会计信息的反应，那么可以认为会计信息是市场反应的原因。因为在短窗口期内，与净收益相比，其他影响股票收益的公司特定因素相对较少。而且，如果其他因素（如股票分割或股利宣布）确实发生了，我们可以采取前面提到的方法，把受影响的公司从样本中剔除。因此，证券收益与会计信息在短窗口期内的相关性表明，对投资者而言，会计披露是其获取新信息的来源。[8]

然而，在长窗口期内估算收益，会受到许多其他因素的影响。例如，某公司可能发现新的石油或天然气储备、制订有前景的研发计划，或者增加销售量和市场份额等。当市场通过媒体或其他途径更加及时地获悉这些信息时，股价将开始上涨。这反映了证券价格具有部分信息含量的本质，在一个有效市场中，证券价格将反映所有的可知信息，而不仅仅是会计信息，也不限于仅影响当年收益的信息。因此，对那些经营确实不错的公司来说，在财务报表的好消息发布之前，股价将预期到实际业绩良好的公司的好消息，即在长窗口期内，由于确认的滞后而导致价格在很大程度上领先于收益[9]，因而，对于长窗口期，最多只能说净收益与收益是相关的，但这种相关是公司实际基础经济表现产生的，因为股价和净收益（有滞后）都反映了真实的业绩。

尽管如此，短窗口期的结果仍然保持稳健；市场也并未对净收益中所有信息都有所预期，因而对决策理论、有效市场理论及会计信息的价值相关性都提供了支持。[10]

5.3.3　BB 研究的结果

BB 最重要的一个研究结果是，提出了许多其他有用性问题。按逻辑顺序而言，下一个值得问的问题是，未预期盈余的大小是否与证券市场反应的程度相关。我们可以回顾一下，BB 的研究仅基于未预期盈余的符号（正负）进行分析，即仅将未预期盈余分为好消息与坏消息，这是一种相当粗糙的分类。

Beaver，Clarke 和 Wright（BCW，1979）对盈余反应程度的问题进行了研究，他们选取纽约证券交易所 276 家上市公司作为样本，对其 1965—1974 各年年末（12 月 31 日）的报表数据进行了分析验证。对样本中的每一家公司在样本期间的各年报表数据，他们都估计了未预期盈余的变动。然后，他们使用 4.5.1 节和 5.2.3 节所描述的市场模型步骤，来估计与这些未预期盈余变化有关的证券异常收益。

在进行未预期盈余变化与证券异常收益对比时，BCW发现未预期盈余变化越大，证券市场反应也就越大。该结果与资本资产定价模型和决策有用性一致，因为在其他条件相同的情况下，未预期盈余变化越大，投资者总体上越有可能会修正其对公司未来投资收益的估计。[11]

此外，会计研究人员针对其他国家、其他证券交易所、季度盈余报告，研究了证券市场对报告净收益的反应，其结果是相似的。这种方法已经被用来研究市场对新会计准则、审计师变更所包含信息的反应等。这里，我们将集中于BB研究最重要的扩展——盈余反应系数（earnings response coefficients，ERC）。这项研究所提出的问题与BCW的问题不同，也就是说，对于给定的未预期盈余，证券市场对一些公司的反应是否大于对其他公司的反应？

5.4 盈余反应系数

BB的研究得出的是平均意义上证券市场的异常收益。也就是说，平均而言，他们的研究表明公布好消息和公布坏消息的公司会分别出现正的和负的异常收益。当然，平均数会掩盖各种差异。因此，一些公司的异常收益可能会高于平均数，另一些公司的异常收益则可能低于平均数。

这就产生了一个问题，为什么市场对某些公司的好消息或坏消息的反应比对其他公司的反应更强烈？如果能找到这一问题的答案，会计人员就可增进对投资者如何应用会计信息的理解，反过来，这又可以促进会计人员编制更为有用的财务报表。

结果，自BB的研究以来，实证会计研究最重要的方向之一就是，识别和解释市场对盈余信息的不同反应，即对盈余反应系数的研究。[12]

> 盈余反应系数衡量了某一证券的异常收益对该证券发行公司报告盈余中的未预期部分的反应程度。

我们可以用异常股票收益（盈余信息发布前后几天窗口期内的）除以当期未预期盈余来计算ERC。这衡量了每一美元未预期盈余的异常收益，从而使得ERC在公司间以及各期间具有可比性。

5.4.1 不同市场反应的原因

有许多原因可用来解释市场对报告盈余的不同反应，我们在此逐一回顾。

β值 在其他条件相同的情况下，公司未来预期收益的风险越大，对风险规避的投资者来说，它的价值就越低。我们在4.5节已解释过，采用投资组合多样化策略的投资者用β值来衡量某一证券的相关风险。因为投资者将本期盈余作为公司盈利能力和未来收益的指标，未来收益的风险越大，投资者对给定数额的未预期盈余的反应就会越小，从而导致更高的资本成本。

为了阐述这一点，考虑一位典型的理性投资者，他的效用会随其投资组合收益的期望值的增加而增加，随风险的增加而减少。假设这位投资者注意到其投资组合中的某一证券刚刚公布了盈余信息（GN）。因此，他提高了对这一证券的预期收益率，并决定多买进该证券；但是，如果该证券的 β 值比较高，多买进则会增加其投资组合的风险。[13] 事实上投资者会权衡风险和收益，高 β 值起到了"刹车"的作用，因为所有信息灵通而又规避风险的理性投资者都会这样想。因此，在其他条件相同的情况下，股票的 β 值越高，投资者对该 GN 公司股票的需求就越少。当然，需求越少，也就意味着相应的好消息所产生的市价和收益的增长越少，因而 ERC 越低。

Collins 和 Kothari（1989）及 Easton 和 Zmijewski（1989）的研究证实了证券的 β 值越高 ERC 越低这一结论。

资本结构　对高杠杆的公司而言，盈余的增加（息前）提高了债券和其他未偿还债务的偿还可能性，因此也增加了其安全性。所以，收益中的一些好消息会流向债权人，而不是股东。故而，若其他情况相同，高杠杆公司的 ERC 会比较少或无负债的公司要低。

Dhaliwal, Lee 和 Fargher（1991）的研究证实了杠杆越高 ERC 越低这一结论。

盈余质量　回顾 3.3.2 节，我们是根据相关信息系统的主对角线概率的大小来定义盈余质量（例如，信息含量）的。盈余质量越高，我们预计 ERC 也越高，因为投资者能更好地根据当前业绩来推断公司的未来业绩。

作为一个实际问题，盈余质量的计量并不那么直接，因为我们无法直接观察到信息系统的概率。3.3.2 节中介绍了一种间接方式，就是通过盈余公布后分析师修正盈余预测的幅度来推测盈余质量。然而，这也引发了一个问题：为什么分析师会对一些公司的预测做出更多的修正，而对其他公司的修正较少。

幸运的是，盈余质量存在其他计量方式，这里我们考虑两种计量方式。第一种是**盈余持续性**（earnings persistence）。本期好的或坏的盈余消息预期在将来的持续性越强，那么当前收益就能越好地预测公司的未来业绩，我们预计其 ERC 越高。所以，若本期的好消息来自经营效率、新产品的成功引入或有效管理带来的成本大幅降低，那么它的 ERC 将会高于厂房或设备处置利得导致的好消息所引起的 ERC。对于后一种情况，公司市场价值增长的数额将等于利得的数额，因为没有理由期望这笔非正常利得会再次发生，这也就意味着其 ERC 会较低。而在经营质量改进的情况下，收入增加或成本节约将具有持续性，会对未来业绩产生持续的正面影响，因而 ERC 将更高。

Kormendi 和 Lipe（1987）的研究证明了当期未预期盈余变动的持续性越强，ERC 就越高。他们以过去两年盈余的变动持续到本年的程度来衡量持续性——过去两年的盈余变动对本年盈余变动的影响越大，这些往期盈余的持续性就越强，因此 ERC 越高。

Li（2011）提出了另一种相关的方式来计量持续性。他认为公司的资本及劳动力投资决策体现了管理层对公司长期盈余的期望，也即一个理性的管理人员只会将资本和劳动力投资于具有正向期望价值的项目。[14] 因而，资本支出变动与盈余变动之间关系的强弱也是一种盈余质量的计量方式。由于长期盈余及盈余持续性是相似的概念，因而 Li 的方法使得采用另一种方式估计盈余持续性成为可能。

基于 1952—2004 年的公司样本，Li 发现资本支出变动与盈余变动之间存在正向关联，而这一关联与盈余持续性相关，这与他所推断的结果一致。而这一结果即便是在控制了其他盈余质量的计量方式之后仍然保持稳健。

持续性是一个富有挑战性且非常有用的概念。原因之一正如 Ramakrishnan 和 Thomas（RT，1998）所提出的那样，净收益的不同组成部分也许有不同的持续性。比如，假设在同一年，公司成功引进了新产品，同时也报告了厂房和设备处置利得，那么盈余的持续性便是盈余各组成部分的不同持续性的加权平均数。RT 区分了三类盈余事项：

- 持久的，预期将长期持续下去。
- 暂时的，仅影响本期盈余，不会影响未来盈余。
- 与价格无关，持续性为零。

这三类事项的 ERC 分别为 $(1+R_f)/R_f$（R_f 为无风险利率），1 和 0。[15]

事实上，三类 ERC 在一张利润表上可能同时出现。RT 建议，投资者应尝试识别这三类 ERC，并给每一类 ERC 赋予不同的权重，而不是估计一个平均的 ERC。这样，他们便可以辨别公司永久的或持续的盈利能力。

为理解持久盈余的 ERC，要注意到它可以写成 $1+1/R_f$。这样，在理想环境下，对 \$1 持久盈余的市场反应由以下两部分组成：本期部分的 \$1 和未来永续部分[16] 的现值 $1/R_f$。将 ERC 用这种方式表达也可以表明，当后续盈余持续超出本期时，ERC 的数值与利率呈反向变动。

ERC 的另一方面是盈余持续性依赖于公司的会计政策。比如，假设公司采用公允价值计量一项资本性资产[17]，在这一期间该项资本性资产因其所生产的产品的价格持续上升使公司某一资产的公允价值意外增加 \$100，那么，净收益中将包含好消息带来的 \$100。因为在公允价值会计模式下，公允价值的所有变化在发生时都包含在收益中，因此，本期的净收益将包括 \$100 的好消息。因为市场价值的未预期变动是随机的，根据定义，有效市场不会期望 \$100 的好消息对盈余的影响会持续到将来，所以 ERC 为 1。

现假设公司采用历史成本会计模式，贡献毛利的年增长是 \$9.09。那么在历史成本会计下，今年好消息带来的盈余增长只有 \$9.09。当然，其原因是在历史成本会计下，\$100 的现行价值的增加只有在实现时才计入收益。有效市场会认识到本期的 \$9.09 的好消息仅是未来较长时期内一系列盈余增长的"首次兑现"。[18] 如果市场认为价值的增长是永久性的，则 ERC 为 11（1.10/0.10），股价将反映 \$100 价值的全部增长（大约为 11×\$9.09）。

持续性为零的利润表的组成部分来源于会计政策的选择。比如，假设公司资本化了一笔开办费用，这会导致本期利润表的好消息，而这一好消息是由于开办费用资本化而未计入本期费用所带来的。但是若假定开办费用没有残值，市场将不会对这一好消息做出反应。也就是说，它以 ERC 计量的持续性为零。

ERC 也可以为负。假设根据 GAAP 的要求，公司本期对研发成本进行了费用化处理，这将在本期利润表中反映为坏消息。但是，在某种程度上，市场认为研发成本具有未来价值，从而可能对这一 BN 做出积极的反应，因此以 ERC 计量的持续性为负。

盈余质量的第二个维度是**应计质量**（accruals quality）。这一概念最早由 Dechow and Dichev

（DD，2002）提出。他们指出，净收益的构成为：

净收益＝经营现金流量±净应计项目

此处的净应计项目包括非现金营运资本（例如应收账款、坏账准备、存货、应付账款，以及摊销费用等）的变动，管理层对于应计项目的金额及时间能够施加控制。如果管理层利用这一控制力对净收益报告的金额来施加影响，那么这被称为**可操纵性应计项目**（discretionary accruals）。实际上，DD 认为，若相对于现金流量而言可操纵性应计项目越高可能意味着，这些应计项目越可能包含大量的可操纵部分，从而导致更低的盈余质量。他们进一步认为，盈余质量主要取决于营运资本应计项目的质量，因为经营现金流量不大可能受到误差及管理层偏误的影响，经营现金流量的质量相对较高。

为衡量应计质量，DD 建议，若本期营运资本应计项目与前期或后期的现金流量之间的相关性越高，则表明这些应计项目的质量较高。这与 3.7.1 节中讨论的概念框架的观点一致，亦即应计项目被视为用来反映事项发生期间而非现金实际收支期间的公司业绩。因此，假设本期期末的应收账款是 \$1 000，减去坏账准备 \$100，如果下期的收款额也为 \$900，则应收账款的应计质量就较高，因为其与下期的收款刚好完全匹配。但是，如果下期收款仅有 \$800，则应计质量就较低，因为这说明估计有误，或者可能是管理层为提高当期报告收益而有意为之。

类似的看法也适用于上期的应计项目。例如，假设上一期的应收账款是 \$700，抵减 \$60 的坏账准备，本期的现金收款为 \$600。这就降低了本期应计项目及盈余的质量，因为本期的坏账费用包括了上期 \$40 的低估。

为检验应计质量这一概念，DD 建议估计如下的回归方程：

$$\Delta WC_t = b_0 + b_1 CFO_{t-1} + b_2 CFO_t + b_3 CFO_{t+1} + \varepsilon_t \tag{5.1}$$

式中，ΔWC_t 是公司 t 期非现金营运资本净值的变动，亦即营运资本应计项目。例如，在我们前述的例子中，如果应收账款及坏账准备是唯一的非现金营运资本项目，则 t 期营运资本增加了 $\Delta WC_t = \$260(\$900 - \$640)$。$CFO_{t-1}$ 是 $t-1$ 期的经营现金流量，依此类推。b_0，b_1，b_2…是待估系数，ε_t 是残差项，也就是总应计中未被经营现金流量解释的部分。

对于一个特定公司而言，式（5.1）通过最近多期的数据加以估计。应计质量，即盈余质量建立在残差 ε_t 方差的基础上，即高方差表示本期应计的 ΔWC_t 与实现的经营现金流量的匹配性较差。[19]

Francis，LaFond，Olsson 和 Schipper（2005）以及 Ecker，Francis，Kim，Olsson 和 Schipper（2006）的研究，通过这种方式发现了公司的 ERC 以及股价与应计质量正相关的证据。[20] 然而，应计"质量"也许不是表达残差 ε_t 最好的术语。正如 DD 所指出的，它们是包含了操纵性与非操纵性项目的混合物。例如，在经营和政策环境中具有较高波动性的公司，将经历更大且更频繁的存货减值，坏账的波动性也更大，从而通常会有更多的应计项目并伴随更大的估计误差。因此，投资者需要仔细审查公司特征和管理者的战略和激励措施，以充分理解应计质量的好坏。

成长机会　本期盈余的 GN 或 BN 可能表明公司的未来成长前景，因而 ERC 较高。有人也许会认为，考虑到财务报表中包含了大量历史成本的组成项目，净收益实际上与公司未来的成长并不是很相关。然而，事实未必总是如此。假设本期净收益显示出最近公司某些投资项目的超常盈利能力，这也许向市场表明公司未来的发展前景较好。原因之一是，只要高盈利能力在一定程度上会持续，未来利润就会增加公司的资产。此外，本期投资项目的成功也许向市场表明，公司在未来也能够辨别并实施其他成功的投资方案，因而该公司可以被视为成长型公司。这样的公司容易吸引资本，从而可以为成长提供额外的资源。因此，当期盈余的好消息若表明具有很好的成长机会，ERC 就会升高。

为了阐述这一点，我们把前面的例子扩展一下，现假设本期盈余增加 \$9.09，并且期望在未来以每年 5% 的速度增长。贴现率为 10%，以年产值 5% 的速度增长的 \$1 的年金现值为 $1/(0.10-0.05)=\$20$，而在没有成长性的情况下，\$1 的年金现值为 $1/0.10=\$10$。可见前者大于后者，这样在有成长性的情况下，ERC 为 21，而不是 11。[21]

Collins 和 Kothari（1989）提供的证据表明，市场认为拥有成长机会的公司其 ERC 较高。他们采用所有者权益的市场价值与账面价值之比来衡量公司的成长机会，其理论基础是，有效市场能够在成长机会被利润表确认之前就认识到它们的存在，并导致股价的上升。他们还发现样本公司的这一比率与 ERC 正相关。

财务报表为公司未来业绩提供"线索"这一能力看似令人惊奇。这支持了概念框架的观点："一个报告主体过去的财务业绩信息及其管理层如何履行受托责任的信息往往有助于预测该主体的未来回报……"（CF 1.16 段）

投资者预期的相似性　不同的投资者依据他们过去的经验和评价财务报表的能力，会对公司下一期间的盈余形成不同的预期。然而，如果他们形成预期时在某种程度上使用的是同一信息源，比如分析师的同一预测，那么差异将会减少。假如一家公司公布本期的盈余，根据不同的预期，一些投资者会把这一信息看作 GN，另一些投资者则会把它看作 BN。由此，一些投资者就倾向于购买，而另一些投资者则倾向于出售。如果投资者的盈余预期很"接近"，他们会对上述盈余信息做出相似的解释。比如，如果大多数投资者的盈余预期都是在分析师同一预测基础上形成的，并且本期盈余低于预测值，那么他们都会将其视为坏消息，并倾向于出售而非买入。这样，盈余预期越相似，每 1 元的异常盈余对股票价格的影响越大。分析师预测之间的差异表明了投资者信念的差异，实际上，在其他条件都相同的情况下，预测分散度越低，投资者的盈余预期越相似，ERC 越高。[22]

价格的信息含量　在 4.4 节，我们描述了股票价格对于公司未来价值具有部分信息含量，其结果是价格预测了未来盈余。由于市场价格综合了所有有关公司的公开信息，会计系统记录的很多信息都存在滞后。Ball 和 Brown 的研究特别清楚地表明了这一点。在其研究中，早在盈余报告之前的 12 个月，股票收益就开始预期盈余中的 GN 或 BN。因此，如果其他情况相同，股票价格的信息含量越高，本期盈余包含的信息就越少，ERC 也就越低。

我们可以用公司的规模来代表股票价格的信息含量。因为公司越大，与其有关的新闻就越多。但是，Easton 和 Zmijewski（1989）的研究发现，在控制了公司风险、成长性以及其他受公司规模影响的因素后，公司规模并不是 ERC 的显著解释变量。Collins 和 Kothari（1989）通过改变长窗口期的设定来处理公司规模问题，窗口期的改变使大公司的证券收益率更早地得以衡量，他们这么做的理由是股票价格对此类公司而言更具信息含量。他们发现，这种处理改善了盈余变动与证券收益率之间的关系，因为更具信息含量的股票价格意味着市场更早地预期了盈利能力的变动。然而，这种时间上的转换完成后，规模对 ERC 就没有任何解释能力了。因此，虽然理论上很明确地认为股票价格的信息含量会影响 ERC，但实证上并没有一个可以很好度量股票价格信息含量的代理变量。

5.4.2　ERC 研究的意义

为什么会计人员应该对市场对财务会计信息的反应感兴趣呢？从本质上来说，对市场反应的深入理解有利于会计人员进一步提高财务报表的决策有用性。比如，实证证据所表明的 ERC 与盈余质量之间的正向关系意味着，权益投资的投资者重视更高的盈余质量。

同样，高杠杆公司的 ERC 较低，这一发现将支持扩大披露金融工具的性质和数量的观点，包括那些表外项目。如果公司负债的相对规模会影响市场对净收益的反应，那么披露所有负债是值得提倡的。回想 1.3 节中，金融机构的表外负债就是 2007—2008 年股市崩盘的一个导火索。

成长机会对投资者的重要性表明了对某些信息进行披露的必要性，比如，对分部信息披露的必要性（见 12.10 节），因为分部盈余信息能使投资者更好地分辨公司经营活动中盈余与亏损的不同组成部分。同样，如 3.6 节所示，MD&A 也使得公司向投资者传递有关增长预期的信息。

最后，盈余持续性对 ERC 的重要性，意味着披露净收益的组成部分对投资者是有用的。利润表、资产负债表以及其他补充信息中的很多细节都可以帮助投资者分析本期盈余数字的持续性。这一点也得到了来自 Jones 和 Smith（2011）的研究支持，他们基于 1986—2005 年美国公司样本，研究了特殊以及非经常性损益（作者将其称为特别项目）的持续性问题。他们发现，平均而言，这些特别项目至少持续了五年之久。[23] Jones 和 Smith 还检验了其他综合收益的持续性问题（OCI；见 1.10 节）。他们发现 OCI 项目是短暂的，平均而言只持续了一年的时间。

充分披露低持续性事项具有重要性的另一个原因是，他们的报告取决于管理层的判断。在 2015 年之前，FASB 的准则包括了一类**"非常项目"**（extraordinary items），即那些非正常、非经常发生的已实现利得和损失。这些非常项目以税后净值列报于持续经营利润之后。自 2015 年以来，FASB 与 IASB 的准则在不允许将"非常项目"与"持续经营利润"并列列报方面保持一致，取而代之的是，非常项目可以作为持续经营利润中的一个单独类别加以报告，并补充披露其"非常"性质。在涉及非常项目的情况下，是否将项目分类为异常、是否在利润表上单独披露并在补充披露中解释其性质，这些都取决于管理层的判断。

低持续性项目列示在利润表的不同部分进一步加剧了复杂性。诸如以公允价值计量的特定证券的未实现损益等低持续性项目，则是包含在 OCI 当中的。尽管将未实现损益分类为 OCI 的判断要比将项目归类为非常项目的判断更容易，但它们属于"未实现的"这一事实使得对其持续性的评估变得复杂。

IASB 和 FASB 准则的披露要求也不尽相同。IAS 1 要求在利润表或附注中对重大减记及其转回、重组准备或转回、处置损益和其他低持续性的项目进行单独披露。

给定上述复杂性，在披露低持续性事项中存在滥用或许就不足为奇了。在这一点上，McVay（2006）报告了关于**分类转移**（classification shifting）的证据。具体而言，其以 1989—2002 年大量的美国公司样本为基础，发现报告了使得收益大幅降低的特别或非常项目费用（例如重组费用、诉讼费用）的公司更倾向于报告比期望值更低的核心费用（已售产品的销售成本以及销售、一般和管理费用）。McVay 的研究表明，公司管理层通过将核心费用分配至特别项目而导致特别项目数额增加（例如，将法律部门的持续经营费用分配至诉讼费用）。需要注意的是，投资者认为核心费用是具有高持续性的，而特别项目却并非如此，这样通过将核心费用转换为一次性费用的结果就是增加了表面上的净收益的持续性。

Jones 和 Smith 以及 McVay 的研究进一步强调了 Ramakrishnan 和 Thomas 的观点：由于利润表项目在持续性上存在较大差异，如果投资者想要评估盈余的总体持续性，那么充分披露是非常有必要的。实务中的理论 5-1 举例说明了分类转移的一个具体实例。

💡 实务中的理论 5-1

戴尔公司是一家总部设在美国得克萨斯州的跨国计算机技术公司。2017 年，戴尔成为出货量第三大的个人电脑供应商，在全球范围内提供一系列电脑产品。

从 20 世纪 90 年代开始，戴尔公司开始专门从英特尔公司购买中央处理器。作为营销活动的一部分，英特尔向经销商（包括戴尔）支付营销回扣。戴尔将收到的资金视为营业费用的减少。

从 2001 年开始，英特尔开始向戴尔和其他个人电脑制造商提供额外的回扣（也称排他性支付），据称是为了鼓励它们减少购买竞争对手的产品。这些给戴尔的排他性支付在 2007 年第一季度时达到顶峰，为 3.18 亿美元，这是该季度 9.49 亿美元营业利润的重要组成部分。与营销回扣一样，这些排他性支付也被视为营业费用的减少。

随后，戴尔开始使用竞争对手的产品，英特尔则减少了其排他性支付。这种减少的意义在于，排他性支付显然是低持续性的特别项目，而不是（持续性的）经营收益的提高。在这种影响下，戴尔进行了分类转移，以强化投资者对其持续低成本和高收益的信念。然而，戴尔没有披露这些支付的减少以及它们对营业利润的负面影响。

2010 年，SEC 指控戴尔未能披露重要信息以及使用欺诈性记账手法（主要是从秘密储备金中计提经营费用）让投资者相信，戴尔的管理层一直在实现盈利目标，高效地管理着公司的运营。事实上，戴尔管理层曾表示，盈利能力的改善是由于"成本削减举措"和"零部件成本下降"。

由于这些指控，戴尔公司同意支付 1 亿美元罚金与 SEC 达成和解。该公司首席执行官和前首席执行官分别同意支付 400 万美元的罚款，一名前首席财务官同意支付 300 万美元的罚款，但没有承认也没有否认 SEC 的指控。戴尔的前首席财务官、前财务副总裁和前助理财务总监均认同 SEC 发布行政命令，暂停他们作为会计师在 SEC 面前出现或执业，并分别在五年后、三年后和三年后方能申请复职。

5.4.3　计量投资者的盈余预期

正如前述，研究者必须为预期收益找到一个代理变量，因为有效市场只对盈余公告中未预期的部分做出反应。如果不能获得这个代理变量，研究者可能会错误地识别市场反应。例如，当盈余信息实际上为 BN 时，代理变量可能将其识别为 GN。因此，获得一个合理的盈余预期的估计值是价值相关性研究中的重要组成部分。

在例 2-2 的理想环境下，预期收益仅仅是公司期初价值的折现增值。而在非理想环境下，盈余预期更加复杂。一种方法是根据公司过去的报告净收益建立时间序列，即将未来期望建立在过去的报告净收益的基础上——也就是基于业绩趋势或过去的业绩周期对未来进行预期。然而，合理预期的形成必须依赖有关盈余持续性的信息。为了明白这一点，可以考虑两类极端情况：其一是所有的盈余 100% 可持续；其二则是所有的盈余都不可持续。如果是完全可持续的，那么本期的预期收益就是上年的真实收益，这样，未预期盈余就是与上年的差额。BB 使用了这种方法，我们已在 5.3 节中进行了讨论。如果所有的收益都不具有可持续性，那么上年的盈余对于未来的收益来说就不具有信息含量，因此本期所有的盈余就都是未预期的。也就是说，未预期盈余等于本期的收益水平。例 3-1 中比尔使用的就是这一方法。

收益水平法也被用于公允价值会计。如果所有的资产和负债以上期期末的公允价值计量，那么上期净收益的持续性为零，即它不包含关于下期收益的任何信息，因为期初公允价值包含了所有预期的未来现金流量。所以，当前收益全部为未预期收益，它来源于未计入期初公允价值的现金流量变动。尽管完全使用公允价值进行会计核算不太可能，但我们预计在财务报表中公允价值计量使用得越多，ERC 就会越低。

上述两种极端情况哪一种更接近现实呢？这可以通过证券收益与未预期盈余估计值之间的相关程度进行估计，Easton 和 Harris（1991）对此进行了研究。他们选取 1969—1986 年大量的美国公司作为样本进行回归分析，并发现了一年期证券收益与净收益变动之间的相关关系，与 BB 的研究方法一致。然而，他们还发现证券收益与净收益水平之间的相关关系更强。而且，同时使用盈余变动和盈余水平这两个变量比单独使用其中的任何一个变量能更好地改善对收益的预测能力。这些结果表明，现实处于这两种极端情况中间的某一位置上，即净收益的变动和净收益水平都是市场盈余预期的组成部分，二者的相对权重取决于盈余的持续性。

然而，前述讨论都仅仅基于时间序列方法，另一个盈余预期的来源是分析师的预测，这对于大多数上市公司来说都是可以获得的。分析师可以整合比时间序列方法更多的信息来源，他们可以比季度预测更频繁地做出新的预测。理性投资者被认为会使用最新的、最准确的预测信息。Brown，Hagerman，Griffin 和 Zmijewski（1987）对此进行了研究，他们研究了一个盈余预测机构价值线的季度预测表现，认为价值线预测比时间序列模型更准确。O'Brien（1988）研究了更广泛的分析师预测后发现，分析师的年度盈余预测更为准确，即使时间序列预测随着每个季度的盈余公告而更新，这表明分析师可以提供过去盈余中包含的信息以外的信息。

当不止一个分析师追踪同一家公司时，根据前述 4.2.2 节中预测足球比赛结果的例子中所涉及的推理，似乎将他们一致的预测结果或者平均值作为市场盈余预期的代理变量更加合理。然而，O'Brien 指出，预测的时间长短对预测的准确性有重要影响。她发现，在她的样本中，单一的、最新的盈余预测比追踪该公司的所有分析师的平均预测更加准确，如果平均预测不考虑个别预测的时间长短的话。这表明，对预测的准确性而言，预测的及时性比平均预测的误差相互抵消作用更重要。原因之一是，做出最新预测的分析师可以观察同行分析师已做出的所有预测，以及过去的收益和其他信息。

Huang，Zan 和 Zheng（HZZ，2014）更深入地研究分析师报告，除了定量指标外，还包括书面文本，如盈余预测、建议和目标价格。使用类似于实务中的理论 3-2 中介绍的 Li（2010）的 AI 方法，HZZ 将 1995—2008 年发布的大量分析师报告样本的文本部分分为积极、中性和消极语气。他们发现，无论从哪个角度看，分析师报告的文本部分所包含的信息含量都超过了报告的推荐级别（买入、卖出、持有），也超过了报告中所包含的盈余预测和目标股价。HZZ 通过投资者反应来衡量信息含量，具体地说，是通过分析师发布报告后逐日累积的标的公司股票异常收益。他们还发现，报告语气可以预测发行后最多 5 年的收益增长。

HZZ 还根据报告语气检查了股价对报告中量化指标的反应。他们发现，当语气为积极时，有利的量化措施会引起较高的投资者反应，反之亦然。正如我们预期的那样，这表明分析师报告的文本部分有助于投资者解释这些报告中的定量估计。

使用分析师报告来衡量投资者的收益预期的一个复杂之处是，出于与所报告公司的经理保持良好的关系的动机，分析师可能存在乐观偏好。Easton 和 Sommers（2007）对此进行了研究，发现分析师的预测偏向于过分乐观，特别是对于规模较小的公司而言。HZZ 报告了类似的乐观偏好。他们发现，在分析师的报告中，积极的句子比消极的句子多出近 20%，即使是在分析师建议投资者卖出股票时，这一发现也成立。

尽管如此，最近有关盈余信息含量的研究仍倾向于将预期盈余建立在分析师的预测基础之上。[24]

⚡ 实务中的理论 5-2

思科公司是一家大型的网络设备提供商，总部位于加利福尼亚州的圣何塞。2004 年 8 月，公司发布了截至 2004 年 7 月 30 日的季末财务业绩。其收益比上年同期增长了 26%。本季度的净收益为 14 亿美元，或者说每股收益 21 美分，较上年同期增长了 41%，比分析师预测的每股收益 20 美分高 5%。

　　然而，在业绩发布之后，思科公司的股价几乎下跌了 18%，达到 18.29 美元。这一结果看上去与 BB 以及后来研究者的研究结论相反，在其研究中市场应当对好的盈余消息做出正向反应。不过，公司某些资产负债表项目及补充信息却并不乐观。例如，存货周转率从 2003 年的 6.8 跌到 6.4，毛利率稍有下滑，未交货订单也有所下滑，虽然收益增长了，但是增长率却在下滑。同时，不少分析师对增加的存货加以批评，他们认为，这些存货出售较慢，所以公司盈余的持续性以及应计项目的质量都较低。此外，思科的 CEO 在对季报加以评论时说道，公司的消费者对待支出更加谨慎。

　　对于公司好的盈余消息而言，这些负面的信号很可能伴随着类似的投资者预期，都意味着低质量以及低持续性，结果就是负的 ERC。

5.4.4　小结

　　报告净收益的价值相关性，可由在市场获悉本期净收益的时点前后证券价格的变动程度或者异常收益的大小来衡量。这是因为理性的、获得信息的投资者可以根据本期盈余信息来修正他们对公司未来盈利能力和收益的期望。修正后的期望引发投资者的买卖决策，从而使投资者进入市场，以均衡他们投资组合的风险与收益，使它们恢复到期望的水平。如果净收益中没有信息含量，就不会修正期望，也就不会引发买卖决策，因而就没有价格的相关变动。

　　对于给定的未预期净收益，理论预计股票市场价格变动的程度或异常收益受到诸如公司规模、资本结构、风险、发展前景、持续性、投资者预期的相似程度和盈余质量等因素的影响。

　　继 Beaver 和 BB 开创性的研究之后，实证研究揭示，市场对于上述大多数因素会有不同的反应。这些实证研究的结果是引人注目的：首先，它们克服了大量统计和实验设计问题。其次，它们表明，从平均意义上来说，市场评估会计信息的能力很灵敏，这就支持了作为其基础的有效市场理论和决策理论。最后，它们支持了财务报告以决策有用性为目标的观点。随着投资者对财务报表信息会做出反应这一事实被会计人员更好地理解，会计人员向投资者提供有用信息的能力也会进一步增强。

5.5　对"最佳"会计政策的提醒

　　在这一点上，我们认为，会计师可以通过证券市场的反应来了解财务会计信息的有用性。由此，我们很容易得出这样的结论："最佳"会计政策是产生最大的市场价格反应的政策。例如，如果基于现行价值会计报告的净收益，较之基于稳健性会计报告的净收益产生了更大的市场反应，也许我们应该更偏好现行价值会计。但是，在得出这一结论时我们必须非常小心，市场反应表明，会计人员为投资者提供了有用的估值信息，但并不一定意味着这些信息也适用于其他决策目的，如管理控制。此外，即使这些信息能让投资者的决策变得更好，也并不一定意味着对于社会而言会更优。

原因是信息具有**公共物品**（public goods）的特点，公共物品是一种一个人对它的消费并不会破坏他人对它的使用的物品。而对**私人物品**（private goods）的消费——比如吃一个苹果——会排除他人对该物品的使用价值。但是，投资者使用年报中的信息并不会排除信息对其他投资者的有用性。公共物品的供给者可能难以对这些产品进行收费，因为一旦成为公共物品，许多非付费消费者也可以从中受益。因此，我们经常看到公共物品由政府或准政府机构供应，如公路和国防。如果公司试图因年报而向投资者收费，它们也许不会吸引到许多购买者，因为一份年报编制出来后可由许多使用者下载与传阅。相反，我们观察到政府通过证券法和公司法要求公司公布年报。

当然，公司公布年报并非没有成本。除编制成本外，其他更重要的成本包括可能向竞争对手提供了有价值的信息以及管理层可能因信息披露要求而采取次优经营决策等带来的成本，例如，如果需要披露太多的相关信息，则管理层可能削减其扩张计划。最终以更高的产品价格和（或）更低的盈利能力使投资者或消费者为此付出代价。尽管如此，投资者依旧认为年报是免费的，因为他们使用年报的程度并不会影响价格。投资者还可能为获取信息而付出成本，或为尽早获得信息而直接付费，或间接向分析师或其他信息服务者付费。然而，基本的"资料"被认为是免费的，投资者会做任何其他理性消费者在价格低的时候会做的事——消费更多。因此，投资者可能会要求更多的会计信息，即使从社会的角度来看，这些信息的成本超过了其带给投资者的收益。

如第 1 章所提到的，信息对不同的人会产生不同的影响，某些信息可能对潜在投资者及竞争者有用，但管理层及当前股东则可能会因提供此类信息而受到损害。因此，这类信息的社会价值既取决于对潜在的投资者和竞争者的效益，也取决于对管理层和股东的成本，这种成本—效益的权衡是十分困难的。

可以将信息看作一种商品，由投资者产生需求，公司通过会计人员加以提供。由于信息的公共物品属性，我们不能像在竞争条件下生产的私有物品那样依赖供需力量来决定对社会而言最好或最佳的产量。其根本原因是，信息产品的价格机制无法向投资者收取他们使用信息的全部成本。因此，从社会的观点来看，我们不能依赖于市场的价格反应程度来决定应该采取哪种会计政策（或者说生产多少信息）。Gonedes 和 Dopuch（1974）的研究给出了支持这一结论的正式论据。

2007—2008 年的股市崩盘戏剧化地展示了会计信息广泛的社会影响。在股市崩盘之后，就有争论认为公允价值会计是顺周期的，即它增强了繁荣或萧条的程度。其观点是，在好时期，公允价值会计导致收益膨胀，这就鼓励公司扩张，鼓励银行（其收益也会膨胀）为此种扩张提供贷款，进而造成了经济繁荣，甚至可能是一个泡沫。但是，当经济萧条时，正如 2007—2008 年那样，就会导致流动性定价（见 1.3 节），此时金融工具的公允价值低于其使用价值。这样，银行的法定存款准备金就受到了威胁。银行停止放贷，经济陷入衰退。准则制定机构被指控在关注为投资者提供有用公允价值信息的同时，忽视了这些广泛的社会影响。我们将在第 12 章和

第 13 章讨论信息产品管制的问题。现在，重要的是应该意识到，会计人员作为信息市场的供应者，仍可由市场反应来引导他们，以维持和提高其竞争地位。同样，如果证券价格提供了潜在真实投资机会的信息，证券市场就会更好地运行。但是，这些广泛的社会性的考虑也表明，作为一条普遍性的规则，会计准则制定机构在利用证券市场反应作为唯一的决策指导时应当保持谨慎。

5.6 其他财务报表信息的价值相关性

在本节，我们暂时将关注的目光从净收益的信息内容上移开，以考虑其他财务报表组成部分的信息含量，例如资产负债表和补充信息。净收益通常有明确的发布日期，如管理层电话会议或其他公告，但要找到资产负债表和其他补充信息（包括财务报表附注）的明确发布日期则比较困难。

一种方法是，简单地寻找市场在该公司财政年度结束后的几个月里的反应，从而假设到那时市场已经消化了资产负债表和补充信息。Lev 和 Thiagarajan（LT，1993）引进了计量盈余质量的一个很有创意的方法。他们区分了财务分析师用来评估盈余质量的 12 个"基本指标"，比如，其中一个"基本指标"是存货相对于销售收入的变动。如果这一比率增加，则表明盈余质量的降低——公司可能进入一个低销售收入时期，或者仅仅是因为公司存货管理的效率降低。其他基本指标包括资本支出、订单积压等的变动，以及石油和天然气公司储量的变化。

对样本中每一家公司的 12 个"基本指标"，LT 分别赋值 1 分或 0 分，然后相加，以其总和来衡量盈余质量。比如，对于存货而言，若公司存货变动相对销售变动的比率下降，则表明较高的存货周转水平及盈余质量，因而赋值 1 分；反之，则赋值 0 分。

当 LT 将这些最终得分作为未预期盈余的一个额外解释变量放进回归分析中，他们发现，这一新的解释变量在未预期盈余的基础上对股票异常收益的解释能力显著提高。这种回归分析涵盖了公司财政年度结束 4 个月后开始的一年，这样投资者有足够的时间访问和分析资产负债表及补充信息，以确定各种评分值。LT 的研究结果表明，资产负债表和财务报表附注中的补充信息具有价值相关性。

寻找市场对补充信息反应的另一种方法是，在公司向证券监管机构提交财务报告的日期（一般指资产负债表及其他补充信息最早向市场提供的日期）前后的一个窗口期内检验股票收益。

最近，DeFranco，Wong 和 Zhou（2011）也采用这一方法对财务报表附注信息的价值相关性进行了一个更为直接的检验。他们以 2002—2007 年美国大型公司为样本，发现在 SEC 要求提交的 10K 文件发布前后 7 天的短窗口期内，股价对于财务报表附注信息会做出反应[25]。这一反应是在控制了如盈余公告、MD&A 报告的语气（见 3.6.4 节）以及分析师预测等其他可能对股价产生影响的因素之后做出的。附注中的信息包括租赁负债、资金不足的养老金成本、表外资产证券化以及有助于投资者估计盈余持续性的信息等。

作者认为这一股价反应是由经验丰富的投资者所驱动的，例如分析师。正如他们所认为的那样，他们发现财务报表附注中相对于净收益而言额外信息越多，分析师越可能对目标股价进行修正，且修正的幅度也越大。

总体而言，上述研究表明，资产负债表和补充信息对于投资者而言是具有决策有用性的。

5.7 有关价值相关性的结论

财务会计领域实证研究的文献众多，我们仅概览了其中的一部分。尽管如此，我们已看到，从大体上讲，证券市场对报告净收益的反应显示出令人印象深刻的复杂性。在这一领域的实证研究支持了有效市场理论和与之相关的决策理论。

然而，会计人员必须确保对非正常的、非重复发生的项目在财务报表表内或补充信息中充分披露，否则投资者就可能会高估当前报告盈余的可持续性。

近来，研究人员还发现了市场对其他财务报表信息做出反应的证据，尽管很难界定市场最早收到这些信息的日期。

会计人员为了尽可能提高他们作为信息提供者的竞争地位，可能会将证券市场对于各种会计信息的反应程度作为会计信息对投资者有用性的指南，这一进一步驱动了他们对有关决策有用性开展实证研究的兴趣。此外，会计人员将公司内部信息向外传递得越多，资本市场就能越好地引导稀缺资本的流动。

虽然存在上述结论，基于会计信息的公共物品属性，会计人员必须谨慎地看待这一观点：能产生最大市场反应的会计政策和披露就是最佳的会计政策和披露。因为投资者对他们使用的信息不承担全部成本，他们对信息的需求量就不一定是"正确"的。这些顾虑限制了市场反应研究对准则制定者的引导能力。

本章所描述的研究大多基于以历史成本作为重要组成部分的财务报表信息。尽管在以历史成本为基础的盈余中发现价值相关性是令人鼓舞的，但准则制定者最近已转向对若干重要类别的资产和负债采用现行价值会计。这有可能比基于历史成本的财务报表更能及时地获取影响公司价值的信息。我们推测，准则制定者可能认为现行价值会计能够进一步提升价值相关性。在下一章中，我们将进一步探讨财务报告的估值观（valuation approach）。

第 5 章习题

📖 注释

[1] 投资者对于公司盈余信息的先验和后验信念的差异导致了成交量的产生。如果投资者具有不同的决策模型，那么他们对于公司当期盈余信息的解释也不尽相同。例如，有些投资者仅仅关注净收益，有些投资者可能进一步关注于盈余的各个组成部分，其他投资者也可能依赖于分析师预测等。此外，不同的决策模型也会形成不同的后验信念，同样导致了成交量的产生。

投资者对于当期盈余的不同解释导致了成交量的产生，这一现象表明投资者使用了不同的信息系统。我们在例 3-1 中假设了单一信息系统来捕捉 GAAP 质量，上述情况并不会使得这一例子失效。其他投资者可能具有更为复杂的系统，用以捕捉其他信息来源。例如，我们可以假定在例 3-1 中有四个类型的信息系统，除了财务报表外，投资者还可能从分析师那里获取各类信息，等等。使用该信息系统的理性投资者可能与例 3-1 中的比尔具有不同的后验信念。

[2] 如 4.5 节提到的，α_j 的估计值应该等于 $(1-\beta_j)R_f$，其中，R_f 是无风险利率。这里，$\alpha_j=0.0001$，$\beta_j=0.80$，于是，无风险利率 $R_f=0.0005$。

[3] 第 0 天的市场收益计算如下，可以用道琼斯指数（DJI）来代表市场：

$$R_{M0}=\frac{\text{第 0 天结束的道琼斯指数}+\text{第 0 天道琼斯指数的股利}}{\text{第 0 天开始的道琼斯指数}}-1$$

[4] 计算如下：

$$E(R_{jt})=\alpha_j+\beta_j R_{M0}=0.0001+0.80\times0.001=0.0009$$

[5] 这里的异常收益不应与例 2-2 中 P. V. 有限公司的异常收益相混淆。虽然其概念是相同的，但这里的异常收益指的是市场收益，而例 2-2 中的异常收益指的是会计净收益。

[6] 其他估计投资者预期的方法将在 5.4.3 节中讨论。

[7] 请注意，我们可以通过卖空发布坏消息的公司的股票将损失转变为收益。

[8] 然而，即便是在短窗口期内，在这些研究中试图证明会计信息就是证券收益成因也非常困难，而进行控制实验一般也不太可能。例如，研究人员可能并没有关注到 GN 样本公司多为出口型公司，而 BN 样本公司则更多地集中于国内公司。在短窗口期内，新的自由贸易协定的签署为出口型公司创造了交易机会，但提升了国内公司的进口竞争，这也可以解释 BB 的结果。但这可能存在遗漏相关变量问题。因此，事件研究极大地依赖于研究者本身的知识及技能。

然而，如果不同时期的研究、不同股票交易所的研究、不同国家的研究都产生了类似的结果，那么与理论推断相一致的累积证据就对该理论提供了越来越多的支持。我们将在后续章节介绍一些进一步的证据。

[9] 如果我们放宽窗口期至公司的整个生命周期，那么总的净收益就等于理想环境下的收益，因为此时公司的所有现金流量都已知。关于这一问题可参考习题 14。

[10] 诸如 BB 等采用的事件研究法有时称为价值相关性、投资者理性及市场有效性的联合检验。

[11] 在 3.3.2 节中描绘的信息系统只包含两列——好消息和坏消息。为了构建考察市场对不同程度的好消息和坏消息的反应的模型，我们需要增加几列——非常好的消息、一般好的消息、非常坏的消息等。信息系统可以构建得更精准，扩展到包含很多信息类型，为简化分析，这里只考虑两种类型。

[12] 正如 5.3.2 节所解释的，短窗口期内价格变动可以被会计信息所解释。然而在长窗口期内，证券价格变动与会计信息之间仅体现为相关。因此，对短窗口期 ERC 的阐释不同于对长窗口期 ERC 的阐释。在这里，我们放松一点要求，将两种 ERC 简单认为是一种 ERC。

[13] 在合理的多样化投资组合中，大部分组合风险源于组合中证券的 β 值。因此，相较于组合中证券的平均水平，如果投资者购买了更多 β 值高的证券，就会提高证券的平均风险以及组合风险。

[14] Li 指出管理层并不总是能够做出理性的投资决策（例如"帝国构建"）。与其推断相一致的是，他发现他的研究结果在理性投资可能性更低的公司中更弱。

[15] 这些是"市场价值"的 ERC，是通过市场价值的异常变化对 GN 或者 BN 的反应来定义的，而不是 ERC 的定义中所称的股票异常收益。为了将市场价值 ERC 转化为收益率 ERC，可以将它除以期初的公司市值。

[16] 这里忽略了未来分期付款的风险，假定投资者是风险中性的或者永久收益是公司特定的，这才是合理的。

[17] IAS 16 允许对不动产、厂房和设备这样重估（见 7.3.4 节）。

[18] 这里我们假定市场知道市值上升了 \$100，也许这是从财务报表之外的信息来源获知的。如果不是，公司充分披露信息就是有价值的。或许 MD&A 为管理层披露这样的信息提供了通道。

[19] Nikolaev（2017）通过将应计质量概念化为包括业绩组成部分和误差组成部分，发展了应计质量的度量方法。基于 1987—2014 年的公司样本，他估算了每个组成部分的方差，发现业绩组成部分的方差更大。因此，应计质量是通过误差组成部分的方差来衡量的。另请参见第 3 章的 3.7.1 节。

[20] 辩证地来看，这些发现表明更高的应计质量降低了估计风险，因为更高质量的报告降低了投资者对于管理层及其他内部人正直性的担忧。

[21] 对于我们的例子，为使计算简便，我们假设增长将永远持续下去。一般来说，我们强调对永久增长的假设要持谨慎态度。竞争力量、资源约束和其他因素最终将限制增长。

[22] 关于 ERC 随着分析师盈余预测精确度的增加而增加的条件分析，以及这一精确度是如何被诸如分析师预测数量等因素所影响的，参见 Abarbanell，Lanen 和 Verrecchia（1995）。

[23] Jones 和 Smith 将持续性定义为盈余各部分对其自身的预测能力。在我们对于持续性的讨论中，我们将其定义为盈余的某一组成部分对于当期及未来盈余的影响能力。由于概念较为相近，我们采用我们的 ERC 定义来解释他们的研究结果。

[24] 然而后续研究在一定程度上证明这一方式是合理的。与 Easton 和 Sommers 一样，Hou，van Dijk 和 Zhang（2012）发现平均而言，分析师预测向上偏移。但他们同时发现，虽然分析师预测平均来讲比基于时间序列的预测更为准确，但基于时间序列预测的 ERC 比分析师预测的 ERC 更高。后一发现表明在预测公司未来业绩时，投资者对公司过去的业绩和分析师预测至少给予了同等水平的关注。

[25] 10K 是公司根据 SEC 的要求逐年发布的，它包含了对公司经营成果以及财务状况的描述，其中包括经过审计的财务报表。10K 在会计年度结束后 60～90 天内发布。

第**6**章

决策有用性的估值观

6.1 概　述

决策有用性的估值观（valuation approach）意味着，财务报表的表内项目将大量使用现行价值计量。我们将估值观定义如下：

> 决策有用性的估值观是财务报告的一种方法，根据该方法，在具有合理可靠性的前提下，会计人员有责任将现行价值纳入财务报表，从而为投资者提供更为及时的信息。

在估值观下，5.1 节中的观点仍然成立，即预测公司未来业绩是投资者的责任。估值观旨在提高信息系统的信息含量以帮助投资者做出更好的预测。

然而，正如在 1.4 节中阐述的，会计人员对现行价值会计可以在多大程度上增加信息含量的意见并不一致。若要使估值观对投资者有用，则其增加相关性带来的收益一定要超过其牺牲可靠性所付出的成本。准则制定者亦持这一观点，他们多年来也一直致力于推动估值观在更大的范围内得到使用。考虑到当前的技术仍然存在很多问题，这一趋势似乎难以理解。本章的目的便是阐述和评价这一趋势背后潜在的原因。

原因之一是有关投资者理性和证券市场的有效性。虽然第 5 章中给出了许多令人信服的证据，支持报告净收益的决策有用性，但近来越来越多的理论和证据表明：证券市场并不像我们原本认为的那样有效——回顾一下我们在第 4 章提出的观点，即证券市场有效性并非是与否的问题，而是程度大小的问题。

我们之所以对证券市场的有效程度感兴趣，是因为证券市场缺乏有效性会对会计产生重要的影响，其中最基本的问题是第 3 章论述的理性决策理论是否符合绝大多数投资者的行为。如果证券市场不完全有效且投资者集体达到一定程度的非理性，那么这些理论对会计披露的指导作用就会下降。

很显然，证券价格有时会偏离基本面价值，例如 4.2.1 节提到的 2007—2008 年股市崩盘。不过，关于有效性的重要问题是证券价格是否反映了公开可获得（publicly available）的信息[1]，而不是基本面价值。我们应该指出，许多本可以预测危机的信息都不是公开信息，比如金融机构投资策略所暗示的总体风险程度。如果是这样的话，有效市场理论可以免于在股市崩盘后受到诸多的质疑。

然而，来自行为科学的其他理论和相关证据也在质疑市场的有效性和投资者的理性，非理性决策理论和理性决策理论都能很好地解释这些证据。由此，我们认为只有在流动性定价时期，诸如美国这类大经济体的证券市场充分接近有效性时，有效市场理论才能有效地指导会计人员。

其他支持估值观的原因如：基于历史成本的净收益只能解释股价变动的一小部分，Ohlson 的净剩余理论，以及当公司陷入财务困境时会计人员所面临的法律责任。

图 6-1 列示了本章结构。

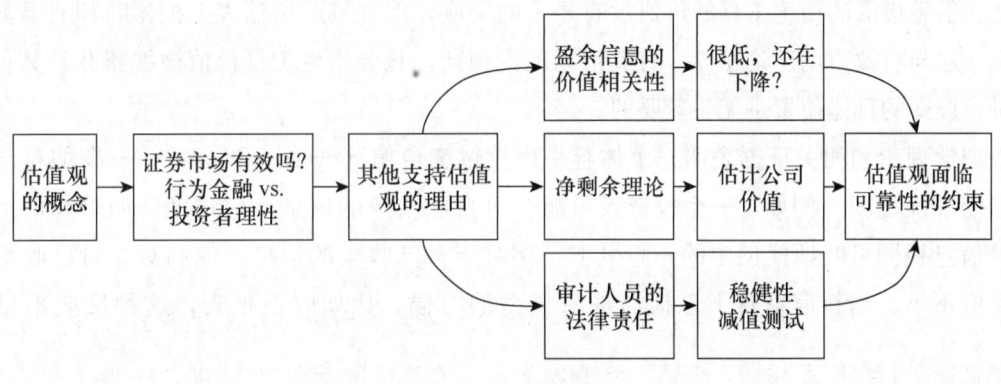

图 6-1　本章结构

6.2　行为金融、有效市场与投资者理性

6.2.1　行为金融

近年来，人们针对投资者理性和证券市场有效性提出了许多质疑。很多证据表明，股票价格会偏离其在有效市场中的价值。对投资者理性和市场有效性表示担忧对会计人员来说是相当重要的，因为如果这些担忧是正确的，那么依靠附注和其他补充信息来充实财务报表的做法可能无法完全有效地向投资者传递有用的信息。而且，如果股票被错误定价，则改进财务报告可能有助于降低市场的无效程度，促进证券市场更好地运行。在本章后面的几个部分中，我们将列出并讨论有关市场有效性的主要问题。

这些问题的基本前提是，普通投资者行为可能与理性决策理论以及第 3 章给出的投资模型不一致。比如，投资者注意力是有限的，也就是说，他们可能没有足够的时间、意愿和能力去处理所有可获得的信息，他们可能会把注意力集中在容易获得的信息上，比如净收益，而忽视附注或者年报其他地方出现的信息，他们对信息的反应也可能偏离根据贝叶斯模型得出的预期结果。比如，有证据表明个人在面对新信息时的反应是**保守**（conservative）的（不要和 1.4 节中提及的稳健性会计相混淆），他们更愿意坚持原来的看法，在利用新信息修正他们的看法时，其幅度比贝叶斯模型得出的结果要小。

Hirshleifer 和 Teoh（2003）提出了一个模型，在该模型中，有些投资者是完全理性的，另一些投资者是有限理性的，这影响了他们处理公开信息的能力。有限理性意味着信息呈报的形式和位置也会影响投资者对信息的解读，而不仅仅是信息内容。因此，相对于贝叶斯定理的预期，市场可能会对补充信息反应不足（underreact）。

Ahmed，Kilic 和 Lobo（2006）为这一论点提供了实证支持。他们以 1998 年 SFAS 133 颁布前后的美国银行为样本，研究金融衍生工具在财务报表中披露位置的变化是否会影响股票市场的反应。SFAS 133 的颁布使得之前作为补充信息的衍生工具价值需要在财务报表中进行披露并以公允价值进行估值。SFAS 133（现在包括在 ASC 815 中）与 IFRS 9 一样，要求所有衍生工具在资产负债表上以公允价值估值（衍生工具会计在 7.9 节中讨论）。他们发现，股票价格对作为补充信息披露的衍生工具的价值没有显著的反应，但在资产负债表上披露时却有显著的积极反应，这与有效市场理论相悖。有效市场理论预期，只要衍生工具价值被披露并且其可靠性相同时，披露的具体位置是无关紧要的。

心理学理论和相关证据表明，个体容易产生**过度自信**（overconfident）——高估自己收集的信息的准确程度。例如，一个投资者可能会对自己收集的信息反应过度。如果我们把个人收集的信息视同贝叶斯模型中的先验概率，相对于自己收集的信息，他们对非自己收集的信息会反应不足。当新信息属于总括与抽象类型的时候，比如收益报告，这种反应不足更为明显。

心理学也描述了一种被称为**代表性偏误**（representativeness）的认知偏见。在这种情况下，个人赋予与其某一类印象相一致的证据过多的权重，比如盈余增长，而对其发生的概率不加考虑。比如，某家公司连续几年高增长，具有代表性偏误倾向的投资者就会把这家公司划到高增长公司类别中去，而忽视经济体中高增长公司很稀少的事实。投资者在认识这家公司时，赋予这家公司这几年的高增长过多的权重，而赋予经济体中高增长公司很少这一事实过少的权重。当发生的现象是吸引眼球的、传闻性的以及极端性的时候，这种行为更有可能发生，比如媒体鼓吹公司的盈利增长。投资者会对这一信息做出过度反应，以超过贝叶斯模型的幅度修正其对这一公司的认识。基于此，投资者把仅获得几年高增长的公司视同高增长公司，忽视了几年之后公司的增速很可能会降下来。如果有足够多的投资者都这样行事，股价就会对报告的收益增长反应过度（overreact）。

上述行为偏差表明，投资者可能对信息反应不足或反应过度。这自然会引发人们的思考，即这种情况如何以及何时会发生，这是 Barberis，Shleifer 和 Vishny（BSV，1998）所关注的重要话题。BSV 利用保守主义的概念来解释反应不足。保守的投资者通常会低估新证据（例如，与先前信息相比的利好盈余报告或其他 GN 事件），这样股价就会相对于有效的市场反应而言出现反应不足。因此，随着时间的推移（未来盈余报告或其他信息的持续释放），反应不足会促使股价累积被明显低估（高估），进而导致股票价格出现向上（向下）漂移现象。

在反应过度方面，BSV 引入了代表性偏误的概念，假设具有该特征的投资者观察到一家公司的收益随着时间的推移稳步增长。如前所述，尽管真正的成长型公司并不多见，但该投资者会将该公司视为成长型公司。由此，相对于有效市场，股价将对报告收益反应过度，直到出现业绩反转（这很可能发生）。

因此，根据 BSV 的研究，当出现新的证据时，比如某单一时期的收入突然大幅增加，就会出现反应不足；而当收益出现多次增长时，投资者就会认为这种增长将不断持续下去，此时就会出现反应过度。

很多人具有的另一心理特性是**自我归因偏差**（self-attribution bias），即认为好的决策结果来自他们好的决策，坏的决策结果则是因为事件本身使然，而不是由于自己的决策失误。假设一个过度自信的投资者购买了某家公司的股票，如果股价（由于某种原因）上升了，他将其归因于自己的投资能力；如果股价下跌，他将其归因于外部环境。如果普通的投资者都如此行动，则会形成股价**惯性**（momentum）。也就是说，股价上升将强化投资者的信心，导致其购买更多的股票，促进股价进一步上涨，从而使投资者信心进一步被强化，该过程自行持续下去就会产生惯性。Daniel，Hirshleifer 和 Subrahmanyam（DHS，1998）提出了一个模型，论述了当投资者存在过度自信和自我归因偏差时，就会出现股价惯性。

Adebambo 和 Yan（2018）基于 1984—2014 年共同基金经理的大样本，对 DHS 模型进行了检验。针对样本中的每一位基金经理，作者根据该基金经理的可观察特征和相关的共同基金业绩（已知与过度自信和自我归因偏差有关）构建了一个过度自信指数。[2] 对于一个或多个基金经理的投资组合中的每只股票，与一只股票相关的过度自信水平通过在投资组合中持有该股票的所有基金经理的过度自信指数的加权平均值来度量。[3] 然后，作者预测过度自信的程度越高，其对股价惯性和随后的股价逆转的影响就越大。当投资者存在过度自信和自我归因偏差时，这种市场行为是可以预期的。在控制了其他影响股价惯性的因素（如风险）后，作者报告的结果与他们的预测一致。

动机性推理（motivated reasoning）是个体的另一种行为特质。个体偏好接受他们喜欢的信息（比如好消息），如果信息内容和他们的喜好不一致，他们便会质疑，甚至拒绝接受。这种行为违反了 3.3 节中所述的决策理论的一个基本方面——收益及其概率应单独分析。

Hales（2007）通过实验检验了动机性推理。他们以 60 个 MBA 学员作为研究对象，同等地向每个对象提供了一个假想公司的相关信息，其中包括过去的盈余信息以及若干新闻报道。通过上述步骤，每个研究对象都具有相同的关于公司未来业绩的先验信息。随后，随机地指派研究对象持有公司股票的多头或空头头寸。由此，持有多头头寸的研究对象将会从 GN 中获利，而从 BN 中蒙受损失，反之亦然。

他们还向研究对象提供了关于公司未来盈余的分析师预测信息。部分投资者收到的是 GN（也即高盈余预测），另一部分投资者收到的是 BN。随后，要求被试对象提供他们对于公司未来盈余的预测。研究人员通过小奖品来鼓励研究对象提供更为准确的预测，预测误差越小，奖励越多。

动机性推理预期收到坏消息的多头研究对象会对坏消息持怀疑态度，因而其预测也会高于分析师的预测；反之，如果收到的是好消息，他们则会接受，导致其预测与分析师预测相近。对于空头的受试者来说，收到低分析师预测值时为 GN，而收到高分析师预测值时为 BN。在空头的受试者收到坏消息（高分析师预测值）时，他们将产生比分析师更低的预测；而当他们收到好消息（低分析师预测值）时，其预测值与分析师预测值接近。Hales 同时预测，由于个体对于分析师能力及预测质量的怀疑程度存在差异，相较于收到好消息，研究对象在收到坏消息时的预测分散度更大。Hales 的实验研究结果与动机性推理的预期相一致。

这些结果表明，行为因素会影响投资者对分析师和管理层预测的反应。这与决策理论相反，在决策理论中的一般主体会参照信息系统，并据此采取行动。由此，被试对象对未来公司业绩或其离散度的估计不应取决于投资头寸（多头或空头）、所收到的预测类型，以及预测是否包含好消息或坏消息。

根据上述理论和证据，随着时间的推移，行为特征似乎可以产生多种多样的股价行为。例如，在股价惯性持续的情况下，导致股价惯性的过度自信意味着正序列相关的收益率（如果过度自信最终被揭示出来，价格恢复，则可能存在负长期相关性），而稳健性意味着正序列相关收益率，因为股价反应不足，当低估被揭示时，股价会随着时间向上漂移。此外，市场对坏消息的反应可能会延迟，因为受动机性推理驱动的投资者需要时间完成自我评估。所有这些模式都与市场有效性下的收益随机游走行为相反。

对投资者的行为特征如何对证券价格产生与有效市场行为不一致的影响的研究，称为**行为金融学**（behavioural finance），由 De Bondt 和 Thaler（1985）在一次研讨会上首次提出。若要全面回顾行为金融学的理论和证据，可参见 Hirshleifer（2001）或者 Barberis 和 Thaler（2003）。现在，我们将回顾这个理论中提出的关于理性的其他几个问题。

6.2.2　前景理论

Kahneman 和 Tversky（1979）提出的前景理论（prospect theory）为 3.3 节和 3.4 节叙述的理性决策理论提供了一种以行为为基础的替代方案。根据前景理论，投资者在考虑一项风险投资（一个"前景"）时，会以不同的方式分别评估其预期收益和预期损失，即使对财富的总体影响是相同的。当希望能避免损失时，他们愿意承担风险；但当前景有利可图时，反而变得风险规避。

关于参照零点的损益单独评估是**属性框架**（attribute framing）这一心理学概念的一个例子，在此框架下，个体对相关信息的反应取决于信息是如何被"框架"（表述）的。当投资者关注于变化是产生收益还是损失时，在两种不同的"框架"下，他们对决策的看法是不同的。这种单独的评估与决策理论形成对比，在决策理论中，投资者通过将所有与决策相关的信息结合到一个预期效用计算中，根据对其总财富的影响来评估决策（见第 3 章注释 [5]）。在前景理论下，个人效用是以预期偏离零的值而非总财富定义的。

图 6-2 给出了前景理论下一个典型投资者的效用函数。

投资者关于收益的效用函数假定体现了我们所熟悉的风险规避，如图 3-3 中的凹线所示。然而前景理论认为，投资者是**损失规避**（loss aversion）的，这是一个行为概念，即哪怕是很小

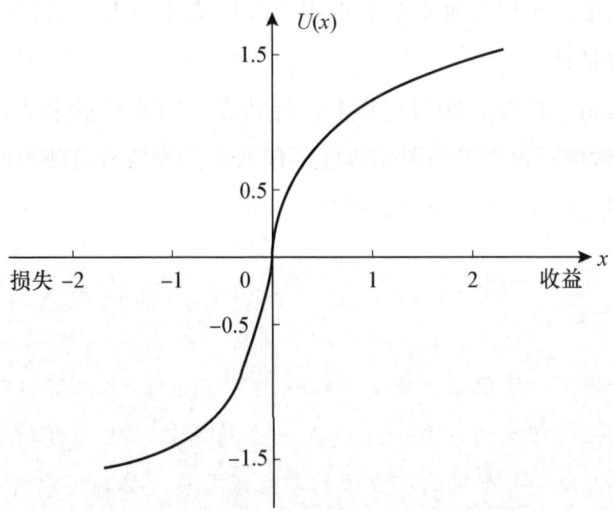

图 6-2 前景理论下典型投资者的效用函数

的损失个体也不喜欢。因此,如果投资发生损失,投资者效用的损失率比获取等值的收益时效用的增加率要大。[4] 事实上,损失的效用曲线假定为凸的而不是凹的,因此,投资者表现出与损失相关的风险承担行为。这就带来了**处置效应**(disposition effect),即持有亏损状态的股票而卖出盈利状态的股票,甚至买进更多亏损状态的股票。[5]

Shefrin 和 Statman(1985)对处置效应做了研究,他们找了一些投资者作为样本,对这些投资者而言,理性决策应该是在纳税年度结束前出售遭受损失的证券。但是,他们发现这些投资者都倾向于继续持有,这与处置效应是一致的。实务中的理论 6-1 描述了另一种损失规避的检验。

> 💡 **实务中的理论 6-1**
>
> Hossain 和 List(2009)在中国一家高新技术工厂中进行了一项实验。一些工人被告知如果他们能够完成每周的生产目标,就会获得 80 元的奖励。另外一些工人被告知他们直接被奖励 80 元,但如果未完成生产目标,则上述奖励将被扣除。在上述两种情况下,生产效率均有所提升,但后一种情况要高出 1%。从对生产效率的影响来看,这似乎表明对于损失的担忧更甚于对奖励的期望。

前景理论的另一个特征是:当计算一个前景的期望值时,个人会高估小概率,而低估大概率的调整。这意味着后验概率不同于应用贝叶斯定理得出的结果。对于可能发生的事件,前景理论预测的后验概率"过低",而对于不太可能发生的事件,其预测的后验概率"过高"。因此,后验概率之和不等于 1。

将收益和损失及其对概率的权重分开评估,会导致一系列在理性决策理论下的非理性行为。例如,损失规避可能导致投资者退出市场,即使按决策理论计算时是一个正的期望值。此外,如上所述,他们可能坚持持有亏损股票以希望避免损失,甚至可能购买更多的亏损股票,从而承担额外的风险。因此,在前景理论下,投资者的行为以一种复杂的方式进行,在可能获取收益时规避风险，而在可能产生损失时则愿意承担风险以避免损失，他们对回报概率的估计不同于贝叶斯定理下的理性估计。

Tan，Wang 和 Zhou（TWZ，2014）基于会计背景，对有经验和无经验的个人进行区分。TWZ 认为，属性框架效应对投资者的影响程度不仅取决于投资者可获得的信息的语气（如积极或消极），还取决于该信息的可读性和投资者的专业水平。

💡 实务中的理论 6-2

很多实验研究检验了前景理论，例如 Knetsch（1989）。他把实验对象（学生）分成两组，给其中一组一人一块巧克力，另一组一人一个马克杯，巧克力和马克杯价钱一样。然后，让他们自愿交换，比如一个得到巧克力的学生想要马克杯，可以与一个得到马克杯但是想要巧克力的学生交换。这两种东西耐用性不同，但是价值相同，而且是随机分配的，没有考虑个人的偏好。根据理性决策理论，应该会有一半人进行交换，但结果进行交换的人只有 10%。

该实验结果与前景理论是吻合的。图 6-2 告诉我们，对于同样数值的损失和收益，损失导致的效用减少量大于收益导致的效用增加量。在这里，巧克力和马克杯价格相同，失去已有的巧克力（马克杯），得到同样价值的马克杯（巧克力），效用减少量将大于效用增加量，总效用是减少的。所以学生们更愿意持有分配给他们的东西。

List（2003）也设计了类似的实验，但是他的结果有些不同。List 的实验对象是真实经济中有很多交易经验的人，而不是缺乏经验的学生。List 发现，交易经验越多，他们的行为越符合理性决策理论，他还展示了富有经验的投资者与缺乏经验的投资者交易如何推动价格走向有效的水平。[6] List 的研究结果更多地支持了理性决策理论而不是前景理论。

TWZ 进行的实验研究根据所修会计和金融课程的数量以及过去的相关经验，将一群 MBA 学生分为有经验的和无经验的两组。给每个学生都发一份长达四段的管理层盈余报告。前两段包括管理层对业绩的评价，这些评价要么是积极的，要么是中性的。最后两段包含了更详细的业绩分析，这些分析要么是高可读性的，要么是低可读性的。[7] 因此，四分之一的学生收到了语气积极、可读性高的收益公告。在阅读完报告后，研究对象被要求预测未来的盈利表现。

仔细阅读收益报告就会发现，本季度的业绩不如去年同期。接下来的问题是，语气和可读性如何影响受试者的业绩预测？这些影响是否取决于学生的经历？

TWZ 发现，当报告可读性高时，语气不会影响受试者的业绩判断，无论他们的经验水平如何。但当报告可读性较低时，缺乏经验的受试者对积极语气的反应带有向上偏误的业绩判断。然而，对于有经验的受试者来说，报告的低可读性与向下的偏误判断有关。这表明，有经验的受试者意识到，尽管可读性较低，但本季度的盈利表现比去年差，他们看穿了管理层的过度乐观，并降低了对管理层的信任。TWZ 的结论是，在实践中，信息披露较高的可读性可能会降低管理层通过过于乐观的语言影响投资者情绪的能力。

6.2.3　β 值作为唯一风险度量的有效性

在最初的公式中，CAPM（见 4.5.1 节，式（4.3））只假设了一个风险来源，即市场风险，股票的 β 值是决定预期收益的唯一公司特定因素。如果 CAPM 合理捕获了理性投资者的行为，股票预期收益应该随着 β_j 的增加而增加，且不受公司其他风险指标的影响，因为其他风险已经被分散了。然而，以 1963—1990 年在美国主要证券交易所交易的公司为样本，Fama 和 French（1992）在 CAPM 市场模型中增加了账面市值比（B/M；普通股的账面价值与市场价值的比率）和公司规模。他们发现账面市值比（账面市值比越高，风险越高）和公司规模（公司规模越大，风险越小）的解释力都很显著。看来，除了 β 值，市场还将账面市值比和公司规模视为影响公司风险的特定因素。这与 CAPM 下的有效市场理论是不一致的。

尽管这些发现与有效市场理论不一致，但它们不一定与理性投资者行为不一致。例如，投资者可能会购买账面市值比低的公司的股票，以保护自己免受不可分散风险的影响，比如，经济衰退，很多公司可能面临财务危机，这时投资者可能选择购买账面市值比低的股票以规避风险，因为账面市值比低意味着相对于账面价值，市场对这家公司定价很高，这家公司陷入财务危机的概率应该相对较小。市场模型中的 $E(R_{Mt})$ 并不能捕获所有的财务困境风险，因为它衡量的是整个市场的平均水平。因此，投资者在做出投资组合决策时，会考虑其他的风险指标，比如账面市值比。

行为金融学为投资者理性、CAPM 和 β 值的有效性提供了一个不同的视角。Daniel，Hirshleifer 和 Subrahmanyam（DHS，2001）提出了一个模型，该模型假设有两种类型的投资者——理性投资者和过度自信的投资者。由于理性投资者的存在，股票的 β 值与其收益正相关，就像 CAPM 一样。然而，过度自信的投资者对自己收集的信息反应过度，从而导致股价过高或过低，进而导致公司的账面市值比过低或过高。随着时间的推移，当过度自信被揭示时，股价会回归到它的有效水平。结果，β 值和账面市值比与股票未来收益正相关。因此，在 DHS 模型中，Fama 和 French 发现的账面市值比与未来股票收益之间的正相关关系，并不是由保护自己免受财务困境的理性投资者驱动的。相反，它是由过度自信的投资者驱动的，这是一种与理性和效率不一致的行为效应。

我们得出结论，β 值作为唯一风险度量指标的有效性是值得怀疑的。研究人员通常采取实用的方法，在 4.5.1 节中描述的市场模型中加入账面市值比和公司规模作为附加变量，而不考虑理性和市场有效性的棘手问题，因为它们有助于解释股票收益。

6.2.4　股票市场的过度波动

有关市场层面的价格过度波动现象对证券市场的有效性提出了另一个挑战。回想一下 CAPM 模型（见 4.5.1 节），保持 β 值和无风险利率不变，市场组合的预期收益 $E(R_{Mt})$ 的变动应该是 j 公司股票预期收益变动的唯一原因。因此，如果公司股票收益的波动性超过 R_{Mt} 的波动性，这就表明市场无效。如 Adebambo 和 Yan（2018）在 6.2.1 节中概述的，有关股价惯性及随后的股价反转的实证证据意味着过度波动现象的存在。

然而，同样存疑的是，股价惯性到底是一种基于行为金融的现象，还是一种基于理性的投资行为。我们在 3.3.1 节中对理性投资决策的分析表明，即使所有投资者感知到相同的信息系统，他们的先验概率也会不同。那么即使他们获得相同的新信息，他们的理性投资决策也可能不同。

Verardo（2009）研究了不同信念对惯性的影响，利用分析师盈余预测的离散度来衡量投资者信念的离散度。以 1984—2000 年在美国证券交易所交易的公司为样本，她发现信念分散程度和惯性存在显著的正相关关系。正如 Verardo 所指出的，即使投资者得到相同的信息，他们的先验概率也可能不同，或者他们处理新信息的能力也有所不同。这些效应将使投资者对公司价值产生不同的后验信念。Verardo 还指出，这种信念的分散可能来自 6.2.1 节所述的各种行为偏差，也可能来自理性投资。因此，Verardo 的研究发现，信念离散度越高，惯性越强，这可能是由于行为偏差或理性，或二者兼而有之。

DeLong，Shleifer，Summers 和 Waldmann（1990）提出了另一种惯性模型，它涵盖了理性和非理性投资者行为。他们假设资本市场上存在理性和正反馈两种投资者，正反馈投资者是指那些当股价开始上升时就买进，开始下跌时就卖出的投资者。人们或许认为，理性投资者预期股价因正反馈投资者买进而被抬高后会下跌，因而会卖出股票。而作者却认为，当股价持续被抬高时，理性投资者反而会继续持有股票，享受股价持续被抬高的好处，因为他们预测到缺乏经验的投资者的行为，不会一窝蜂跟上。这造成了市场的过度波动，甚至可能形成泡沫，因为股价会继续上涨，尽管这些理性的投资者相信股价会超过其有效市场价值。

6.2.5 股票市场泡沫

股票市场泡沫即股价远高于基本面价值，它代表了波动的一种极端情况。Shiller（2000）研究了美国 2000 年前后的科技公司股价泡沫现象。按照 Shiller 的说法，泡沫源于自我归因偏差、惯性、正反馈交易以及所谓的市场"专家"在媒体上乐观的预测推动的羊群效应的共同作用。时任美联储主席格林斯潘在 1996 年的一次演讲中将美国股市评价为著名的"非理性繁荣"，这些因素也是"非理性繁荣"的原因。

Shiller 认为，泡沫会持续一段时间，而且很难预测何时破灭。然而，由于人们对萧条或通货膨胀即将来临的信念不断增强，它终究还是会破灭。

现在已经公认 2007—2008 年股市崩盘之前的股市已经有了泡沫，市场显然忽视了金融机构投资战略隐含的风险，导致股价远远超过基本面价值。然而，泡沫的发展并不必然与市场有效性相矛盾，由于有效性是针对公开信息定义的，判断市场是否有效，要看投资者可获得的信息是否足以反映风险状况，如果可以，Shiller 提出的行为理论可能就是对的。特别是由于 Niu 和 Richardson（2006）和 Landsman，Peasnell 和 Shakespeare（2008；参见第 1 章注释 [24]）发现至少一部分与随后的股市崩盘相关的信息是公开可知的。但是，在投资者的一般印象中，资产支持证券是一种更为有效的承担风险的方式，而这些信息或许并不能够充分抵消这一印象的影响，这就导致投资者哄抬从事 ABS 活动的公司的股价。

6.2.6　总结

总的来说，上文所讨论的行为金融理论和证据都对理性投资者行为和证券市场有效性提出了质疑。除了理性投资者，证券市场还包括具有几种不同类型的行为偏差的投资者。

6.3　有效证券市场的异常现象

现在我们讨论一下与会计信息更相关的市场并非完全有效的证据。回想一下，我们在第 5 章给出的证据总体上支持了市场有效性和理性投资者行为。然而也有一些证据表明，市场并没有完全有效地对会计信息做出反应。比如，有时股价并没有对财务报表信息立刻做出充分反应，股票异常收益在信息公布后的一段时间持续存在。还有，市场似乎并不总能理解和利用财务报表中的所有信息。统计上还发现，上述异常现象暗示股票收益存在自相关现象，而在有效市场之下，序列相关应该为零。这些与有效市场不一致的现象称为**有效证券市场异常现象**（efficient securities market anomalies）。下面我们考察其中两种异常现象。

公告后股价漂移　一旦公司的盈余信息公布，它就应当立即被证券市场消化，并反映在有效市场价格中。然而，很久以来我们都知道事实并非如此。对于那些公布季度盈余好消息的公司的股票异常收益一般会在盈余公布后向上漂移一段时间；类似地，那些公布坏消息的公司的股票异常收益在盈余公布后会向下漂移一段时间。这种现象就称为公告后股价漂移，在 5.3 节对 Ball 和 Brown（1968）的研究回顾中，就已经见到这种现象。

Bernard 和 Thomas（BT，1989）进一步探讨了这一问题。利用 1974—1986 年的大样本，他们发现季度盈余公告确实伴随着公告后股价漂移现象。事实上，在他们的样本中，不考虑交易成本，投资者若在公告日买入公布好消息的公司的股票并持有 60 天，卖出公布坏消息的公司的股票，他将获得平均超出市场收益 18% 的收益。BT 对好消息和坏消息的定义是本季度盈余和上年同期的差异，这个差异称作**季度季节性盈余变动**（quarterly seasonal earnings changes），他们假设投资者基于上年同期的盈余来预测本期的盈余。[8]

总体而言，投资者似乎低估了本期盈余对未来盈余的预测价值。BT 指出，季度盈余变动与随后的三个季度的盈余都呈正相关。也就是说，如果公司本季度报告了好消息，即该公司本季度公布的盈余比上年同期高，则后续三个季度盈余为好消息的可能性超过 50%。理性投资者会预计到这一点，于是，作为对本期好消息的反应，在竞价买入该公司股票时，由于未来依然是好消息的概率增加，他们愿意出更高的价格。但是，BT 的证据表明这种现象并未发生。Ball 和 Bartov（1996）指出公告后股价漂移是由于市场需要一段时间去消化信息，或至少市场低估了它们之间的相关性。从表 3-2 给出的信息系统的角度来看，BT 的结果表明，比尔估计的主对角线概率比实际值要小。[9]

我们一定要了解公告后股价漂移的重要含义。如果它存在，至少在不考虑交易成本时，通过调整在 3.5 节中描述的投资策略，有经验的投资者可以获得套利利润。投资者可以在好消息公布当天买入该公司股票，如果存在其他公司的股票和该股票有效市场价格完全相关，则可以卖空这些公司的股票，最终的投资组合是无风险的——除盈余公告后漂移引起的价格变动外，所有价格变动都将抵消，因为公布好消息的股票的损益被卖空股票的损益抵消。在之后的一段时间，随着股价向上漂移，投资者可以获得了无风险收益。而且，这样的策略只需要很少的投入甚至不需要投入，因为投资者可以用卖空的收入买入公布好消息的公司的股票。

这样的"赚钱机器"的存在让人难以想象。也许你认为投资者竞相利用这样的无风险套利机会买入公布好消息的公司的股票会把股票价格推高到有效市场的水平，但是 BT 的研究结果告诉我们，事实并非如此。

公告后股价漂移也引起了一系列后续研究来探索其来源。一种解释是有限关注，在这种情况下投资者并未付诸充足的时间和努力来了解季度盈余变动的序列相关。当然，其他的一些解释也得到了一定的支持。例如，Narayanamoorthy（2006）从会计稳健性的角度探讨了当期及下一季度盈余变动的正向相关性，相较于 GN 公司，他发现这种正向相关性在 BN 公司中更弱。这是因为在稳健性原则下，至少有部分 BN 是由减值引起的，这导致未来报告盈余上升。例如，厂房及设备的减值降低了未来的摊销费用。对于这类公司，未来盈余的增加对当期和未来季度盈余变动的正向相关性不利，而这正是股价漂移的核心所在。GN 公司不太可能面临稳健性减记的问题，因而也就不太会产生上述影响。因此，在漂移既定的情况下，单独投资于 GN 公司应该获得更多的收益。Narayanamoorthy 发现利用股价漂移来制定策略，单独投资于 GN 公司可以获取的异常收益甚至比 BT 研究中得到的超出市场收益 18% 的收益还要高。

研究者继续努力揭开公告后股价漂移的谜团。Chordia 和 Shivakumar（CS，2005）认为投资者在做决策时没有完全考虑公司未来盈余的增长。他们认为，投资者并不是预期未来盈余增长的影响，而是等待实际盈余的增减发生。因此随着时间的推移，股价向上还是向下漂移，取决于公司盈余是否增长。基于 1971—2004 年美国公司的大样本研究，CS 得到了与其推断相一致的结论。因此，他们认为投资者未能预期未来增长在一定程度上解释了股价漂移。[10]

Zhang（2008）研究了盈余公告后分析师修正预测的及时性对股价漂移的影响。她选择了 1996—2002 年美国公司季度盈余公告的大样本，发现如果分析师在本期盈余公告后及时（两天内）地修正下期的盈余预测，较之那些修正不及时的公司的股票，ERC 显著偏高，股价漂移程度显著偏低。这个结果似乎告诉我们，投资者对本期盈余的反应部分依赖于分析师的预测修正，股价漂移程度也部分依赖于分析师预测修正的延迟程度。

在近期的研究中，Zhang（2012）指出很多管理层在报告当季度盈余的同时，也会披露对下一季度盈余的预测。基于 1997—2007 年这种"附加"披露的大样本，她发现当投资者（正确地）预期到管理层预测是准确的话，下一季度的股价漂移会显著降低。

Frazzini（2006）认为 6.2.2 节前景理论中的处置效应有利于解释公告后股价漂移。回想一下，这个理论预测投资者分别评估投资收益和损失前景。假设市场收到了该股票价值增加（即资本收益）的好消息（GN）的盈余公告。这样，普通投资者（即不受处置效应影响的投资者）就会倾向于购买，股价就会上涨。然而，Frazzini 认为受处置效应影响的投资者很可能出售他们的股票，因为出售的预期效用超过了持有的预期效用。因此，出售压力阻挡了好消息带来的股价上涨的势头。因此，股价最初对好消息反应不足，随着低估现象变得明显，股价会随着时间向上漂移。

现在假设盈余公告公布的是坏消息，股价将下跌，因为普通投资者往往会通过抛售来应对坏消息。受处置效应影响的投资者也希望通过出售锁定资本收益，因此股价迅速下跌至新的低点。没有公告后股价漂移产生。

相反，假设该股票出现了本金亏损，并收到了利空的盈余公告。普通投资者会倾向于卖出，但受处置效应影响的投资者会持有，以避免剩余损失的实现。因此，有较少的股票在市场上出售，股价跌幅比应有的跌幅要小。市场价格对坏消息反应不足，随着高估变得明显，股价开始下跌。如果投资者收到关于某只本金亏损股票的利好的盈余公告，普通投资者会倾向于购买，而受处置效应影响的投资者则会持有以避免损失，或通过购买来承担额外的风险。[11] 因此，没有什么能阻止股价迅速上升到新的均衡价格。

市场对应计项目的反应　Sloan（1996）以 1962—1991 年公司的年度盈余公告为样本，将报告净收益分为经营现金流量和净应计项目两个部分。它们的关系如下：

净收益＝经营现金流量±净应计项目

Sloan 在他的净应计项目分析中包括了摊销费用以及非现金营运资本例如应收账款、坏账准备、存货、应付账款等的变动。

Sloan 指出，较之现金，应计项目更有可能发生估计错误或者受到操纵，可靠性较低，因此会影响本期应计项目和下期盈余的相关性。也即，虽然几乎所有的应计项目最终都会转回，但由于错误或被操纵的应计项目转回速度相对更快，经营现金流量不太可能转回，因为其估计错误或者受到操纵的可能性较小，持续性更强。回想一下我们在 5.4.1 节提到的，持续性是指本期的盈余状况持续到未来的程度。既然应计项目的可靠性不如经营现金流量且倾向于更快地转回，那么它们的持续性也应该较差。的确，Sloan 发现盈余中现金部分的持续性高于应计项目的持续性。

Sloan 分别检验了样本公司中净收益的两个部分——经营现金流量和应计项目的持续性，并且发现经营现金流量与下一年净收益的相关性更高，这个结果支持了他的论断——经营现金流量的持续性更高。这导致了这样的预测：现金流量所占比重相对于该 GN 或 BN 中的应计比重越大，有效市场对盈余的反应越强烈，反之亦然。

但是 Sloan 发现的事实与此稍有不同。虽然市场确实对盈余中的好消息或坏消息做出了反应，但它似乎没有很好地针对盈余中现金和应计项目的比例对反应做出调整。相反，高应计项目的公司其股票收益会慢慢向下漂移而不是迅速跌落，而低应计项目的公司其股票收益会慢慢向上漂移而不是迅速上升。Sloan 设计了一种投资战略，买进低应计项目的公司的股票，持有一年，卖空高应计项目的公司的股票，不考虑交易成本，可以获取超出市场 10.4% 的年收益。

和公告后股价漂移现象一样，Sloan 的研究结果也对投资者理性和证券市场的有效性构成了挑战，因为似乎利用应计项目也可以轻松挣钱。

正如股价漂移一样，研究者也在不断努力理解市场对应计项目的异常反应。例如，Richardson，Sloan，Soliman 和 Tuna（2005）拓展了 Sloan 所使用的应计项目，进一步纳入了所有的非现金资产和负债。随后他们将这些应计项目按照可靠性水平划分为高、中、低三类（例如，长期负债变动相较于净应收账款变动更为可靠）。基于 1962—2001 年的大样本，他们发现低可靠性应计项目持续性更低，而投资者却倾向于忽略这种低持续性。由此而言，应计项目的可靠性越差，就会有越多的投资者高估盈余的持续性，这导致了更为严重的股票错误定价。利用这种错误定价来制定投资策略，在计算交易成本之前，所能获取的年度异常收益甚至比 Sloan 先前研究中得出的 10.4% 还要高。

从定义来看，由于低可靠性应计项目更容易被管理层操纵，那么上述结果表明投资者对报告盈余做出反应时未能充分考虑存在盈余管理的可能性。

进一步的证据支持应计项目异常现象背后的"投资"理论。该理论的基础是成长型公司的应计项目包含了有关其未来股票收益的信息。原因是，随着公司的成长，其资本收益率往往会下降，股票收益率下降的原因包括投资边际收益递减、资本成本降低（因为大型公司的风险较低），以及管理层寻求增长时可能接受利润较低的项目。同时，成长型公司的经营性应计利润往往会增加（例如应收账款、存货等的增加）。综合上述两个观点，应计利润越高，公司股票的未来收益率就越低。因此，投资理论将应计项目异常现象视为投资者未能意识到这一关系。这一观点与 Sloan 在上述讨论的"持续性"理论形成了鲜明对比。在该理论中，之所以出现异常现象，是因为投资者没有意识到，相对于经营现金流量，净利润中的应计部分的持续性更低。

为了确定何种理论在何时有效，Zhang（2007）提出，投资理论最可能适用于那些应计利润与公司增长高度相关的公司（例如，零售业和制造业公司）。基于 1964—2003 年此类公司的样本，他发现了未来几年股票收益率较低的重要证据，这与投资理论一致。他在这些公司中没有发现"持续性"理论的证据。

总之，上述关于市场异常现象的研究表明证券市场并非完全有效的，而这种不完全有效源自具有行为偏差的投资者。[12] 这里就引申出两个问题。第一，为什么这些异常现象会持续存在？Zhang 上述的研究表明，股价漂移至少持续到 2007 年，尽管 Foster，Olsen 和 Shevlin 在 1984 年提出令人信服的证据证明了这种异常现象，其他证据可追溯到 1968 年。我们可以认为，即便是具有行为偏差的投资者也会很快意识到"赚钱机器"的存在并对此加以利用。第二，这些异常现象是否可能是由理性投资者所引发的呢？随着时间的推移，一种异常现象的持续存在表明，它的长期存在可能有合理的原因。如果这一推断是真的，那么即便是在证券市场不完全有效的情况下，理性投资者理论也可以被挽救。我们将在后续两节中对这些问题加以探索。

6.4 套利的限制因素*

上述研究已经给出了投资者行为偏差导致证券市场不完全有效的部分原因。然而，如果有效市场某个异常现象被发现之后，它不应该逐渐消失吗？你也许会这么认为：如果行为因素导

---

  * 本节为选学内容，可跳过，不影响全书的连贯性。

致股票错误定价，即便是相对不成熟的投资者也可能知道自己的行为偏差，从而会矫正偏差的行为。

异常现象持续存在的一个可能的原因是，投资环境太复杂，经济因素更是一直在变化。在面对复杂的环境时，投资者矫正价格的行为得到的结果是混乱的。一个非理性投资决策引起损失的原因既可能是行为偏差，也可能是经济因素的变化，所以很难对其进行矫正。复杂的投资环境提供了行为偏差存在和生长的土壤。

如果是这样，包括大型金融机构在内的专业投资者可能会介入，发现并利用股票错误定价从而获得套利利润。Ke 和 Ramalingegowda（2005）对 1986—1999 年季度盈余公告的大样本进行了研究，他们发现一些机构利用股价漂移进行交易来获得套利利润。不过，他们从股价漂移中获得的利润占比相当小，主要是由买入并持有或惯性交易等其他策略主导。

关于应计项目异常现象，Lev 和 Nissim（2006）研究了 1965—2002 年公司的大样本。他们发现，机构投资者利用这种异常现象进行交易，表明他们意识到了这一点。但类似于 Ke 和 Ramalingegowda 有关股价漂移的发现，他们的成交量远远低于通过套利来规避应计项目异常现象所需要的成交量。因此，即便是专业的投资者，似乎也会受到某种因素的阻碍，无法充分利用这些异常现象。

因此，异常现象的持续存在可能是由于**套利限制**（limits to arbitrage）。这些限制因素是一种成本，它们限制了投资者充分利用异常现象进行套利的能力。我们考虑两个限制因素：交易成本和风险。

需要注意的是，无论异常现象是由于行为偏差还是套利限制，证券市场都不是完全有效的。尽管如此，了解这些解释中哪一种盛行还是很有趣的。可以说，由于套利限制而导致的异常现象持续存在符合投资者的一般理性，因为我们不会期望投资者采取成本效益不高的投资策略。

交易成本远不止经纪人佣金那么简单，它还包括买卖价差（见第 1 章注释［26］）。套利策略涉及买入股票而后卖出，或者先卖空而后买入。卖空会产生额外的费用。如果市场流动性不高，选择买入的时候股价会上涨，选择卖出的时候股价会下跌，这又产生了额外的成本。此外，时间和精力也是必需的，你必须持续关注盈余公告、年报和市场价格，克服自己的行为心理因素，学习必需的专业技能。

从这个角度去考虑，Ng，Rusticus 和 Verdi（NRV，2008）用买卖价差和佣金衡量交易成本，研究了公告后股价漂移现象。他们选择了 1988—2005 年的一个大样本，发现买进公布好消息的公司的股票并持有 3 个月，卖出公布坏消息的公司的股票，在扣除交易成本之后，异常收益是负的。当持有期间延长到 12 个月时，净收益不一定是负的，但是大幅减少了。NRV 还研究了样本中交易成本最高的公司，这些公司的股票具有最高的公告后股价漂移，因而在 NRV 的投资策略中最有可能获取高收益。然而，他们却发现这些公司 12 个月净收益并不显著异于零。这些结果表明，交易成本至少部分限制了投资者利用应计项目异常现象进行套利——剩余"钱"越多的地方，"赚钱机器"的触达成本也越高。

然而，基于一个更长的样本期间和更广泛的交易成本视角，Chordia，Subramanyam 和 Tong（CST，2014）报告了一些不同的结果。他们研究了 1976—2011 年的一些异常现象，包括应计利润和股价漂移。CST 指出，由于 1976 年管制放松，并伴随着股票市场交易的技术创新和对冲基金等成熟投资者活动的增加，股票市场流动性和成交量在 1976—2011 年明显增加，这些因素直接和间接地降低了套利利润的交易成本。CST 认为，在这段时间内，虽然异常现象没有消失，但平均而言有了很大的减弱。[13] 异常现象的持续存在提供了另一种合理解释，即**风险**（risk）。也就是说，套利利润可能是投资者因风险更高而要求更高的收益，因为在投资可能对公司的股票错误定价时风险更高。其中一种风险来自投资多样化程度的减少。需要注意的是，包含错误定价股票的投资组合，如利用股价漂移和应计项目异常现象设计的投资组合，与投资组合多样化策略是相悖的。相反，投资者试图通过投资于他们认为定价错误的股票来获得高于市场投资组合的回报。由于多样化程度较低，特定公司的收益变化在组合收益中扮演了更重要的角色，即套利的投资组合面临着公司特定风险（见 3.5 节）。[14]

在 6.3 节中我们描述的"赚钱机器"投资策略理论上消除了公司特定风险，因为投资者卖空的股票刚好和买入的错误定价的股票完全相关。然而，现实中要找到这样的股票是不太可能的，所以公司特定风险还是会阻碍理性的、规避风险的投资者进行套利。

与此观点一致，Mashruwala，Rajgopal 和 Shevlin（2006）选择了 1975—2000 年的一个大样本研究应计项目异常现象，采用投资于拥有极端应计项目公司的股票的策略，公司特定风险越高，股票收益越高——风险越高，规避风险的投资者要求的收益越高，从而对套利投资策略有一定的阻碍作用。这个发现也告诉我们，在套利交易中，要降低特定风险很难。Mendenhall（2004）对公告后股价漂移现象进行了研究，也发现了类似的结果。

Chichernea，Holder 和 Petkevich（CHP，2015）对应计项目异常现象的持续存在给出了另一种基于风险的解释。他们指出，股票收益的分散性（dispersion of share returns，RD）包括整个经济和特定公司的收益，是一种捕捉经济状况的风险度量指标。在经济衰退期间，许多公司的投资和成长都受到不利条件的影响，股票收益的分散性普遍更高。

一些公司比其他公司更容易受到 RD 的影响，特别是在高 RD 阶段。CHP 认为，应计项目低的公司往往成立时间相对较短，仍在建立广泛的客户基础的过程中，与成立时间较长的公司相比，这些公司与应收账款和存货相关的应计项目占总资产的比例更低。CHP 还认为成立时间较短的公司缺乏弹性以适应不利经济条件所导致的高 RD。

因此，CHP 认为，低应计项目的公司比高应计项目的公司面临更大的 RD 风险。对于这种低应计项目公司，投资者要求比高应计项目公司获得更高的股票收益，以补偿承担了这一额外风险。RD 越高，收益上的差距越大。因此，买入低应计项目、高 RD 风险公司的股票和卖空高应计项目、低 RD 风险公司的股票的对冲策略，应在高 RD 风险时期实现比在低 RD 风险时期更高的收益。

因此，基于 CHP 的研究，Sloan（1996）的研究表明，低应计项目公司具有更高的未来收益，而高应计项目公司则具有更低的未来收益，至少部分地补偿了对于低应计项目公司投资者所面临的较高的 RD 风险，较少强调投资者没有意识到这一理性行为——对于高应计项目公司，其应计可靠性更低。

基于 1965—2011 年的美国公司大样本，CHP 的实证结果与他们的论点一致。特别是，在

2001 年美国经济衰退期间，他们的对冲策略的收益率很高。随后进入了低 RD 时期，他们的对冲策略收益率实际上降至零[15]，直到 2007—2008 年股市崩盘，RD 很高，CHP 发现他们的对冲策略重现高收益。

总之，尽管投资者的行为特征至少部分解释了股价漂移和应计项目异常现象，但有大量证据表明，套利限制因素是异常现象持续存在的基础，这与投资者的理性行为一致。

6.5 为总体投资者理性辩护*

6.5.1 放弃理性预期

一个更根本的问题是，为什么有效证券市场的异常现象会发生？它们是否如我们前面讨论的那样必然是由投资者的行为特征产生的吗？如果投资者总体（平均）是理性的，还能观察到这些异常现象吗？如果是后者，至少投资者理性决策理论可以挽救，即使证券市场不是完全有效的。

理论上，理性投资者可以产生类似于行为金融学所预测的股价行为。Brav 和 Heaton（2002）解释了这个过程。他们放松了投资者会立即明白公司参数变动这一理性预期假设，反之，他们考虑了随着时间的推移，投资者如何改进对于参数的估计。[16] 具体而言，假设一家公司刚报告了可观的盈余增长，这是因为公司的盈利能力增强了，还是因为一些低持续性项目或者变卖资产导致了短期繁荣？这时候仔细地分析财务报表是必要的，但是因为内部信息的存在（例如，较差的披露质量所致），理性投资者不太可能准确知道答案。投资者在估计公司盈利能力背后的影响因素时面临风险。

在面临这种估计风险的情况下，理性投资者会修正他们对于公司盈利能力的信念，相较于可以确认公司高盈利可以持续的情况，这一向上修正较小；而相较于可以确认所谓高盈利仅仅是由噪声组成的情况，这一向上修正则更大。这一信念的修正将立即引发股价上涨，其涨幅小于投资者确信未来盈利能力较强时的涨幅，大于他们预期盈利能力不会增加时的涨幅。为了减少估计风险，投资者会寻找其他信息。如果公司盈利能力的确增强了，随着时间的推移，他们将观察到有利的新信息。随着新信息的出现，投资者将不断修正他们对公司预期盈利能力的估计，公司的股价将向上漂移。请注意，这种向上漂移产生的股票收益在时间维度上的分布模式类似于"保守主义"这一行为引起的分布模式，它既类似于 PAD 研究中所发现的 GN 公司股价的向上漂移，也类似于低应计项目公司股价的向上漂移。

相反，如果预期的盈利能力确实没有增加，在未来肯定可以观察到利空的消息。我们可以预期，当前的股价高估随着未来新信息的不断出现肯定会反转。这种对净收益过度反应所产生的股价收益在时间维度上的分布模式类似于"代表性偏误"行为引起的分布模式，同样也与 BN 公司的 PAD 以及高应计项目公司的股价形态一致。[17]

---

* 本节为选学内容，可跳过，不影响全书的连贯性。

Lo（2004）提出的**适应性市场假说**（adaptive market hypothesis）对股票错误定价给出了另一种解释。与 Brav 和 Heaton 一样，Lo 放弃了有效市场理论背后的理性预期假设，投资者被认为是**有限理性**（boundedly rational）（Simon，1955）的。[18] 当环境改变（例如公司报告的利润增加，感知公司的风险提高）时，他们并不能立刻做出反应，而是需要时间慢慢调整以适应环境的变化。这对股价的影响类似于行为金融的预测——在我们的语境中，便是对会计信息的反应不足或反应过度。此外，正如在先前章节中提到的，这与大型机构投资者更多地利用股价漂移和应计项目异常现象也是一致的。[19]

Callen，Khan 和 Lu（CKL，2013）提供了与上述推断相一致的实证证据，他们检验了股价对于新信息的滞后反应。基于 1981—2006 年的大样本，CKL 通过在市场模型中纳入四个过去的市场收益项来估计股价的滞后反应（见 4.5.1 节）。除了在 CAPM 模型中所预测的当期市场收益，股票的当期市场收益还受以前期间的四个市场收益项的影响，这就表明了投资者对于信息的反应存在滞后。这一滞后就可以通过改进后回归相较于 CAPM 模型的增量 R^2 来计量（参见注释［32］）。作者发现了显著的正向滞后现象，表明对于新信息反应的滞后是普遍存在的。将模型中过去的市场收益项替换为公司特定收益（见 5.2.3 节）也得到了类似的结论。这些发现质疑了市场的完全有效，因为股价好像对新信息的反应存在滞后。然而，由于价格最终会做出反应，这些结果与我们前面的观点一致，即投资者会通过搜索后续信息来降低估计风险。

随后，CKL 使用市场对信息的反应来估计这一滞后与会计（盈余）质量的关联。他们采用了诸如 Dechow 和 Dichev（见 5.4.1 节）构建应计质量等会计（盈余）质量的计量方式，发现更高的会计（盈余）质量与更低的滞后水平显著相关。他们还发现了滞后水平与公司股票的未来异常收益之间存在显著的正向关联。这表明当投资者感知到更高的估计风险时，他们会要求更高的股票收益。滞后的存在表明了市场的不完全有效，上述结果仍然与投资者总体理性相一致。

Zhang（2012）以及 Zhang（2008）（见 6.3 节）的实证研究结果也支持这一推断，也即理性投资者会花费一定时间来完全理解盈余公告。他们的研究发现，如果盈余公告与管理层预测同时发布且投资者认为这一预测是准确的，或分析师迅速修正了他们的盈余预测，PAD 显著降低。PAD 降低表明，可靠的预测帮助投资者更快地消除了他们对于未来盈余的不确定性。

6.5.2　放弃共识

正如在 4.5.2 节中提到的，经济模型，尤其是 CAPM，存在共识性的假设。在 CAPM 中，不仅仅假设每个投资者都知道股票的 β 值（理性预期假设），而且假设所有投资者知道每个人都知道这一情况。这种**完全共识**（complete common knowledge）的假设就排除了一种可能——一些投资者可能意识到他们具有关于 β 值的优势信息。如果部分投资者的确意识到他们自己拥有优势信息时，就可能利用优势信息来制定交易策略，而非像 CAPM 所预期的那样采用分散投资的策略。

例 3-1 也隐含着共识性假设。我们假设比尔这位理性投资者基于他自己所拥有的信息来制定投资决策，而未考虑他的信息可能优于或劣于其他投资者的信息。

然而，我们也还有一个例子，在该例子中可以看出在没有完全共识假设的情况下将会发生什么。在 6.2.4 节中，我们引用了 DeLong，Shleifer，Summers 和 Waldmann（1990）的研究，其中指出理性投资者可能不会卖出他们认为高估的股票，反而利用惯性交易者所造成的股价上升来获利。当投资者基于他们对其他人信念的理解，而非仅仅根据自身的信念来制定交易决策时，他们对于别人信念的这种理解就被称作**高阶信念**（higher order beliefs）。[20]

Elliott，Krische 和 Peecher（EKP，2010）为高阶信念提供了证据。他们选取了 67 个有经验的财务分析师作为研究对象，并向他们提供关于公司的财务信息。该公司报告了 11% 的净利润增长率，然而这一增长率是通过盈余管理来实现的。具体而言，公司已经以一定价格卖出了金融资产，因此将其他综合收益（见 1.10 节）中的未实现利得转变成了包含在净利润中的已实现利得。至少有部分不成熟的投资者会被公司的这一手段所愚弄，结果是公司的股价会被高估。

EKP 通过其他综合收益的位置来操纵这一盈余管理披露的透明度。在高透明度组别中，其他综合收益紧接着净利润来报告（与当前 IASB 和 FASB 准则一致）；而在低透明度组别中，其他综合收益作为所有者权益变动表的一部分来报告（曾经被 FASB 准则所允许），在这种情况下，这一盈余管理被不成熟投资者所察觉的可能性较低。[21]

EKP 还通过改变重要投资者群体、机构投资者的类型来操纵公司的投资者基础。专注投资者是以长期投资策略为主的成熟投资者，他们投资组合的轮换较少，且较少参与惯性交易。短期投资者是以短期投资策略为主的成熟投资者，交易频率相对较高，且会参与惯性交易。

在低透明度组别中，EKP 认为成熟的投资者（包括专注投资者和短期投资者）可能会发现盈余管理行为，但不成熟的投资者不太可能发现。专注投资者会选择卖出，导致股价向着公司的基本面价值下跌，同时降低由盈余管理带来的错误定价。而短期投资者不太可能立即卖出，因为他们认为，在不成熟的投资者被盈余管理"愚弄"的情况下，他们可以利用暂时的股价高估来获利。

而在高透明度组别中，EKP 认为不成熟的投资者也可能发现盈余管理行为，但他们可能呈现出过度自信，从而导致股价惯性。EKP 认为此时短期投资者可能会更进一步利用这种惯性，而专注投资者则可能选择持有或卖出。

综上，EKP 预计当盈余管理更为透明时，分析师们可能期望更高的股价错误定价，因为这时短期投资者在对股价的影响中占据了主导。这种预计一定程度上有点出人意料，通常我们认为更为透明的报告会有助决策制定并会降低错误定价。而从 EKP 的观点来看，透明的报告对决策制定的正面作用仅适用于那些对公司基本面价值感兴趣的长期投资者。

当分析师们被问及他们对于错误定价程度的判断时，他们的回答基本与 EKP 预计的一致。这一证据支持了高阶信念的存在，因为分析师们的判断正是基于他们对投资者属性（也即专注投资者和短期投资者）的信念，而也正是这些投资者驱动着股价的变动。如果这一信念不存在的话，那么不同类型的投资者都将不会对分析师的判断产生影响。

在 EKP 的研究中，分析师面对的是一个由理性（即有经验）和具有行为偏差（缺乏经验）的投资者组成的市场。理性的投资者利用了缺乏经验的投资者的偏见。因此，高阶信念也可能在完全由理性投资者组成的市场中存在。例如，Allen，Morris 和 Shin（AMS，2006）模拟了一个由理性的、短期的以及风险规避的投资者交叠组成的市场模型。每一代持续 2 个时期。第一代投资者在第一个时期开始时就对风险公司的证券进行投资。在第二个时期开始时，他们在市场上出售他们的资产，进行消费。新一代投资者通过在市场上购买这些证券，持有一段时间，然后依次出售给第三代投资者，依此类推。这一过程会持续一定的时期，在这一时期结束时，公司的基本面价值就会显现出来。

在这种人为设置下，这一投资者行为模型用来捕捉许多投资者的短期行为，从而创造出高阶信念。[22]

第一个时期期初的股票市场价值取决于第一代投资者对于股票潜在价值的信念。而股票在第一时期期末的市场价值则取决于第二代投资者对于股票潜在价值的信念，因为第二代投资者将在这一时刻从第一代投资者手中买入股票。与此类似，股票在第二时期期末的市场价值则会取决于第三代投资者的信念，依此类推。

这一过程中最重要的一个方面在于，除了最后一代投资者，每一代投资者都具有高阶信念。具体而言，每一代投资者在期末对于股票市场价值的兴趣取决于下一代投资者的信念。因而，除了最后一代投资者，每一代投资者的投资决策不仅取决于其自身信念，还取决于他们如何看待下一代投资者的信念。我们可以将投资者对于公司基本面价值的信念称为首要信念，而除了最后一代投资者外，这一信念之间并不直接关联。那么接下来的问题在于，存在这些高阶信念的情况下，公司证券市场价格会随着时间变动而呈现出何种表现？

为了回答这一问题，AMS 假定在第一个时期开始的时刻，投资者收到了关于公司基本面价值的一个存在噪声但无偏的公开信息。[23] 在我们的描述中，我们可以将这一信息视作公司的财务报告。由于这一信息存在噪声，因而这一信息总体上不同于基本面价值。然而，由于这一信息是在这个时候唯一可获取的公开信息，因此第一代投资者相信这就是第二代投资者关于公司价值的信念，因此公司初始的股价是基于这一公开信息的。

在此基础上，每一代投资者都获取了一个存在噪声但无偏的私人信息。[24] 为了促使投资者获取这一额外的信息，AMS 假定存在噪声交易者（见 4.4.1 节）。

每个投资者的私人信息可能来源于对财务报告更为详细的分析、向财务专家咨询或媒体报道等。随后，将公开信息视作公司价值的先验信息，将私人信息视为增量信息，那么每个投资者对于公司价值的后验期望都是公开信息和私人信息的加权平均数，如贝叶斯定理（见 3.3 节）。[25]

这一模型有两方面需要注意。第一，由于私人信息是无偏的，因而私人信息的均值等于公司的基本面价值。然而，各个时期结束时市场价格并不一定等于这一价值，因为后验信念中第一个时期具有噪声的公开信息存在持续影响。尽管如此，随着时间的推移，每一代成功的投资者仍然会收到私人信息，[26] 而公开信息噪声对于投资者的后验期望的影响逐步降低。这样的结果是，每一代成功投资者可用的总信息越来越好，并趋近公司基本面价值。因此，股票的市场价值随着时间的推移而收敛于其基本面价值。

第二，除了投资者缺少与实际公司价值相关的知识所造成的风险外，噪声交易者的存在还会引入额外的风险。由于投资者是风险规避的，且他们在每个时期结束才表现出对于公司价值的兴趣，那么这些额外的风险就降低了他们的需求，从而减缓了股价收敛于公司基本面价值的速度。[27]

由于这种情况下证券价格变动呈现出序列相关而非随机游走，因此这种价格表现违背了有效市场的假设。但是，模型中的投资者仍然是理性的。

AMS 的模型具有多重意义。证券收益的序列相关已经被许多行为金融研究解释为投资者非理性和市场无效的证据，例如我们在 6.3 节中提到的 PAD 以及应计项目异常现象。AMS 的模型提供了另一种理论来解释为何市场无效可以与投资者理性相一致。

AMS 模型的另一个意义在于，如果最初具有噪声的公开信息低于公司的基本面价值，那么股价就会随着时间的推移而上涨。正如 AMS 所指出的那样，这可能导致泡沫，因为理性的投资者可能会利用股价惯性。此外，其他投资者（他们所拥有的私人信息是坏消息）会相信即使股价在上涨，但实际上早已被高估。这与很多专家所宣称的一样——他们已经预计到了 2007—2008 年的股市崩盘，但市场仍然将其忽略了。

6.6　对证券市场有效性面临的挑战的总结

在 4.6.2 节中，我们认为，即使市场是（半强式）有效的，股票价格不会总是等于理想的基本面价值。在本章中，我们面对的观点是，市场也可能不是有效的。在此情况下，股票价格并没有包含所有公开信息（或者说包含的信息存在偏差）。需要注意的是，在市场无效的情况下，信息的缺失或者存在偏差可能是有利的也可能是不利的，也即股票价格可能低于或者高于有效市场下的价格。

我们已经讨论了导致市场无效的几类原因。一类原因源自行为金融，具有行为偏差的投资者不会将所有可获得的公开信息纳入决策之中。例如，行为因素可以解释为什么市场无法预测在 1.3 小节讨论的 2007—2008 年的股市崩盘。Desai，Rajgopal 和 Yu（DRY，2016）以美国 2004—2007 年的银行控股公司为样本，他们基于这些银行第四季度的财务报表，发现一些风险指标稳步增长。例如，在 2004—2007 年，贷款总额/总资产的平均值、商业房地产贷款/总贷款的平均值、不良贷款/总贷款的平均值均稳步增长。长期资产和短期负债不匹配的程度（即不同步，见 1.3 节）也在此期间增加。然而，DRY 的研究结果表明，信用评级机构、分析师和审计机构没有对这些日益增加的风险做出反应。

然而，卖空者似乎确实意识到了危机的迫近。DRY 发现，投资者卖空银行股票的平均异常收益比例[28] 与包括上述指标在内的银行风险指标之间存在显著关联，卖空银行股票的比例从 2004 年 3 月的 0.66% 上升到 2007 年 3 月的 2.4%。

接下来的问题是，为什么其他投资者没有根据自己的分析或对卖空行为增多的观察来应对银行风险的增加？行为偏差仍然是一个合理的理由。

另一类原因源自 Brav 和 Heaton；Lo；Allen，Morris 和 Shin 的模型。其中包含了投资者理性（或有限理性）的假设，将无效性归因于投资者的不断学习或者高阶信念。

即便不考虑上述原因，无效性的存在也为财务报告增加了另一个重要作用——通过尽可能缩减内部信息的范围来降低无效性。高质量的报告可以承担这一作用，它能够帮助具有行为偏差的投资者提升其投资决策水平，同时也可以加速噪声交易者造成的错误定价的矫正。此外，它还可以帮助理性投资者不断学习，或者通过发布更多的公开信息来降低高阶信念的影响。

显而易见的是，近期资本市场的研究已经不再局限于诸如 CAPM 这种简单的经济模型，它以理性预期和共识为背景，并假定仅存在一种类型的理性投资者。[29] 值得讨论的是，如果经济模型想要摆脱 1.3 节所述的强烈批评，并想从未能预测 2007—2008 年股市崩盘的失败中逃离出来，那么就必须抛弃理性预期以及共识假设，并进一步关注不同类型的投资者以及理性投资者的学习过程。换言之，更好地理解投资者行为以及市场中不同类型投资者的相互影响，可以使得会计通过"精调"充分披露和透明度的概念来提升其决策有用性。例如，更多地使用现行价值会计可以提高决策有用性，从而帮助投资者改进决策。

这些不同的观点带来了一种有趣的可能性，有关投资的行为理论和有效市场下的理性投资理论似乎可能趋同。例如，前述 EKP 的研究体现了理性投资者和具有行为偏差的投资者特征的结合，Brav 和 Heaton 也给出了类似的论断。用一些如保守、代表性偏误等行为特征来解释股票价格不能及时反映会计信息，与用投资者不能确定会计信息背后的状况来解释，这两种原因存在重大差别吗？比如，谨慎的投资者对本期盈余增加缺乏足够的反应，理性投资者不能确定盈余增加是否具有持续性，就会赋予各种情况以概率，而有限理性的投资者需要时间做深度分析，但随着时间的推移，他们最终会学习到经验。无论是哪种情况，市场都不会对会计信息做出充分反应。因此，市场无效既可以归因于理性投资者行为，也可以归因于行为偏差，还可以归因于二者的共同作用。

6.7　有关证券市场有效性和投资者理性的结论

谈到证券市场的有效性，纯粹的有效或者无效都是错误的提法，正确的提法是有效程度如何。在前面的章节中，我们得出结论，证券市场并不总是完全有效的。这是基于泡沫后流动性定价的发展、主要金融机构显然没有注意到各种警告信号以及价格向有效价值趋同的各种滞后现象。

虽然证券市场不是完全（充分）有效的，但随着时间的推移，市场无效的程度可能会有所不同，但我们可以说市场行为与投资者总体理性是一致的：

● 以学生为研究对象的支持非理性投资者行为的实验研究留下了一个悬而未决的问题，即更有经验的投资者是否会以类似的方式行事。对于经验丰富的投资者而言，似乎很难相信证券价格没有合理地反映现有的信息。

● 谈到导致 2007—2008 年股市崩盘的泡沫，有一些迹象表明，市场可能会因表外风险而调整（参见第 1 章注释［24］）。然而，现有信息可能不足以判断风险，也不足以克服一种普遍的感觉，即资产支持证券提高了承担风险的效率。直到资产支持证券等复杂金融工具明显缺乏透明度，这种感觉才得以纠正。可以说，对导致泡沫的风险反应不足并不一定是出于投资者的非理性，而可能是以下因素导致风险被掩盖：资产负债表表外负债的不充分报告[30]、评级机构的高评级以及分析师甚至审计师未能对银行风险增加的迹象做出反应。

在这点上，Cheng，Dhaliwal 和 Neamtiu（CDN，2011）研究了 ABS 投资者评估风险的能力。ABS 的风险在很大程度上取决于发行银行提供隐性担保的大小（见 1.3 节关于 ABS 的信用增级）。总体而言，这些担保并未予以披露。[31] CDN 发现，投资者对于银行提供的信用增级的不确定性程度越高，银行股票的买卖价差越大。由于买卖价差是衡量投资者感知的信息不对称和由此产生的估计风险的指标，这与投资者对 ABS 透明度不足的理性反应是一致的。

● 第 5 章中描述的对会计信息做出复杂反应的证据表明了市场总体有效性和投资者理性。虽然本章所描述的许多研究都距今较久远，但最近的研究仍然关注市场对会计信息质量所做出的复杂的反应。例如，前述的 CDN 研究表明，投资者的成熟度相当高，如果投资者总体不理性，就很难观察到这一点。

● 正如我们将在 7.5.2 节中描述的，准则制定者引入了扩大披露范围以及资产证券化终止确认与合并的新标准。这表明他们现在意识到了泡沫时期的会计实践未能提供充分的信息。此外，如 Bitti（2013）所述，全球范围内主要的审计监督机构已经对有关加强审计职业客观性与独立性的规则重新进行了考虑。这些新规则包括特定任期后的强制性审计师变更、联合审计以及要求审计委员会和（或）审计师增加披露。这些调查结论表明，更负责任的审计师报告可能会增加投资者对导致 2007—2008 年股市崩盘的风险的认识。

● 我们在 4.2.1 节中指出，有效市场中股价是随机波动的，也就是说，证券收益不会反映未预期事件。即使在一个有效市场中，也很难预测基本经济情况（参数）变动的全部含义。例如，资本市场全球化以及由此产生的全球市场崩溃的高度相关性，房地产、资产支持证券、资产支持商业票据、信贷违约互换市场几乎同时崩盘。这些事件以前从未发生过，当然，一旦公司运营的全部潜在风险变得明显时，市场价格就会迅速做出反应。

● 投资者的风险规避程度也会发生变化。复杂金融工具缺乏透明度、不充分的表外负债披露、高度联动的全球市场崩溃等，都会使得投资者风险规避程度增加，从而导致泡沫破裂后市场价格的急速下跌。

我们认为，虽然证券价格有时会显著地偏离其有效市场价格，但市场总体还是非常接近有效的，会计人员以及准则制定者仍继续在有效市场理论的指导下工作。当然，他们也必须认识到，某些情况下证券价格向其有效市场价格的趋近可能要花费一些时间。这一结论的一个主要例外是流动性定价。当流动性定价情况发生时，包括大型机构在内的投资者会选择卖出持有的证券，因为他们此时需要变现或他们害怕股价持续下跌，这种恐慌性的抛售使得证券的公允价值低于使用价值，也低于价格能有效反映所有公开可用信息时应有的价值。在这一问题上，IF-RS 13 要求公允价值计量需要在"有序交易"（orderly transaction）的情况下进行，这使得公允价值准则在应对流动性定价时具有一些弹性。

关于投资者理性问题，到底是理性理论还是行为理论能更好地描述证券市场行为，这一问题仍然没有定论。我们提醒读者，理性是一个总体的概念。毫无疑问的是，个人投资者存在多种行为。那么问题的本质在于，这些行为是否平均而言可以相互抵消，从而使得证券价格相对于可用信息来讲是无偏的，或个体行为的偏差会大到足以使得证券被错误定价。

一个强有力的观点是，理性决策理论模型仍然是会计人员了解投资者需求最有用的模型。这个观点基于两个主要的论点：第一，公司盈利质量特征的复杂性为投资者非理性的证据提供了一个合理的解释。第二，套利的限制因素与理性的一致性——我们很难期望投资者使用超出其成本效益的信息。高阶信念也为市场无效如何与理性投资者共存提供了一个新的理论。

然而，从估值的角度来看，理性模型或行为模型哪个更能准确描述投资者的特征对会计人员来说可能并不重要，因为他们对投资者行为的影响是相似的。你可以认为在财务报表中引入现行价值会计可以更好地预测未来业绩，从而使理性投资者获益；也可以认为在财务报表中引入现行价值会计可以帮助投资者克服行为偏差，从而增加决策有用性。无论哪种情况，估值观都可能有助于实现这些理想目标。

除了上述讨论的市场有效性考虑之外，其他原因表明，增加对估值的关注可能会增强财务报告的决策有用性。正如我们将在 6.8 节中看到的，由于报告净收益仅解释了盈余公告日前后证券价格变动的一小部分，并且所解释的比例可能正在减少，因而进一步增加决策有用性是可能的。

此外，从理论的角度看，我们将在 6.9 节中介绍的 Ohlson 的净剩余理论表明，公司的市场价值可以用利润表和资产负债表中的项目来表示。虽然该理论适用于任何会计基础，但它关于公司价值取决于基本会计变量的证明与估值理论是一致的。

最后，更多基于实际的考量也支持需要增加对估值的关注。近年来，审计机构一直遭受重大诉讼的困扰，回顾过去，破产公司的净资产价值似乎被严重高估。稳健性会计准则要求现行价值基础技术，如减值测试，这样可能有助于减轻审计师的责任。我们将在 6.10 节和 6.11 节讨论这些问题。

6.8　财务报表信息的低价值相关性

在第 5 章我们已经看到，实证会计研究已经得出结论：证券价格会对净收益的信息内容做出反应。尤其是针对 ERC 的研究表明，市场可以从财务报表中提取有价值的信息。然而，正如我们在 5.3.2 节中指出的，Ball 和 Brown 认为净收益中的大部分信息含量在公告前就已经在股价中反映。Lev（1989）进一步研究了这一提前反映现象。他指出，市场对好消息或坏消息的反应程度非常小。事实上，在收益信息公布日前后，短窗口期的证券收益变动中只有 2%～5% 的异常变动是由收益自身引起的。[32]

这一研究结果引发了财务报表信息价值相关性的问题。价值相关性用盈余公告前后的异常股价变动来衡量财务报表信息帮助投资者评估公司价值的程度，所以它和盈余质量关系紧密。

理解价值相关性，需要区分统计显著性和实际显著性。在统计上，度量价值相关性的统计变量如 R^2（参见注释［32］）以及 ERC 可以显著异于零，但价值相关性可能很小。因此，我们可以确信证券市场对收益做出了反应（相对于没有反应），同时我们对它的反应幅度又很失望。

从另一个角度考虑，假设在盈余公告日前后 3～4 天的一个短窗口期内，证券价格平均变化了 $1，Lev 的观点是，扣除该期间整个市场范围内的价格变动，可能只有 2～5 美分的价格变化是由盈余公告本身引起的。

之后，学者们研究了价值相关性的变动趋势。在涵盖 1978—1996 年的一项研究中，Lev 和 Zarowin（1999）发现 R^2 和 ERC 都在下降。ERC 的下降比 R^2 的下降更糟糕。因为 R^2 的下降或许是由于随着时间的推移，其他信息源对股价的影响增大了。而 ERC 是对会计信息价值相关性的直接度量，而不管其他信息源的影响有多大。

不过，Landsman 和 Maydew（LM，2002）发现了相反的结果。他们研究了 1972—1988 年季度盈余公告的样本，用盈余公告前后三天窗口的股票异常收益（即市场模型的残差，见 4.5.1 节）来衡量季度盈余公告的信息含量，而不是 R^2 和 ERC。回顾一下，我们在 5.2.3 节提到市场模型的残差项反映了特定公司的盈余公告的信息含量。他们发现在其研究期间，盈余的信息含量是增加的。

问题来了，为什么 R^2 和 ERC 下降，股票异常收益却上升？Francis，Schipper 和 Vincent（FSV，2002）试图对此进行探究。他们指出越来越多的大公司在报告盈余信息时会同时披露其他会计信息，比如销售情况、特别项目、前瞻性信息等。如果本期盈余信息是正面的，其他的信息也很可能是正面的，这会提高投资者预测未来业绩的乐观程度。因此，当用 R^2 和 ERC 衡量的股价对盈余信息的反应程度下降时，用异常收益衡量的总股价对盈余信息的反应程度是上升的。FSV 以 1980—1999 年的季度盈余公告为样本，样本中的公司公布盈余信息时会同时披露其他信息，他们考察了三天窗口的股票异常收益对盈余公告信息的反应，结果与他们的论述一致。

Ball 和 Shivakumar（2008）对价值相关性做了更深入的研究。他们用 1972—2006 年的一个大样本中公司股票的年度总收益（衡量一年中为市场所知的所有信息反映的公司价值变动）与季度盈余公告前后三天窗口的股票收益（衡量盈余公告前后三天所有信息反映的公司价值变动）的关系，回归方程的 R^2 表示季度盈余公告前后的信息反映的价值相对全年信息反映的价值的比例，对于样本中所有的公司和年份而言，他们发现盈余公告前后的信息平均只能解释总收益的 1.9%，这个发现和前面提到的低价值相关性是一致的。不过在针对样本的 2004—2006 年的研究中，比例增加到了 7.3%，这和 FSV 的研究结果是一致的。

当然，我们并不期望净收益信息解释所有的异常收益，除非在理想环境下。历史成本会计和稳健性意味着在面对许多具有经济意义的信息方面存在净收益确认滞后，如未来收入、未确认的无形资产以及现行价值的增加。我们传统的会计系统固有的确认滞后降低了 R^2 和 ERC，因为在确认价值相关事项之前，等待时间要比市场长得多。

即使财务报表是市场唯一的信息来源，正如我们在 4.4 节对价格信息含量的讨论，噪声交易者的存在告诉我们，会计信息无法解释所有的异常收益。会计信息会影响投资者对公司风险的评估，进而影响资本成本。如果资本成本变化，其对股价的影响将导致异常收益变化。此外，非理性投资者导致的过度波动（见 6.2.4 节）进一步增加了需要加以解释的股价波动程度。

但是，即使将上述的反面证据考虑在内，净收益也仅能解释异常收益的 2%～7%（不同的计量方式产生的结果有所差异），这个比例似乎太低了，Lev 将比例太低归因于盈余质量太差。如果是这样的话，这意味着可以通过更快地确认价值相关事项来提高盈余质量。这启发人们通过引入估值观来提高财务报表的盈余质量。至少，收益的低价值相关性意味着，会计人员在提高财务报表对投资者的信息含量方面还有很大的进步空间。

6.9 Ohlson 的净剩余理论

6.9.1 公司价值的三个公式

Ohlson 的**净剩余理论**（clean surplus theory）提供了一个与估值观一致的理论框架，说明公司价值是如何由基本的资产负债表与利润表的组成部分来表示的。该理论以理想环境下的资本市场为前提，包括股利无关性假设。[33] 然而，在解释和预测公司的实际价值方面还是有成功之处的。我们所叙述的理论的要点建立在简化 Feltham 和 Ohlson（FO，1995）研究的基础上，基于净剩余理论的模型也称为**剩余收益估值**（residual income valuation）模型。

该理论中的大部分在之前的讨论中已有所涉及，尤其是例 2-2 中对在不确定性理想环境下经营的 P. V. 有限公司的讨论。本节我们将以前的讨论整合起来，并拓展 P. V. 有限公司的例子，即允许盈余具有持续性。FO 模型可以在任何可获取财务报表的时候估计公司价值。为便于说明，我们将在例 2-2 中的 $t=1$ 时（即 P. V. 有限公司经营的第 1 年年末）运用该模型。

FO 指出，公司价值的根本决定性要素是其股利现金流量。对于例 2-2 中的 P. V. 有限公司，假设其第 1 年经济状况差，回想一下 P. V. 有限公司直到 $t=2$ 清算前都不支付股利，那么在 $t=1$ 时，股利的期望现值就是该公司在 $t=2$ 时所有预期现金流量的现值：

$$PA_1 = \frac{0.5}{1.10} \times (\$110 + \$100) + \frac{0.5}{1.10} \times (\$110 + \$200)$$
$$= \$95.45 + \$140.91$$
$$= \$236.36$$

回想一下，如果经济状况差，每期的现金流量是 $100；经济状况好，则每期的现金流量是 $200。括号中的 $110 表示 $t=1$ 时所持有的现金在第 2 期以 $R_f = 0.10$ 进行投资。

给定股利无关性，则 P. V. 有限公司的市场价值还可以用其未来现金流量表示。继续假设第 1 期的经济状况差，则

$$PA_1 = \$100 + \left(0.5 \times \frac{\$100}{1.10}\right) + \left(0.5 \times \frac{\$200}{1.10}\right)$$
$$= \$100 + \$45.45 + \$90.91$$
$$= \$236.36$$

此处，第一项指 $t=1$ 时持有的现金，即 $100 在 $t=1$ 时的现值就是 $100。

公司的市场价值还可以用财务报表变量来表示。FO 指出：

$$PA_t = bv_t + g_t \tag{6.1}$$

在任意时点 t，式中 bv_t 是每期资产负债表上公司资产的账面净值，而 g_t 是未来异常盈余的期望现值，也称**商誉**（goodwill）。要使上述关系成立，则所有收益与损失项目都必须在利润表中列示，这就被称为"净剩余"，并以此为该理论命名。

为评估 P. V. 有限公司在 $t=1$ 时的商誉，我们展望一下公司未来存续期间的状况（在这个例子中是 1 年）。[34] 在这种情况下，正常盈余只是折现增值，即相当于净资产所赚取的资本成本。实际盈余与该折现增值（预期盈余）之差便是异常盈余。借鉴 FO 的变量表示方法，将 ox_2 定义为第 2 年的盈余，ox_2^a 定义为该年的异常盈余。[35] 从例 2-2 中我们得出：

如果第 2 年经济状况差，则第 2 年的净收益为：

$$(\$100 \times 0.10) + \$100 - \$136.36 = -\$26.36$$

此处括号中的式子表示第 1 年开始投入现金所赚取的利息。

如果经济状况好，则净收益为：

$$\$10 + \$200 - \$136.36 = \$73.64$$

由于两种状况出现的概率相同，所以第 2 年的预期净收益是：

$$E\{ox_2\} = (0.5 \times (-\$26.36)) + (0.5 \times \$73.64) = \$23.64$$

因而，第 2 年的预期异常盈余，即刚才计算出的预期净收益与折现增值的期初账面价值的差额为：

$$E\{ox_2^a\} = \$23.64 - (0.10 \times \$236.36) = \$0$$

商誉，即未来异常盈余的现值为：

$$g_1 = 0/1.10 = 0$$

因此，例 2-2 中的 P. V. 有限公司，由于异常盈余不持续存在，商誉为零。这是因为，在理想环境下，套利使得公司能且只能赚取给定利率下其净资产初始投入价值的"利息"。因此，我们能够从公司的资产负债表中直接得出公司的价值：

$$PA_1 = \$236.36 + \$0$$
$$= \$236.36$$

零商誉是 FO 模型的一个特例，称为**无偏会计**（unbiased accounting），即所有资产和负债都是按照现行价值计价的。当会计是无偏的时候，异常盈余不会持续，公司的价值都反映在资产负债表中。事实上，就如我们在例 2-2 中所说的，此时利润表不具有信息含量。

无偏会计是估值观的极端情况。当然，实务中公司不会将其所有资产和负债都按照上述方法入账。例如，如果 P. V. 有限公司采用历史成本会计，具体而言，对其资本性资产采用稳健性会计，那么相对现行价值，bv_1 就可能向下偏移，FO 称此为**有偏会计**（biased accounting）。当会计是有偏的，公司有未记录的商誉 g_t。不过，计算 PA_t 的净剩余式（6.1）对任何基础的会计都成立，而不仅是对理想环境下的无偏会计成立。为说明这一问题，假设 P. V. 有限公司采用直线法摊销其资本性资产，在第 1 年摊销 \$130.17，第 2 年摊销 \$130.16。应注意到例 2 - 2 中第 1 年按照现值摊销的数额为 \$123.97。因此，采用直线法摊销，与理想环境下相比，第 1 年的收益以及第 1 年年末的资本性资产都向下偏移。现在我们重新计算第 1 年年末的公司价值和商誉，同样假设第 1 年经济状况差。

采用直线法摊销，第 2 年的预期净收益是：

$$E\{ox_2\} = (\$100 \times 0.10) + 0.5 \times (\$100 - \$130.16) + 0.5 \times (\$200 - \$130.16)$$
$$= \$29.84$$

第 2 年的预期异常盈余是：

$$E\{ox_2^a\} = \$29.84 - (0.10 \times \$230.16) = \$6.82$$

此处，\$230.16 是第 1 年年末公司的账面价值，即 \$100 的现金加上用直线法摊销后的资本性资产账面价值。

商誉是：

$$g_1 = \$6.82/1.10 = \$6.20$$

于是得到公司的市场价值是：

$$PA_1 = \$230.16 + \$6.20$$
$$= \$236.36$$

结果与采用无偏会计时相同。

虽然公司价值相同，但 \$6.20 的商誉并没有记录在公司账簿上。这再次说明了 2.4.1 节提到的在历史成本会计下净收益会滞后于实际经济业绩。此处，在第 1 年，历史成本基础的净收益是 \$100 - \$130.17 = -\$30.17，比例 2 - 2 中的 -\$23.97 低。但是，如果能对未入账商誉做出正确估计，由此算出的公司价值也是正确的。

不管公司选择什么样的会计政策，用 FO 模型计算出的公司价值都是相同的。这有好的一面，也有不好的一面。好的一面是，投资者利用这一模型预测公司价值，无须关注公司的会计政策选择。无论公司经理人想提高本期业绩从而高估净收益，还是谨慎地低估净收益，利用该模型计算出的公司价值都是相同的。[36] 原因是，由会计政策选择导致的未入账商誉价值的变化正好被账面价值的反向变化等额抵消。不好的一面是，这一模型不能指导会计人员选择何种会计政策。因此，使用该模型来预测公司价值需要投资者仔细判断公司经理人使用的会计政策。例如，以公允价值评估资产是将预期未来收入在资产负债表上的资本化。如果是这样，投资者应该意识到由此产生的对公司未来异常收益的下行压力。

下面我们来看看 Ohlson 的净剩余理论是如何支持估值观的。对 P. V. 有限公司的资产采用现行价值计价减少了会计有偏的程度，使得公司价值中更多的部分被纳入资产负债表，从而减少了需要投资者自行估计的未入账商誉的金额。理论上来讲，不管公司是否采用现行价值会计，未入账商誉与账面价值之和是相同的。但实务中一般认为只有当公司对资产和负债的现行价值做出可靠和无偏的估计时，在资产负债表上记录现行价值才会增加决策的有用性。如果资产负债表的估值不可靠，就会导致公司特定风险。如果估值存在偏差，投资者就必须纠正他们对未来异常收益预测的偏差。然而，假设估值具有一定的可靠性，那么采纳现行价值计量的估值观就可以提高财务报表的决策有用性，公司价值的更大部分都能从资产负债表中直接体现出来。对不完全理性的投资者，即那些更能通过阅读财务报表获益的人而言，更是如此。

接下来的问题是，公司对现行价值的估计是否无偏？Badia，Duro，Penalva 和 Ryan（BDPR，2017）在金融工具的情景下研究了这个问题。具体来说，他们研究了受 SFAS 157（现在的 ASC 820 - 10）影响的美国公司从 2007—2014 年对金融工具的估值。SFAS 157 要求公司在三个层次内确定公允价值的估值：第一层次公允价值仅使用活跃市场中相同资产和负债的报价；第二层次公允价值使用其他可观察到的价格，例如活跃市场中类似但不相同的资产的价格，或者来自不活跃市场的价格；第三层次公允价值是基于可获得的最佳信息，使用一些市场参与者无法观察到的信息。通常，第三层次估值基于估值模型，例如贴现现金流量，管理层估计未来的现金流量并选择一个折现率。

BDPR 发现，平均而言，第一层次金融资产可以得到无偏估值——其公允价值等于市场价值。这是意料之中的，因为这些资产是在运行良好的市场上交易的。然而，尽管 SFAS 157 要求公允价值，他们发现管理层报告的第二、三层次金融资产的平均估值是保守的（即低于预期价值）。[37] BDPR 还发现一些证据表明，管理层对第三层次金融资产的估值比第二层次更为保守。

假设第二、三层次金融资产的这种向下偏差是由于确认了资产价值的未实现损失，而不是未实现利得。这意味着，为了用 FO 模型得出一个正确的估值，投资者必须在预测未来异常收益和计算未记录商誉时包括这些未实现利得，而不是简单地从资产负债表上获取估值。

6.9.2　盈余持续性*

接着，FO 在他们的理论中引入了"盈余持续性"（earnings persistence）这一重要概念。具体来说，就是他们假设异常盈余是按照下列公式产生的：

$$ox_t^a = \omega \times ox_{t-1}^a + v_{t-1} + \tilde{\varepsilon}_t \tag{6.2}$$

FO 称该公式为**盈余动态模型**（earnings dynamic）。其中，$\tilde{\varepsilon}_t$ 是期间 t 所出现的事件状态对异常盈余的影响，"～"表示从期间起点看，这些影响是随机的。如例 2 - 2 中，事件状态出现的期望值是 0，且各期的事件间相互独立。

ω 是持续性参数，取值区间为 $0 \leqslant \omega < 1$。当 $\omega = 0$ 时，就是例 2 - 2 的情形。但 $\omega > 0$ 并不是不合理的。某个年度所出现的事件状态的影响常常会持续到未来年度。比如，例 2 - 2 中第 1 年出现差的事件状态可能是由利率升高引起的，利率升高的影响可能超出当年而持续下去，ω 则

---

*　本节为选学内容，可跳过，不影响全书的连贯性。

捕获了第 1 年的 $50 异常盈余中将持续到以后年度的部分。

同时，请注意 $\omega < 1$。也就是说，任何年度的异常盈余的影响都会随着时间的推移而消失。例如，利率升高的影响最终会逐渐消失。更一般地说，竞争最终会消除正的或负的异常盈余，其消除的快慢程度取决于公司的经营战略。

我们要注意到持续性与 ERC 实证研究中对应部分的相互关系。正如 5.4.1 节所述的，盈余持续性越大，ERC 越高。我们将在下面的例 6-1 中看到，这正是净剩余理论所预测的——ω 越高，利润表对公司价值的影响就越大。

v_{t-1} 表示在 $t-1$ 年中公布的其他信息（即 $t-1$ 年中除异常盈余以外的信息）对 t 年的异常盈余的影响。如果是无偏会计，则 $v_{t-1} = 0$。我们以研发（R&D）支出为例来说明这一问题。如果 R&D 支出是按现行价值（即无偏会计）计价的，则 $t-1$ 年的异常盈余中就包括了该年度 R&D 支出导致的价值变动。这一价值变动中相当于 ω 比例的部分将继续反映在下年的盈余中。也就是说，如果 R&D 支出按现行价值计价，它就不能再传递其他关于未来盈余的相关信息——所有的信息都包含在本期盈余中。

如果会计是有偏的，v_{t-1} 就担任了一个比较重要的角色。如果按照现行公认会计原则的规定，R&D 成本在其发生时就被冲销，则 $t-1$ 年的异常盈余中并没有包括由 R&D 活动传递的关于未来异常盈余的信息。结果，为预测 t 年的异常盈余，有必要将 $t-1$ 年中的 R&D 活动在 t 年产生的异常盈余以其他信息形式加进来。也就是说，v_{t-1} 代表了 $t-1$ 年中的 R&D 活动在下一期间产生的盈余。

总之，在盈余动态模型中，当年的异常盈余等于上一年度的异常盈余的 ω 部分，加上其他信息（如果采用有偏会计）的影响，再加上随机状态的影响。

最后，应注意该理论假定投资者知道 ε_t 的可能值及其概率，这与理想环境下是一致的。该理论还假设投资者知道 ω 的值。如果放松这些假设，理性投资者将需要有关 ε_t 和 ω 的信息，并运用贝叶斯定理修正他们预期各种事件状态出现的主观概率。因此，该理论与第 3 章所论述的决策理论没有任何冲突。

例 6-1　在不确定性和盈余持续性条件下的现值模型

现在我们拓展例 2-2，允许盈余存在持续性。原有假设不变，并增加假设 $\omega = 0.4$。既然假设在理想环境下，所以 $v_{t-1} = 0$。回想一下，第 1 年的异常盈余是 -$50 或 $50，取决于事件状态是好还是差。现在，第 1 年的 40% 的异常盈余将持续存在，影响到第 2 年的经营收益。

现在假设第 1 年的事件状态差（与事件状态好时分析方法一样），然后我们计算第 1 年年末 P. V. 有限公司的市场价值。我们首先以预期未来股利为基础计算：

$$PA_1 = \frac{0.5}{1.10} \times [\$110 - (0.40 \times \$50) + \$100] + \frac{0.5}{1.10} \times [\$110 - (0.40 \times \$50) + \$200]$$

$$= \left(\frac{0.5}{1.10} \times \$190\right) + \left(\frac{0.5}{1.10} \times \$290\right)$$

$$= \$86.36 + \$131.82$$

$$= \$218.18$$

注意到持续性的影响——第 1 年异常盈余的 40% 会持续到第 2 年，减少了第 2 年的现金流量。除此之外，计算方法与例 2-2 相同。我们看到，事件状态差的影响持续存在时，第 1 年年末的公司价值减少了 \$18.18 （\$236.36 — \$218.18），是所减少的未来现金流量 \$20 的现值。

现在，从股利公式转而采用净剩余公式（式（6.1））来计算公司价值。FO 用盈余动态模型（式（6.2））表明，公司的商誉 g_t 可以用当年的异常盈余来表示。于是公司的市场价值就是：

$$PA_t = bv_t + (\alpha \times ox_t^a) \tag{6.3}$$

式中，$\alpha = \omega/(1+R_f)$，是一个资本化因子。[38] 如上面所提到的，应注意到，持续性参数 ω 越大，本期盈余信息对股票价格 PA_t 的影响也越大。在我们的例子中，对于 $t=1$：

持有的现金	= \$100.00
例 2-2 中资产的账面价值	= \$136.36
bv_t	= \$236.36

于是有

$$PA_1 = bv_t + (\alpha \times ox_t^a)$$

$$= \$236.36 + \frac{0.40}{1.10} \times (-\$50)$$

$$= \$236.36 - \$18.18 = \$218.18$$

这与以未来预期股利为基础计算的市场价值相等。

引入持续性后的 FO 模型有两方面的意义。首先，即使在理想环境下，也并非所有的活动都体现在资产负债表上，利润表也很重要，因为它给出了当期的异常盈余，其中的一部分将持续到下一期间。在本例中，我们假定异常盈余的 40% 是会持续存在的。

其次，式（6.2）有如下含义：由于可持续盈余对公司的未来业绩至关重要，投资者希望获取能帮助他们估计可持续盈余的信息。在这一点上，会计人员对持续性较低的项目加以正确分类对投资者是有帮助的。在 5.4.1 节我们已经看到，较高的持续性总是和投资者对本期盈余较强的反应相联系，该公式和持续性对 ERC 影响的实证研究结果是一致的。[39]

6.9.3　评估公司价值

FO 模型可用于评估公司的股票价值，然后将其与市场价值相比，获悉市场是高估还是低估了该股票，从而帮助人们做出投资决策。下面，我们将该模型应用于加拿大轮胎有限公司。本例中所用的方法基于 Lee（1996）的研究。

需要强调的是，例 6-2 仅供参考。正如我们稍后将讨论的那样，在实际应用时，不应不加区分地考虑公司的盈余持续性和资本成本，以及经济中的利率和市场风险溢价。

例 6-2　预测加拿大轮胎有限公司的普通股价值

从加拿大轮胎有限公司 2016 年年报（这里没有给出）中我们知道公司 2016 年净收益（NI_{2016}）为 7.475 亿美元，2016 年 1 月 2 日和 2016 年 12 月 31 日的账面价值（bv_{2016}）分别 57.897 亿美元和 57.373 亿美元，公司 2016 年的利润对年初权益的权益资本回报率（ROE_{2016}）为 0.129 1。可能有些武断，但我们还是假设这一回报率保持 7 年不变，此后该回报率等于公司的资本成本。我们很快就会用到这一假设。

2016 年股利合计为 2.487 亿美元，股利支付率为 $2.487/7.475=0.332\,7$，我们同样假设该比率保持 7 年不变。

我们用 CAPM 模型（见 4.5 节）估计加拿大轮胎有限公司的资本成本：

$$E(R_{jt})=R_f(1-\beta_j)+\beta_j E(R_{Mt})$$

其中，j 公司就是加拿大轮胎有限公司，时间 t 是 2017 年 4 月。我们假设市场在 2017 年 4 月获悉公司 2016 年年报。$E(R_{jt})$ 代表了股东要求的回报率或者公司的资本成本，我们取 2017 年 4 月的银行年度基准利率为无风险利率 $R_f=0.93\%$，并给予市场 5.70% 的风险溢价[40]，从而得出 $E(R_{Mt})$ 为 0.066 3。汤森路透公布的加拿大轮胎有限公司 2017 年 4 月在多伦多交易所的 β 值为 0.44。[41] 然后我们开始估计 2017 年 4 月的资本成本：

$$E(R_{jt})=0.009\,3\times(1-0.44)+0.44\times0.066\,3=0.005\,2+0.029\,2=0.034\,4$$

我们取近似值 3.44%，并假设资本成本恒定不变。

接下来估计加拿大轮胎有限公司的未入账商誉。如前所述，商誉是未来预期异常盈余的现值，我们将估计从 2016 年 12 月开始的 7 年该公司的商誉。首先，用净剩余关系来预测年末账面价值：

$$bv_{2017}=bv_{2016}+NI_{2017}-D_{2017}$$

式中，D 是股利。通过等式 $D_t=kNI_t$（其中 k 是股利支付率），同时 $NI_t=bv_{t-1}ROE_t$，上式可化为：

$$
\begin{aligned}
bv_{2017}&=bv_{2016}+(1-k)NI_{2017}\\
&=bv_{2016}[1+(1-0.332\,7)ROE_{2016}]\\
&=57.373\times(1+0.667\,3\times0.129\,1)\\
&=57.373\times1.086\,1\\
&=62.31（亿美元）
\end{aligned}
$$

类似地，可以算出如下结果：

$$bv_{2018}=67.68（亿美元）$$
$$bv_{2019}=73.51（亿美元）$$
$$bv_{2020}=79.83（亿美元）$$
$$bv_{2021}=86.71（亿美元）$$

$$bv_{2022} = 94.17（亿美元）$$

现在异常盈余被定义为实际盈余和折现增值之差。折现增值为资本成本乘以期初账面价值，特定年度的实际盈余则通过 ROE 乘以期初账面价值来估计。因此，2017 年的预期异常盈余为：

$$
\begin{aligned}
ox_{2017}^a &= [ROE - E(R)]bv_{2016} \\
&= (0.129\,1 - 0.034\,4) \times 57.373 \\
&= 0.094\,7 \times 57.373 \\
&= 5.43（亿美元）
\end{aligned}
$$

类似地，可以算出如下结果：

$$ox_{2018}^a = 5.90（亿美元）$$

$$ox_{2019}^a = 6.41（亿美元）$$

$$ox_{2020}^a = 6.96（亿美元）$$

$$ox_{2021}^a = 7.56（亿美元）$$

$$ox_{2022}^a = 8.21（亿美元）$$

$$ox_{2023}^a = 8.92（亿美元）$$

这些异常盈余按照加拿大轮胎有限公司的资本成本折现，在 2016 年 12 月 31 日的现值，亦即商誉为：

$$
\begin{aligned}
g_{2016} &= \frac{5.43}{1.034\,4} + \frac{5.90}{1.034\,4^2} + \frac{6.41}{1.034\,4^3} + \frac{6.96}{1.034\,4^4} + \frac{7.56}{1.034\,4^5} + \frac{8.21}{1.034\,4^6} + \frac{8.92}{1.034\,4^7} \\
&= 42.75（亿美元）
\end{aligned}
$$

最后，我们加上 2016 年 12 月 31 日的账面价值（即 bv_{2016}）：

$$PA_{2016} = 57.373 + 42.75 = 100.123（亿美元）$$

2016 年年末加拿大轮胎有限公司发行在外的普通股[42] 为 72 360 303 股，所以每股价值为 \$138.37。

加拿大轮胎有限公司在 2017 年 4 月中旬的实际股价保持在 \$160～\$167，比我们估计的要高很多，这意味着该公司的股票被高估。我们必须小心避免在不仔细检验我们的假设的情况下得出这样的结论。如果证券市场是相当有效的，那么我们的估计似乎偏低。

在这方面，Lee，Myers 和 Swaminathan（LMS，1999）以 1963—1996 年纽约证券交易所的上市公司为样本，考察了剩余收益模型预测股价的有效性。他们发现，随着时间的推移，无风险利率 R_f 的变化可以改善股价预测，而市场回报 R_M 的变化则不能。一种可能的改进方法（我们不采用这种方法）是像 LMS 那样，利用不同期限国债的价格来预测未来的无风险利率。

LMS 还在其股价预测中加入了终值，等于预测期最后一年（在我们例子中为第 7 年）异常盈余的现值。换句话说，假设最后一个时期的异常盈余无限期地持续，而我们假设在第 7 年之后没有异常盈余。加拿大轮胎行业竞争非常激烈，我们预计 2017—2023 年的高异常收益可能会导致更激烈的竞争。因此，我们假设异常盈余将在 2024 年消失（即 2023 年后的盈余等于资本成本）。

LMS 还发现，基于分析师的盈余预测，取代了我们基于 ROE 的预测，提高了估值的准确性。这似乎是合理的，因为分析师在预测盈余时可以利用除 ROE 之外的许多信息来源。分析师对 2017 年和 2018 年的平均盈余预测表明，加拿大轮胎有限公司 2017 年的盈余将会比 2016 年增长 11%，2018 年比 2017 年进一步增长 10%。[43] 因此，通过纳入分析师 2017 年和 2018 年的盈余预测，我们放松了对完全 ROE 持续性的假设，并假设 2018 年的 ROE 在我们预测的剩余 5 年保持不变。所有其他假设都不变。这将产生 $150 的股价估值，仍然低于 4 月份 $160～$167 的实际股价。

这表明，要么是加拿大轮胎有限公司的股价被高估，要么是投资者预期 ROE 在 2018 年后将继续上升。在这方面，我们注意到股价在 2017 年 7 月初跌至 $143，在 2017 年 12 月中旬上涨至 $164。无论如何，重要的是，虽然剩余收益模型提供了一个有良好理论基础的股价估值平台，但投资者在做出预测之前必须仔细评估所有与公司相关的信息。

我们得出的结论是，虽然我们对加拿大轮胎有限公司股价的评估程序是正确的，但当时市场的盈余预期似乎更高。接下来，我们将研究几个关于剩余收益方法如何预测盈余和股价的实证研究。

6.9.4　剩余收益模型的实证研究

根据净剩余理论，学者们做了许多实证研究，其中之一就是比较股利模型、现金流模型以及剩余收益模型的相对预测能力。在 6.9.1 节我们指出，在理想环境下，三个模型预测的结果相同。但是，在非理想环境下，哪个模型的预测结果最好就值得关注了。比如，剩余收益模型经常被认为具有一定的优势，因为它利用了包括应计项目的资产负债表信息，而应计项目可以预测未来的现金流量，这意味着它们把未来现金流量带入本期资产负债表中。应计项目也具有价值相关性，其本身就具有一定预测能力。现金流模型和股利模型需要预测更多的信息，因为它们需要得到未来的总现金流量。而且，人们也认为剩余收益模型在应用时比现金流模型更方便，因为它利用的信息可以直接从财务报表中获取，并且不需要从以权责发生制为基础的财务报告中提取现金流信息。

在例 6-2 中，我们概述了 Lee，Myers 和 Swaminathan（1999）的研究，他们主张在基于剩余收益的股票价值估计中插入一个终值。虽然我们的例子中没有考虑终值的估计，但一般来说，这可能不是一个好主意，因为许多公司在行业中的竞争力不及加拿大轮胎有限公司。一种替代方案是以分析师的长期预测为基础估计终值。基于这种考虑，Courteau，Kao 和 Richardson（2001）从 1992—1996 年的美国公司中选取了一个样本，设定预测区间为 5 年，比较上述三个模型的预测能力。他们发现，直接使用终值假设，即我们在加拿大轮胎有限公司例子中所使用的，得到的估计值大大低估了股票的价值。当终值以分析师的长期预测为基础时，所做的估计更为准确。此外，三个模型的预测能力大致相当，这与我们的理论预期一致。

另一种净剩余实证研究关注的是盈余预测，因为未来盈余是估计商誉的主要依据。这与第 5 章描述的以财务报表信息和股票回报关系为研究重点的价值相关性的相关研究是不同的。

很多分析师倾向于跟踪大公司并提供盈余预测信息。不过分析师的盈余预测质量受其自身特征限制。Abarbanell 和 Bushee（1997）拓展了 Lev 和 Thiagarajan（1993）（见 5.6 节）的研究方法，表明许多财务报表的基本信号，如销售收入、应收账款、存货、毛利以及资本支出等的变化能够提高下一年度盈余预测的质量。他们的研究进一步表明，分析师在进行盈余预测时，似乎没有充分利用这些基本信号。Begley 和 Feltham（2002）做了相似的研究，他们在盈余动态模型中加入分析师预测和资本支出作为其他信息，发现这显著提高了样本公司的未入账商誉的预测质量。这些结果表明，更多地挖掘财务报表信息，可以提高分析师盈余预测的质量。

最后，该理论的另一用途就是估计资本成本。在例 6-2 中，给出五个变量——股价、账面价值、预期未来盈余、无风险利率以及资本成本中的任何四个，都可以求出第五个变量。这样估计出来的资本成本称为公司的**隐含资本成本**（implied cost of capital）。因此，剩余收益模型提供了除 CAPM 模型之外估计资本成本的另一种选择。相对于 CAPM 模型，剩余收益模型不需要估计 β 值和市场预期收益（见 4.5.1 节），这是一项优势。[44]

当然，隐含资本成本的估计取决于对未来收益的估计。如果基于分析师的预测进行估计，一些证据（例如，Easton 和 Sommers（2007））表明分析师预测一般偏高，结果导致资本成本被高估。[45]

Hou，van Dijk 和 Zhang（HVZ，2012）基于 1963—2009 年的大样本，也发现分析师预测普遍具有正向偏差。HVZ 基于公司过去的财务业绩，给出了另一种方法来预测未来盈余。他们发现基于这种方法计算的平均 ERC 要高于基于分析师预测得到的 ERC。这表明在预测未来业绩时，市场对于公司过去业绩的关注度至少与对分析师预测的关注度是同等的。作者认为他们的方法为预测公司未来盈余及估计隐含资本成本提供了更好的基础。

当前，有关估计公司盈余最好的方法仍然没有定论——虽然分析师在盈余预测的过程中可以提供更多的信息，但其预测中的任何偏差都将导致预测准确度和估值有效性降低。

6.9.5 小结

净剩余理论对财务会计理论和研究产生了重大影响。该理论表明，与股利或现金流量一样，财务会计变量也可以用来表示公司价值，因而引发了很多关于盈余预测的研究。许多相关研究探讨了当期财务报表信息如何用于提高预测质量。更好的盈余预测有助于更好地估计未入账商誉，使投资者更好地预测公司价值，从而改善投资决策。

可以说，该理论也支持会计的估值观。由于资产负债表中采用现行价值进行报告的项目越多，意味着公司价值中未入账的商誉占比越低，因而投资者在估计公司价值中这一复杂组成部分（未入账的商誉）时出错的可能性越小。

6.10 审计人员的法律责任

推动估值观发展的动力主要来自引人注目的大公司破产，尤其是金融机构的破产。许多这类破产出现在美国。20 世纪 80 年代和 90 年代早期，1 300 多家金融机构经营失败，尤其是储蓄和贷款机构，美国政府花费超过 1 250 亿美元帮助它们。[46] 这些经营失败发生在安然公司和世通公司财务丑闻（见 1.2 节）和 2007—2008 年的金融危机之前，它们对推动估值观的发展发挥了重要的作用。

20 世纪 70 年代末期，收益率曲线反转，大量储蓄和贷款机构开始陷入困境。短期利率高于长期利率，储蓄和贷款机构从长期贷款（主要是抵押贷款）中获得的利息收入弥补不了给存款方的利息支出。未能将这些贷款减记为现行价值，导致经审计的资产负债表上的净资产被夸大，进而导致盈余被夸大。

另一个高估利润的方法是**利得交易**（gains trading），俗称"摘樱桃"。当投资组合以成本为基础计价（当时通常如此）且组合中至少有一部分证券价值上升的时候，就可以采用这种做法：公司可以通过出售价值上升的证券来实现利得，同时继续持有价值下降的证券，后一类证券通常不确认损失，这些证券以持有至到期为理由按成本计价。

审计人员经常面对来自管理层甚至政治家的巨大压力，要求他们"滥用"甚至违反 GAAP 以满足法定资本要求、盈余目标和（或）分析师预测等。储蓄和贷款机构对 GAAP 的"滥用"是指当贷款资产现行价值减少的时候，以历史成本计量，并且允许进行交易。这是导致储蓄和贷款机构陷入困境的主要因素，因为它帮助公司向市场隐瞒问题，市场不知道公司的实际财务状况持续恶化。最终储蓄和贷款机构的资金链断裂，灾难性的破产发生。

但是，屈从于这种压力可能会面临严重的法律责任。例如，《华尔街日报》上的一篇文章报道了一起针对德勤会计师事务所的涉案金额达 18.5 亿美元的诉讼，其原因是德勤为已经资不抵债的储蓄和贷款机构出具了无保留意见。文章估计，处理这些诉讼至少要花费 3 亿美元。虽然这远远少于诉讼金额，但仍将成为与储蓄和贷款机构破产相关的金额第二大责任赔偿案（金额最大的赔偿是安永会计师事务所支付的 4 亿美元）。

面对这样的压力和潜在的法律责任，审计人员怎样才能保护自己呢？一种方式当然是坚守职业道德，审计人员应该意识到屈从于压力滥用 GAAP 会威胁到这个职业的长期利益。

稳健性会计可以维护职业道德，成本与市价孰低法就是一个很好的例子。这一规定是**条件稳健性**（conditional conservatism）的一个实例，也即虽然经济价值的损失尚未实现，但已经发生。条件稳健性是相对于**非条件稳健性**（unconditional conservatism）而言的，在非条件稳健性下，即便收益或损失尚未发生（可能会在未来发生），风险资产也要以低于现行价值的标准来评估。例如，对于可盈利的资本性资产即使其现行价值较高，仍按摊余成本记录；存货以成本计价，除非有可靠的证据表明收益已经实现；以及研究成本在发生时便予以注销。我们将在 6.11 节中进一步阐述这两种稳健性。

　　然而，在储蓄和贷款机构陷入困境的时期，只要公司愿意持有其至到期，GAAP 并没有要求大部分资产与负债对其现行价值的减少进行确认。例如，对于某些金融资产、资本性资产、无形资产和长期负债，根据历史成本会计的持续经营假设，以成本或摊余成本记录这些项目是合理的。但是，正如我们前面提到的，储蓄和贷款机构陷入困境后公众对财务报告主要的批评是其净资产被高估。

　　看上去，我们需要一种更为严格的条件稳健性，比如拓展成本与市价孰低思想。在储蓄和贷款机构陷入困境后一段时间内，准则制定者颁布了几条类似的准则，比如资本性资产和商誉的减值测试（impairment tests），这些测试代表了估值观得到部分应用。[47] 如果资产的预期未来净现金流量小于其账面价值，资产应该减记到它的现行价值。GAAP 要求这样减记资产的价值，也许可以帮助审计人员顶住来自管理层要求高估净资产的压力。这也会减轻审计人员的法律责任，审计人员可以指出，通过各种减值测试，财务报表已包含了各种使得价值减少的负面预期因素，这些负面预期可能会导致破产、兼并、缩减规模、环境责任等。事实上，如果这些负面预期的变动属于内部信息，通过减值测试进行的披露将告知市场此类变化的存在以及变化的程度。当然，预期价值的确定需要更多的估计和判断，但是由于法律责任的存在，在可靠性和相关性的权衡中，结果会向相关性倾斜。

　　Basu（1997）对美国公司的财务报告中条件稳健性是否存在进行了检验。他用净收益和股票收益的相关程度衡量稳健性，通过异常收益是正还是负来定义好消息（GN）公司和坏消息（BN）公司。他认为一个有效的市场会给予业绩良好的公司的股票好的定价，给予业绩较差的公司的股票差的定价。在稳健性会计下，业绩良好的公司其当期盈余中不包括这类公司常有的未实现的资产增值，业绩较差的公司其当期盈余中却包括未实现的资产减值。因此，业绩较差的公司的股票收益与盈余之间的相关性要高于业绩良好的公司。正如 Basu 所说，稳健的盈余在业绩较差时比业绩良好时得到更及时的确认。在 1963—1990 年的大量公司样本中，Basu 发现，业绩较差的公司的净收益与股价的相关性明显高于业绩良好的公司，实证结果与他的理论预期一致。

　　利用这种计量方法，Basu 继续考察了 1983—1990 年这段时间。这段时间大致上对应于上述提到的大量储蓄和贷款机构陷入困境的时期，也是针对审计人员诉讼高发的时期。

　　他发现相对于之前审计人员诉讼低发时期，这段时间的条件稳健性明显提高了。这似乎意味着，在投资者遭受损失、审计人员不断面临诉讼的情况下，准则制定机构提高了会计的条件稳健性，正如前面提到的减值测试那样。确实，提高稳健性的趋势还在发展。Ball 和 Shivaku-mar（2006）发现到 2002 年，即安然公司和世通公司破产的那一年，条件稳健性一直在提高。Lobo 和 Zhou（2006）则发现在《萨班斯-奥克斯利法案》通过后，会计的条件稳健性有所提高。似乎投资者遭受损失、审计人员承担法律责任、高估盈余的管理层受到了严厉的惩罚等因素加强了稳健性。如果想了解基于诉讼和监管对稳健性的更多解释，请参见 Watts（2003a；2003b）。

　　人们可能自然而然地问起，如果审计人员需要为投资者因高估而招致的损失受到惩罚，那么他们为什么不需要为投资者因低估而招致的损失而受到惩罚呢？投资者也会因为资产和盈余的低估而遭受损失的原因在于，如果这一低估进一步导致了股票价值的低估，那么投资者一旦卖出股票，就形成了损失。此外，即便是没有卖出，低估的股价也可能导致投资者认为自己并没有那么富有，因而推迟消费，导致投资者效用的降低。实际的情况是，由于低估而引起的诉讼较少，一个可能的解释是，在同等的估计偏离程度下，风险规避的投资者从高估中损失的效用更多，例6-3和例6-4描绘了这种损失的不对称性。

6.11 对条件和非条件稳健性的需求*

第3章讨论的决策理论可以支持前面对稳健性的解释。要了解这一点，请考虑以下例子。

例6-3** 　投资者损失不对称性 I

比尔是一个理性的投资者，他买了X公司的股票，现在市场价值为$10 000。他打算靠这$10 000度过未来的两年，两年后他将毕业并且会有一份报酬丰厚的工作，所以现在不关心两年之后的事情。他的目标是使这两年的效用最大化。为简化考虑，我们假定X公司这两年不分配股利。比尔是风险规避的投资者，每年的效用是他当年支出的平方根。

我们很容易就知道如果他两年支出相同，效用将最大化。即他现在卖掉价值$5 000的股票，在第2年年初再卖掉另外价值$5 000的股票。[48] 然而，我们假设，在第1年年初，X公司的部分资产价值下降了，损失是未实现的，公司的审计师也没有确认并记录这一减值损失。所以，这部分损失属于内部信息，比尔手上股票的市场价值仍然是$5 000。在第1年中，这些损失实现了，在年末，比尔手上股票的市场价值为$3 000。

在第1年年末计算比尔两年的效用：

$$EU^a（高估）=\sqrt{5\,000}+\sqrt{3\,000}$$
$$=70.71+54.77$$
$$=125.48$$

式中，EU^a 代表比尔的实际效用，等于第1年花费$5 000产生的效用与第2年花费$3 000产生的效用之和。[49]

如果比尔在第1年年初就知道他的总财富是$8 000，他将每年花费$4 000。他的期望效用为：

$$EU（高估）=\sqrt{4\,000}+\sqrt{4\,000}$$
$$=63.25+63.25$$
$$=126.50$$

式中，EU 代表比尔知道他最终股票价值时的效用。因为第1年年初高估了$2 000的财富，所

---

* 本节为选学内容，可跳过，不影响全书的连贯性。

** 例6-3和例6-4为选学内容，可跳过，不影响全书的连贯性。

以比尔损失了 126.50－125.48＝1.02 的效用。

现在假设 X 公司在第 0 年末的价值增加了 $2 000，会计准则不要求对受影响的资产进行公平估价。该公司没有记录这种价值增长，审计师接受了该公司的低估。因此，利得仍然是内部信息。然后在第 1 年中这一利得得以实现，第 1 年年末比尔手上的股票市场价值变为 $7 000。此时他的实际效用为：

$$EU^a（低估）＝\sqrt{5\,000}＋\sqrt{7\,000}$$
$$＝70.71＋83.67$$
$$＝154.38$$

如果比尔一开始就知道他的总财富为 $12 000，他的期望效用为：

$$EU（低估）＝\sqrt{6\,000}＋\sqrt{6\,000}$$
$$＝77.46＋77.46$$
$$＝154.92$$

比尔因为年初的财富低估损失了 154.92－154.38＝0.54 的效用。即使比尔的总消费金额比他预计的多了 $2 000，他仍然遭受了效用损失，因为他对财富的低估导致他失去了最好的安排消费的机会。[50]

这个例子的要点是当错误估计的金额相同时，高估导致的效用损失几乎是低估导致的效用损失的两倍。比尔无法准确地知道自己的财富，导致他错误安排了他的消费计划，造成效用损失。在这两种情况下，比尔都会苦恼，在高估的情况下更加苦恼。所以，审计师更可能因为高估受到起诉。[51] 要想了解一个更正式的模型来证明这种不对称性，可以参见 Scott（1975）。

预料到投资者损失的不对称性，基于规避诉讼的考量，审计师会选择稳健一点。在我们的例子中，当现行价值减少的时候，将资产账面价值减记至现行价值可以让投资者避免 1.02 的效用损失，从而减少审计师被起诉的可能性。监管者也很想看到较少的投资者损失和审计师诉讼，所以会鼓励这种稳健性，或者通过实施处罚性的法律对不及时公布坏消息的公司和管理者进行监管，或者发布新的准则，如减值测试。

这个例子中描述的是条件稳健性。当发生未实现的经济损失时，资产减记至现行价值，但当发生未实现的收益时，资产价值不上调至现行价值。效用损失的潜在不对称性是由风险规避的投资者效用函数的凹性驱动的，这就产生了投资者对稳健性的需求，这也是 6.10 节概述的与稳健性相关的诉讼和监管解释的基础。

总而言之，对于公司、会计人员和审计人员而言，对条件稳健性的支持可以维护他们的职业道德、增加投资者的决策有用性并保护自己免受法律责任的侵害。请注意，由于条件稳健性要求仅在价值下跌时对现行价值进行重新估价，因此我们可以将其视为一种不对称（即单边）的估值观的应用。

例6-4　投资者损失不对称性Ⅱ

为了更好地理解稳健性，我们保持前面的其他假设不变，但假定 X 公司在第 1 年年初资产价值没有变化，但是在未来会发生变化。我们设定在第 1 年年末资产价值会发生变化，审计师预期增加 $2 000 和减少 $2 000 的概率相等，都是 0.5。那么在第 1 年年初，审计师选择披露多少资产价值？资产价值应该按照期望价值（$10 000）披露吗？

为回答这个问题，我们先假定审计师选择最大化比尔的财务报表有用性，即帮助比尔最大化他两年的效用。[52] 比尔在第 1 年年初的期望效用为：

$$EU=\sqrt{x/2}+0.5\times\sqrt{8\,000-x/2}+0.5\times\sqrt{12\,000-x/2} \tag{6.4}$$

式中，x 是比尔计划消费的总财富；$x/2$ 是他第 1 年消费的金额。第 2 年的消费金额要么是 $8 000-x/2$，要么是 $12 000-x/2$，两者的概率都是 0.5。

现在如果 x 取值 $10 000，第 1 年年末 X 公司资产价值为 $8 000，与在例 6-3 中计算的一样，比尔将会损失 1.02 的效用。如果第 1 年年末 X 公司资产价值为 $12 000，比尔将会损失 0.54 的效用。在存在损失不对称性的情况下，比尔第 1 年的消费应该小于总财富为 $10 000 时消费的金额。实际上，在式（6.4）中，为最大化期望效用，比尔的总财富估计值应该为 $9 400，期望效用 EU 值为 140。如果比尔按总财富为 $10 000 安排消费，效用则降为 139.93。[53]

预料到这种损失不对称性，审计师在第 1 年年初会选择披露 X 公司的资产价值为 $9 400，而不是现行价值 $10 000。这提醒比尔在安排消费计划时秉持稳健性原则。[54] 审计师仍然可能会因为未预期到损失而被起诉，但是法律责任减轻了（与例 6-3 中因为未确认已经发生的损失被起诉不同）。Barron，Pratt 和 Stice（2001）的实证研究发现，在面对诉讼风险的时候，相对于低估资产，审计师更倾向于避免高估资产。这和前面的分析是一致的。例 6-4 给类似这样的发现提供了合理的支撑。

这个例子描述了非条件稳健性，秉持非条件稳健性原则的会计人员会确认风险资产的价值小于资产的现行价值，即使利得或者损失还没有实际发生。例 6-3 和例 6-4 都表明，一定程度的稳健性具有决策有用性。然而，这并不意味着越稳健越好。在上述例子中，财富估计低于最优水平必然会降低决策有用性，正如财富估计高于最优水平会降低决策有用性一样。实际上，决策有用的财务报告的最优稳健性程度取决于风险规避的财务报表使用者的决策问题和效用函数。

有人认为非条件稳健性对决策没有什么帮助，因为它和条件稳健性不同，没有传达关于未来现金流量的信息，而且它对资产价值的低估会被投资者调整回来。然而，你也许会问：既然资产价值低估能够增加消费的期望效用，投资者为什么还会对低估进行调整呢？这是因为非条件稳健性传递了风险信息。审计师对于未来资产价值的分布拥有的信息比投资者多，$9 400 的资产估计值对于需要财富估计值进行决策的投资者而言是审计师认为最具决策有用性的估计值。

实务中，很多做法都可以体现非条件稳健性。比如，盈利前景良好的资本投资以历史成本计价，存货按历史成本确认直到价值增加实现，费用摊销实质上早于经济折旧等。历史成本会计要求无形资产支出,如研究成本,在发生时确认为费用。其中一些政策可以基于计量不确定性(即低可靠性)来判断其是否合理。然而,它们也可以看作是满足投资者/审计师对非条件稳健性的需求。

概念框架(见 3.7 节)主张会计信息应该是无偏的,但非条件稳健性违背了这一主张。除此之外,条件稳健性(例如减值测试)也使得财务报表产生了偏差,因为条件稳健性的存在使得公司的盈余和净资产价值持续地偏离其实际经济价值。

在这方面,请注意,如果例 6-4 中的不确定性增加,比尔的最优财富估计将进一步下降。假设未来资产价值预计为 $6 000 或 $14 000,概率均为 0.5。比尔的最优财富估计降至约 $7 800。由于不确定性的增加,第 1 年的消费为 $3 900,产生的预期效用为 136,低于前一个例子中的 139。

如果我们将比尔的资产的预期价值($10 000)等同于其最相关的估值(公允价值),并认为在这个例子中增加的不确定性足以证明在权衡一个不太相关但更有利于决策的价值($7 800)的合理性,这个例子为概念框架在计量高度不确定性的情况下回归到"另一种类型的估计"(例如,稳健的)的意愿提供了理论支持。虽然这一结论与 CF 关于稳健性的讨论背道而驰,但 CF 在特定准则上支持有偏的会计。

当然,除了只报告资产的单一价值,审计师可以选择报告资产的各种可能的价值和对应概率。在例 6-4 中,第 1 年年末,资产为 $8 000 和 $12 000 的概率可以作为补充风险信息披露。这样比尔自己可以选择安排消费计划的财富值,而不是依赖于财务报表上的单一数字。不过,在实务中,这需要克服各种来自管理层的阻力,为了使报告可靠,还需要对所有资产和负债现行价值的取值及其概率,包括协方差进行审计。因此,即使审计师相对投资者拥有信息优势以估计各种取值及概率,报告稳健的净收益和资产负债表仍然更可靠,几乎也同样相关。[55]

值得注意的是,非条件稳健性会影响条件稳健性(资产现在的价值越低,未来需要冲销的可能性及数额越小)。如果第 1 年年初 X 公司的资产价值确认为 $9 400,$2 000 的损失在第 1 年实现,第 1 年年末的资产减记金额应该为 $1 400($2 000-$600),$600 的缓冲是因为秉持稳健性而低估了期初资产价值 $600。因此,比尔在例 6-3 中遭受的效用损失也减少了。

非条件稳健性的程度大小可以用公司的市账比衡量,因为在有效市场中,公司价值(市账比中的分子)会由于投资机会相关公开信息、商誉以及盈利性资产的确认而增加,但账面价值(市账比中的分母)的确认具有滞后性,因而未及时确认上述项目,且非条件稳健性的存在导致账面价值进一步降低。因此,短期内非条件稳健性(采用市账比计量)和条件稳健性存在负相关关系。市账比、条件稳健性用于衡量稳健性都会有偏差,因为它们都会受到诸如投资机会、过去的资产减值、市场无效和盈余管理等因素的影响。不过,Pae,Thornton 和 Welker(2005)选择 1970—2001 年美国公司的一个大样本进行研究,发现市账比和条件稳健性确实存在短期的负相关关系。[56]

Skinner(1997)发现了与例 6-3 和例 6-4 论述一致的证据。他考察了 1988—1994 年在报

告大额季度亏损之后被起诉的 221 家美国公司。他发现在季度盈余公布之前，相对于其他信息，管理者更有可能提前暗示或提醒市场不佳的季度盈余状况。这说明自愿提前披露损失可能是管理者希望在报告坏消息后减少诉讼风险的一个尝试。不过 Skinner 未发现提前披露减少诉讼风险的证据，说明投资者在获悉坏消息后，即使提前披露也无法降低他们起诉的动机。

不过 Skinner 发现，提前披露减少了诉讼赔偿的金额。这和我们的例子是一致的。因为披露得越早，投资者可以越快地调整消费计划，从而减少效用损失。

近期，Shroff，Venkataraman 和 Zhang（SVZ，2013）认为诉讼威胁是稳健报告的动机之一。他们认为当某些事项对公司产生重大不利影响时，诉讼发生的可能性加大。问题在于，相较于重大的有利经济事件而言，这些不利事项是否会更快地体现在盈余当中？如果是这样的话，投资者损失不对称性导致了条件稳健性这一观点就得到了支持。

为了确认重大经济事件何时会对公司产生影响，SVZ 采用了按季度识别的方法。对于每个季度，他们识别出其中是否包含了一个小于等于—10％的三天期异常收益，也即重大不利事件；同理，他们还识别出了大于等于 10％的三天期异常收益，并将此认定为重大有利事件。对 1982—2007 年的大样本进行研究后发现，平均而言，重大不利事件对于季度盈余的负向影响要比重大有利事件的正向影响来得更快，从而支持了他们的推断。

Bertomeu 和 Magee（BM，2015）提出了一个不同于例 6-3 和例 6-4 的稳健性动机的模型。正如我们在 1.12.4 节所论述的那样，他们指出，管理人员是一个重要的群体，准则制定机构必须考虑到他们的意见。在他们的模型中，BM 假设大多数管理人员会同意实施一项准则，我们可以认为这个假设反映了 GAAP 中"普遍接受"的条款。在决策时，BM 还假设每个管理人员的动机与那些短视和风险中立的股东的动机保持一致，即使公司下一期的股价最大化。

在向投资者出售股票之前，每个管理人员都会收到有关公司下一期现金流量的内部信息。对于一些公司来说，现金流量将会很低（例如，减值资产）。然而，大多数公司并没有处于减值状态，并且预期它们的现金流量会更高。接下来的问题是，是否应该实施一项新准则，要求管理人员在向投资者出售股票前披露预期现金流量信息？如果大多数管理人员支持新准则，它就会被实施。如果实施，每家公司都要承担与披露相关的成本，无论其管理人员是否同意披露。假设所有的管理人员披露的信息都是真实的。

在这种情况下，大多数管理人员倾向于采用条件稳健性标准[57]，即管理人员在公司存在资产减值的情况时必须如实报告相应的减值情况，并以较低的预期现金流量出售股票。没有确认资产减值的公司的管理人员不需要披露任何信息，并根据较高的预期现金流量出售股票。其基本原理是，由于只有在发生减值的情况下才必须披露减值情况，那么投资者据此推测，没有披露减值情况的公司一定没有发生减值。没有确认减值的管理人员（这些人占多数）赞成这种差异，因为相较于没有任何减值披露，这种差异性披露会导致其公司的股价更高。如果没有减值报告，投资者将把所有的这类公司集中在一起，这类似于在 4.6.1 节中讨论的"柠檬"二手车市场。在这种情况下，没有减值资产的公司情况会更糟。

BM 将他们的分析扩展到公司资产目前没有减值但未来可能会发生减值的情况。也就是说，管理人员收到的内部信息包含了未来可能的现金流量价值的范围。如果这个范围的下限低于所有公司的现金流的中位数，下限必须被披露。因此，BM 模型也预测了非条件稳健性。

综上所述，本节给出了两个预测条件稳健性和非条件稳健性投资者需求的模型。第一种是基于风险规避的投资人员的需求，对未实现资产损失和（或）未来可能发生的损失进行减值而使效用最大化。第二个模型是基于未减值公司的管理人员的需求，通过要求减值公司强制性披露其减值情况，使股东的股票价值最大化。这避免了未减值公司的股价因为投资者担忧它们隐瞒减值情况而被拉低。

6.12 有关决策有用性之估值观的结论

投资者理性和市场有效性受到了严重质疑。证券市场可能不是完全有效的，因此，有行为偏差的投资者可能需要帮助以了解会计信息对未来回报的全部影响。行为理论表明，如果在财务报表表内而不是在附注中确认现行价值信息，这将使某些类型的投资者受益。

尽管如此，我们认为，除了在流动性定价期间，有效市场理论仍然有助于指导会计人员的报告和披露决策。然而，无可否认的是，市场收敛至有效价格可能需要花费一些时间。一个更根本的问题是投资者的总体理性程度。我们认为，一旦放松理性预期和完全共识假设，许多被用来挑战投资者理性的证券价格行为也可以用理性行为来解释。

关于会计信息的价值相关性，一些研究结果显示，净收益只能解释 2%～7% 的股票价格变动，这一比例似乎太低了，这表明会计信息对投资者的决策有用性还有很大的提升空间。此外，法律责任可能迫使会计人员、审计师和管理层通过进行减值测试来增加财务报表的稳健性，而我们将此视为一种非对称的现行价值的应用。

Ohlson 的净剩余理论强调会计信息在决定公司价值时起着基础性的作用，进一步推动了估值观的发展。与估值观一致，如果账面价值包含更多的现值信息，那么需要预测的部分就会更少，从而有利于实现更有效的定价。

当然，估值观会碰到可靠性问题。因此，与概念框架一致，我们并不希望准则扩展到要求以现行价值为基础编制全套的财务报表。相反，真正的问题在于现行价值的使用程度，即在财务报表中，现行价值要在多大程度上取代历史成本？因此，在下一章中，我们将从估值观的角度对 GAAP 予以评论。会计准则早已包含大量的有关现值和市场价值计量要求，但正如我们将看到的，近年来现行价值准则呈持续上升的态势。

第 6 章习题

注释

[1] 回想一下我们在4.2.1节中用的半强式有效市场。半强式有效市场价格和基本面价值的区别见4.6.2节。

[2] 这些因素包括性别、任期、先前的基金业绩以及基金组合中的公司特定风险。

[3] 权重是每个经理持有的股票的数量。

[4] 从数学的角度看，效用函数在0点连续但是不可导。

[5] 考虑在持有一项风险投资（0实现损失），还是卖掉它实现0～1 000美元的损失之间进行选择。在图6-2中，出售的预期效用损失将位于一条连接0和−1 000的直线上。凸效用函数几乎总是在这条线以下。因此，持有的预期效用损失为0，几乎总是小于出售投资的负效用。投资者选择继续持有股票来承担风险。然而，如果出售投资将实现0～1 000美元的收益，那么投资者的效用位于图6-2的右上象限。这里，持有风险投资的预期效用收益在一条连接0和＋1 000的直线上。这低于卖出的实际效用收益，它位于凹曲线上，所以投资者选择卖出。

[6] 这支持了Fama（1970）的观点（见4.3.1节），即足够多的经验丰富的投资者会推动股价到有效市场水平。

[7] 可读性与美国证券交易委员会1998年关于改善管理披露的可读性的指导方针有关（SEC，1998）。

[8] 公告后股价漂移程度似乎取决于研究者如何衡量盈余预期。大多数研究采用季度盈余变动表示好消息或者坏消息（基于时间序列的方法），不过，Livnat和Mendenhall（2006）发现如果基于分析师预测判别好消息和坏消息的话，PAD会更显著。随后，Ayers，Li和Yeung（2011）分别基于季度盈余变动（他们将此归因于小型投资者行为）和报告盈余与分析师预测（他们将此归因于大型投资者）之差分析PAD。他们发现基于分析师预测的PAD持续时间更久，并认为其大部分原因在于盈余公告后分析师修正盈余预测存在滞后。

[9] 另一种可能性是当公司公布好消息或坏消息时β值会变化。投资者会权衡风险和收益，如果公布好消息，β值减小，公布坏消息，β值增大，那么公告后股价漂移就可以解释为对于变化的风险，投资者要求的风险补偿会发生变化，从而期望收益也会发生变化——正如在3.4节中讨论的那样，投资者会权衡风险与收益。BT发现β值的确会像上面所描述的那样变化，但是变化的幅度不足以解释公告后股价漂移现象。

[10] Modigliani和Cohn（1979）曾提出通货膨胀幻觉假说，普通股投资者在考虑公司盈余名义增长率时，似乎并不会把通货膨胀因素考虑进去。Chordia和Shivakumar（CS，2005）基于以上论述，指出公司受通货膨胀的影响不同——有些公司受益，有些公司受损。通货膨胀幻觉假说认为市场低估了受益公司的价值，高估了受损公司的价值。

[11] 只有当好消息不足以将股票价值从本金亏损转为资本收益时，处置效应才会在"好消息＋本金亏损"的情况下生效。之所以如此，是因为处置效应来自损失规避。Frazzini通过一个例子表明，他认为少量的好消息无法挽回本金亏损。

［12］行为偏差投资者的存在影响了 5.5 节中的论断，当时我们指出，准则制定机构不能简单地认为那些在有效市场中带来最大市场反应的会计政策就是对社会最有利的。在某种程度上，高质量的财务报告政策通过降低偏差提升了证券市场的反应，使得市场更好地运作，确实使社会受益。

然而，正如我们在 6.5 节中所描述的那样，股价的序列相关也可能来源于理性投资者。因此，想要回答准则制定机构在准则制定过程中在多大程度上可以利用市场反应来作为指导这一问题，还需要对有效证券市场异常现象持续存在这一问题有更全面的了解。而与此同时，本书的论断仍然成立。

［13］在 6.2.1 节回顾的 Adebambo 和 Yan（2018）的股价惯性研究中，他们将 1984—2014 年的样本分成两个相等的子周期，发现其子周期后期的惯性结果弱于前期，与 CST 的研究结果一致。

［14］降低多样化程度的另一个相关成本来自"Hirshleifer 效应"（Hirshleifer，1971）。如果一个未完全分散风险且风险规避的投资者持有一些投资，那么在这类投资相关的公开信息（例如盈余公告）披露之前，该投资者就面临着这些公开信息可能是不利信息的风险，因此相关投资的市场价值就会降低。在披露前，投资者可能期望通过进一步多样化投资的方式来规避这一风险。然而，如果这些投资组合的持有目的是为了利用异常现象来获利，那么提升多样化程度就恰恰与这一初始目的相悖。因此，继续持有就产生了另一个与风险相关的利用成本。关于 Hirshleifer 效应在资本市场环境下的证明，请参见 Ball（2013）。

［15］这个零回报期与 Richardson，Tuna 和 Wysocki（RTW，2010）的结果一致，他们通过对交易成本和预期风险的多维度衡量，发现在 2003—2008 年，利用 PAD 和应计项目异常现象的投资策略实际上获得了零回报。

［16］在 3.3.2 节中介绍理性预期时，我们关心的是新信息产生的最大效果。我们现在考虑一下信息产生最大效果的过程。当公司价值参数如信息系统的概率发生变化，投资者需要时间去消化时，这个过程可能很漫长，从而导致股价出现自相关，并且被认为是投资者非理性的证据。

［17］Ng，Rusticus 和 Verdi（NRV，2008）提出了一个相关的论点。我们在 6.4 节中介绍了他们关于交易成本对公告后股价漂移影响的研究。NRV 假设在盈余好消息公布后，下一期好消息和坏消息的出现是随机的，这与 Brav 和 Heaton 认为盈余好消息或坏消息和随后出现的好消息或坏消息具有相关性是相反的。

NRV 认为，如果随后到来的是好消息且带来的收益超过交易成本，套利投资者会买更多的股票，从而推动股价上行。如果随后到来的是坏消息，他们倾向于继续持有手中的股票，因为他们相信股价终会上升，现在卖掉会损失预期利润。所以，在盈余好消息公布后，即使随后的消息是随机的，股价也会向上漂移。同样的分析可以用于坏消息的情形。

[18] 有限理性理论可以说介于第 3 章描述的决策理论和这里描述的行为理论之间。决策者的确会根据新信息修正他们对事件概率的评估，这与决策理论是一致的，但是面对复杂的问题时，他们会基于重要性和成本的考量忽视一些情况，缩小决策树的规模。在这里，这会导致拇指法则的出现。比如，不看财务报表附注的信息，只看利润表中的项目甚至只看净收益，即使他们知道报表之外也有相关信息。然而，对于随后出现的支持或者不支持他们初始评价的信息，他们的处理是足够理性的。

[19] 关于套利限制因素如何解释了大部分短期内的股价漂移，参见 Chung 和 Hrazdil（2011）的研究。

[20] 存在高阶信念的投资决策也称**选美比赛**（beauty contests）或**凯恩斯选美比赛**（keynesian beauty contests）。这源于凯恩斯所描述的一场虚构的比赛。在这次比赛中，一家报纸刊登了 100 位女性的照片。参赛者被要求选出 6 位最漂亮的选手，并为获胜者颁发奖品。凯恩斯勋爵（Lord Keynes）有一句名言：要赢得这样的比赛，参赛者不应该简单地选出他认为最美丽的 6 个。相反，他应该选择他认为其他参赛者会选择的 6 个。实际上，最好的策略是协调自己的信念与他人的信念，从而以更高的信念行事。

注意，要使高阶信念存在，投资者必须对公司价值有不同的先验概率。显然，如果先验概率都是一样的，那么根据别人的信念进行投资就没有意义了。

[21] EKP 基于 Hirst 和 Hopkins（1998）的研究，通过实验证明了位于股东权益中的信息不太可能被投资者发现。可以说，如果报告盈余接近净收益，而不是隐藏在股东权益的变化中，则报告 OCI 的转出更为透明，特别是对于受行为偏差（如注意力有限）影响的投资者。Hirst 和 Hopkins 发现，使用"净收益"选项的分析师比使用"股东权益变动"选项的分析师能更好地诊断盈余管理。这表明，更高的透明度甚至能让经验丰富的投资者（如分析师）更好地理解财务报表。

[22] AMS 指出，这一模型同时适用于长期投资者为了管理他们的消费而在短时间内进行的买卖交易。

[23] AMS 假定公司价值的分布是连续的。因此公司报告价值和实际价值之间的等效关系应该是一个零测事件。

[24] 第一级的公开信息是共识，因为它对所有人都是公开的，所有的投资者都知道其他所有的投资者都知道这个信息。然而，一旦投资者拥有了私人信息，就没有完全的共识。

[25] AMS 假定公司基本面价值符合正态分布，不同于我们在例 3-1 中所使用的两点分布。那么，每个投资者对于公司价值的后验期望都是其先验期望和私人信息的加权平均，其中权重为先验分布和私人信息各自的精确度（例如方差的倒数）。因此，公开信息精确度越高，其在后验信念中权重越大，反之亦然。

[26] 每一代成功的投资者都知道股价的历史信息。

[27] 从会计的视角来看，关于这一模型可能的解释是，财务报表应该更不具有信息含量，因此可以减缓公开信息在投资者后验信念中的权重并提升市场价格向基本面价值收敛的速度。然而，Gao（2008）研究证明这一解释是错误的。理由是，更不精确（也即包含更多噪声）的财务报表加剧了公开信息对初始期望股价的错误定价。而这种错误定价增加所带来的影响超过了后期错误定价减少所带来的影响。

[28] 卖空异常比例是指在控制了已知与卖空相关的其他因素，如公司规模、账面市值比、股票收益率、机构持股等后所占比例。

[29] 由于存在不止一种类型的投资者，因而信息不对称的概念就被扩大化。在这一问题上，我们常常考虑的是内部人和外部投资者的信息不对称。除此之外，我们可以进一步考虑不同类型投资者之间的信息不对称，例如一种类型的投资者相较于另一种类型的投资者可能拥有更多的信息。无论哪种情况下的信息不对称，财务报告降低信息不对称的作用都存在。

[30] 2011 年 2 月，SEC 宣布正在调查一系列导致崩盘的银行活动。其中一个方面的调查是，对于贷款机构在批准抵押贷款过程中履行的程序以及资产支持证券中低质量抵押品可能造成的后果，投资者是否不知情或并不完全了解。例如，2012 年 10 月，SEC 发起了针对美洲银行的欺诈诉讼，美洲银行将 10 亿美元的抵押品出售给房利美（Fannie Mae）以及房地美（Freddie Mac）（美国政府的两个机构），并在随后发现这些抵押品是"有毒的"。这一诉讼还包括了 2012 年 2 月美洲银行和美国联邦贷款管理局之间一项 10 亿美元的协议，美洲银行在提交抵押保险时存在虚假声明。

[31] 银行有动机避免披露隐性担保，因为如果它们为投资者提供了过多的担保，ABS 的表外业务就无法被允许。如果这样的话，将 ABS 向特殊目的机构转移的过程就将被视为担保借款，这样 ABS 以及相关的借款负债就会被保留在银行的资产负债表中。

[32] Lev 使用 R^2 计量回归左侧被解释变量的变异程度可以被右侧解释变量所解释的程度。这种情况下，R^2 就表示了异常股票收益可以被未预期盈余所解释的程度，因而也就计量了盈余的信息含量。

[33] 净剩余模型可以扩展到允许存在某些信息不对称，尽管是在严格的限制条件下。参见 Feltham 和 Ohlson（1996）。

[34] 在 FO 模型中，假定公司的寿命是无限的。

[35] "o"代表"经营"。如果公司持有金融资产，如现金或有价证券，则假定这些资产按无风险利率获取回报。因此，金融资产对商誉没有贡献。

[36] 但是，投资者可能还想知道经理人为什么会选择这些会计政策。也就是说，经理人的会计政策选择本身就向市场传递了内部信息。因此，认为投资者不需要关注会计政策选择也不完全正确。第 11 章将讨论这一问题。

[37] BDPR 确实在调查中纳入了年初市账比，以控制以前的稳健减值的影响，这将减少当年综合收益中的公允价值减记。但是，BDPR 得出的结论是，当前的减记优先权的数额很小。

[38] 我们这里的 α 与 FO 的有些细微差异。他们假设公司的寿命是无限的，而我们假设 P. V. 有限公司的寿命只有 2 年。

[39] Ramakrishnan 和 Thomas（RT，1998）将与持续性参数相关的盈余事件分为三类（见 5.4.1 节）：持久的、暂时的、与价格无关的，它们的 ERC 分别是 $(1+R_f)/R_f$、1 和 0。首先，假设某一寿命无限的公司在 t 年发生了一个产生 \$1 持久的异常盈余的事件。用 FO 的术语说，就是使 bv_t 增加了 \$1。而且该盈余的 ω 部分将持续到 $t+1$ 年，ω^2 部分将持续到 $t+2$ 年，等等。因此，t 年的 \$1 异常盈余对 PA_t 的总影响按照折现率 R_f 折现（即 ERC）为：

$$ERC = 1 + \frac{\omega}{1+R_f} + \frac{\omega^2}{(1+R_f)^2} + \frac{\omega^3}{(1+R_f)^3} + \cdots = \frac{1+R_f}{1+R_f-\omega}$$

用 RT 的话来说，就是持久的异常盈余的 ERC 为 $(1+R_f)/R_f$。如果用 ω 来表示 ERC，我们得到

$$\frac{1+R_f}{1+R_f-\omega} = \frac{1+R_f}{R_f}$$

这只适用于 $\omega=1$。因此，对持久的异常盈余，有 $\omega=1$。它超出了式（6.2）中 ω 的范围。也就是说，对于无限寿命的公司，FO 模型没有考虑持久的盈余这种情形。

RT 的暂时性异常盈余的 ERC 为 1，因此有

$$\frac{1+R_f}{1+R_f-\omega} = 1$$

这使得 $\omega=0$。因此暂时性收益的 ω 为 0。

对于价格无关事件的异常盈余，ERC 为 0，则有

$$\frac{1+R_f}{1+R_f-\omega} = 0$$

这只在极端情况 $\omega \to \pm\infty$ 下才成立。既然这超出了 ω 的取值范围，FO 模型也没有考虑价格无关的异常盈余的情形。

[40] 5.70% 的风险溢价来自 market-risk-premia. com/ca，估计时间为 2017 年 4 月。

[41] 我们通过对加拿大轮胎有限公司 2017 年 4 月的日股票收益与 TSX 股票指数的日收益进行回归来估算其 β 值。

[42] 加拿大轮胎有限公司有两种普通股发行在外，分别是有投票权的和没有投票权的，没有投票权的占大多数。在例子中，我们没有进行区分。

[43] 来源于 webbroker. td. com。

[44] 这里估计的是事前或者隐含资本成本，因为它主要是基于盈余预测计算的。这和事后的基于 CAPM 模型计算的成本不同，它们主要是基于历史数据计算的。CAPM 模型

假设市场总体可以形成对未来市场收益的无偏预期，在大样本情况下，过去的市场收益可以近似代表预期收益。

[45] 同时，如果市场不完全有效，实际股价和有效市场价格就会存在差异，进而股票的错误定价将会影响隐含资本成本的估计。虽然结果实际上是对投资者要求收益的估计，但这与 CAPM 的方法不同，CAPM 的方法下资本成本是基于投资者理性、市场有效以及4.5.2 节中讨论的其他假设计算得出的。

[46] 想了解 20 世纪 80 年代储蓄和贷款机构陷入困境的更多情况，请参见 Zeff（2003，pp. 272-273）及其参考文献。

[47] 有些会计人员不认同这种说法，他们认为减值测试其实是历史成本的修正版，减值后的价值形成了新的"成本"。

[48] 为证实这一点，我们可以进行如下计算，比尔每年消费同样金额，其效用为：

$$\sqrt{5\,000}+\sqrt{5\,000}=70.71+70.71=141.42$$

任何其他的消费安排都只能得到更低的效用。例如，他第 1 年消费 \$4 500，第 2 年消费 \$5 500，其效用为：

$$\sqrt{4\,500}+\sqrt{5\,500}=67.08+74.16=141.24$$

为简化考虑，我们假设比尔没有时间偏好，即在第 1 年消费 \$1 和在第 2 年消费 \$1 得到的效用是一样的。我们同样假设比尔第 2 年的效用函数和第 1 年的消费水平无关。

[49] 严格来说，比尔第 2 年的效用应该折现，因为第 2 年消费的 \$1 其价值小于第 1 年消费的 \$1。然而这会使得问题复杂化。

[50] 前面提到的 Basu（1997）假设在未实现利得与损失发生时，市场会从其他渠道而不是财务报表中获悉。我们在例子中假设审计师错误陈述是内部信息，在披露之前市场并不知道。Basu 的假设一定程度上是正确的，我们的例子的说服力要降低一点。不过 Basu 的假设极大依赖于未实现利得与损失信息能够通过其他渠道获得，还依赖于市场对这一信息的有效解读。考虑到内部信息的存在和市场非完全有效，我们的例子仍然有一定的合理性。认为市场能够获得并理解所有的内部信息，就是认为财务报表没有任何信息含量，审计师没有任何价值。

[51] 如果比尔有多样化的投资组合，其中一家公司价值的高估就可能被另一家公司价值的低估抵消，从而比尔总体上可以正确估计第 1 年年末的财富，而不会遭受效用损失。不过，审计师却无法逃脱罪责，比尔或者法院不可能因为组合中另一家公司的审计师犯了相反的错误而原谅这家公司审计师所犯的错误——我们的确看到审计师对价值估计错误承担了责任。

[52] 如果审计服务市场是竞争性的，竞争压力就会迫使审计师这样做。如果是非竞争性的，职业道德（见 1.5 节）可能会产生类似的结果。另外，与我们这里采纳的观点一致，可以认为法律系统能协调审计师和投资者的利益。

[53] 要找到让比尔效用最大化的 x，求式（6.4）关于 x 的一阶导数并令其等于 0。化简后得到

$$\frac{\partial EU}{\partial x}=x^{-1/2}-\frac{1}{2}\times[(16\,000-x)^{-1/2}+(24\,000-x)^{-1/2}]=0$$

很容易证实当 $x=9\,400$ 时满足上面的等式，把 $x=9\,400$ 代入式（6.4）得到 $EU=140$。如果比尔用财富的期望值安排消费，把 $x=10\,000$ 代入式（6.4）则得到 $EU=139.93$。

[54] 审计师可以报告资产现行价值并在报表附注中披露稳健性价值，而不是报告稳健性价值。不过，审计师可能觉得鉴于投资者的行为因素或者有限理性，披露替代不了报表中的确认。

[55] 我们说"几乎也同样相关"，是因为要报告最大化比尔期望效用的资产价值，审计师需要知道比尔的效用函数。

[56] 既然市账比和 Basu 的衡量方式都可以计量稳健性，它们之间的负相关关系就给 Basu 的衡量方式带来了大量的批评。大家觉得既然是同一对象的两种计量，它们应该正相关而不是负相关。然而，Basu 的方式是计量条件稳健性，市账比计量的主要是非条件稳健性。既然两种稳健性不一样，批评是否合理就不得而知了。事实上，Roychowdhury 和 Watts（2007）发现，长期来看这两种计量是正相关的，因为随着期间的拉长，延迟确认的效果会减少甚至消失。

[57] 一个条件是信息披露成本不能太低。在模型中，随着披露成本的降低，低现金流量公司必须披露任何减值损失的阈值也随之提高。如果成本继续下降，越来越多的公司将披露相关信息，直到不披露的公司失去多数股权。

第 **7** 章

估值观的应用

本章语音导读

7.1 概　述

在第 6 章我们讨论了估值观所面临的压力，会计实务在这方面的发展遇到了一些巨大的障碍。首先，是可靠性问题。如果为了更高的相关性而牺牲太多的可靠性，现行价值基础的财务报表的决策有用性就要大打折扣了。

其次，管理者对储备确认会计（RRA）的怀疑通常会延伸到现行价值会计，因为估值观将现行价值及其所产生的盈利波动性纳入财务报表表内。2007—2008 年的流动性定价严重破坏了许多金融机构的稳定性，导致这种怀疑情绪加剧。然而，公司确实是在动荡的环境中经营的，如果现行价值会计的波动性反映了经济实质，那么，财务报表就应该反映公司面临的真实风险。然而，在本章及后面的章节中，我们可以看到为什么管理者不喜欢过度波动的财务报表。

最后，在有些情形下，管理者、投资者和审计师更喜欢稳健性会计，而不是现行价值会计。在 6.10 节和 6.11 节中，我们论述过稳健性会计可以帮助投资者决策以及减轻审计师的责任；在第 8 章，我们将讨论稳健性在公司治理中的作用。

虽然这些障碍表明，扩大现行价值会计的想法受到了反对，但近年来还是出现了一些现行价值导向的新准则，还有很多正在酝酿中。本章进一步讨论 1.2 节中介绍的两种现行价值，回顾与评价包括无形资产在内的一些重要的现行价值准则，以及如何将估值观延伸到风险报告中。

图 7-1 展示了本章的结构。

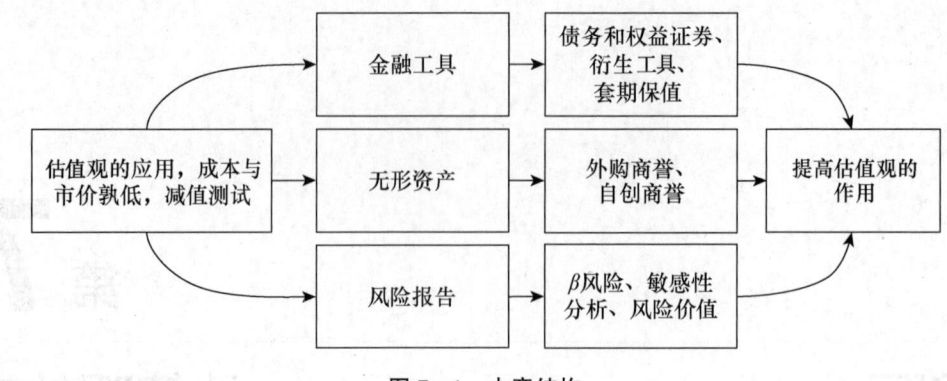

图 7-1　本章结构

7.2　现行价值会计

7.2.1　两种现行价值会计

使用价值（value in use）　使用资产或持有负债导致收到或支付的现金的折现值，就是使用价值。[1] 例 2-1 和例 2-2 中使用的**现值会计**（present value accounting）就是以使用价值为基础的。

现在回顾一下我们对信息相关性的定义——指向投资者传递的关于公司未来经济前景的信息。你也许会得出结论，使用价值具有最大的相关性，因为它考虑的是公司预期现金流量。不过，它是有限定条件的。使用价值的确定取决于资产或负债的使用方式，管理者经常基于战略的考虑改变资产或负债的使用方式。例如，一项受损的资产发生减值，管理者的做法不是按使用价值确认而是直接卖掉。资产出售的损失被认为是低持续性的，因此其带来的负面影响小于减值处理。又比如，某些金融资产价值下降，管理者可能宣称他们将该资产视为长期投资，从而避免确认减值。因此，基于使用价值的估值观会受到管理者意图的影响。

因为未来现金流量只能通过估计得出，其中可能包含了估计误差以及管理层偏误，因此使用价值的可靠性问题也存疑。

公允价值（fair value）　对公允价值会计做出规定的准则是 2013 年生效的 IFRS 13。该准则实质上和美国的会计准则（生效于 2007 年的 SFAS 157，现在是 ASC 820-10）是一样的。我们下面将讨论 IFRS 13，这里的讨论也适用于美国的公允价值准则。

根据 IFRS 13，公允价值的定义如下：

> 公允价值是指在计量日，市场参与者之间在有序交易中卖出资产或转移负债所收到或支付的价格。

这种估值基础又称为**脱手价格**（exit price）。脱手价格度量了公司继续持有资产或负债的**机会成本**（opportunity cost），即把资产或负债用于其他方面的最大收益，在这里指转让资产或赎回负债的价格。

理想情况下，公允价值等于在运行良好的市场中买卖资产或者清偿债务的价格。

然而，现实中市场是不完全的，对很多资产和负债来说，运行良好的市场是不存在的。考虑到这个问题，IASB 及 FASB 都建立了一个**公允价值层次结构**（fair value hierarchy），公允价值的确定可以分为三个层次：

● **第一层次**：资产和负债存在一个合理有效的市场价格。

● **第二层次**：资产和负债虽然不存在合理有效的市场价格，但是可以从相似资产或负债的市场价格中推算出来。

● **第三层次**：资产和负债既不存在合理有效的市场价格，也不能从相似资产或负债的市场价格中推算出来，那么就应使用最佳可用信息对持有资产或负债的市场参与方愿意转移资产或者负债的价格进行估计。

请注意第三层次中的市场参与方的概念。估计第三层次的公允价值，要求公司设想一个可能的买方，并估计买方愿意支付的价格。该金额可能是资产的预期未来现金流量，并根据风险进行调整，以满足买方对该项目的最佳使用。需要注意，资产对潜在的买方的价值和对拥有资产的公司的价值是不同的。不过，公司持有资产产生的未来现金流量可以作为估计公允价值的参考。其他情况下，第三层次的公允价值可能基于重置成本，因为潜在的买方不会支付更高的价格。

IFRS 13 要求扩大关于公允价值决定过程的补充披露。然而，虽然要求补充披露，但第三层次和部分第二层次的公允价值进一步衍生出了关于可靠性的问题，因为在这两个层次中包含了大量的估计过程以及管理层的主观判断。

然而，Song，Thomas 和 Yi（2010）基于 2008 年美国银行样本检验了这三个层次的公允价值相关性。他们的研究发现银行股价与报告的三个层次的公允价值都正相关，且第一层次和第二层次资产或负债公允价值的价值相关性要强于第三层次。此外，他们还发现随着样本公司治理水平的提升，上述关系得以进一步加强。总之，这些证据表明金融工具的价值相关性要超过对于可靠性的担忧，即便是在第三层次中也是如此。进一步考虑到这些证据是在 2007—2008 年股市崩盘之后得出的，正如 1.3 节所述，正是这一时期引发了人们对公允价值会计的担忧，那么这些证据的得出恰好缓解了这些担忧，支持了公允价值会计的决策有用性。

7.2.2　现行价值会计与利润表

我们也可以从收入确认的视角来理解现行价值会计。在收入实现前，使用价值会计已经确认收入，因为预期未来现金流量被纳入资产价值中。公允价值会计则在公允价值变动时确认利得与损失。事实上，根据准则制定机构的观点，公允价值会计旨在尝试提升利润表的前瞻性，它减少了确认滞后并提高了投资者的决策有用性。

因此，公允价值会计改变了利润表的性质。在历史成本会计下，净收益是收入费用匹配的结果，收入要在实现时确认。Dichev 和 Tang（2008）等研究支持历史成本，理由是历史成本的匹配过程降低了盈余波动性，提升了投资者对未来盈余的预测能力。如果是这样，那么利润表的重要性可能就超过了资产负债表。这一论断使人回想起在 1.2 节中提到的 1940 年 Paton 和

Littleton 的著作，在一定程度上，历史总是惊人的相似，历史成本计量的净收益代表了公司和管理层当期实现盈余的能力，同时也为预计未来盈余提供了一个基准。

虽然历史总是惊人的相似，但历史不会简单地重复。公司的运营环境无时无刻不在发生着变化，因此公允价值的支持者们就认为资产及负债的现行价值才真正提供了关于公司未来前景的有用信息。这一论断基于 Samuelson（1965）的研究，他认为当市场运行良好时（比如，第一层次和部分第二层次），市场价格应该是随机波动的。如果是这样，那么当前价格就是估计未来价格的最好依据，因为任何可能影响未来市场价格的事件的预期影响已经包含在当前市场价格中。由于资产和负债价值是不稳定的，因此利润表本来就是波动的。这种波动恰恰体现了公司经营环境的波动，现行价值的支持者们认为不应该人为地对这种波动加以平滑。

综上，正如我们在 3.7.1 节中对概念框架的讨论一样，在公允价值会计下，资产负债表被认为是更重要的，净收益被认为只是特定期间内资产负债表公允价值变动的一个解释。这种形式的净收益是否有助于投资者评估未来现金流量的前景，一直是一个争论激烈的话题。在萨缪尔森的"随机游走"理论下，当期的变化不能提供有关未来变化的信息，即预期的未来变化为零。

公允价值会计也许还提升了净收益对于管理层受托责任的报告能力。我们可以认为管理人员负责收回公司所占用的净资产的机会成本。假设具有合理的可靠性，我们就可以通过能否产生高于资本成本（净资产的机会成本）的回报能力来衡量管理人员的业绩。否则，公司就应该选择变卖净资产，而不是将净资产交由管理人员运营。在理想环境下，利润表被认为具有双重决策有用性——向投资者报告决策有用信息和报告管理人员受托责任履行情况。对于那些需要决定如何补偿或是否保留管理人员的人来说，公允价值会计的受托责任报告功能进一步提高了决策有用性。

7.2.3 小结

相较于历史成本会计，两种现行价值会计都提供了增量相关性；然而，它们都面临着可靠性的问题。使用价值可靠性问题来源于两个方面，第一是未来现金流量需要进行估计，第二是管理层可能变更资产或负债的预期用途，从而导致未来现金流量变动。

当估值基于有效的市场价值时（第一层次估值），公允价值是合理可靠的。然而，由于市场并不完备，这样的有效价值可能并不存在于第三层次估值中，这就导致了公允价值的可靠性问题。

有些会计人员非常关注可靠性，他们建议保留历史成本会计，认为它更好地权衡了相关性与可靠性。然而，一些实证证据，如上述引用的 Song 等（2010），支持所有层次公允价值具有价值相关性。

在以下对以现行价值为基础的会计准则的回顾中，我们将看到，虽然一些资产仍然使用历史成本，但许多会计准则中都规定采用使用价值与公允价值。

7. 3　长期存在的估值观实例

现在的财务报表建立在混合计量模式基础之上，既包含历史成本计量，也包含许多现行价值计量。在讨论近期估值导向的准则之前，我们首先回顾一下已经长期存在的运用现行价值计量的例子。

7. 3. 1　应收和应付项目

对于大多数公司，应收账款（扣除坏账准备之后的净值）和应付账款都是按预计收到或者支付的现金来计价的。由于离现金收支的时间很短，折现因素可以忽略，所以它近似地等价于现值。

7. 3. 2　由合同确定的现金流量

由合同确定的现金流量的例子大量存在。例如，长期借款按未来利息和本金的现值计价，折现率为**实际利率**（effective interest rate），即债务发生时的内含利率。只要公司的借款利率不变，账面价值就一直等于使用价值。当然，如果利率改变了，相等关系也就不存在了。

长期贷款等资产的计价通常采用**摊余成本会计**（amortized cost accounting），在摊余成本会计下，合同约定的未来现金流量按照合同内含实际利率折现，即使相关的利率和（或）公司的风险评级发生改变，折现率仍然保持不变。因此，摊余成本会计是使用价值的一种形式，每个期间的利息收入是实际利率乘以期初账面价值，这是贴现的增值。

对负债也采用类似的会计处理，即实际利率法，其中一个例子是根据 IFRS 16 或先前的准则 IAS 17 对租赁合同的负债部分进行的会计处理。[2] 在这种会计方法中，承租人以未来租赁付款的现值为初始价值，采用租赁内含利率或在租赁内含利率不可获得时采用承租人的边际借款利率。租赁期间的财务费用则按照期初租赁负债的现值乘以利率计算。

7. 3. 3　成本与市价孰低法

传统上用于存货核算的成本与市价孰低法是部分应用估值观的经典例子。按照 IAS 2 的要求，如果存货的可变现净值低于成本，存货应该减记到可变现净值。如果可变现净值随后增加了，存货价值可以转回，但是不能高于减值前的成本。ASC 330 也包括成本与市价孰低法，不过不允许随后的价值转回。

成本与市价孰低法可以认为是稳健性的表现。不过，很难说它与权益投资者的决策有用性是一致的，因为你可能会想，既然现行价值信息是有用的，那么假定可靠性相同的情况下，高于成本的现行价值信息和低于成本的现行价值信息应该同样有用。然而，正如我们在 6.10 节和 6.11 节所讨论的，稳健性减少了高估的可能性，对于同样数额的高估和低估，审计人员和管理人员会认为高估带来的法律责任大于低估。总而言之，成本与市价孰低法仅仅是部分应用了估值观。

7.3.4 不动产、厂房和设备的重估选择权

在美国会计准则中，不动产、厂房和设备核算采用的都是历史成本会计。但是，在 IAS 16 中允许**重估选择权**（revaluation option）。作为对历史成本的替代，诸如不动产、厂房和设备等非金融资产在公允价值可靠的情况下可以按公允价值计量。一旦资产价值重估，公允价值必须保持更新，以保证资产负债表日是按公允价值确认的。价值重估可能增加也可能减少账面价值。

7.3.5 不动产、厂房和设备的减值测试

准则制定机构要求对大多数非金融资产进行减值测试，如不动产、厂房和设备。减值测试有助于保护经理和审计人员免受法律责任。如 6.10 节所述，通过强制减记（不然会高估）资产价值，减值测试有利于满足 Basu（1997）所提出的条件稳健性。和成本与市价孰低法一样，本章中我们认为减值测试也是估值观的部分应用，因为确定减值会遇到与确定现行价值时同样的问题。

IAS 36 要求，诸如不动产、厂房和设备等资产的减值损失要在利润表中加以确认。[3] 减值损失是指账面价值大于**可收回金额**（recoverable amount）的部分，可收回金额则取使用价值和扣除处置成本后的公允价值中的较大者。如果可收回金额随后增加了，那么除商誉以外的资产减值损失可以转回，但是转回后的资产价值不能高于减值前的账面价值。

FASB 对减值测试的规定有些不同。ASC 360 - 10 - 35 规定了一种不同的估值方法来确定资产是否减值，如果发生了减值则将其减记。公司通过衡量账面价值是否超过未贴现的预期未来现金流量来确定资产是否减值。如果资产确实发生减值，就应该减记至公允价值。[4] 实务中的理论 7 - 1 描述了一个以未贴现现金流量作为标准的案例。

💡 实务中的理论 7 - 1

Hilton 和 O'Brien（2009）报告了一个不寻常的资产减值案例。在该案例中，该资产由公司持有并使用，同时它具有单独的市场价值。

1996 年，加拿大镍矿公司（Inco，Ltd.）购买了位于拉布拉多的 Voisey's Bay（VB）镍矿的开采权，收购付款的一部分涉及一只跟踪股票（在多伦多和纽约证券交易所交易），与 VB 镍矿的价值直接挂钩，这为该镍矿提供了一个独立于 Inco 其他部分的市场估值。

收购 VB 镍矿后不久，镍价大幅下跌，Inco 的普通股和 VB 镍矿的股价也相应下跌。尽管有该项和其他方面的减值迹象，多年以来，Inco 的管理层仍选择不对该项资产（VB 镍矿采矿权）进行任何减值处理。Inco 在 2000 年 12 月以其初始价值的 25% 回购了这只跟踪股票，进一步确认了减值的发生，但该项资产（采矿权）在其财务报表中仍未计提减值。最后在 2002 年，Inco 确认了该项资产减值并进行了 15 亿美元的摊销，占该镍矿减值前账面价值的 44%。

当时，美国和加拿大的公认会计原则都使用未贴现现金流量作为减值标准。Hilton 和 O'Brien 估计了 VB 镍矿资产在 1996—2002 年不同时期的未贴现的净未来现金流量。图 7-2 描述了未贴现现金流量的估计值、矿山的账面价值和基于 VB 镍矿股票的市场价值。值得注意的是，只要跟踪股票是流通在外的，就表明该资产的公允价值低于 Inco 的账面价值。更宽松的未贴现现金流量标准也表明该资产在 1998—2002 年的大部分时间存在减值。由于该镍矿的主要产品镍的大宗商品价格发生剧烈变化，未贴现现金流量估计值不稳定。然而，除 2000 年底的一段短暂时期外，未贴现现金流量低于账面价值，表明该资产在公认会计原则下存在减值。

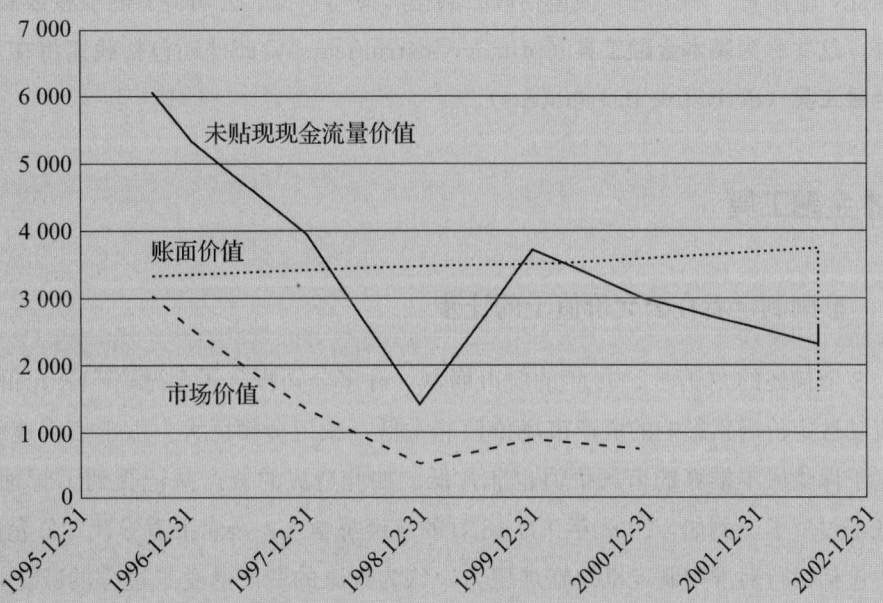

图 7-2 1996—2002 年 Voisey's Bay 的账面价值、市场价值和未贴现现金流量价值（百万美元）

Hilton 和 O'Brien 探讨了使该镍矿公司管理层推迟资产减值的各种潜在原因（比如，出于违反债务契约或失去奖金薪酬的担忧）。最终，他们得出的结论是，由于管理层不愿承认自己支付了过高的收购款，再加上审计师和监管机构的疏忽，该减值数年来一直没有被确认。作者指出，跟踪股票给出了该资产在 4 年内的相对可靠的公允价值，对于持有并使用的资产来说，这是非常不寻常的情况。然而，这种可靠的公允价值似乎并没有约束管理层的财务报告。

IASB 和 FASB 的准则都规定，减值损失计入当前盈余。与 IAS 36 不同的是，FASB 准则不允许这些减值的转回。因此，IAS 36 更贴近完全的估值观。

虽然减值测试应用时具有不对称的性质，但它仍然是估值观在主要资产计量上的重要拓展。

7.3.6 小结

上面只是列出了 GAAP 中以现行价值为基础进行计价的部分例子。我们的目的是让读者意识到，在混合计量模型中已经内含了很多现行价值计量。

我们将继续讨论一些最近出台的以现行价值为导向的会计准则。

7.4 金融工具定义

IAS 32 将**金融工具**（financial instrument）定义如下：

> 金融工具是指形成一个主体的金融资产的同时形成另一个主体的金融负债或者权益工具的合同。（IAS 32，第 11 段）

金融资产和金融负债的范围非常广泛。本质上，它们包括任何以现金或其他金融工具结算的合同。因此，金融资产和金融负债包括应收票据和应付票据、公司持有的债权或者权益证券、应付债券等。这些称为**基本金融工具**（primary instruments），此外还包括我们将在 7.9 节中讨论的**衍生金融工具**（derivative instruments）。

7.5 基本金融工具

7.5.1 准则制定者在公允价值上的让步

伴随 1.3 节描述的 2007—2008 年的股市崩盘，许多公司报告了金融资产公允价值的下降。由于受到流动性定价因素影响的资产市场价值非常低，减记金额巨大。由于信用违约互换的利差扩大，基于保险成本推算的市场价值也非常低。如此造成的资产减记受到了管理层的批评，他们认为减记过度了。例如，2008 年 9 月 18 日的《经济学人》杂志报道了针对公允价值会计的广泛批评，包括银行对准则制定机构施加压力，认为健康的资产遭受了过分的减记，应该暂停针对此类资产的公允价值核算。

准则制定者推行公允价值会计是基于市场运行良好的假设，但是，市场显然运行得并不好。面对这种情况，它们于 2008 年做出了两项调整：

● IASB 和 FASB 都发布了类似的有关在不活跃市场中（即运行状况不好的时候）如何确定公允价值的指南。当市场价格不存在，也不能从类似项目的市场价格中可靠地推算时，公司可以基于自己的假设对资产或者负债的未来现金流量进行估计，并运用风险调整折现率确定其公允价值。注意，此处和前述 IFRS 13 所讲的第三层次公允价值确定存在细微的差别，第三层次公允价值是基于潜在的购买方的评估来确定的，这里公司可以基于自己关于未来现金流量的假设来确定公允价值。当然，这一放松降低了可靠性，管理层有可能出于某种目的而做出有偏估计。不过，准则制定者要求大量补充披露关于公允价值如何确定的信息，然而要求在高风险时期使用风险调整折现率会降低估计的现值。

● FASB 适度地降低了对特定的债务和权益证券需要减记至公允价值并将损失包括在净收益中的要求。如果认为这种减值是暂时的，并且公司很可能持有这一资产直至这种暂时性减值消失，那么就不需要做减记处理。

● IASB 允许对某些金融资产重分类，其意图是与 FASB 保持高度一致。FASB 允许在极个别情况下（如股市崩盘）放松对于公允价值的要求。例如，对于贷款和应收款项，即便其公允价值低于成本，但只要预期现金流量大于成本，它们就可以按成本计价。

⚡ 实务中的理论 7 - 2

德意志银行（Deutsche Bank）很快就应用了上述修正条款。在截至 2008 年 9 月 30 日的第三季度季报中，德意志银行将贷款和应收款项从公允价值计价重分类为成本计价。2008 年 9 月 30 日，这些资产以成本为计价基础的账面价值为 249.01 亿欧元，根据德意志银行的披露，这些资产的公允价值为 233.86 亿欧元，预计未来现金流量为 260 亿欧元。未来现金流量高于成本，所以不需要确认减值。避免确认 15.15 亿欧元的公允价值损失让德意志银行报告了 4.14 亿欧元的净收益。公布这条消息后，德意志银行在法兰克福交易所上市的股票价格上涨了近 18%。

7.5.2　公允价值会计的长期改变

上述变化只是在管理层和监管者政治压力驱使下的权宜之计。随后，IASB 启动了一个新的项目，以期替代其之前的金融资产与负债准则 IAS 39。

于 2018 年开始生效的 IFRS 9 就是这个项目的成果之一。在这一准则下，金融资产和负债被要求在取得时按照公允价值计量。大部分负债按照摊余成本进行后续计量，除还本付息的金融资产外，其他金融资产按照公允价值进行后续计量。如果公司的**商业模式**（business model）的目标是通过持有资产来收取利息及本金，那么这一资产以摊余成本计价。[5] 此外，如果资产发生了减值，那么必须减记至最新的期望现值，同时将损失计入净收益中。这一减值后续可以转回，如果其使用价值上升的话。

如在 7.2.1 节中所提到的，现值会计可能面临着管理层战略性地改变资产预期用途的问题，这将会对现值产生影响。在 IFRS 9 之下，商业模式的变化被认为是极为罕见的，这使得管理层试图将现值转变为摊余成本变得更为困难。实际上，IFRS 9 保留了基于管理意图的估值，但同时限制了管理层改变其管理意图的能力。

公允价值的变动往往被纳入净收益。然而，对于权益投资类的金融资产而言，公司在取得时就可以选择将这类金融资产的未实现公允价值利得和损失纳入其他综合收益，除非持有这类资产的目的是再次出售。截至 2018 年，美国 GAAP（ASC 825 - 10）关于股权投资的规定与 IFRS 9 基本相似，除了其在资产取得时不允许自由选择。

IFRS 13 还要求扩大补充披露。例如，公司所采纳的用以决定公允价值的特定方法及输入数据需要披露，尤其是第三层次公允价值。由此，外部利益相关者才可以获知报告的公允价值是如何得来的。同时，对于负债项目，任何信用增级都需要披露（例如，1.3 节中关于 ABS 信用增级的讨论）。其他的披露要求来自 IFRS 7，包括各种类别的金融资产和负债的账面价值和公允价值（如果二者不同）、金融资产和负债的类别及其所属的公允价值层次。在决定公允价值过程中所运用到的假定也需要披露。

公司可能有动机来转变金融资产的分类。例如，如果一项采用摊余成本计价的金融资产发生了增值，那么将其转变为公允价值计量就可以使利得得以记录。然而，IFRS 9 规定只有在商业模式发生变化的情况下才可以转变，从而增加了这种转变的难度。诚如上述，商业模式的变化并不常见，从而降低了管理层基于策略动因改变计量基础的可能性。

FASB 对债务证券（如公司或市政债券）的估值规定有所不同。ASC 320 - 10 - 25 将债券划分为三类：[6]

● 交易性金融资产。这类证券的持有目的是再次销售，应按照公允价值计价，未实现利得和损失纳入净收益当中。

● 持有至到期投资。这类证券的获取目的是持有至到期，应按照摊余成本计价。如果公允价值低于摊余成本，则应将其减记至公允价值。不同于 IFRS 9，这一减记在公允价值提升时不得转回。个别的例外情况是，如果在到期之前就将其出售，那么剩余的同类证券都将被重分类为可供出售金融资产。

● 可供出售金融资产。这类证券包括所有未归入其他两类的债务证券，以公允价值估值，未实现利得和损失纳入其他综合收益。

需要注意的是，将一项金融资产划分为持有至到期投资必须满足其名字要求的那样——持有至到期为止。这与 IFRS 9 形成对照，IFRS 9 仅要求其以获取本金及利息为目的的持有。由于适用摊余成本会计的要求相对更低，因此我们预期 FASB 准则比 IFRS 更多地使用公允价值。

另外需要注意的是，两种准则都允许将特定的未实现公允价值利得和损失纳入其他综合收益，由于公允价值具有不稳定性，那么这一规定的效果就是降低了净收益的波动性。正如我们将在第 9 章和第 10 章谈到的，这其实是对那些厌恶收益波动的管理层的让步。

当然，还可以通过其他方式来降低净收益的波动性，我们接下来进一步讨论。

7.5.3 公允价值选择权

IFRS 9 包含了一项**公允价值选择权**（fair value option）。在取得时，如果采用公允价值计量可以降低**错配**（mismatch），公司可以不可撤回的方式将本应采用摊余成本计量的金融资产或负债指定为采用公允价值计量。其中，错配是指盈余波动性超过了公司实际面临的波动性。公允价值选择权下指定的资产和负债的公允价值变动应纳入净收益。

这种错配产生的原因在于，某些资产或者负债是以公允价值计量的，但是相关的负债或资产却不是。例如，假设公司发行债券所融得的资金用来购买生息贷款资产组合，债券形成的负债是以摊余成本计量的。然而，假定公司频繁地买卖组合中的贷款，也即其商业模式并不要求持有贷款的目的是单纯地收取本金和利息，这些贷款将以公允价值计量。随着市场利率的变动，应付债券的公允价值会增加或减少，相应的应收贷款的公允价值会减少或增加。因此，在实际情况下，债券为应收贷款的利率变动提供了一个**自然套期**（natural hedge）。然而，在会计上，如果贷款资产的公允价值变动被包括在净收益中，债券负债却并未记录公允价值利得或损失，就会导致公司净收益波动超过公司所面临的实际波动，这就是我们所指的错配。

为了降低错配的可能，公司可以对长期负债行使公允价值选择权，这就会使得自然套期的"两端"都是以公允价值计量的，利得和损失都会被纳入净收益。在 IFRS 9 的规定下，行使公允价值选择权需要满足一些限定条件，例如上述降低错配便是限定条件之一。

在美国，ASC 825 - 10 - 15 也规定了一个相似的公允价值选择权，但它并未规定行使这种权利需要满足降低错配的条件。因此，当市场利率变动时，即便是在缺少自然套期的情况下，公司也可以行使公允价值选择权来记录负债，那么其公允价值变动的利得和损失都会纳入净收益。实务中的理论 7 - 3 举例说明了这种可能。

⚡ 实务中的理论 7 - 3

在 FASB 准则下，负债的公允价值下降使得净收益上升，反之亦然。美国大型金融机构摩根士丹利公司在 2008 年年初报告了价值 1 906.24 亿美元的长期负债。公司当年行使了公允价值选择权，将长期负债以公允价值计量，这为 2008 年净收益贡献了 101.76 亿美元，使得公司的税前利润总额达到了 22.87 亿美元。

然而，2009 年，公司负债的公允价值开始上升，长期负债的重估导致确认 15 亿美元的损失，从而使其第一季度的税前净亏损额达 6.34 亿美元。

即便是市场利率并未发生变动，公司负债的公允价值也可能由于其自身信用风险的变化而变动。如果这种变动最终纳入了净收益，那么看起来就有点奇怪。例如，一家公司信用评级降低，其债务的公允价值也会降低，因为可能债务到期时公司没有能力清偿。公司可以行使公允价值选择权，将债务以公允价值计量，公司可能会从中获得收益。那么结果就是，公司的信用评级降低，公司的收益却增加。

对这个收益，我们需要注意两点。第一，债务公允价值的减少造成了财富在两方之间转移——股东因为债务的经济价值减少而获益，债权人因为公司风险增加而受损。根据概念框架（见3.7.1 节）采用的财务报告的**主体观**（entity view），利润表报告的业绩是针对所有资本提供者的。[7] 所以，如果股东获益伴随着债权人的权益受损而影响了利润表的列报，在主体观看来这是很有问题的。

第二，公司信用风险的增加往往伴随着其资产公允价值的下降。然而，诸如 R&D 的价值或者自创商誉等大量资产并未被记录，而诸如不动产、厂房和设备等资产则以在成本的基础上减去摊销额的方式加以记录。如果这些资产公允价值下降的减记未被记录，那么也就没有损失来冲抵债务公允价值的降低，这样类似于错配的问题就因此而产生了。所以，又回到了先前的问题，即归属于股东的利得是否应该被记录？

Barth，Hodder 和 Stubben（2008）研究了公司自身信用风险的改变对股价的影响。一般来说，我们会预期信用评级下降，股价也会下降，反之亦然。他们选取了美国公司 1986—2003 年的大样本，他们所报告的研究结果正如我们所预期的那样，这些公司的股价在信用降级后下跌，在升级后上涨。然而，对于有到期未偿债务的公司来说，股价下跌没有那么严重。这个结果与投资者对信息的反应以及上述财富转移的论点一致。作者还发现，如果公司所有的资产（包括无形资产）都以公允价值计量，那么大多数公司在信用评级下降后将报告净损失，即信用评级下降给股东带来的净利得为负。也就是说，信用评级的主效应是资产价值的下降，从股东的角度来看，这种效应可以通过转嫁给债务人而得以部分抵消。如前所述，实务中并非所有资产都是以公允价值计量的，那么从这一研究来看，如果表现不佳的公司将自身信用损失的影响纳入净收益，那么大多数公司将在其净收益中报告一项利得，即便其在经济实质上表现为损失。

关于将公司自身信用风险导致的利得和损失纳入净收益，IFRS 准则似乎与我们一样持保留意见。在 IFRS 9 的规定下，金融负债以摊余成本计量，当信用评级降低时，并不记录利得。然而，IFRS 9 赋予了针对金融负债的公允价值选择权，正常而言公允价值的变动应纳入净收益，但 IFRS 9 要求由信用风险引起的变动必须纳入其他综合收益。[8]

7.5.4 贷款损失准备 *

2007—2008 年金融危机之后的第二个变化是修改了**贷款损失准备**（loan loss provisioning）的规则，即确认以摊余成本计量的金融资产的减值，比如应收贷款。IFRS 9 改变了贷款损失准备的计提方法，从已发生损失法（incurred loss method）改为预期损失法（expected loss method）。实际上，IFRS 9 比 IAS 39 "更早" 地确认贷款损失。在以前的减值准则下，贷款损失直到资产已经出现损失时才被记录。预期损失模型是对 2007—2008 年股市崩盘时期计提巨额减值的批评的回应。在那次股市崩盘中，预期贷款损失也许在减值突然被确认之前就已经形成了。

IFRS 9 将金融资产分为两类。一类由自取得以来信用风险显著增加的资产组成。这类资产以扣除贷款损失准备后的净值列报，贷款损失准备等于该资产在其剩余寿命内的预期信用损失的折现值（"全生命周期预期信用损失"）。第二类是自取得以来信用风险没有显著增加的资产，这种资产同样需要扣除贷款损失准备，但其贷款损失准备以 "未来 12 个月的预期信用损失" 为基础进行计算，也即将 12 个月内违约的概率乘以由于该预期违约带来的预期信用损失总额。[9] 如果基于 "全生命周期预期信用损失" 计价的资产其信用风险在后续期间得到恢复，那么就可以适用于基于 "未来 12 个月的预期信用损失" 模型。[10]

关于这种会计方法需重点注意的是，贷款人在实际发生信用违约之前就记录了贷款损失，从而至少在一定程度上回应了上述关于 2007—2008 年股市崩盘期间巨额的、出人意料的贷款减记的批评。

Akins，Dou 和 Ng（ADN，2017）的研究为尽早（即及时）确认贷款损失提供了一些支持。他们指出，银行信贷经理可能会批准 "质量可疑" 的贷款，以换取回扣或未来工作机会的承诺。当银行员工的薪酬取决于批准的贷款数量时，也可能出现这种行为。显而易见，低质量贷款更容易变成不良贷款，导致贷款损失准备增加。接下来的问题是，更及时的贷款损失准备是否会减少质量可疑的贷款？ADN 表示，更及时的损失确认，将加速发现银行信贷经理的机会主义行为，从而限制这种行为。

---

* 本节为选学内容，可跳过，不影响全书的连贯性。

ADN 从世界银行（World Bank）关于 44 个国家银行体系中机会主义贷款行为可能性的调查中获得数据。然后，他们通过计算各国银行贷款损失准备与下一期不良贷款的平均比率，来衡量各国银行贷款损失准备计提的及时性——比率越高、及时性越强。他们发现，正如预期的那样，贷款损失准备计提的及时性与银行信贷经理机会主义行为的可能性之间存在负相关关系。正如他们所指出的，这一证据支持 IASB 和 FASB 提出的更及时的贷款损失确认标准。

显然，由于贷款损失准备提升了管理层在估计贷款损失时的机会主义动机，因而也会带来可靠性的问题。然而，如果管理层能够对贷款损失做出最佳估计，那么这毫无疑问提升了相关性，从而使得贷款损失准备提升了投资者预测公司未来业绩及风险的能力。Bushman 和 Williams（BW，2012）检验了可靠性与相关性之间的相互影响。他们以 1995—2006 年来自 27 个国家的银行为样本进行了研究。他们认为，一家负责任的银行应该通过增加权益资本来应对未来现金流量风险的增加，以防止可能出现的破产。如果银行这么做，那么其杠杆率（债务与权益的比率）会有所降低；相反，如果未来现金流量风险降低，谨慎的银行可能会提高杠杆率。

然而，银行也有动机去报告更为平滑的盈余，以便营造出风险较低且稳定的景象。达成这一目的的重要途径之一就是贷款损失准备。BW 衡量了每个国家的银行贷款损失准备的两个特征。第一个特征是银行过度使用贷款损失准备来平滑盈余，这表明银行机会主义地使用了自由裁量权。第二个特征是通过使用贷款损失准备以告知未来的贷款损失，表明银行正负责任地使用自由裁量权传达决策相关信息。

BW 发现，盈余平滑更为普遍的国家的银行（符合第一个特征），其杠杆率和银行风险（通过资产波动衡量）之间的关联关系较弱，而符合第二个特征的国家的银行，这一关联关系更强。显然，在贷款损失准备计提中管理层负责任地使用其自由裁量权与负责任地管理银行风险和资本相关。这表明，报告的自由裁量权并非可以简单地说是好还是坏；管理层可以负责任地利用它向投资者提供有用的信息，也可以机会主义地制造误导性的印象。我们将在第 11 章重新论述这一点。

7.5.5　小结

综上所述，金融工具会计是公允价值会计的重要应用之一。然而，相比于美国的准则，IASB 在一定程度上背离了公允价值，IFRS 9 通过引入商业模式的概念允许对债券采用摊余成本核算。这样做的结果是，依据美国 GAAP 编制的报表在金融工具方面可以运用比国际准则更多的公允价值会计。尽管如此，两个准则制定机构都致力于降低因公允价值会计造成的净收益波动，这一过程所采取的方式包括允许特定的未实现利得和损失纳入其他综合收益，以及公允价值选择权。相比于 IFRS，FASB 由于没有局限于错配这一情境，其规定的公允价值选择权范围似乎更广。然而，在没有错配的情况下，由于信用评级降低而带来的债务公允价值利得是否可以算作公司的收益，仍然存在疑问。

准则制定机构也修改了贷款损失准备的计提方法，比以前的准则更早地确认贷款资产的预期信用损失。相较于已发生损失模型，预期损失模型可以增加相关性，但它也引发了可靠性问题。

7.6 公允价值与历史成本 *

我们在 7.2.2 节中提到，有些会计人员认为历史成本会计比现行价值会计对投资者更有用。此外，1.3 节中描述了由于 2007—2008 年股市崩盘期间金融机构进行了大规模公允价值减记而导致的对金融工具公允价值会计的严厉批评。我们现在考虑一些关于这两种金融工具估值基础的优缺点的理论和实证研究。

Allen 和 Carletti（AC，2008）构造了一个模型，在该模型中，银行和保险公司都持有长期和短期的金融资产。当出现某种事件状态，保险公司没有足够的资金赔付时，它们必须把资产变现，包括出售持有的短期金融资产，这就产生了流动性定价。对于愿意购买市场中长期资产的投资者而言，长期资产的价格一定要足够低，至少给投资者带来的回报要高于短期资产。在 1.3 节中我们提到，流动性定价使得资产的市场价格低于使用价值。

在公允价值会计中，银行必须因为流动性定价的存在而减记长期资产至市场价值，这可能会违反法定资本要求和清偿能力要求，而如果按照资产的使用价值计算，银行是具有偿付能力的。在历史成本会计下，这些减记不会发生，因而也不会违反规定。因此，AC 认为对社会而言，历史成本会计优于公允价值会计，因为它避免了金融危机在具有相似资产的行业之间的蔓延。

不过，Sapra（2008）指出，AC 构造的模型未考虑政府介入控制蔓延的可能性。比如，政府可以向银行业注资，放松资本限制，或者购买多余的长期资产。而且，如果长期资产的回报在一段时间内是相关的，公允价值会计可以作为银行业危机的预警系统，使得政府可以在金融系统恶化到银行没有偿付能力之前介入。美国储蓄和贷款机构的困境（见 6.10 节）就是鲜明的例子，它给我们展示了历史成本会计如何掩盖不断恶化的资产状况，直到为时已晚，使投资者损失惨重，增加了政府的救助成本。而且，准则制定机构对完全采用公允价值会计也做了适当的放松，如我们在 7.5.2 节所见，IFRS 9 和 FASB 相关的准则允许一些金融资产以摊余成本计量，一些未实现利得和损失计入其他综合收益而不是净收益。当不存在活跃市场的时候，公司也可以基于自己的假设估计公允价值（见 7.5.1 节）。考虑到这些假设基于资产的使用价值，这里流动性定价的影响就被削弱了。

AC 构造的模型可以帮助我们理解金融危机怎样在金融服务行业蔓延，为什么金融机构最反对公允价值会计。不过，该模型在排斥公允价值会计方面似乎太绝对了。

考虑到这些，Plantin，Sapra 和 Shin（PSS，2008）也构造了一个适用于流动性定价情境的模型，说明公允价值会计在什么条件下更优，什么条件下不适用。模型中用到的公司样本是大型金融机构，它们持有流动性很弱的长期资产（如贷款和资产支持证券）。

假设所有公允价值的利得和损失都计入净收益，并且公司的经理人想要本期的报告净收益最大化。也就是说，他们的规划期限比资产期限短，如果经理人的报酬取决于本期净收益，或

---

　* 本节为选学内容，可跳过，不影响全书的连贯性。

者资产的减值可能导致违反法定资本要求，则可能出现这种情况。

经理人在期初要决定是持有长期资产到期，还是在当年按照市场价格转让。

作为第一种情况，假设该公司的长期资产以公允价值估值，而投资者信心发生了崩塌，从而导致经济活动萧条、证券价格降低。PSS 认为如果价格持续下跌，那么在公允价值会计下，经理人预期在期末时需要对这些资产进行大量的减记。如果在期末来临之前出售这些资产，那么就会形成已实现损失，但如果价格持续下跌，那么这些损失要低于期末公允价值减记所导致的损失。对于试图最大化当期收益并力图避免低于法定资本要求的经理人而言，这些压力可能迫使他们选择立刻卖出资产。

PSS 模型的一个关键假设就是经理人会考虑其他经理人所采取的行动。如果他们发现每一个经理人都可能卖出资产，他们会立即采取行动以避免市场价值进一步下跌。这样一来，价格就迅速下跌至低于使用价值，从而就产生了流动性定价。

由于在流动性定价情况下，使用价值高于公允价值，那么对于股东而言最好的选择是将贷款持有至到期。不过，经理人对最大化本期净收益的执着会阻碍这一点。结果就是，在公允价值会计下，缺乏流动性的资产的市场价格会低于其对金融机构的长期价值。

相反，假设公司按照历史成本（更准确地说，如 7.3.2 节所述，按摊余成本并经过减值测试）对贷款进行会计处理。减值测试将导致与公允价值会计方法类似的资产减记和出售压力，这两种估值基础对股东而言并无差异。

现在反过来假设投资者信心、经济活跃程度、证券的公允价值都比较高。在历史成本会计下，经理人愿意卖掉价值增加的贷款资产以实现利得，从而增加本期收益（即利得交易）。由于这种获利交易的本质是卖出优质证券（使用价值高）并持有劣质证券，因此长期而言是有损股东利益的。在公允价值会计下，经理人没有出售贷款的动机，因为未实现利得也会计入净收益，公司会持有贷款至到期。因此，从股东的角度看，公允价值会计优于历史成本会计。

给定模型的假设条件后，公允价值的选择似乎取决于经济条件的好坏。公司股东对公允价值的偏好会随着经济状况的变化而改变，公允价值显然在经济景气时更受青睐，而在经济不景气时被冷落。不过，与 AC 构造的模型一样，PSS 模型的假设并不都是成立的。经理人的决策期间可能由于大量持股（将在 10.3 节中讨论）而拉长，经理人也更在意长期利益而不太计较短期损失，那么在经济状况较差时，公允价值没有吸引力的情形就会改变，因为经理人将从短期得失转向长期收益。同样，需要强调的是 PSS 的分析针对的是缺乏流动性的资产，其销售行为会降低市场价格。如果市场深度足够，则个体资产的出售对于市场价格的降低作用有限，甚至完全不会降低（见第 1 章注释 [26]）。此外，政府也会介入改善经济状况、提高投资者信心。尽管如此，这些模型仍然表明会计基础可能影响经理人的实际决策。这与 2007—2008 年资产支持证券市场崩盘的实际经历是一致的。

这些模型已经被实证研究所证明。Bhat, Frankel 和 Martin（BFM，2011）以美国银行为样本研究了 7.5.1 节所述的权宜之计（即允许进一步采用使用价值来替代公允价值）对公允价值会计的影响。与前述的 AC 及 PSS 的理论一致，BFM 发现持有更多 ABS 且财务状况相对较差（高贷款损失且接近于违反法定资本要求）的银行确实会减持其持有的 ABS。同时他们还发现 2008 年对公允价值要求的放松削减了 ABS 的减持程度，而银行的股价也对这一要求的放松做出了正向的反应，这其中，卖出更多 ABS 的银行具有最为强烈的正向反应。这些结果表明，投资者在经济不景气时更偏好历史成本会计。BFM 还发现，样本银行发行的债券价格并没有因为公允价值放松对股东的有利影响而下跌。由于公允价值放松使经理人有相当大的自由裁量权来影响其对持有 ABS 的估值，银行经理人可能会夸大其对使用价值的估计，以避免违反法定资本要求。如果债券市场意识到上述问题，就会做出负向的反应，债券价格就会下跌。然而从 BFM 的研究结果来看，这并未发生。Kolasinski（2011）认为这一情形表明放松对公允价值的要求是有利于社会的，在股东获益的同时也不会侵害债权人的利益，因而这种放松似乎创造了社会净收益。

不过，Badertscher，Burks 和 Easton（BBE，2012）得出了一些不同的结论。他们获取了截至 2006 年 6 月 30 日（即 2007—2008 年股市崩盘前）的 150 家美国银行样本，这些银行都持有较多的以公允价值计量的证券。它们估计了样本银行在 2004—2008 年各个季度的公允价值减记额及季度盈余总额，结果发现，在 2008 年，这些减记额创下了历史最高纪录。例如，在 2008 年第三季度样本银行的减记总额高达 80 亿美元。然而，BBE 指出这相较于样本银行 220 亿美元的净损失总额而言，比例并不高。贷款损失准备计提的数额则要高得多，2008 年第三季度达到了 430 亿美元。贷款通常以使用价值为基础（进行减记），因此这里并不存在对公允价值会计的抱怨。

BBE 还研究了公允价值减记对于银行监管资本的影响，方法是将减记加回，并重新计算资本充足率。结果发现，公允价值减记对证券的影响较小，而对贷款减值的影响较大。在 2008 年第三季度，如果将证券的公允价值减记加回，平均资本充足率将从 10.5% 提高到 10.8%。相比之下，如果把异常贷款损失准备加回来，这一比率将从 10.5% 提高到 11.4%。对于样本中资本充足率较低的 20% 的银行来说，影响要大一些，但公允价值与历史成本造成的损失的相对影响是相同的：证券损失对监管资本的影响小于贷款。

BBE 还评估了 PSS 的预测，即经理人是否急于出售非流动性资产，以避免进一步的损失。然而，他们没有发现样本公司急于出售的证据。BBE 的后一项发现涉及公允价值会计的另一个问题——**顺周期性**（procyclicality）。也就是说，公允价值会计是否通过在繁荣时期调增资产价值以及在萧条时期减记资产价值，导致银行在繁荣时期过度增加放贷，在萧条时期减少放贷，从而加剧了繁荣或萧条的程度？这个问题是在 2007—2008 年股市崩盘之后出现的。

Laux 和 Rauter（2017）研究了这种可能性，他们分析了 1994—2013 年美国银行的样本，这段时期涵盖 2007 年之前的繁荣时期和随后的萧条时期。他们将顺周期性定义为杠杆变化与经济中总账面资产和 GDP 增长的变化之间的正相关关系。结果表明样本中的杠杆增长（也就是银行贷款）与账面资产和 GDP 的变化密切相关，证明了银行杠杆是顺周期性的。

随即而来的问题是，公允价值产生的利得和损失是否加剧了这种顺周期性？Laux 和 Rauter 没有发现这种关联，他们的结论是公允价值会计没有加剧顺周期性。相反，他们发现银行的贷款扩张确实导致了顺周期性。他们的结果与 BBE 的结果一致，即与金融危机期间的负面结果相关的似乎是贷款，而不是以公允价值计量的证券。

综上所述，对于 AC 和 PSS 模型的实证检验得到了不同的结果。我们相信，PSS 模型的结果和 BBE 的研究表明，经理人及政客在股市崩盘期间对于公允价值会计的反对可能是过分夸大的。

7.7 流动性风险与财务报告质量

我们在 1.3 节及 7.5.1 节中所描述的准则制定机构对于 2007—2008 年股市崩盘的反应很大程度上源于证券市场流动性的缺失。流动性的缺失使得市场无法良好运行，从而威胁到了公允价值会计的前提假设。流动性的缺失来自对 ABS 和财务报告透明度的担忧，尤其是与表外风险相关的担忧。投资者对隐藏风险担忧的加剧，导致购买活动减少，甚至有部分投资者离开市场。由于在非流动市场上买卖证券的行为会影响证券价格，导致证券交易成本急剧上升。

Acharya 和 Pedersen（AP，2005）将流动性风险定义为买卖成本的不确定性。CAPM 假定市场具有完美的流动性水平，正如我们在 4.5.2 节中所描述的那样。AP 扩展了 CAPM 以模拟流动性风险对资本成本的影响，展示了高流动性风险公司资本成本增加的条件。

这进一步衍生出新的问题，即财务报告能够降低流动性风险，进而降低资本成本吗？Lang 和 Maffett（LM，2011）对这一问题进行了检验。他们认为，透明的财务报告可以提供更多的公开信息，这降低了信息不对称，因而投资者对公司股票价值的信心增强，因市场波动造成的不确定性而导致的卖出意愿降低，降低了公司股价对于市场波动的敏感性。LM 还认为这种影响应该在市场衰退时期（例如 2007—2008 年股市崩盘时期）更为明显。

LM 对 1996—2008 年 37 个不同国家的公司样本进行了检验。他们采用多种报告透明度的计量方式，包括审计师（经（当时的）五大会计师事务所审计的公司被认为具有更高的报告透明度）以及分析师预测准确度（更为准确的预测被认为是来自更高的报告透明度）。他们发现更高的报告透明度与更低的公司股票流动性波动之间存在关联[11]，尤其是在危机期间。这与他们的推断是一致的。

在近期的研究中，Ng（2011）也检验了财务报告质量与流动性风险之间的关系。[12] 他们采用多种方式计量了报告的质量，包括 5.4.1 节中描述的 Dechow 和 Dichev（2002）构建的应计质量的计量方式。基于 1983—2008 年美国股票样本，Ng 也发现报告质量与流动性风险之间存在负相关关系，尤其是在流动性较低的时期。

总之，我们认为流动性风险是资本成本的一个重要因素，特别是在严重的市场衰退时期，高质量的财务报告通过降低流动性风险，进而降低流动性风险所带来的不利影响。

7.8 终止确认与合并

终止确认与合并是导致 1.3 节中所概述的 2007—2008 年股市崩盘的核心会计问题。表外融资隐藏了大量由金融机构承担的风险，如果没有资产终止确认以及随后未能合并持有发起人许多终止确认资产的表外实体，这种情况就不会发生。准则制定机构为回应这些问题，制定了一些新的准则用于控制表外融资并使其公开化。

会计人员对资产终止确认问题争论了很多年。资产什么时候可以从资产负债表中移除，并在随后的销售中确认收入？通常终止确认的时点就是销售的时点。例如，已售出的存货要终止确认，同时要确认销售收入。卖方通过估计信用损失来确认与应收账款相关的风险，并通过应计负债来估计因出售而产生的债务（如担保）。

然而，很多公司并不保留应收账款，它们通过资产证券化的方式（例如 ABS）将其转让给其他实体。应收抵押贷款也可以通过类似的方式转让。现在的问题是，这些资产转让之后，可以终止确认吗？终止确认的一个替代处理方式是继续把这些资产保留在资产负债表上，把转让资产获得的现金作为**抵押借款**（secured borrowing）处理（也就是公司将转让资产作为抵押品以"借入"款项）。如果转让伴随着如此多的风险和未来义务，以至于与所有权有关的风险和报酬并未真正转移给"买方"，则这种处理是适当的。

公司有动机终止确认，因为这可以改善其杠杆率。例如，Niu 和 Richardson（2006）分析了 1997—2003 年 103 家公司的 535 个资产证券化样本，如果对证券化资产不终止确认而是保留在资产负债表上，并确认抵押借款的话，则平均债务权益比率从终止确认时的 5.97 上升到 10.20。下面的案例描述了一种对终止确认进行创造性滥用的方式。

实务中的理论 7-4

2010 年 3 月，美国一家大型律师事务所的合伙人瓦鲁卡斯（A. R. Valukis）发布了一份报告，主要考察了导致美国大型金融机构雷曼兄弟（Lehman Brothers Holdings Inc.）在 2008 年 11 月破产的原因。报告描绘了雷曼兄弟倒闭前几个季度用以粉饰资产负债表的会计处理方式。这些方式的运用和审计师的默许受到了财经媒体的广泛关注和批评。

这些处理方式是关于**回购协议**（repurchase agreements）的。回购协议是一个普通而且为大家所接受的交易方式，短期急需现金的公司把抵押资产交给对方（比如银行）作为现金借款的担保，同时在协议中规定，一段时间之后，借款公司回购抵押资产，作为对借款的清偿。回购协议的实质是衍生债务，但是因为到期时间短，回购价格与借款相差不大，所以公允价值很小。借款公司需要向对方支付一笔服务费用，数额通常也相对较低，因为所借款项是有担保的。比如，在一份报价 105 的回购协议中，公司需要提交价值相当于借款金额 105％的资产作为抵押。

通常来说，回购交易被当作抵押借款处理，因为借款方有义务回购抵押品。抵押品继续保留在资产负债表中，借款当作债务处理。

然而，雷曼兄弟并不是这样处理的。由于 2007—2008 年的股市崩盘，它的财务状况不断恶化，于是它在季度结束前进行大量的回购交易，把公司各种各样的资产（其中很多缺乏流动性）拿出来做抵押。与把回购交易当作抵押借款处理相反，雷曼兄弟将其当作销售处理，对抵押资产做终止确认，从而也不用确认债务。然后公司用借入的资金偿还其他的债务。

资产负债表日过后没多久，开始回购终止确认的资产，偿还借款，可想而知的是，资产负债表上消失的债务又回来了。在下一个资产负债表日，继续重复这个过程。

这种会计处理方式显著改善了雷曼兄弟的季度财务报表。在抵押资产公允价值下降的情况下，协议出售还可以避免资产价值大额减记（交易对方并不关心公允价值的高低，因为协议要求雷曼兄弟到时按照借款金额的 105% 回购）。影响更大的是资产负债表。债务权益比率降低，资产负债比率上升。通过这样的处理，雷曼兄弟掩盖了它不断恶化的财务状况。

雷曼兄弟之所以可以这样处理，是因为 FASB 当时的准则规定，回购交易可以当作销售处理，除非抵押资产的回购价格在借款金额的 98%～102% 范围之内。雷曼兄弟的回购价格是借款金额的 105%，不在规定的范围内，所以可以当作销售处理，这样避免了审计师对财务报表发表保留意见。报告还指出，雷曼兄弟回购的并不是抵押资产，而是与抵押资产在类型、期限和价值上相似的其他资产。容易想到的是，这是在强化销售处理的合理性，因为从技术上来讲，原资产并没有购回。即使如此，在美国对这样的回购交易作销售处理也可能是不被允许的。不过，雷曼兄弟从英国的律师事务所得到建议，让它的英国子公司进行这样的交易和处理，因为在英国这样的处理是合法的。通过母公司与子公司的合并，这样的处理美化了合并财务报表。

2010 年，英国会计及精算纪律委员会（Accountancy and Actuarial Disciplinary Board）对雷曼兄弟审计师启动了长达 18 个月的调查程序。最后的结果决定不对审计师予以惩罚。同样在 2010 年，IASB 通过修订 IFRS 7，要求公司披露在年末进行的任何"不成比例的回购交易金额"，从而收紧了回购会计标准。2014 年，FASB 提议限制回购交易的销售核算。当交易要求公司以固定价格回购转移资产或类似资产时，它们将被视为担保借款。

2007—2008 年股市崩盘前夕对终止确认的滥用引起了人们的广泛关注。许多金融机构把抵押贷款、学生贷款和其他应收账款等资产证券化。当这些资产支持证券被卖给表外实体或者投资者的时候，就终止确认了。现在回过头来看，这些终止确认是很有问题的。因为发行人一般都会对这些证券化资产做信用增级处理，往往对其终止确认的资产保留了剩余义务或提供明示或隐性担保。

对准则制定机构来说，问题是，转让资产的公司保留多少义务才可以终止确认资产？在股市崩盘期间生效的 IAS 39 规定，必须在几乎所有的风险和报酬都转移的情况下才可以终止确认。当时的 FASB 准则规定，转让资产的公司必须失去资产的控制权才可以终止确认。显然，这些准则仍然给某些终止确认留下了空间，即使转让资产的公司保留了一些本该由受让公司承担的义务，这些义务本不应该出现在转让公司的资产负债表中。这种空间足够大，以至于发行人不得不回购大量的证券，在 1.3 节中也提到过这种情形。

准则制定机构已经在重新考虑终止确认的问题。IFRS 9 允许在一项金融资产的风险和报酬实质上已经全部转移的时候予以终止确认，这与先前的 IAS 39 类似。然而为了防止类似于导致 2007—2008 年股市崩盘的资产负债表表外项目的滥用，IFRS 9 还给出了大量的附加规定。例如，如果公司保留了对金融资产的控制（如实务中的理论 7-4 中的回购交易），那么即便是风险和报酬已经全部转移，也不能对金融资产终止确认。当金融资产被终止确认时，账面价值与实收对价的差异应纳入净收益。这些终止确认的要求与 FASB 准则趋同。因此，美国的终止确认准则 ASC 860-20 基本上与 IFRS 9 的要求相同。

关于合并问题，根据 IFRS 10 的要求，当一个实体控制被控制的实体的时候，应该把被控制的实体纳入合并范围。问题是，怎么判断控制的存在？IFRS 10 试图明晰控制的概念。IFRS 10 规定，当一个实体在另一个实体可变的回报中拥有相应权利，且可以通过自身力量来影响这一回报时，控制关系就存在了。这个定义包含了两个维度——**控制权**（power）和**风险**（risk）。控制权意味着一个实体可以主导对另一实体的回报产生影响的活动；风险意味着控制方的收益也具有波动性，控制方在分享被控制方收益的同时，也需要承担损失（即风险）。[13]

通常，当一个实体拥有另一个实体超过一半的投票权时，控制权就存在。不过，在 IFRS 10 中，即使投票权没超过一半，控制权也可能存在。比如，一家公司在另一家实体拥有的投票权比其他的股东都要多（其他的股权比较分散），这可能会导致这家公司可以控制该实体的经营政策。

随后，FASB 也调整了关于合并特殊目的实体（SPE）的标准，大多数与 IFRS 10 类似。ASC 810-10 规定，当设立者有权主导能够对 SPE 业绩产生影响的经济活动，同时设立者有义务承担 SPE 的损失且有权分享 SPE 的收益时，控制就存在。这种设立者往往被认为是主要受益人，因此必须合并。

关于终止确认与合并报表，新准则还提出了大量的额外披露要求。例如 IFRS 12 要求，当确定公司是否对另一家公司具有控制权时，所做的"重要判断"应予以披露。IFRS 12 还要求披露在被合并方以及非合并利益实体（例如 SPE 和 VIE）中所拥有的利益及可能承担的风险。IFRS 7 则要求披露已经终止确认但仍与公司存在其他关联的资产。准则要求增加披露关于终止确认和合并的信息，是因为在股市崩盘前，投资者没有足够的信息评估公司的表外活动。[14] 不然为什么强制使用新准则呢？我们相信准则制定机构想要完善报告和披露，以使得对股市崩盘做出"贡献"的会计行为不再发生。不过，"聪明"的人能不能绕开这些准则，仍然值得我们关注。

7.9 衍生金融工具

7.9.1 衍生金融工具的特征

衍生金融工具是一种合约，其价值取决于一些**基础**（underlying）变量，如价格、利率、汇率或者其他变量。一个常见的例子就是期权，比如看涨期权，给予持有者在特定的时间或期间按特定的价格（比如 $20）购买一定数量的股票（比如 100 股）的权利。那么这个合约的名义金额是 $2 000，基础变量是股票价格，价格越高，期权的价值越高，反之亦然。其他衍生金融工具的例子包括期货、远期和互换合约、利率上限和下限、固定利率贷款协议等。一般来说，当基础变量发生有利变动时，会为持有者带来收益；当基础变量发生不利变动时，可能会也可能不会给持有者带来损失。

衍生金融工具要求或允许用现金交割——很少会交割与基础变量相关的资产。因此，上面提到的期权合约并不要求持有者真的去购买股票，而仅仅是在交割时收取从期权中获利的现金。再举一个例子，假设一家公司 6 个月后需要借一大笔钱，它担心利率会上升，于是公司买入一份债券期货合约，使得它有权利也有义务在 6 个月后的交割日以特定的价格出售政府债券。如果利率上升，则债券的市场价值下降，期货合约的价值上升，从而可以抵消借款成本的增加。如果该合约必须以实物交割，那么在交割日，公司需要进入债券市场买入合约要求的债券，卖给合约的另一方，以实现合约的价值。如果用现金交割，公司只要简单地收取或者支付相当于合约价值的现金就可以了，从而节省了买卖实物的成本。采用现金交割也大大促进了衍生金融工具的使用。

衍生金融工具可能需要也可能不需要初始投资。比如，一家公司为了降低风险，希望将变动利率转换为固定利率，从而带来更为稳定的现金流量。这家公司可能选择买入一份利率互换合约，此时不需要初始投资。在需要初始投资的情况下，初始投资也会小于合约的名义数量与价格的乘积。在上面期权的例子中，如果现在股价是 $18，期权合约的成本显然会小于购买合约中规定数量的股票金额 $1 800。这是合理的，因为期权的购买者只享有合约期间而不是股票的整个存续期间因股价变动带来的利得或损失，也没有股票的其他权利，如分红。在我们的债券期货例子中，公司也可以现在就借入款项锁定利率，但是这样做需要为全部的借款金额支付 6 个月的利息。

这三个例子说明衍生金融工具具有杠杆作用——可以以相对较低的成本获取较多的保护。杠杆作用是近年来衍生金融工具大量增加的另一个原因。当然，杠杆是一把双刃剑。如果将衍生金融工具用于投机而不是管理风险，即使一笔很小的初始投资，其损失也可能非常大。[15]

衍生金融工具低初始投资的特性也是会计人员很难用历史成本进行处理的原因。既然它的成本很小甚至没有，那么全部或者部分的合约价值都属于资产负债表表外价值。所以，投资者要从资产负债表中看出公司衍生金融工具的交易情况和风险，是很难甚至不可能的。会计人员为解决这个难题，已经开始要求补充披露了。不过，考虑到行为特征如有限关注，这些披露可能不是完全有效的。

考虑到这一点，IFRS 9 和美国 ASC 815 - 10 - 10 下的衍生金融工具会计开始走向估值观，这些准则要求所有的衍生品在资产负债表上以公允价值计量。

怎样评估衍生品的公允价值？如果衍生品在运行良好的市场中交易，市场价格就是公允价值。如果不是，就需要用到估值模型。我们举例说明这一问题。考虑看涨期权的例子，持有者有权按照每股 $20 的价格购买 100 股股票，股票现在的市场价格是 $18。

另外假设期权两个月后执行，公司不发放股利。公司股价只在月底变动，并且变动遵循随机游走（见 4.2.1 节），假设股价上涨 $2 和下跌 $2 的概率都是 0.5。图 7 - 3 描绘了这一股价行为。

从时点 0（现在）向前看，第 1 个月月底 100 股的股票价值有 0.5 的概率为 $2 000，有 0.5 的概率为 $1 600。在第 2 个月月底（期权的到期日），市场价值为 $2 200，$1 800 和 $1 400 的概率分别为 0.25，0.5 和 0.25。

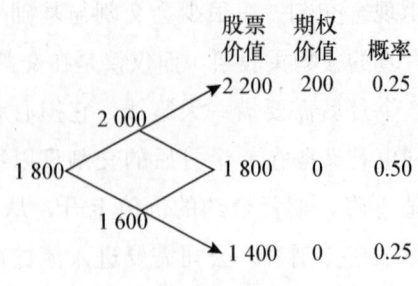

图 7 - 3　期权定价模型示例

只有当股票市场价值为＄2 200 的时候，期权才会执行。行权价为＄20，总金额为＄2 000，期权的价值就是＄200。当股票市场价值为其他两种情形时，期权将不会执行，从而价值为 0。

现在的问题是，在时点 0 即期权发行的时候，公允价值是多少？如果我们假设无风险利率为 0，公允价值就简单地等于＄200×0.25 ＝＄50，即到期日期权的期望价值。[16]

当然，我们假设股价只在月底变动是不现实的。现实中，股价是连续变动的。在这个例子中，可以通过增加图 7 - 3 中价格变化的次数把这个因素纳入我们的模型中（两个月的到期时间仍然不变）。当股价变动的次数趋于无穷多的时候，可以用著名的 Black-Scholes 期权定价模型[17] 计算期权的公允价值。该模型将期权的价值表示为下列五个变量的函数[18]：

- 股票的当前市场价值——＄18；
- 股票回报的波动程度；
- 期权的行权价——＄20；
- 距期权到期的时间；
- 无风险利率。

前两个变量是基础变量股价的特征。给定后三个变量，我们就能看到股票的当前市场价格和回报的波动性如何影响期权价值。给定行权价，当前股价越高，期权价值越大。给定当前股价，行权价越低，期权价值越大。股价波动越大，到期日股价上升的可能性越大（股价下降的可能性也越大，不过此时可以选择不行权），期权价值越大。自 Black-Scholes 模型后，已发展出许多对其他更加复杂的衍生金融工具进行定价的模型。因此，在适当的条件下，这些模型为会计中公允价值的计算提供了方法。[19]

IFRS 9 和 ASC 815 - 10 - 35 都要求，除了某些套期合约，衍生金融工具的公允价值变动要确认在净收益中。现在，我们将讨论套期合约问题。

7.9.2　套期会计

公司基于各种各样的原因发行或者购买衍生金融工具，投机是原因之一。为实现投机目的，投资者知道应该持有哪些衍生工具是很重要的。投机可能导致重大的利得或损失，而且由于衍生工具公允价值的波动很大，将增加净收益的波动性。正如我们将看到的，套期会计的设计是为了缓解净收益的波动性，并确保当公司在一定范围内进行投机时，不能将此类交易伪装成合法的套期（避险）。

不过，非金融业公司进行衍生金融工具交易的主要目的还是为了管理风险。[20] 在这方面，衍生品可以弥补市场的不完全性，因为它们可以帮助公司控制原本很难控制的风险。

使用"管理风险"一词是经过深思熟虑的。风险管理的目标是把风险控制在一定的水平以下，而不是消除到零。保持零风险成本太高，也几乎是不可能的，同时也并不可取，因为投资者自己可以通过投资组合来降低公司特定风险。

有很多衍生金融工具可帮助公司更好地管理风险。很多风险是**价格风险**（price risks），也叫市场风险，源于利率、商品价格、汇率等的变动。其他的风险源于信用问题。这些金融工具的会计处理涉及复杂的确认和计量问题。

在 7.5.3 节中，我们介绍了自然套期的概念，根据该概念，某些非衍生负债的公允价值变动被某些非衍生资产的公允价值变动抵消。因为自然套期最终也是管理层的决定，所以任何关于公司对风险的承受能力的评估都应该考虑自然套期。事实上，利用衍生品套期弥补了自然套期未覆盖的领域。考虑到这个，Guay 和 Kothari（2003）研究了美国一些非金融业公司的套期情况。他们发现，平均而言，样本中对利率、汇率和商品价格风险利用衍生金融工具进行套期的公司所占比例较风险完全暴露的公司更小。对于这种结果的一个解释是通过衍生品来管理风险会带来成本。此外，正如前面提到的，因为投资者自己可以分散公司特定风险，因而他们可能并不希望公司完全规避风险。另一个解释不同于成本及风险分散，自然套期也可以抵御风险，因而降低了通过衍生品提供风险防范的需求。

⚡ 实务中的理论 7-5

黑石集团（Blackstone Group）是美国一家大型投资公司，经营范围包括投资上市公司并将其私有化。这类投资的收益主要来自"附带权益"（carried interest）。这是一项向被投资公司收取的管理费用，即基于其投资的未合并公司所赚取利润对应的优先权益。例如，黑石集团的一个典型做法是，对被投资公司利润超过权益最低回报率的部分，收取 20% 的年费。[21] 这些年费会收取好几年，比如 5 年，然后黑石集团再打算卖掉其在这家公司持有的权益。

历史成本会计下，对未纳入合并的股权投资采用权益法核算，这些附带权益在每期都应该确认为收入，并冲减借方投资账户。不过，黑石集团收取管理费用的优先权是建立在被投资公司利润超过其权益最低回报率的基础上的，这类似于 5 年内到期的期权。

2007 年，黑石集团计划首次公开上市。在 3 月 22 日的初步招股说明书中提到，对公司很多未纳入合并范围的投资，准备采用公允价值选择权将附带权益以公允价值计量，并计入当期损益。可想而知，黑石集团准备采用期权定价模型，如 Black-Scholes 模型，来确定公允价值。黑石集团提到，如果在 2006 年就采用这种核算方法的话，较之对未纳入合并范围的投资采用权益法核算，它 2006 年的净收益将增加 $595 205。

公允价值在每期都需要重新评估。黑石集团指出这会给报告收益带来不小的波动。似乎公司为了更早确认收入，愿意承受这种波动。

　　财经媒体上迅速出现了对黑石集团这种会计处理方式可靠性的担忧，尽管它增强了相关性。最主要的担忧是黑石集团收购的公司一般都会退市，因而关于它们的公开信息很少，这使得市场很难评估黑石集团对公允价值的估计，市场需要黑石集团充分披露它估计公允价值时用到的假设。有人还担心黑石集团会操纵这些假设来实现控制财务报表的目的。

　　在6月25日的最终招股说明书中，黑石集团改变了主意，宣布它不会采用公允价值选择权。相反，它将基于在未合并的被投资公司季度利润中所享有的份额确认附带权益。不过这一插曲说明了公允价值选择权具有执行估值观的潜力，但同时会产生可靠性风险。

　　两类主要的套期是**公允价值套期**（fair value hedges）和**现金流量套期**（cash flow hedges）。公允价值套期是指为已确认的资产和负债进行套期的衍生工具。公允价值套期的本质是，如果一家公司拥有风险资产或负债，它可以通过购买另一种**套期工具**（hedging instrument）——价值变动与**被套期项目**（hedged item）相反的资产或者负债——来控制风险。

　　完全在本期发生的套期交易的会计处理比较简单。被套期项目的利得或损失以及套期工具的损失或利得都直接计入本期净收益，这样本期净收益中包含了套期工具未完全覆盖部分的已实现损失或利得。套期工具一般都不是完全覆盖的，因为几乎不存在一个套期工具其价值变动刚好抵消被套期项目的价值变动。例如，银行想对存款的利率进行套期，它就很难找到一个完全有效的套期工具。因为没有完全有效的套期工具而导致的残留风险，称为**基本风险**（basis risk）。

　　不过，更常见的情形是，套期交易并不会全部在本期完成。比如，一家公司担心存货的价格会下跌，所以购买了一份远期合约，合约规定按照当前的市场价格销售存货。这里存货是被套期项目，远期合约是套期工具。到了年底，存货还在手上，并且市场价格真的下跌了。因此，远期合约的公允价值上升了。

　　IFRS 9和ASC 815 - 25规定，公允价值套期工具以公允价值计量，由此带来的利得或损失纳入当期净收益，相关的被套期项目带来的损失或利得也纳入当期净收益。因此上例中公司减记存货的价值，加记远期合约的价值，最终只有套期未覆盖的部分影响到本期净收益。在资产负债表上，远期合约的价值记入存货这个账户里。实际上，公司可以通过恰当的套期策略避免成本与市价孰低、减值测试或者其他公允价值变动对净收益产生的影响。

　　公司也可能对预期的交易进行套期，前提是预期交易的价值能够可靠地计量，且交易"极有可能"发生。例如，公司可能希望通过签订期货合约，以指定价格出售该产品，从而降低其未来产品价格变化带来的风险，这种合约就被称为现金流量套期。公司选择现金流量套期的原因很多，最主要的原因可能是降低未来现金流量风险，以保证未来投资项目所需的内部资金。

　　IFRS 9和ASC 815 - 30都规定，现金流量套期工具也按照公允价值计量，未实现利得和损失计入其他综合收益，相应交易发生后，转入净收益。例如，一家石油和天然气生产商想对下期的销售进行套期。下期销售额是不确定的，因为石油和天然气价格不断波动，如果在境外销售的话，汇率波动会加剧这一不确定性。现金流量套期工具的未实现利得和损失计入其他综合收益，这一做法通过将其对净收益的影响推迟到下一个时期（当预期现金流量实现时），可以减少错配及由此产生的净收益波动。[22]

如果套期会计能减少因 IFRS 9 要求所有衍生工具均以公允价值计量而带来的净收益的波动和错配，这将有利于公司。净收益的高波动性会增加公司陷入财务困境的可能性，特别是对债务负担高的公司会产生不利的影响。

正如上文所提及的，套期会计的好处在于，它将套期工具未实现损失计入其他综合收益，即将净收益中的确认推迟到交易发生时（现金流量套期）；同时，它通过以公允价值计量被套期项目的方式来抵消衍生工具的未实现利得和损失（公允价值套期）。在这两种情形下，净收益的波动性都得以降低。

然而，为了实现这些好处，准则规定了标准化的程序。第一，金融工具必须有资格进行套期。大多数衍生工具，以及以公允价值计量的非衍生金融资产和负债均有资格成为套期工具，其利得和损失计入净收益。第二，在套期开始时，被套期项目需要加以认定，被套期风险的性质需要记录在案，具有套期资格的工具必须被**指定**（designated）为套期工具。管理层所记录的文件应与公司的商业模式保持一致；也就是说，符合既定的风险管理目标和战略。如果管理层可以随时指定套期工具，可以随意改变意图的话，可能会损害净收益的可靠性。例如，为投机而持有的衍生工具遭受了巨额损失，管理层可能想要追溯指定它们作为预期交易的现金流量套期工具，这样损失就不用计入本期净收益，至少也推迟了它们对净收益的影响。

指定衍生金融工具用于套期的第三个标准是，该工具在抵消被套期项目的价值变动上必须"有效"。IFRS 9 和 ASC 815 并没有规定判断"有效"的方法。不过，有效意味着套期工具和被套期项目的价值应该存在高度负相关关系。[23]

IFRS 7 要求企业对衍生金融工具的处理做出补充披露。这其中包括完整描述企业所涉及的套期类型，被指定为套期工具的金融工具及其公允价值，以及被套期风险的性质。

7.10 有关金融工具会计的结论

金融工具会计是一个说明准则制定者走向公允价值会计的突出例子。不过，在 2007—2008 年股市崩盘后，金融工具的公允价值会计受到了很多批评，原因是市场价格下降引发了金融资产的巨额减记，而且在许多情况下，市场不活跃导致价格不存在。在这些问题上，现有的公允价值会计准则被认为太复杂。准则制定者不得不修订这些准则，允许更多地运用使用价值和摊余成本来计量计划持有至到期的金融资产。然而，使用价值引起了对估值可靠性的担忧，而摊余成本则引起了对相关性的担忧。准则制定者已经修订了有关终止确认、合并报表、衍生工具以及披露等方面的准则，因为这些准则上的漏洞被认为是股市崩盘的帮凶。

7.11　无形资产会计

7.11.1　引言

无形资产是没有物理形态的资本性资产，如专利、商标、特许经营权、优秀员工、地理位置、信息技术、网站名称以及商誉等。

有些无形资产的会计处理与不动产、厂房和设备一样。根据 IAS 38，公司可以选择成本模型或重估模型进行会计核算，这与有形资产非常相似，尽管对于无形资产，重估选项仅适用于资产存在活跃市场的情况。[24] 在成本模型下，初始值将在资产的使用寿命（如有）内摊销，并进行减值测试。IAS 36（如 7.3.5 节所述）对减值测试进行了规定，类似于有形资产；如果资产的可收回金额低于账面价值，那么该资产将被减记至公允价值。

对很多公司来说，无形资产都是很重要的资产，对某些公司而言，无形资产构成了公司的绝大部分价值。不过，它们的公允价值，甚至成本很难可靠取得，尤其是自己研发的无形资产。由于无形资产的成本可能分散在很多年度，因此当这些成本发生时，并不知道它们未来能否产生经济利益。研发成本就是一个例子，它产生了很多无形资产。从研究成本中预测未来收益非常困难，我们无法可靠知道这些成本能否收回，因而无法确定它们的公允价值。结果，IAS 38 规定研究成本不计入资产负债表，而是在发生时直接做期间费用处理。在研究结果具有技术上和商业上的可行性，并且成本可以可靠计量的情况下，研究产生的产品或工艺开发成本可以资本化。在美国，ASC 730‐10‐05 要求研发成本在发生当年就视同期间费用。因此，自主研发的无形资产通常不会出现在美国公司的资产负债表上。

即使某些无形资产并未出现在资产负债表中，它们也是存在的，意识到这一点很重要。由于确认延迟，无形资产的价值会在利润表中呈现出来。由于历史成本会计需要在收入和利润已经实现的时候才能确认价值，所以利润表中包含的是无形资产价值中"分配"到本期的部分。如果分配到本期的部分是正值，就表明公司存在商誉。[25] 商誉使得公司的盈利超出包括单独可辨认无形资产在内的净资产所要求的资本回报。这也再现了我们在 6.9.3 节中使用的估计方法，当时我们用预期异常盈余的现值来估计加拿大轮胎有限公司的商誉。

现在的问题是，商誉是应该继续留在资产负债表外，通过利润表呈现，还是以公允价值的形式确认在资产负债表中？确认商誉的公允价值可以增加财务报表的决策有用性，因为它可以传递管理层关于公司未来预期盈利能力的内部信息，而且管理层毫无疑问是最了解公司盈利能力的一方。不过，确认商誉的公允价值也会面临严重的可靠性问题。

在此，有必要区分自创商誉和外购商誉，我们首先考虑外购商誉。

7.11.2　外购商誉会计

当一家公司并购另一家公司，对交易进行会计处理时，**购买法**（purchase method）要求对被收购公司的有形资产、可辨认无形资产及负债在合并报表中按公允价值计量。收购方支付的价格与所有这些资产和负债的公允价值净额之间的差额就是"外购"的商誉。传统上，这些商誉需要在其使用期限内摊销，这和历史成本会计中的匹配概念一致。不过，管理层对商誉摊销有很大的抱怨，因为摊销会降低收购后的合并利润，使其更难让投资者相信收购是一项成功的商业战略。显然，管理层有动机通过增加报告的盈余，展示其在合并中具有良好的商业判断能力。

管理层围绕商誉摊销问题所采取的一种方法是强调**备考收益**（pro-forma income），也称为现金收益[26]、"华尔街盈余"（street earnings）和其他各种名称。备考收益是指扣除商誉摊销、重组费用及管理层选择的其他费用项目之前的净收益。这个方法不会影响到基于 GAAP 编制的利润表，通常选择在盈余公告、告股东书、管理层讨论与分析等信息披露中强调备考收益。管理层这样做的目的是希望使投资者相信，商誉摊销或者其他项目不会影响合并主体的业绩和价值评估。

对备考收益的一个批评是，如果管理层能成功说服投资者相信这是一个比 GAAP 下的净收益更好的利润衡量指标，那么管理层在收购中避免支付过高对价的动机就会被削弱，即过度支付导致的超额商誉摊销将被忽略。另一个批评是，备考收益可能会误导投资者，因为基于 GAAP 的净收益指标选择哪些项目加以剔除的决定是由管理层做出的。这在证券市场不是很有效的时候，问题将更加严重。

作为对以上各种方法的回应，准则制定机构决定取消外购商誉的摊销，2001 年 SFAS 142 和 2004 年 IAS 36 都做了类似的规定。这些准则使估值观实现了实质性的推进。具体来说，就是商誉以购买时确定的价值保留在合并资产负债表中，如果有证据表明它已经减值，就需要运用减值测试将商誉减记至现行价值。如果公允价值随后上升，商誉减值则不能转回，因为随后的增加实际上是内部产生的自创商誉。

可以想到的是，商誉摊销的取消应该会减少管理层强调备考收益的动机。然而，随后Heflin 和 Hsu（2008）研究发现，虽然备考收益和 GAAP 净收益的平均差额在 21 世纪减少了，报告备考收益的公司数量却没有减少。

⚡ 实务中的理论 7–6

我们用 Toronto-Dominion 银行 2000 年的年报来说明备考收益。在管理层讨论与分析中，该银行披露 2000 年、1999 年、1998 年基于经营现金的净收益分别为 20.18 亿、14.72 亿、11.83 亿美元，并解释这是排除了一些非正常经营项目的结果。这三年合并报表的 GAAP 净收益分别为 10.25 亿、29.81 亿、11.38 亿美元。对于 2000 年，两种利润的差异是因为当年收购加拿大信托产生了商誉和重组成本，商誉摊销的税后影响为 12.03 亿美元，重组成本为 4.75 亿美元。很明显，这两种盈余序列会让人对银行的经营以及它的收益趋势产生不同的印象。

无论其对备考报告的影响如何，取消商誉摊销并不一定能防止管理层在商誉方面的机会主义行为，因为商誉的初始计量以及减值测试的时间和金额都需要判断。因此，管理层对外购商誉的一些操纵能力仍然存在。近年来兼并收购活动的不断增加也导致外购商誉激增，这使得人们对此的担忧进一步加剧。Muller，Neamtiu 和 Riedl（MNR，2012）的研究发现，2002—2007年，美国有外购商誉的公司数量增加了超过 50%，同时这一期间商誉的年均增长率约为 17%。基于在这一期间报告了商誉减值的公司样本，MNR 发现管理层的内部交易在报告前 6 个月至 2年不等的时间呈现为净卖出，且这种净卖出发生的频率要显著超过没有发生商誉减值的公司样本。作者认为管理层早在报告两年之前就已经获得信息也并非不合理。商誉的减值测试往往每年进行一次，再加上管理层有能力在一定程度上推迟减值确认的时间，这就导致了上述情况的发生。这一发现表明，管理层确实利用了其关于未来商誉减值的内部信息。MNR 并未发现在报告前 6 个月内的内部交易证据，他们认为较近的时间范围中，内部人可能担忧诉讼风险，因而未进行交易。

Ramanna 和 Watts（RW，2012）研究了管理层不记录商誉减值的决定是否反映了他们的私人信息，抑或是机会主义。他们研究了 2003—2006 年 124 家商誉未受损、账面市值比（BTM）连续两年超过 1 的美国公司。他们认为，BTM 超过 1 表明投资者认为公司净资产的未来盈利能力低于资本成本，这与负商誉一致。特别是当这种情况持续一年以上时，有理由认为公司账面记录的商誉可能会受损，除非管理层有一些关于未来现金流量的有利的内部信息，而这些信息他们无法可靠地传达给市场。

RW 以股份的市场回购或内部股票购买作为存在有利的内部信息的证据，管理层可以利用这两种方式向市场释放公司股票被低估的信号。与记录了商誉减值的对照组公司相比，RW 没有发现任何证据支持避免商誉减值的管理层拥有有利的内部信息。然而，RW 确实发现，那些避免减值的公司更有可能持有债务契约和管理者薪酬契约，这些契约将受到商誉减记的影响。我们将在第 8~10 章中详细讨论这些契约激励机制。

尽管一些管理层可能会出于机会主义的原因而忽略或推迟商誉减记，但这可能带来负面后果。实务中的理论 7-7 阐述了管理层延迟减值确认可能导致的后果，包括对商誉的减值确认。

💡 实务中的理论 7-7

布罗德温能源公司（Broadwind Energy）生产风力涡轮机的塔器和传动系统，公司位于美国伊利诺伊州，在纳斯达克证券交易所上市。

2009 年，公司意识到其财务前景会由于两个关键客户业务的减少而显著下降。在 2009年的 MD&A 风险披露中，公司未能告知投资者这一下降的风险。相反，它发表了一般性的声明，称 2007—2008 年股市崩盘以来的经济衰退，可能导致固定资产、商誉和其他无形资产的减值，而关键客户未来现金流入预期的变化可能表明这些资产潜在的减值。该公司继续表示，公司进行了年度减值测试，但没有记录 2009 年的减值损失。事实上，公司提示减值可能在未来发生，而实际上减值已经发生。

与当前而非未来的减值的影响一样，公司在 2009 年的收入减少，有可能导致违反债务条款。为了避免这种情况，该公司提前确认了收入，例如，超额装运（并同意支付客户产生的任何持有成本），以及延迟确认退货。管理层在 2009 年的 MD&A 中没有披露这些策略，也没有披露它们对 2010 年收入的可预见的负面影响。

更糟糕的是，公司在 2010 年 2 月完成了股票发行，没有披露任何与此相关的事件。股票发行后不久，该公司就进行了减值计提。该信息披露之后，公司的股价下跌了 38%。

SEC 指控布罗德温能源公司及其首席执行官和首席财务官"违反会计和信息披露规定，故意对投资者隐瞒重要信息，即两个关键客户业务的减少导致了公司财务前景的大幅下滑。"[27] 为平息指控，该公司在 2015 年同意支付 100 万美元和解，其首席执行官和首席财务官同意分别支付约 70 万美元的罚款。

7. 11. 3　自创商誉

和外购商誉不同，自创商誉不存在现成的、可辨认的交易用于价值确认。因此，一些可能创造商誉的成本，如研发成本，通常在发生时就被冲销了。实际上，IAS 38 禁止将内部产生的商誉资本化。前面已经提到，这些内部产生的商誉会在未来的利润表中以异常盈余的形式表现出来。这种确认滞后是股价像第 5 章提到的那样对盈余公告做出反应的主要原因。市场会仔细观察净收益以寻找关于未来盈利能力的线索。

不过，正如在 6.8 节中讨论的，净收益可以解释的股票异常收益的比例很低，而且还在继续降低。Lev 和 Zarowin（LZ，1999）探索了这一解释力度降低的原因，他们发现盈余的价值相关性在不断降低。这里，我们看看 LZ 对这一解释力度降低的研究，他们认为主要原因是没有对自行开发的无形资产进行正确的会计处理。

LZ 的观点很容易理解。假设一家公司本期发生了研发支出，并作为本期费用处理，这会降低本期的报告净收益。不过，如果投资者预期研发支出能够带来对未来的积极影响，他们不会因为本期较低的报告盈余而惩罚公司，反而有可能通过推高股价来奖励公司。很明显，如果公司的股价对导致本期净收益下降的研发成本做出正面的反应，那么股票异常收益和净收益的相关性就会显得很弱，ERC 会很低，甚至可能是负值。LZ 进一步指出，在放松管制、创新和竞争等的推动下，大多数公司用于开发无形资产的支出越来越多，这加剧了股票异常收益和净收益的低相关性。实际上，现行对研发支出的会计处理的结果是，无形资产的成本与收益是不匹配的。LZ 指出，这些因素是导致 R^2 和 ERC 较低且仍在降低的主要原因。

为论证这一观点，LZ 选取了一些高研发强度的公司作为样本，这些公司的研发成本一直在增长。虽然研发成本只是无形资产的一个项目，但由于研发是自创商誉的主要来源，所以他们把注意力集中在研发成本上。LZ 发现样本公司的股票收益和报告盈余的相关性显著低于另一个由低研发强度公司组成的样本，从而支持了他们的观点。如果研发项目通过了测试，如仿真模型或者临床实验，研发项目的累计成本就可以资本化。LZ 认为，虽然此时资本化可能会降低可靠性，但是合理地权衡相关性和可靠性后，资本化仍然是可行的，而且它会向市场传达公司关于研发的内部信息。资本化后的成本在资产使用寿命内摊销。

显然，准则制定机构不愿意资本化研发成本是基于对可靠性的担忧。不过，Kanodia，Singh 和 Spero（KSS，2005）指出，要使研发成本资本化对投资者和社会的价值最大化，需要舍弃一定程度的可靠性。

为了理解 KSS 的观点，我们假设，公司不按照现行的准则而是按照 LZ 的提议，将预期成功的研发项目成本资本化，将预期不成功的研发项目成本费用化。假定对研发项目成功或不成功的初始划分是完全可靠的，那么市场将清楚地知道成功的研发项目的成本。

市场对这些成功的研发项目的成本的反应可以分成两个部分。第一个部分是股价会对研发投入导致的预期盈余增加做出正面反应。研发投入的金额也是一种信号。公司的研发潜力越大（优秀的研究人员、识别有前途的领域的能力、研发产生的未来专利的盈利能力），研发的投入就越多。当市场不了解研发潜力的信息（属于管理层才知道的内部信息，无法令人信服地传达）时，研发投入可以作为研发潜力的指示信号。这产生了市场对研发成本反应的第二个部分——研发投入越多，研发潜力就越大。基于以上两个原因，资本化的研发成本越高，市场越愿意推高公司的股价。

现在，站在管理层的角度考虑上面的情形。当管理层知道市场对研发成本的反应后，他们会过度投资研发活动。更精确地说，管理层会推动研发投资超过边际成本等于边际收益的临界点，从而降低未来的盈利能力。

投资者在高价买入公司的股票后会马上意识到，由于存在过度研发投资，公司盈利能力并不像他们想象的那么强。因此，他们会降低关于研发活动盈利能力的期望，股价将下跌，直到符合公司的实际盈利能力为止。不过，公司的过度研发投资仍将持续一段时间，因为这些成本已经发生。

不过，这样的结果并不好，投资者或者社会并不想要过度投资。值得注意的是，我们上面的论述都是基于研发成本的报告完全可靠的假设。

现在，我们考虑一种更加实际的情形，报告不再完全可靠。有些公司的资本化研发成本可能完全不具有盈利潜力，有些费用化的成本可能盈利潜力很大。

站在投资者的角度看，缺乏对研发成本盈利潜力的了解会产生估计风险。这样，对于同样的研发成本，市场的反应会弱于报告在完全可靠情形下的反应，公司过度投资研发活动的动力也就会减弱。KSS 的研究表明，随着管理层在研发盈利能力方面的内部信息优势的增加，抑制过度研发投资所需的可靠性会下降。我们可以得出结论，理论上，在管理层有动机过度投资的情况下，研发成本报告缺乏一些可靠性是可以容忍的，这和 LZ 的建议是一致的。

7.11.4　回顾剩余收益模型

计量商誉的另一种方法是利用 6.9 节中讨论的剩余收益模型。回忆一下在 6.9.3 节中，我们在估计加拿大轮胎有限公司的股票价值时，对商誉价值的估计是 42.75 亿美元。或许这一数额可以作为加拿大轮胎有限公司商誉的公允价值，正式计入资产负债表。当时我们围绕这一估计讨论了一些可靠性问题，如果这一估计是管理层做出的，它将能传递有关加拿大轮胎有限公司预期未来盈利能力的信息。[28]

或者，计量商誉的剩余收益法也可以用于外购商誉的减值测试。在加拿大轮胎有限公司的例子中，外购商誉的账面价值超过了 42.75 亿美元，这意味着应该确认外购商誉的减值以使价值不超过这一数额。[29] 不过，这种方法混淆了外购商誉和自创商誉的区别。例如，外购商誉可能一文不值，它的价值应该冲减为 0，42.75 亿美元全都是自创商誉的价值。[30]

7.11.5　小结

无形资产会计是对估值观的终极检验。把估值观用于商誉会计会碰到很多可靠性问题。初始确认取决于管理层对被收购公司所有可辨认资产和负债的估值。根据以前的准则，由于很难确定使用寿命，商誉摊销基本上是比较随意的，尽管投资者也很容易将摊销予以还原（因为摊销程序是机械的）。管理层不喜欢商誉摊销，并采取措施以避免摊销。准则制定机构已经转向外购商誉的估值方法，通过引入新准则，只有在存在减值证据的情况下才对其进行减记。然而，减值决定取决于管理层对公司未来产生现金流量能力的估计，因此可靠性仍然是个问题。

当商誉是自创的时，还面临进一步的可靠性问题。准则制定机构对此的反应往往是要求将产生商誉的无形资产成本在发生时就计入费用。这带来了成本和收入不匹配的问题，也是报告盈余价值相关性很低的根本原因。改进自创商誉会计处理的一个建议是，将成功的研发项目资本化，然后进行摊销。第 6 章讨论的净剩余理论和剩余收益模型可以为自创商誉的公允价值估计提供一个框架。

7.12　风险报告

7.12.1　β 风险

CAPM 背后的理论（见 4.5 节）表明，对理性投资者的投资组合多样化而言，股票的 β 值是反映公司特定风险的唯一指标。我们在 6.2.3 节中讨论过这个理论，得出结论，即使有证据表明其他的指标也可以解释股价的波动，β 值仍然是一个重要的风险指标。

我们通常采用基于市场模型进行回归的方法得到 β 值。不过，正如 6.2.3 节中提到的那样，β 值是有估计风险的，尤其是当它不固定的时候。财务报表信息此时可能会有所帮助，因为 β 值和一些基于财务报表的风险指标相关。而且这些指标可以比市场模型更快地反映 β 值变化的方向和大小，市场模型需要好几期的数据重新估计 β 值。

Beaver, Kettler 和 Scholes（BKS, 1970）第一次研究了 β 值和基于财务报表的风险指标之间的关系。他们选择在纽约证券交易所上市的 307 家公司，截取 1947—1956 年和 1957—1965 年这两个期间的样本数据，用市场模型估计这两个期间样本公司的 β 值，然后计算出一些相同期间的基于财务报表的风险指标。

BKS指出，与当前的 β 值相比，与 β 值最相关的几个会计变量可以更好地预测 β 值，这支持了我们的观点，即会计风险指标能更及时地反映 β 值的变动。

这些相关性的结果可能令人很惊讶，为什么以市场为基础的风险指标会与会计变量相关，这在理论上并不清楚。不过，Hamada（1972）指出，在理想环境下，债务权益比率和 β 值有直接的联系，Lev（1974）也表明，在理想环境下，经营杠杆和 β 值也有直接的联系。BKS的结果表明，这些联系至少部分存在于非理想环境下。

这些结果背后的道理是显而易见的。公司的经营杠杆和财务杠杆越高，在经济状况好的时候，公司获益越多，反之则损失越惨重，因为高杠杆意味着公司成本结构中固定成本的比例较高。因此，业务量变动会极大影响利润。市场知道这一点，于是在经济状况好的时候，市场会对杠杆较高的公司给出较高的股票价格，反之亦然。股票市场指数也会随着经济状况的好坏升高或降低。既然 β 值衡量的是公司股价相对市场指数变动的幅度，那么很显然，公司的杠杆越高，β 值越大。

BKS的发现对财务报告有重要启示。Hamada的研究表明，市场运行越好，有关市场 β 值的债务权益比率的信息内涵就越丰富，当然这是假设所有的负债都会计入资产负债表。未合并表外主体（引发了1.3节所述的2007—2008年的股市崩盘）以及误用回购交易（实务中的理论7-4）就是两个关于负债漏报的典型例子。在7.8节中所提到的新会计准则力图阻止这一情况的发生。把所有的负债都计入资产负债表中，可以改进对债务权益比率中债务部分的计量。

Lev的研究表明，如果投资者打算从财务报表中推断出 β 值，公司就应该分开核算固定经营成本和变动经营成本。令人惊奇的是，财务报告似乎在此无所作为。事实上，Ryan（1997）指出，完全成本法（absorption cost accounting）将固定成本包含在存货成本中，这增加了评估经营杠杆的难度。

7.12.2　为什么投资者关注公司特定风险

公司管理风险是出于让公司的运行为所有利益相关者（包括员工、客户、供应商和股东）服务。BKS的研究结果告诉我们，会计指标对公司的市场风险或 β 值具有信息含量。然而，会计准则要求披露公司特定风险及其管理方式。如果投资者能够多样化他们的投资组合，并且能够自己来管理这种风险，那么关于公司特定风险的信息是否具有决策有用性呢？我们可以提出管理并向投资者报告公司特定风险的理由：

● 披露公司的风险管理策略也许可以减少由逆向选择问题导致的投资者对估计风险的担忧。这可以参见3.6.3节中加拿大轮胎有限公司的管理层讨论与分析，他们对如何控制各种各样的风险进行了大量的讨论。

● 正在计划巨额资本支出的公司可能希望在需要资金的时候更容易取得。对于快速成长的公司和外部融资成本很高的公司来说，这尤为重要。风险管理，如套期，可以减少现金流量风险。

● 在7.9.2节中我们提到，管理层可能会利用衍生工具投机。这是一种增加风险的风险管理行为。投资者很难分散投机风险，因为亏损可能非常大，威胁到公司的生存。这个时候，充分披露风险管理的策略和各种衍生工具的公允价值及未实现利得或损失，就显得尤为关键。

● 在 6.10 节和 6.11 节中提到，稳健性会计可以帮助减少由于损失而引起的法律责任。然而，管理风险可以防止损失产生。

● 在 10.4.3 节中还将讨论一个理由，如果管理层的薪酬取决于公司盈余，那么风险规避的管理层可能会使用衍生工具以减少薪酬的波动。

7.12.3 股票市场对其他风险的反应

根据多样化投资理论，投资者可以通过投资组合降低或消除公司特定风险，然而公司仍然会对其特定风险进行管理和报告，对于这一现象，我们在上节已经给出了几个理由。在 3.6 节中，我们也看到管理层讨论与分析中须包含风险和不确定性讨论，尤其是下行风险。3.7.1 节中提及的概念框架还扩展了会计人员的责任，从充分披露扩展到管理层解释。由于大多数管理层讨论与分析都与风险管理有关，我们可以看到准则制定机构越来越重视 MD&A 中的风险报告。

IFRS 7 和 FASB 准则要求的补充披露很多也与风险相关，这些补充披露包括市场信息、流动性信息、信用风险信息以及公司的风险管理政策等。

上面介绍了这么多报告风险的要求和理由，可是我们忘了一个问题，除了 β 值，股票市场是否会对这些风险做出反应？这个领域的很多实证研究都涉及金融机构的利率风险。在金融机构的报表中，金融资产和负债是主要项目，风险相关的披露准则大多也与金融资产和金融负债有关。

Hodder，Hopkins 和 Whalen（HHW，2006）研究了 1996—2004 年美国银行的利率风险。他们首先为每家银行计算了他们定义的完全公允价值（full fair value，FFV）收益。这种盈余的计算方式为：将银行所有金融资产和负债的未实现利得与损失加到净收益中。计算完全公允价值收益的信息来源包括其他综合收益（报告特定投资和现金流量套期工具的未实现利得或损失）、补充披露信息和向监管机构提交的各种文件。

然后，HHW 计算了完全公允价值收益的方差。完全公允价值的波动可以衡量银行未套期的利率风险。HHW 发现在样本期间，对样本中的大多数银行而言，其完全公允价值收益的波动大大超过了综合收益的波动。这个发现意味着综合收益只包含了一小部分关于银行利率风险的信息，其他没有出现在综合收益中的利率风险涉及存款（非公允价值计量）和持有至到期证券（在美国 GAAP 下，现行价值减少时减值，上升时不转回）。这个发现还表明，和以前研究发现的一样，银行并没有对所有的利率风险进行套期（如果它们这样做了，完全公允价值收益的波动就会较小，且低于综合收益的波动）。

HHW 还发现，在控制了其他影响利率风险的因素如到期日缺口后，完全公允价值收益的波动与股价负相关，与资本成本正相关，再次表明投资者对公司特定风险很敏感。确实，这些发现告诉我们，如果可靠性水平合理的话，那么公允价值会计的使用对投资者的决策更有帮助，因为它可以帮助投资者更好地评估风险。

Ahmed，Kilic 和 Lobo（AKL，2011）研究了 SFAS 133（当时生效的是 FASB 的衍生工具

准则，现在相应的准则为 ASC 815）对 141 个美国银行样本的风险的影响。他们以 SFAS 133 生效年份即 1998 年（SFAS 133 在当年要求所有衍生工具以公允价值计量）为界限，对比了生效前后两年的影响。AKL 采用支付的债券利率来计量银行的风险（控制了其他影响风险的因素）。对于被 SFAS 133 指定为套期的衍生工具，作者发现套期程度与利率之间的负向关联在 SFAS 133 生效之后更为强烈。他们认为银行债务资本成本降低的原因在于债券投资者对套期会计信心的提升，而这种信心的提升则来自 SFAS 133 对套期相关文件要求的提升及套期保值效率的提升。

总之，市场会对利率风险做出反应，说明银行并没有对此风险进行充分的套期，权益和债券投资者没有或者不能完全分散消化这个风险。然而，在目前的混合计量体系下（见 1.2 节），综合收益不像 FFV 收益那样传达全部风险信息。

我们认为，在 β 值以外的风险来源中，金融机构的利率风险将是对投资者最有用的风险之一。其他行业的公司也会面临风险，市场是否依然会做出反应呢？Wong（2000）研究了 1994—1996 年 145 家制造业公司的外汇风险。他发现，样本中的有些公司，其股价对外汇敞口具有敏感性，这表明公司和投资者没有完全分散他们的外汇风险。不过，无论是外汇工具的公允价值还是账面价值都不能解释敏感性的大小。一个可能的原因是，投资者充分分散了他们的证券投资，从而对公司的外汇风险不敏感。但是，Wong 将未能出现预期结果归结为年报中对套期的披露存在缺陷。他建议在年报中通过对金融工具进行分类，分别披露金融工具的名义金额、公允价值、多头和空头情况以及到期日。这些内容的大多数现在已经要求披露了。

7.12.4　风险报告的估值观

前面讨论的披露主要还是以定性披露为中心——它们向投资者传递信息，让投资者自己进行风险评估。多数风险信息都是在管理层讨论与分析中披露的，如在 3.6.3 节中讨论的加拿大轮胎有限公司的例子。风险报告也正朝着估值观方向前进。

有两种定量分析方法值得关注。第一种是**敏感性分析**（sensitivity analysis），即分析相关商品价格、利率、汇率等变动对盈余、现金流量或者金融工具公允价值的影响。第二种是**风险价值**（value at risk），即由未来价格极端变动（变动较大但发生概率较低）导致的盈余、现金流量或者公允价值的损失。根据 IFRS 7 的规定，公司需要选择其中一种方法披露。

这些风险计量方法都要求公司而不是投资者进行风险评估。我们也预期，只有公司才能最准确地估计其自身的风险。因此，后两种风险计量方法有潜力提高决策有用性。

微软公司是广为人知的风险价值方法的使用者。它面临着外汇风险、利率风险、产品价格风险和证券价格风险等，公司通过期权和其他衍生工具为这些风险进行套期。微软并没有为这些风险做完全的套期，那样成本太高。但是，微软使用风险价值方法估计未套期的风险敞口，并在年报中报告估计结果。我们可以猜测，微软公司会调整套期活动的程度，以将风险控制在它愿意承受的水平。

微软公司 2017 年年报披露，其由于利率、货币、产品和权益价格风险导致的资产损失有

97.5%的概率在一天持有期内不会超过 2.07 亿美元（损失超过这一数额的概率为 2.5%）。当然，如果市场不景气超过一天，损失将扩大。然而，微软公司 2017 年报告的净收益为 212.04 亿美元，投资者知道一天内由于价格风险导致的损失超过净收益的 1% 是不太可能的。前面的分析主要应对的是下行风险，不过似乎没有什么理由阻止把风险价值方法应用在上行风险上。假设价格分布是对称的，在价格变动有利的情况下，微软公司也不太可能在一天内因为价格变动盈利超过 2.07 亿美元。

风险价值方法的一个难点是估计价格的联合概率分布，包括各种价格风险的相关关系。微软公司通过追踪历史价格的变化并假设市场运行正常，来应对这个难点。这是一项令人生畏的工作。例如，假设一个组合面临 10 种价格风险，就需要估计 10 个预期值、10 个方差和 45 个相关系数。在年报中，微软公司提到它追踪了 1 000 个风险。

银行也会使用风险价值衡量它们交易活动的风险，用于交易的证券组合的价值波动是银行总风险的重要组成部分。Liu，Ryan 和 Tan（2004）选择了 17 家美国大型银行作为样本，考察它们 1997—2002 年一天风险价值的披露情况。他们发现风险价值可以为预测下季度交易收益提供帮助。这意味着风险价值的计算精度虽然不够，但它仍然具有提高决策有用性的潜力。

然而，2007—2008 年 ABS 和信用违约互换市场崩盘，使得风险价值估计的一些问题变得非常明显。正如 1.3 节中指出的，金融机构用信用违约互换为金融工具的部分或者所有风险进行套期。当计算风险价值的时候，如微软公司，它们只考虑未套期的风险。

由于 2007—2008 年的股市崩盘非常严重，流动性和交易对手风险涌现。投资者因为 ABS 缺乏透明度而拒绝购买，信用违约互换的发行人又没有足够的财务能力支付所有的索赔。这使得 ABS 的公允价值继续降低，并导致持有这些金融工具的公司产生巨额公允价值减值。事实上，用于估计风险价值的价格变动联合概率分布并没有考虑股市崩盘的风险。微软公司指出它的风险价值估计不考虑流动性风险。

这就提出了一个问题，风险价值的使用者要不要在估计价格变动的联合概率分布时修正他们的程序，把流动性风险考虑进去？不可否认的是，整个经济体缺乏流动性是稀有事件，因此把流动性风险考虑进去是存在问题的。不过，风险价值没能预测到 2007—2008 年很多公司遭受的大额减值，并因此招致大量的质疑。至少，公司可以为总风险提供风险价值衡量标准，像对未套期风险做的一样。

7.12.5　小结

我们认为，投资者不仅会考虑 β 值，也会考虑公司特定风险，对金融机构更是如此。金融机构的股票和债券回报对风险敞口的反应以及对套期措施的反应都说明了这一点。我们在第 5 章提到市场对财务会计信息的反应显示了它的有效性，在 6.7 节中我们认为证券市场接近半强式有效，这里的发现更加支持了这些结论。为应对披露风险的需求，财务报告中增加了风险讨论、如何管理风险以及金融工具的补充披露等内容。这可以帮助投资者更好地估计投资回报的金额、时间和不确定性。

财务报告要求为投资者提供定量风险信息，如敏感性分析和风险价值等。虽然还存在一些技术上的问题，但这些仍显示了风险披露在估值观上的进步。

7.13 有关估值观应用的结论

正如我们在第6章所描述的那样，对财务报告应用估值观的原因很多，其中包括：（1）以历史成本为基础的净收益缺乏相关性；（2）对证券市场非完全有效的理论与证据所做出的反应；（3）采用会计变量来描述公司价值被进一步接纳；（4）财务报表高估所导致的审计师法律责任。上述这些因素结合起来使得准则制定机构确信提升相关性（即现行价值会计）是有必要的，即便要以牺牲部分可靠性为代价。如果缺乏有效的市场价格，现行价值的计量可能会变得不可靠，因为此时需要管理层的判断甚至可能存在操纵。

我们列举了财务报告中许多使用现行价值的例子。虽然很多仅仅是部分采用了公允价值，例如成本与市价孰低以及减值测试（包括外购商誉的减值测试）。即便是现行价值会计的单向应用，也仍然能提升决策有用性，因为它们能够揭示公司财务状况和未来前景的重大变动。

许多准则要求采用公允价值计量以定期地对价值的增减加以确认，这进一步扩展了估值观的应用。权益证券和衍生金融工具是两个重要的实例。这些公允价值准则允许将部分利得和损失纳入其他综合收益，以降低公允价值所导致的净收益的波动。然而，IASB关于不动产、厂房和设备的重估选择权则要求保持其公允价值处于最新状态。

在2007—2008年股市崩盘之后，新的IASB准则在公允价值会计上做出了部分退让。例如，根据公司的商业模式，如果持有资产的目的是获取利息收益，那么可以采用摊余成本计量。之所以要规定商业模式这一概念，是为了控制管理层在公允价值与摊余成本选择中采取机会主义行为而带来的不可靠性。新的会计准则还要求扩大金融工具相关活动的补充披露，并扩大风险披露，包括敏感性分析和风险价值等定量披露。

第7章习题

📚 注释

[1] 如果资产和负债一起使用，也可以对资产负债组进行估价。理想情况是，折现率是公司的资本成本。

　　[2] IAS 17 将其定义为融资租赁，其定义为将所有权的重大风险和报酬转移给承租人的租赁。融资租赁在 FASB 的 SFAS 13 又称为资本租赁。实际上，承租人相当于通过租赁的方式融资购买了租赁资产。许多公司采用 IAS 17 和 FASB 13 的标准，构建经营租赁以避免融资/资本租赁处理，以保持资产负债表外的融资。出于对隐性融资的担忧，IASB 和 FASB 在 2017 年改变了租赁准则，要求大多数租赁都呈现在资产负债表上。Henderson 和 O'Brien（2017）提供的证据表明，在澳大利亚、加拿大、英国和美国租赁密集型行业普遍存在避税行为。

　　[3] 这里假设使用 IASB 的公司没有采用价值重估选择权（见 7.3.4 节），如果采用，减值损失核算会更加复杂。

　　[4] 在美国准则中，用于决定资产是否减值的标准（未贴现的未来直接净现金流量）和减值后的价值（公允价值）之间的差异的一个影响是：一些在 IFRS 下被判定为减值的资产在美国准则下则不会。例如，一项账面价值为 100 美元的资产的未贴现的未来直接净现金流量可能被估计为 105 美元，尽管公允价值是 90 美元。然后，根据美国公认会计原则，该资产无须减值，而根据 IFRS 则正好相反。

　　[5] 如果该资产也可以在该商业模式下出售，IASB 随后决定要求资产以公允价值估值，从周期性调整的未实现利得和损失到包括其他综合收益在内的公允价值。实际上，虽然该资产将以资产负债表上的公允价值估值，就利润表而言，该资产将以摊销成本为基础估值，二者的差异在其他综合收益中列示。

　　[6] 2018 年之前，该分类方案既适用于债务证券，也适用于权益证券。

　　[7] 在独资公司中，净收益都是股东的收益。参见 3.7.1 节和第 3 章的注释 [23]。

　　[8] 以公允价值计量负债的选择权仅当该负债是首次记录且不可撤销时可行。如果公允价值的变动增加了错配，那么就必须被纳入净收益中。

　　[9] 出于简化的考虑，短期交易应收账款采用扣除生命周期预期信用损失的净值计价，很大程度上类似于当前的坏账会计处理。而对于长期应收账款，公司可以行使选择权来使用这种会计计量方式。

　　[10] FASB 关于贷款损失准备的规定与 IASB 的相关规定略有不同。FASB 对所有贷款损失准备的估值是基于终身预期信用损失的；也就是说，没有 IASB 的 12 个月规则。根据 IASB，由于以获得价格计算的贷款的公允价值在当时已经反映了预期贷款损失的价格，扣除终身预期信用损失会重复计算信用风险中没有恶化的贷款的预期损失。

　　[11] 作者基于回报与成交量的比例来计量股票流动性。股票价格（也即回报）相对于成交量的变动越大，这一计量值就越大。直觉上看，给定成交量水平下，股价变动越大，交易对于股价的影响越大，进而买卖的交易成本就越大，也即股票的流动性更差。

　　[12] Ng 采用公司流动性和市场流动性的协方差来计量流动性风险，这与 Lang 和 Maffett 的计量方式不同，后者采用公司流动性和公司股票的市场收益之间的协方差来计量。直觉上

看二者是相似的，但是，无论是流动性在市场低迷期间保持上升（Lang 和 Maffett），还是整个市场的流动性下降（Ng），投资者都会对流动性股票进行估值。

［13］2012 年，不再要求**投资实体**（investment entities）进行报表合并。投资实体投入资本的目的是获取资本或投资收益，抑或二者兼有，这种实体以公允价值来计量其投资并在资产负债表中列示。之所以不将其纳入合并范围，是因为考虑到投资实体所拥有的各种类型投资采用单独报告的模式更具决策有用性。

［14］与本书中采纳的半强式有效证券市场一致，重要的问题不在于崩盘前市场价格是否高于基本面价值，而在于它是否合理反映了当时可获得的公开信息。

［15］利用衍生工具投机导致破产或接近破产的例子包括加州橘子郡、巴林银行、长期资本管理公司等。想更多了解这些事件，请参见 Boyle 和 Boyle（2001），第 8 章。

［16］如果无风险利率大于 0，期权的公允价值计算会复杂一些。同样，期权经常用等价的方法，即**组合复制**（replicating portfolio），确定公允价值。复制的组合由基础股票多头和无风险资产的空头组成。每期重新确定每种证券的数量，以使得复制的组合收益与期权的收益一致。基础股票和无风险资产的市场价值容易获得，期权的回报又和复制的组合一样，套利使得期权的公允价值等于组合的公允价值。详情请参见 Boyle 和 Boyle（2001），第 4 章。

［17］由于 Robert Merton（1973）所做出的重要贡献，Boyle 和 Boyle（2001）（第 5 章，p.89）和 IASB 把这个模型叫作 Black-Scholes-Merton 模型。

［18］如果期权持有人在行权前不能分配股利，期权的价值还会受到预期股利的影响。

［19］如果一家公司股票的期权在一个运行良好的市场上交易，期权的市场价值可以被代入 Black-Scholes 模型中，然后可以求解该公司股票的隐含变动性（即波动率）。这是一种常用的衡量股票风险的方法。

［20］注意，风险可能朝两个方向发展，资产（和负债）的价值可能增加也可能减少。因此，如果一项资产的价格风险被完全套期，则公司不会因资产价值降低而受到损失，但也不能从资产价值增加中获利（见本章习题 18）。这就是统计意义上的风险概念。然而，有时风险这一术语仅指下行风险。例如，信用风险指合约另一方无法履行义务而导致损失的风险。

［21］附带权益对合伙形式的股权投资公司的合伙人十分有吸引力，因为根据美国法律，其所收到的金额作为资本利得而非普通收入征税，前提是投资至少持有 3 年（从 2018 年起，持有期缩短为 1 年）。

［22］准则制定机构原则上不同意把现金流量套期工具的未实现利得或损失递延到其他综合收益中去，而主张计入净收益，理由是套期的交易并没有发生，现金流量套期工具的未实现利得或损失与目标资产或负债无关。实际上，套期的未来交易发生与否取决于管理者的意图，正如我们在 7.2.1 节所说的，管理者的意图随时可能会改变。不过，一个相反的观点认为，否定对未来交易的预期，就是否定了持续经营的假设。需要注意的是，在这种情况下，IFRS 9 要求未来交易必须很可能发生。

[23] 在 IFRS 9 的要求下，公司也不能"过度套期"。例如，如果一家公司购买了两倍于实际所需的套期工具来防范损失，那么这就构成了投机，而非风险管理。

[24] 活跃的无形资产市场很少见。IAS 38 给出了具有活跃市场的无形资产的例子，"可自由转让的出租车驾照、捕鱼许可证或生产配额"（第 78 段）。

[25] 当然，分配到本期的异常盈余也可能是负值。这意味着公司期望的利润会小于资本成本，也就是公司拥有"负商誉"（badwill）。

[26] 当然，这不是真正的现金收益，它还包括了应计项目，比如赊销。该术语的来源并不清楚。鉴于管理层选择性的报告偏向于更高的报告数字，一些权威人士讽刺地称这些非公认会计原则的衡量方法为"扣除费用前的收益"。我们将在 11.6.3 节中进一步讨论备考收益。

[27] https://www.sec.gov/news/pressrelease/2015‐24.html。

[28] 管理层可能不愿披露这一估计值，因为这可能向竞争者泄露重要信息。

[29] 加拿大轮胎有限公司在 2016 年报中报告了 12.803 亿美元的外购商誉和其他无形资产。然而，其中仅有 4.447 亿美元是外购商誉。

[30] 想要获得更多使用剩余收益模型计算商誉的讨论，参见美国会计学会（AAA）财务会计准则委员会（2001）。

第 **8** 章

有效契约理论与会计

本章语音导读

8.1 概　述

你可能已经注意到，到目前为止，我们尚未提及公司治理问题。然而，在 1.4 节和 1.10 节中，我们认为财务报告协助公司治理，包括制定有效的契约和激励管理层业绩，这一作用与财务报告向投资者提供决策有用信息的作用同等重要。本书第 3~7 章的主题是关于财务报告对投资者的决策有用性，从本章开始则基于公司管理层的角度探讨财务报告的作用，正如我们将看到的，有效契约问题十分关键。

有效契约理论（efficient contracting theory）认为，公司[1]为了最大限度地优化自己的生存前景，将以最高效的组织方式进行运营。[2]有些公司相较其他公司股权更加分散；有些公司倾向于将业务活动放在组织内部进行，有些公司则将更多的业务外包；有些公司相较其他公司更倾向于使用债务融资等。对于一家特定公司，最有效的公司治理形式取决于其所处的法律和制度环境以及技术和行业竞争程度等因素。

有效契约是旨在使公司及其利益相关者以最低成本实现其目标的契约。[3]例如，一家公司签订借款契约时希望获得最优惠的条款。当契约向贷款人提供了有关公司真实状态的可信信息（如财务报表）时，这些条款可能会得到改进（如较低的利率）。如果改进后的条款带来的收益超过了公司提供信息的成本，那么提供信息会使契约变得更有效率。

有效契约是有效公司治理的重要组成部分。事实上，很大程度上来讲，公司是由一系列契约构成的。会计的有效契约理论的关键目标是理解和预测不同情况下和不同公司之间管理层的会计政策选择，以及财务会计如何促进契约效率。

财务会计有助于契约有效性，进而有助于公司治理的一个主要原因是，重要的契约通常有赖于会计信息。例如，管理层薪酬契约通常取决于报告的盈余，而债务契约通常包含基于会计的条款。因此，影响薪酬、债务条款及其他契约条款的会计政策在很大程度上与管理层的利益相关。需要注意的是，与有效市场理论不同，此时管理层利益的产生与不同的会计政策是否对现金流量产生影响无关。

有效契约理论强调利润表的受托责任。回想一下在 1.4 节中，我们将受托责任的功能定义为使管理层的利益与股东、债权人和其他利益相关者的利益保持一致。在利益一致的情况下，利益相关者可以相信，管理层不会从事损害其利益的机会主义行为。

有效契约理论假设管理层像投资者一样理性。因此，鉴于重要契约取决于会计变量，如果管理层认为有利于自己的利益，他们就可能会有偏地或以其他方式操纵报告盈余和营运资本的估算。这就产生了一种需求——人们期望会计政策能够控制这种倾向。有效契约的一个重要作用是提供这样的会计政策。

净收益通过证实或否定公司管理层在本年度所发布的公告（如盈余预测），从而有助于解除受托责任。这种**验证功能**（confirmatory role）通过对管理层发布的信息进行事后检查，提高了公告的真实性。需注意的是，这个功能不同于公允价值会计的现行估值功能。概念框架（见 3.7.1 节）认可了净收益的预测功能和受托责任的重要性——它指出，财务报告的目标是帮助投资者做出提供资源的决策，并评估管理层使用资源的效率与效果。毫无疑问，财务报告确实有助于投资者评估管理层对公司资源的使用。然而，这意味着要求同一套财务报表既有助于为投资者提供决策有用的信息，又要满足实现受托责任的目标。概念框架没有考虑到一个基本问题（见 1.10 节），即向投资者提供决策有用信息的最佳计量体系不一定等同于激励管理层业绩的最佳计量体系。与这个基本问题相一致的是，我们将看到有效契约理论建议的一些会计政策与我们在前几章所描述的满足投资者信息需求的会计政策不同。

财务报告的受托责任功能将管理层确定为财务会计系统的一个重要组成部分，这意味着准则制定机构必须考虑到管理层的利益。在管理层的强烈反对下，实施新的会计准则是非常困难的。因此，准则制定机构使用正当程序、妥协和**冲突解决**（conflict resolution）的方法将管理层的合理关切纳入会计准则。在本章中，我们开始研究冲突是如何产生的。

总之，有效契约理论帮助会计人员了解为什么报告受托责任是重要的，以及理解公司管理层对会计政策选择的合理关切的边界。由于管理层和会计人员之间的广泛互动，这种了解尤为重要。

图 8-1 展示了本章的结构。

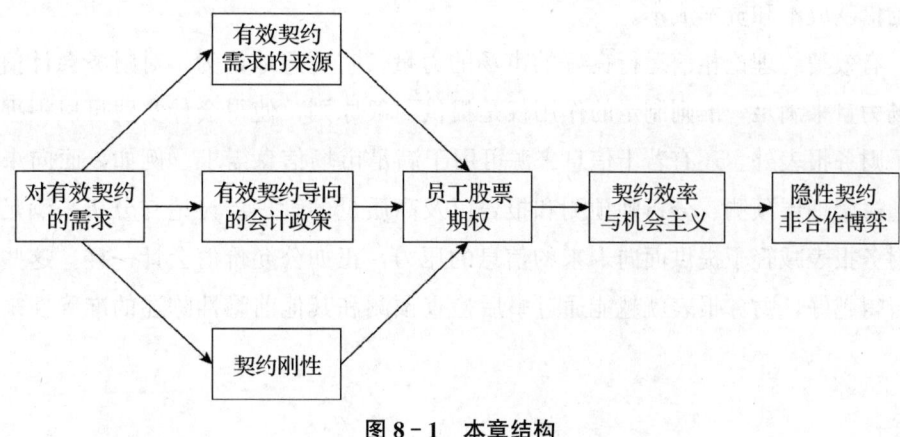

图 8-1　本章结构

8.2 有效契约理论与会计

有效契约理论（efficient contracting theory）研究财务会计信息在缓解契约各方之间信息不对称中的作用。该理论有助于有效契约的形成、受托责任的解决以及有效的公司治理。

契约中存在信息不对称是因为管理层拥有关于公司状况的内部信息，而不一定与其他契约方分享，即使分享，也可能扭曲或夸大。此外，管理层的努力有助于公司取得成功，但外部人无法直接观察管理层在经营公司过程中所付出的努力。在这两种情况下，外部契约方会关注会计信息以保证自己的利益免受侵害。

回顾 1.2 节，我们将公司治理定义为使公司的活动与投资者和社会利益保持一致的政策，有效契约正是利益协调的重要组成部分。公司与许多利益相关方签订契约，例如，客户、供应商、公司管理层、一般员工和债权人。[4] 为了实现有效的公司治理，这些契约应该**有效**（efficient）。也就是说，必须在契约的收益和成本之间做出最佳权衡。

财务会计对契约来说很重要，因为重要的契约依赖于会计信息。例如，债务契约可能包含如维持指定水平的营运资本、不超过指定的债务权益比率或维持商定的利息保障倍数等条款。同样地，管理层薪酬契约下约定的奖金通常取决于净收益，通过直接或间接报告盈余对股价产生影响。

有效契约理论假设经理人是理性和自利的。因此，经理人不被认为以公司利润最大化为目标，更一般地来讲，他们不一定按照投资者或其他利益相关者的利益最大化来行事。相反，他们只做符合他们自己利益的事。因此，经理人、债权人和股东之间的利益存在**冲突**（conflict）。有效契约理论研究如何解决这种冲突，它着重预测经理人面对新的会计准则将如何做出反应，并帮助我们理解为什么经理人经常反对新的准则。更好地理解上述内容，有助于我们设计更有效的契约来协调经理人、债权人和股东之间的利益。

除了刚刚讨论的正式契约，该理论还设想了由持续业务关系产生的**隐性契约**（implicit contracts）。例如，如果一家公司建立并维护高质量财务报告的声誉，它会使客户、债权人和投资者对其产生信任，认为公司将继续诚信经营。诚信的声誉能够使公司收取较高的产品价格，并享受较低的借款成本和资本成本。

最后，有效契约理论相信运行良好的市场的力量。它理想地认为，对财务会计信息的需求应该由市场力量来满足，准则制定的作用仅是提供一般原则，使得会计实践可以根据供需法则进行。除了财务报表外，还有若干信息来源可用于满足市场信息需求。例如，面向未来的信息需求可以通过管理层预测、分析师预测和报告以及高质量的管理层讨论与分析来满足。这些信息来源为财务报表减轻了提供面向未来的信息的压力，正如公允价值会计一样。这些替代性信息来源运行得越好，财务报表就越能通过事后检查预测和其他前瞻性陈述的准确性来发挥验证功能。

8.3 有效契约对财务会计信息的需求

8.3.1 债权人

债务是大多数公司的重要融资来源。虽然与股东一样，债权人的最终保障是现金流量，或者更笼统地说，是公司的未来业绩，但仍须注意债务契约的两个方面。首先，管理层掌握着有关公司状况的最佳信息，债权人会担心这种信息不对称，因为管理层可能不会与他们分享信息。实际上，管理层可能会选择会计政策来掩盖不利于债权人的业绩状况。因此，债权人需要防范这种可能性。

其次，债权人面临**回报不对称**（payoff asymmetry）。当公司业绩不佳时，债权人跟公司股东一样将面临损失；而当公司业绩较好时，债权人的收益却是有限的。因此，债权人非常关心如何保护自己免受财务困境的影响。因此，它们要求制定有利于避免陷入财务困境的政策，并在受到危机威胁时提供"预警系统"。[5]

8.3.2 股东

有效契约对会计政策的需求同样来自股东（以及代表股东行事的董事会——见注释 [1]），他们要保护自己的利益免受管理层的侵害。在某种程度上，为经理人设置基于业绩（如净收益）的薪酬可以控制这种侵害。同样，财务报表的验证功能有助于防止经理人高估他们的内部信息，进而防止市场高估股价。由于经理人有可能按自己的利益行事，并且因为信息不对称阻碍股东直接观察经理人在运营公司时的努力程度（道德风险问题），经理人可能选择偷懒，并通过机会主义行为，如高估资产和向上进行盈余管理，掩盖高估行为和较低的利润。这产生了对鼓励经理人负责任地努力工作和限制其机会主义行为的财务会计政策的需求。

现在我们考虑什么会计政策可以满足债权人和股东的需求。

8.4 有效契约导向的会计政策

8.4.1 可靠性

回报不对称使债权人在权衡相关性与可靠性时，相对于权益投资者更加关注可靠性。也就是说，由于债权人不直接分享公司价值增加带来的利益，他们对面向未来的好消息（如用公允价值计量的未实现利得）兴趣不大。然而，他们对面向未来的坏消息非常在意，因为这可能表明公司正陷入财务危机。因此，他们要求可靠的财务报表信息，防止机会主义的经理人采用隐瞒价值下降和夸大公司业绩的会计政策。

为了确保可靠性，有效契约导向的会计信息应当基于已实现的市场交易（即已经实际发生的交易），并且是第三方可验证的。例如，未实现的公允价值增加被认为是不可靠的，因为它们可能存在误差和管理层偏误，并且难以验证。我们在 7.2 节中指出，公允价值会计可以用受托责任解释，因为我们可以将其视为向经理人收取业务中使用的净资产的机会成本。在这个解释中，我们通过经理人赚取机会成本以上的回报能力对受托责任加以评估。然而，这一论点假设公允价值可以合理可靠地确定。因此，只有当这个价值可以可靠地确定时，有效契约理论才支持公允价值（例如，公允价值层次中的第一层次，也许还包括第二层次，见 7.2.1 节，但该理论不支持第三层次）。

需要注意的是，债权人对可靠性的日益关注使我们回到了财务报告的基本问题，即对债权人而言最优且能防范经理人机会主义行为的财务报表，不同于对权益投资者而言的最优财务报表，权益投资者更多的是基于估值目的。如前所述，概念框架似乎没有认识到这个问题，因为它指出，财务报表应该向投资者提供有用的信息，并报告管理层如何有效地利用公司的财务资源（见 3.7.1 节）。该框架意味着相同的通用目的财务报表可用于向投资者提供信息并报告经理人的受托责任。

在这方面，O'Brien（2009）质疑 IASB 和 FASB 从概念框架中删除"可靠"一词的决定。回顾 3.7.1 节，真实反映的信息应该是完整的、无重大错误和中立的（即无偏的）。特别地，O'Brien 质疑在定义真实反映时不包含可验证性（早期 FASB 定义可靠性的要素），并将可验证性从"基本的"降低为"增强的"信息特性。根据 O'Brien 的观点，准则制定机构的理由是促进公允价值会计，而从 7.2 节中对第二层次和第三层次公允价值的讨论中可以明显看出，可验证性可能存在问题。

8.4.2　稳健性

回报不对称也产生了对条件稳健性的需求（见 6.11 节），即减值测试。如上所述，债权人会受到财务困境的影响，但无法享有额外收益，这导致他们要求更多有关已发生或潜在的损失而非利得的信息。

尽管从第 7 章可以明显看出会计准则包含了很多减值测试，但这些测试可能是由于 6.10 节中描述的储蓄和贷款崩盘而产生的法律责任，6.11 节说明了在以下条件下这种法律责任的基本原理：条件稳健性有利于风险规避的投资者使用财务报表信息进行消费规划，这同样也有利于公司、会计人员和审计师，因为他们被起诉的可能性降低了。

然而，条件稳健性的有效契约依据超出了法律责任。例如，条件稳健性通过为债权人提供净资产的最低估值，帮助他们评估其贷款的安全性，从而使债权人受益。

此外，如上所述，条件稳健性可以为即将到来的财务困境提供一个预警系统。例如，一些经理人可能会在资本项目或收购上过度投资[6]，导致公司风险过高。债权人会认为这些行为违背了他们的利益，因为他们无法从高风险中获得超额回报，但他们可能会因为高风险而遭受严重的损失。若高风险无法带来超额利润也会损害经理人的声誉，因而条件稳健性不鼓励此类行动。

在条件稳健性条件下，减值确认可能导致公司违反债务契约。Tan（2013）研究了公司违反债务契约后的会计实务。他指出，债权人较之公司管理层而言有更大的讨价还价的能力（关于这种能力的例子，见实务中的理论 9-2）。Tan 认为，债权人将使用这种能力强迫管理层增加

（条件）稳健性以进一步保护他们的利益。基于 1996—2007 年违反债务契约的美国公司的大样本，他发现这些公司在违约以及违约之后的季度期间，会计稳健性显著增加，这与他的观点一致。[7]

实务中的理论 8-1 说明了债权人对会计稳健性的相关需求。

💡 实务中的理论 8-1

Aier，Chen 和 Pevzner（ACP，2014）研究了 1991 年美国特拉华州的一宗法庭案件的结果：百特通信公司（Pathe Communications Corp.）控股米高梅公司（MGM Corporation），从里昂信贷银行（Crèdit Lyonnaise Bank）贷款，抵押了一部分米高梅股票作为担保。当百特通信拖欠贷款时，银行用它持有的大宗股票的投票权让百特通信的代表离开米高梅董事会，并任命新的董事会成员。米高梅新董事会拒绝百特通信要求其出售某些资产的请求，因为出售这些资产显然会使百特通信的股东受益，但这种受益是以牺牲包括里昂信贷银行在内的债权人的利益为代价的。

特拉华州法院决定支持米高梅新董事会否决出售资产的决定，理由是当一家公司（即百特通信）在有偿付能力的情况下"濒临破产"时，它有义务保护所有利益相关者的利益，而不仅仅是股东的利益。实际上，法院倾向于公司的主体观（entity view），而不是所有权观（proprietorship view）（见 3.7.1 节）。

由于超过 50% 的美国公司是根据特拉华州的法律成立的，这一决定引起了相当大的关注。对于在特拉华州注册成立，并且濒临破产的公司，债权人对保护其利益有更大需求。

在这方面，ACP 研究了法院判决对受影响公司会计稳健性的影响。根据有效契约理论，稳健性是保护债权人的重要工具。ACP 发现，在法院裁决后，与未在特拉华州注册的控制样本相比，在特拉华州注册的濒临破产的公司的会计稳健性有所提升。[8]

Chen，Chen，Lobo 和 Wang（2010）以中国为背景，研究了债务人对条件稳健性的需求。他们指出，由于政府的支持，国有企业的违约风险低于非国有企业。通过对稳健性的衡量，他们发现，非国有企业比国有企业表现出更高的会计稳健性，这与债权人更担心非国有企业债务人的下行风险的情况是相符的。他们还得出，从非国有银行借款的企业比从国有银行借款的企业表现出更高的稳健性。作者认为，其原因在于国有银行在监控其贷款违约风险方面不够积极，因此债务人的稳健性较低。

另一种保护自己不受债权人贷款违约影响的方法是购买保险，即信用违约互换（CDS）。Martin 和 Roychowdhury（MR，2015）指出，信用违约互换现在被广泛用于为许多公司的债务提供保险。MR 还指出，如果债权人受到信用违约互换的保护，就减少了其对条件稳健性的要求。基于 2002—2009 年贷款公司的样本，MR 发现，相对于没有购买 CDS 的贷款公司的控制样本，购买了 CDS 的贷款公司条件稳健性明显更低。

同时，有研究指出了债务契约中会计稳健性的成本，以平衡降低利率带来的好处。Gigler，Kanodia，Sapra 和 Venugopalan（GKSV，2009）指出，当公司无法确保其经济状况时，会计稳健性增加了公司违反契约的可能性。违反契约的代价高昂，它们可能要求借款人和贷款人重新协商条款，甚至导致控制权的转移。因此，双方都希望确保免于违反契约，这证明了这一代价是合理的。例如，资产减值可能是由暂时性事件造成的，实际上，并不表明未来现金流量必然会减少。GKSV 证明了在这种情况下，不必要的违反契约和契约重新协商的成本超过了有利的贷款条款的收益，会计稳健性降低了契约效率。

Dyreng，Vashishtha 和 Weber（DVW，2017）对上述论点进行了检验，他们以 1993—2013 年 SEC 管辖下的 150 家公司为研究样本，这些公司一共发布了 2 200 份季度收益报告，并自愿披露其在债务契约中所报告的收益。这个数字大多与 GAAP 下的净收益有很大出入，并且 99％的观察值超过了 GAAP 下的净收益。由于包含大量减值测试的 GAAP 下的净收益本质上趋于稳健，这表明贷款人以债务契约目的而制定的会计目标并非仅仅是更稳健的报告。

为了进一步探究，DVW 使用 Basu（1997）方法（见 6.10 节）。他们发现，平均而言，用于契约目的的净收益并没有比 GAAP 下的净收益有更高的条件稳健性，契约中使用的收益数据对未来现金流量的预测明显优于 GAAP 下的净收益。这一发现与 GKSV 的上述观点一致，即会计稳健性在增加违反债务契约可能性的同时，降低了对未来现金流量的预测能力。由此，至少在这个样本中，债权人对未来现金流量可预测性的需求超过了他们对条件稳健性的需求。

我们的结论是，大量的理论和实证证据支持了会计稳健性对债权人的有效性。但是，也不应该过度强调稳健，因为过度稳健可能会导致虚假契约预警成本，降低对未来现金流量的可预测性。

股东出于了解受托责任的目的同样要求较高的条件稳健性，因为那些希望提高其声誉和报酬的经理人在稳健性较高的情况下，更难以将未实现利得计入盈余中，并更难以掩盖高估的行为。此外，记录未确认损失可能会促使经理人重新修改引起此类损失的经营政策，否则会被董事会认为不作为，并被及时纠正。因此，条件稳健性除了具有提醒债权人的作用，还提供了一种改变经营和投资政策的预警系统。

Ramalingegowda 和 Yu（RY，2012）研究了机构投资者对条件稳健性的需求。他们使用 Basu 衡量稳健性的方法（见 6.10 节），研究发现，当公司有大量专注型机构投资者（拥有公司大量股权，投资期限长，且独立于管理层的机构）时，随着这些机构持股比例的增加，报告收益呈现出更高的稳健性，这与预警可能的财务困境和避免受到经理人机会主义行为影响的需求是相符的。而对于其他采用短期投资策略的机构投资者，并没有发现这种关系，很可能是这些短期投资者对公司的长期业绩不太感兴趣。

RY 还指出，他们的研究结果集中在具有较高信息不对称和较大成长潜力的公司中，因为规模较大的机构有能力向管理层索取内部信息，直接对管理层受托责任的监督通过对不良管理政策的预警为保证稳健性提供了另一种方法。然而，这种监督在信息高度不对称和成长迅速的公司中难以实施。后一个结果表明，条件稳健性提供了一种有效的公司治理工具，有助于在直接监督难以实施的时候，保护股东不受经理人机会主义的影响。[9]

Louis 和 Urcan（2015）认为股利和会计稳健性在受托责任目标下可相互替代。他们指出，由于股息减少了现金和留存收益，希望扩大公司规模的经理人需要进入资本市场，而不是通过内部融资扩张。这有利于惩罚那些为了扩张而扩张的经理人（道德风险问题），因为他们可能会以牺牲公司价值和股价为代价，投资于现值为负的资本项目，而外部融资有利于外部投资者对投资项目进行监督，进而缓解道德风险。

然而，稳健性发挥着类似的作用，因为经理人会预期到这些有必要进行减记的减值项目。因此，Louis 和 Urcan 认为，一家公司支付的股息越多，它就越不需要会计稳健性，反之亦然。

基于 1972—2010 年的美国公司样本和稳健性指标，作者证明了股息和稳健性之间存在显著负相关关系，这与他们的观点一致。[10]

尽管上述证据表明，从债权人和股东的角度来看，会计稳健性可能被夸大了，但前述研究总体上表明，会计稳健性可以减少逆向选择问题（经理人忽视或违背债权人的利益）和道德风险问题（经理人偷懒或通过激进的会计处理操纵报告盈余）。Goh, Lim, Lobo 和 Tong（2017）研究了这两种效应的相对大小。他们以 1994—2010 年发行大量债券或股票的美国公司为样本，采用多种会计稳健性的衡量方法（包括 6.10 节中描述的 Basu（1997）的研究方法），他们发现发行股票的公司比发行债券的公司具有更高的稳健性水平。他们还发现稳健性对权益资本成本和债务资本成本都有积极的影响，其中对权益资本成本的影响更大，这种差异随着稳健程度的增加而增加。他们给出的解释是，这一结果是由于债权人可以获得其他保护，如用抵押品担保债务。因此，银行可能不太需要稳健的会计准则来保护自己。总的来说，这些结果表明，条件稳健性本身在道德风险（保护股东不受管理层的机会主义行为影响）方面比在逆向选择（保护债权人）决策方面更有用。

我们在 6.11 节中提到，非条件稳健性（选择延迟收入或加速费用化的会计程序，如加速折旧或将研发成本费用化）尽管提供了关于公司风险的信息，但没有提供关于未来现金流量的信息。非条件稳健性被认为以低于预期的价值评估资产（以高于预期的价值评估负债）有助于公司保留资产，从而保护债权人。一个例子是对研发的极端估值为零。如果以公允价值来计量研发投入，当公司陷入财务困境时，研发的价值会下降或消失，几乎不能提供贷款担保。因此，非条件稳健性降低了债权人风险。

Sunder, Sunder 和 Zhang（SSZ，2018）以 1997—2007 年的公司为样本，使用一种基于资产负债表的资产市值比率来衡量条件稳健性和非条件稳健性。[11] 他们发现，随着稳健性的增加，债务利率会降低到一定程度。对于具有高稳健性（即相对于市场而言资产价值确认较低）的公司，利率开始上升。SSZ 将此归因于这样一个事实，即已经很低的资产价值不太需要减记，从而降低了公司通过减值向贷款人提供信息的能力。这与我们上面提到的观点是一致的，过度的稳健性会使财务报表缺乏信息含量。

我们的结论是，两种类型的稳健性都有利于债权人和股东。但是，稳健性不能过度。过度的稳健性可能造成虚假的契约警报成本和更高的债务利率，而且，如果减记不是持续的，还会影响对未来现金流量的预测。

8.5 契约刚性

契约本身的性质是难以改变的。换句话说，契约是**刚性**（rigid）的。此外，许多契约，如债务契约，是长期的。如果长期契约取决于会计变量，而会计准则很可能在契约期限内发生变化，这种变化也许会对契约价值产生不利影响，增加违约的可能性。例如，收入确认或提前确认信用损失的新准则将减少报告的收益，从而增加债务权益比率，减少利息保障倍数。同样地，提升盈余波动性的准则，例如持有交易性证券或非指定衍生工具的公允估值，增加了未来违约的可能性，即使目前没有触发违约。虽然可能在会计准则变更后重新进行契约协商，但这样的过程将是漫长且高成本的——贷款者将放弃原有契约提供的额外保护，因为这些条款现在的违约可能性更大，他们可能需要一些回报，如更高的利率。此外，大多数公开交易的债券没有从分散的债券持有人那里获得协议的机制，这使得重新协商变得不切实际。

为了避免重新协商，一种可能是在契约中加入一些条款来处理意外事件。然而事实上无法预见到所有影响契约价值的未来事件，特别是新的会计准则。

还有一种可能是将用于计算契约价值的会计政策"定格"在签署合同时。然而，这需要在后续契约有效期内跟踪所有的准则变化，以分析这些变化对财务报表的影响，这样做成本高昂且极为不便。

可以说，更加有效处理公认会计原则变化的方法是允许经理人在选择会计政策时有一定灵活性（flexibility），使其能适应未预期的情况。通常，经理人可以在公认会计原则允许范围内选择一套会计政策。例如，假设一个新的会计准则，如费用化员工股票期权，可以将一个健康且持续经营公司的净收益降低至接近违反债务契约的程度。而相比于重新协商债务契约或承担违约成本，经理人通过调整应计项目，例如坏账准备、收入确认政策、摊销方法或资本性资产的使用寿命，就能以更低的成本增加报告的净收益。这样，债权人可能允许经理人酌情决定会计事项，作为有效契约的解决方案。

然而，给予经理人会计政策选择的自由裁量权的同时，也可能会导致经理人的机会主义行为。也就是说，理性经理人可以从可用的会计政策中根据自己的目的选择一套会计政策，这与避免虚假预警无关。例如，假设上一段中提到的公司并非健康且持续经营的，而是正在面临财务困境，新的会计准则将导致债务违约。为避免违约以及对薪酬和声誉的影响，经理人可能也会与健康的公司一样选择增加收益的会计政策。这种行为是机会主义的，因为他向债权人隐瞒了财务困境。虽然这些会计政策选择可能在短期内使经理人受益，但它们将损害债权人和股东的利益。实务中的理论8-2说明了这种类型的机会主义。

💡 实务中的理论 8-2

为了说明薪酬契约会产生哪些严重后果，我们考察美国联邦政府于1938年成立的房利美公司，该公司于1968年上市。公司的业务主要包括向抵押贷款发放机构提供融资，解决国民的住房问题，它还会从这些机构购买住房抵押贷款。从资产的角度看，房利美是全美最大的公司之一，它的稳定对美国住房市场非常关键。

2004年，联邦住屋企业督察局（Office of Federal Housing Enterprise Oversight，OFHEO，现在是联邦住房金融局的一部分）发布了一份报告，严厉批评了房利美公司。OFHEO是美

国政府创立的用以监管房利美和相关机构（房地美）的办公室。报告关注的问题之一是
1998 年房利美公司对抵押贷款组合折价和溢价的摊销。1998 年，利率下降，大量抵押贷款
者提早还款，因为他们可以用更低的利率借款。房利美公司就需要对抵押贷款的溢价和折价
加速摊销。根据 OFHEO 的报告，1998 年，公司应该多摊销 4 亿美元的费用，但是实际上
只摊销了 2 亿美元，剩下的递延到了 1999 年。递延处理并不影响经营现金流量，但是减少
了利润的波动。OFHEO 特别关注的是，如果公司在 1998 年的净收益再少一点，管理层就
不能取得奖金。

报告关注的另外一个问题是房利美对套期的会计处理。房利美宣称是按照 SFAS 133
（现在是 ASC 815）的公允价值处理的，2003 年年底，在其他综合收益中累积了大概 122 亿
美元的未实现套期亏损。然而，根据 OFHEO 的报告，房利美并没有恰当地指定套期，也
没有评估套期的有效性。所以，公司并不满足 SFAS 133 规定的套期会计（回想 7.9.2 节，
套期会计的一个好处是套期工具的未实现利得或损失计入其他综合收益而不是净收益）的条
件。因此，这些年来房利美公司的净收益都被高估了，如果把套期工具上的亏损转回到净收
益中还会威胁到公司的监管资本充足率。

OFHEO 就遵守 GAAP 问题与房利美董事会达成了一致。2006 年 2 月，一份董事会授
权的报告认定公司的会计系统严重不合格，并对 CFO 没能有效地监管会计系统提出了批评。
报告还列出了很多不恰当的会计处理方式，包括为维持利润平稳增长、满足分析师的预测而
操纵利润。SEC 也介入进来，声明房利美应该修正利润，随后因为会计欺诈对房利美罚款 4
亿美元。

2004 年 12 月，董事会开除了公司的 CEO 和 CFO，并公布了他们的历次分红情况和遣
散费。公司的会计师事务所也被解雇。2006 年 12 月，OFHEO 透露计划起诉公司前 CEO
和 CFO，索回多付的薪酬。房利美公司也对前会计师事务所提出了一项索赔 20 亿美元的
诉讼。

房利美公司的报告问题还发生在 2007—2008 年证券市场崩盘期间。2011 年 12 月，SEC
因为房利美低估次级抵押贷款风险而对其三位高管（包括 CEO）提起民事诉讼。例如，在
2007 年的公开披露中，公司报告指出其单户抵押贷款总额中只有 0.2%，约 48 亿美元是次
级贷款，而省略了专门针对信用记录较弱的借款人的 434 亿美元的贷款。此外，房利美公司
低估了次级贷款的风险。回想 1.3 节，放松抵押贷款的做法被认为需要承担 ABS 市场崩盘
的大部分责任。根据 SEC，这一结果是对投资者的严重误导。与这种误导相一致的是，房
利美的股价在崩盘的前一年提升了 20% 以上。

在此期间，三位高管获得了大量且不断增加的激励计划奖金，这与公司和个人的业绩相
关。回顾之前所述，他们对次级贷款的低估显著影响了报告的业绩，进而对奖金产生了
影响。

2008 年，房利美公司报告了 23 亿美元的亏损，主要是高风险资产的损失。同年美国政
府接管了公司，三名高管在 2008—2009 年被解雇。

鉴于契约刚性，对公司而言最优的整套会计政策面临着权衡取舍。一方面，事先严格规定的会计政策将最大限度地减少经理人选择会计政策的机会主义行为，但由于缺乏会计灵活性难以满足不断变化的环境而产生了成本，例如新的会计准则影响了债务契约和薪酬。另一方面，允许经理人在广泛的会计政策中进行选择，将降低契约刚性的成本，并使得公司承担经理人机会主义行为的成本。

无论有多少可选择的会计政策，会计准则的变化都与经理人相关。如果经理人不具有灵活性，当一个新的会计准则减少了净收益时，可能会导致经理人改变经营策略，如减少研发或维护的开支。如果经理人具有灵活性，则可以改变为（或附加使用）不同的会计政策，如延长资本性资产的预计寿命，或改变收入确认的时间，以增加报告的净收益。还存在一些其他情况，例如，一个新的准则导致增加了盈余波动性，则经理人可以通过增加套期活动进行抵消。当经理人对会计准则变化做出反应而改变会计政策和/或改变经营决策时，我们认为准则变化产生了**经济后果**（economic consequences）。

如果特定的经济后果是避免一些其他成本的最低成本方式，则该经济后果可能与有效契约是一致的。例如，当公司的经济状况无法为违约提供担保时，债务契约的技术违约所带来的成本；或者为避免合格的经理人因基于业绩的较低的薪酬离开公司而带来的成本。然而，如果经济后果的影响只是推迟了投资者意识到财务困境的存在，或者只是体现为业绩不佳的经理人保持声誉与薪酬的行为，那么它也可能是机会主义的。区分这两种可能性是有效契约研究的重要组成部分，其中一些研究将在 8.8 节进行描述。

需要注意的是，根据 4.3 节所述的有效市场理论，如果会计准则变更得到充分披露且没有对现金流量产生影响，则不会产生经济后果。这种变更对经理人并不重要，即便是产生了经济后果，对于公司和经理人而言，他们也不会因为报告盈余的变化而受到奖励或惩罚，因为有效的市场将使得准则对财务报表的影响透明化。然而，我们一旦考虑到有效契约问题，经理人就需要关心会计准则的变化是否会对现金流量产生影响，正如刚刚讨论的，这可能改变其会计政策或经营活动，并进一步影响其薪酬。所有人都知道会计政策对经理人很重要，从前述内容来看，有效契约对此提供了一个很好的解释。

Dichev 和 Skinner（DS，2002）支持了经理人重视会计政策的观点。他们的研究对象是私人贷款协议[12]，这些协议都包含要求维持一定流动比率或者一定资产净值的条款。

对于每一家样本公司，DS 计算了借款期间公司在每个季度的协议安全边际（covenant slack），例如，对于流动比率，第一个季度借款的协议安全边际是指季度末公司的实际流动比率和协议条款要求维持的流动比率的差额。每家公司在每个季度的流动比率和资产净值水平的协议安全边际都需要计算。为了避免违约，公司的协议安全边际应该为非负值。

DS 发现，样本中协议安全边际为零或者略大于零的期数显著地多于经理人没有进行操纵的情况下预期的数值，协议安全边际略小于零的期数显著地小于未操纵时预期的数值。这些结果与经济后果的观点一致，经理人会选择会计政策，使得协议比率刚好达到或者超过要求的水平。

在公司首次违反债务条款的季度和前一季度，维持协议安全边际为零或者略大于零的趋势特别明显。DS 指出，首次违反债务条款的成本要高于以后违反的成本，因为债权人会迅速采取行动维护他们的利益，经理人和公司的声誉也会受到很大的损害。因此，经理人会特别努力地避免对债务条款的首次违约。这个结果支持了经理人是理性的假设——当失败的成本很高时，我们可以预期经理人会努力工作以避免失败。

8.6 员工股票期权

我们现在考察公司管理层对会计政策特别关注的领域，即有关对发行给管理层或其他员工的股票期权的会计处理。股票期权是指持有人拥有在某段时间以事先约定的**行权价格**（strike price）购买公司股票的权利。我们将这些期权称为**员工股票期权**（ESO）。

直到 2005 年，在美国及其他一些地方对员工股票期权的会计处理都是以 1972 年会计准则委员会发布的第 25 号意见书（APB 25）为基础的。这一准则要求发行固定的员工股票期权[13]的公司在期权**授予日**（grant date）确认一笔费用，这笔费用等于授予日股价与期权行权价格之间的差额。这一价格差额称为期权的**内在价值**（intrinsic value）。大多数发行员工股票期权的公司将行权价格设定为授予日的股价，因此内在价值等于 0，这样就不用确认任何与员工股票期权有关的费用。例如，如果期权授予日的股价为 $10，将行权价格设定为 $10 就不用确认费用，而将行权价格设定为 $8，则每一份期权将确认 $2 的费用。

在 APB 25 发布的随后几年中，这种会计处理方式被广泛认为不太恰当。即使授予日期权的内在价值为 0，它仍然存在公允价值，因为基础股票的价格在期权**到期日**（expiry date）前可能会上升。不确认费用就会低估薪酬成本，从而高估净收益。此外，不同的公司其总体薪酬中期权的比例不同，这样处理会使它们的净收益缺乏可比性。1972 年以来，将员工股票期权作为薪酬的方式急剧增加，导致这些问题趋于恶化，特别是对于新成立的小型高新技术公司。这些公司特别偏好员工股票期权，因为期权具有非现金性、激励员工以及相对于其他薪酬形式会产生更高的报告利润等特征。

此外，在这一时期，由于高层管理人员所获得的高额薪酬，管理层的薪酬受到政治性的审查。公司似乎有动机授予更多的员工股票期权，因为此类薪酬表面上是"免费"的。有人认为将员工股票期权公允价值确认为费用有助于投资者辨认这类薪酬的真实成本。

APB 未要求运用公允价值对员工股票期权进行会计处理的原因之一是，确定公允价值存在难度。这一状况随着 Black-Scholes 期权定价模型的出现而得以改观。然而，员工股票期权的几个特征并不符合 Black-Scholes 模型的假定。例如，该模型假定期权能够自由交易，然而员工股票期权却不能转让，不能在权利**赋予日**（vesting date）之前行权，权利赋予日一般在期权发放后的一年或更长的时间之后。如果员工在权利赋予日之前离开公司，期权将会被没收；即使能行权，员工因此所获得的股票的出售权也可能受到限制。此外，Black-Scholes 模型假定在到期日之前期权不能行权（欧式期权），而员工股票期权是美式期权（到期日之前都可以行权）。尽管如此，许多人还是认为 Black-Scholes 模型为估计员工股票期权的公允价值提供了合理的基础。

因此，1993 年 6 月，FASB 发布了一份新准则的征求意见稿。这份征求意见稿建议公司按员工股票期权授予日的公允价值（也叫事前价值）确认薪酬费用。公允价值可在对员工在权利赋予之前退休和提前行权的可能性做出调整后，通过 Black-Scholes 模型或其他期权定价模型确定。例如，在 Black-Scholes 模型中，对提前行权的处理，可用基于过去经验估计的期望行权时间替换期权距离到期的时间。

这一征求意见稿遭到了公司管理层的强烈反对，并很快蔓延到国会。大家都比较关注由此导致的更低报告利润所引发的经济后果（股价降低、资本成本上升、管理人才稀缺、管理层和员工激励不足）。这对于前面所提及的刚成立不久并使用大量期权计划的小型公司尤为不利。为保持它们的净收益，公司被迫减少员工股票期权，这对现金流量、员工激励和技术创新都会产生不利的影响，被认为将会削弱美国工业的竞争力。通过将这份公开征求意见稿推向政治舞台，公司管理层表示，他们愿意利用一切手段来反对这项提议。

另一系列的问题与 Black-Scholes 模型精确可靠计量员工股票期权公允价值的能力有关。为理解这些关注，我们首先需要考虑的是员工股票期权的成本是什么，与其他成本不同，员工股票期权不要求现金流出。本质上，员工股票期权的成本来自当前股东股份稀释导致其在公司的利益份额下降。如果股票的市场价格是 $30，员工股票期权的行权价格是 $10，公司及其股东的事后成本就是 $20。之所以称这 $20 为事后成本，是因为它是行权时的实际成本。这 $20 也可以被认为是机会成本，由于以 $10 的价格接受新的股东，公司错过了以 $30 的价格发行股票的机会。也就是说，$20 的机会成本反映了现有股东利益的稀释。

授予日员工股票期权的公允价值，或者公司的事前成本，是事后成本的期望现值。[14] 确认该费用可以增加报表的相关性，因为未来的每股股利是基于稀释后的股份总额发放的。也就是说，未来的每股股利将由于大量股份稀释而下降。由于确认员工股票期权费用导致的利润减少传达了未来每股股利受到稀释的信息，从而帮助投资者更好地预测未来的现金流量。

然而，员工股票期权费用很难可靠地计量。如前所述，员工可能在权利赋予之后至到期之前的任何时间行权，事后成本取决于行权时股价和行权价格之间的差额。为了得到员工股票期权的公允价值，就必须知道员工的最佳行权策略。

Huddart（1994）的模型优化了这些策略。Huddart 指出，确定员工的行权策略需要知道公司未来股价的变化过程、员工的财富和效用函数（具体为风险规避程度）、员工是持有还是出售已获得的股票（许多公司要求高级管理人员持有大量的公司股票），以及如果出售可进行哪些替代性的投资等。如果公司支付股利且员工股票期权的激励效果影响了股价，情况将更为复杂。

通过进行一些简化分析的假设（包括无股利、无激励影响），Huddart 指出，Black-Scholes 模型由于假设股票期权会持有至到期，高估了其在授予日的公允价值。为理解这一点，我们首先看看期权的三个特征：

1. 持有期权的期望收益超过持有基础股票的期望收益。这是因为期权的价值不可能低于零，但是股票的价格可以低于期权的行权价格。因此，风险中性的员工通常不会在员工股票期权到期之前行权。

2. 距到期时间越长，美式期权的上升潜力（价值升高的倾向）就越大。距离到期时间越长，在期间内基础股票价格上升的可能性也越大，期权价值也就越高。提前行权会牺牲一些上升潜力。

3. 如果期权是极价内期权（deep in the money），即基础股票的价格远远超过行权价格，持有期权的收益及其概率与持有基础股票的收益及其概率是相似的。这是因为对极价内期权而言，股票价格低于行权价格的可能性很小。每次股票价值的实现导致相似的期权价值的实现。因此，如果员工被要求持有已获得的股票，他将选择持有期权至到期。收益是相同的，并且考虑货币的时间价值，在到期日支付行权价格将优于提前支付。

现在的问题是，在什么情形下员工会提前行权？Huddart 列举了两种情形。第一种情形是员工股票期权正值很小（零收益风险很高），距到期日时间短（牺牲的上升潜力很少），并且员工被要求持有已获得的股票，对风险的规避可能引致提前行权。因为零收益的可能性很大，规避风险的员工（他们会权衡风险和收益）可能认为行权而不是持有期权所降低的风险超过持有股票获得的低期望收益。

第二种情形是，员工股票期权是极价内期权，距到期日时间很短，员工可以持有已获得的股票，也可以出售股票，将取得的收入投资于无风险资产。如果员工足够规避风险，这时候相对于股票，他会更喜欢无风险资产。因为期权是极价内期权，它和股票的收益及概率分布相似。因此，持有期权还是股票，对员工来说是无差异的。既然持有无风险资产优于股票，也就优于期权。所以，员工会提前行权，出售股票，并购买无风险资产。

在随后验证关于提前行权预测的实证研究中，Huddart 和 Lang（1996）考察了 8 家美国大型公司 10 年间员工的行权模式。他们发现提前行权现象普遍存在，与 Huddart 的风险规避假设一致。他们也发现了解释提前行权的变量，例如，距离到期日时间、期权的正值程度，这些都和模型的预测"广泛一致"。

提前行权的重要性在于，授予日员工股票期权的公允价值低于假设期权会持有至到期的 Black-Scholes 模型计算的公允价值。这在上述列举的第一种提前行权的情形中尤为明显。如果期权的行权价格几乎不低于基础股票的价格，员工的事后期权成本（股价减去行权价格）就很低。虽然第二种情形下成本节约较少，依据 Huddart 的结果，公司的成本仍然低于 Black-Scholes 模型计算的结果。

随后的研究大多也表明了 Black-Scholes 模型高估了员工股票期权的事后成本。Hall 和 Murphy（2002）使用和 Huddart 不同的方法，也表明提前行权的可能性很大，使得公司的事后成本显著低于 Black-Scholes 模型的估计值。他们的分析还表明员工提前行权的决策差异性很大。

提前行权，应该是 1993 年 FASB 征求意见稿提议在使用 Black-Scholes 模型时，用期望行权时间而不是到期时间的原因。

不过，Huddart 指出，虽然用期望行权时间会减少高估程度，但不能完全消除。Hemmer，Matsunaga 和 Shevlin（HMS，1994）也证实了这点。[15] Marquardt（2002）在其实证研究中考察了基于期望行权时间的 Black-Scholes 模型估计的精度。她以 57 家美国大型公司 1963—1984 年的 966 次期权授予活动作为样本，发现模型还是倾向于高估期权的事后成本，结果和 Huddart 以及 HMS 一致。她还发现各公司成本估计的精度差异很大。

我们的结论是，员工股票期权公允价值的估计可能是不太可靠的，因为员工间行权决策的差异很大，提前行权时间的估计避免不了向上的偏误和可能的偏差。而且 Black-Scholes 模型的其他输入变量，如股价波动程度，也会影响模型估计的可靠性。

可以想象，理论和证据都表明征求意见稿（如果被实施）不可能产生可靠的员工股票期权成本估计值，这将会被反对者所利用，特别是在估计值偏高的情况下。1994 年 12 月，FASB 宣布撤回这份征求意见稿，理由是它没有得到充分的支持。事实上，FASB 转向了补充披露。1995 年发布的 SFAS 123 敦促各公司使用征求意见稿中建议的公允价值法，但是也允许使用 APB 25 中的内在价值法补充披露员工股票期权的费用，条件是补充披露基于期望行权时间的员工股票期权公允价值在等待期的摊销情况。

在 21 世纪初期，安然公司、世通公司的财务丑闻使得要求确认员工股票期权费用的压力重新袭来。回顾一下就会发现，这些公司操纵股价，通常是因为高级管理人员意图提高他们所持有的员工股票期权的价值。

当然，董事会可能会在协商经理人报酬时预测到经理人试图增加 ESO 价值的机会主义行为，在这种情况下，公司可以将这种机会主义考虑在内，从而通过降低经理人的正式报酬以对公司进行价格保护。也就是说，由于经理人市场的竞争，如果经理人能够通过机会主义行为提高其效用，他们愿意以较低的薪酬为公司工作。因此，考虑到薪酬契约，经理人有动机尽可能地采取机会主义策略。

其中一种机会主义策略是**拉高出货**（pump and dump），即经理人在行使期权前不久采取行动以提高股票价格，然后在股价回落前出售股票（有时以掩盖交易的方式）。Bartov 和 Mohanram（2004）选择了 1992—2001 年有高级管理人员行权的 1 218 家美国公司作为研究样本，发现相比于没有大规模行权的控制样本公司，样本公司的股票异常收益和利润在行权后两年平均有显著降低。他们还发现，在行权前两年，增加利润的应计项目金额异常大。作者的结论是，样本公司的高级管理人员意识到公司盈利能力不佳，所以他们就抬高公司的利润和股价，以推迟市场知道实际状况的时间，然后行权，卖掉获取的股票，最大化他们的现金收益。行权后两年较低的利润和股价是因为应计项目的转回和市场较迟意识到盈利能力下降。

Aboody 和 Kasznik（AK，2000）报告了另外一种策略。AK 研究了员工股票期权授予日前后 CEO 的信息披露活动，发现有事先预定的员工股票期权计划（CEO 知道什么时候会授予期权）[16] 的公司，其 CEO 通常采用多种手法（比如，提前公布坏消息）在发放日前降低公司的股价，从而也降低了行权价格，而在发放日后采取措施提高公司的股价（比如，影响分析师预测）。

随后，Baker，Collins 和 Reitenga（2009）考察了经理人在期权发放季度操纵应计项目，影响利润、股价进而影响行权价格的行为。他们以 1992—2003 年的美国公司为样本，发现当员工股票期权在薪酬中的比例很高（从而有更强的动机降低利润），或者前一季度业绩不好（通过减值测试或其他方法减记资产，缓和未来期间的固定成本）时，CEO 一般都会使用应计项目来调低期权发放期间的利润。不过，只有在员工股票期权授予日不是提前安排好的情况下，才能观察到这种行为。据此，作者得出结论，如果投资者可以预见期权的授予日期，他们会意识到经理人的动机，从而倾向于忽略较低的报告收益，此时经理人操纵应计项目就没意义了。注意，该结论支持有效市场理论，也说明经理人接受市场的有效性。

有些经理人也会操纵期权授予日期。Yermack（1997）就发现了这个现象，他发现经理人会给薪酬委员会施加压力，要求在好消息公布前授予非提前设定的员工股票期权（这种策略叫**弹簧载荷**（spring loading））。这会给予 CEO 一个较低的期权执行价格，并从好消息公布后的股价上升中获利。

还有一种策略叫**时间追溯**（backdating），或者叫倒填日期，这是操纵期权授予日期的极端手法。时间追溯是指把期权授予的日期倒填为某一天，这一天的股价小于实际授予日期的股价。如此，在期权授予日，期权便属于价内期权，也就是说，其内在价值为正，期权接受人也轻松获利。发放价内员工股票期权并不违规，但不完全披露倒填期权授予日期违反了 GAAP，被视为虚假报告。一旦被发现，就需要重述上年的利润，以记录实值期权中较高的费用。SEC 和公司董事会对时间追溯行为的调查使得不少 CEO 和 CFO 被解雇或辞职，正如实务中的理论 8 - 3 所描述的。

💡 **实务中的理论 8 - 3**

2006 年 7 月 20 日，SEC 宣布对博科通信（Brocade Communications Systems，Inc.）的前 CEO、人力资源副总裁、CFO 提出刑事和民事指控。博科通信是一家总部位于加利福尼亚州的网络数据存储产品开发商。

这是 SEC 对大量公司在授予员工股票期权时采用时间追溯行为进行调查以来的第一起指控。据称，被告把授予员工股票期权的日期倒填为某一天，这天的股价（24.20 美元）低于实际授予日的股价（36.56 美元），从而降低了期权的行权价格，让期权接受者轻松获利。实际上，按照 APB 25，实际发放日期权属于价内期权，公司须确认员工股票期权费用，但是时间追溯行为掩饰了这一情况。

2005 年，可能是预料到 SEC 的指控，博科通信公布了 1999—2004 年修正后的报表，包括按照 APB 25 调整了之前高估的利润。公司调整了薪酬费用，共调低了 2.85 亿美元净利润。2006 年 7 月，公司发布一项声明，表明涉事的高级管理人员与公司再无关联，并计提了 700 万美元的准备金，用于承担前管理人员行为导致的公司责任。2007 年 5 月，财经媒体报道，博科通信同意针对 SEC 的指控支付 700 万美元的罚款。2008 年 7 月，博科通信同意对时间追溯行为引起的股东集体诉讼支付 1.6 亿美元。

2007 年 8 月，博科通信前 CEO 因为隐瞒和欺诈误导投资者在旧金山被陪审团认定有罪，监禁 21 个月，罚款 1 500 万美元。然而，这个判决很快在上诉中被否决了，原因是起诉方误导陪审团，说博科通信财务部门不知道时间追溯行为。不过，法庭认为，起诉方证据较为充足，案件发回重审。在重审中，CEO 再次被判定有罪，监禁 18 个月并罚款 1 500 万美元。

更一般地，Efendi，Files，Ouyang 和 Swanson（2013）研究了在 2005 年和 2006 年首次出现时间追溯消息的 141 家公司。在控制了其他因素，如同样影响高管变更的公司业绩之后，他们发现，时间追溯与 CEO 和 CFO 变更存在显著的正相关关系，这些公司高管被强制要求离职的可能性是不存在时间追溯消息的控制组样本的两倍，这些高管被其他公司雇用到类似职位的可能性也更低。

确实，时间追溯行为的滥用损害了投资者对公司管理层的信心。Bernile 和 Jarrell（2009）考察了 129 家涉及时间追溯行为的公司，发现在时间追溯的信息曝光前后几天，这些公司的股票异常收益显著为负。作者认为被追溯的公司（并非经理人）现金成本并不高，所以股价的下降主要是因为投资者认为经理人按机会主义行事，增加了他们的估计风险。

这些策略的共同特征是可以增加极价内期权出现的可能性。这增加了提前行权的可能性，因为根据 Huddart 的分析，极价内期权更可能被提前行权。

显然，经理人不太可能承认这种行为。不过，如果员工股票期权一定要费用化，它们作为薪酬工具的使用将会减少，从而也会减少经理人为其自身利益操纵期权的动机。这毫无疑问地支持了员工股票期权费用化会产生经济后果的观点。

以上描述的种种对期权的滥用现象以及会计人员在计量时应对复杂情况（如提前行权）能力的增强[17]，使得准则制定机构决定克服重重阻力。2005 年生效的 SFAS 123R（2004）（现在是 ASC 718 - 10 - 30）要求按照期权的事前成本确认费用，IASB 的 IFRS 2（2005）也做了类似的规定。[18] 尽管和 1993 年发布征求意见稿一样，很多人表达了对经济后果和可靠性的担忧，但准则仍然被要求执行。

事实上，公司管理层对员工股票期权费用化的关注似乎产生了一些经济后果。Choudhary（2011）比较了实行 SFAS 123R 之前和之后对员工股票期权的估值。以美国公司为样本，他发现相对于采用 SFAS 123R 之前，采用 SFAS 123R 之后 Black-Scholes 模型的平均股票回报变异性输入变量[19]（见 7.9.1 节）出现显著向下的偏差。股票回报变异性输入变量的降低导致员工股票期权的公允价值降低了约 7%，从而降低了员工股票期权费用，并使得样本的平均报告净收益增加了 3.2%。Choudhary 报告的其他证据表明，公司向上操纵盈余使变异性输入变量的偏误更为明显。这些结果表明，经理人会通过向下操纵员工股票期权费用来应对较低的报告收益。

正如期望的那样，员工股票期权费用化的另一个经济后果是，其作为薪酬工具的使用减少了。例如，《经济学人》(2006) 引用一位投资银行家的估计说道，美国 500 强公司发放的期权的公允价值从 2000 年的 1 040 亿美元降到 2005 年的 300 亿美元。与此相符的是，Choudhary 报告了其样本公司平均发放的员工股票期权从实行 SFAS 123R 之前的 464 万美元下降到实行 SFAS 123R 后的 286 万美元。

这次，准则制定机构最终"获胜"，因为他们发布了一项他们认为能代表良好会计的准则。我们认为，经理人股票期权核算是管理层利益与会计政策相关联的一个主要例证，这种受会计政策影响的管理层利益使会计准则的制定变得非常复杂。鉴于员工股票期权的会计政策不直接影响经营现金流量，管理层对员工股票期权费用化的强烈反对就更值得注意。

8.7　员工股票期权费用化的讨论与总结

为什么公司管理层反对员工股票期权费用化？他们是否真的认为期权费用化会导致他们所声称的股价降低、资本成本上升、管理人才稀缺以及管理层和员工激励不足？一种可能的解释是，公司管理层不相信资本市场的有效性，他们认为投资者对任何原因引起的报告收益降低都会做出负向反应。

然而，其他可能的原因来自契约。较低的报告收益会增加违约的可能性，另外，当薪酬契约依赖于报告盈余时，管理层的薪酬将一定程度地降低。

公司减少薪酬契约中对股票期权的使用，将进一步降低管理层薪酬。同时，也会降低管理层通过之前论述的机会主义行为（如拉高出货和时间追溯等）提高股票期权价值的能力。基于此，回顾前述内容，薪酬契约似乎并不十分有效。这种有效性的缺乏也在第 1 章提到的安然公司、世通公司事件和 2007—2008 年股市崩盘中得到证实。如前所述，人们怀疑管理层期望增加股票期权价值而采用高风险甚至非法的策略来报告高收益。在第 10 章，我们将讨论经理人薪酬实践中为提高契约效率而发生的一些变化。现在我们要认识到的重点是，有效契约理论解释了为什么会计政策选择对经理人而言是重要的。

最后，需要注意的是，管理层对会计政策的关注与有效市场理论并不矛盾。即使证券市场是有效的且经理人也相信市场有效，他们仍然会关注会计政策对契约的影响。

8.8　区分契约有效性与机会主义

尽管实务中的理论 8-2 和 8-3 清楚地反映了机会主义的存在，但是很多实证证据仍表明了契约的有效性。那么之前提到的机会主义的各种例子是"例外情形"吗？在本节中，我们考虑一些支持或质疑有效契约的实证研究。

Mian 和 Smith（1990）对有效契约进行了开创性的研究。他们考察了是否合并子公司的会计政策选择问题。他们认为母子公司之间的相互依存度越高，编制合并报表的效益就越高（即契约成本越低）。其原因是，依存程度越高，就越有必要评估母子公司的联合经营成果。由于合并报表为联合评估提供了基础，当母子公司间依存度很高时，采用以合并报表为基础的业绩指标来衡量经理人的业绩比基于单独的母公司和子公司财务报表的指标更为有效。因此，Mian 和 Smith 预测，母子公司间的整合程度越高，母公司就越有可能编制合并报表。由此还可进一步推测，如果公司为内部监督经理人的工作已编制了合并报表，那么，再编制一张对外报告的合并报表成本就比较低了。Mian 和 Smith 的实证研究结果与这些推测一致。

Dechow（1994）研究了经理人使用应计项目是出于机会主义操纵还是有效使用。她认为，如果应计项目大多是机会主义行为操纵报告利润的结果，那么市场会拒绝它们而选择现金流量，此时，现金流量就要比净收益与股票回报的相关程度高。相反，如果应计项目反映了有效契约，那么净收益就要比现金流量与股票回报间的相关程度高。她的实证检验结果证明了净收益与股票回报的相关性比现金流量与股票回报的相关性更强。

Dechow 认为，应计项目总额相对较多的公司（如成长型公司）相对于在成熟状态下（现金流量和净收益相等）的公司，净收益比现金流量与股票回报具有更强的相关性。她的实证检验也证明了这一点，进一步支持了有效契约的观点。

Bharath，Sunder 和 Sunder（2008）研究了会计质量对公开和私人（如银行）借贷市场利率的影响。他们根据经营性应计项目的规模来衡量一家公司的会计质量，理由是当应计质量较高时，机会主义的管理层操控净收益的可能性更大。他们发现，当公司的应计项目较低时（即会计质量较高），公开和私人借贷市场的利率显著更低，特别是在公开借贷市场。这与有效契约一致，因为贷款者会通过较低的利率奖励高质量公司以对会计质量做出积极反应。作者还发现，具有较低质量报告的公司倾向于从银行借贷（即私人借贷市场），而高质量报告的公司倾向于在公开借贷市场借款。实际上，对于会计质量较高的公司，通过公开债务契约进行借款更加有效，而对于会计质量较低的公司则相反。

在一项相关研究中，Kim（2017）认为，稳健的会计可以通过使公司更容易（成本更低）获得债务融资来提高契约效率。Kim 集中研究通常通过垃圾债券获得融资的高风险公司。

垃圾债券是指由信用评级较差的公司发行的低于投资级的债券。由于向投资者提供高利率，这些债券在 20 世纪 70 年代和 80 年代流行起来。然而，垃圾债券由于高风险而极易受流动性定价的影响（见 1.3 节）。20 世纪 90 年代初发生过类似的事件，由于一家长期推销垃圾债券的美国大型投资银行的倒闭，垃圾债券市场突然崩盘。

Kim 研究了 1988—1989 年发行垃圾债券的美国公司样本（在崩盘前），并研究了公司在市场崩盘前对条件稳健性会计的使用如何影响它们在市场崩盘后筹集投资资金的能力（1990—1991 年）。[20] 他把样本分为高条件稳健性的公司和低条件稳健性的公司，发现在市场崩盘后，相较于低条件稳健性的公司，高条件稳健性的公司明显有更多的投资活动。

Kim 指出，随着垃圾债券市场的崩盘，依赖垃圾债券融资的公司不得不向银行求助。由于这些公司此前很少与银行进行融资互动，它们面临着很高程度的信息不对称。因此，银行在做出贷款决定时，更加重视公司过去的财务报表。据推测，出于放贷目的，银行将更高的质量归因于更稳健的财务报表，稳健的会计信息能缓解信息不对称，进而激励银行进行放贷。Kim 得出结论，条件稳健性在减少经济环境中的投资不足方面发挥了作用。

在 8.2 节，我们指出有效契约对公司治理的重要性。**收益滚梯条款**（income escalator clauses）是设计契约巧妙提升效率的一个有趣的例子。收益滚梯条款要求维持的资产净值要在原来的基础上增加一定比例的净收益（比如 50%）。Beatty，Weber 和 Yu（2008）实证研究发现，在债务契约中含有收益滚梯条款的公司更有可能选择稳健的会计政策，很可能是因为稳健的会计政策降低了报告的净收益，条款要求的资产净值水平的升高幅度也会相应降低。由于稳健性会计通过资产保留和财务风险预警使债权人受益，通过收益滚梯条款促进了稳健性，因此提高了债权人的信心，降低了贷款利率。

许多经历过财务报表重述、集体诉讼和 SEC 调查的公司很可能存在经理人机会主义行为。Armstrong，Jagolinzer 和 Larcker（AJL，2010）研究了这一问题，他们选取了 2001—2005 年的公司作为研究对象，对于每一家样本公司，AJL 用"组合德尔塔"（portfolio delta）估计 CEO 机会主义行事的诱惑强度，组合德尔塔是指公司股价变动 \$1，CEO 持有的公司股票和期权价值的变动额。组合德尔塔越高，经理人机会主义行事提高股价的获利越多。

每一家样本公司，AJL 都会为它找到一家规模、业务复杂程度、杠杆、公司治理特征相似，但组合德尔塔不同的配对公司。由此形成了多组公司，每组公司的契约环境相同，但组合德尔塔不同，因此经理人机会主义行事的诱惑强度也不同。

AJL 接着检验了 CEO 在组合德尔塔高的公司中是否比在组合德尔塔低的类似公司中表现出更多的机会主义行为。也就是说，组合德尔塔更高的公司会经历更多的财务报表重述、集体诉讼和 SEC 调查吗？AJL 没找到支持肯定答案的证据。他们指出，这表示公司可以协调 CEO 和股东的利益，从而支持了有效契约的观点，即经理人持有公司股票本身似乎并不会导致机会主义行为。

然而，尽管 AJL 的研究表明，一般而言经理人的机会主义行为不会由他们持有公司股票和期权引起，但财务报表重述、集体诉讼和 SEC 调查确实表明机会主义行为是存在的。因此，它可能是由其他动机驱动的。在这方面，Dechow 和 Shakespeare（DS，2009）报告了一种很多公司用于操纵财务报表的方法。这个方法即资产证券化（见 1.3 节），如应收账款的证券化。这种交易有时候会被当作抵押借款处理，即公司在账上继续保留证券化的资产，并把收到的资金确认为负债。不过，按照当时的美国会计准则，如果满足一定条件，公司可以将这类业务视为销售，资产可以从资产负债表中移除。例如，如果以后证券化资产发生损失，买方对公司不具有追索权。很多公司喜欢将其作为销售处理，因为这可以改善债务权益比率。

为增加买方对证券化资产质量的信心，公司一般会自留一部分，通常是质量最低的部分。自留的部分按公允价值计价。根据定义，由于这些留存资产不存在市场，公司在估值时具有相当大的灵活性。原则上，证券化资产销售处理会产生损益。例如，如果销售收入加上自留资产公允价值高于证券化资产账面价值的部分，就会产生利得。

DS 选择了 1987—2005 年 195 个观察值作为样本，检验证券化资产销售处理对财务报表的影响。他们发现 195 个观察值中的 171 个产生了利得，其中 35 个观察值，如果不是因为资产销售，正值的净收益会变为负值。他们还发现，相比作为销售处理，这些证券化资产如果作为抵押借款处理，将会导致债务权益比率平均提升 42%。

DS 还考察了这些资产证券化的时机。他们发现，35 家公司中有大部分在季末前 5 天进行资产证券化销售交易。这表示，经理人意识到该季度可能要亏损，于是启动资产证券化交易，产生足够的利得弥补亏损，最终使得季度利润为正。

尽管这些表外资产证券化中的一部分可能出自有效契约（即以一种低成本的方式改善债务权益比率，从而避免未处于财务困境状态的公司违约），但它们大部分是为了避免损失，特别是在最后一个季度进行的，因此反映了机会主义行为。

Hope 和 Thomas（HT，2008）进一步提供了机会主义行为的证据。他们选择了按照 SFAS 131 报告的跨国公司作为样本。[21] SFAS 131 在 1997 年生效，它要求公司按照与内部组织报告分部信息相同的方式提供关于国内和国外各分部的补充信息。在 SFAS 131 生效之前，公司被要求按照地域报告收入、利润和总资产情况。在 SFAS 131 生效之后，根据 SFAS 131，是否按照地域披露盈利情况属于自愿行为，不过，披露国外的总利润是强制的。

HT 发现，SFAS 131 生效之后，相对于 SFAS 131 生效之前，没有按照地域披露盈利情况的公司，相较国内业务，国外业务收入增加，利润减少。因为投资者意识到国外业务盈利能力下降，公司的股价也随之下跌。一旦不要求按照地域充分披露国外业务的利润，公司经理人就利用投资者监督能力的降低，以牺牲利润为代价提升国外业务的收入。

作者认为，以上情况是"帝国构建"（empire building）的结果，即经理人采用机会主义行为扩大公司的规模（更高的国外业务收入），这属于道德风险问题。对于快速发展的大型公司，其经理人相对较高的声誉和薪酬激励了这种行为。

我们的结论是，现实中的会计同时存在有效契约和机会主义。这使得会计人员和审计师注意到，这两种行为之间的边界是不清晰的，一些经理人的会计政策选择即使在会计准则范围内，也可能存在机会主义，这体现了公司治理的失败。如果经理人不接受避免这种政策选择的劝阻，则会计人员有责任通过充分披露使投资者不被误导。否则，公司将可能面临财务报表重述、集体诉讼和 SEC 调查，所有这些都会损害会计人员和管理层的声誉。

8.9 小结：基于债务和受托责任的有效契约

在研究财务会计信息如何缓解契约各方之间的信息不对称时，有效契约理论与会计理论交叉融合。该理论认为，财务会计信息通过向债权人报告和反映经理人的受托责任，有利于减少经理人内部信息优势和可能的偷懒行为。更广义地来讲，会计政策选择是公司实现有效契约和公司治理的重要组成部分。为了实现有效契约，财务信息应该是可靠并具有（条件）稳健性的。

有效契约理论的重要意义在于，会计政策是具有经济后果的，因此对经理人而言很重要。从某种程度上看，经理人可以灵活地选择会计政策，并可能变更这些政策以抵消新的会计准则对债务和薪酬契约的影响。如果缺乏足够的政策灵活性，他们可能选择改变经营政策。

在赋予经理人会计政策选择的灵活性时需要权衡。灵活性过低导致会计准则变更时契约效率低下，灵活性过高会增加经理人的机会主义倾向。合理的折中点是允许经理人在公认会计原则范围内选择会计政策，并要求充分披露会计政策变更的影响。

有效契约理论产生了丰富的实证研究文献。一些研究表明经理人存在机会主义，其他的一些研究则支持有效契约。会计人员应该警惕经理人机会主义的可能性，否则容易被卷入随之而来的诉讼之中。

8.10　隐性契约

8.10.1　定义与实证证据

在许多情况下，公司无须通过签订正式契约的方式来实现有效契约的益处。例如，公司可以持续地报告平滑且增长的利润，或建立和维持公司信息环境透明的良好声誉（即高质量的财务报告）。如果公司具有持续的盈利能力，并伴随透明的信息环境，再通过建立与客户、供应商和投资者的信任，公司将获得更高的产品价格、更好的采购条款、更低的债务和权益资本成本。这种基于信任的关系称为**隐性契约**（implicit contracts）。当公司过去的行为对外部各方产生有效期望，公司将继续保持诚信行事，隐性契约也称为**推定义务**（constructive obligation）。

Bowen，DuCharme 和 Shores（BDS，1995）较早对隐性契约开展研究，他们认为报告高利润能提高公司的声誉，因为这能增强股东对经理人将会继续履行契约责任的信心。例如，他们预测具有较高销售成本和应付票据（分别代表与供应商和短期债权人有长期联系）的公司，更可能采用 FIFO 法和直线法计提存货折旧的会计政策，而不是 LIFO 法[22] 和加速折旧政策。相对于 LIFO 法和加速折旧政策，FIFO 法和直线法折旧被认为是提高净收益的策略，因为它们随时间推移产生了更高的报告收益。[23]

以 1981—1993 年的美国公司的大样本为基础，BDS 研究发现，与股东具有较密切长期关系的公司比那些不具有密切关系的公司更可能采取 FIFO 法和直线法折旧政策，这与预测相一致。Graham，Harvey 和 Rajgopal（2005）对安然事件后美国上市公司 CFO 的研究也支持了 BDS 的发现。他们指出，经理人与其他利益相关者的关系是影响盈余目标实现的重要因素。

隐性契约的重要性在导致 2007—2008 年股市崩盘（见 1.3 节）的一系列实践中愈显突出。作为一种证券信用增级的方式，发起者即便在不存在正式契约承诺的情况下，也会保护 ABS 的购买者免受损失。在这方面，Niu 和 Richardson（2006）发现，市场对公司的股票进行估值时，将公司发行表外 ABS 证券收到的现金视为一种借款（见第 1 章注释 [24]）而非销售收入。他们认为，这一发现的一个主要原因在于这样一种广泛的隐含保证：发行公司认为它们有义务"救助"证券化资产中损失价值的投资者，从而提高公司自身的声誉，使未来有利可图的证券化成为可能。

8.10.2　单次非合作博弈

对隐性契约的进一步考虑，很快将我们引入**非合作博弈**（non-cooperative games）的理论中。非合作博弈将不存在正式契约的两个或更多理性参与者之间的竞争关系模型化。在我们设定的情景下，可以将经理人和潜在投资者之间的相互关系视为非合作博弈。

这种相互关系的本质是投资者关心经理人的信息优势，经理人可以利用优势隐藏投资者所期望的信息。投资者将公司的财务报表视为减少这种信息不对称的来源，然而经理人可能采取机会主义行为，例如隐藏资产负债表上的某些负债、选择会计政策操控报告利润，或记录过多的操纵性应计项目。投资者意识到这些可能性，并在投资决策时加以考虑。反过来，公司的经理人在准备财务报表时也知道投资者可能的反应。博弈论为研究这种冲突和预测参与人的决策提供了一种正式框架。

我们将这种情况模型化为一种非合作博弈，这是因为很难设想经理人和投资者之间具有约束力的协议提供哪些具体信息。首先，这种协议的代价将非常高昂，因为需要和所有的潜在投资者达成类似的协议，但是不同的投资者有不同的决策问题和不同的信息需求，这就要求提供很多种协议。其次，即使达成了这种约束性的协议，协议的执行也将非常困难，且代价高昂，因为每个使用者都要聘请审计师调查和监督公司经理人对协议的遵循情况。在一些其他情形中，这种具有约束力的协议也有可能是违法的，比如，寡头垄断行业达成一项有关限制交易的协议时。

为了说明经理人和投资者之间的隐性契约博弈，考虑例8-1。

例8-1　经理人-投资者的非合作博弈

我们假设经理人有两种策略选择，且必须选择一种（参见表8-1）。我们把第一种策略称为机会主义（O），可以理解为经理人采用了一种或多种之前提到的操纵财务报表的方式；第二种策略称为诚实（H），可以理解为经理人通过保持透明的信息环境获得投资者的信任。投资者同样有两种策略——购买公司的股票或拒绝购买，分别表示为B和R。

表8-1　一个非合作博弈中的效用分布

		经理人	
		诚实（H）	机会主义（O）
投资者	购买（B）	60，40	20，80
	拒绝购买（R）	35，20	35，30

表8-1中的数字分别代表了投资者和经理人在各种不同的策略组合下得到的效用。如果经理人选择H，投资者选择B，那么投资者得到的效用是60，经理人得到的效用是40，表中其他三组数据按照同样的逻辑解读。你可以分析各种效用之间的关系以确保它们是合理的。例如，如果投资者选择B，经理人选择H，投资者得到的效用（60）要比经理人选择O时得到的效用（20）大。同样，如果投资者拒绝购买，经理人将更倾向选择O（如果经理人采取机会主义行为，则意味着可以在保持透明的信息环境上投入更少的资金和努力）。

强调各参与人都具有完全信息这个假定是重要的。投资者知道博弈的规则、经理人的所有策略选择及其效用，反之亦然。各参与人知道对方具有完全信息等同样被假定。博弈论可以放松这种假定进行讨论，但这不在我们的研究范围内。然而，这种信息的完全性并不包括具体选择哪种策略。在博弈中，每个参与人是在不知道对方所选的策略的情况下做出策略选择的，但预测对方也会采取一定的策略。

哪一种**策略组合**（strategy pair）将被选择呢？策略组合只是对每个参与人所选的策略的一种表述。因此，当投资者选择购买（B），经理人选择诚实（H）时，BH是一种策略组合。在继续阅读下述内容之前，请回顾一下表8-1并做出你自己的预测。

我们可以很轻易地排除 RH 和 BO 这两种策略组合。如果经理人选择 H，投资者选择 B 是更合理的，因为选择 B 产生的效用是 60，而选择 R 只得到 35 的效用。因此，RH 不可能发生。同样，如果经理人选择 O，投资者将推理得出选择 R 是更明智的，因此，BO 也不可能发生。

现在让我们来看 BH 策略组合。如果投资者选择 B，经理人会选择 O。看起来 BH 也得排除掉。唯一不受影响的策略组合是 RO。如果经理人选择 O，投资者会选择 R。同样，如果投资者选择 R，经理人也会选择 O。RO 是唯一的能在给定其他参与人的策略选择时，每个参与人能够对自己的策略选择感到满意的一组策略组合。这种策略组合称为**纳什均衡**（Nash equilibrium）。所以，RO 是该博弈的预测结果。

然而，在例 8 - 1 中，RO 组合并不是一个令人满意的结果。注意，若选择 BH 而不是 RO，每个参与人都会更好。我们把策略组合 BH 称为**合作解**（cooperative solution）。在我们的情景中，这是有效契约的结果。但是，正如我们讨论过的，如果投资者选择 B 而不是 R，他知道理性的经理人会转为选择 O，这样的话，投资者只能得到 20 的效用而不是选择 R 时 35 的效用。所以，投资者不会选择 B。在这个博弈中，纳什均衡的结果是不幸的，因为它意味着，至少对假定的效用值来说，公司的股票市场将不能良好运行——没有人买它的股票。

猜测下一步会发生什么是很有趣的。参与人可能会聚在一起，达成一项具有约束力的协议来选择 BH。不过，必须让每一方相信这份对对方有约束力的协议能被执行。这就很难是一个单次博弈。

考虑该博弈的另一种方式是从长期视角出发。如果这个博弈重复多次，或者至少是一个未知数量的期间，投资者与经理人将意识到选择（B，H）符合他们的共同利益，因为（60，40）这一效用组合给各方创造了可能的最大效用。如果博弈在一个已知的、有限的期间内持续，可能形成也可能不形成纳什均衡。我们将在下一部分探讨这种可能性。

即使我们只考虑例 8 - 1 中的单次博弈模型，也不难理解它是如何与 21 世纪最初几年的会计与审计丑闻及其导致的美国和加拿大股票市场低迷有关的，以及如何与 2007—2008 年很多金融机构遭遇的财务危机有关的。在表 8 - 1 中，如果我们从合作解 BH 出发，某些公司的经理人，如安然公司、世通公司及很多金融机构（见 1.2 节与 1.3 节），转向了机会主义策略（O），他们觉得偏离合作解马上就可以得到的利益超过了投资者和监管者做出反应后他们会付出的长期成本。这个短期策略给他们带来了很高的收益。例如，他们在经营中过度承担风险和歪曲报表可以增加报告利润，减少报表中的负债，导致股价上升，从而他们可以从奖金和股票期权中获得巨额利益。当市场意识到报表不实的时候，投资者马上转向 R 策略，惩罚经理人，股价急剧下跌。然而，经理人此时已经实现了他们的奖金和股票期权的利益。

经理人似乎忽视了一种实现合作解的方法，那就是中央权威的干预。政府、法院或者准则制定机构通过引入新的监管措施或者惩罚歪曲行为改变博弈的支付矩阵，以努力恢复投资者对财务报告的信心。在执行监管和惩罚的情况下，这种威胁在一定程度上是可信的。在我们的例子中，惩罚的增加会降低经理人选择策略组合 BO 和 RO 得到的效用，甚至可能降到 0。因此，我们可以验证，策略组合 BH 将成为一个纳什均衡。

在这方面，我们在 1.2 节中已经提到《萨班斯-奥克斯利法案》，它提高了经理人歪曲报表的成本。除此之外，《萨班斯-奥克斯利法案》在美国创立了公众公司会计监督委员会（PCAOB），加拿大也有一个类似的组织：加拿大公众责任委员会（PAB），这些委员会由独立于审计和会计行业的杰出人士组成，其职责是对审计师执行更严格的监管。Defond 和 Lennox（2011）发现，随着《萨班斯-奥克斯利法案》的实施，通过激励低质量的审计师退出审计市场而提高审计质量。如果执行顺利，未来类似于安然公司和世通公司的财务造假事件应该不会再发生。如果这些机构可以有效地履行其职业责任，经理人选择策略组合 BO 得到的效用也许会降低至策略组合 BH 实现纳什均衡时得到的效用。实际上，效用矩阵的改变会增加投资者对经理人不会扭曲报表的信心，使投资者恢复对公司股票的购买。

请注意单人决策理论和博弈论之间的本质区别。在前述有关决策理论的例 3-1 中，比尔估计了事件发生的概率，如高效用的概率为 0.77 等。决策理论的假定是：高或低的效用是由一些"自然"的随机事件所决定的。因为假定是一些客观力量（自然）决定了高或低的效用发生概率，所以这种决策理论有时也称为与自然的博弈。虽然我们充分关注投资者如何估计这些概率，以及在获得新信息时如何修正概率，但在例 3-1 中自始至终都有一个隐含的假定，那就是投资者所做的特定决策不会影响这些概率。也就是说，自然是不会"思考"的。

这个假定对许多决策问题来说都是合理的。事实上，正如第 3 章、第 4 章、第 5 章所指出的，通过学习决策理论，我们能更好地理解信息使用者的决策需求。然而，当结果是由一个可以思考的对手，而不是自然所决定时，这种方法就不适用了。在例 8-1 中，经理人知道，如果投资者购买股票，对经理人而言最好的行为是机会主义行为，投资者也知道这一点。对投资者来说，当经理人并不是以特定的概率进行行为选择时，给经理人的行为分配一定的概率是不正确的。同样，经理人给投资者的行为分配一定的概率也是不正确的。[24] 在冲突模型中，无论是单个或两个决策者如此行事都不会产生好的决策。

尽管例 8-1 的跨度只有一个期间，我们仍可以利用它得出一个重要的结论。回顾第 3 章阐述的许多理论，我们能较好地理解投资者的信息需求，我们也指出，主要的专业会计准则制定机构采纳了与这些理论相一致的决策有用观。然而，我们没有考虑经理人在会计政策选择中的角色，即没有考虑经理人是否愿意采纳会计准则制定机构所建议的充分披露政策和公允价值计量。例 8-1 表明经理人似乎并不愿意坐视不管，也不愿全盘接受准则制定机构（代表投资者利益）所建议的会计政策。契约的有效性假定经理人是理性的，存在机会主义行事的可能，他们在财务会计政策选择方面会考虑自己的利益，我们不能想当然地认为他们会基于道德考量和信息对股东或其他投资者有用就一定采纳某些会计政策。例 8-1 中，经理人选择 H 时的效用低于选择 O 时的效用就说明了这点。综上所述，投资者和经理人之间存在利益冲突。

因此，任何会计团体在颁布一项新的准则时都要特别关注投资者和经理人的利益。只有充分考虑经理人的利益，使得经理人愿意接受新的准则，新准则才能顺利实施。

当然，任何在公司会计政策选择方面有实践经验的会计人员，不需要通过博弈论的例子证明，也能够了解经理人在会计政策上的利益和关注点。然而，准则制定机构更好地了解这种冲突情况将有利于制定更合理的会计政策，这对避免经济后果的冲突是有好处的，例如 8.6 节讨论的将员工股票期权费用化的争议。

8.10.3　基于信任的多次博弈*

正如我们上节对例 8-1 中纳什均衡的讨论所表明，很难把单次博弈的结论推广到更长的期间。本节我们将展现把例 8-1 中的博弈扩展至多次博弈的情形。

回想一下，如果单次博弈可以无限期地重复，我们就可以得到合作解。如果单次博弈重复一个有限的期数，给予偏离合作解的博弈方足够可信的惩罚，那么采用**触发策略**（trigger strategy）也可以获得合作解。为了说明这一问题，假设每个参与人威胁其他参与人，如果偏离合作解，他将在下一次博弈时改变策略。因此，偏离合作解的参与人在剩余的博弈中将只能获得非合作纳什均衡的效用。这种威胁是可信的，因为纳什均衡是一个平衡。然而，为了使其有效，参与人不能有太高的折现率或剩余的次数不能太少。例如，如果投资者选择购买策略，经理人立刻增加的 $80 效用价值（来自 BO 组合）可能超过投资者将策略改变为拒绝购买以惩罚经理人时每个未来期间所减少的 $10（$40－$30）的现值（来自 RO 组合）。

在上一节介绍的财务报告危机之后的各种政府干预措施可以在触发策略的背景下考虑。这种干预的目的是希望阻止经理人短期的、机会主义的行为，即便是在一个有限期间的背景下。然而，由于经理人擅长处理新的准则，至少对于一部分经理人来说，获得直接收益的期望超过了未来惩罚的预期现值。这使我们想到几个世纪以前 Hobbes 提出的观点（见 1.5 节），他说强制与恐惧将不会起作用，因为没有任何制度可以预期到人的所有互动行为，人们必须认识到，合作是符合大家共同利益的。按照这种精神，通过衡量参与人之间的信任程度，我们现在介绍一种稍有不同的方法。

例 8-2　基于信任的多次博弈[25]

假设如表 8-1 所示的博弈可以重复 5 期。为了简化，假设参与人都是风险中性的，并且不考虑折现。博弈按顺序进行——每期都是投资者先行动。第 1 期，投资者决定购买（B）或者拒绝购买（R），然后经理人决定诚实（H）或者机会主义（O）。在以后的期间，投资者决定继续持有（B）或者出售股票（R），经理人继续决定诚实（H）或者机会主义（O）。在任一时期，如果投资者选择了出售股票，或者经理人选择了机会主义，博弈结束，否则博弈继续。

图 8-2 是描绘博弈过程的决策树。从最底层开始算，第一个空心节点代表投资者的第一次博弈，第三个空心节点代表投资者的第二次博弈，依此类推。类似地，第二个空心节点代表经理人的第一次博弈，第四个空心节点代表经理人的第二次博弈，依此类推。

实心节点表示重复博弈在相应的空心节点结束时参与人的收益，上方的数字表示投资者的收益，下方的数字表示经理人的收益。根据表 8-1 很容易计算每个节点的收益。例如，如果投资者第 1 期选择 R，参与人得到单次博弈纳什均衡的收益。如果博弈进行到第 5 期，轮到经理

---

* 本节为选学内容，可跳过，不影响全书的连贯性。

人做决策，经理人选择 O，投资者的收益为 260(4×60＋20)，经理人的收益为 240(4×40＋80)，如果经理人选择 H，那么收益分别为 300 和 200。其他节点的收益可按同样的方法计算。

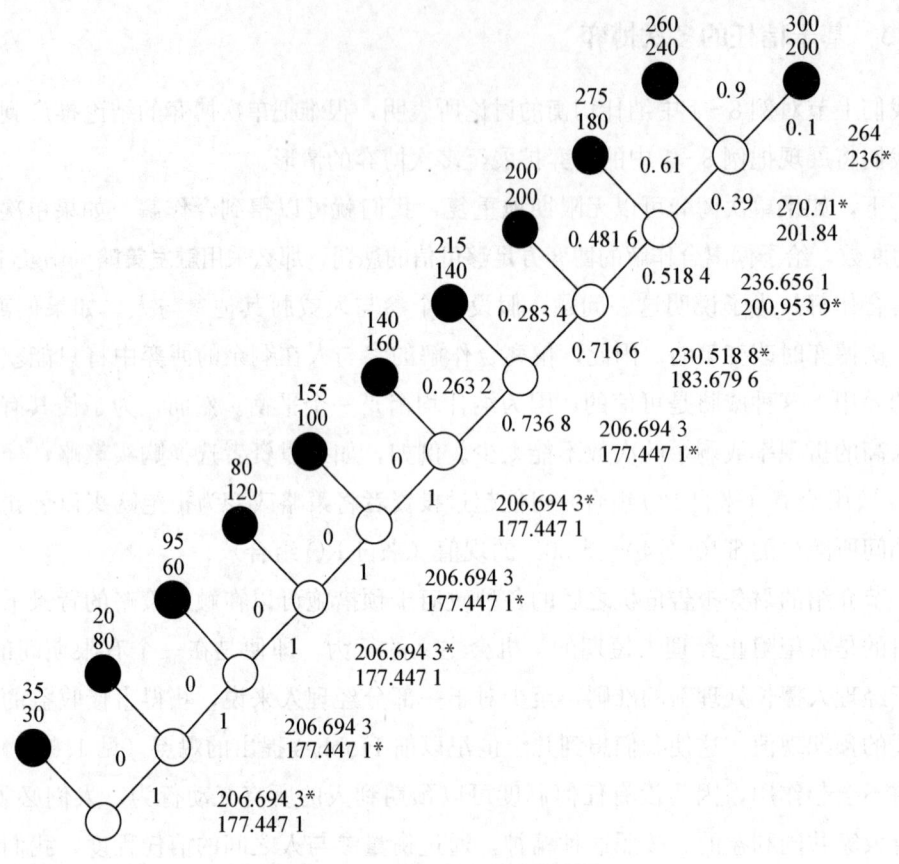

图 8－2　基于信任的多次博弈

为了理解该策略，我们从第 5 期开始考虑，并使用逆向归纳。[26] 如果博弈进行到了第 5 期，而且又轮到经理人行动，那么经理人为收益最大化会选择 O，因为 240 的收益大于选择 H 的 200 的收益。但是，投资者会预期到这样的情况，在倒数第 2 个空心节点就会选择 R，从而可以得到 275 而非 260 的收益。因此，如果博弈进行到第 5 期，投资者将会结束博弈。不过，博弈不会进行到第 5 期。在第 4 期，经理人会意识到，如果他选择 H，投资者将会在第 5 期结束博弈，所以他会选择 O，从而得到 200 而不是选择 H 时 180 的收益。不过，再一次，第 4 期，投资者会预期到这种情况，因此会在第 4 期开始时选择 R，结束博弈。这样的过程可以反推到第 3 期、第 2 期等，最后博弈过程拆解到第 1 期，第一个空心节点，投资者率先结束博弈，得到例 8－1 的单次博弈中的纳什均衡的收益。

然而，这个结果有点不符合我们的直觉。请注意，从实心节点我们可以看到，随着博弈的继续，如果投资者在下一期而不是本期结束博弈，投资者的收益就增加 60，类似地，如果经理人选择下一期结束博弈其收益就增加 40。博弈的参与人能够预期到潜在的持续博弈，即如果一方提供信任，另一方将选择继续博弈。

为了把信任因素引入博弈，我们假设在每一轮博弈中，每个参与人都合理地相信其他参与人愿意进入下一轮的概率是 $p＝\min(1, 0.5+0.01T)$，T 是继续到下一轮博弈的预期收益和终止博弈收益的差额，如果 $T \geqslant 50$，参与人继续博弈的概率为1，如果 $T \leqslant -50$，参与人肯定会终止博弈。继续博弈的收益超过终止博弈的收益越多，继续博弈的概率越大，其他参与人越相信这个参与人会继续到下一轮——更高的 T 表明更加信任其他参与人会继续博弈。不过，不是完全相信，因为 $1-p$ 衡量了参与人终止博弈的愿望，T 越小，也就是继续博弈增加的收益降低，这种愿望越大。

有了这个概率之后，投资者可以合理地相信经理人最后一轮博弈选择 H 的概率是

$$p = 0.5 + 0.01 \times (200 - 240) = 0.10$$

这个概率和选择 O 的概率，都显示在图8-2中对应的节点上。

每个参与人在经理人做第5期的决策之前的期望收益为：

投资者：$0.10 \times 300 + 0.90 \times 260 = 264$

经理人：$0.10 \times 200 + 0.90 \times 240 = 236$

对于投资者的最后一轮博弈，经理人可以合理地相信投资者选择 B 的概率是

$$p = 0.5 + 0.01 \times (264 - 275) = 0.39$$

从而产生了以下的期望收益：

投资者：$0.39 \times 264 + 0.61 \times 275 = 270.71$

经理人：$0.39 \times 236 + 0.61 \times 180 = 201.84$

每个节点在做决策之前的预期收益标在图8-2中空心节点的右边，带 * 的数字是本轮决策人的预期收益。在第5个空心节点，轮到投资者做第3期的决策，他选择 B 的概率为：

$$p = 0.5 + 0.01 \times (206.69 - 155) = 1.016\,9 > 1$$

所以投资者肯定会选择 B，然后我们可以得出，在第5个空心节点之前，参与人继续博弈的概率都为1，从而可以得到在博弈开始时投资者和经理人的预期收益分别为 206.694 3 和 177.447 1。

我们可以注意到，考虑信任因素后，在前5个节点参与人选择继续博弈的概率都为1。再往后，博弈开始有终止的可能性。例如，第6个节点，经理人做决策，他选择 O 的概率为 0.263 2，博弈继续到下一轮的概率为 0.736 8。

博弈进行到最后一次决策时信任是特别重要的。在这一次决策中，经理人选择 O 将更有利，根据有关的概率将从博弈中获得240而不是236的预期收益。如果投资者确信经理人将选择 O，他们将选择 R，因此获得275而不是260的预期收益，博弈就此结束。为了阻止这一情形发生，投资者必须信任经理人实际上会依据给出的概率决策。经理人可能因为担心选择 O 的法律责任和/或为了保持声誉而选择 H。[27] 此外，许多高管薪酬计划要求经理人在退休后仍然持有公司股票一段时间，例如，10.3节描述的皇家银行的薪酬计划要求 CEO 和 CFO 在退休后继续持有公司股票两年。即使经理人这样做的可能性很小（在这个例子中为0.1），也足以防止博弈结束。

问题是，信任如何维持？经理人选择 O 会被追究法律责任，这可以成为投资者对经理人信

任的一个来源（见注释［27］）。不过，畏惧法律责任并不必然杜绝欺诈。经理人维持和增加声誉的愿望也会减少其机会主义动机。Francis，Huang，Rajgopal 和 Zhang（2008）预测，经理人的声誉越高，越不可能选择机会主义盈余管理。在图8-2所示的博弈中，经理人的声誉在第5期是最高的，因为前几个阶段的表现必须足够好才能避免被解雇。

Ali 和 Zhang（2015）报告的证据与这一预测一致，利用 CEO 的大样本数据，他们获取了每位 CEO 的任期，并估算了公司在 CEO 任职初期和后期的盈余管理程度。他们发现，公司后期的盈余管理明显减少，特别是当公司对经理人的活动进行有效监控（如大机构股东、独立董事和审计委员会）时。这表明，即使是在任期的最后几年，CEO 对声誉也普遍很敏感，因此不一定会选择 O。

不过，在博弈的任何环节，信任都可能消失。投资者失去信任会降低他们继续投资的预期收益，从而减少投资。这种信任的丧失可能会发生，例如，如果经理人被发现夸大了报告的利润。即使没有夸大报告的利润，公司连续几个时期的糟糕表现也可能会让投资者质疑经理人能力不足。如上所述，如果 $T \leqslant -50$，博弈就一定会结束。某家公司的一次重大报告失败可能会导致投资者失去对其他公司经理人的信任。可以说，安然公司和世通公司的财务丑闻（见1.2节）揭露之后，投资者几乎不再相信所有公司的财务报告，从而引发了 2001 年的美国经济不景气。经理人可能会因为与董事会在政策上的分歧而失去信任，这会导致其薪酬降低或被解雇。同时，担心投资者会基于投资组合的考虑卖掉股票，或者会被分析师或噪声交易者不当地影响，也可能导致经理人失去信任。

此外，如果在模型中我们用"泡沫"或"从众效应"替代信任因素，这些因素将会过度增加模型中的 T，推动参与人把博弈继续到决策树的顶端。不过，和前面一样，诸如财务报告错报之类的事件也会导致泡沫破灭，参与人选择离他最近的实心节点，并结束博弈。

上述博弈论模型也适用于契约，如本章前面所讨论的薪酬和债务契约。比如，假设一家公司与银行签订5年期的借款契约。在每一年，如果银行觉得公司经理人是在机会主义地管理盈余以避免违反贷款契约，银行可能会要求偿还贷款；同样，如果公司不再需要这笔钱或者可能觉得银行对其利息没有做出及时、负责任的调整，该公司可以偿还贷款。然而，只要一方对另一方不会从事机会主义行为有足够的信任，契约即可以持续执行至期满。

我们的结论是，从会计的角度来看，高质量的财务报告在限制机会主义行为，维持投资者对经理人的信任，以及使契约生效等方面起着至关重要的作用。这个例子再次证明了我们的论断（见4.7节），对于需要融资的公司而言，高质量的财务报告有助于获取投资者的信任。

8.10.4 隐性契约小结

非合作博弈使我们能够将财务报表使用者的不同群体之间经常存在的冲突情况模型化。即使是一个非常简单的博弈模型也能够显示，如果准则制定机构不考虑所有受会计政策选择影响的群体的利益，就将面临准则难以执行的危险。

8.11 有效契约总结

有效契约对概念框架提出了两个重要问题。首先，该框架是否应该对可验证性给予更大的认可，例如，是否应将其从财务报表的增强型特征转为真实反映的组成部分？正如 O'Brien 所说（见 8.4.1 节），这将强化概念框架中可靠性的作用，从而减少投资者对于经理人为避免债务违约并提升声誉和薪酬而采取机会主义盈余管理的担忧。

其次，财务报表应该在何种程度上提供早期预警系统，以提醒债权人关于公司可能出现的财务困境？条件稳健性通过确认未实现损失而不相应地确认未实现利得提供了这样的预警系统。平心而论，会计准则通过减值测试确认了许多未实现损失。然而，这些准则的目的可能是出于对法律责任的关注，而不是接受有效契约理论。

实证研究报告了有效契约和经理人机会主义行为的证据。尽管对会计人员而言，意识到经理人可能的机会主义行为是很重要的，但有效契约的证据表明，使经理人与投资者的利益相一致是可能的。在下一章，我们将讨论如何实现这种一致。

第 8 章习题

📖 注释

[1] 在后面的讨论中我们有必要区分公司与经理人。我们可以将董事会视为公司的代表。

[2] 这是 Alchian（1950）所提出的"经济达尔文主义"。

[3] 尽管这两个概念是相关的，但契约有效性不能与证券市场有效性相混淆。

[4] 有效契约理论，也称**实证会计理论**（positive accounting theory），指的是将公司视**为一个契约的联合体**（nexus of contracts），见 Watts 和 Zimmerman（1986，p. 196）。

[5] 公司重要的客户与供应商也有类似的关注，见 Hui，Klasa 和 Yeung（2012）。

[6] 股票期权薪酬可能会鼓励经理人过度扩张，因为如果风险得到回报，期权价值的增长可能大大超过风险产生时的价值下降。

[7] Tan 进行了额外的测试，拒绝了由于稳健性的增加导致较低净收益的两种替代解释，即管理层为了避免违反契约而在前期确认的应计项目在本期的转回以及新管理层为了"清理"旧管理层所犯的错误而做出的巨额冲销（违反契约后，往往会更换管理层）。

[8] 正如 ACP 所指出的，这一发现的意义在于，它为债权人的保护要求和稳健性之间的因果关系提供了更有力的证据，因为特拉华州法院判决的时间，以及与在美国其他州注册的公司的比较，排除了对增加的稳健性的其他替代性解释。本节的其他研究证明了债权人需求和稳健性之间的一致性（即关联）。虽然一致性确实支持这一理论，但排除其他解释是证明因果关系的关键所在。参见第 1 章注释 [27]。

[9] 最近的研究质疑 Basu 的方法（见 6.10 节）是否准确地衡量了会计稳健性。Banker, Basu, Byzalov 和 Chen（2016）指出，当一家公司的销售下降时，"成本黏性"看起来像是条件稳健性。也就是说，当销售额下降时，公司的成本下降的速度不如销售额增长时成本增长的速度快。例如，机器和设备可能处于待命状态，关键工人可能在销售额下降后被保留，而同样的资源必须相对快速地增加以支持销售额的增长。

基于 1987—2007 年的美国公司样本，作者发现成本黏性和条件稳健性都会导致 Basu 计量中的不对称性。正如作者指出的，这并不意味着条件稳健性的研究无效，而是他们报告的关系比最初认为的要弱一些。

[10] 他们的发现是在对其他因素，比如公司债务数额，进行了广泛控制之后得出的，这些因素也会影响股息支付。

[11] SSZ 是在剔除其他影响该比率的变量（如公司回报波动率、增长和盈利能力）后衡量该比率的。

[12] 私人贷款协议是不公开交易的贷款，与投资者可以在市场上买卖债券和其他信贷工具的公开贷款协议不同。Dichev 和 Skinner 研究的私人贷款协议包括美国银行向大公司发放的贷款，这类贷款是私人贷款的主要形式。

[13] 固定的 ESO 计划是指股票的数量和行权价格在授予日是已知的。这与可变计划相反，在可变计划下，员工可以获得的股票数量和/或支付的价格直到授予日后的某个时间才确定。

[14] 这里假定通过期权发行的股票数量不足以影响公司股票的市场价格。

[15] 凹性是高估的来源。为了认识这一点，首先，Black-Scholes 模型估计的期权公允价值随着距到期时间的增加而增加，因为距到期时间越长，股价上升的可能性越大。其次，回顾一下，在 APB 25 的作用下，大多数员工股票期权行权价格都等于发行日的基础股价，此时，行权价格与授予日股价是相同的，Black-Scholes 模型的估计值是距到期时间的递增凹函数，和 HMS 主张的一样。期权价值虽然递增，但斜率是递减的。凹性的重要性在于，如果员工早于期望行权时间（期望行权时间是所有员工行权时间的均值）一个时间段行权，减少的事后成本会大于员工晚于期望行权时间一个同样的时间段行权增加的事后成本，也就是说，在 Black-Scholes 模型中代入期望行权时间计算的公允价值大于实际的事后成本。当这种高估和员工行权决策的差异性结合在一起的时候，偏差就很大了。采用 HMS 提议的方法近似地替代凹性的影响，Marquardt（2002）发现 Black-Scholes 模型高估的程度降低了。

[16] AK 假设投资者不知道计划的日期。如果他们知道，他们解读 CEO 发布的信息时会打个折扣，以调整偏差。AK 认为公司是否会维持其计划的员工股票期权发放日期、是否会发放都存在不确定性，市场只有在实际发放之后才能知晓。此外，市场需要好几年时间才能意识到，公司的确在维持其设定的计划。AK 提供的证据支持了这一观点。

[17] 和代入期望行权时间使用 Black-Scholes 模型相反，很多图 7-2 描述的二项式模型的升级版本允许各种提前行权的可能性。

[18] 前面讨论过，事前成本是在期权发放日按照期权定价模型计算的估计值。事后成本是实际成本，是行权日股价和行权价格的差额。SFAS 123R 和 IFRS 2 都没要求调整事后成本与事前成本的差额。

[19] Choudhary 报告，96％的样本公司都采用 Black-Scholes 模型衡量员工股票期权的公允价值。

[20] Kim 用 6.10 节中描述的 Basu（1997）方法的扩展版本来测量条件稳健性。

[21] 在 12.10 节中会对 SFAS 131 做更深入的讨论。这项准则现在包括在 ASC 280-10 中。

[22] 后进先出（LIFO）法使用大部分最近获得的存货成本作为销售成本，先进先出（FIFO）法则使用最早的存货成本作为销售成本。在一个上行的市场中，后进先出法产生的净收益低于先进先出法。根据 FASB 会计准则（ASC 330-10-30-9）后进先出法是被允许的，但 IASB 会计准则（IAS 2）是不允许的。

[23] 这种对会计误导的担忧假定利益相关者不会忽视盈余管理。BDS 认为，他们这样做没有成本效应，因为很难将持续使用对报告收益的影响隔离开来，例如，存货后进先出或加速摊销，特别是由于许多利益相关者处理信息的能力有限，可能没有足够的利害关系，不值得仔细地评估报告的收益。

[24] 这里假定是个单一策略问题。也就是说，一种策略行为被选中的概率为 1。这里有可能存在混合策略均衡，在混合策略里，各种行为对参与人而言都是无差异的，他们将随机选择。这样就需要修改结论。

[25] 这个例子是以 Friedman（1986）139-141 页中的讨论为基础的。Friedman 的讨论是基于 R. W. Rosenthal（1981）提出的模型。

[26] 从最后一轮行动开始分析博弈过程的方法称为**逆向归纳**（backwards induction）。这种方法考虑到了这种情形，即理性的博弈参与人在决定第一次行动时，会向前预期事态的发展。

[27] 经理人的法律责任可能是巨大的。2001 年 8 月，安然公司 CEO 杰弗里·斯基林在严重的财务违规行为被披露之前辞职（见 1.2 节）。然而，他后来被判定为有犯罪行为。经过一系列的法律诉讼和谈判，斯基林被判处 14 年监禁。

第**9**章

冲突分析

本章语音导读

9.1 概　述

在本章，我们将讨论代理理论。代理理论是博弈论的一个分支，研究委托人与代理人之间的契约设计，以促进代理人以委托人利益最大化为目标开展工作。一份有效的契约可以使委托人以最低成本达成上述目的。

社会上存在很多委托-代理关系，例如医生与病人的关系、客户与律师的关系以及曲棍球球队所有者和运动员的关系。在每种关系下，委托人都希望代理人能够按照自己的利益诉求辛勤工作。然而，由于辛勤工作需要付出努力，而委托人所期望的努力程度可能超出代理人愿意付出的努力程度，这就导致委托人和代理人之间可能存在利益冲突。很多情况下，委托人可能无法直接观测到代理人的努力程度——例如病人很难观察到医生所付出的努力。这就进一步带来了**道德风险**（moral hazard），除非代理人得到充分的激励，否则他可能不会像被预期的那样努力工作。除了代理人本身的声誉和职业道德，基于代理人业绩的薪酬往往被用作进一步的激励手段，就好比曲棍球运动员的薪酬可能很大程度上取决于其进球数。

本章关注两种重要的代理关系，即公司和经理人之间签订的雇佣契约（employment contracts）以及公司和债权人之间签订的借款契约（lending contracts）。代理理论之所以与会计相关，是因为这两种契约都依赖于公司的报告盈余。例如，雇佣契约经常以净收益的高低来确定经理人的奖金，借款契约通常以限制性条款的形式来达到保护债权人的目的，比如，限制公司的利息保障倍数不能低于某一水平，或者当营运资本低于某一水平时不得发放股利。

因此，会计政策对于经理人而言很重要，因为他们的薪酬以及避免债务违约的能力都会受到这些政策的影响。正如在 8.5 节中所讨论的那样，在雇佣契约与债务契约期内，如果会计准则发生变动，就会形成不同的经济后果。这就导致在新会计准则制定的过程中，经理人也有其利益诉求。

报告净收益在经理人雇佣契约中的作用与对投资者的作用不同。对于经理人雇佣契约，其作用是预测与经理人活动密切相关的薪酬，而不是预测公司未来现金流量的时间、数量和风险，这样可以监控和激励公司经理人的业绩。为达到这一目的，净收益需要对经理人的努力程度非常敏感，并且能够精确地预测与经理人努力程度相对应的薪酬，这与向投资者提供决策有用性的信息所需要的特征并不相同。这导致了在 1.10 节中提到的基本问题。

最后，代理理论中财务报表的契约功能有助于我们理解有效市场理论并不必然与经济后果相矛盾。一旦我们理解了财务报告中冲突的含义，我们就可以明白为什么证券市场可以在保持有效性的同时又呈现出会计政策的经济后果。

图 9-1 列出了本章的结构。

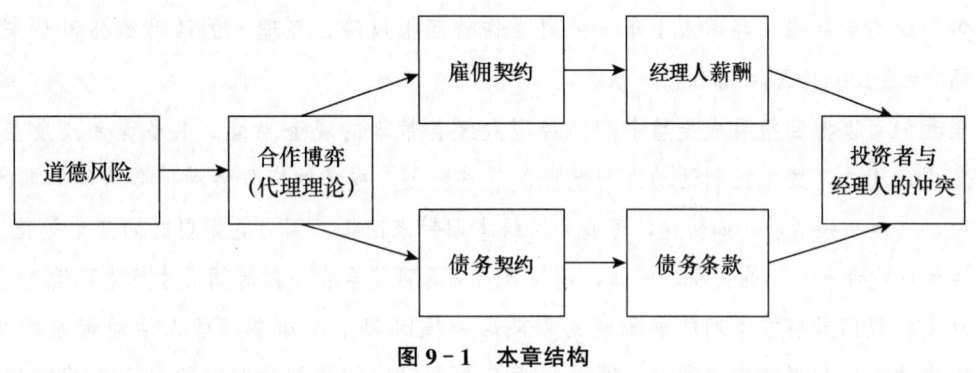

图 9-1 本章结构

9.2 代理理论

9.2.1 引言

在接下来的几节中，我们将研究在第 8 章讨论过的两种对财务会计理论来说有重要意义的契约。它们是公司和它的高管之间签订的雇佣契约，以及债权人和公司（通常以经理人为代表）之间签订的借款契约。在这些契约中，我们把契约的一方称为委托人，另一方称为代理人。例如，在雇佣契约中，公司所有者是委托人，高管是代表所有者经营公司的代理人。

代理理论（agency theory）是博弈论的一个分支，它研究当委托人与代理人的利益存在冲突时，如何设计契约以激励理性的代理人按委托人的利益行事。

代理理论下的契约含有合作博弈和非合作博弈的双重特征（见 8.10.2 节）。一方面，双方参与人在行动时是非合作的状态，他们并不会采取一致的行动；相反，行动是受契约激励的结果。另一方面，双方参与人都必须忠于契约，即约束自己"按规则办事"，例如，它假定雇佣契约中的经理人不会攫取公司全部的利润。这些协议可以通过法律制度、第三方托管安排，或者凭借契约双方参与人的声望、道德而得以实施。所以，我们也可以把它们视为合作博弈。

9.2.2 公司所有者与经理人之间的代理契约

我们从所有者-经理人的单期契约例子开始介绍代理理论的一些概念，阐明所有者和经理人之间基本的道德风险冲突。本节还会介绍所有者如何设计雇佣契约以控制道德风险。

必须说明的是在以下的例子中，我们只考虑两个人。所有者用来代表大量的股东，他们的利益可能与经理人产生冲突。事实上，通过把公司模型化为两个有利益冲突的理性的个体，就可以看出公司的所有权和控制权是分离的。

例 9-1　　公司所有者和经理人之间的代理问题

假定一家简单的公司只有一个所有者（委托人）和一个经理人（代理人）。契约只有一期，可以理解为所有者只雇用经理人 1 年。公司面临着回报风险，经理人的活动给公司带来的回报可能是 $X_1 = \$100$ 或 $X_2 = \$55$。

这里我们可以把回报看成是整个期间经理人经营带来的现金流量。很多现金流量在一年内就可以实现，比如，成本控制活动立刻就可以节省现金，成功的广告活动也会增加本期的销售。

然而，其他一些活动，如研发，可能无法给本期带来回报，因为它需要时间产生效益。另外，本期的活动可能带来未来的负债，例如，消耗自然资源可能会在一段时间后才产生环境责任。

实际上，我们只有在本期的薪酬契约到期后一段时间才能知道经理人活动带来的总回报。这个总回报才是所有者考虑的利益。理性的所有者希望他的预期收益扣除经理人薪酬后能够最大化。经理人和我们在现实中观察到的一样，所有者按年并在年底支付经理人薪酬，尽管此时还不能观察到总回报。

同时也假定，经理人受雇后有两种行动选择——努力，以 a_1 表示；或偷懒，以 a_2 表示。这些代表了经理人受雇期间的所有活动。经理人的行动选择将影响回报及其概率。我们设定这些概率如下：

如果经理人工作努力：$P(x_1 | a_1) = 0.6$

$$P(x_2 | a_1) = \underline{0.4}$$

$$= \underline{1.0}$$

如果经理人偷懒：$P(x_1 | a_2) = 0.4$

$$P(x_2 | a_2) = \underline{0.6}$$

$$= \underline{1.0}$$

这里，x_1 代表高回报。如果经理人工作努力，x_1 出现的概率（0.6）大于偷懒情况下的概率（0.4）。[1] 这是一个要认识的关键点——代理人的行动会影响回报的概率分布。具体来说就是，经理人工作越努力，高回报的概率越高。

当然，这仅仅是期望的情形。经理人努力工作将提高公司高回报的概率，但低回报仍可能出现。在我们的例子中，即使经理人很努力，仍然有 40% 的概率出现低回报，因为努力工作并不能克服公司面临的所有风险。类似地，如果经理人偷懒，仍然有可能出现高回报，也许他刚好赶上了好时机。在我们的例子中,即使经理人偷懒,还是有 40% 的概率出现高回报。一般来说,经理人工作越努力,低回报出现的概率越低。

最后,应当指出,努力一词的含义是非常广泛的。努力不仅是按字面理解的投入大量工作时间,还包括经理人为经营公司所付出的心力、长期的计划、激励和监督下属、不获取额外津贴等。实际上,努力是一种模型化的手段,它包括经理人所从事的全部活动范围。

我们用表 9-1 来总结这个例子。表中的金额代表四个行动/回报组合中每一个组合下的回报。概率是基于行动的条件概率,也就是说,如果经理人选择 a_1,x_1 的概率为 0.6,而如果经理人选择 a_2 的话,x_1 的概率为 0.4,依此类推。[2]

表 9-1 例 9-1 的回报情况

| | 经理人的努力程度 | | | |
| | a_1(努力) | | a_2(偷懒) | |
	回报	概率	回报	概率
x_1(高回报)	\$100	0.6	\$100	0.4
x_2(低回报)	\$55	0.4	\$55	0.6

前面提到过,总回报要到契约到期之后的一段时间才能知道。图 9-2 显示了代理模型的时间轴。

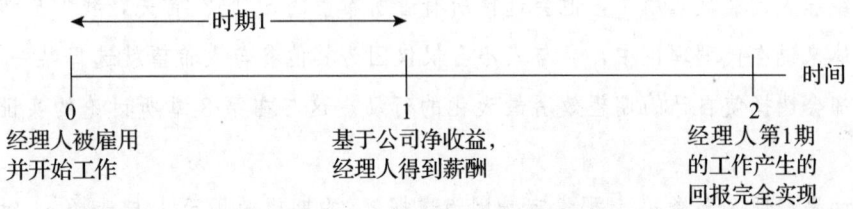

图 9-2 代理模型的时间轴

现在,从公司所有者的立场来考虑这个问题。所有者希望雇用经理人来经营公司,也就是说,所有者对经理人所采取的行动不进行直接的控制。实际上,所有者也不可能知道经理人采取的所有行动。不过,为了最大化预期回报,所有者希望经理人努力工作,即选择 a_1,因为在 a_1 时高回报的概率比在 a_2 时大。

更正式地讲,假定所有者是风险中性者,且假定所有者从给定回报中获得的效用等于该回报的金额。再假定经理人的工资固定为 \$25。那么所有者在每种行动下的期望效用是:

$$EU_o(a_1)=0.6\times(100-25)+0.4\times(55-25)$$
$$=0.6\times75+0.4\times30$$
$$=45+12$$
$$=57$$
$$EU_o(a_2)=0.4\times(100-25)+0.6\times(55-25)$$
$$=0.4\times75+0.6\times30$$
$$=30+18$$
$$=48$$

这里 $EU_o(a_1)$ 表示当经理人选择 a_1 时所有者的期望效用，同理，$EU_o(a_2)$ 表示当经理人选择 a_2 时所有者的期望效用。和决策理论一样，我们假定每个参与人都致力于期望效用最大化。所以，所有者希望经理人选择 a_1，因为这样所有者的期望效用更大。很明显，只要 (x_1, a_1) 的概率大于 (x_1, a_2) 的概率，具体的概率数值对结论是没有影响的。

现在，从经理人的立场来考虑这个问题。假定经理人是风险规避者，具体来说，假定回报带来的效用等于薪酬的平方根。

经理人愿意为所有者工作吗？假定存在一个合理有效的**经理人市场**（managerial labour market），市场会对经理人定价，价值取决于经理人的能力，包括受过的培训、工作经验和声誉。如果本期经理人愿意为所有者工作，那么薪酬带来的效用至少要等于他的机会成本，即经理人从其他最好的工作机会中可以获得的效用，这个效用也称**保留效用**（reservation utility）。我们假定经理人的保留效用是 3，如果薪酬契约提供给经理人的期望效用低于这一数额，他将会选择其他工作。当然，经理人将乐于获得高于 3 的效用，不过此时其他的经理人可能也愿意为该公司工作。如果经理人要求得到高于 3 的效用，所有者也许会另请他人。所以，考虑到经理人市场合理的竞争程度，我们可以预期，经理人将愿意为数额为 3 的效用工作。

现在，经理人已经被雇用了，他会选择所有者所希望的 a_1 吗？首先，我们应该认识到在博弈论中，具体来说在代理理论中，参与人不会仅仅因为其他参与人希望就选择某一行动。相反，每个参与人都会选择使自己的期望效用最大化的行动。这与在第 8 章所讨论的实证会计理论是一致的。

所以，如果经理人选择 a_1，那肯定是因为选择 a_1 的期望效用至少与选择 a_2 时的期望效用一样大。注意这一假设与绝大多数的经济分析是不同的，后者认为公司的活动是为了利润最大化。各参与人都按自身期望效用最大化选择行动，是区别实证会计理论和经济学博弈论的一个重要特征。

接着假定经理人是**好逸恶劳**（effort-averse）的。这意味着经理人不喜欢努力工作，且努力程度越高他越不喜欢。实际上，努力程度的负效用会减少从薪酬中得到的效用。

所以，我们假设：

a_1 的负效用＝2.00

a_2 的负效用＝1.71

给定经理人 $25 的固定工资，我们可以计算在每种行动下经理人的期望效用（已扣掉努力程度的负效用）：

$$EU_m(a_1) = \sqrt{25} - 2.00 = 3.00$$

$$EU_m(a_2) = \sqrt{25} - 1.71 = 3.29$$

这里，$EU_m(a_1)$ 表示经理人选择 a_1 时的期望效用，$EU_m(a_2)$ 表示经理人选择 a_2 时的期望效用。经理人将会选择 a_2。[3]

这个结果并不令人吃惊。在其他条件相同的情况下，大多数人，甚至经理人，都希望能够轻松点。努力工作或者偷懒，经理人得到的都是 \$25 的固定工资。代理人倾向于偷懒反映的是道德风险。

设计控制道德风险的契约 现在的问题是，出现例 9-1 中的情况时，所有者应该怎么办？一种选择就是拒绝雇用该经理人，但是其他理性的经理人也会选择 a_2。结果，所有者要么放弃公司，要么自己经营。然而，这两种选择都不太可行。经营公司是一项复杂且专业的工作，所有者可能并不具备所要求的技能，而且除了规模十分小的公司外，我们可以看到所有权和经营权分离现象普遍存在。实际上，所有者有许多其他的选择，例如：

1. 雇用经理人并接受 a_2。股东放任经理人选择 a_2 并接受 48 而不是 57 的效用，公司继续经营。不过，这也不太可能，因为下面我们将看到所有者有更好的选择。

2. 直接监督。如果所有者可以无成本地观察经理人的行动，这个问题就很容易解决。这样契约就可以修改为，如果经理人选择 a_1，工资为 \$25，否则工资为 \$12。很容易证实经理人将会选择 a_1，因为选择 a_2 只能得到 \$12 的薪酬，1.75 的期望效用。

这种类型的契约称为**最优契约**（first-best）。此时，所有者得到最大效用（57），经理人得到保留效用（3）。在例 9-1 的假设下，没有其他契约能比它更好。

最优契约在**风险分担**（risk-sharing）方面也做得最好。在该契约下，不管收益如何，经理人都得到一个固定工资，所以经理人是没有承担风险的。经理人是风险规避者，他会为此感到满意。所有者承担了收益的全部风险，由于所有者是风险中性者，他并不介意承担风险。实际上，我们可以认为，公司所有权的一个作用就是承担风险。如果所有者不是风险中性者而是风险规避者，最优契约将变成让股东和经理人共担风险。不过，这些问题的研究不在我们讨论的范围之内。此外，考虑到这个模型中的"所有者"可能代表持有多样化投资组合的股东。在这种情况下，任何一家公司的风险都不值得关注——它将被分散。[4]

遗憾的是，最优契约常常无法实现。这在所有者-经理人的契约中就可以看出，因为所有者不可能在管理环境中监督经理人的努力程度。经理人的努力程度的性质非常复杂，对于一个远程的所有者来说，要确认经理人是否在努力工作是不可能的。此时，我们碰到了信息不对称的情形——经理人知道自己的努力程度，但所有者不知道。前面曾经提到，这种类型的信息不对称称为道德风险。

3. 间接监督。虽然不能直接观察经理人的努力程度，但在某些情况下可以推断得出。为方便说明，让我们稍微改动一下上面的例子。表 9-2 和表 9-1 的唯一区别在于 (x_2, a_2) 的效用是 \$40，而不是 \$55。用代理理论的话说，这是一种**移动支持**（moving support），也就是说，随着行动的变化，可能的回报也会发生变化（移动）。表 9-1 反映的是一种**固定支持**（fixed support），即不管采取什么行动，可能的回报均固定为（100，55）。

表 9-2　代理理论案例的回报情况

	经理人的努力程度			
	a_1（努力）		a_2（偷懒）	
	回报	概率	回报	概率
x_1（高回报）	\$100	0.6	\$100	0.4
x_2（低回报）	\$55	0.4	\$40	0.6

很明显，从表 9-2 中可以看出，如果所有者得到的回报为 \$40，即使经理人的努力程度无法直接观察，他也可以知道经理人选择了 a_2。所有者可以修改契约，规定在回报为 \$40 时，支付给经理人的工资为 \$12，这相当于所有者对经理人罚款 \$13。很容易验证经理人将选择 a_1：

$$EU_m(a_1)=\sqrt{25}-2=3.00$$
$$EU_m(a_2)=0.4\times\sqrt{25}+0.6\times\sqrt{12}-1.71=2.37$$

当低收益 \$40 出现时，罚款 \$13 这一手段足以驱使代理人选择 a_1。这份契约也是最优契约，经理人努力工作，不承担风险，得到保留效用，所有者的期望效用也达到最大化。

然而，间接监督对于表 9-1 中的固定支持情况将不会起作用。因为如果回报是 \$55 时，很难推断经理人选择了 a_1 还是 a_2。同样地，若回报是 \$100，也同样难以推断。因此，所有者不能从回报中反推出经理人的行动。

在现实的契约中，我们通常不能依靠间接监督来确保达成最优契约。例如，回报可能为正或负的任何数。如果一家公司报告亏损 100 万美元，所有者很难推断出亏损到底是由于经理人不努力，还是由于其他因素造成的。此外，法律和制度因素也将阻止所有者严厉惩罚经理人以使他选择 a_1。例如，所有者很难在契约到期后从经理人手中拿回 \$13。

4. 所有者将公司出租给经理人。这个时候，所有者可能被迫对经理人说："好了，我认输了——公司给你经营，利润都是你的，只要你付我 \$51 的固定租金就行。"然后，股东将不再关心经理人选择什么行动，因为股东 \$51 的租金是固定的，这就是将经理人决策问题**内部化**（internalizing）。

这种安排确实存在，至少过去存在过，租赁农场就是一个例子。不过，租赁农场通常被认为缺乏效率，原因很容易看出。经理人期望效用的两种结果可能是：

$$EU_m(a_1)=0.6\times\sqrt{100-51}+0.4\times\sqrt{55-51}-2$$
$$=0.6\times7+0.4\times2-2$$
$$=4.2+0.8-2$$
$$=3.00$$
$$EU_m(a_2)=0.4\times\sqrt{100-51}+0.6\times\sqrt{55-51}-1.71$$
$$=0.4\times7+0.6\times2-1.71$$
$$=2.80+1.20-1.71$$
$$=2.29$$

因此，经理人将选择 a_1，并得到保留效用 3。

然而，请注意，相对于在最优契约中得到 57 的效用，在这个契约中所有者只得到 51 的效用。所有者的状况变差了，原因就在于这种契约安排的风险分担缺乏效率。所有者是风险中性者，愿意承担风险，但是由于得到一个固定的租金，他没有承担风险。而经理人是风险规避者，却要承担全部的风险。所以，所有者必须把租金从 $57 降到 $51，经理人才能得到保留效用 3。这 $6 的差额就称为**代理成本**（agency cost），它是所有者力图最小化的契约成本的一部分。

5. 让经理人分享利润。最后，我们来谈谈当无法签订最优契约时的另一种最有效的选择，即让经理人分享利润。不过，此时所有者又碰到了一个问题，全部的收益要到下期才能知道，经理人的薪酬却必须在本期支付。

一个解决办法是基于**业绩指标**（performance measure）决定薪酬，业绩指标可以是几个在期末就可得到且可观察的反映经理人业绩的指标。[5] 净收益就是这样的指标，经理人的很多努力都可以反映在本期收益中，所以净收益可以提供经理人业绩信息，像成本控制、资产维护、员工激励以及广告都是本期就可以产生效果进而影响净收益的活动。我们认为净收益在反映经理人的努力程度上，是具有**信息含量**（informative）的。[6]

遗憾的是，净收益并不能完全反映经理人的努力程度。一个原因是公司治理不完善，比如内部控制薄弱，净收益会受到一些随机因素或误差的干扰。认识时滞是另外一个原因，前面提到过，某些经理人的活动并不能在本期就产生收益。研发活动就是一个很常见的例子，其成本在本期发生，减少了本期利润，收益却可能在未来实现。结果，净收益低估了经理人带来的最终回报。另外，经理人的活动可能会带来副作用，形成本期并不知道的环境或者法律义务，此时，净收益又高估了经理人带来的最终回报。

当然，应计项目，包括资产和负债的合理估值，使得净收益更好地反映经理人的业绩。这和概念框架（见 3.7.1 节）的观点是一致的，即应计的净收益比本期现金流量能更好地反映未来的现金流量。

不过，因为应计项目受限于偏误和不完全可靠，而公允价值又具有波动性，因而净收益仍然没有完全反映经理人的努力程度。净收益受到了噪声的干扰，干扰越多，反映本期经理人的努力程度的准确程度就越低。不过，本节中我们假设，虽然净收益不能完全反映经理人的业绩，但它是无偏的。也就是说，不管净收益是高估还是低估了最终回报，高估或低估的期望值为 0。这等同于假定所有的资产和负债的价值都是公允的。

总而言之，本节中，我们认为净收益可以反映最终回报，但它会受到噪声干扰，但干扰的期望值为 0。

例 9-2　用净收益衡量经理人的业绩

为了说明薪酬契约中净收益的用途，我们拓展一下例 9-1。回顾表 9-1，如果经理人努力工作（a_1），高回报（$100）和低回报（$55）的概率分别为 0.6 和 0.4；如果经理人偷懒（a_2），高回报和低回报的概率分别为 0.4 和 0.6。当时也解释过，为什么即使经理人很努力，回报仍然可能会很低；即使经理人偷懒，回报仍然可能会很高。因为公司面临各种各样的风险，即使工作努力，碰到经济不景气，还是会出现低回报；同样，经济景气也会掩饰经理人的偷懒。经理人努力工作可以减少风险，但不能消除风险。我们设定经理人努力工作的情况下低回报的概率为 0.4，而偷懒情况下高回报的概率为 0.4，就是基于这种考虑。

此外，受到噪声干扰的净收益使经理人面临薪酬风险——给定最终回报，本期实现的净收益不同，经理人的薪酬也会不同。为了反映净收益中的噪声元素，我们假定：

- 如果最终回报为 $100，本期净收益有 0.8 的概率为 $115，0.2 的概率为 $40。
- 如果最终回报为 $55，本期净收益有 0.2 的概率为 $115，0.8 的概率为 $40。

为简化起见，我们假设净收益有两种可能的数值。同时，我们假设经理人在选择净收益数值方面没有任何作用（例如，不能管理报告的收益）。在这种情况下，努力工作的经理人需要分享 32.37% 的净收益才能获得保留效用 3。[7]

为了验证经理人确实得到了相应的保留效用，我们进行以下计算：

$$EU_m(a_1) = 0.6 \times (0.8 \times \sqrt{0.323\,7 \times 115} + 0.2 \times \sqrt{0.323\,7 \times 40})$$
$$+ 0.4 \times (0.2 \times \sqrt{0.323\,7 \times 115} + 0.8 \times \sqrt{0.323\,7 \times 40}) - 2$$
$$= 0.6 \times (0.8 \times \sqrt{37.225\,5} + 0.2 \times \sqrt{12.948\,0})$$
$$+ 0.4 \times (0.2 \times \sqrt{37.225\,5} + 0.8 \times \sqrt{12.948\,0}) - 2$$
$$= 0.6 \times 5.600\,7 + 0.4 \times 4.098\,9 - 2$$
$$= 3.360\,4 + 1.639\,6 - 2$$
$$= 3.00$$

回顾一下，我们设定经理人是风险规避者，从薪酬中获得的效用是薪酬金额的平方根。努力工作的负效用是 2。上式中第一个括号内表示的是高回报时经理人从薪酬中获得的期望效用。具体来说就是，当回报为 $100 时，净收益有 0.8 的概率为 $115，有 0.2 的概率为 $40，0.6 是高回报出现的概率。第二个括号内反映的是低回报时的情形，逻辑是一样的。

如果经理人偷懒，期望效用是 2.989\,6，计算过程如下：

$$EU_m(a_2) = 0.4 \times 5.600\,7 + 0.6 \times 4.098\,9 - 1.71$$
$$= 2.240\,3 + 2.459\,3 - 1.71$$
$$= 2.989\,6$$

显然，经理人会选择努力工作。[8] 和例 9-1 中假定的一样，所有者是风险中性者，效用等于支付经理人薪酬之后的回报金额。所有者的期望效用是：

$$EU_o(a_1) = 0.6 \times [0.8 \times (100 - 0.323\,7 \times 115) + 0.2 \times (100 - 0.323\,7 \times 40)]$$
$$+ 0.4 \times [0.2 \times (55 - 0.323\,7 \times 115) + 0.8 \times (55 - 0.323\,7 \times 40)]$$
$$= 0.6 \times [0.8 \times (100 - 37.225\,5) + 0.2 \times (100 - 12.948\,0)]$$
$$+ 0.4 \times [0.2 \times (55 - 37.225\,5) + 0.8 \times (55 - 12.948\,0)]$$

$$=0.6 \times 67.630\,0 + 0.4 \times 37.196\,5$$
$$=40.578\,0 + 14.878\,6$$
$$=55.456\,6$$

第一个方括号内的表达式表示扣除经理人薪酬后所有者的期望收益，0.6 表示高回报出现的概率。第二个方括号内的表达式含义相似。

需要注意的是，利润分享下所有者的效用 55.456 6 大于租赁契约下 51 的效用。因此，利润分享比租赁更有效。然而，比例 9-1 中的最优契约下所有者可以得到 57 的效用还低一点。此处的代理成本是 57−55.456 6＝1.543 4。

两种契约中所有者效用的差额可以用代理人的薪酬风险来解释。在最优契约中，经理人不承担风险，不管收益如何，他都会得到 \$25 的固定工资（利润分享比例为 0）。在租赁契约中（利润分享比例为 100%），经理人承担了所有的风险。在例 9-2 中，经理人承担了部分风险（利润分享比例为 32.37%）。给定努力程度，为保证经理人可以得到保留效用，他承担的风险越高，需要分享的利润比例也就越高。[9] 经理人的利润分享比例越高，留给所有者的比例越低，代理成本也就越高。所以，在最优契约、利润分享契约和租赁契约中，代理成本分别为 0、1.543 4 和 6。最优契约以外的最有效契约称为**次优契约**（second-best）。[10] 在本例中，利润分享契约成功地激励了经理人，给定契约的条款，经理人将选择 a_1。契约的这种特性称为**激励相容**（incentive-compatibility），经理人选择 a_1 符合所有者的最大利益（最优契约也是激励相容的，预期选择 a_2 会获得低薪酬将促使经理人选择 a_1）。这种情况下，由于所有者和经理人都希望公司能经营良好，我们可以认为二者的利益是一致的。

有效契约理论将代理成本作为契约成本的一部分加以研究。正如 8.2 节所指出的，公司都想尽可能地完善公司治理，有效契约的签订依赖于公司的组织结构和环境。在例 9-2 中，公司的所有权和经营权是分离的，我们可以预期它会设计一个代理成本最低的利润分享契约。这个契约包含了为激励经理人努力工作所需的最小薪酬风险。

这就提出了一个问题，会计人员能不能提高净收益对最终回报的预测能力？这对会计人员很重要，一个噪声含量少的净收益（也即更为精确的净收益）可以减少薪酬风险，降低经理人愿意接受的利润分享比例，提高契约的有效性。如例 9-3 所示，减少净收益的噪声可以强化净收益在经理人薪酬计划中作为业绩指标的作用。

例 9-3　低噪声的净收益

要提高净收益预测最终回报的能力，一个方法是提高资产和负债的计量准确度。为方便说明，我们假设估值技术的提升使得例 9-2 中的净收益噪声干扰减少，当然，仍然是无偏的。

假定噪声更少的净收益是这样的：

● 如果最终回报是 \$100，本期净收益有 0.846 2 的概率为 \$110，有 0.153 8 的概率为 \$45。

● 如果最终回报是 \$55，本期净收益有 0.153 8 的概率为 \$110，有 0.846 2 的概率为 \$45。

和例 9-2 不同的是，最终回报的取值范围缩小了，而且，高回报出现的时候，报告高收益的概率更大了；同样，低回报出现的时候，报告低收益的概率更大了。很容易验证，为获得保留效用，经理人需要的利润分享比例是 31.85%，比 32.37% 小（见本章习题 17）。同样，经理人继续选择努力工作。

此时所有者的期望效用是：

$$
\begin{aligned}
EU_o(a_1) &= 0.6 \times [0.846\,2 \times (100 - 0.318\,5 \times 110) + 0.153\,8 \times (100 - 0.318\,5 \times 45)] \\
&\quad + 0.4 \times [0.153\,8 \times (55 - 0.318\,5 \times 110) + 0.846\,2 \times (55 - 0.318\,5 \times 45)] \\
&= 0.6 \times [0.846\,2 \times (100 - 35.035\,0) + 0.153\,8 \times (100 - 14.332\,5)] \\
&\quad + 0.4 \times [0.153\,8 \times (55 - 35.035\,0) + 0.846\,2 \times (55 - 14.332\,5)] \\
&= 0.6 \times 68.149\,1 + 0.4 \times 37.483\,4 \\
&= 40.889\,5 + 14.993\,4 \\
&= 55.882\,9
\end{aligned}
$$

这里所有者的期望效用大于例 9-2 中的期望效用（55.882 9＞55.456 6），代理成本 57－55.882 9＝1.117 1，也小于例 9-2 中的 1.543 4。会计计量准确度的提高可以使薪酬契约更为有效。

9.3 经理人的信息优势

9.3.1 盈余管理

在 9.2 节，我们假定在下期之前所有者或者经理人都不知道公司本期的总回报。本期双方都可以观察到的是净收益，它被视为一种受到噪声干扰的、无偏的关于回报的信息。

同样在 9.2 节中，我们没有考虑经理人操纵报告的情形。当时我们假定净收益仅仅是会计系统产生的一个有噪声的数值，噪声的产生是会计系统决定的，经理人不能操纵或管理这一数值。当然，如例 9-3 说明的，即使没有盈余管理，会计人员可以通过改进计量来减少净收益中的噪声，从而提高契约的有效性。

不过，净收益实际上并不是一个关于回报的无偏指标。正如任何一位会计人员所知道的那样，也正如有效契约理论所预测的那样，经理人常常会进行盈余管理。为了更好地理解净收益作为业绩衡量指标的作用，我们将经理人有可能操纵报告盈余这一情形也考虑进来。

当经理人拥有所有者所无法拥有的信息时，盈余管理便可能发生。例如，经理人可能有关于他们能力的私人信息，或者可能在签订薪酬契约之前就有了关于回报的信息（称为**契约前信息**（pre-contract information））。如果经理人先于所有者知道高回报情况将会发生，经理人就怀着偷懒的意图签订契约，并借着高回报的出现获得高额薪酬。经理人也可能在签订契约后、在做出选择策略（努力工作还是偷懒）前获得了关于回报的信息（**决策前信息**（pre-decision information））。如果回报信息很糟糕，经理人可能会辞职，除非遵守契约的情况下他仍能获得保留效用。经理人还有可能在做出策略选择后，取得关于回报的信息（**决策后信息**（post-decision information））。比如，在向所有者报告之前，经理人已经知道了回报情况。如果所有者不能观察到未经管理的净收益，经理人为最大化薪酬可能会操纵报告盈余。

在例 9-4 中，我们讨论一下经理人获得决策后信息的情形。在例 9-2 的基础上，我们增加一个假设，即所有者不知道会实现哪种可能的收益，但是经理人知道。所有者可以得到的是经理人报告的净收益。这个假设看起来是合理的，因为经理人可以影响会计系统，可能会为了自己的利益歪曲报告净收益。[11]

例 9-4　扭曲的财务报告

回想一下，在例 9-2 中，净收益有两种可能的数值。如果最终回报是 \$100，未管理的净收益有 0.8 的概率为 \$115，有 0.2 的概率为 \$40；如果最终回报是 \$55，未管理的净收益有 0.2 的概率为 \$115，有 0.8 的概率为 \$40。既然所有者不知道具体实现的是哪种，报告的净收益就由经理人来决定了。不难看出，在单期契约当中经理人将怎样利用这个信息优势。鉴于经理人进行盈余管理没有成本，所有者会按照契约的规定支付净收益的一部分作为薪酬，经理人将会偷懒并报告 \$115 的净收益，而不论未管理的净收益是多少。更正式地说，如果用 k 表示利润分配比例，则经理人的期望效用为：

$$EU_m(a_1) = 0.6 \times (0.8 \times \sqrt{115k} + 0.2 \times \sqrt{115k}) + 0.4 \times (0.2 \times \sqrt{115k} + 0.8 \times \sqrt{115k}) - 2$$
$$= \sqrt{115k} - 2$$
$$EU_m(a_2) = 0.4 \times (0.8 \times \sqrt{115k} + 0.2 \times \sqrt{115k}) + 0.6 \times (0.2 \times \sqrt{115k} + 0.8 \times \sqrt{115k}) - 1.71$$
$$= \sqrt{115k} - 1.71$$

很明显，不管 k 是多少，经理人都会选择 a_2。为获得保留效用，此时，经理人需要 $k = 0.1929$，薪酬为 \$22.18，效用为：

$$EU_m(a_2) = \sqrt{0.1929 \times 115} - 1.71$$
$$= \sqrt{22.1835} - 1.71$$
$$= 4.7099 - 1.71$$
$$= 3$$

所有者的效用为：

$$EU_o(a_2) = 0.4 \times (100 - 0.1929 \times 115) + 0.6 \times (55 - 0.1929 \times 115)$$
$$= 0.4 \times (100 - 22.1835) + 0.6 \times (55 - 22.1835)$$
$$= 0.4 \times 77.8165 + 0.6 \times 32.8165$$
$$= 31.1266 + 19.6899$$
$$= 50.8165$$

这小于例9-2中所有者的效用（55.456 6）。效用之所以减少，是因为这时无论经理人是否努力工作都可以报告最大的净收益，所以经理人选择了偷懒。所有者期望效用的减少反映了预期回报的降低。经理人无须承担任何风险，不管回报如何，他都将得到同样的薪酬。我们从例9-2中可以知道，要想经理人努力工作，必须要让其承担风险。在这种情况下，这份契约不符合激励相容。

9.3.2　披露定律*

所有者在例9-4中的效用低于在例9-2中的效用。其实例9-4更加接近现实中的情况，我们一般都认为经理人具有信息优势，并且很可能利用信息优势进行盈余管理。鉴于所有权和经营权已经分离，所有者不太可能观察到公司会计系统的细节。现在，问题出现了，对于这种不太令人满意的情况，所有者可以做点什么吗？答案当然是可以的。

例9-5　披露定律

在例9-4中，经理人没有如实披露。鼓励如实披露可以成功吗？如果可以，这至少消除了盈余管理，不管会不会影响经理人的工作态度，答案是肯定的。为方便说明，我们假定所有者对例9-4中的契约做了如下修改：

如果报告净收益为 $\$115$，$k=0.192\,9$；

如果报告净收益为 $\$40$，$k=0.554\,6$。

回顾例9-4，k 是经理人的利润分享比例。很容易验证经理人收到的薪酬和例9-6中一样，都是 $\$22.18$，不论报告净收益是多少（如果报告净收益为 $\$40$，薪酬为 $40\times0.554\,6=\$22.18$）。结果，因为无须承担风险，经理人将继续选择偷懒，得到保留效用3。所有者仍然得到50.816 5的期望效用。差异在于此时经理人失去了歪曲报告净收益的动机，因为不管报告多少，他的薪酬都是一样的。[12] 这个例子简单说明了**披露定律**（revelation principle）（Myerson，1979；Christensen，1981；Arya，Glover 和 Sunder，1998）。对于任何一个让经理人有动机隐藏内部信息的契约，都会有一个与之等价的契约让经理人如实披露。

披露定律催生了一个有趣的问题，即为什么不设计一个鼓励如实披露的薪酬契约？这样，就不会再发生机会主义盈余管理了。即使经理人想偷懒，虚假披露也不会比如实披露好，所有者的期望效用也是一样的。而且，如实披露还会促使更多的人购买公司的股票，因为投资者的信心会因经理人不再虚假披露净收益得到增强。[13]

披露定律不能包治百病，它的成立需要满足几个条件。第一，所有者必须承诺，不会因为公司真实经营情况惩罚经理人。例如，在例9-5中，如果经理人预期如实披露 $\$40$ 的净收益会

---

* 本节为选学内容，可跳过，不影响全书的连贯性。

被愤怒的所有者开除，他就不太可能如实披露。

公司所有者需承诺不会因为公司真实经营状况惩罚经理人，方式之一是提供遣散费作为补偿契约的一部分。那么，一个因公司业绩不佳而被解雇的经理人可能会在离职时获得一笔可观的薪酬。由此，与其通过操纵收入来掩盖糟糕的业绩，经理人更有动机说出真相，依靠遣散费来弥补失去工作的损失。

当然，公司所有者必须权衡遣散费的收益和成本。如果投资者看重高质量的报告，其好处可能包括资本成本的降低。除了遣散费本身，成本还包括由于经理人逃避责任而增加的代理成本。遣散费降低了薪酬风险，经理人必须承担选择努力工作这一替代方案所带来的风险。

第二，契约条款不能有其他的限制。例如，很多薪酬契约要求利润必须超过一定的水平，比如权益的 10％，才提供奖金。另外，奖金可能还有上限，比如利润超过权益 25％ 的部分不发放对应奖金。当这些限制条件存在的时候，那些能够激励如实披露的契约可能不能满足条件。如果净收益超出了奖金的支付范围，那么这份契约反倒会惩罚说真话的经理人。

第三，经理人传递信息的能力不受限制。例如，经理人拥有对下年利润的预测信息，但是如实披露对经理人个人来说成本很高，如果最后没能实现所预测的业绩，他可能遭受声誉损失甚至承担法律责任。此时，激励经理人如实披露预测信息的契约让经理人承担了太多的风险，经理人为获得保留效用需要的薪酬就可能超出所有者愿意支付的范围。诚实的沟通路径被堵塞了。结果，所有者可能接受经理人披露歪曲的预测信息，或者根本不披露预测信息。

从实际情况来看，这三个条件意味着披露定律不太可能彻底消除盈余管理。

9.3.3 控制盈余管理

例 9-4 说明了盈余管理如何导致经理人机会主义行为出现，加强公司治理是解决办法之一。例如，审计和薪酬委员会聘请独立的财务专家来更好地监督盈余管理。

实际上，GAAP 加上有效的审计也能发挥公司治理的作用。GAAP 虽然给予会计政策选择一定的灵活性，但同时也限制了盈余管理的金额。在例 9-4 中，如果未操纵的净收益是 $40，经理人真的可以在不被发觉的情况下将其操纵成 $115 吗？值得庆幸的是，会计准则，尤其是存在审计的情况下，不可能允许如此大幅度的歪曲。我们下面接着说明，给予经理人一定的自由裁量权，同时又通过 GAAP 等限制盈余管理的程度的做法，如何在提高经理人努力工作的积极性的同时，又可以让所有者的境况变得更好。考虑如下的例子。

例 9-6　限制净收益的偏差程度

我们拓展一下例 9-4，分别用范围值（$111～$116）和（$36～$41）替代单点值 $115 和 $40，代表所有可能出现的净收益数值。

范围值是符合 GAAP 的，GAAP 允许会计政策的选择具有一定的灵活性。例如，资本性资产摊销时，可以采用直线法，也可以采用余额递减法。不同的会计处理方法带来不同的净收益。未操纵的净收益是一个范围值的假设与我们在 2.5 节中提出的观点是一致的，即真实净收益并不存在。

假定回报出现的概率不变。如果经理人努力工作，高回报出现的概率仍然是 0.6。我们假设所有者知道，报告净收益有两种可能的范围值，并且知道最终的发生值。例如，经理人报告了 $116 的净收益，所有者知道，即使经理人可能操纵了净收益，但是未操纵收益一定在 $111～$116 的范围内。这是 GAAP 的一个性质，它在一定程度上规范了净收益的报告过程。不过，所有者并不知道真实的未操纵净收益到底是范围内的哪个值。

在单期契约中，为了最大化薪酬，理性的经理人会报告合理范围内的最大值。例如，假设未操纵净收益是 $112，它在 $111～$116 范围内。我们可以认为，这 $112 是没有经过盈余管理的结果。然而，具有信息优势的经理人将会进行盈余管理，使得报告利润为 $116。在 GAAP 允许的范围内，有很多方法可以做到。例如，经理人可以提前确认收入，或者将折旧方法从余额递减法转为直线法。不过，应该注意的是，和例 9-4 不同，这里经理人不能在两个范围之间转换，除非违反 GAAP。因此，如果未操纵净收益为 $36～$41，报告 $116 的净收益将会导致审计师出具保留意见的审计报告。

既然知道了经理人会报告合理净收益范围内的最大值，在薪酬契约中，设定 31.93% 的利润分享比例，会使经理人得到保留效用。这很容易证实，我们假设经理人选择 a_1，则经理人的期望效用是：

$$
\begin{aligned}
EU_m(a_1) &= 0.6 \times (0.8 \times \sqrt{0.319\,3 \times 116} + 0.2 \times \sqrt{0.319\,3 \times 41}) \\
&\quad + 0.4 \times (0.2 \times \sqrt{0.319\,3 \times 116} + 0.8 \times \sqrt{0.319\,3 \times 41}) - 2 \\
&= 0.6 \times (0.8 \times 6.086\,0 + 0.2 \times 3.618\,2) + 0.4 \times (0.2 \times 6.086\,0 + 0.8 \times 3.618\,2) - 2 \\
&= 0.6 \times 5.592\,4 + 0.4 \times 4.111\,8 - 2 \\
&= 3.355\,4 + 1.644\,7 - 2 \\
&= 3.00
\end{aligned}
$$

第一个括号内的数字表示高回报情况发生时经理人的期望效用。高回报情况发生时，净收益为 $111～$116 的概率为 0.8，净收益为 $36～$41 的概率为 0.2。前面提到过，经理人会报告合理范围内的最大值。然后在括号外乘以发生概率 0.6。同理可知第二个括号内数值的含义。

如果经理人选择 a_2：

$$
\begin{aligned}
EU_m(a_2) &= 0.4 \times (0.8 \times \sqrt{0.319\,3 \times 116} + 0.2 \times \sqrt{0.319\,3 \times 41}) \\
&\quad + 0.6 \times (0.2 \times \sqrt{0.319\,3 \times 116} + 0.8 \times \sqrt{0.319\,3 \times 41}) - 1.71 \\
&= 0.4 \times 5.592\,4 + 0.6 \times 4.111\,8 - 1.71 \\
&= 2.99
\end{aligned}
$$

因此，经理人会选择 a_1。GAAP 和审计对经理人操纵报表能力的限制并没有消除经理人利用信息优势的能力，不过可以使之降低到一定程度，从而经理人为了得到保留效用，不得不选择努力工作。

正如预期的那样，对经理人操纵报表的能力进行限制，所有者会从中获益。实际上，所有者此时的效用是：

$$
\begin{aligned}
EU_o(a_1) &= 0.6 \times [0.8 \times (100 - 0.319\,3 \times 116) + 0.2 \times (100 - 0.319\,3 \times 41)] \\
&\quad + 0.4 \times [0.2 \times (55 - 0.319\,3 \times 116) + 0.8 \times (55 - 0.319\,3 \times 41)] \\
&= 0.6 \times [0.8 \times (100 - 37.038\,8) + 0.2 \times (100 - 13.091\,3)] \\
&\quad + 0.4 \times [0.2 \times (55 - 37.038\,8) + 0.8 \times (55 - 13.091\,3)] \\
&= 0.6 \times (0.8 \times 62.961\,2 + 0.2 \times 86.908\,7) + 0.4 \times (0.2 \times 17.961\,2 + 0.8 \times 41.908\,7) \\
&= 0.6 \times 67.750\,7 + 0.4 \times 37.119\,2 \\
&= 40.650\,4 + 14.847\,7 \\
&= 55.498\,1
\end{aligned}
$$

此时，所有者的效用优于按照例 9-4 中的契约设定，当时期望效用是 50.816 5。这是因为 GAAP 限制了经理人操纵净收益的能力，此时设定的契约可以激励经理人努力工作。不过，应该注意到，契约仍然允许一定程度的盈余管理存在。除非未操纵净收益就是净收益合理范围内的最大值，否则经理人一定会上调报告净收益。[14] 从这个角度看，在 GAAP 允许的范围内进行盈余管理在一定程度上是一件"好事"，即使在单期契约的情境中：经理人和所有者在本例中的情况都比在例 9-5 中更好。在第 11 章我们将重新讨论这一点。

9.3.4 代理理论与心理规范*

在 6.6 节中，我们认为在当前的时机下，理性和非理性投资者行为理论有合二为一的可能性。Fischer 和 Huddart（FH，2008）对此进行了研究。他们指出，心理学的研究表明个人行为受到个人及社会**规范**（norms）的影响。个人规范是个人的先天特质，比如勤奋工作的信念或从心底认为盈余管理是坏事。社会规范被 FH 定义为一组人的平均行为表现。例如，一个经理人可能发现，平均而言，相似公司的经理人都认为盈余管理是可接受的。

这些规范影响着个人的行为。如果社会规范体现为盈余管理是可接受的，那么为了激励经理人达到一定的努力水平，对于这一社会规范认可度较低且具有较高个人职业道德水平的经理人所需要的利润分享比例相对更低，而对这种社会规范认可度较高且个人职业道德水平较低的经理人就需要更多的利润分享激励。如果给予相同的激励水平，那么后者的努力程度会更低一些，或许他们还可能用盈余管理来替代努力工作。实际上，个人及社会规范对于经理人的努力程度以及盈余管理的动机具有交互影响。

为了分析这些交互影响，FH 构建了一个代理模型，这一模型与我们在例 9-2 中所使用的模型相似，但包含了个人及社会规范。借鉴 FH 的模型，我们将例 9-2 中的模型进行拓展，以此说明如何将个人及社会规范的影响纳入模型。

---

* 本节为选学内容，可跳过，不影响全书的连贯性。

回顾例 9-2，经理人的薪酬是基于有噪声的净收益的，如下所示：

● 如果最终回报为 $100，本期净收益有 0.8 的概率为 $115，有 0.2 的概率为 $40。

● 如果最终回报为 $55，本期净收益有 0.2 的概率为 $115，有 0.8 的概率为 $40。

进一步回顾，如果经理人努力工作，那么高回报和低回报的可能分别为 0.6 和 0.4，如果经理人偷懒，这一可能性将反过来。经理人的效用是收到的总薪酬金额的平方根，努力工作的负效用是 2，偷懒的负效用是 1.71。努力工作的经理人需要分享 32.37% 的利润才能获得保留效用 3。

现在，依据 FH 的模型，假定经理人的个人规范为努力工作，并因此使得努力工作的负效用从 2 降低到 1.5。如果经理人偷懒，其负效用仍然保持在 1.71。假定在不违反 GAAP 的情况下，经理人可以将盈余上调 $25。此时，具有个人规范的经理人可能担心这种调整过于乐观，并因此产生了数值为 3 的负效用，然而他发现相似公司的经理人都能够容忍类似的盈余管理，这使得其个人的盈余管理负效用下降至 1。

这时，经理人面临着以下四种决策：

● 努力工作，不进行盈余管理（a_1, 0）。

● 努力工作，进行盈余管理（a_1, 25）。

● 偷懒，不进行盈余管理（a_2, 0）。

● 偷懒，进行盈余管理（a_2, 25）。

假定所有者偏好（a_1, 0），那么经理人对于（a_1, 0）的期望效用就是：

$$EU_m(a_1,0)=0.6\times(0.8\times\sqrt{115k}+0.2\times\sqrt{40k})+0.4\times(0.2\times\sqrt{115k}+0.8$$
$$\times\sqrt{40k})-1.5$$
$$=[(0.48+0.08)\times10.723\,8+(0.12+0.32)\times6.324\,6]\times\sqrt{k}-1.5$$
$$=[(0.56\times10.723\,8)+(0.44\times6.324\,6)]\times\sqrt{k}-1.5$$
$$=(6.005\,3+2.782\,8)\times\sqrt{k}-1.5$$
$$=8.788\,1\sqrt{k}-1.5$$

式中，k 是经理人享有的净收益比例，这时努力的负效用是 1.5。由于经理人没有进行盈余管理，因此假定盈余管理的负效用为 0。

为了获得数值为 3 的保留效用，需要满足以下条件：

$$8.788\,1\times\sqrt{k}-1.5=3$$
$$\sqrt{k}=\frac{4.5}{8.788\,1}=0.512\,1$$
$$k=0.262\,2$$

由于（a_1, 0）是所有者期望经理人采取的行动，那么此时所有者将会满足经理人的利润分享比例。

接下来，我们计算经理人努力工作并进行了盈余管理的期望效用：

$$EU_m(a_1,25)=0.6\times(0.8\times\sqrt{140\times0.262\,2}+0.2\times\sqrt{65\times0.262\,2})$$
$$+0.4\times(0.2\times\sqrt{140\times0.262\,2}+0.8\times\sqrt{65\times0.262\,2})-1.5-(3-2)$$
$$=(0.48+0.08)\times\sqrt{36.708\,0}+(0.12+0.32)\times\sqrt{17.043\,0}-2.5$$
$$=0.56\times6.058\,7+0.44\times4.128\,3-2.5$$
$$=3.392\,9+1.816\,4-2.5$$
$$=2.709\,3$$

由于进行了盈余管理，净收益提升了 $25，同时盈余管理带来了负效用 1，合计负效用为 2.5。

此外，我们可以进一步得到：

$$EU_m(a_2,0)=2.529\,7$$
$$EU_m(a_2,25)=2.277\,7$$

由于后面三种情况的保留效用均低于 3，因此经理人会选择 $(a_1,0)$ 并获得 26.22% 的利润分享份额。由于努力这种个人规范使得负效用降低，因而激励经理人努力工作所需的利润分享份额也较例 9-2 中的 32.37% 有所减少。经理人的个人规范降低了盈余管理的动机。虽然社会规范提升了这一动机，但是在本例中，这一提升程度并未超过个人规范对盈余管理动机的抑制程度。

9.4 讨论与小结

我们已经研究了包含一个风险中立的所有者（委托人）和一个风险规避的经理人（代理人）的单期代理模型。单期代理模型可以说明代理理论几个重要的方面：

1. 当所有权与控制权分离时，就像发达工业社会中的许多公司一样，委托人似乎不太可能观察到代理人的努力程度。这是一个由信息不对称所导致的典型的道德风险问题。经理人会利用一切可能，通过努力程度的不可观察性来选择偷懒。作为博弈论的一个分支，代理理论研究如何设计契约以控制道德风险问题。以最低的代理成本实现此目标的契约即为最有效的契约。

2. 最有效契约的性质关键取决于委托人和代理人可以共同观察到的事物。契约的签订只能依托于双方都可以观察到的业绩衡量指标：

● 如果委托人和代理人都可以直接或间接地观察到代理人的努力程度，对于风险中性的委托人来说，固定薪酬契约是最有效的（若达不到契约所要求的努力程度，可以给予惩罚）。这样的契约称为最优契约，此时不存在代理成本，努力程度就是业绩衡量指标。

● 除非公司存续期间非常短，否则经理人本期努力贡献的回报很难在本期完全观察到，因为一些经营活动如研发活动，需要经理人在本期努力工作所带来的现金流量却要到随后的期间实现，也就是说，回报实现的时候，经理人的契约可能早已到期了。既然经理人的薪酬是按期支付的，薪酬就不能基于回报。

● 如果委托人不能观察到代理人的努力程度，但是可以观察到净收益，最有效的薪酬契约设计就是让代理人分享净收益。不过，对于经理人来说，用净收益衡量他们的工作业绩，实际上增加了他们所承担的风险，既因为最终回报本身是具有风险的，也因为本期净收益反映回报时充满了噪声。经理人分享净收益，就得同时承担这两方面的风险。在这里，净收益是业绩衡量指标。

● 如果努力程度、回报和净收益都观察不到，那么最有效的契约就是租赁。委托人把公司租赁给经理人并收取固定的租金，代理人努力或者不努力是他自己的事情。然而租赁是缺乏效率的，因为代理人承担了全部的风险，使得代理成本最大化。在这里，没有业绩衡量指标。

3. 对于风险规避的代理人，承担薪酬风险会降低薪酬的期望效用。为了维持代理人的预期效用，委托人必须提高代理人的净收益分享比例。次优契约以代理人获得保留效用和努力工作为前提，让代理人承担的风险最小化。会计系统如果可以提高净收益对回报的反映能力，就可以提高薪酬契约的效率。

4. 将净收益作为经理人的业绩衡量指标时，经理人会进一步拥有相对于所有者的信息优势。因为经理人控制了公司的会计系统，所有者只能观察到经理人报告的一个数值。盈余管理是可能存在的。理论上，可以设计一种契约激励经理人报告未操纵净收益（即完全没有盈余管理），但实际上不太可能，因为代价太大了。不过，有效的公司治理、GAAP 的应用可以限制盈余管理的金额，会计人员也许可以帮助维持经理人努力工作的动机。从这个角度看，一定程度的盈余管理是一件"好事"。

5. 在其他条件相同的情况下，经理人的道德行为，例如，反对偷懒或盈余管理的个人规范，可以使得契约更为有效。然而，由于经理人的同行可能更倾向于盈余管理，那么经理人进行盈余管理的动机在一定程度上也会有所增强。

9.5 经理人信息优势与债权人利益保护

我们现在研究另一个道德风险问题，即经理人的行为可能不符合债权人利益最大化的目标，这可能体现在以债权人的利益为代价满足经理人自身或股东的利益。由于大部分公司的财务决策包含了借款，借款甚至可能会超过向股东募集的资金，因而控制借款过程中的代理问题非常重要。正如在第 8 章提到的，经理人可能通过多种手段侵害债权人的利益，例如：

● 发放过多的股利；

● 承担额外的借款；

● 投资于风险过高的项目，尤其是当公司陷入财务困境时。

如果考虑到声誉问题，经理人从事这种活动的可能性或许会降低，但声誉的影响似乎还不足以完全缓解债权人的担忧。接下来我们考虑从代理理论的角度出发，如何保护债权人的利益。

例 9-7　债权人与经理人之间的代理问题

一个风险中性的债权人面临着两种选择：一是将 \$100 借给公司；二是将 \$100 投资于利率为 10% 的政府债券。公司提供的利率是 12%，一年后还本付息，总额 \$112。和政府债券不同的是，借给公司存在信用风险。若公司破产，债权人的本金和利息都收不回来。

公司的经理人也有两种选择。第一种以 a_1 表示，即负债期间不支付股利；第二种选择以 a_2 表示，即支付高额股利。如果经理人选择 a_1，假定债权人估计公司破产的概率为 0.01，所以有 0.99 的概率可以收回本金和 \$12 的利息。但是，若经理人选择 a_2，由于高额股利将降低公司的偿债能力，债权人估计公司破产的概率为 0.1。因此，在选择 a_2 时，只有 0.9 的概率可以收回本息。

假定经理人签订的是激励性契约，薪酬包括固定工资和基于公司净收益的奖金。分配股利不会影响净收益金额，因此，经理人选择哪种方案都不会影响其薪酬，或者说是否分配股利对经理人而言是无差异的。考虑到这一点，债权人会认为经理人选择 a_1 和 a_2 的概率相等，都是0.5。表 9-3 总结了这一情况。

表 9-3　债权人-经理人契约中债权人的回报分布

	经理人的行动			
	a_1（不分配股利）		a_2（高额股利）	
	回报	概率	回报	概率
x_1（支付利息）	\$12	0.99	\$12	0.9
x_2（破产）	−\$100	0.01	−\$100	0.1

表 9-3 中回报的金额未包括 \$100 本金。债权人要么得到 \$12 的利息收入，要么失去 \$100 的投资。我们可以把 \$100 本金加回去，表示债权人提供 \$100 借款得到的总回报，不影响分析的结论。

债权人愿意借 \$100 给公司吗？另一种选择是购买利率为 10% 的政府债券，获得 \$10 的利息。债权人借钱给公司的期望回报是：

$$ETR = 0.5 \times [(12 \times 0.99) - (100 \times 0.01)] + 0.5 \times [(12 \times 0.9) - (100 \times 0.1)]$$
$$= 0.5 \times 10.88 + 0.5 \times 0.80$$
$$= 5.44 + 0.40$$
$$= 5.84$$

式中，ETR 表示期望获得的总回报。

第一个方括号里的表达式代表经理人选择 a_1 时债权人的期望回报，其概率为 0.5；类似地，第二个方括号里的表达式代表经理人选择 a_2 时债权人的期望回报，概率也为 0.5。

因此，期望总回报为 \$5.84 或收益率为 5.84%。显而易见的是，破产概率的存在以及经理人选择 a_2 的可能性，使得期望回报率低于债券的名义利率（12%）。债权人如果不借款给公司，可以得到 10% 的利率，显然，他们不会选择借款给公司。

为了能够吸引债权人，公司的名义利率要提高到什么水平呢？我们可以计算一下：

$$10.00=0.5\times[0.99R-(100\times0.01)]+0.5\times[0.9R-(100\times0.1)]$$

式中，R 表示债券的名义利率。

等式左边是债权人要求的总回报。可以解得

$$R=\frac{15.50}{0.945}=16.40$$

因此，为吸引债权人，公司必须提供不低于 16.40% 的名义利率。

在例 9-7 中，对经理人来说，16.40% 的利率看起来太高了，尤其是经理人参与净收益分享的话。经理人会尝试寻找其他更加有效的契约安排来降低借款的利率。一种方案是承诺选择 a_1，即不分配股利，并把它写到借款契约中。一个此种类型的例子是，在契约中规定如果公司的利息覆盖率低于某个特定的水平，就不能分配股利。另一个例子是，规定如果债务权益比率低于某个特定的水平，就不能新借任何债务（新借债务会稀释当前债权人的资产安全性）。因为这些条款具有法定的约束力，债权人会改变对经理人各种行动的概率的评估。假定现在经理人选择 a_1 的概率被评估为 1，选择 a_2 的概率被评估为 0，公司提供的名义利率仍然为 12%，债权人的期望总回报是：

$$ETR=1\times(12\times0.99-100\times0.01)+0\times(12\times0.9-100\times0.1)=10.88$$

这超过了购买政府债券的回报 \$10，所以债权人将会选择借款给公司。

例 9-7 说明，在债权人和公司经理人之间存在一种道德风险问题——经理人可能会选择不利于债权人的行动。理性的债权人会预料到这些行动，然后要求提高贷款利率。这样一来，经理人就有动机去承诺不采取对债权人不利的行动。契约可能要求经理人在贷款未偿还时达到一定的盈余水平、限制股息或限制额外借款，从而公司得以以较低的利率借款。Beatty，Weber 和 Yu（2008）研究发现，随着债务条款加强，债权人愿意降低贷款利率。

当然，不同于本例，债务契约不能完全消除公司陷入财务困境从而无法偿还本息的可能，举一个极端的例子，公司破产可能仅仅是因为一次不幸的自然灾害。此外，如果公司接近破产，经理人可能会通过盈余管理的方式进行掩饰。虽然 GAAP 和审计可以在一定程度上控制这种行为，但是管理层在符合准则要求的情况下仍然具有一定的操纵空间。考虑到债务契约往往是基于会计变量拟定的，债权人仍然需要可靠而稳健的会计政策，如第 8 章所述。代理理论帮助我们更好地理解为什么契约会首先存在。

如前所述，许多债务契约条款是基于盈余的，例如利息保障倍数和债务权益比率。假设经理人没有或不能依靠盈余管理来掩盖任何违约行为，他们将努力实现这些契约中所包含的盈余目标。Rhodes（2016）指出，经理人可以通过努力工作来提高薪酬契约效率。回想一下，在例 9-2 中，其中经理人需要 32.37% 的净收益来获得保留效用。这个例子隐含地假设公司没有长期债务，如果公司确实有此类债务和基于盈余的相关契约，则对经理人的部分激励早已存在，此时可以减少通过分享净收益来提供激励。换言之，我们已经注意到经理人必须承担风险才能被激励付出努力。

在这里，债务契约提供了一些风险，因此需要通过（有风险的）净收益来承担较小的风险。

通过对 1992—2012 年拥有基于盈余的债务契约的大样本公司进行研究，Rhodes 发现，与没有基于盈余的债务契约的公司的控制样本相比，经理人的现金薪酬对盈余变化的敏感性平均降低了约 22%。这意味着，与她的观点一致的是，在拥有基于盈余的债务契约的公司中，其薪酬契约中净收益所占的份额就会显著降低。

值得注意的是，刚才描述的契约效率的提高主要会使股东受益。此外，正如我们将在第 10 章所探讨的，薪酬契约通常包括现金以外的股权激励，如公司股票或股票期权。与此类似，一种更直接的有利于债权人利益的方式是，要求经理人自己持有公司债务。如果一家公司即将陷入财务困境，没有债务的经理人可能会试图投资风险过高的项目。如果这些项目获得了回报，财务困境就会解除；反之，债权人将承担大部分损失。债权人将意识到这种可能性，再次提高他们的利率。通过持有公司债务，经理人实际上成了债权人，因此有动机通过努力防止公司陷入财务困境来保护债权人的利益。

当然，这种激励方式也可能带来另一方面的极端影响——经理人仅愿意投资于风险非常低的项目，这反而会侵害投资组合多样化的股东的利益。上述论述表明，经理人的薪酬应该同时包含与权益和债务都相关的激励。那么问题在于，二者的比例应该如何协调？

Edmans 和 Liu（2011）研究了这一问题。他们分析了一个代理模型，在该模型下，经理人可以在风险项目和安全项目中二选一，同时也可以付诸两种类型的努力。[15] 一种是在保证偿付能力的情况下提升公司的期望价值，这有益于股东；另一种则是在公司濒临破产时最大化回收价值，这有益于债权人。因此这一模型中包含了两种代理问题——经理人与股东以及经理人与债权人之间的代理问题。由于最大化回收价值在一定程度上也是投资者希望看到的，这也使得股东获益，因此上述代理问题实质上是错综复杂的。

他们的研究发现，在理想的契约下，经理人的薪酬应该同时考虑权益和债务两方面。当公司具有较好的增长机会时，薪酬基于权益的比重更高，经理人努力最大化公司的持续经营价值将获得更高的期望薪酬；相反，如果公司面临破产风险，那么薪酬基于债务的比重将会更高。

经理人的薪酬与债务相关似乎不符合我们日常所观察到的情形，但 Edmans 和 Liu 认为事实并非如此。经理人往往以退休金和递延薪酬的形式持有公司债务，两种方式都会受到公司破产的威胁。实际上，在 2007—2008 年股市崩盘之后，递延薪酬和已支付薪酬的追回都显著增加。综上所述，基于债务和权益的薪酬可以促使经理人最大化公司价值，而不仅仅是最大化股东价值。实务中的理论 9-1 更进一步描绘了基于债务的薪酬契约。

💡 实务中的理论 9-1

2013 年 2 月，瑞士联合银行（UBS）宣布了 2012 年度高管奖金支付方式，其中 40% 的奖金将通过一种吸收损失的递延资本工具来支付。具体而言，这些奖金将以 UBS 债券的形式发放，当 UBS 的法定资本比率低于 7% 或公司遭遇灾难性损失时，债券持有人可以将这种债券转换为普通股。实际上，这种债券在后来变得近乎一文不值。

9.6 代理理论对会计的启示

9.6.1 2比1好吗?

Holmström（1979）逻辑严密地拓展了代理模型，并允许使用多个业绩指标。在这里，我们从会计的角度来回顾 Holmström 的模型。

Holmström 假定委托人无法观察到代理人的努力程度，但是委托人和代理人在本期期末都可以观察到回报。这与例9-1到例9-6中的假定是不同的。不过，Feltham 和 Xie（1994）在保持经理人可能的行动集不变的情况下，把 Holmström 模型推广到了回报不可观察的情形。因此，为讨论方便，我们这里仍然假定，在当期期末无法观察到当期的回报。

Holmström 正式地证明了，一个基于业绩指标（比如净收益）的契约，其效率低于最优契约，属于次优契约，例9-2中得出的结论也是如此。在例9-2中，契约效率损失的原因是为抑制代理人的偷懒倾向，不得不让风险规避的代理人承担风险。

这引发了一个问题：契约中，在净收益之外再增加一个业绩衡量指标，能否提高次优契约的效率？例如，股票价格也包含经理人业绩信息。让经理人的薪酬基于两个指标（净收益和股票价格），而不是单独一个指标（净收益），能否减少次优契约的代理成本？

Holmström 认为答案是肯定的，只要第二个指标同样是可共同观察的，并且可以额外传递有关经理人努力程度的信息。[16] 股票价格是个典型的例子，委托人和代理人都可以观察到股票价格，且股票价格可以反映除会计信息以外更多的信息。当然，股票价格会反映净收益信息（见5.3节和5.4节）。不过，在有效证券市场中，股票价格同样可以反映其他信息。例如，它可以反映研发活动的期望收益、未来的环境成本和潜在的法律义务等，其反映速度显然快于会计系统。而且，比起净收益，经理人对股票价格能控制的部分更少。所以，我们期望股票价格可以反映出不同于报告盈余的关于经理人努力程度的信息。然而，股票价格可能比净收益更容易受到宏观经济事件的波动性影响，这些事件并没有提供关于经理人的努力程度的任何信息。不过，Holmström 提出，不管第二个指标包含多少噪声，只要它能提供额外信息，就可以提高次优契约的效率。[17] 确实，净收益和股票价格一起，比任何一个单独的指标都能更好地反映本期经理人的努力程度。

例9-8 双业绩指标的代理契约

为了说明这个问题，我们在例9-4中加入第二个业绩衡量指标，即股票价格。

回想一下，在例9-2中，两种回报分别是 $100 和 $55。沿用例9-2中的假定，净收益是无偏的。如果经理人努力工作，高回报出现的概率是 0.6，低回报出现的概率是 0.4。如果经理人偷懒，高回报和低回报出现的概率分别是 0.4 和 0.6。经理人契约到期时，回报仍然是不可观察的，净收益用于衡量业绩。

现在，在契约中加入股票价格作为第二个业绩衡量指标。假设第1期期末的股票价格有两种情形，分别是 $80 和 $50。双业绩指标的联合概率如表 9-4 所示。

表 9-4　双业绩指标的联合概率

		高回报时的净收益		低回报时的净收益	
		$ 115（高）	$ 40（低）	$ 115（高）	$ 40（低）
股票价格	$ 80（高）	0.6	0.1	0.1	0.2
	$ 50（低）	0.2	0.1	0.1	0.6

净收益和股票价格有四种可能的组合。同净收益一样，股票价格可以用来预测最终回报。如果是高回报的情形，高股票价格的概率（0.6+0.1=0.7）高于低股票价格的概率（0.3）；如果是低回报的情形，情况刚好反过来。不过，预期并不是完全正确的，例如，在高回报的情形下，仍然有 0.3 的概率出现低股票价格，原因是一些不可控的、随机的宏观经济事件会影响股票价格。

30.8% 的净收益分享比例和 1.8% 的股票价格分享比例可以激励经理人努力工作。这很容易验证：

$$
\begin{aligned}
EU_m(a_1) &= 0.6 \times (0.6 \times \sqrt{115 \times 0.308 + 80 \times 0.018} + 0.1 \times \sqrt{40 \times 0.308 + 80 \times 0.018} \\
&\quad + 0.2 \times \sqrt{115 \times 0.308 + 50 \times 0.018} + 0.1 \times \sqrt{40 \times 0.308 + 50 \times 0.018}) \\
&\quad + 0.4 \times (0.1 \times \sqrt{115 \times 0.308 + 80 \times 0.018} + 0.2 \times \sqrt{40 \times 0.308 + 80 \times 0.018} \\
&\quad + 0.1 \times \sqrt{115 \times 0.308 + 50 \times 0.018} + 0.6 \times \sqrt{40 \times 0.308 + 50 \times 0.018}) - 2 \\
&= 0.6 \times (0.6 \times \sqrt{36.860} + 0.1 \times \sqrt{13.760} + 0.2 \times \sqrt{36.320} + 0.1 \times \sqrt{13.220}) \\
&\quad + 0.4 \times (0.1 \times \sqrt{36.860} + 0.2 \times \sqrt{13.760} + 0.1 \times \sqrt{36.320} + 0.6 \times \sqrt{13.220}) - 2 \\
&= 0.6 \times (3.643 + 0.371 + 1.205 + 0.364) + 0.4 \times (0.607 + 0.742 + 0.603 \\
&\quad + 2.182) - 2 \\
&= 0.6 \times 5.583 + 0.4 \times 4.134 - 2 \\
&= 3.350 + 1.654 - 2 \\
&= 3.004 \\
&\approx 3.00
\end{aligned}
$$

如果经理人选择 a_2，即偷懒，则

$$
\begin{aligned}
EU_m(a_2) &= 0.4 \times 5.583 + 0.6 \times 4.134 - 1.71 \\
&= 2.233 + 2.480 - 1.71 \\
&= 3.003 \\
&\approx 3.00
\end{aligned}
$$

因此经理人会选择 a_1，获得保留效用 3。

所有者的期望效用是：

$$EU_o(a_1) = 0.6 \times [0.6 \times (100-36.86) + 0.1 \times (100-13.76) + 0.2 \times (100-36.32)$$
$$+ 0.1 \times (100-13.22)] + 0.4 \times [0.1 \times (55-36.86) + 0.2 \times (55-13.76)$$
$$+ 0.1 \times (55-36.32) + 0.6 \times (55-13.22)]$$
$$= 0.6 \times 67.922 + 0.4 \times 36.998$$
$$= 40.753 + 14.799$$
$$= 55.552$$

所有者的效用比例 9-2 中的（55.456 6）高。我们可以看出，基于双业绩指标的契约更有效率，这个结果与 Holmström 以及 Feltham 和 Xie 分析的结论是一致的。效率的提高源于第二个业绩衡量指标分散了经理人的薪酬风险，从而在较低的期望总薪酬水平下还能获得保留效用。[18] 经理人的薪酬水平越低，所有者的预期效用越高。

既然在经理人薪酬契约中包含更多的业绩衡量指标可以提高契约效率，下一个问题自然就是如何确定基于各个指标的薪酬的相对比例。[19] 会计人员当然希望基于净收益的比重大一点。所以，Holmström 模型的一个有趣的含义就是：就像在有效市场理论下，为支持投资者决策，净收益要与其他信息竞争一样；在代理理论下，作为激励经理人的手段，净收益同样要与其他信息竞争。

提高契约效率的业绩衡量指标应该具有什么特征呢？第一个特征是**敏感性**（sensitivity）。敏感性是指经理人工作更加努力或者偷懒时，业绩衡量指标期望值的变化程度。[20] 较高的敏感性有利于提高契约效率，因为它将经理人的努力程度与其业绩联系得更加紧密，进而有利于激励经理人努力工作。

一般来说，净收益并不能完全衡量经理人当前的努力程度。例如，如果经理人将更多的精力投入研发工作，那么其对未来收益的影响可能会很高，但当前的净收益（如果有的话）只能反映这项努力潜在收益的很少一部分。在这种情况下，净收益对努力程度的敏感性较低。对研发活动的计量向现行价值会计转变，通过减少经理人的努力和收益确认之间的时间差，使收益成为一个更敏感的业绩衡量指标。

此外，业绩衡量指标的另一个重要特征是预测经理人本期努力的回报的**准确性**（precision）。准确性用业绩衡量指标中所包含噪声的方差的倒数计量。如果一个业绩衡量指标的准确性较高，那么它与最终回报具有重大差异的概率较低。在其他条件相同的情况下，准确性通过降低经理人的薪酬风险，提高契约效率。

净收益通常需要在敏感性和准确性之间进行权衡。试图通过采用现行价值会计来增加净收益的敏感性可能会降低准确性，因为现行价值估计往往是不精确的，除非这些价值可以从一个运行良好的市场中观察到。在我们上面的研发案例中，会计人员用公允价值会计衡量研发活动会增加收益的敏感性，但由于估算研发公允价值时可能存在的潜在问题，会降低收益的准确性。因而会计人员如果想要使净收益可以更好地反映经理人的业绩，就需要在敏感性和准确性之间进行权衡。

然而，净收益作为业绩衡量指标需要具备敏感而准确的特征，与其作为有用的投资决策信息所需的特征并不必然相同，这说明了 1.10 节中提及的财务会计理论的基本问题。

9.6.2　契约刚性

代理理论假设有一个运行良好的法律体系，该体系拥有执行契约条款和裁决纠纷的权力，且无须付出任何成本。当意外发生时，契约双方可以达成协议修改条款，尽管实际操作起来可能非常困难。正如第 8 章中提到的，契约一旦签订就具有刚性。这种刚性的原因是值得讨论的。否则，我们会很疑惑，既然经济后果源于所签订的契约，为什么他们不针对诸如 GAAP 的改变或其他不可预见事情的出现而重新签订契约呢？

由于在签订契约时一般不可能预测到所有的或有事项，因此很难预测 GAAP 中可能影响契约的变化（除非契约期限很短）。在例 9-7 中，如果新会计准则要求对长期债务采用公允价值计量，公司避免债务违约的能力就会被削弱。这项准则会同时影响到债务权益比率的水平和波动性。所以，债务违约的概率就会受到影响。契约签订时根本无法预测到这种会计准则的变化。

不能完全预测到所有可能事件的契约称为**不完全**（incomplete）契约。例 9-2 到例 9-8 中的契约是完全的。在例 9-2 中，所有可能的状态只有两种，分别与回报 x_1 和 x_2 相对应。虽然在例子中可能的状态可以进行扩展，但实际中契约参与方不可能预测到全部的可能性。

可以预先在契约中建立一个正式的承诺，以便在意外状况发生的情况下重新协商，不过如果重新协商的条款对经理人太宽容（比如，在不利的事情发生时，经理人可以免受责罚），经理人在重新协商的预期下努力工作的动机会削弱，这不符合所有者的利益。[21] 事实上，达成一项契约的结果就在于——它们是具有刚性的。因此，未预见事件的发生会增加公司和（或）经理人的成本。受到会计政策变动不利影响的经理人，会对引致会计政策变动的会计人员感到不满，而不是对契约的其他参与方感到不满。正是契约的不完全性导致了第 8 章中讨论的经济后果。

💡 实务中的理论 9-2

很多现实中发生的例子都可以说明契约的不完全性和刚性带来的经济后果。

马赛克集团公司（Mosaic Group Inc.）为大型公司设计营销方案，2002 年第三季度报告了 3.95 亿美元的经营亏损，其中有 3.476 亿美元的商誉冲销。公司遭遇了经济的不景气，损失了几个重要的客户，这些事情都是债务契约签订时不可预测的事件。巨额亏损使得公司违反了一些债务条款。债权人不愿意放弃债务条款的规定或者修改借款协议。

2003 年，马赛克集团公司申请了破产保护。2004 年 4 月，公司股票从多伦多证券交易所退市。

加拿大传媒巨擘加西环讯（CanWest Global Communications Corp.）于 2009 年 10 月进入债权人保护程序。2007—2008 年金融危机导致全球经济衰退，该公司营业收入严重下滑，违反了债务契约的要求。公司 39 亿美元债务的大部分来自收购澳大利亚广播电视 Ten Network Holdings Ltd. 的多数股权。

加西环讯曾尝试运用与债权人进行协商推迟利息支付时间、削减成本、出售非核心资产等手段，避免进入债权人保护程序。在申请破产保护后，一部分债权人同意把 1.75 亿美元的债务换成公司的股份。其他的条件包括不经过债权人同意不得发放经理人奖金，每周提供现金流量报表等。公司同时继续出售资产，包括澳大利亚子公司。另外，债权人有权替换公司的 CEO，有权聘请一位高管监督财务重组。

而且，近些年契约刚性呈增加的趋势，原因是越来越多的债券持有人使用信用违约互换保障他们的债券。如果债券发行人遇到财务危机，债券贬值，信用违约互换就会升值。所以，债券持有人没什么意愿对债券契约进行谈判。加拿大新闻出版和纸制品生产商 AbitibiBowater 公司的例子可以说明契约刚性的增加。2009 年 4 月，该公司申请破产保护。公司收入下降，债务违约不可避免。2009 年 8 月，公司提出延长债务到期期限并支付更高的利息，但未得到大多数债权人的同意。根据媒体报道，原因是部分债权人希望从信用违约互换中获益，所以他们愿意让公司进入破产保护程序。

9.7 协调有效市场理论与经济后果观

我们现在看到了公司是如何试图协调所有者与经理人利益的，这与会计的有效契约观是一致的。代理理论表明，可实现的最优契约在确定经理人薪酬时通常基于一个或多个业绩衡量指标，这样经理人就有动力最大化其业绩。如果更高的业绩导致投资者的预期收益更高，那么投资者和经理人的利益是一致的。

尽管存在有效市场理论之推论（不影响现金流量的会计政策选择是无关紧要的），这种一致性仍可以解释为什么会计政策会产生经济后果。在有效市场理论下，只有影响期望现金流量的会计政策才会产生经济后果，而基于契约的经济后果并不依赖于会计政策是否对现金流量产生直接的影响。因此，无论是否存在直接的现金流量效应，这一论点都是相同的。

此外，签订刚性的、不完全的契约使得经理人不得不关注会计政策，并导致他们干预准则制定过程。这些刚性与会计政策是否影响现金流量没什么关系。

因此，经济后果和有效证券市场并不是不可协调的。相反，有效契约理论可以把它们统一在一起，代理理论也为此提供了规范支持。代理理论说明了公司在签订雇佣契约和债务契约时为什么会依托于会计信息。上述关于契约如何引起经理人对会计政策关注的讨论与证券市场有效性并不冲突。

同样，有效市场理论中没有任何内容与经理人对会计政策的关注相冲突。然而，同时考虑两种理论有助于我们理解为什么经理人很可能会干预会计政策的制定，即使这些会计政策有助于提高财务报表对投资者的决策有用性。因此，在最后的分析中，经理人和投资者之间的相互作用也是一种博弈。

9.8　有关冲突分析的结论

本章所介绍的以冲突为基础的各种理论对财务会计理论有着重要的启示。现归纳如下：

1. 冲突理论可以解决有效市场理论和经济后果观的协调问题。早期将有效市场理论运用于财务会计领域的文章（例如在 4.3 节讨论的 Beaver 的早期论文）认为，会计人员应专注于充分披露有利于投资者决策需要的信息。披露的方式和所运用的具体会计政策并不重要，因为市场完全可以"看穿"这些信息最终对现金流量的影响。

当然，会计人员，包括准则制定机构，已经接受了决策有用观及其所包含的充分披露的意义，大量的实证研究也证实了，如理论预测的那样，市场会对会计信息做出反应。然而，正如第 8 章所讲的，公司管理层常常干预准则的制定过程，这一点是有效市场理论没有预测到的。因为，根据有效市场理论，公司证券的市场价值应独立于公司的会计政策，除非会计政策影响了现金流量。为什么在会计政策并不影响公司价值或资本成本的情况下，公司管理层也会关注它呢？原因在于会计政策的变动会影响已签订契约中的某些条款，进而影响他们的期望效用和公司的利益。

为什么会计政策会影响经理人和公司的利益需要认真考虑。一个根本的问题是信息不对称。在所有者和经理人之间，经理人知道自己代表所有者经营公司时所付出的努力程度，但所有者通常观察不到。意识到这一点，经理人就有可能偷懒，从而损害股东利益。因此，在所有者和经理人之间就存在道德风险问题。为了控制道德风险，所有者可以给予经理人一定的利润分享权，利润分享权会激励经理人努力工作。不过，这也意味着经理人在决定净收益如何计量上附带了个人利益。当经理人和债权人签订借款契约时，会计政策也会影响经理人和债权人的利益。典型的借款契约都含有限制股利发放的条款，这些条款通常都基于某些财务比率，如利息保障倍数。由于违反契约对公司来说代价很大，在会计政策的改变会影响债务违约的概率时，经理人和公司的利益都会受到影响，特别是经理人参与利润分享时。

所以，会计政策的经济后果可以被视为一种合理的结果，这种结果源于签订有约束力的、不完全的契约而引入的刚性。经理人可能会反对对自己或公司产生不利经济后果的会计政策，而投资者则希望充分披露信息，二者之间的冲突是博弈论的一种应用。

2. 代理理论表明，净收益在激励和监督经理人业绩方面发挥作用。可以说，这一作用在社会中与通过向投资者提供有用的信息来促进资本市场的正常运行同等重要。净收益在有效契约中发挥重要作用所需要的特征与向投资者提供有用信息所需要的特征不同。净收益在多大程度上有利于激励经理人，取决于它在衡量经理人工作贡献的回报时拥有的敏感性和准确性，而用于为投资者提供决策有用的信息时，取决于它能否可靠地提供关于公司未来业绩的信息。

3. 作为业绩衡量指标，净收益与股票价格等其他业绩指标处于竞争关系。如果会计人员能更好地权衡良好业绩指标所需的敏感性和准确性，他们可能会看到净收益在经理人薪酬计划中的地位有所提高。

4. 如果考虑极端情形，盈余管理会让经理人偷懒，导致所有者的回报很低。完全取消盈余管理不符合成本效益原则。不过，通过 GAAP 对盈余管理进行限制，会计人员可以帮助维持经理人努力工作的动力，进而增加所有者的回报。

基于上述原因，博弈论应是财务会计理论的一个重要组成部分。要更深入地理解财务报告利益相关者的冲突情况，就要进一步研究经理人薪酬和盈余管理问题。我们将在第 10 章和第 11 章中对该领域的研究加以论述。

第 9 章习题

注释

[1] 在统计上，以 a_1 为条件的收益分布随机地（在第一级）支配以 a_2 为条件的收益分布。

[2] 在整个 9.2 节中有一个隐含假设，即委托人和代理人在面对的自然事件和回报上有着相同的概率。大多数代理理论模型包含这个假设。参见注释 [8]。

[3] 为简化分析，这里我们没考虑下一步会发生什么。如果存在一个有效的经理人市场，其他的经理人也会愿意接受这份工作。一旦他们看到从这份工作中得到的效用高于保留效用，即使薪酬较少他们也会接受。竞争的结果是工资降到 $22.18 的水平，所以偷懒的经理人只能得到保留效用，如下所示：

$$EU_m(a_1) = \sqrt{22.18} - 2 = 2.71$$
$$EU_m(a_2) = \sqrt{22.18} - 1.71 = 3.00$$

[4] 如果所有者是风险规避者，而不是风险中性者，那么最优契约将让所有者和经理人共同承担风险。然而，这一点超出了我们的讨论范围。

[5] 如果期末可以观察到回报，那回报也可以作为一个业绩衡量指标。

[6] 这里用的"信息含量"这个术语，有点类似于信息系统（见 3.3.2 节）中的用法。而且这里"信息含量"指的是业绩衡量指标反映经理人努力工作的程度，而信息系统中，它指的是利用当前的财务报表信息预测未来公司业绩的能力。

[7] 此解决方案假定经理人并非面临有限责任约束。也就是说，如果实现净收益为 $40，则经理人获得的薪酬为 $12.948 0。这一薪酬数额可能会很低，以至于经理人可能无法生存下去，或者不得不宣布破产。没有哪个经理人会签署这样的契约，因此最优的解决方案更为复杂。但是，对于涉及高管的契约，似乎有理由假定他们的情况足够好，他们肯定会

以尽可能低的薪酬生存下去。代理模型通常忽略了代理人的有限责任。

[8] 本章的代理模型假设预期是理性的。所有者和经理人都知道各种可能的收益，而且在经理人的每一个努力水平上，他们面对的净收益与回报出现的概率都是相等的，即**同质概率**（homogeneous probabilities）。这意味着，所有者和经理人知道公司的生产函数，并可以观测到公司的实际净收益。如果没有这些假定，那么契约的设计将会异常复杂。在 9.3 节，我们放松了其中一个条件——也就是所有者可以观测到实际净收益这一条件。既然投资者（所有者就是一个典型的投资者）知道经理人将采取什么行动，并知道公司的生产函数，报告净收益和回报就不能传递任何关于经理人努力程度与能力的信息。所以在单期模型中，把经理人的保留效用设定为一个固定的常数是合理的——经理人本期工作产生的净收益和回报不能传递关于经理人业绩的新信息，也就不会产生声誉效应。

市场对经理人的业绩缺乏反应明显是不符合现实的。如果一个经理人工作做得好，我们会预期他的市场价值（保留效用）会提升。为了考虑保留效用的提升，我们需要一个更加复杂的多期代理模型，而这超出了我们的讨论范围。

[9] 很容易验证现在经理人的期望薪酬是：

$$
\begin{aligned}
期望薪酬 &= 0.6 \times [0.8 \times (0.323\ 7 \times 115) + 0.2 \times (0.323\ 7 \times 40)] \\
&\quad + 0.4 \times [0.2 \times (0.323\ 7 \times 115) + 0.8 \times (0.323\ 7 \times 40)] \\
&= 0.6 \times (0.8 \times 37.225\ 5 + 0.2 \times 12.948\ 0) \\
&\quad + 0.4 \times (0.2 \times 37.225\ 5 + 0.8 \times 12.948\ 0) \\
&= 0.6 \times 32.37 + 0.4 \times 17.80 \\
&= 19.44 + 7.12 \\
&= 26.56
\end{aligned}
$$

为抵消利润分享契约带来的薪酬风险，取得保留效用，经理人的期望薪酬必须得从最优契约中的 \$25 提升到 \$26.56。经理人期望薪酬的增加是所有者承担 1.543 4 代理成本的原因。

[10] 代理理论致力于寻找代理成本最小的契约（或者说最有效率的契约）。我们并不认为例 9-2 中让经理人分享 32.37% 的净收益的契约是最有效率的。实际上，很容易发现，支付经理人 \$0.78 的工资并且让他分享 31.29% 的净收益（或者净收益为 \$115 时，分享比例为 31.97%；净收益为 \$40 时，分享比例为 33.24%）的契约更加有效。这份契约使得经理人对选择 a_1 或者 a_2 没有差异（此时假定经理人会选择 a_1），而且所有者的期望效用是 55.621 0，比我们契约中的 55.456 6 要高。效率的提高是因为现在的工资和利润分享比例使得经理人承担的风险减少了。以获得保留效用为前提，代理人需要的风险溢价就更低了。我们使用单一的利润分享比例主要是为了简化分析。

注意，这里的两份契约都是关于业绩指标的线性函数。当可能出现的自然事件更多时，非线性契约可能更有效率。这超出了我们的讨论范围。

[11] 这个假设似乎违反了在9.2.2节中关于契约只能基于可共同观察的变量的论述。然而，这里不属于这种情形。报告净收益（和未操纵净收益不同）是可以共同观察的。问题是报告净收益作为契约的基础是否具有足够的可靠性？如果没有，就会被其他的业绩衡量指标替代，如股票价格。不过，GAAP和审计增加了所有者对报告净收益的信心。我们在第10章也将看到，实际中的薪酬契约至少部分地依托于报告净收益。

[12] 因为无论如何，经理人都得到相同的效用，所以也没有动力如实披露。理论假设，如果是无差异的，经理人将会如实披露。

[13] 在单期契约中给经理人提高固定薪酬也可以减少不如实披露的动机。为了和前面的例子统一，我们仍然取一定比例的净收益作为薪酬。

[14] 披露定律也可以应用于这个契约。所有者可以简单地支付合理范围内的上限值的31.93%，不管未操纵净收益是多少，经理人都没有动机向上调整净收益了。不过，按照高于报告净收益的数额支付经理人薪酬，会给经理人带来额外的成本，因为媒体和监管者会认为经理人薪酬过高。鉴于在9.3.2节中讨论了诸多披露定律应用的限制条件，这里我们不做讨论。

[15] Edmans和Liu假定经理人是风险中性的。这样的话，由于经理人并不介意承担风险，如果给经理人施加足够的下行薪酬风险（也即，如果公司运营很好，经理人可以获得极高的薪酬，但如果发生了损失，经理人则需要向公司支付赔偿），就有可能使得经理人总是努力工作。由此一来，也就没有了代理问题，风险中性的经理人也总是会努力工作，换言之，消除了道德风险。为了避免这种不切实际的结果，包括Edmans和Liu在内所使用的风险中性模型假定经理人只负有限的责任，因此上述的情况也就不可能存在了。

[16] 更准确地说，要使第二种变量能减少代理成本就必须承认：在衡量努力程度时，认为第一个变量在统计上可以充分地代表两个变量是错误的。

[17] Holmström指出，如果和经理人所达成的契约只限制在一个有限的种类中，如例9-2所假定的固定比例利润分享契约，该结论就不正确。

[18] 经理人的期望薪酬=0.6×(0.6×36.86+0.1×13.76+0.2×36.32+0.1×13.22)
+0.4×(0.1×36.86+0.2×13.76+0.1×36.32+0.6×13.22)
=0.4×36.86+0.14×13.76+0.16×36.32+0.3×13.22
=\$26.45

在例9-2中，仅采用一种业绩衡量指标来计算经理人的期望薪酬，其薪酬是\$26.56，参见注释[9]。本例中，采用了两种业绩衡量指标，降低了经理人的期望薪酬，因而提升了所有者的期望效用。

[19] 严格来说，在我们的假定中公司存在股票价格与公司拥有单一所有者的状况不符。我们做这个假定，是因为股票价格在实际契约中比较盛行，我们在下一章将会看到。这里我们可以简单地利用第三方信用评级机构的信用评级作为第二个业绩衡量指标。

[20] 值得注意的是，净收益可能对经理人无法控制的变量很敏感。例如，天气可能是第二个业绩衡量指标。很明显，经理人控制不了天气，但是我们假设天气会影响不同净收益出现的概率（比如对于运动产品生产商）。天气会告诉我们一些关于净收益状况的信息，进而告诉我们经理人努力程度的信息。例如，好天气和坏天气下得到了相同的净收益，则可以说明坏天气下经理人更为努力。因此，在解释作为业绩衡量指标的净收益时，需要将天气作为前提条件。这就是所谓的**条件可控性**（conditional controllability）。即使经理人不能控制某个变量，这个变量仍然可以包含业绩信息。意识到这点很重要，因为经理人经常抱怨他们的业绩不应该用他们不能控制的变量来衡量。

[21] Christensen，Demski 和 Frimor（2002）研究了一个两期代理模型，允许在第一期期末重新协商薪酬契约，也允许经理人低报第一期的产出（比如采用稳健性会计）。应计项目是会转回的，第一期低报产出必然会增加第二期报告的产出。这多少可以促进经理人努力工作，因为第一期的努力工作可以增加第二期的期望薪酬。这提出了另外一个观点，即一定程度的盈余管理是好事。深入研究薪酬契约的重新协商超出了我们的讨论范围。

第**10**章

高管薪酬

本章语音导读

10.1 概 述

本章将要讨论高管薪酬计划。我们将看到现实中的激励方案遵循着第9章所讨论的代理理论，但它们比第9章所讨论的更加复杂和具体，并且涵盖多个期间。这些方案是激励、风险和决策考量等因素的精妙组合。

高管薪酬计划（executive compensation plan）是公司与其经理人之间的代理契约，通过将经理人薪酬建立在一个或多个衡量其运营公司业绩指标的基础上，以协调公司与经理人的利益。

在许多薪酬计划中，净收益和股票价格这两个业绩衡量指标决定了经理人在特定年度里获得的现金红利、股票、期权和其他薪金类型的发放数量。9.6.1节所述的 Holmström（1979）与 Feltham 和 Xie（1994）的分析表明，多种业绩衡量指标会提高代理契约的效率。

净收益在经理人薪酬计划中的激励作用与它向投资者报告有用信息的作用同等重要。在市场经济中，激励负责任的经理人和促进经理人市场正常运行是人们追求的社会目标，而不仅仅只是为了模型中所呈现的所有者利益。因此，本章我们需要理解净收益在衡量经理人业绩时所需要的特征。如果净收益没有较高的敏感性与准确性，它将难以提供与经理人努力程度有关的信息，并且也无法让市场对经理人的价值做出正确的评估。如果净收益在这些特征上没有相应的质量特征，有效的薪酬计划将不会再使用该指标。

图10-1列出了本章的结构。

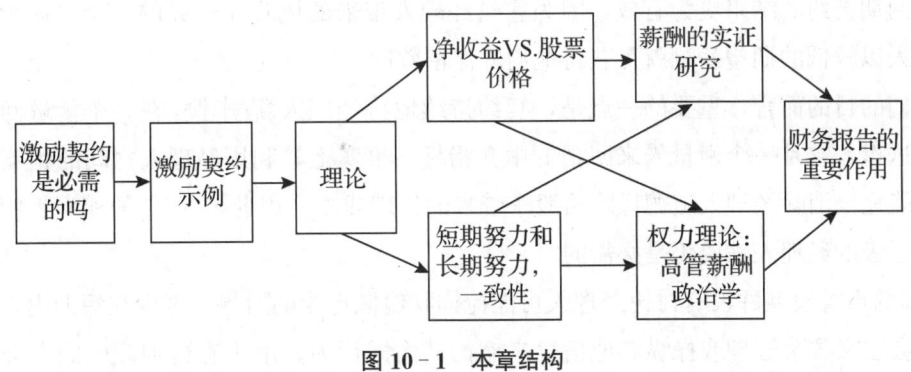

图 10-1　本章结构

10.2　激励契约是必需的吗?

在第 9 章单期代理模型中,公司所有者和经理人可以达成一项契约,在该契约下经理人总是选择努力工作,这将使得所有者没有必要观察经理人的努力程度或工作能力。[1] 回顾第 9 章所述的单期代理模型,经理人的市场价值是通过保留效用——经理人从次优的工作岗位可以获得的效用——来表示的。因此,在单期代理模型中,保留效用是一个固定值。

在现实环境中,所有者与经理人签订的契约当然会涉及多个期间,而且经理人需要发展其职业生涯。如果我们将模型扩展到多个期间,就需要考虑声誉和监督的问题。

Fama(1980)认为,如果经理人考虑到现在偷懒会对未来的声誉不利,就会减少偷懒。如果某一经理人建立了能够为其公司所有者创造高回报的声誉,该经理人的市场价值(例如,他在其他公司可获得的薪酬)将会提高。相反,如果经理人偷懒,并因此报告较低的回报,一般而言他的市场价值将会降低。Fama 认为,经理人会对偷懒引起的未来薪酬减少的现值与偷懒所能获得的现时收益进行比较,如果前者大于后者,经理人将不会偷懒。当然,这一论点假定经理人市场是有效的,它可以正确地评估经理人的声誉。与资本市场的情况类似,信息会提高经理人市场的运行效率。在这里,信息关乎经理人的业绩表现。

Fama 同时指出,较高层级经理人的偷懒会被试图在职位上超越他的较低层级经理人发现并阻止,即"内部监督"。这种内部监督机制可用于约束那些较少受经理人市场约束的经理人。

可以扩展第 9 章的代理模型以处理其中的一些问题。在内部监督方面,Arya,Fellingham 和 Glover(AFG,1997)设计了一个两期模型,其中参与人为一家公司所有者和两个风险规避的经理人。在每一期中,两个经理人的努力会产生可观察的联合回报,而所有者不能观察到任何一个经理人的努力,但两个经理人可相互观察到对方的努力。所有者可以如 9.2.2 节中的单期代理模型一样,为经理人提供相似的激励契约。然而,AFG 指出,通过利用两个经理人能观察到对方努力的能力,所有者可以提供更为有效的契约。因为公司回报是共同努力的结果,任何一个经理人的偷懒都会降低联合回报。因此,在 AFG 设计的契约中,经理人相互威胁,如果对方在第一期偷懒,自己将在第二期偷懒。

如果契约设计适当,并且经理人相互之间的威胁是可信的,两个经理人在两个期间都会努力工作。两期契约的结果更为有效，因为它给经理人带来的风险比连续的两个单期契约小。因此，经理人以较低的期望薪酬就可获得他们的保留效用。

就我们的目的而言，重要的一点是，契约持续地将经理人薪酬建立在一个衡量回报的指标上——在这里，它是一个衡量未来回报的中介指标。事实上，利用经理人之间的相互监督可以减少但不能完全消除经理人道德风险给股东带来的代理成本。因此，AFG 的模型表明，激励契约对较低层级的经理人来说仍是必需的。

Fama 的声誉模型并没有讨论经理人可能掩饰其偷懒行为的后果，至少在短期内，经理人可以通过机会主义盈余管理或操纵其他信息来掩饰其偷懒行为。由于有这种倾向的人会被机会所吸引，因此经理人市场会受到逆向选择和道德风险的影响。

当然，正如例 9-6 所显示的，即便是在单期契约中，GAAP 在一定程度上也会限制经理人掩饰偷懒行为的能力。同时，由于应计项目的转回，经理人的多期偷懒行为最终将被发现，这种情况将有损经理人的声誉。问题是声誉受损的额外成本是否足以激励经理人努力工作。如果答案是肯定的，那正如 Fama 所言，激励契约就不是必需的。经理人的薪酬可以实行固定薪金制，他在经理人市场的声誉会防止偷懒行为的发生。

在这一方面，Wolfson（1985）提供了声誉效应激励经理人不去偷懒的证据。他研究了美国石油天然气有限合伙企业的契约。普通合伙人（代理人）与有限合伙人（委托人）之间达成具有税收优惠的石油天然气开采契约。普通合伙人提供专业技能并支付少量成本，有限合伙人提供所需的大部分资金。

由于普通合伙人参与商业活动，而有限合伙人未参与，这样的契约面临着严重的道德风险和逆向选择问题。例如，普通合伙人能了解到钻探结果信息。一旦开钻，如果一口井的期望收入（记为 R）超过完工成本，则应完成钻探。然而，出于税收的原因，完工成本由普通合伙人支付，这会导致中断开发的激励问题。如果普通合伙人获得 40% 的收入，那么从他的角度看，只有其获得的 40% 的收入超过其支付的完工成本时才值得完成钻探。假定只有普通合伙人知道 R，除非 R 非常高，这口井才会被开发完成。这类似于经理人通过隐瞒真实业绩的信息，以掩饰其偷懒行为。

投资者当然会意识到中断开发的问题，他们会降低愿意支付的购买价格，直到普通合伙人无法吸引有限合伙人为止。接着，问题变成普通合伙人能否通过建立声誉来消除投资者的担心，以提高他的市场价值和投资者愿意支付的价格。

为衡量声誉，Wolfson 收集了 1977—1980 年普通合伙人的业绩信息作为样本。普通合伙人在过去越成功地向有限合伙人提供回报，该普通合伙人的声誉就越高。Wolfson 发现声誉越高，有限合伙人支付的购买价格就越高，这表明投资者会对经理人的声誉做出反应。

然而，Wolfson 也发现投资者为开发井支付的价格远远低于勘探井的费用。因为勘探井成功的话，其产生的 R 将很高，因此井的中断开发问题比勘探问题更为严重。

两个研究共同表明，虽然市场力量能够缓解道德风险问题，但却不能完全消除。如果声誉的形成能够完全消除中断开发问题，我们就不会看到中断开发问题更严重时投资者支付更低价格的现象。

Wolfson 的结论仅适用于小规模的石油天然气契约样本，但它们具有更普遍的意义，因为它们说明经理人市场在控制道德风险问题上不完全有效，这与 Fama 的观点相反。经理人过去成功地为投资者创造回报（即拥有更高的声誉）并不能使投资者完全相信他将总是"努力工作"。

Wolfson 的结论扩展到了与会计相关的更广泛的情景。Bushman，Engel 和 Smith（BES，2006）就 1970—2000 年的公司做了大样本分析。研究结果报告，股票市场对公司盈余的反应与经理人的现金薪酬变化之间的相关系数为 0.34。[2-3] 与 Wolfson 的观点相同，这说明经理人市场并不能完全有效地激励经理人努力工作。也就是说，市场反应与经理人薪酬之间的正向关系表明，市场将经理人更高的薪酬解释为增加了对经理人能够较好地完成工作，即努力工作的保证程度。[4] 如果在经理人市场的声誉对激励经理人努力是完全有效的，这种保证就是不需要的。

我们可得出结论，虽然内部监督和市场力量有助于控制经理人的偷懒倾向，但不能完全消除。因此，对有效契约而言，基于未来回报的中介指标（如净收益）的激励仍是需要的。我们来研究一家大型公司的实际薪酬计划。正如我们将看到的，激励措施十分重要。

10.3　高管薪酬计划

回想例 9-2 的结论，经理人必须承担薪酬风险才能被激励"努力工作"。在讨论一个现实的薪酬计划之前，我们介绍一些指导原则。根据这些指导原则，我们可以评估薪酬风险对实际经理人努力和决策的影响。

Flor，Frimor 和 Munk（2014）设计了一个类似于 9.2.2 节中考虑的代理理论模型，不同的是经理人现在做出了两个决策，而不是一个决策。除了努力程度之外，经理人还可以决定回报差，即决定进行多少有风险投资和无风险投资。虽然努力和风险都会增加预期回报，但投资有风险的项目也意味着损失风险将更大。研究结果表明，在该模型中，最优经理人激励契约包括给予公司股票和期权（ESO），并对经理人的总薪酬设置上限。设置上限是为了阻止经理人承担太多的回报风险。正如我们将看到的，ESO 的下行风险很小，因此会鼓励经理人承担风险项目。由于公司股票相对于 ESO 有相当大的下行风险，股票有助于平衡经理人因 ESO 带来的承担过多风险的倾向。总薪酬上限提供了进一步的风险控制，因为如果一个风险项目确实获得了很高的回报，经理人的份额将会是有限的。

了解这些之后，现在我们考虑一个现实中的薪酬计划。

例 10-1　加拿大皇家银行的高管薪酬计划

加拿大皇家银行（Royal Bank of Canada，RBC）是加拿大最大的金融机构之一，在加拿大和全球范围内提供银行及其相关业务的服务。该银行股票在加拿大、美国和瑞士的证券交易所上市交易。

以下信息大多数取自 2017 年 RBC 普通股股东年会通知和管理层致股东通函。在此文件中，

RBC 2016 年的高管薪酬计划由四个部分组成：

- 工资，以现金支付。

- 短期激励计划的现金奖励。当年支付的现金奖金总量（也称为奖金池）取决于年初确定的业绩目标的实现情况，基于净收益的业绩目标占 60%，风险管理占 30%，客户满意度占 10%。[5] 如果没有达到目标，总奖金可低至 0。如果实际业绩超过目标，总奖金最多不会超过原目标的 200%。个人的奖金按个人业绩占总奖金池的比例发放。

- 中期激励计划为递延股票。总回报和净资产收益率、每股盈余的增长（二者都根据净收益来衡量业绩）以及银行的一级普通资本比率。[6] 实际回报既取决于银行的风险目标，又取决于该银行相对于同行业中类似的大金融机构的相对股票回报。

对于中期激励，所授予的延期股票份额取决于过去三年公司的股票价格，并依据同一行业公司的股票价格水平进行相应的调整。刚开始授予的股票份额会根据其业绩进行调整。比如说，如果银行 3 年的股票收益率在全球同行业类似公司中处于下游，那么就会取消递延股票的激励计划。

- 长期激励计划为股票期权（ESO）。授予的股票期权总量取决于实际股价相对于目标的业绩，以及与银行风险目标相关的业绩。一半的股票期权在 3 年后授予，另一半在 4 年后授予。股票期权行使期的到期日最长为 10 年，该计划授予的股票期权比例相对较低，只有 20% 基于股权的薪酬可以以股票期权的形式出现，剩余的 80% 是中期计划下的递延股票。

RBC 计划的一个显著特点是重视风险管理。公司的"风险偏好"是由董事会批准的，经理人将在董事会引导下实际运行操作。董事会根据风险管理政策监督业绩，如上所述，三项薪酬计划的薪酬都部分基于风险管理。另一个与风险相关的特征是，高管必须持有大量 RBC 普通股。例如，CEO 持有的普通股必须达到基本工资的 8 倍，并且要求持有期一直延长至退休后两年。此外，该计划禁止经理人为抵御股价下跌，对其持有的 RBC 股票/证券产品进行对冲。

经理人在退休后持有股票和禁止对冲增加了薪酬风险，薪酬计划的其他方面也起到了降低薪酬风险的作用。比如说，底薪是相对没有风险的。此外，将薪酬与同行业公司联系起来可以减少外部因素影响业绩的风险。如果全球同行业的公司利润下降，只要 RBC 在同行公司中的排名不下降，RBC 的经理人就无须受罚。

正如第 9 章代理理论所指出的，为了激励经理人努力工作，在薪酬安排中经理人必须承担薪酬风险。尽管提到了降低风险的条款，但 RBC 薪酬计划的激励效果应该是显而易见的。短期和中期激励计划下的年度奖励在很大程度上取决于与净收益相关的业绩。由于净收益是有风险的，这就带来了相当大的薪酬风险。同样，递延股票的份额和股票期权奖励的价值取决于股价，这也有风险。事实上，RBC 的政策让 CEO 和其他高管的薪酬有 75%～85% 面临风险。

除了薪酬计划的条款，根据人力资源委员会的建议，RBC 的董事会还对工资和奖金的数额具有最终决定权。人力资源委员会是公司治理机构，负责处理 RBC 的薪酬计划。这一计划和所有的薪酬契约一样，都是不完全契约（见 9.6.2 节对完全和不完全契约的讨论）。虽然契约是刚性的，但薪酬委员会对未预期的事件给薪酬造成的影响有一定的自由裁量权。在这方面，RBC

指出，CEO 2016 年以净收益为基础的薪酬应该进行调整，因为出售业务部门获得的大笔利得计入了净收益。在设定盈余目标时，这一收益是没有预料到的，董事会显然认为，考虑到现金奖金问题，这一部分利得不应包括在净收益中。

RBC 高管薪酬计划与本节开头所述的 Flor，Frimor 和 Munk 的建议相比有何区别？该计划的某些方面非常不错，它不仅包含股票和期权的薪酬组合，还规定了短期激励计划的上限，即奖金池不能超过目标的 200%。

然而，该计划的几个特点可能会使 RBC 经理人的决策偏离更长期、风险更高的项目。例如，只有 20% 的股权薪酬在长期激励计划下以 ESO 的形式发放，其余部分在中期递延股票的激励计划下以股票的形式发放。此外，要求持有大量公司股票以及禁止对冲股票，将使经理人对长期风险项目保持警惕，因为如果这些项目没有回报，他们所持股票的价值就会下降。如果用薪酬计划监督授予递延股票份额后 3 年的业绩以及 ESO 所要求的 3 或 4 年的兑现期，应该会阻止经理人以牺牲长期盈利能力为代价在短期内提高收益和股价的行为。然而，多元化的股东可能更喜欢高风险的长期项目带来的更高的利润可变性。

总之，尽管可能存在对管理层决策视角的担忧，但就其激励性质而言，RBC 高管薪酬计划似乎相当复杂，但与理论基本一致。净收益是计划中一个重要的业绩衡量指标，因为净收益会直接（正如我们在第 5 章中看到的）和间接地影响股票价格。现在我们将对上述的薪酬问题展开更全面的讨论。

10.4　高管薪酬理论

10.4.1　净收益和股票价格在经理人业绩评价中的相对比例

高管薪酬理论大多源自第 9 章所述的代理模型，尽管它们是单期的。尤其是 Holmström（见 9.6.1 节）的分析预测，如果薪酬契约基于两个或两个以上业绩衡量指标，将会提高其契约效率。上面提到 RBC 的薪酬计划与这个预测一致。问题是，什么因素决定了净收益和股票价格在评价经理人业绩时的相对重要性？这对于会计人员来说是很重要的问题，因为激励经理人业绩是一个重要的社会目标，财务报告可以为此做出贡献。为了实现这个目标，财务报告必须成功地和其他业绩衡量方式（比如股票价格）互为补充。那么什么能决定净收益和股票价格在评价经理人整体业绩时的相对权重（即如何组合）呢？

Banker 和 Datar（BD，1989）对此问题做了研究，他们证明了业绩衡量方法的线性组合取决于这些指标的准确性和敏感性。9.6.1 节中介绍了这些概念，敏感性指的是指标的期望值对经理人努力程度的反映，准确性指的是业绩衡量噪声方差的倒数。[7] BD 发现，净收益的噪声越低（即准确性越高），或是对经理人努力的敏感性越高，在对经理人整体业绩的评价中净收益相对于股票价格的比重就越高。

会计人员可以采取很多方法来提高净收益的敏感性。9.6.1 节中就提到了一种可能的方法，即通过转换至现行价值会计来减少确认滞后。减少确认滞后可以提高敏感性，因为经理人努力的回报可以更多地体现在本期的净收益中。

然而，现行价值会计是一把双刃剑，因为它可能会降低准确性。正如上面提到的，BD 指出，较低的准确性会降低薪酬契约中特定业绩衡量指标的最佳比例。因此，尚不清楚采用现行价值会计是否会导致净收益重要性的提高。

例 9-6 也指出，可以通过限制操纵净收益的程度来控制盈余管理。这说明通过提升公司治理而降低盈余管理的范围是一个提升盈余敏感性的方法，因为更小的盈余管理范围会限制经理人掩饰偷懒行为的能力。

另一种提高敏感性的方法是充分披露，特别是对那些低持续性的项目进行充分披露。通过充分披露，薪酬委员会能更好地评价经理人的努力和能力，对盈余的持续性做出评价，从而提高盈余敏感性。作为衡量业绩的指标，持续性的盈余比短暂的或是与价格不相关的盈余敏感性更高，因为非持续性的盈余可能并不依赖于经理人的努力。这也许有助于解释例 10-1 中，RBC 为什么把未预期的低持续性的业务部门销售利得从 CEO 2016 年的薪酬中减去。

5.4.2 节介绍的分类转移是影响盈余持续性评估的一个主要因素，因此也是盈余敏感性的主要影响因素。一个常见的策略是将持久性核心支出归入特殊项目，分析师和投资者往往将其视为非持续性支出。公司治理能力强的公司，薪酬委员会和董事会会仔细监控特殊项目的分类转移。

Joo 和 Chamberlain（2017）基于 1995—2012 年美国公司的样本，测试了公司治理和分类转移之间的关系。他们利用广泛的治理质量衡量指标，报告了与分类转移之间显著的负向关系，这与良好的治理减少分类转移是一致的。

作者还预测，如果经理人在治理监督的情况下仍进行分类转移，治理良好的公司董事会可能降低报告的核心盈余在经理人激励薪酬中所占的权重。他们再一次报告了与他们的预测相一致的证据。[8]

股票价格准确性相对较低的主要原因是其受到多种经济因素的影响。例如，利率上升，对于公司未来业绩的预期影响会更快体现在股票价格上。然而，这些影响与经理人的努力程度几乎没有关系。因此，这些因素仅仅增加了股票价格的波动性。此外，如我们在 9.6.1 节指出的，Holmström 的分析指出，由于股票价格包含的与努力程度相关的信息远远超过净收益，股票价格作为业绩衡量指标永远都不会被完全取代。因此，这两种指标可以并存。

然而，这种并存为薪酬计划提供了一个影响经理人决策视角的机会。假设经理人的努力有两种类型——短期和长期。设计有效的薪酬计划可以通过调整薪酬中基于净收益和基于股票价格部分的相对比例来区分出本期净收益中包含的那些仅由经理人本期活动实现的回报。例如，为了激励更多的研发行为（即长期努力），所有者可以降低薪酬契约中基于净收益的部分，增加基于股票价格的部分。如果股票市场对研发行为做出积极反应，薪酬会增加很多，同时本期核销的研发费用所导致的薪酬处罚则小得多。这样的结果是，增加研发行为变得符合经理人的利益。通常来说，有大量投资机会的公司都会想增加薪酬契约中基于股票价格的部分。[9]

相反，假设由于竞争的加剧，公司需要削减成本（短期努力），净收益或许会比股票价格更及时准确地体现出成本削减后产生的良好现金流量的影响，特别是当成本削减方法很复杂或是属于内部信息的时候，或者是当市场只关注削减成本的长期效果时。此外，由于噪声交易或者市场效率低下，股票价格可能也无法很好地体现削减成本的信息，那么公司可能就会希望增加经理人薪酬中基于净收益的部分。

事实上，当股票价格和净收益分别反映经理人当前努力的长期和短期的回报，经理人的决策视角会被基于股票价格和基于净收益相结合的薪酬契约所影响——更多地基于股票价格的薪酬契约会导致形成较长期的决策视角，更多地基于净收益的薪酬契约则导致形成较短期的决策视角。Bushman 和 Indjejikian（1993）对此做了理论上的证明。正如我们在 10.3 节中指出的，RBC 2016 年的高管薪酬计划似乎倾向于中期激励计划。

Datar，Kulp 和 Lambert（2001）进一步研究了这种混合业绩衡量指标。他们指出，决策视角需要权衡业绩衡量指标的敏感性和准确性。例如，如果某个衡量指标能够反映敏感性和准确性的综合信息，那么一个有效的薪酬计划就会增加该业绩衡量指标的比重，即使这所导致的经理人的决策视角并不是薪酬委员会想要的。原因在于这样的业绩衡量方法能够提供更多关于经理人努力程度的信息，由此形成更有效的薪酬契约。这种更高的契约有效性需要与不能控制经理人的决策视角所带来的弊端相权衡。综上所述，在经理人的努力体现在多个方面的情况下，敏感性和准确性仍然是两个重要特征。

10.4.2 短期努力和长期努力[*]

第 9 章讨论代理理论的时候假设，经理人的努力是单一维度的——一种涵盖了全部管理活动范围的模型。因此，我们的兴趣集中于努力程度，并设想努力程度的两个水平——努力工作和偷懒。为了更好地理解薪酬契约，我们进一步扩展代理模型，将努力看作是多维的。我们特别采用上一节的假设，即努力包括**短期（SR）努力**和**长期（LR）努力**。现在我们将努力的这两种构成看作经理人不同的决策。

短期努力指的是执行成本控制、维持业务、员工士气、广告以及其他日常活动等所要付出的努力，这些活动在本期产生了大部分的净收益。长期努力指的是执行长期计划、研发行为、收购等活动所要付出的努力。虽然长期努力在本期只能产生部分回报，但它的绝大多数回报将会延续到未来期间。我们以 Feltham 和 Xie（1994）的研究为基础展开。

经理人可能努力工作或者偷懒。因此，我们设定本期净收益（NI）是由以下公式产生的：

$$NI = \mu_1 SR + \mu_2 LR \pm 预期值为 0 的随机因素 \tag{10.1}$$

式中，SR 和 LR 是短期努力和长期努力对应的数据。现在，NI 有两个敏感性指标而不是一个。μ_1 是盈余对于短期努力的敏感性，μ_2 是盈余对于长期努力的敏感性。正如我们在 9.2.2 节提到的，关于对 NI 影响的预期值为 0 的随机因素的假设表明，NI 是关于回报的无偏估计。

---

[*] 本节为选学内容，可跳过，不影响全书的连贯性。

公司的回报 x 也受短期努力和长期努力的影响。我们可以用式（10.2）表示回报：

$$x = b_1 SR + b_2 LR \pm \text{预期值为 0 的随机因素} \qquad (10.2)$$

式中，b_1 和 b_2 是公司回报对短期努力和长期努力的敏感性。我们假设经理人只在第 1 期做出努力，而 NI 将在第 1 期期末报告。然而，与我们在第 9 章的假设一致，经理人在第 1 期所付出的短期和长期努力给公司带来的回报要等到下一期才能全部实现。NI 是一个预测回报的信号。经理人根据第 1 期的 NI 领取薪酬，所有者则在下一期收到扣除经理人第一期薪酬后的回报。

将努力视为一系列活动就引入了一个新的概念——业绩衡量的**一致性**（congruency）。为说明一致性，请参考下面的例子。

例 10 - 2　　一个一致的业绩衡量方法

假设经理人可以在短期努力和长期努力维度都选择努力工作或者偷懒。表 10 - 1 提供了净收益和回报的数额。

表 10 - 1　一致的业绩衡量方法所预期的净收益和回报

	经理人的努力程度			
	短期努力		长期努力	
	努力工作	偷懒	努力工作	偷懒
预期净收益 $E(NI)$	\$4	\$1	\$3	\$2
预期回报 $E(X)$	\$6	\$1.5	\$4.5	\$3

如果经理人将所有的努力都分配到短期并努力工作，那么 $E(NI)$ 为 \$4。然而，这些努力的一部分，比如成本控制将继续使下期受益，假设至少一部分低成本会持续。这些未来收益为 \$2。那么短期努力的全部预期回报为 \$6。如果经理人通过花时间进行研发在长期努力工作，本期产生 $E(NI)$ 为 \$3，但在下期还会有 \$1.5 的回报，那么总回报为 \$4.5。如果经理人偷懒，表中也提供了类似内容。

从表 10 - 1 中我们可以看到，如果经理人努力工作，相对偷懒行为，预期收益会增加。表 10 - 2 提供了他们之间的比较。

表 10 - 2　努力工作所增加的净收益和回报

	经理人的努力程度	
	短期努力	长期努力
预期净收益 $E(NI)$	$\mu_1 = \$3$	$\mu_2 = \$1$
预期回报 $E(X)$	$b_1 = \$4.5$	$b_2 = \$1.5$

表 10 - 2 中的 μ_1 和 μ_2 分别是净收益对短期努力和长期努力的敏感性——见式（10.1）。类似地，b_1 和 b_2 分别是回报对短期努力和长期努力的敏感性——见式（10.2）。我们注意到，b_1 与 μ_1 的比例（4.5：3 = 3：2），与 b_2 与 μ_2 的比例（1.5：1 = 3：2）相同。那么，可以认为 NI

和回报之间具有一致性。也就是说,不管是短期努力或是长期努力带来净收益的增加,也不管二者之间怎么组合,净收益增加 \$1,回报都将增加 \$1.5。

在这种情况下,所有者可以根据第 1 期报告的净收益制定薪酬契约,而无须顾虑经理人短期和长期努力的分配问题。基于这个契约,经理人将选择一种努力程度,然后按照其薪酬效用最大化的原则进行分配。例 9-2 至例 9-6 对此已做证明。

总之,如果经理人的努力不是单一维度的,而净收益与回报是具有一致性的衡量指标,所有者就不必关注经理人如何在各个维度上分配其自身的努力,每种努力方式在产生回报上的效率都是一致的。

遗憾的是,具有一致性的净收益是不太可能出现的情况,其原因还是确认滞后。再次考虑表 10-1,虽然短期努力,例如成本控制,是产生本期净收益的有效方式,但其不可能在下期还有效地带来回报,这与我们之前的假设相反。虽然一些较低的成本继续保持,但短期努力的成本削减属性有可能在下一期降低员工的士气和组织效率,而这些影响在本期的净收益中并未得到确认。也就是说,如果经理人努力工作,短期努力的最大可能回报是 \$2(即本期净收益 \$4 在下期减少了 \$2,由此净收益为 \$2)。如果经理人偷懒,回报则为 \$1.5。然而,长期努力的影响却可能相反。例如,致力于研发活动,如果经理人努力工作有可能带来高的长期努力回报 \$9,如果是偷懒则是 \$4。表 10-3 和表 10-4 总结了上述假设。

表 10-3 非一致性的业绩衡量指标所预期的净收益和回报

	经理人的努力程度			
	短期努力		长期努力	
	努力工作	偷懒	努力工作	偷懒
预期净收益 $E(NI)$	\$4	\$1	\$3	\$2
预期回报 $E(X)$	\$2	\$1.5	\$9	\$4

表 10-4 努力工作所增加的净收益和回报

	经理人的努力程度	
	短期努力	长期努力
预期净收益 $E(NI)$	$\mu_1 = \$3$	$\mu_2 = \$1$
预期回报 $E(X)$	$b_1 = \$0.5$	$b_2 = \$5$

现在,对于短期努力,b_1 与 μ_1 的比例是 $0.5:3 = 1:6$;对于长期努力,b_2 与 μ_2 的比例是 $5:1$。因此,净收益是与回报**不一致**(non-congruent)的衡量指标——对于所有者来说,哪种努力产生净收益就成了一个问题。短期努力所带来的净收益增加 \$1,其所带来的回报是 \$1/6;长期努力所带来的净收益增加 \$1,其所带来的回报是 \$5。

在表 10-3 和表 10-4 所描述的情形中,所有者期望研发水平更高,因为它能带来最终的高回报(即在表 10-4 中 b_2 大于 b_1)。但对于那些薪酬契约基于第 1 期净收益的经理人则会倾向于短期的决策视角，因为致力于短期努力项目会产生更多净收益和薪酬（即在表 10-4 中 μ_1 大于 μ_2）。薪酬契约不仅必须考虑经理人的努力程度，还要考虑在不同维度上的努力分配。增加经理人所分享的利润并不会扩大他的决策视角，而只是激励了更多的短期努力。因此，所有者必须解决长期努力过少的问题。

接下来的问题是，所有者为此该做些什么？由于经理人的努力分配是无法为所有者直接观察到的，一个可能的方法就是将净收益替换为其他比较一致的指标，比如股票价格。与净收益相比较，不难看出股票价格与回报更加一致，因为它较少受到确认滞后的影响。股票价格对研发行为的良好敏感性将激励经理人增加长期努力。然而，股票价格比净收益缺少准确性。因此，以股票价格为基础的薪酬契约是否会增加契约效率还不得而知。这说明，一旦薪酬契约基于两种业绩衡量指标，就要在一致性和准确性上做权衡，这与我们在例子 10-1 中所看到的 RBC 的实际薪酬契约相一致。

另一种可能的方法就是委托人和经理人签订一个规定了截止日期的多期契约。Şabac（2008）通过构建模型对这种情况进行研究。一个风险规避的经理人的薪酬是工资加上本期净收益的一部分。每一期结束时，契约都根据经理人过去的盈余表现和契约参数的变动（如净收益对努力程度的敏感性的变化）重新协商。我们可以在例 10-1 中描述的 RBC 薪酬契约中看到这种效果，其中规定，如果公司业绩在股票授予后的 3 年内恶化，则调整其作为递延股票授予的股份数量。

就目前而言，Şabac 的多期契约一个重要的方面是，经理人知道未来的薪酬包括了本期长期努力所带来的收益，比如研发行为和资本支出项目。因此，长期努力不会再被放弃，因为契约本身激励短期努力和长期努力之间的平衡发展。[10] 类似地，一些无用的短期努力，比如向上的盈余管理，将会被放弃。

10.4.3 风险在高管薪酬中的作用

正如第 9 章所述，我们也可以从风险的角度来考虑经理人的努力，因为道德风险的存在，经理人在付出努力时必须承担一定的薪酬风险。像其他理性规避风险的个人一样，经理人也会权衡风险和回报。为了获得保留效用，经理人所承担的风险越大，其期望薪酬也就越高。因此，为了以最低成本激励经理人，有效激励契约的设计者试图在固定的风险水平下达到最大的激励，或以最小的风险实现特定水平的激励。

薪酬风险会对经理人经营公司的行为产生影响，注意到这一点非常重要。如果没有施加足够的风险，公司将由于经理人减少努力而遭受损失。如果风险太大，经理人会在风险项目上投资不足，即便这些项目会让股东受益。

控制薪酬风险最重要的方法之一是**相对业绩评价**（relative performance evaluation，RPE）。这里，业绩用公司的净收益和（或）股票价格与其他同等水平的类似公司（比如同一经济体或同一行业的其他公司）的平均业绩之间的差别来衡量，而不是直接用净收益或股票价格来衡量。相对业绩评价理论是由 Baiman 和 Demski（1980）与 Holmström（1982）提出的。通过用类似公司的平均业绩来对应评价经理人的业绩，可以将行业所面临的系统风险或一般风险从激励方案中剔除，特别是当该行业中公司的数量很多时。当薪酬契约里存在受噪声影响的衡量指标时，对于所有同行业的公司来讲都会存在一定的风险。例如，至少在经济低迷如销售下滑时，会对股票价格和净收益产生影响，但同样也会对其他公司产生类似的影响。RPE 从对公司经理人的业绩衡量推断出同行公司的平均净收益和股票价格，使得净业绩能更精确地反映经理人在公司运营中所付出的努力。因此，在 RPE 下，当公司报告亏损或股价下跌时，经理人也可能是努力工作的，只要这些亏损低于同行的平均水平。如例 10-1 所述，RBC 在中期激励计划中使用了 RPE，因为该计划授予的股票数量取决于公司相对于全球同类大公司的业绩。

如果相对业绩评价理论是有效的，我们就可以看到经理人的薪酬与平均经济环境或者行业业绩负相关。例如，当行业业绩不好时，公司高净收益和（或）高股票价格的业绩就更加让人印象深刻，因为这说明公司克服了整个行业的不利影响因素。因此，薪酬委员会将会发放更多的薪酬。当行业业绩良好，公司高净收益和（或）高股票价格的业绩相对就没有那么突出了，发放的薪酬也就更少。

然而，对相对业绩评价的测试是很复杂的，因为需要确定该公司恰当的同业对标公司。早期研究难以找到 RPE 影响薪酬的证据。Albuquerque（2009）指出，虽然公司所处的行业是个很好的切入点，但还必须将公司的规模考虑在内，因为全行业范围的事件对不同规模的公司产生的影响是不同的。例如，如果对行业产品的需求下降，比起那些得益于规模经济和较灵活的财务弹性的大公司来说，小型公司由于生产规模较小，可能因为固定成本和（或）财务状况而面临更多问题。

基于 1992—2005 年的公司样本，Albuquerque 发现，CEO 总薪酬和同一行业类似规模类似水平的公司的平均股价表现之间存在显著的负相关关系。这与 RPE 的理论是一致的。[11]

然而，尽管有这一有利的结果，但有可能某些行业公司的业绩与同类公司的业绩正相关，而不是负相关。Aggarwal 和 Samwick（AS，1999）提出了一个寡头垄断行业的公司模型，在这个行业中对公司产品的需求不仅取决于其自身的产品价格，还取决于竞争对手的产品价格。[12] 也就是说，竞争者的价格越低，公司的产品价格就越低，反之亦然。正如 AS 指出的，这会使经理人产生一个动机——通过价格合作行为来"弱化"竞争，这样会提高行业中所有公司的利润。由于鼓励了合作行为，薪酬计划对其他公司的业绩施加了正向的而不是负向的影响。更进一步地，这个正向影响的强度会随着行业竞争的加剧而加强，因为高度竞争所导致的低利润加强了行业中所有公司寻求合作的动机，由此增加行业的利润。[13] AS 所提供的证据与预测一致。这些截然不同的激励机制可能是早期实证研究难以找到支持 RPE 的原因。

Park 和 Vrettos（2015）最近的一项研究也为 RPE 提供了支持。他们指出，公司总风险包括两类风险项目。一类主要是系统性风险，即高回报或低回报的项目可以被行业经济中其他公司类似项目的高回报或低回报所反映。这类项目包括扩张现有生产设施，其利润与同行业公司一样面临着全行业的风险。另一类主要是公司特定风险，例如建立一个工厂，生产其他同行公司不生产的新产品。

Park 和 Vrettos 假设经理人是理性、风险规避、预期效用最大化的，其中一个关键的假设是假定经理人，如在 RBC 高管薪酬计划中一样，除了拥有其他个人财富，还拥有公司证券的个人投资组合，包括股票、股票期权和未授予的股票和期权。在决定接受哪些项目时，经理人会考虑项目的风险性，因为这将影响其个人投资组合的预期效用。

Park 和 Vrettos 提出的一个问题是，经理人是会选择增加公司系统性风险的项目还是增加公司特定风险的项目。股东一般更倾向于增加公司特定风险的项目，因为特定风险可以被分散。

作者表明，不受 RPE 约束的经理人会选择具有系统性风险的项目，而不是公司特定风险的项目。原因是，虽然这两类项目都会增加风险，但是经理人个人权益组合不能轻易对冲公司特定风险的项目。经理人通过人力资本和权益持股对公司进行了大量的投资，因此无法分散。经理人至少可以部分地对冲系统性风险，比如说通过交易市场指数型基金（只承担系统性风险）。回顾之前 RBC 高管薪酬计划，它禁止高管对持有股票进行对冲，但似乎并不禁止市场指数型基金的交易。RBC 的经理人也不能通过出售所持公司股票来消除风险。RBC 与大多数大公司一样，禁止高管买卖公司证券，并要求他们持有大量的公司权益类证券。

然而，受 RPE 约束的经理人将会选择具有公司特定风险的项目，因为 RPE 过滤掉了与公司同行活动有关的薪酬风险。经理人可以分散系统性风险，经理人持有的公司权益组合中 ESO 部分的价值随着公司特定风险的增加而增加，从而使得这些项目相对更具吸引力。

Park 和 Vrettos 通过研究靠标准普尔 1500 指数获利的所有公司 2007 年的薪酬计划来检验这些预测。他们将公司分为 RPE 和非 RPE 两类，其结果与他们的预测基本一致。如上所述，由于股东更喜欢公司特定风险项目，而不是系统性风险项目，因此，除非公司的风险非常低，否则 RPE 有助于为这些将 ESO 纳入其薪酬计划的公司（如 RBC）提供有效的激励契约。

在 8.3.2 节中，我们指出了股东需要会计稳健性以限制经理人偷懒和通过盈余管理或资产高估来掩盖偷懒。然而，通过延迟确认未实现的利得和阻止过早地确认收入，将经理人的薪酬建立在稳健的盈余基础上会让他们几乎没有投资高风险项目的动力。因为除非（直到）项目开始产生已实现的利润，否则经理人无法获得薪酬。这使以股份为基础的薪酬得以发挥作用，由于股价将很快反映长期项目的未实现利润，因此可以通过基于股价表现的薪酬来激励经理人投资此类项目（相当于产生上行风险）。例如，ESO 提供了这种激励，如果项目成功，这些期权就会变得非常有价值。然而，如果项目不成功，ESO 的价值也不会低于零。

事实上，ESO 在这方面可能"过犹不及"，虽然它们鼓励上行风险，但下行风险很小，因此可能会鼓励过度冒险。这样一来，ESO 导致股东面临的主要潜在成本，除了在 8.6 节中阐述的稀释股权的问题，还包括可能形成的无效薪酬契约。因此，正如 1.2 节中描述的，ESO 似乎是安然和世通这些丑闻的幕后推动力，它们也导致了 2007—2008 年的股市崩盘。为了提高 ESO 价值，经理人的努力似乎从价值增加的项目转向那些提高股价（进而提高 ESO 价值）的机会主义行为。

Efendi，Srivastava 和 Swanson（2007）就此调查了 2001—2002 年 95 家财务报表重述并导致股价暴跌的公司，这种下跌说明这些公司的股价相对于基本面价值过高。[14] 作者发现，这些公司的 CEO 所持有的 ESO 平均都显著高于作为控制样本、没有财务报表重述的公司 CEO 所持有的 ESO。他们的结论是，CEO 所持有的 ESO 价值越高，为了支持股价，他们在财务报表中进行虚假陈述的动机就越强。实务中的理论 10-1 认为，在授予大额 ESO 时要谨慎，它指出经理人可能会掩盖公司的实际风险，需要对风险进行充分披露才能控制这种动机。

尽管如此，我们也无法得出从薪酬计划中剔除 ESO 的必然结论。在以 1992—1997 年石油和天然气公司为样本的研究中，Rajgopal 和 Shevlin（2002）发现，股票期权确实会激励经理人增加公司风险。这些增加的风险表现为勘探风险增加和对冲行为减少。然而，他们还发现，ESO 在一定程度上促使风险规避的经理人尝试那些具有经济前景但不会带来过度风险的风险项目。事实上，他们的发现与有效契约理论是一致的。[15]

总之，我们再一次得出结论：混合的业绩衡量指标是可取的。股票期权和（或）公司股票形式的薪酬激励了上行风险和更长的决策期，而基于净收益的薪酬，如果可延期或追回，则施加了下行风险，一定程度上可以阻止经理人的机会主义行为和纯粹基于股票的薪酬可能产生的过度风险承担。

💡 实务中的理论 10-1

2008 年，在一篇题为《让他们付出代价》的文章中，经济学家讨论了根据 2007—2008 年的股市崩盘该如何支付银行家的薪酬。文章引用了美国的一项调查，指出在危机前投资银行的平均工资水平是全美平均水平的 10 倍。

文章指出了一个导致高薪酬的道德风险问题——银行家的高薪酬与他们的行为所造成的风险不完全匹配。文章声称，银行薪酬计划鼓励经理人从事风险项目（例如，高杠杆率），因为如果这些项目成功，短期的薪酬回报会很高（高利润带来高奖金）；然而，如果项目失败，薪酬惩罚却相对较小（如股权激励的最低价值为零，奖金可能与同行业的平均水平挂钩，或者尽管出现损失但董事会依然会批准部分奖金）。

为了纠正这种不匹配，理论上建议通过奖金延期、增加以股票为基础的薪酬延长经理人的决策期。这种薪酬可以采取递延股票和股票期权的形式。为了激励经理人关注其运营活动的长期运行结果，减少"拉高出货"和 8.6 节指出的其他无效行为，这些报酬会在较长的时期后实现。

然而，文章指出了在现实中增加经理人股权会造成的问题：

● 从某种程度上说，股票价格并不会完全反映管理层战略固有的风险[16]（比如，与较差的披露相关联的表外融资），股票价格与公司基本面价值有很大关联，因此会鼓励经理人持续实施过度冒险行为。

● 公司的大多数重要决策都是由高层做出的。那么，如果这些决策是错误的，较低层级的经理人将在股价下跌中蒙受损失。这会降低他们股票薪酬的预期效用，并可能降低股票薪酬对其努力的激励程度。

● 由于延期会降低薪酬的预期效用，所以经理人，特别是大多数有能力的经理人可能因达不到保留效用而离开公司。为了防止这种情况发生，公司可能不得不减少薪酬延期，由此恢复了原本薪酬延期想要降低的对风险项目的激励。

因此，增加股权和薪酬延期对导致市场崩盘的过度风险的纠正能力值得怀疑。然而，对会计人员的建议是明确的。这会改善风险报告，从而使股票价格能更好地反映公司的实际风险。事实上，这方面的行动已经开始。在 7.8 节中，我们讨论了关于终止确认和合并的新会计准则，其中包括对风险的额外披露。SEC 2010 年生效的新规则也要求在管理层致股东通函中增加风险披露，包括披露薪酬政策与风险管理之间的关系（由此投资者能更好地发现过度风险动机），以及披露董事会在风险监督中的作用。

另一个控制风险的方式是通过董事会的薪酬委员会。正如我们在 RBC 高管薪酬计划里看到的，董事会拥有现金和股票薪酬金额的最终决定权，还拥有考虑特殊情况的灵活性。例如，如果公司报告亏损，或者盈利低于目标，董事会仍有可能发放奖金，特别是如果董事会认为亏损是由一些一次性的项目且经理人无法控制的情况造成的。在 RBC 高管薪酬计划中，我们看到 2016 年，由于低持续性利得，董事会减少了 CEO 的奖金。然而，薪酬委员会必须对此加以限制。如果对经理人低持续性损失方面过于慷慨而不处罚，或者在惩罚低持续性利得方面过于严格，都会损害契约刚性，也会削弱对努力的激励。

如前所述，尽管已经努力控制薪酬风险，但经理人仍必须继续承担一些风险。经理人可以通过出售股票和期权所得、投资无风险资产或投资组合来规避风险。然而，正如 RBC 高管薪酬计划中提到的，薪酬计划通常通过推迟股份授予和（或）限制经理人处置股票和期权来对此加以限制。

经理人还可以通过过度对冲公司风险来规避风险。但是对冲不仅成本高昂，经理人一旦通过这种方式对冲太多风险，对经理人努力的激励也会受到影响。因此，正如实务中的理论 10-2 所描述的，公司可能会限制经理人对公司风险的对冲行为。

> **⚡ 实务中的理论 10-2**
>
> 森科能源公司（Suncor Energy Inc.）在其 2006 年报告的管理层讨论与分析部分说明了公司如何控制在石油和天然气的现金流对冲项目中可能存在的过度对冲。2008 年 12 月 31 日，该公司董事会将现金流对冲最大值控制在原油生产额的 30%。
>
> 近年来，森科能源公司没有报告对对冲活动的特别限制。然而，其 2016 年报告的管理层讨论与分析中指出："管理层定期审查公司的风险管理活动，根据公司对市场波动性的承受能力，以及未来财务成长所需的稳定现金流来确定适当的对冲要求。"

10.5 薪酬的实证研究

前面提到的 Rajgopal 和 Shevlin 的研究为薪酬计划的有效性提供了一些证据。在本节，我们将对其他一些考察薪酬理论和实践关系、检验会计信息作用的实证研究文献进行回顾。

Lambert 和 Larcker（LL，1987）是该领域的一项早期研究。他们以 1970—1984 年的 370 家美国公司为样本，研究了股票回报率和净资产收益率在解释经理人现金薪酬（工资加奖金）上的相对能力。例如，如果薪酬计划和薪酬委员会主要使用股票回报率来激励经理人的业绩，股票回报率应与现金薪酬显著相关。或者，如果他们主要使用净收益作为激励因素，则净资产收益率（以净收益为基础的一个比率）应与现金薪酬显著相关。

LL 发现，和股票回报率相比，净资产收益率与现金薪酬更为相关。事实上，其他几项研究也得出了相同的结论。这个结果与 RBC 的短期薪酬激励机制一致，即奖金池的 60％取决于净收益和净资产收益率，而不是股票回报率。LL 还发现，这两种经营成果衡量指标同现金薪酬之间的关系呈现系统性差异。例如，他们指出，当净收益相对于股票回报率较少受到噪声干扰时，净资产收益率同现金薪酬之间的关系就会加强。他们通过 1970—1984 年净资产收益率变动与同期股票回报率变动之比，来衡量净收益相对受干扰的程度。正如例 9-3 证明的，净收益越不受干扰，它越能反映回报。这一结论同 10.4.1 节中 Banker 和 Datar 在 1989 年的分析是一致的。

LL 还发现，成长型公司管理层薪酬同净资产收益率的相关性低于所有公司的均值。这与 Banker 和 Datar 的结论是一致的，因为相对于其他一般的公司，成长型公司的净收益对经理人努力的敏感性较弱。以历史成本为基础的净收益在很大程度上代表了 LL 分析期间内会计实务的特征，尤其是趋向于滞后反映成长型公司的真实经济业绩，因为这种基础的会计方法只有当价值已实现时才能确认价值的增加。然而，市场将评估当前和预期的未来业绩，并据此对股票进行估值。因此，对于这类公司，净资产收益率这一会计指标与薪酬的相关性比股票回报率更弱，这与 LL 的发现是一致的。

然而，LL 的发现中最有趣的是，股票回报率与净资产收益率相关性较低的公司，净资产收益率在其薪酬计划中的比重相对较高，反之亦然。换句话说，当净收益对投资者而言相对不具有信息含量时（股票回报率与净资产收益率的相关性较低），净收益却能较好地反映经理人的努力（在薪酬计划中净资产收益率占有较高的比重）。这为财务会计理论基本问题的影响（见 1.10 节）提供了实证证据——应在对投资者决策有用的信息与激励经理人业绩的有用信息之间进行权衡。

Indjejikian 和 Nanda（IN，2002）提供了有效薪酬契约的进一步证据，以 1988—1995 年 2 981 位经理人为样本，他们发现，平均来说，净资产收益率的变动越低，目标奖金相较于基本薪资就越高。这表明，当公司风险变小的时候，公司用奖金（有风险，但激励作用较大）替代了工资（无风险，但激励作用小）。这也与有效契约理论相一致，因为当公司风险相对较低时，经理人通过承担较低的薪酬风险就可以实现奖金的激励效果。此外，IN 还发现，随着股票回报率的波动，目标奖金（尤其是样本中 CEO 的目标奖金）相对于基本工资有增加的趋势。一种解释是，与基于股价表现的公司相比，处于高风险环境的公司（股价波动更大）更依赖基于会计的业绩指标。同样，这与理论是一致的。

💡 实务中的理论 10-3

Banker，Darrough，Huang 和 Plehn-Dujowich（2013）研究了经理人能力对最优薪酬契约的影响。他们通过经理人在过去产生的净资产收益率来衡量这一能力。基于 1993—2006 年经理人薪酬数据的大样本，他们发现，经理人的薪酬与过去形成净资产收益率的能力正相关。然而，他们同样发现，经理人获得的奖金与这一能力负相关。作者认为，这是因为当经理人能力越高时，用于激励规避风险的经理人努力工作所需的风险越少（即风险更低的奖金）。为了在奖金减少后使经理人获得保留效用，公司会给予经理人较高的无风险薪酬（即工资）。事实上，考虑到过去关于经理人能力的证据，薪酬契约的效率就会提高，因为要达到较高的努力程度就需要降低风险。

在 10.4.1 节中，我们指出充分披露可以通过使薪酬委员会识别盈余持续性来提高净收益对经理人努力程度的敏感性。Baber，Kang 和 Kumar（1999）的研究提供的证据表明，薪酬委员会对持续性盈余的评价的确高于暂时性的或无价值相关性的盈余。在 1992 年和 1993 年的样本公司中，他们发现，盈余对于薪酬的影响随着盈余持续性的变化而变化。

总之，上述实证结果表明，与投资者一样，薪酬委员会对会计和股价信息的使用达到了非常熟练的水平。正如与价值相关的财务会计信息的充分披露将增加投资者对这类信息的使用一样，充分披露反映努力程度的受托责任信息也会提高薪酬委员会对这些信息的使用，从而维持和增加净收益在激励负责任的经理人业绩方面的作用。

10.6 高管薪酬政治学

如何设定最优的经理人薪酬是个由来已久的问题。许多人认为，高管的薪酬过高，或者受到了不正当的激励。例如，在 20 世纪 90 年代和 21 世纪初，人们对股票期权的政治关注有所增加。对于美国大型公司的首席执行官来说，其股票期权的市场价值往往高到数亿美元。随着以股票期权为基础的薪酬比例稳步上升，对此的关注也越来越多。例如，Hall 和 Murphy（2002）指出，标准普尔 500 指数成分股工业公司首席执行官的股票期权薪酬占总薪酬的比例从 1992 年的 22% 增加到 1999 年的 56%。在 21 世纪初，尽管股票市场大幅下跌，这个比例仍进一步增加。然而，两个考虑促使会计准则制定机构在 2004 年不顾管理层的反对对股权激励实行费用化。第一个考虑是担心持有股票期权会驱动财务报告舞弊，比如安然公司和世通公司（见1.2 节）。第二个考虑则是如 8.6 节所描述的，经理人可能滥用股票期权，比如采用 "拉高出货" 和 "时间追溯"。

随后，许多公司通过发行**限制性股票**（restricted stock）（RBC 高管薪酬计划中称为递延股票）来取代或减少 ESO 薪酬，这被认为是一种更有效的薪酬手段，因为它不像 ESO 那样容易受到经理人的机会主义滥用。回顾 RBC 高管薪酬计划，该计划只允许 ESO 获得 20% 的权益类薪酬，且要在 3～4 年内授予；其余 80% 的权益类薪酬以递延股票的形式进行。这些递延股票较少受到经理人机会主义操纵的影响，因为如例 10-1 所述，如果公司业绩在随后的 3 年内恶化，这些股票的授予数量可以减少，甚至取消。

由于公众对陷入 2007—2008 年股市崩盘的金融机构所支付的薪酬产生了负面反应，导致对经理人薪酬的政治性反对进一步增加。对那些接受各种形式的政府援助的公司，公众反应特别强烈。例如，美国国际集团曾接受美国政府 1 700 亿美元的援助，但其 2008 年第四季度报告了超过 600 亿美元的亏损，并公布其发放了总额超过 10 亿美元的奖金，这引起了公众的愤怒。这类事件导致了各种形式的政府干预，如对被救助公司的奖金控制；禁止向法定资本低于阈值的金融机构发放奖金和股息；在英国和法国，对超过规定限额的奖金征收 50% 的附加税。

然而，要充分理解高管薪酬的政治意义，更重要的是要认识到，基于股票的薪酬对经理人的价值比起初看起来要小得多。例如，ESO 的市场价值通常基于 Black-Scholes 等模型，该模型假设期权可以自由交易，而 ESO 实则不能。行权期、出售限制、持有股权的要求以及对对冲股权价值的限制等都约束了经理人分散公司风险的能力。经理人越规避风险，他的其他财产分散性越低，接受基于股权的薪酬的效用减少得就越多。

Hall 和 Murphy（2002）在 Lambert，Larcker 和 Verrecchia（1991）早期分析的基础上，对这种影响进行了研究。例如，他们报告，标准普尔 500 指数成分股工业公司的首席执行官 1999 年总薪酬的中位数为 569.5 万美元，其中 74% 是 ESO（以 Black-Scholes 模型为基础进行定价）和公司股票。然而，对于一位适度规避风险和合理多样化的首席执行官来说，Hall 和 Murphy 估计，在考虑到处置限制后，该薪酬相当于 342 万美元的现金等价物，减少了近 40%；对于一个严重规避风险的首席执行官来说，则差不多减少了 55%。[17] 由于忽略了基于股票的薪酬是无法通过多样化来避险的这一问题，媒体和政治家大幅高估了这些薪酬对高管的价值。

实务中的理论 10-4 为缺乏多样化对期权激励价值的影响提供了证明。

⚡ 实务中的理论 10-4

2007 年 1 月，齐昂银行（Zions Bancorporation）宣布公司已经得到证券交易委员会的许可，允许其使用以市场为基础的方法来对公司的股票期权进行估值。齐昂银行是一家美国大型金融服务公司，在美国多个州开设了众多服务网点。

齐昂银行的方法是发明了一种可以卖给外部投资者的，名为"员工股票期权增值权证"（employee stock option appreciation rights securities，ESOARS）的特殊证券。这些证券使持有人有权获得相当于齐昂银行员工行使其 ESO 时所能实现利得的特定比例的收益。因此，ESOARS 也符合股权激励 ESO 的所有条件。齐昂银行指出，ESO 的公允价值可以从 ESOARS 的市场价值中推算出来。例如，如果 ESOARS 承诺支付给持有者的金额相当于 ESO 利得的 25%，那么 ESO 的市场价值就是 ESOARS 市场价值的 4 倍。

2007 年 5 月，齐昂银行宣布 ESOARS 成功拍卖，一共有 43 位出价人，平均价格为 $12.06。如果该 ESOARS 承诺支付给持有者的金额相当于 ESO 利得的 25%，那么 ESO 的价值就是 $48.24。这表明，ESO 的公允价值是 Black-Scholes 模型估计值的 1/2。齐昂银行表示，根据 SFAS 123R 公司将用这个公允价值来计量公司股票期权费用。

Gayle 和 Miller（GM，2009）则提出了一个相反的观点，认为经理人薪酬并未过高。他们

对北美航空、化学、电子行业的两个样本组的前三名高管的薪酬进行研究。第一组样本的期间为 1944—1978 年，第二组样本的期间为 1993—2003 年。正如我们所预期的，在这两个样本期间，平均薪酬随着公司规模的扩大而大幅提高。

GM 估计了样本中的高管在不努力工作（如偷懒）且不承担薪酬风险的情况下，要达到保留效用所要求的平均工资。他们发现，在这两个样本组间，平均工资的数额增加了 2.3 倍。这个增幅与同时期美国人均收入的增长几乎完全相同。根据我们在第 9 章讨论的代理理论，这表明，如果经理人没有承担任何薪酬风险，也不因努力工作而产生额外的负效用（比如他们只领取固定的薪酬），他们工资的增长并没有超过同时期社会的平均工资增长水平。

GM 还估计了如果高管努力工作并承担增加的薪酬风险，要达到保留效用所要求的额外报酬金额。他们报告，在两个样本期间，这个金额增加超过了 20 倍。再次回顾第 9 章，在理论上，为能够解决所有者和经理人之间的道德风险问题，这些薪酬成本是必要的。也就是说，针对努力工作、规避风险的高管的薪酬契约必须对高管付出的努力和承担的风险进行补偿，这样高管才能获得保留效用。

那么问题是，为什么道德风险的成本增加了？在排除其他导致成本增加的因素（如高管对风险的规避程度）后，研究者将成本增加归因于公司规模的扩大和两个样本期间公司回报分散趋势的增加对薪酬产生的影响。道德风险问题随着公司规模的增加而增加，这是由于应对更大、更复杂的组织所需付出的努力增加，以及可能的机会主义行为的增加。

这些发现表明，高管平均薪酬随着时间的推移而大幅增长，并不是因为高管以牺牲平均工资收入者的利益为代价获得更高薪酬。相反，这是由克服道德风险和弥补契约风险的成本大幅增加所驱动的。高管并没有从薪酬中获得额外好处，实际上它只是补偿了高管的努力和承担薪酬风险所带来的负效用。在此意义上，GM 的分析表明，高管的薪酬并未过高。

媒体关注以及高管薪酬政治压力的另一个来源是金色降落伞（golden parachutes）。金色降落伞是薪酬契约的组成部分，当高管离开公司时，公司会支付大量的遣散费。[18] 遣散费（离职补偿金）通常被认为是对不良业绩的奖励。然而，一些证据表明，通过降低薪酬风险，离职补偿金可以提高契约的效率。

Rau 和 Xu（RX，2012）以 2004 年的美国大型公司作为样本进行检验后发现，68% 的样本公司在高管薪酬契约中包括了离职补偿金。他们指出，在提供给现任首席执行官的新契约或修正的契约中，随着首席执行官持有的股票或股票期权的激励效应下降，在薪酬契约中包括离职补偿金的可能性以及提供离职补偿金的幅度都得到提升。在公司经历低股价时期，或是首席执行官所持有股份的价值较低，股票期权很可能是虚值期权或是几乎无内在价值的期权时，持有的股票或是股票期权的激励效应将下降。同时，表现不佳的股价增加了首席执行官被解雇的可能性。因此，他们更不可能实施高风险的长期项目[19]，因为他们无法从这些项目所带来的收益中获得好处。事实上，当公司的业绩较差时，即使持有大量的股票或股票期权也不会促使首席执行官承担风险。RX 指出，预期能够获得丰厚的离职补偿金降低了首席执行官对薪酬风险的担忧，从而能提高他们实施高风险项目的意愿并更加接近各股东期望达到的水平。RX 还发现，更加年轻的首席执行官（相比于年龄较大的首席执行官，失去声誉与薪酬对他们的影响更大）

以及来自可能面临财务困境或是被收购公司的首席执行官（在这两类公司中被解雇的可能性更大）获得离职补偿金的可能性以及幅度更大。这些结果表明，离职补偿金是控制首席执行官薪酬契约风险的重要方式。作者的结论表明，离职补偿金是符合有效契约的。[20]

离职补偿金的薪酬风险控制功能也有助于控制盈余管理。如果高管面临坏消息，如盈余降低或未达分析师的预期，如果被解雇造成的效用损失能被大量的离职补偿金所抵消，他们可能不太愿意进行向上的盈余管理。因此，如实披露对高管来说风险降低了。[21] Brown（2015）研究了这种可能性。基于 1992—2010 年美国大型公司样本的研究发现，相比未设离职补偿金计划的公司，设有该计划的公司在 GAAP 范围内基于应计项目进行盈余管理的情况更少，这一结果与这一论点一致。[22]

然而，高管薪酬方面的政治压力依然存在。在这一方面，"薪资发言权"投票（投资者对薪酬委员会报告拥有无约束力的投票权）进一步增强了股东对薪酬的影响力。在加拿大，"薪资发言权"投票并不是必需的，尽管许多大公司都采纳了这一做法。例如，RBC 就其高管薪酬进行了这种不具约束力的投票。报告称，2016 年 95.7% 的股东投了赞成票。在欧盟，新规则赋予股东对薪酬政策（受制于一些例外情况）有约束力的投票权，并允许股东对实际授予的薪酬进行第二次无约束力的表决。在美国，SEC 要求至少每隔 3 年举行一次无约束力的"薪资发言权"投票。

实务中的理论 10-5 说明，虽然"薪资发言权"投票是参考性的，但它仍然会产生一定的效果。

> ### 💡 实务中的理论 10-5
>
> 巴里克黄金公司（Barrick Gold Corp.）是一家大型矿业公司，总部设在多伦多，业务遍及全球。其股票在多伦多和纽约证券交易所进行交易。2013 年 4 月，股东以 85.2% 的投票率否决了巴里克 2012 年新联合主席 1 190 万美元的签约薪酬。2012 年巴里克曾报告亏损 5.49 亿美元，包括套期合同已实现损失 3.31 亿美元。投票只是参考性的，公司仍按照其预先计划授予薪酬。巴里克任命了 6 名新董事加入董事会，并通过了新的薪酬激励计划，股东会还通过了 2013 年的高管薪酬计划。
>
> 截至 2014 年底，巴里克在纽约证券交易所的股价已从 2012 年底的 33 美元和 2013 年底的 17 美元跌至 10.49 美元。该公司公布 2013 年亏损超过 106 亿美元，2014 年亏损近 30 亿美元。2013 年亏损的主要原因是矿业项目的大规模减记，部分原因是金价的大幅下跌。这两年已实现的对冲损失总计 4.31 亿美元，这表明该公司没有为金价的大幅下跌做好充分准备。然而，联合主席的薪酬在两年内大幅增加。
>
> 股东们再次投票否决了 2014 年的薪酬方案。2015 年，执行董事长（前联合董事长）同意削减近 1 000 万美元的权益类薪酬，以响应股东的诉求。巴里克 2015 年的薪酬方案得到了股东的批准。

总之，有证据表明，高管薪酬契约以及薪酬委员会对薪酬的管理与理论相当一致。此外，尽管高管薪酬（包括金色降落伞）的绝对值很高，但有证据表明，相对于为股东创造的价值，高管的薪酬平均而言并未过高。加薪方案补偿了高管努力工作的负效用和薪酬风险，包括递延薪酬和股票薪酬增加的公司特定风险。这意味着，高管所得到的风险薪酬价值要小于公司支付的薪酬成本。尽管如此，股东、媒体和政界人士对其所感知的薪酬过高的担忧仍在继续，2007—2008 年股市崩盘前对公司管理层滥用职权的反应加剧了这种担忧。

10.7　高管薪酬的权力理论

我们迄今为止的讨论总体上支持高管薪酬的有效契约观。因此，我们得出以下结论，薪酬委员会对于会计信息的运用是很熟练的（见 10.5 节），CEO 薪酬的效用并没有像起初看起来的那么多（见 10.6 节）。然而，我们的讨论包含了另一种理论，那就是高管薪酬的**权力理论**（power theory）。这个理论指出，现实中的高管薪酬由高管的机会主义行为而不是有效契约驱动。

权力理论由 Bebchuk，Fried 和 Walker（BFW，2002）提出。他们认为，经理人有足够的权力影响自己的薪酬，经理人利用这种权力来获取过高的薪酬，这一行为损害了股东价值。如果是这样，经理人就得到了比其保留效用更多的回报，这与我们第 9 章所讨论的市场力量阻止这种情况发生的观点相反。事实上，权力理论质疑经理人市场运行的有效性，就像行为金融质疑有效市场理论（见 6.2 节）一样。[23]

BFW 指出，经理人权力的来源是 CEO 具有影响董事会成员（包括薪酬委员会）的能力。即便董事会的大多数成员能保持名义上的独立性，CEO 也可以影响他们的委任。此外，一旦董事会成员委任就职后，即使是独立董事也会觉得：如果自己阻止了 CEO 获得过高薪酬，可能很快就会背负与管理层对着干的恶名。这样的声誉会妨碍他与其他董事会成员的互动，也会降低他被其他公司董事会聘请的可能性。

经理人的权力也会影响到审计委员会。1.2 节中提到《萨班斯-奥克斯利法案》要求建立一个独立的审计委员会，并赋予该委员会新的权力。《萨班斯-奥克斯利法案》还要求经理人和审计师证明公司内部控制系统运行正常，并公开报告任何缺陷及其补救措施。

Lisic，Neal，Zhang 和 Zhang（LNZZ，2016）研究了 CEO 权力如何影响审计委员会的有效性。LNZZ 指出，一个有效的审计委员会可以减少内部控制缺陷，但一个有强大权力的 CEO 会降低这种有效性。CEO 这样做的动机是为了更容易地从公司中攫取财富，例如通过索取过高报酬和津贴。这种行为符合有效契约理论的预测。

基于 2004—2010 年（即《萨班斯-奥克斯利法案》出台后）的美国公司样本，LNZZ 发现 CEO 的权力越大，审计委员会在减少内部控制缺陷方面的有效性就越低（尽管审计委员会具有财务专业知识）。[24] LNZZ 得出结论，《萨班斯-奥克斯利法案》规定对审计委员会有效性的改进效果可能只是表面现象，而非实际效果。

权力理论认为，"公愤"可以限制经理人的薪酬权力。如果薪酬回报变得非常高，就会引起负面的公众反应，董事会就不得不介入，以履行其职责。然而，正如 BFW 指出的，有很多方法对过高的薪酬进行"伪装"。一种方法就是聘请一名薪酬顾问来增加薪酬的合法性。然而，由于 CEO 可以对聘任施加影响，薪酬顾问可能会觉得，如果他们给出一个对 CEO 不利的薪酬计划建议，他们未来将很难获得其他的咨询项目。

另一种伪装方法是依赖于同行的类似公司来确定薪酬总额。RBC 就曾根据同行的薪酬中位数来调整薪酬总额，BFW 指出，大多数的公司是这么做的。这制造了一种薪酬总额需要随着时间推移进一步提高的压力，因为公司间存在对有能力的经理人的竞争。

同时，因为薪酬顾问经常为他们的客户提供其他的咨询服务，比如针对养老金和其他计划给出建议，为了保持这份工作收入，他们面临利益冲突。也就是说，他们可能会丧失对薪酬建议的独立性。然而，以 2006 年聘请薪酬顾问的美国公司为样本，Cadman，Carter 和 Hillegeist（CCH，2010）研究发现，没有证据证明与薪酬顾问存在高利益冲突的公司的 CEO 薪酬比与薪酬顾问存在低利益冲突的公司的 CEO 薪酬高很多。作者指出，薪酬顾问对声誉的关注、客户公司的治理程序控制了这种趋势。

此外，经理人的权力还受到其他限制，例如市场对公司的管控。经理人拥有过度权力可能引起股东的不满，当不满达到一定程度时，公司可能被收购，从而导致经理人被解雇。在这一方面，Armstrong，Balakrishnan 和 Cohen（ABC，2012）对所在州通过"反收购"法律的美国公司研究发现，如果公司地处通过反收购法律的州，收购这些公司将更加困难。这些法律产生的影响降低了对经理人权力和机会主义行为的约束。

正如 ABC 所言，那些更不可能被收购的公司的经理人会以多种方式做出反应。一种可能是采取"防御行为"，经理人通过低质量的财务报告掩盖较低的努力程度。然而另一种可能是经理人会提高财务报告的质量。这是因为，投资者意识到降低被收购的可能提高了经理人偷懒的动机。投资者的关注会影响股价，尤其是当经理人想要募集更多的权益资本时。为了重塑投资者的信心，经理人需要提供更高质量的报告。

ABC 发现，基于 Ohlson 的净剩余理论（见 6.9 节）视角，在反收购法律施行之后，账面价值与净收益解释股价的能力提升，这与高质量的财务报告的推断一致，而与经理人防御行为的推断不一致。然而，这种质量的提升集中在计划募集权益资本的公司中。

尽管 CCH 与 ABC 的研究表明，经理人的权力受到一些限制，权力理论就高管薪酬的有效契约观还提出了几个问题。例如，BFW 提出，为什么 ESO 资金并不根据与经理人努力无关的利得而向下调整呢？这可能与不良的公司治理有关。另一个问题是，为什么经理人有这么多自由来控制股票期权的行权。回顾 8.6 节，ESO 可以在授予日期和到期日之间的任何时间行权。事实上，由于会计人员不得不估计行权日期，行权日期的灵活性增加了估计 ESO 成本的难度。而且，在期权行权之后，经理人经常有很大的自由卖出所获得的股票。在较好的公司治理下，经理人管理薪酬风险的能力受到更多限制。

Brown 和 Lee（2010）进一步支持了权力理论，他们研究了 1998—2006 年美国公司授予股权激励（股票期权与限制性股票）的大样本，发现在控制了如公司规模与成长性等其他影响因素后，公司治理质量与超额权益授予之间存在负相关关系。这一结果与经理人权力随着公司治理的削弱而增大是一致的。

Brown 和 Lee 还将样本按照安然事件发生（见 1.2 节）之前与之后进行划分。在安然事件发生之后，对 CEO 薪酬的不满增加，产生了 2002 年的《萨班斯-奥克斯利法案》以及 2004 年要求将授予的股票期权费用化的 SFAS 123R。Brown 和 Lee 发现，相比于公司治理较好的公司，在安然事件前公司治理较差的公司在安然事件后会削减超额权益授予，并且相比于在安然事件前，在安然事件后公司治理与超额权益授予之间的负相关关系会减弱。这些结果进一步支持了权力理论，至少在安然事件之前，同时也支持立法和公愤能够限制经理人的薪酬权力。

上述各种研究结果表明，尽管存在薪酬顾问的公正性问题以及并购市场等因素可能有利于控制经理人权力，权力理论仍然有一定的道理，其合理性的程度依赖于公司治理的质量。

由于经理人可能通过低质量的披露和获得过高的薪酬来行使他们的权力，因此会计人员也可以协助公司治理。充分披露能够使低持续性和低信息含量的盈余组成部分得到更好的辨认，这有助于薪酬委员会将薪酬与业绩挂钩，即使做不到这些，也可以提升投资者和媒体判断经理人权力、防御行为和过高薪酬的能力。ESO 的费用化也发挥了作用，因为费用化的影响降低了过高 ESO 带来的激励作用，将鼓励公司转向其他可能更有效的薪酬机制，比如限制性股票。回想一下，RBC（见例 10 - 1）基于股份的薪酬中只有 20％以 ESO 的形式存在，其余 80％采用限制性股票的形式。

Friedman（2014）提出了一个单期代理模型来检验权力理论，而该模型与公司的 CEO 和 CFO 有关。在他的模型中，公司董事会雇用了一位 CEO，这位 CEO 可能本身就有权力，也可能本身无权力，其薪酬取决于报告净收益。CEO 致力于促进公司生产（即回报和真实净收益）。与我们在 9.3 节的假设一致，回报和真实净收益是董事会无法观察到的。因此，CEO 可能会使报告的净收益有偏误。

董事会还与 CFO 签订契约，CFO 致力于维护公司的报告系统。由于 CFO 的报酬也取决于所报告的净收益，CFO 同样可以通过有偏误的报告净收益来实现预期效用的最大化。

Friedman 的模型研究了 CEO 和 CFO 之间的相互作用。有权力的 CEO 可能会命令 CFO 对净收益进行更多的偏向性报告，而这种程度的偏向性并不是 CFO 本身会选择的。通过强迫 CFO，即使这种有偏的报告被发现，CEO 也可以避免惩罚。但是，这样一来，CFO 可能会在运行公司报告系统方面减少努力的程度。减少的努力可以通过各种形式表现出来，例如较差的内部控制，或者在估计坏账、产品担保或对第三层次公允价值估计上花费的精力较少，等等。CFO 的理性考虑是，质量较低的系统可以将"操纵"粉饰于系统所产生的噪声中。然而，这种系统准确性的降低会增加（风险规避的）CEO 的薪酬风险。

因此，有权力的 CEO 面临着一种权衡。增加偏向性通过超额薪酬提高了预期效用；但公司报告系统风险的增加会降低预期效用。如果 CEO 的风险规避程度较低，这将使权衡倾向于偏向性报告和超额薪酬。然而，如果 CEO 的风险规避程度足够高，则会倾向偏向性报告。

Friedman 指出，政策制定机构可以用他的模型来指导关于 CEO 薪酬的建议。正如 10.6 节中所讨论的那样，过高的 CEO 薪酬已经受到了相当多的负面关注。Friedman 模型预测，当 CEO 有权力且不属于风险规避型时，过高薪酬出现的可能性特别大。在这种情况下，政策制定机构和这些公司的董事会不妨通过加强对 CEO 和 CFO 薪酬及其交互行为的监督来改善公司治理。

实务中的理论 10 - 6 说明了一个有权力的 CEO 行使权力的例子。

⚡ 实务中的理论 10 - 6

南方保健公司（HealthSouth Corporation）成立于 1984 年，总部设在亚拉巴马州伯明翰市，是一家为重病康复患者提供康复服务的大型机构。它的许多病人都有资格获得政府的医疗援助。在 1997 年之前的几年里，南方保健公司迅速扩张，收入和股价大幅增长。

然而，南方保健公司的 CEO，为了满足分析师的盈余预测并维持股价，竟然命令 CFO 在必要时寻找"额外的盈余"。例如，在 1997 年，政府医疗援助报销的削减严重减少了公司的收入和利润。CFO 通过一些策略增加了报告盈余，如不当资本化费用、高估保险报销、高估固定资产价值以及不正确的商誉入账。在采取这些策略的同时，CFO 还精心设计了欺骗南方保健公司的审计师的手段。

这种欺骗行为一直持续到 2003 年，当时一位前 CFO 向美国联邦政府揭露了这一欺诈行为。南方保健公司的股价从最高时的 30 美元跌至 11 美分。随后的调查显示，公司治理不力，CEO 主导着公司，而董事会或审计委员会没有进行有效监督。调查显示，夸大盈余的总额在 38 亿～46 亿美元。CEO 和公司审计师被解雇。

在 2005 年的审判中，尽管 5 名前 CFO 认罪并服刑，但 CEO 否认对欺诈行为知情。CEO 被无罪释放。该公司向美国证券交易委员会支付了 1 亿美元以了结欺诈指控，并向美国司法部支付了 3.25 亿美元，因为它向政府医疗计划收费过高。

当然，为了能控制薪酬计划的有效性，政治家、媒体和投资者必须知道经理人得到了多少薪酬。在这方面，SEC 于 1992 年实行了管制，要求公司对经理人的薪酬做出更多的披露，包括对五名薪酬最高的经理人的薪酬进行详细解释，以及薪酬委员会需要评估薪酬水平的合理性并提交报告。SEC 在 2006 年对该要求做了扩充，要求提交薪酬讨论与分析报告（compensation discussion and analysis，CD&A）。报告要求清晰披露公司授薪最高前五名经理人的总薪酬，以及扩展披露公司基于股票的薪酬，同时还需要披露所有关于股权激励的 ESO 的时间追溯和金色降落伞的信息。实务中的理论 10 - 1 中提到补充披露要求于 2010 年生效实施，这有助于投资者评估薪酬政策与风险管理之间的关系。自 2017 年起，SEC 要求大公司披露 CEO 薪酬与员工薪酬中位数的比例。

加拿大对薪酬讨论与分析报告的要求大致相同，但与美国不同的是，不要求 CEO 和 CFO 对该报告进行认证。欧盟规定了薪酬披露和薪酬政策的一般原则，但各成员国的做法各不相同。

也许 SEC 觉得如果投资者有足够的信息有效地评估经理人的薪酬水平、构成和风险行为，当薪酬过高时，他们就可以采取合适的措施。Lo（2003）提出一些证据证明充分披露薪酬的影响。Lo 以没有进行游说的类似公司作为控制样本，对 1992 年游说反对 SEC 披露管制的公司后期的经营业绩（用净资产收益率和资产收益率衡量）和股价表现进行研究。如果公司的薪酬契约偏向且有利于经理人，经理人就会得到过高薪酬，那么他就有动机进行游说来反对对薪酬契约的细节进行充分披露。Lo 发现，与控制样本公司相比，在管制实行以后游说公司的公司治理和股价表现平均而言均有所改善。这一改善的表现符合 1992 年证券交易委员会关于改进薪酬信息管制的预期，从而促进游说公司经理人的薪酬契约变得更加有效。

进一步控制过高薪酬的做法是限制经理人薪酬可抵扣税金的金额。在美国，超过 100 万美元的薪酬是没有税金抵扣额的，但因为达到薪酬委员会设定的业绩目标而发放的薪酬例外。然而，由于 ESO 被认为是以业绩为基础的（其价值源于股价表现），20 世纪 90 年代，这一例外更多地导致了 ESO 金额惊人的增加，而不是总薪酬减少。英国和法国会对发放高额奖金的公司征收附加税，这是直接进行薪酬控制的最新例子。

我们的结论是，监管机构和会计人员对经理人行使过度权力所产生的政治压力做出了回应。只要这些回应取得成功，经理人市场的运行效率就会得到改善。

10. 8　运行良好的经理人市场的社会意义

在资本主义经济中，经理人业绩对社会福利是有贡献的。从某种程度上说，如果经理人努力工作，即做出好的资本投资决策，提高公司的生产力，社会福利将会增加。

经理人业绩衡量指标的信息含量的非充分性在一定程度上妨碍了这个社会理想目标的实现。更具信息含量的业绩衡量指标能够制定更有效的薪酬契约，能更好地对受托责任进行报告，促进经理人市场更好地运行，从而提高公司的生产力和社会福利。会计人员可以通过在净收益的准确性和敏感性之间更好地权衡和充分披露，来提高业绩衡量指标的信息含量。

10. 9　有关高管薪酬的结论

毫无疑问，经理人市场降低了道德风险的严重性。然而，经理人过去的业绩并不是其未来业绩的有力证明。经理人市场也存在逆向选择的问题，比如掩盖偷懒行为的盈余管理。因此，激励契约还是必需的，即使经理人市场上关于经理人的声誉已经充分反映了公众可获知的信息。

经理人薪酬契约涉及激励、风险和决策期之间的微妙平衡。为了适当地协调经理人和股东的利益，一个有效的契约需要在避免使经理人承担过多风险的同时起到高水平的激励作用。风险太小可能会降低经理人的努力程度，风险过大可能造成不良后果，如缩短经理人决策期、采取有损公司长期利益的盈余增长策略、规避有风险的项目以及进行过度的风险对冲。经理人对风险特别敏感，因为薪酬契约制约了他们像股东那样转移风险。

为了实现适当协调的目标，激励计划具有工资、奖金、以权益为基础的薪酬（例如限制性股票、期权）和金色降落伞相组合的特点，这些薪酬构成通常以多个业绩衡量指标，如个人成就、净收益和股票价格为基础。我们可以将它们视为通过经理人当前的努力衡量未来业绩的带有噪声的指标。理论研究认为，每一项指标在薪酬计划中的相对权重取决于它们的相对敏感性和准确性，以及经理人决策期的长短。已有证据发现，薪酬构成中基于净收益和基于股价的相对比例似乎也如理论研究所预计的那样变动。

经理人薪酬被政治争议所包围。这些争议很多是由于 CEO 利用自身权力获取过高薪酬。监管机构已经做出反应，扩展了股东及其他投资者可获得的信息，这样做的假设是，股东和投资者将会采取行动取消这些无效的薪酬计划，或淘汰制订这些计划的经理人和公司。有证据表明，扩展信息披露正在取得期望的效果。然而，政治家、媒体和股东必须意识到，对于风险规避的经理人来说，风险薪酬的效用似乎比第一眼看上去的效用要低。

我们可以得出结论，财务报告对于激励经理人业绩和控制经理人权力具有重要作用。这一作用包括充分披露，这样薪酬委员会和投资者可以更好地将薪酬与业绩联系起来。另外，还包括通过将 ESO 激励费用化处理以有利于控制经理人的权力滥用，并鼓励使用更有效的薪酬工具。在理想的情况下，这应该能激励负责任的经理人的业绩，并降低评估经理人声誉时所依赖信息的不完全程度和歪曲程度，这改善了经理人市场的运行效率。对于社会而言，这与提高投资决策的有效性和改善证券市场运行同等重要。

第 10 章习题

注释

[1] 见第 9 章注释 [8]。在 9.3 节中，我们放松了其中一个假设——也就是所有者可以观测到实际净收益。既然投资者（所有者就是一个典型的投资者）知道经理人将采取什么行动，并知道公司的生产函数，报告净收益和回报就不能传递任何关于经理人努力程度与能力的信息。所以在单期模型中，把经理人的保留效用设定为一个固定常数是合理的——经理人本期工作产生的净收益和回报不能传递关于经理人业绩表现的新信息，也就不会产生声誉效应。

市场对经理人的业绩缺乏反应明显是不符合实际的。如果一个经理人工作做得好，我们预期他的市场价值（保留效用）会提升。为了考虑保留效用的提升，我们需要一个更加复杂的多期代理模型，而这超出了我们的讨论范围。

[2] 这一正相关关系并非通过第 9 章的单期代理模型预计。在这些模型中，代理人努力工作是由契约激励的，并在之后为人所知（见第 9 章注释 [8]）。因此，当期的盈余并没有揭示代理人的业绩与能力，因此我们无法预计市场对盈余的反应与经理人薪酬之间的关系——在单期契约下相关系数应该为零。BES 的研究隐含地包括了第 9 章不考虑的多期模型的假设。

[3] 现金薪酬（即工资加奖金）往往是基于以会计为基础的业绩衡量，比如盈余。盈余似乎不能很好地解释经理人薪酬的其他部分，比如股票期权。

[4] 在一个相关研究中，Banker, Huang 和 Natarajan（BHN, 2009）指出，净收益和现金流量的股票回报与经理人的薪酬之间存在高度相关性。他们还证明，当投资者的净收益和现金流量的信息含量增加，那么它们对薪酬计划的信息含量也会增加。

由于 BES 与 BHN 都发现了股票市场对盈余的反应与经理人现金薪酬之间存在显著正相关关系，他们的发现有利于解决基本问题（见1.10节），即关于难以将投资者对财务报告的信息需求与对经理人的激励作用相调和的断言。然而，为了完全解决这个基本问题，股票市场对盈余的反应与经理人薪酬之间的关联必须是完整的，这可能只有在理想条件下才能实现。

[5] 如果高管愿意选择，奖金可以以递延股票（也称限制性股票）的形式获得，可在退休、辞职或任期终止时赎回为普通股。

[6] 根据巴塞尔协议Ⅲ，一级普通股资本基本上包括普通股与留存收益。一级普通资本比率是一级资本与风险加权资产的比率。

[7] 当契约中有一种以上业绩衡量方法时，敏感性的概念就会变得复杂。也就是说，努力的增加会增加所有业绩衡量指标的期望值。对我们来说，增加努力直接导致了期望净收益的增加。然而，股票价格的期望价值也会增加。净收益和股票价格之间存在一定程度的正协方差，期望股票价格的提高削弱了净收益传递关于努力程度信息的能力，降低了它的信息敏感性和在业绩衡量组合中的权重。类似的情况也会降低股票价格这个指标的敏感性。

这个说法也可以从风险的角度来解释。净收益和股票价格之间的协方差可以衡量那些影响净收益的随机因素对股票价格的影响程度，比如说，常见的噪声。为了避免经理人的薪酬被同样的噪声冲击两次，业绩衡量指标的比重要基于指标之间的协方差进行相应地降低。

[8] 正如我们在1.2节中所指出的，2002年《萨班斯-奥克斯利法案》（SOX）规定了对公司治理的一些改进。Joo 和 Chamberlain 还将他们的样本分为 SOX 前和 SOX 后的子样本。基于较为狭义的对公司治理质量的衡量标准（董事会独立性），他们未能发现 SOX 前和 SOX 后治理质量与分类转移的关系存在显著差异。然而，他们发现他们的预测得到了支持：当发放薪酬奖励时，公司治理的改善将降低逃避治理监督的分类转移支出项目相对于报告核心盈余的权重。

[9] 关于估计公司投资机会的方法，和公司薪酬契约中基于股票价格的部分会随着投资机会的增加而增加的证据，见 Baber, Janakiraman 和 Kang（1996）。

[10] 事实上，Şabac 指出，当前努力的长期回报预期可能过于有效。因为当前的研发和融资活动所带来的未来薪酬是存在风险的，如果要得到保留效用，必须支付相当大的风险溢价。为了对此进行纠正，经理人因本期净收益所得的部分会有所降低，从而降低经理人施加的努力。降低努力也就降低了经理人的风险（降低努力意味着减少研发活动和进行更少的融资），由此恢复了经理人规避风险的成本和努力的回报之间的平衡。

[11] Albuquerque 也进行了更具说服力的相对业绩评价的检验，研究了过去公司与同行业公司股价表现的相关性。建立了这一相关性后，同行业公司对 CEO 薪酬影响的期望水平可以通过当年的股价表现进行估计。之后的问题是 CEO 当年薪酬的实际水平是否显著区别于期望水平。Albuquerque 的研究结果并没有显示出显著区别，表明了样本公司对相对业绩评价的持续使用。

[12] 经济学中，寡头垄断公司选择生产价格的情况称为伯特兰竞争（Bertrand competition），它与古诺竞争（Cournot competition）相反，在后一种竞争模式下，公司选择的是生产数量。

[13] 这个讨论不能过于深入。如果行业的高度竞争是由于行业中的公司数量众多，那么要进行合作就非常困难，即使是暗中进行。8.10 节提到的非合作博弈也说明合作策略会失败。

[14] 这并不意味着证券市场没有效率。因为在半强式有效市场中，股价只反映公开信息。

[15] 然而，如果期权激励是极价内期权，经理人会避免采用风险项目以避免将来股票价格下跌而导致期权价值下降的可能性。也就是说，如 8.6 节指出的，持有极价内期权激励的预期回报相当于持有股票，其影响也类似于经理人持有公司股票。这些可能性说明，评估薪酬风险对经理人行为的影响是很困难的。这些影响不仅取决于 ESO 持有量，还取决于经理人的风险规避、经理人必须持有公司股权的数量、经理人的外部财富以及经理人能够通过多样化投资和套期保值补偿薪酬风险的程度等。

[16] 股价无法反映投资者可以分散掉的公司特定风险。如果重要行业的所有公司（比如银行）都采用风险策略，那么风险很快会扩散至整体经济范围，就像 2007—2008 年的股市崩盘。整体经济范围的风险是无法分散的。

[17] 然而，期权激励的授予对象不一定以真实价值衡量那些被授予的股票期权。Farrell, Krische 和 Sedatole（FKS, 2011）进行了一项调查，他们要求股权激励的被授予者评估期权激励的价值。结果，75% 的接受者评估的价值低于 Black-Scholes 模型得出的价值，其他人对价值的高估甚至达到 Black-Scholes 模型的 7 倍。

授予对象对期权激励价值的错误评估，使得他们投入的努力以及契约有效性都在一定程度上受到影响。尽管对风险的规避可以部分地解释低估的情形，然而 FKS 认为，行为偏差是主要原因，如有限关注。作者还得出了教育计划有助于授予对象的价值估计。

[18] 当离职的原因很恶劣时，离职补偿金可能会被否决。比如说，经理人因欺诈行为离职。

[19] 回顾 10.4 节，股票与股票期权旨在延长经理人的决策期，因此可以激励长期努力。长期努力是有风险的，如研发和重大资本投资。

[20] 离职补偿金会降低对经理人努力的激励程度，因为如果要付出努力，经理人必须要承担风险。然而，Rau 和 Xu 指出，为恢复所需的努力水平，薪酬的其他组成部分可以进行调整。

［21］这是对披露定律的预测，因为离职补偿金通过提供可信的保护来鼓励如实披露，避免承担因（如实）报告坏消息而被解雇的代价。见 9.3.2 节（选学章节）的讨论。

［22］正如 Brown 所指出的，SOX 使得扣留那些因在 GAAP 范围内进行向上的基于应计项目的盈余管理而被解雇的经理人的部分离职工资变得更加容易。她还报告，在 SOX 之后盈余管理的发生率比之前低。虽然在 SOX 之后离职补偿金对如实披露的激励作用仍然存在，但 Brown 认为罚没奖励工资的可能性增加才是激励如实披露的更强动机。

［23］权力理论与双层普通股结构的公司特别相关。这些公司的投票权和股利分配请求权是分开的。事实上，高投票权的股票持有者通过相对较少的股票控制了公司，而股利则在两个层级间分配，因而公司的权力就集中在内部人的手中。这种股票结构类型在加拿大和其他几个国家很常见。

Smart，Thirumalai 和 Zutter（STZ，2008）对美国上市五年的双层股票结构公司和单层股票结构公司进行比较研究。他们发现，双层股票结构公司股价的平均市场波动性较低。然而，他们也发现，这两种类型公司的股票回报差不多。

那么问题是，为什么市场给予双层股票结构的公司较低的价值呢？ STZ 发现两种类型公司的盈余业绩类似，这说明上市后的业绩降低的预期不是公司市场价值低的原因。

STZ 还关注了公司治理。他们发现，双层股票结构的公司比单层股票结构的公司较少更换 CEO，这与低股票价值公司的管理层防御一致。如果是这样，双层股票结构公司的 CEO 薪酬契约的有效性低于单层股票结构公司，这与权力理论相一致。

［24］LNZZ 通过 10 个变量来衡量经理人的权力。例如，如果 CEO 兼任董事会主席，这表明权力更大。此外，薪酬远高于次高的经理人，以及高持股量也表明 CEO 权力较大。内部控制质量是通过公开报道的内部控制缺陷来衡量的。

第 **11** 章

盈余管理

本章语音导读

11.1 概 述

我们可以从契约和财务报告这两个视角来看待盈余管理。从财务报告的角度来看，公司管理层可以利用盈余管理来避免报告损失或达到分析师的盈余预测，由此避免声誉损失以及因未能满足投资者预期而导致的负面股价反应。同样，公司管理层可以确认过多的减记或者强调净收益之外的盈余构成，例如备考盈余。其中一些策略表明，经理人相信投资者不会看穿它们。

盈余管理似乎比我们所希望的更为普遍。Zakolyukina（2018）指出，在美国主要证券交易所上市的公司中，大约有 4% 的公司每年都会修正其盈余。虽然这个比例看起来很低，但它代表了盈余管理行为被发现并纠正的情况。Zakolyukina 问道，有多少公司进行了严重的盈余管理（例如违反 GAAP）而未被发现？经过对 2003—2010 年样本公司的严密分析[1]，在考虑了经理人持股、经理人年龄和退休时间等变量的情况下，她估计经理人一次或多次违反 GAAP 的比例至少是 60%，而被发现的概率只有 14%。对股东来说，这种盈余管理会减少约 2% 的股票回报率。

不过，尽管上述结果看起来很悲观，但盈余管理的另一个观点认为：管理层可以利用盈余管理来报告一个随时间平稳增长的盈余趋势。考虑到证券市场的有效性，管理层需要利用内部信息报告公司能够维持的盈余水平。这样的盈余管理就可以看作管理层将内部信息传递给投资者的工具。从这种解释来看，收益平滑可能有了一个既有趣又令人惊讶的解释，那就是某些盈余管理从财务报告的角度来看是有益的。

从契约的角度看，当契约是刚性的且不完全时，盈余管理是一种保护公司免受未预测到的事件影响的方法。同样，就如同我们在第 9 章看到的那样，当经理人控制了会计系统，允许进行某种程度盈余管理的薪酬契约要比那些不允许进行盈余管理的薪酬契约更加有效。不过，太多的盈余管理也可能降低财务报告对投资者和契约制定的有用性。如果报告和披露不完整且不透明，情况尤其如此。此外，如果经理人可以利用盈余管理来平滑其薪酬，并由此减少其薪酬风险，盈余管理也会影响经理人努力工作的动机。我们也已经看到，经理人需要承担一些风险以激励其努力工作。

无论出于何种原因，经理人很明显对"净利润"有着浓厚的兴趣。假定经理人可在一系列的会计政策（如 GAAP）中自行选择，他们自然会选择那些有助于实现业绩目标的政策。他们也可以通过采取实际行动来影响盈余，例如减少研发支出。前已述及，这些决策既可能是有效市场驱动的结果，也可能是机会主义驱动的结果。不论是什么原因，通过操纵会计数字而不是清晰且前后一致的报告来达成目标的行为称为**盈余管理**（earnings management）。

对会计人员而言，了解盈余管理是很重要的，因为这可以使我们更深入地认识报告净收益对投资者以及订立契约的有用性。其同样有助于帮助会计人员避免因公司陷入财务困境而导致的法律及声誉问题。这种财务困境经常发生在严重的盈余管理滥用之后。

盈余管理是指经理人通过选择会计政策或采取实际行动以实现特定的盈余报告目标。

因此，盈余管理包括选择会计政策以及采取实际行动两个方面。在这个定义中，我们对会计政策的选择做了宽泛的解释。其中第一类是 5.4.2 节介绍的分类转移。例如，经理人可以将核心费用转移到非经常性项目中。虽然这不会改变净利润，但它确实会给人留下盈余持续性得以提高的印象。第二类是会计政策选择本身，如直线法与双倍余额递减法，或者收入确认政策。第三类是指操纵性应计项目，例如，债权损失、产品质量担保成本和存货价值的备抵项目，以及重组准备金和冲销等低持续性项目的金额和确认时间。

操纵性应计项目中，重要的是要知道盈余管理有一条"铁律"，那就是**应计项目反转**（accruals reverse），这一点我们在基础会计中就已经非常熟悉了。增加本期盈余的经理人会发现在随后期间这些应计项目反转将使未来盈余的下降正好与本期增加的盈余数额相同。[2] 这样，如果报告的亏损要进一步延迟则要进行更多的盈余管理。事实上，如果公司业绩很差，盈余管理不可以无限期地推迟清算的时间。盈余管理可能是有益的并不能使误导性或不实报告的行为合理化。会计人员在盈余管理和盈余操纵（盈余误管理）之间存在一条界线。归根结底，有效的公司治理才能决定这条界线在何处，并由证券及经理人市场、准则制定机构、证券监管机构和法庭来进一步划定和监督。

应计项目反转的铁律引出了盈余管理的一个重要方面。第 9 章中所有的盈余管理模型都是单期的。即便如此，我们发现某些盈余管理可能在理论上是有益的。然而，为了更好地理解盈余管理，我们就需要考虑多期的情况。这样，我们就能探究那些潜在的、为未来考虑的盈余管理，例如收益平滑以及"洗大澡"。

不过，多期的视角也可以抑制盈余管理。例如，由于基于应计项目的盈余操纵最终会不可避免地被反转，经理人高估或者低估报告净收益的倾向会在多大程度上被抑制？在多大程度上市场（例如证券市场以及经理人市场上的声誉）有助于抑制机会主义的盈余管理？我们在 10.2

节中 Wolfson（1985）有关石油及天然气有限合伙公司的研究中可以发现部分证据，其研究认为声誉机制可以减少但是不能根除道德风险问题。虽然在多期视角下盈余管理的可能性会增加，但是多期视角也可以用以抑制这一行为。

还有一种通过真实活动进行盈余管理的方式（与利用会计方法进行盈余管理相反），例如广告、研发支出、维修费用、确认购买以及处置资本性资产的时间、填塞分销渠道以及过量生产，等等。这些活动尽管没有违反 GAAP，但如果直接影响了公司的长远利益，则可能代价高昂。因为考虑到类似安然和世通的报告失败以及随之而来的立法，例如《萨班斯-奥克斯利法案》，通过会计手段来进行盈余管理的成本也同样不小，因此经理人还是可能会对真实盈余管理（real earnings management）加以利用。实际上，正如 8.10 节提及的，Graham，Harvey 和 Rajgopal（2005）发现，其大多数调查对象都愿意通过真实活动来达到盈余目标或平滑收益，而不愿意冒着法律和声誉的风险利用激进的会计政策。利用会计政策手段进行盈余管理在调查对象中获得的支持证据较少。要注意的是，通过真实活动进行的盈余管理不仅会影响盈余也会影响现金流量。

Roychowdhury（2006）报告了符合真实盈余管理的研究结果。他发现那些盈余接近于零的公司投机性地操纵真实活动，例如销售折扣、生产水平、研发支出以及其他可操纵性支出，借以提高报告盈余。

不过，在本章的其他部分，考虑到历史重要性、与会计的相关性以及随着时间的推移安然以及世通的教训会逐渐消退的可能性，我们主要聚焦于基于会计方法而非真实活动的盈余管理。

图 11-1 描述了本章的结构。

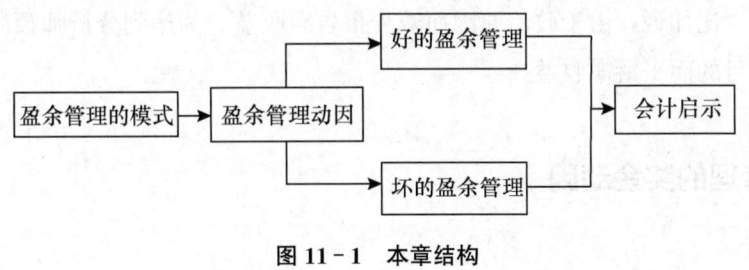

图 11-1　本章结构

11.2　盈余管理的模式

经理人可能会采用多种盈余管理模式，此处我们对其进行归集并简要加以总结。

1. **"洗大澡"**（taking a bath）。这种情况发生于组织面临压力或者重组的阶段。如果一家公司必须报告亏损，经理人可能觉得应该报告一个更大的亏损——毕竟此时已没有什么可损失的了。这样公司就会采取"洗大澡"的方式，如冲销资产、为预期成本计提准备等，通常称之为"清理甲板"。因为应计项目会反转，这就增加了未来报告盈利的可能性。

2. **收益最小化**（income minimization）。这与"洗大澡"类似，但是并不那么极端。这一方式可能被政治关注度较高的公司在高盈利能力时期所采用，或是当公司寻求法律保护自身免受来自外国的竞争时。收益最小化政策包括对资本性资产以及无形资产的加速减记，以及推迟确认收入。有关所得税的考虑，例如存货的后进先出法（当前在美国允许使用），则提供了选择这种模式的另一种动机。

3. **收益最大化**（income maximization）。从有效契约理论的角度来看，在不超过上限的前提下，经理人会为了获得奖金而选择最大化报告净收益的模式。临近债务条款违约的公司也有可能最大化其收益。

4. **收益平滑**（income smoothing）。这可能是最有趣的盈余管理模式。从契约的角度来看，在其他条件不变的情况下，风险规避的经理人喜欢波动性较小的奖金分布。因此，经理人就可能随时间而平滑其报告收益以获得相对稳定的薪酬。有效的薪酬契约可以利用这一行为，容忍一定程度的收益平滑，以此作为通过低成本达到经理人保留效用的方式。

在 9.5 节中我们考虑了长期借款契约。报告收益的波动性越大，违约发生的可能性就越大，比如不能维持特定的利息保障倍数。这提供了另一种收益平滑的动机——减少报告收益的波动性以避免违约。

经理人有理由认为，如果报告盈余过低，自己将面临被解雇的风险。而收益平滑可以减少报告较低盈余的可能性。

最后，公司可能出于外部报告的目的而平滑报告的净收益。如果恰当利用，平滑行为可以让公司向市场传递关于预期可持续盈利能力的内部信息。

很明显的是，以上这些盈余管理模式是相互冲突的。随着时间的推移，公司所选择的模式会随着契约、盈利水平以及政治透明度的变动而变化。即便在特定的时点，公司也会面临诸多相互冲突的需求，比如说，由于政治原因而减少报告净收益、为达到分析师预测而增加净收益，或者出于借款的目的而平滑净收益。

11.3 盈余管理的奖金动因

在一项针对盈余管理的契约动机的开创性研究中，Healy（1985）观察到，在进行盈余管理前，经理人拥有关于公司净收益的内部信息。[3] Healy 认为，由于外部的利益集团，包括董事会本身可能无法准确了解公司的净收益，经理人就会趁机操纵净收益，以使他们的奖金最大化。通过仔细研究奖金计划的结构，Healy 对经理人如何以及在何种情况下进行盈余管理做出了具体的预测。

Healy 仅研究了那些只将本期报告净收益作为薪酬计划基础的公司。在本节以后的内容中，我们称这种激励方案为**奖金计划**（bonus schemes）。在 10.3 节中我们看到，基于净收益的财务目标是短期激励的主要输入变量。同时，我们在 10.4.3 节中也指出了奖金计划存在上下限的原因。对于存在上限的奖金计划，超过一定程度后薪酬激励会消失；而对于存在下限的奖金计划，只有当财务业绩达到特定水平（如净资产收益率达到 10%）时，薪酬激励才会起作用，图 11-2 显示了一个典型的奖金计划。

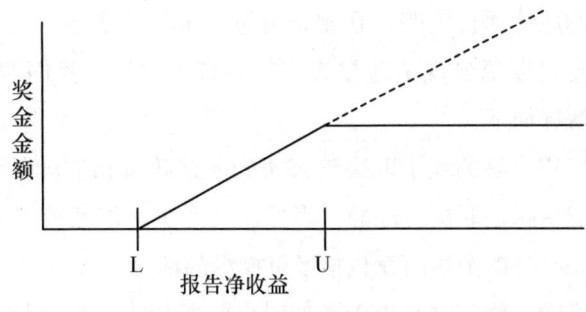

图 11-2 典型的奖金计划

在图 11-2 中，当净收益介于盈余下限（L）与盈余上限（U）之间时，奖金呈线性增长（如按净收益的 10%）。当净收益等于或低于 L，奖金为零。如果没有规定盈余上限，那么奖金将沿图中的虚线增长；而如果规定了盈余上限，超过上限的净收益部分的奖金将不再增加。这种奖金计划称为**分段线性**（piecewise linear）。

下面我们将分析在这样一个奖金计划下，经理人报告净收益的动机会如何变化。如果净收益偏低（即低于 L），经理人就会有动机进一步降低净收益，即"洗大澡"。[4] 这样做可使未来年度获得奖金的机会增加，因为本期减记资产会降低以后会计期间的折旧摊销费用。类似地，如果净收益高于盈余上限（超过了 U），经理人就有动机采取减少收益的会计政策，因为超过盈余上限的那部分净收益会永远失去带来奖金的机会。当净收益介于 L 与 U 之间时，经理人才有动机采取增加报告净收益的会计政策。

那么经理人如何对净收益进行管理呢？Healy 假定经理人采用操纵应计项目的方法。为说明应计项目是怎样用于盈余管理的，我们从回顾 5.4.1 节和 6.3 节中给出的公式开始：

$$净收益＝经营现金流量±净应计项目\tag{11.1}$$

这可进一步分解：

$$净收益＝经营现金流量±净非操纵性应计项目±净操纵性应计项目$$

回顾操纵性应计项目的概念，它是指经理人可实施控制的应计项目。由于净收益与经营现金流量存在区别，研究者可以很容易地估计总应计项目（净收益与经营活动现金流量之间的差额），然而如何估计操纵性应计项目是研究者面临的一个难题。

为了说明操纵性应计项目与非操纵性应计项目之间的相互作用，我们可以分析表 11-1 中给出的假设性案例。

表 11-1 操纵性和非操纵性应计项目

经营现金流量（按照现金流量表）		$1 000
减：摊销费用	−50	
加：本期增加的应收账款净额	+40	
加：本期增加的存货	+100	
加：本期减少的应付账款和应计负债	+30	120
净收益（按利润表）		$1 120

在表中，带有正号的应计项目表明，在现金流量一定的情况下，其会增加净收益，反之会减少净收益。表中的信息可以源自现金流量表。[5] 为简化起见，我们假定不存在所得税费用。假定这四个应计项目的解释如下：

● **摊销费用**。摊销费用金额的大小取决于公司的摊销政策和估计的资产预计使用年限。摊销政策一旦确定，摊销费用就是非操纵性的。当然，公司也可能改变其政策，例如通过改变估计的资产预计使用年限，此时摊销费用就包括了可操纵的部分。

● **增加的应收账款净额**。假定这是由于本期对应收账款收回可能性的估计较往年乐观，因而少计提坏账准备形成的。管理层有操纵这一项目的空间，所以该项目属于操纵性应计项目。该项目增加还可能有其他的原因，如提前确认收入、采用更加宽松的信用政策、当年收款后下一年度仍作为应收账款挂账，或者仅仅因为交易量有所增加。其中由前三项原因形成的应收账款属于操纵性应计项目，第四项原因形成的应收账款则属于非操纵性应计项目。

不难看出，应收账款增加的原因是多种多样的，如果只对财务报表进行比较分析，就很难清楚地认识这一应计项目为何增长、这种增长是操纵性的还是非操纵性的，还是二者兼有。不过显而易见的是，经理人可以通过多种方法来调整应收账款，以增加报告净收益。

● **增加的存货**。假定这一增加是由于公司某期超生产能力生产而形成的，这使得固定性制造费用被计入存货成本，而不是作为一项不利的量差计入费用。这种应计是可操纵性的，说明可以利用真实活动来管理盈余。然而，此种增加属于不可操纵性的原因则可能是预期有罢工而增加存货，或仅仅因为需求增加了。

虽然此种增加也可能有其他理由，但是正如应收账款那样，经理人针对存货的应计项目拥有自由裁量权。

● **减少的应付账款和应计负债**。假定这是由于公司对其产品质量保证比往年更乐观而造成的，或者是由于某些特定的不确定项目被看作或有事项而非应计负债而形成的。应付账款同样存在很大的操纵空间。

需要特别注意一点，经理人对报告净收益进行调整有很大的自由裁量权。即使决定账户余额的变化很容易，但投资者与研究者也无法知道发生变化的具体原因。同时，由于存在很多操纵性应计项目，审计人员很难发现盈余管理的存在，或者即使审计人员发现了，也很难反驳，因为除公司收到款项后仍作为应收账款挂账外，所采用的所有方法都符合 GAAP 的要求。同样，经理人也可利用这类操纵性应计项目来减少报告净收益，只需把上述方法倒过来运用即可。

Healy 没有机会接触到其所选公司的会计记录和账簿，所以他无法确定公司经理人可以操纵的具体应计项目，结果只好将全部的应计项目当作操纵性应计项目的代理变量。在我们所举的例子中，Healy 会将摊销视为非操纵性应计项目，他会将操纵性应计项目金额估计为 $120，而不是 $170。Healy 认为总应计项目越高的公司，它所包含的操纵性应计项目也越高，反之亦然。

Healy 选取了美国最大的 94 家工业公司为样本。他追踪调查了每一家公司 1930—1980 年的情况，总共得到 1 527 组有效观察值，即在这 1 527 组有效观察值中，奖金计划的盈余下限或盈余上限（如果有规定的话）都可以计算出来。其中 447 组观察值的相关奖金计划同时包括了奖金的盈余下限和盈余上限。

　　每一组观察值都按一定标准分别列入三个不同的类别。UPP 类别由净收益超过盈余上限的观察值组成，LOW 类别由净收益低于盈余下限的观察值组成，MID 类别由净收益介于盈余下限和盈余上限之间的观察值组成。如果他对盈余管理的预计是成立的，则在 MID 类别中应计项目应该能使净收益增加，而在 UPP 和 LOW 类别中，应计项目应该能使净收益降低。

　　447 组观察值的结果如表 11 - 2 所示。我们可以看出在 MID 组合中，281 组观察值中有 46％其应计项目使净收益增加。这 281 组观察值中平均应计项目是总资产的＋0.002 1（将应计项目与总资产相除进行规模化处理，是为了使不同规模的公司之间具有可比性）。而在 LOW 和 UPP 组合中，应计项目为正的观察值所占比例相对低得多——分别占 9％和 10％。事实上，这些观察值的平均应计项目是负数（净收益降低）。这一结论符合 Healy 的论述，即净收益低于盈余下限和高于盈余上限的公司，其经理人都趋于采用使收益降低的应计项目，而只有净收益介于二者之间的公司其经理人才趋于采用使收益增加的应计项目。因此，Healy 关于盈余管理受到奖金计划影响的推断得到了实证结果的支持。

表 11 - 2　包含盈余下限和盈余上限的观察值

	导致净收益增加或降低的应计项目观察值所占比例		观察值的数量	平均应计项目
	净收益增加	净收益降低		
LOW	0.09	0.91	22	−0.067 1
MID	0.46	0.54	281	＋0.002 1
UPP	0.10	0.90	<u>144</u>	−0.053 6
			<u>447</u>	

　　资料来源：P. M. Healy, "The Effect of Bonus Schemes on Accounting Decisions," *Journal of Accounting and Economics* (April 1985).

　　Healy 的研究引发了后续一系列关于利用应计项目操纵盈余的研究。[6] 这些研究大多是为了改进对操纵性应计项目的估计。例如，如果一家公司经历了增加业务水平的活动，这将导致存货、应收账款、应付账款甚至资本性支出的增加。在 Healy 的研究方法中，这些增加会被研究者解释为操纵性活动，而这些增加实际上是由于经济活动的增加所导致的，因此是非操纵性的应计项目。

　　之后 Jones（1991）采用更加复杂的方法估计操纵性应计项目。Jones 研究了处于进口救济调查中的公司调低报告净收益的行为。Jones 选择 23 家公司作为样本，这些公司来自 1980—1985 年美国国际贸易委员会（ITC）6 次进口救济调查涉及的 5 个行业。这些公司有动机选择会计政策来进一步调低报告净收益，以改进对与自身产品竞争的进口产品征收更高关税的理由。Jones 的方法是对她的样本中的每家公司 j 估计以下的回归模型，观测区间是 ITC 调查前的一段时期。[7]

$$TA_{jt} = \alpha_j + \beta_{1j}\Delta REV_{jt} + \beta_{2j}PPE_{jt} + \varepsilon_{jt}$$

式中，TA_{jt} 为公司 j 在 t 年的应计项目总额，正的应计项目总额增加利润，反之亦然；ΔREV_{jt} 为公司 j 在 t 年的收入与 $t-1$ 年收入的差额；PPE_{jt} 为公司 j 在 t 年的不动产、厂房和设备总额；ε_{jt} 为残差项，反映 ΔREV_{jt} 与 PPE_{jt} 以外的因素对 TA_{jt} 所带来的影响。

系数 α_j，β_{1j}，β_{2j} 为需要进行估计的常数。[8] 我们预期 β_{1j} 是正值，因为 ΔREV_{jt} 是用于控制流动性资产与负债（营运资本）产生的非操纵性应计项目的，这部分非操纵性应计项目取决于以收入衡量的经营活动的变化——经营活动更多时，非操纵性应计项目更多。同理，PPE_{jt} 用于控制资产摊销部分的非操纵性应计项目，这取决于公司的资本性资产投资，因为摊销会减少净收益，所以预计 β_{2j} 是负值。

用样本公司数据估计出回归模型后，Jones 对 ITC 调查期间的非操纵性应计项目进行了计算。即

$$U_{jp} = TA_{jp} - (\alpha_j + \beta_{1j}\Delta REV_{jp} + \beta_{2j}PPE_{jp})$$

式中，p 为调查的期间；TA_{jp} 为公司 j 当年的应计项目总额，括号内是根据回归模型预测出的 p 年非操纵性应计项目。因此 U_{jp} 即为公司 j 在 p 年的操纵性应计项目的预测数。[9] 如果公司用操纵性应计项目来调低报告净收益，U_{jp} 在样本公司中应该是负值。

Jones 为预测的行为找到了证据。几乎所有样本公司的操纵性应计项目在 ITC 调查年度都显著为负。而调查之前和之后几年都没发现显著的负应计项目。结果虽然不像预期的那么明显，但也说明了受外来竞争影响的公司普遍利用应计项目的会计政策来加重受影响的程度，以争取进口保护。

这一方法称为琼斯模型（Jones' model），该模型（包括对它的许多扩展模型）在随后的几年里成为研究盈余管理的标准方法。例如，Godsell，Welker 和 Zhang（GWZ，2017）使用扩展的琼斯模型研究了欧盟 273 家公司的盈余管理，这些公司在 1980—2012 年发起了反倾销诉讼，声称某些非欧盟公司在索赔国家以低于其国内市场的价格销售产品，进行了不公平竞争。为了支持它们的请求，欧盟委员会给予它们关税保护。欧盟公司倾向于向下盈余管理，因为欧盟委员会在做出关税决定时，可能将这些公司较低的利润视为因不公平竞争造成损害的证据。

当然，欧盟委员会会意识到这些公司向下盈余管理的动机。另外，提高关税也会提高消费者要支付的价格。然而，正如 GWZ 所指出的那样，因为消费者会发现组织抗议的成本高昂，尤其是在加税的价格涨幅不大的情况下，委员会不太可能识别到那些公司的盈余管理。另外，委员会可能会先入为主地同情其管辖范围内的公司。

在开始调查的当年和下一年的样本公司数据中，GWZ 发现了显著的向下盈余管理的证据。他们还发现盈余管理的程度以可预测的方式变化。例如，他们发现，随着请求特定关税保护的公司数量增加，盈余管理的程度也在下降。GWZ 将其解释为搭便车的证据，因为一些公司可能不愿大费周章地向下盈余管理，而是想依靠其他公司的努力。当样本公司举债或进行股权融资时，盈余管理的程度也较低，这表明公司通过向下盈余管理产生预期关税利益，但同时报告利润下降会导致融资成本增加，公司会在二者之间进行权衡。

看来，公司对关税征收带来的政治问题也是有感知的。GWZ 报告称，当那些倾销公司所在

的国家从欧盟内部进口的水平很高时，索赔公司的盈余管理水平较高。欧盟委员会可能不愿意对那些很有可能采取报复行动的国家征收关税，因此，索赔公司必须更加努力地说服委员会，使其相信需要进行关税保护。

这些结果与理性公司行为的一致性，为基于琼斯模型检验应计盈余管理的方法提供了可信度。

11.4 盈余管理的其他动因

Healy 的研究适用于奖金契约。然而，经理人从事盈余管理可能出于一系列其他原因，现在我们对此做简要的介绍。

11.4.1 其他契约动因

经理人竞争 在第 9 章中描述的单期代理模型假设存在一个运行良好的经理人市场，从而经理人之间的竞争确保了有效的薪酬契约只给予经理人保留效用。Marinovic 和 Povel（2017）也构建了一个单期代理模型，该模型假设具有运行良好的经理人市场，但具有不同类型的竞争。在这里，是公司在争夺经理人。正如两位学者所指出的，从 20 世纪 80 年代开始，越来越多的公司从公司外部聘请 CEO，有时甚至把他们从其他公司挖走。薪酬顾问和高管猎头公司鼓励了这种聘用外部人士的做法。

公司是在信息不对称程度高的情况下签订薪酬契约的。他们无法观察到经理人的努力，所以必须依靠一个有噪声的业绩衡量指标（如净收益），来激励和衡量经理人的努力程度。正如 9.3 节所讨论的，所有者无法观察到未被操纵的净收益，而这一事实使得盈余管理成为可能。这些复杂情况在 Marinovic 和 Povel 模型中也存在。此外，他们还引入了一个额外的信息不对称来源——所有者不能观察到经理人的才能，尽管经理人知道他们自己的才能。

具体来说，他们的模型中有几家公司竞争一位风险规避的外部经理人。然而，该经理人可能有高或低的才能。该公司提供两份契约。一份契约是为了吸引那些高才能的经理人，而另一份契约则是为了吸引低才能的经理人。问题在于，如何设计出一份契约，既能提供足够的回报吸引高才能的经理人，又能阻止低才能的经理人申请同样的契约。这是通过在高才能契约中包含高比例的激励性薪酬来实现的。[10] 如果这一比例足够高，低才能的经理人就会意识到实现激励目标的机会很小，从而接受低才能的契约。

作者指出，受这种契约约束的高才能经理人会为了获得高薪酬激励而非常努力工作。然而，由于契约中的高激励成分，这名高才能经理人也很可能进行盈余管理。经理人可能会意识到，尽管努力工作，但如果没有盈余管理，激励目标也是不太可能实现的。[11] 因此，Marinovic 和 Povel 的模型表明，经理人之间关于才能的竞争会导致盈余管理。

债务契约 如 9.5 节所述，经理人与贷款人之间的道德风险问题催生了债务契约，而债务契约主要依赖于会计变量指标。为抑制道德风险问题，长期借款契约往往包含某些条款用来抑制经理人从事有损贷款人最佳利益的行为，例如过量分发股利、增加举债或者使营运资本及所有者权益降低到某一特定水平之下，因为以上的这些行为都会降低贷款的安全性。

出于债务契约目的的盈余管理可以根据有效契约理论来解释。如果违反契约的代价高昂，公司经营者自然就会想方设法避免违约。这些成本不仅包括契约产生的直接成本如更高的利率，还包括对持续业务往来的损害所导致的间接成本，如未来举债能力的下降。实际上，他们甚至尽量避免出现违约的可能，因为一旦出现这种趋势，经理人的经营自由就会受到限制。因此，盈余管理是作为降低违反债务契约可能性的一种手段。

Sweeney（1994）对债务契约情境下的盈余管理进行了研究。Sweeney 选择了一些对公共或私人债务契约违约的公司作为样本，她发现样本中的公司相对于控制样本，的确更多地利用了增加盈余的会计政策，并且她还发现面临违约风险的公司更愿意尽早地采用那些可增加报告净收益的新会计准则，反之亦然。同时她发现样本中大多数的债务契约违约是来自私人债务问题，可能的原因是公开债务契约比私人债务契约更难因为公司违约而进行重新谈判。为弥补公开债务契约所具有的较大刚性，它们相比私人债务契约似乎包括更少的严格条款。

DeFond 和 Jiambalvo（1994）同样对 1985—1988 年违约公司的盈余管理行为进行了研究，他们发现公司往往在违约年度之前，利用操纵性应计项目来增加报告净收益，而在发生违约的年份却较少进行此类盈余管理。

但是，De Angelo，De Angelo 和 Skinner（DDS，1994）却得出不同的结论。他们研究了76 家陷入困境的大型公司，这些公司在 1980—1985 年连续三年或三年以上亏损，并在亏损年度中减少了股利分配，其中 29 家减少股利分配是迫于债务契约中条款的限制。

在控制了销售量减少和现金流量减少对应计项目的影响之后，DDS 没有找到证据表明相对于控制样本公司而言，这 29 家公司在减少股利分配之前利用应计项目进行了调增利润的盈余管理。相反，这些公司在股利削减年度以前，应计项目至少有三年出现巨额负数（即利润下降）。DDS 把这种做法部分地归因于大量操纵性非现金资产的冲销。很明显，这是提醒债权人、股东和其他利益相关者注意，公司正面临困境并需要对接踵而来的契约重新谈判做准备。

因此，当公司处境严峻时，其采取的行为可能超越债务契约条款的预测，而且盈余管理成为公司（及其经理人）为求得生存所采取的总体战略中的一部分。

11.4.2　为满足投资者的盈余预期

投资者可以通过多种方式形成盈余预期。例如，其预期可基于上年同期的盈余水平、近期的分析师或公司的预测。

报告盈余超过预期的公司（例如，正向的非预期盈余）的股价会显著提升，因为投资者会据此修正这些公司未来实现较高业绩的概率。相反，那些盈余低于预期的公司的股价则会显著下降。Bartov，Givoly 和 Hayn（2002）在一项针对 1983—1997 年的研究中发现，相较于未能达到分析师预期的公司，超过最近一期分析师盈余预期的公司会获得显著较大的异常股票回报。Skinner 和 Sloan（2002）在一项针对 1984—1996 年的研究中发现，未满足分析师预期的公司会获得负的股票回报。这一回报在数量上显著大于超过分析师预期的公司获得的正向回报。这就意味着市场对未能满足盈余预期的公司所施加的惩罚要超过对满足盈余预期的公司的奖励。[12]

由此,经理人就具有强烈的动机去满足盈余预期,特别是当其拥有股票期权或者其他与股价相关的薪酬时。一种做法就是向上盈余管理。[13]当然,理性的投资者也会对此加以觉察。这就使得满足预期对于经理人来说更加重要,如果未能满足预期,市场就会推测经理人是否未能足够地操纵盈余而避免未达到预期,是否公司的前景比较黯淡,或者是否公司管理不善以至于不能预测其未来的经营情况。这可以解释为什么市场对于未能满足预期的公司的惩罚更加严厉,特别是与预期仅仅存在较小差距时。

最近,Keung,Lin 和 Shih(2010)以 1992—2006 年的公司季度盈余为样本观察值进行了研究,他们发现在 2002—2006 年,市场对盈余与预期无偏差或稍微高于预期这两种情况的反应变成了负向,而早期的样本则显示这种反应是正向的。他们认为在 1992—2001 年,投资者日益怀疑稍微超过盈余预期的盈余是操纵的结果(因而是不可持续的),而不是真实的结果。作者报告了符合这种解释的证据。

Jackson 和 Liu(JL,2010)研究了盈余管理中(非条件)稳健性的作用。他们选取了在 1980—2004 年应收账款余额较大的公司作为样本,在每个样本公司年度,把下一年度的应收账款冲销作为衡量年末资产负债表坏账准备的基准。他们指出,坏账准备总体而言远大于这一基准,并且程度随时间推移而增加。这表明了在估计应收账款时较为稳健。

JL 同时认为公司将高估准备金作为盈余管理的一种方式。如果公司在计算坏账准备前的盈余接近但未达到分析师的盈余预期,公司将会调低一部分预计损失以降低当年的坏账准备,通过向上盈余管理达到预期。总之,作者得出结论,基于稳健性原则的坏账核算是一个策略性的过程,公司通常高估应计的坏账准备,并在需要提高报告盈余时降低准备金。

当然,那些未能满足盈余预期的经理人也有自己的解释。有些解释确实与公司的困难相关,而有的解释则仅仅是借口。例如,公司可能将令人失望的业绩归咎于天气,而实际情况则是公司没有采取恰当的策略应对其面临的风险。Barton 和 Mercer(2005)为分析师面对管理层解释不佳业绩时的反应提供了证据。他们发现,如果解释合理,分析师就会同时提高其盈余预期及其对管理层的评价;但是,如果解释看起来并不合理,分析师则会下调盈余预期及对管理层的评价。后一发现比较有趣,因为人们也许会认为不可信的信息会被忽视,但实际上并没有。

因此,未能满足投资者的盈余预期将面临严重的后果,这会对公司股价以及资本成本造成直接影响,因为投资者会向下修正未来经营状况良好的概率。此外,为满足预期会对经理人的声誉产生间接的影响,特别是如果未满足预期的金额比较小,或者经理人的解释看起来像是借口时。因此,满足盈余预期与维持声誉就成为盈余管理的重要动因。

11.4.3 发行股票

当公司计划发行新股或公开增发股票时,管理层就有动机向上盈余管理,以使从发行股票中获得的资金最大化。

Cohen 和 Zarowin(2010)以 1987—2006 年增发新股(SEO)的公司为样本研究了这一可

能性。[14] 与之前的一些研究一致，他们通过使用琼斯模型（见 11.3 节）发现，这些公司在增发新股的年份确认了显著为正的操纵性应计项目。

Cohen 和 Zarowin 发现样本公司也采用真实盈余管理来提高报告盈余，包括加快确认销售、过量生产[15] 以及降低研发费用和广告费等可操纵性费用。

他们还发现公司会在这两种方法之间进行替代。例如，当操纵性应计项目的成本相对较高时（较高的净经营性资产[16]、审计师拥有较高的声誉、公司属于制药业等高诉讼风险的行业），真实盈余管理被采用地较多。

Cohen 和 Zarowin 之后检验了样本公司在增发新股三年后的业绩。他们发现公司的资产收益率下降，这可能是因为在增发新股年份收益提升的应计项目反转，也可能是操纵性支出下降之后导致未来业务的减少，并且后一种解释的可能性更大。

尽管公司能够在股票发行期间向上盈余管理，从而在之后报告较低的盈利能力，但问题在于市场是否会被这种盈余管理所"欺骗"。如果市场会受到"欺骗"，我们可以预计到异常股票回报在新股发行之后会下降，这是因为投资者从较低的盈利能力中意识到他们支付了过多的资金。

然而，有效市场可能有另一种解释，那就是市场不会受到"欺骗"。投资者合理地预计了盈余管理的存在，使得增发新股的公司所收到的发行资金下降。由于市场能够预期到，经理人可能会按市场预期选择盈余管理。这样一来，以后期间将不会产生负向的异常股票回报。Shivakumar（2000）的理论与实证的结果也与这一推断相符。之后，Fan（2007）以 1987—1997 年首次公开发行（IPO）的公司为样本发现类似 Cohen 和 Zarowin 研究的结果，经理人的确在 IPO 时使用操纵性应计项目向上盈余管理，而随后的应计项目反转减少了未来盈余。然而，正如 Shivakumar 的研究，她并没有发现进行高盈余管理的 IPO 公司随后的股价回报表现较差。正如之前推测的，投资者理性地预期到了 IPO 公司基于应计项目盈余管理的程度，并将这种预期考虑进了其所愿意支付的 IPO 股价中。如果真是如此，在未来公司报告较低的盈余时股价就不会进一步下降。

然而，投资者并不总能完全预计 IPO 时的盈余管理，正如实务中的理论 11-1 所描述的。

⚡ 实务中的理论 11-1

高朋公司（Groupon Inc.）是一家基于互联网销售食品和其他商品优惠券的美国公司。购买者使用这些优惠券就能以折扣价向与高朋公司达成协议的本地商户购买相关商品。该公司在 2008 年创立并迅速发展，目前拥有庞大的客户群体。

从一开始，高朋公司就采用激进的会计政策。例如，它们将从客户处获取的全部款项确认收入，尽管它们有责任向有关商家支付其中的很大一部分。通过这种方式，公司利润表的营业收入令人印象深刻。如果考虑到属于商家的部分而按照净值确认收入，营业收入将下降 60%。

公司同时强调"调整后的部门合并运营利润"（ACSOI），这是一种备考收益形式（见7.11.2 节），在这种收益形式下会对营销成本进行资本化和摊销而不是作为费用扣除。公司努力扩大其客户群体，该公司将这些成本视为对未来的投资而不是当期的费用。通过这种方式，高朋公司声称它们是盈利的，但在 GAAP 下这家公司实际面临大量亏损。

2011 年 11 月，高朋公司发行 IPO，投资者对此极有兴趣。股票定价为 $20，在早盘交易股价很快就超过了 $30。然而，公司还是暴露出了会计问题。2012 年 4 月，公司向 SEC 提交的财务报表中披露了内部控制重大缺陷（这些报告是《萨班斯-奥克斯利法案》要求披露的，见 1.2 节）。这一缺陷明显低估了预期给客户的退款（高朋公司有当客户不满意时向客户退款的条款），这导致公司不得不重述 2011 年第四季度的财务报表。尽管高朋公司没有任何的违法行为——例如，重大缺陷可以不在 IPO 招股说明书中披露，但是投资者怀疑管理层已经事先了解到对条款考虑的不足而故意高估收益，但管理层却什么也没说，直到 IPO 之后的几个月才被迫披露。这些怀疑加剧了投资者对高朋公司已经存在的会计问题的担忧。投资者进一步怀疑高朋公司可能努力隐瞒其客户群体的萎缩。因此，2012 年 12 月下旬，公司的股票跌破 $5，到 2018 年也仍然保持在该价格水平。

11.4.4　以"差错"掩饰盈余管理

在一项矛盾的研究中，Fang，Huang 和 Wang（FHW，2017）指出，大多数财务报表重述都是由于应用复杂会计准则时的"非故意差错"造成的，没有法律后果。他们指出，在 2006 年，向美国政府问责总署（U. S. Government Accountability Office）报告的案件中有 76% 属于这种类型。FHW 还指出，还有更多的差错没有被发现。

FHW 认为，财务报表差错的重要性在于，它们为故意的管理层错报提供了"掩饰"。换言之，含有大量"非故意差错"的财务报表会分散它的使用者对欺诈的怀疑。

FHW 假设经理人在进行机会主义盈余管理时具有预期成本（例如，他们可能会被发现）。因此，财务报表的差错率越高，伪装越好，预期成本越低（例如，他们可能声称盈余管理是一个差错），经理人就越有可能进行机会主义盈余管理。

然而，高差错率也会产生相反的效果。投资者理性地预测差错率，并相应地对财务报表信息可信程度打折扣（如在其他条件相同的情况下，差错率越高，盈余反应系数越低）。随着差错率越来越高，盈余管理在吸引投资者方面的效果就越来越差。如果差错率足够高，那么盈余管理就几乎没有什么意义了。因此，较高的差错率是否会导致更多或更少的机会主义盈余管理是一个实证问题。

为了验证这一论点，FHW 研究了向美国政府问责总署报告的在 1996—2005 年被认为存在欺诈的、占比为 24% 的财务报表重述公司。为了估计投资者对公司差错率的感知，他们将样本公司按行业分类，并估计每个行业的差错率。每家公司被分配的差错率与其所在行业的差错率相等。他们发现，行业差错率越高，该行业的公司进行机会主义盈余管理的概率就越高。

然而，掩饰效果似乎占主导地位。也就是说，差错率很低，投资者不会忽视财务报表，这与第5章所概述的研究一致，即财务报表是决策有用的。然而，这对会计人员来说是一种无用的安慰。FHW的发现表明，尽管差错率平均较低，但仍然高到足以鼓励经理人实施机会主义行为（如盈余管理）。矛盾之处在于，在进行机会主义盈余管理的同时还要使财务报表对决策有用。

11.5　盈余管理的正面属性

在11.1节，我们提到盈余管理也可能是正面的。此处，我们对这些主张加以回顾，并概述相关的理论及实证证据。

11.5.1　沟通障碍

支持盈余管理的主张之一就是基于 Demski 和 Sappington（DS，1987）的信息**沟通障碍**（blocked communication）这一概念。作为其专业工作的一部分，代理人经常可以获得一些专有的信息，而把这些信息传递给委托人的成本又非常高昂。这时，信息的交流就受到了阻碍。例如，医生把检查和诊断的所有详细情况都告诉病人是相当困难的，而医生采取的行动（如动手术）不仅有赖于医生的外科技术，还取决于在诊断中获得的资料。DS认为沟通障碍的存在会降低代理契约的效率。这是因为代理人可能会在获取信息时偷懒，并采取对委托人而言仅仅是次优的行动。例如，医生可能只做肤浅的诊断就对严重划伤的手进行简单缝合，而未对可能损伤的肌腱和神经做进一步诊断。如果这样，委托人就必定试图消除或减少这种沟通障碍。

减少沟通障碍的方式很多。Gu 和 Li（2007）发现高科技公司披露业务战略时，市场会给予正向反应，特别是在此之前公司的管理层又展现了可信的姿态时，如购买本公司的股票。Hirst，Koonce 和 Venkataraman（HKV，2007）基于实验研究的结论发现，将预测的好消息分类披露（例如，既披露预测性的销售，也披露预测性的费用，而不是仅披露预测性的净收益）可以增强其可信性。他们认为，披露这些明细项目可以减少经理人利用盈余管理达到预测目标的可能性，从而减少投资者对预测可能被人为上调的怀疑。

可以说，坏消息比好消息更不可能被屏蔽。经理人通常倾向于夸大好消息，因而投资者会以怀疑的眼光看待这些消息。然而，坏消息更有可能被隐瞒或推迟。因此，如果坏消息被发布，它往往是可信的。Huang，Zang 和 Zheng（见5.4.3节）在2014年对分析师报告的研究中发现，投资者对分析师报告中的负面评论的负向反应是对正面评论的正向反应的两倍多，这支持了这一论点。

为说明HKV的分类披露可以减少沟通障碍这一观点，假设经理人想要传达公司预期长期可持续的盈利潜力，假设这一金额是每年100万美元。这种盈利潜力信息属于经理人所掌握的复杂内部信息。如果经理人仅仅是对此加以宣告，则宣告的内容也是不可信的，因为市场会发现验证这一信息的成本非常高昂。但是，假设一些低持续性的项目增加了本期的盈余，例如公司由于出售了一个分部而实现 20 万美元利润，同时假设这一项目使本期报告净收益增加至 118 万美元，超过了其可持续的盈利水平 100 万美元。经理人可以将该销售作为特殊项目进行报告，表明这是一次性的利得，是不会持续的，而不是将该销售报告为经常项目的收入（这将导致净收益大大高于预期的可持续金额）。如果是这样报告，这将是可信的，因为它最小化了好消息的影响，而不是夸大它。

正如 8.1 节所指出的，这种信息传递的可信性通过净收益的验证作用得到加强。在 8.1 节，我们认为净收益可以起到验证经理人在某一期间所释放的内部信息的作用，因此鼓励了诚实的沟通。在这里，内部信息在期末通过利润表披露（例如，之前例子中的 100 万美元）而不是在期中披露，但观点是相同的。事实上，利润表起到双重作用，除了能告知投资者未来预计的盈利能力，也能可信地反映利润表中的内部信息以证实经理人没有欺瞒投资者，因为如果预期盈利能力的信息是错误的，将会在未来的利润表中揭示出来。

盈余管理也有可能提高管理层薪酬契约的效率。Liang（2004）对此进行了研究，设计了一个两期契约，其中经理人知道公司每个时期的真实盈余，而所有者不知道。该公司的生产技术随时间而变化。例如，产能可能会在第二阶段增加，因为有更高效的设备上线。另外，产能可能会随着现有设备的老化而下降。面对产能的变化，经理人而不是所有者知道下一时期的预期盈余将会怎样。注意，在第二阶段有关产能的直接沟通（这对所有者来说是有价值的信息）被阻塞了，因为所有者没有办法验证它。[17]

在每个时期，经理人的薪酬都是报告净收益的一个比例。由于产能的变化，该比例可能会随着时期的变化而变化。

接下来的问题是，经理人会利用这种内部信息优势来管理第一期的报告盈余吗？[18] Liang 假设经理人承担盈余管理的成本，而这一成本随着错报数量的增加而增加。例如，经理人可能具有一种偏好披露真实盈余的内在天性。Liang 展示了所有者更喜欢契约中包含了经理人盈余管理的条件。原因源自经理人的风险规避。假设经理人希望在第二阶段有更高的产能。然后，除非盈余管理的成本太高，否则经理人最好从第二期"借入"盈余以对第一期的盈余进行向上管理。这样通过平衡两个阶段的薪酬可以减少薪酬风险，从而增加经理人的预期效用。如果经理人预期下一时期的产能会更低，则可以进行相反的盈余管理，即最好通过向下管理第一期的盈余以将部分盈余"借"给第二期。其结果是与经理人如实报告相比，契约更有效。[19]

需要注意的是，这里的盈余管理揭示了关于下一时期产能的一些信息，因为第一期报告的净收益越高，经理人从第二期借入收益的可能性就越大。借的更多表明经理人期望第二期有更高的产能。实际上，由于经理人的盈余管理有一定的成本，沟通阻碍只能被部分消除。这与我们之前的例子（隐含地假设盈余管理没有成本）是不同的，在之前的例子中沟通阻碍被完全消除了。

实务中的理论 11-2 说明了上述盈余管理有正面属性的观点，但其同时也揭示了，如果管理层未能将较低的未来盈余预期包含在经其管理的盈余中，盈余管理的正面属性也会很快地转变为负面属性。

> **⚡ 实务中的理论 11 – 2**
>
> 　　通用电气（General Electric Co.）是一家大型跨行业全球经营的集团公司。业务涉足非常多的行业，以至于分析师也难以预测其盈利状况。由此，如果没有管理者的帮助，即便是有效的证券市场，是否可以预测其未来收益并由此恰当地对通用电气公司股票估值都是值得怀疑的。
>
> 　　在这种情形下，通用电气长久以来就被认为通过盈余管理来传递有关预期未来盈利能力的内部信息。通过运用一系列的盈余管理方法，通用电气报告了令人印象深刻的平滑且长期稳步增长的盈利结果（参见本章习题8）。这种告知市场未来盈利的方式是可信的，管理层不会报告高于可持续盈余的结果。如果那样，会被认为是愚蠢的，因为应计项目反转会导致未来盈利的下降，并引起负面的股价反应。由此，长久以来，通用电气都被经常认为是好的盈余管理的实践者。
>
> 　　2008年4月，通用电气却在截至3月31日的季报中报告了显著下滑的合并盈余。盈余的下滑主要源自对通用财务子公司亏损所计提的准备金，这主要归因于2007—2008年ABS证券及相关市场的崩盘。公司报告的收益远低于分析师的预期，而此前没有任何来自管理层的先兆表明盈余可能下滑。
>
> 　　当市场觉察到这种较低的盈余时，通用电气的股价迅速下滑了13%。此外，通用电气的前首席执行官杰克·韦尔奇则批评时任管理层未能传递有关备考收益的信息。韦尔奇是之前通用电气报告平稳增长盈余政策的策划者。
>
> 　　为应对较低的盈余以及股价的下滑，通用电气宣布了一项30亿美元的成本削减计划，并表明其会增加对子公司的监管。

　　我们可以得出结论，理论预见了盈余管理既可能是机会主义的（负面属性），也可能是有益的（正面属性）。

11.5.2　盈余管理的正面证据

　　考虑到11.4节关于盈余管理的研究并没有区分盈余管理的正面属性与负面属性。例如，Sweeney发现对债务契约违约的公司会利用较高水平的能增加收益的操纵性应计项目（见11.4.1节），但要判断这一做法是机会主义行为还是有效率的行为，则取决于公司的类型。例如这一行为是资不抵债的公司竭力推迟或隐藏财务困境，还是基本具有偿债能力的公司避免经济暂时的低迷而对契约约定的比率进行调节。同样地，Cohen和Zarowin发现公司筹集权益资本时进行向上的盈余管理（见11.4.3节）可以被解释为机会主义行为或是有效率的行为，这要取决于经理人是否以牺牲新股东的利益为代价让现有股东受益，还是对投资者理性预期到公司将要向上盈余管理而做出的一种反应。

　　盈余管理到底是好的行为还是坏的行为，这一点对于会计人员来说尤为重要，因为他们是在技术上和行动上的主要参与人，在不良的盈余管理行为被披露之后不可避免地面临公众的负面看法及法律诉讼。盈余管理在一定程度上是好的，太多的准则过分地限制会计政策选择可能是不尽合理的。在这个部分，我们考虑盈余管理的一些正面证据，而在下一节我们将讨论盈余管理的负面证据。

Bowen，Rajgopal 和 Venkatachalam（BRV，2008）以美国 20 世纪 90 年代的公司为样本研究了公司治理质量与管理层在会计上的自由裁量权之间的关系。他们发现，较低的公司治理质量[20] 与管理层更大的自由裁量权（通过操纵性应计项目的大小、收益平滑程度和报告很小的正向异常盈余进行衡量）正相关。接下来的问题是，经理人如何使用这种自由裁量权？如果他们采取机会主义行为，公司未来的业绩（通过经营现金流量、资产回报率和股价表现进行衡量）将更差。例如，经理人可能报告人为的高盈利，以牺牲股东的利益为代价提高他们自己的声誉和薪酬。这样一来，当操纵的盈余在未来反转（如应计项目反转）之后，公司的股价将下跌。

为了研究这一问题，BRV 检验了公司未来业绩与公司治理质量之间的关系。正如刚刚所提到的，如果更低的公司治理质量允许会计上更大的自由裁量权并且以机会主义行为的方式使用自由裁量权，那么这一关系就为负。然而，BRV 发现这一关系为零或略微为正。他们解释这一关系是有效契约的证据，即作为经理人使用会计上的自由裁量权向市场传递公司对未来业绩预期的证据。

Tucker 和 Zarowin（TZ，2006）同样检验了通过操纵性应计项目进行盈余管理。他们认为，如果证券市场是有效的，收益平滑会提高投资者预测未来盈余的能力（即好的盈余管理），股票回报对未预期的报告盈余的反应（第 5 章有所论述）就会增加。反之，如果收益平滑使得投资者更难预测未来盈余，则这种反应就会下滑。

作者通过操纵性应计项目变动额与平滑前盈余（通过报告盈余减去操纵性应计项目来计量）变动额的相关性来估计收益平滑行为。例如，如果公司本年平滑前的盈余增加并且公司希望传递其长期持续性的盈利，我们就可以预期该公司会采取更多的降低收益的操纵性应计项目来减少报告盈余，反之亦然。由此，平滑前盈余与操纵性应计项目之间的相关性就应该为负，更大的负相关系数则意味着更多的平滑行为。

TZ 基于 1993—2000 年美国公司这一大样本发现，较多的平滑行为伴随着更强的市场反应，这与市场有效性和盈余管理具有正面属性的观点是一致的。

以上这些发现都有赖于琼斯模型，该模型按照与市场解释一致的方式分离操纵性与非操纵性应计项目。如同任何其他的模型，琼斯模型的有效性也引起了广泛的争论，这也表明我们应该采用其他的替代方法研究市场对盈余管理的反应，去证实或证伪基于琼斯模型的结果。

例如，Badertscher，Collins 和 Lys（BCL，2012）研究了 1997—2002 年重述年度财务报表的公司样本，最常见的是违反 GAAP。BCL 将原始与修正后的营业利润（OI）之间的差异作为可操纵性应计项目（经营现金流量（OCF）±应计项目＝OI）的衡量标准。

BCL 发现，71％的重述样本公司最初公布的盈余达到或超过分析师的普遍预期，但重述后的年度盈余低于预期。BCL 将这些公司归类为通过机会主义方式向上盈余管理以达到分析师的预测的公司。[21] 这表明这些公司实施的是坏的盈余管理。

　　然而，对于剩下的 29% 的重述公司，BCL 发现盈余管理的正面属性得到了强有力的支持。原始 OI 对下一年 OCF 的预测能力明显超过修正后的 OI。这表明，这些公司的经理人最初成功地释放了他们关于未来公司业绩的内部信息。然而，在这样做的过程中，他们一定违反了GAAP。这表明，对于这些公司，GAAP 提供了一个比管理层原始 OI 更差的未来业绩预测。

　　Cready，Lopez 和 Sisneros（CLS，2012）评估了 2002—2009 年报告负面特殊事项的美国样本公司的表现。他们对这些公司随后 16 个季度的业绩进行了跟踪。他们发现，在此期间样本公司的报告盈余增长幅度超过了特殊项目费用的 130%。由于取消一项特殊费用不会使未来盈余增加超过该项费用的 100%，这表明这些公司的平均效率有所提高。CLS 的结论是，与盈余管理的正面属性一致，扣除负面特殊费用后的大部分盈余增长是由于效率的提高。当然，由于平均值可以掩盖平均值的巨大波动，这一结论并不排除一些公司机会主义地使用特殊项目来管理净收益的可能性。

　　Das，Shroff 和 Zhang（2009）研究了 1988—2004 年产生了盈余反转的大样本公司，即在前三季度报告了好消息或坏消息，却在当年最后一个季度报告了坏消息或好消息的公司。他们发现，11.2% 的反转是前三季度公布好消息而最后一个季度公布坏消息。在剔除了针对此种反转可能的其他解释之后，他们认为这可能是因为公司通过将盈余向下平滑到一个可持续的金额从而将内部信息有效地传递给外部市场。他们同样发现，此类公司第四季度的盈余反应系数显著高于那些作为控制样本未报告反转的类似公司。更高的盈余反应系数意味着，投资者将这种好消息—坏消息的反转模式解释为好的盈余管理。

　　Jayaraman（2008）检验了盈余波动性相对于经营现金流量波动性的关系。以 1998—2005 年的美国公司为样本，他发现伴随着盈余波动性相对于现金流量增加，公司股票的买卖价差也得到增加。而当相对的盈余波动性下降时，买卖价差仍然增加。Jayaraman 认为，当盈余波动性相对于现金流量高或低时（高和低都表明对应计项目的积极使用），投资者对逆向选择的关注会增加，因而估计的风险增加从而推动了买卖价差增加。这一发现表明了盈余管理的负面属性，因为这会导致投资者怀疑经理人存在机会主义行为。

　　一种降低投资者怀疑盈余管理负面属性的方式就是通过业绩"洗大澡"来洗清嫌疑。在这方面，Haggard，Howe 和 Lynch（HHL，2015）研究了在 1965—2008 年"洗大澡"的大样本公司[22]，控制组公司有着相似的较差的业绩，但没有"洗大澡"。他们报告的证据表明，在业绩"洗大澡"之后的三年内，"洗大澡"的公司比控制组公司更有可能获得小额利润和利润增长。与控制组公司相比，"洗大澡"的公司报告盈余相对于现金流量的波动性更小，信息不对称程度更低，盈余反应系数更高。[23] 这些结果表明，好的盈余管理（从这个意义上说，如"洗大澡"）可以带来更高的盈余质量并增加投资者对净收益的信心。

　　以上的研究总体上与有效证券市场和理性投资者的观点是相符的。然而，盈余管理也可能通过行为视角加以评价。Koonce 和 Lipe（2010）通过行为理论预计投资者会重视评估**盈余一致性**（earnings consistency），因为一致的信息（例如平滑的收益）比不一致的信息（参见 6.2.1 节对有限关注的介绍）更容易处理和了解。他们进行了一项实验，让 MBA 学生阅读四个假想公司的盈余信息，这些公司在整个期间总盈余是不变的，但是盈余的形式不同。具有一致性的盈余是平稳的或每年保持上升（即收益平滑），不具有一致性的盈余则上下波动。同时，盈余可以在每年一直符合分析师的预测，而不具有一致性的盈余则在某些年与预测不符，但在另一些年份达到或超过预期。受试者得到的是不同类型盈余的公司组合，并要求他们判断公司的价值以及是否属于可行的投资对象。正如他们所预计的，Koonce 和 Lipe 发现，具有一致性盈余模式的公司得到了更好的评判。作者将这一结果部分归因于投资者对公司未来的业绩与管理层诚信经营的信心增加了。

我们由此得出如下结论，从理性和行为两个视角来看，理论及证据均表明，盈余管理可以具有正面属性，在某种意义上它可以为投资者传递信息，降低估计风险，从而给股价带来有利的影响。

但是，Badertscher，Collins 和 Lys 以及 Jayaraman 的研究都表明了负面的盈余管理（即机会主义的）混杂于正面的盈余管理之中是难以消除的。现在让我们仔细研究盈余管理的这一弊端。

11.6 盈余管理的负面属性

11.6.1 机会主义盈余管理

尽管理论和证据表明应负责任地使用盈余管理，但也有证据表明存在不良的盈余管理。从契约角度看，这可能是由于经理人的机会主义行为。如 Healy 所指出的，经理人具有通过盈余管理最大化他们的奖金的动机。此外，11.4 节中描述了利用盈余管理避免债务违约、达到预期的盈余目标、最大限度地增加新股发行的收入等，在所有这些情形下，盈余管理都有可能具有负面属性。

实务中的理论 11-3 展示了基于分类转移进行不良的盈余管理并因为缺乏披露而被掩盖的一个案例。

⚡ 实务中的理论 11-3

奥林巴斯公司（Olympus Corporation）是日本一家大型跨国公司，生产相机和一系列电子产品，在医疗诊断设备领域处于世界领先水平。2011 年 10 月，奥林巴斯公司解雇了仅仅上任六个月的总裁，他已经意识到了一桩精心设计的会计丑闻，并要求解散公司的董事会。

在被解雇之后，这位前任总裁公开了这一丑闻，丑闻的根源可以追溯至 20 世纪 80 年代。当时奥林巴斯公司的一些投资出现价值下跌，一段时间后，未确认与未记录的损失已经累积到大约 17 亿美元。2000 年，日本对金融投资开始实行公允价值会计，这使得公司必须要确认 17 亿美元的减值。奥林巴斯公司明显感觉到报告这一大额损失是十分难堪的，因此开始了精心设计的计划以隐藏这一损失。

重组计划简要介绍如下：

● 奥林巴斯公司将资金转移至资产负债表表外的（即非合并范围的）子公司，而子公司使用这些资金以市场价买入一些小公司。

● 奥林巴斯公司获取 17 亿美元的银行贷款并从它的子公司以大大高于正常水平的价格购买了被收购的小公司。特别地，价格被虚增至 17 亿美元，正好是奥林巴斯公司希望隐瞒的未确认的投资损失的金额。这给奥林巴斯公司带来账面上的外购商誉（见 7.11.2 节），以及子公司账面上 17 亿美元的销售收入。

● 由于奥林巴斯公司拥有未纳入合并范围的子公司，它在账面上记录了子公司账面价值为 17 亿美元的收益——借方为对子公司的投资——通过贷方的抵销降低了金融投资未确认的 17 亿美元的损失。事实上，金融资产未确认的损失已经"消失"了。

● 子公司以股利的形式将收到的 17 亿美元的购买款还给奥林巴斯公司，奥林巴斯公司在明细账上贷记了投资，并用这些现金归还了银行贷款。

结果是奥林巴斯公司以账面上的外购商誉替换了高估的 17 亿美元的投资，这些商誉可以随时间摊销和冲销。公司很可能认为，外购商誉的摊销和减值，特别是可以在每年以一个小数额披露，将很容易解释 17 亿美元投资的冲销。

这一舞弊行为持续到了 2011 年，正如之前提到的，直到由被解雇的总裁公开。奥林巴斯公司的股价立刻下降了 50%，到 2011 年 11 月下降达到 80%（之后已大幅回升）。审计师同样存在问题，他们显然没能够揭露，或是至少报告丑闻的情况。似乎是在银团的帮助下，奥林巴斯向审计师说了谎。审计师随后被辞退。

奥林巴斯公司被迫重述了五年的财务报表，这导致其违反了债务契约。然而，公司有信心与银行就契约条款进行重新谈判。2012 年 2 月，包括奥林巴斯公司的董事会主席以及其他两名高管在内的七人，因受到欺诈指控而被逮捕。2012 年 9 月，三名高管认罪，并被判处数年（缓期）监禁。这家公司遭到无数诉讼。例如，2016 年，该公司支付了 9 200 万美元，以解决国内外贷款机构的一大批诉讼。2017 年，这位前奥林巴斯总裁和其他五人被要求向该公司支付总计 5.29 亿美元。这些事件引起了大量的关注并且引发要求日本改善公司治理的呼声。

准则制定机构似乎也认为盈余管理是负面的，至少在重组等未来负债准备金方面是如此。在美国，SFAS 146（2002）（现在为 ASC 420 - 10 - 25）禁止确认重组负债直至该负债发生。在此之前，在重组宣告时可以对此确认一项准备金。同样，重组负债应当按照公允价值计量，这就意味着过量的准备金是与 GAAP 相悖的。这些规则让人感觉到，公司可能利用重组创建"饼干罐"储备；而"饼干罐"储备就是对未来事件的超额准备金，可以在未来一段时间内将其转回，以提高收益。

在国际上，IAS 37（1999）将准备定义为，一项未来支付时间及金额都不确定的负债。如果要加以确认，则支付必须很可能发生而且可以可靠地计量。类似于 SFAS 146，这种准备必须按照公允价值计量。IAS 37 特别提到，不确定性并不意味着过量的准备。同样，准备必须用来抵减设立此准备所对应的成本。按照 IAS 1 的要求，重组费用以及由此引起的转回都必须在利润表中单独披露。

毫无疑问，这些准则在一定程度上抑制了通过特殊事项进行负面的盈余管理。请注意，根据 IAS 37，重组负债准备转回的单独披露有助于投资者评估其对当前收益的影响。由于公司必须单独披露这些转回，这有助于将负面的盈余管理向大众公开披露。

但是，准则不大可能彻底消除负面的盈余管理。例如，请注意，管理层仍然控制着重组决策的时间安排，重组资产和负债的公允价值计量也需要进行大量估算。此外，如上所述，经理人可以找到许多其他的方法进行盈余管理。我们现在考虑其中的一些证据。

11.6.2　盈余管理的负面证据

Dechow，Ge，Larson 和 Sloan（2011）检验了 1982—2005 年因为财务报表虚假陈述而受到 SEC 处罚的公司，他们指出，在发生虚假陈述期间以及之前的期间，样本公司积极筹集大量的额外资本并且股票回报异常高。SEC 对其虚假陈述的处罚表明，公司在这期间采取了不好的盈余管理策略，借机保持高估的股价并最大化新股发行收益。

McInnis 和 Collins（MC，2011）指出，分析师在提供盈余预测的同时提供经营现金流量预测正成为日益流行的趋势。值得注意的是，这实际上提供了对经营性应计项目的预测（即式（11.1）也可以用于预测净收益），这可以用于在财务报表发布后与实际应计项目进行比较。正如 MC 所指出的，这样的结果增加了应计盈余管理的透明度，因为当应计项目预测值可供比较时，经理人通过增加收益的应计项目来满足分析师盈余预测的行为变得更为明显。

MC 以 1993—2004 年既有现金流量数据又有盈余预测数据的美国公司为样本，对于每一家公司，他们对比了存在现金流量预测的第一年之前与之后的盈余管理行为。结果发现，在进行了现金流量预测之后，公司的盈余质量[24] 提升，这表明机会主义的盈余管理变少了。

然而他们还发现，真实盈余管理有所增加，并努力说服分析师（其盈余预测超过公司管理层的预测值）调低预测值的行为也增加了，这些都会使得公司更容易达到分析师预测。[25] 但即使存在这些行为，MC 仍然发现，没有达到或超过分析师盈余预测的样本公司的比例有所增加。

这些发现是很有意义的，因为他们表明在现金流量预测可获得之前，公司存在负面的盈余管理（即低质量的应计项目）。这意味着，分析师同时对现金流量和盈余进行预测可以促使财务报告质量的改进。也就是说，尽管还可以使用其他方法，但管理层通过盈余管理以满足分析师预测似乎很困难。作者得出结论，可以获取现金流量与盈余预测是一个简单而低成本的降低负面的盈余管理并改善公司治理的方式。

Leuz，Nanda 和 Wysocki（LNW，2003）进一步研究了国际背景下负面的盈余管理行为。他们估计了 1990—1999 年 31 个国家的盈余管理程度。其中一种衡量方法是基于经营利润的变动性——较低的变动性意味着收益平滑。另一种衡量方法则基于应计项目与现金流量的相关系数——如果二者相关性较低，则意味着公司在收到现金之前确认收入。第三种衡量方法就是考虑总应计项目的数量——总应计项目越高，其包含的可操纵性应计项目就越高，这类似于

Healy 的推理。最后根据前景理论，微亏损比微盈利的后果更严重（见 6.2.2 节），他们计算了各个国家微亏损公司数量与微盈利公司数量的比率。该比率较低则意味着公司会通过盈余管理来避免微亏损。

LNW 将每个国家和地区的上述三种衡量结果合并为一个打分指标。例如，美国得 2 分，加拿大 5 分，德国 21.5 分，其中分数越低意味着盈余管理越少。随后，他们将这些分数与不同的国家制度特征相结合，例如投资者保护水平。他们发现，较低的投资者保护水平伴随着更多的盈余管理行为。这就意味着在那些投资者保护较差的国家和地区，机会主义盈余管理更为普遍。

我们可以从上述结果中得出如下结论：现实中同时存在正面的和负面的盈余管理。会计人员如果要想察觉机会主义盈余管理行为，就必须仔细检查经理人的动机。

11.6.3 经理人接受证券市场有效性吗？

上述盈余管理手段并非必然与证券市场有效性不一致，实务中的理论 11－3 展示了奥林巴斯公司的经理人通过较差的披露把盈余管理封存为内部信息。然而，也有其他的研究结论质疑公司管理层是否接受证券市场本身的有效性。

Schrand 和 Walther（SW，2000）报告了另一种形式的盈余管理并质疑经理人是否接受证券市场有效性。他们研究了这样的一些样本公司，这些公司在前一年的某季度报告了重大的，源于处置不动产、厂房和设备等特殊事项的利得或损失，但在本年同一季度却无此行为。在伴随盈余公告的其他消息中，经理人会将本季度的业绩与上年同期进行比较。这与 Graham，Harvey 和 Rajgopal（2005）的调查结论（见 11.1 节）一致，他们发现上年同季度的盈余对经理人来说是一个重要的基准。此时的问题就是，在这些公布的消息中，经理人是否提醒了投资者之前季度存在特殊事项的利得或损失？SW 发现，如果之前季度特殊事项是一项利得而非损失时，经理人进行此种提醒的可能性显著更高，因此促进投资者忽略之前季度的利得。由此，经理人就会强调前期最低的那个基准，从而以最有利的方式展现出本期与之前季度相比的盈余变动。

在 7.11.2 节介绍了备考盈余（即管理层在非 GAAP 下按照一系列假设所做出的盈余预测），那些强调备考盈余的经理人宣称，这一方式比 GAAP 下的净收益更好地描绘了公司（及经理人自身）的经营业绩。不过，因为规定备考盈余的规则很少，经理人就可能被诱使去掩盖或者忽略那些包含有用信息的收入及费用项目，以此来达到盈余目标，最大化其薪酬，并提高其声誉。但是，当可以获得按照 GAAP 规则编制的利润表时，有效市场就会对之前备考盈余公告所忽略的项目迅速进行调整。这样，经理人看重于备考盈余就意味着他们并不接受市场有效性。实务中的理论 11－4 提供了经理人怀疑市场有效性的另一个例子。

⚡ 实务中的理论 11－4

2009 年 10 月，THCR 公司发布了一项新闻公告，声称其 2009 年第三季度的净收益为 1 400 万美元，超过了分析师的预测以及 2008 年的同期水平。公司披露，这一金额剔除了一项 8 140 万美元的一次性费用，但并未披露其包含了一项 1 720 万美元的一次性利得。剔除一次性利得及费用后，公司该季度的收入及净收益要低于分析师的预测以及 2008 年的同期水平。公司在其公告中给人留下这样一种印象：报告盈余的增加源自公司经营效率的提升，而实际上这一提升可以忽略不计。

在发布盈余公告的当日，THCR 公司的股价增长了 7.8%。但是分析师迅速发现了一次性利得的存在，三天后股价下跌了 6%。两周后，公司在季度财务报表附注中披露了该一次性利得。

SEC 发现由公司的会计人员及 CFO 准备的这一新闻公告具有实质误导性。公司并未被罚款，但其同意不再违反证券交易法案的相关条款。公司同时制定了一项程序，要求未来的盈余公告在发布前须经审计委员会审查。

Doyle，Lundholm 和 Soliman（DLS，2003）研究了投资者对备考盈余的反应。他们收集了大量在 1988—1999 年报告了季度盈余预测的公司样本，对于每一家公司及相应季度，都计算备考盈余与 GAAP 下净收益的差异。他们发现，与管理层的声明相反，很多剔除在 GAAP 净收益之外的费用项目（例如，重组准备金）确实对经营现金流量存在显著的未来影响，这种影响自季度盈余公告后会持续三年之久。因此，那些只注重备考盈余（管理层盈余预测）的投资者就会忽略一些有用的信息。

2002 年，《萨班斯-奥克斯利法案》（SOX，见 1.2 节）要求 SEC 对备考盈余报告进行管制。2003 年，新的 SEC 法规包含了一项要求：对备考盈余与 GAAP 盈余进行协调，并解释为什么备考盈余是决策有用的。

Brown，Christensen，Elliott 和 Mergenthaler（BCEM，2012）检验了 1998—2005 年经理人的备考盈余公告。他们发现报告备考盈余的公司数量稳定上升，仅仅是在颁布 SOX 之后暂时下降。作者主要检验备考盈余公告与投资者情绪的相关性，以及备考盈余公告是否对于投资者而言是具有信息含量的，或者这是否源于经理人的机会主义行为。

行为研究发现，乐观的个体不如悲观的个体在查验信息时细致。投资者的乐观情绪可以来源于例如有限关注或是过度自信这样的行为特征（见 6.2.1 节），也可以来源于现实中的经济变量，例如就业和工业生产。无论是什么原因，BCEM 认为，如果情绪乐观的投资者相对缺乏对盈余公告的仔细检查，很容易认为备考盈余比 GAAP 的净收益更好地衡量公司与经理人的业绩。控制了影响经理人披露备考盈余的其他因素之后，BCEM 发现投资者情绪水平[26]与报告备考盈余公司的数量和不包括 GAAP 净收益中的项目总规模均显著正相关，这与他们的假设是相符的。

需要强调的问题是：备考盈余是否提供了关于未来盈余的信息，还是仅仅代表了管理层的机会主义行为？BCEM 得出了表明机会主义行为的证据。例如，他们发现随着投资者情绪提升，经理人总体而言趋向于在备考盈余的计算中剔除大量的持续性费用，结果导致了备考盈余高于 GAAP 下的净收益，并且因为剔除了一些持续性项目，降低了备考盈余预测未来业绩的有效性。对于那些在盈余公告之后经理人卖出公司股票的样本，这一结果更加显著。

总之，SW，DLS，BCEM 研究的重点是，如果证券市场是有效的，信息会被公开，那么这些盈余管理方法就毫无意义。因此，那些从事盈余管理的经理人并不会完全接受市场有效性。此外，扩展我们在第 9 章中的论点——契约的不完全性会产生经济后果，不影响现金流量的会计政策选择对经理人来说可能很重要，因为他们相信市场不会看穿它们。

11.6.4　分析经理人措辞以发现负面盈余管理

11.4.2 节中提到 Barton 和 Mercer 在 2005 年研究了分析师对经理人令人失望的财务业绩进行辩解的反应，最近更多复杂的计算机程序被用于分析经理人书面与口头措辞，以获得可以揭示他们对公司未来业绩潜在信念的线索，以及他们是否在真实地表达。

我们已经看到了基于计算机的大量研究，在实务中的理论 3-2 中，Li（2010）分析了大量管理层讨论与分析的语气，他发现公司的管理层讨论与分析的语气可以用于预测未来的季度盈余。在 3.6.4 节我们回顾了 Brown 和 Tucker 在 2011 年的研究，他们使用计算机软件分析了管理层讨论与分析从上一年到下一年的措辞变化的大样本，得出了措辞变化程度与公司经济活动（例如每股收益）以及措辞变化程度与公司股价表现之间的正相关关系，结果表明更少的格式化措辞预示着更好的股价表现。

这里我们介绍另一个类似的研究，Hobson，Mayew 和 Venkatachalam（HMV，2012）检验了在通常伴随着盈余信息发布的电话会议上，经理人对财务业绩的虚假陈述。

HMV 的研究基于一种称为**认知失调**（cognitive dissonance）的行为理论。在这一理论下，当一个人的行为方式有悖于个人自我感知时将产生失调。例如，经理人可能认为自己对社会是诚实而负责任的。如果他在电话会议上强调当季度销售额会继续增加，而事实上销售额是下降的，或销售额的增加是由于公司迫使代理商和分销商接受多于他们需求的产品（"填塞分销渠道"），经理人将会感到内疚——即经历了认知失调。

这一理论预计，受到认知失调影响的个体将会努力降低它，一种方法是改变自己的看法，另一种方法是避免发表一些导致认知失调的陈述。因此，如果经理人被问到为什么之前认为销售额会持续上升，他可能通过给出令人信服的理由改变自己的看法，也可能修饰之前的陈述，例如指出这依赖于市场对新产品的接受。从经理人解释的过程中可以得到一些线索，例如他正经历着认知失调，导致最初的陈述令人怀疑。复杂的软件能够扫描经理人被记录下的措辞并检测这些线索。

HMV 使用这样一种程序分析了在 2007 年 1 572 份季度盈余报告公布之后经理人在提问和回答[27] 的前五分钟的措辞，得出每个经理人认知失调的分数。接下来的问题是，是否这一失调的分数可以预计经理人的错误陈述。

为了回答这一问题，HMV 检验每个样本在公司未来财务报表中调整盈余导致收益下降的证据，他们发现，认知失调的分数可以预测做出这样调整的公司。

因此，对经理人措辞的分析似乎有可能预测负面的盈余管理。然而，需要注意的是，一旦经理人意识到自己的措辞受到分析，他们将可能使用一些策略以避免暴露他们试图隐藏的内容。可能的结果是，一系列越来越复杂的软件正是对经理人不断提升的应对策略而做出的回应。

11.6.5　管理层对盈余管理方法的选择

在 11.1 节中，我们确定了盈余管理的几种方法，包括分类转移、应计项目盈余管理和真实盈余管理。接下来的部分将说明这些方法的应用。然而，问题出现了：希望进行盈余管理的经理人会在何时选择何种方法？答案将取决于各种方法的相对成本和收益。例如，关注短期决策的经理人比关注长期决策的经理人更有可能采用真实盈余管理政策。同时，应计项目反转使得应计项目盈余管理难以在长时期内维持下去。此外，如果发现经理人使用应计项目盈余管理或分类转移违反了 GAAP，罚金可能很高，而真实盈余管理不会违反 GAAP。

Abernathy，Beyer 和 Rapley（ABR，2014）讨论了在不同情况下选择何种盈余管理方法的问题。[28] 基于 1988—2011 年北美公司的大样本，他们发现财务健康状况不佳或机构股东比例较高（机构股东相对更关注公司的长期业绩）的公司更多地使用分类转移，而不是真实盈余管理。[29] ABR 还发现，当公司发布现金流量预测时，分类转移相对于应计项目的使用会增加。这延伸了 McInnis 和 Collins（见 11.6.2 节）的结果，他们指出，提供现金流量预测实际上为市场提供了应计项目的预测，通过与实际应计项目进行比较，可以减少报告的灵活性，增加年终应计项目盈余管理的成本。ABR 的发现表明，如果经理人在发布现金流量预测后仍想进行盈余管理，他们就会转向分类转移。

11.6.3 节讨论的备考盈余也与盈余管理有关。实际上，报告备考盈余的经理人试图通过报告非 GAAP 的盈余数字来管理投资者对公司业绩的预期。Black，Christensen，Joo 和 Schmardebeck（BCJS，2017）将备考盈余作为盈余管理工具进行了研究。BCJS 认为，基于 Graham，Harvey 和 Rajgopal（2005）（见 11.1 节）的一项调查发现——经理人倾向于报告 GAAP 盈余而不是报告非 GAAP 盈余。因此，只有当他们在 GAAP 盈余中使用其他盈余管理方法无法满足投资者预期时，经理人才可能报告备考盈余以影响投资者。BCJS 从公司 1998—2006 年的季度盈余新闻公告中收集了大量非 GAAP 盈余的样本。与上述论点一致的是，他们发现使用（GAAP 内）真实活动和应计项目盈余管理来满足盈余预期的公司，报告（非 GAAP 的）备考盈余的可能性显著降低。

BCJS 还报告称，盈余未达预期的公司最有可能公布备考盈余，其原因似乎与时间有关。真实盈余管理需要大量的前瞻性规划，而应计项目盈余管理可以在年末进行。如果公司采取了各种策略后最终 GAAP 盈余还是低于预期，就可以以较低的成本快速编制备考盈余且不影响财务报表。据推测，这只适用于较小的预期差距，因为两个盈余数字之间的差异越大，投资者就越担心备考数字的有效性。

我们的结论是，如果经理人打算进行盈余管理，他们一定会考虑成本与时间。

11.6.6　对会计人员的启示

对于那些意欲减少盈余管理负面属性的会计人员而言，相应的启示不在于拒绝市场的有效性，而在于对披露加以改进。高质量的披露可以帮助投资者对财务报表进行评估，减少经理人利用低质量公司治理和低效率市场的动机，并降低经理人在电话会议上高估业绩的能力。例如，对收入确认政策加以清晰的报告，对低持续性项目以及重大的操纵性应计项目进行详尽的描述，例如冲销以及重组准备，这些都可以将盈余管理行为置于阳光之下，由此限制经理人为其自身利益而操纵与扭曲财务报告的能力。还有其他能够提升披露质量的方式，比如报告所有的前期特别项目冲销对本期盈余的影响，并大体上帮助投资者以及薪酬委员会对低持续性项目加以辨别。由此，经理人将对其行为承担全部后果，负面的盈余管理也会因此而减少。

11.7 有关盈余管理的结论

盈余管理的产生可能源于这样一个事实——真实的净收益并不存在（见 2.5 节）。此外，GAAP 并未全面限制经理人对会计政策与程序的选择。这些选择，比单纯为向投资者提供最佳信息的会计政策选择更复杂且更具挑战性。更确切地讲，经理人对会计政策的选择往往出于战略考虑，例如，满足盈余预期、以财务会计变量为基础的薪酬契约、新股发行、消除潜在竞争和传递内部信息。事实上，会计政策选择具有博弈的特征。当 GAAP 的变化对经理人博弈力量产生不利影响时，经济后果就会产生——经理人会反对那些使他们会计政策选择弹性减少的规则变化。因此，会计人员在对管理层机会主义策略保持警觉的同时，也必须考虑管理层和投资者的合法利益。财务报告实际上是在这两种主要群体的需求与策略之间的妥协和折中。

尽管盈余管理降低了盈余的可靠性与敏感性，我们可以提出强有力的论点——如果盈余管理限制在一定范围内，它可能是有用的。首先，当契约具有刚性且不完备时，经理人可以利用盈余管理对未预期的最终状况灵活地做出反应。其次，盈余管理可以作为一种向投资者传递内部信息的可信机制。

这两种观点都与有效证券市场和实证会计理论的有效契约观相一致。

然而，一些经理人可能过分地运用盈余管理，从而造成对 GAAP 沟通潜力的滥用，导致高估盈余持续性（至少是暂时的）。这种行为可能由于经理人不相信证券市场有效性和（或）其有能力利用不充分披露掩饰负面盈余管理。因此，盈余管理是"好的"（正面的）还是"坏的"（负面的）取决于如何使用它。会计人员可以通过增加透明度来减少负面盈余管理的运用。这可以通过加强对低持续性项目的披露，以及说明前期的冲销对当前盈余的影响来实现。增加披露既可以帮助股价更准确地反映公司的基本面价值，也可以帮助提升公司治理，因为薪酬委员会以及经理人市场可以更好地对优秀的经理人业绩进行奖励，对偷懒的经理人进行惩罚。这样可以导致稀缺资本配置效率以及公司生产效率的改进，从而促进社会福利的提升。

第 11 章习题

📖 注释

[1] 起始日期选择在 SOX 出台之后（见 1.2 节）。SOX 法案包括旨在减少经理人操纵财务报表的条款。

[2] 这假定在应计项目反转期间经理人都会留在该公司。如果不是这样，经理人就不必承担某些应计项目反转的后果。此外，ESO（见 8.6 节）会计提供了一个例外的情况——ESO 费用在 ESO 产生时被加以估计，此后对该估计与实际费用之间的差额也不进行调整。

[3] 这是决策后信息的一个例子。参见 9.3.1 节。

[4] Healy 指出如果净收益稍微低于下限，经理人可能会改为采用提高净收益的政策，这样至少可以获取一些奖金。

[5] 另一种方式是计算可比资产负债表中的营运资本项目变动。但是 Hribar 和 Collins（2002）指出，这种方式可能会在估计应计项目中造成偏差。理由是，很多公司都从事并购以及资产剥离业务，营运资本项目就会在合并报表中增加或减少，但这些变动并不会影响净收益，也并不一定与盈余管理相关。现金流量表中营运资本项目的变动并不包括这些与盈余不相关的变动。

[6] 有关此领域方法论问题进一步的研究，可以参见 McNichols 和 Wilson（1988）；Dechow，Sloan 和 Sweeney（1995）；Bernard 和 Skinner（1996）。

[7] 为了对公司规模采取标准化处理，Jones 将等式两边同时除以总资产。

[8] 估计系数 β_{1j} 和 β_{2j} 与 4.5.1 节中讨论的股票 beta 无关。

[9] 这一公式在概念上和在图 5-2 中描述的用 CAPM 模型将证券收益分离为期望收益和异常收益类似。不过，两个模型应用的场景非常不同。

[10] 虽然契约包含了较高的基于激励的薪酬成分，对经理人来说风险相当大，但公司必须提供与经理人期望为公司产生的价值相等的总预期薪酬。换句话说，公司期望在此期间只实现其资本成本（在经济术语中它期望获得零利润）。这是由于其他公司在招聘经理人方面存在竞争。如果这家公司提供的价格更低，其他公司就会提供更有吸引力的价格。

[11] 经理人在知道经理人产生的最终价值之前报告净收益。然而，该契约包含一个类似"时间追溯"条款，在期间结束时，薪酬将被调整为等于经理人产生的价值。然而，这不太可能阻碍盈余管理，因为产生的价值包含一个随机的、均值为零的成分。如果随机部分在实现之后是正的，这可能会掩盖盈余管理。如果最终实现是负的，经理人的薪酬就会减少。但是，这一削减只是将薪酬恢复到没有盈余管理的情况下经理人所能得到的数额。

[12] Skinner 和 Sloan 研究了成长型公司（市账比比较高的公司）。他们认为，因为 6.2.1 节中所讲的自我归因偏差等行为因素，投资者高估了成长型公司的未来业绩。未能达到盈余预期使得投资者回归现实，并引起股价下跌。

[13] 另一种方式是通过"唱衰"分析师来降低投资者的预期，使得报告盈余达到或超过分析师修正的、较低的预期。Matsumoto（2002）对此进行了研究，她发现其样本中的公司同时使用了这两种方式。

[14] 增发新股（SEO）是指已经有发行在外股票的公司再次发行股票。这区别于第一次向公众发行股票的首次公开发行（IPO）。

[15] 过量生产以一个较大单位的数目影响固定成本的摊销，因此降低了当年的销售成本。

[16] 作者认为，经营性资产较多的公司更可能在增发新股的前几年"用尽"基于应计项目的盈余管理机会，因此在增发新股当年发现额外的使收益增加的应计项目的成本相对较高。

[17] 正如9.3.2节（选学章节）所讨论的，披露定律有时可以用于促进如实报告。然而，正如前面指出的，当经理人的沟通能力受到限制时，这一原则就不适用了。因为所有者不能验证经理人的话语，因此就存在限制。

[18] 第二期报告的收益无法进行管理，因为Liang假定在契约结束时，这两个期间的公司总产量是公开的。因此，经理人知道这两个期间报告的收益之和必须等于总产量的价值。因此，在第一季度的任何应计利润，无论是否有操纵性，都会在第二季度反转。

[19] 经理人在盈余管理的情况下会比如实报告获得更高的总薪酬，因为除了对他的努力进行补偿外，他还必须得到盈余管理成本的补偿。从所有者的角度来看，只有当经理人薪酬风险降低而导致的薪酬减少量超过其因盈余管理导致的薪酬增加量时，契约才更有效。

[20] BRV采用了一些衡量公司治理质量的指标，包括股东权利、董事会主席是否同时为CEO、董事会会议次数和董事会中公司高管人员的数量。

[21] BCL通过检验原始OI和修正后OI预测下一年OCF的能力来支持这种机会主义分类。他们发现修正后OI的预测能力显著地超过原始OI。

[22] HHL将"洗大澡"定义为负的特殊项目总金额超过总资产的1%。

[23] HHL用净收益的方差减去现金流量的方差来衡量收益的平稳性。信息不对称的测量方法包括买卖价差。关于盈余反应系数ERC的测量，请参见5.4节。

[24] 作者用两种方法来衡量应计质量。一种衡量方法是基于琼斯模型（见11.3节）的一个版本来识别可操纵性应计利润。另一种衡量方法是基于5.4.1节中概述的Dechow和Dichev所采用的方法。

[25] McInnis和Collins也将这些发现与现金流量预测不可获得的类似公司的控制样本进行对比，这些公司在管理策略上并没有显示出这些变化。这更容易证明得出的应计质量的变化是来源于两种预测的可获得性。

[26] BCEM 依据 Baker 和 Wurgler（2006）的信心指数衡量投资者情绪，这一指数基于工业生产、就业增长和一些其他的经济指标。

[27] HMV 认为，如果有发生认知失调的证据，有可能在讨论早期出现。他们将研究限定在提问与回答部分，因为这时候经理人最可能流露出线索，例如增强或是削弱他的信念。

[28] ABR 含蓄地将所有盈余管理解释为负面的。

[29] ABR 通过公司报告的净收益和机构经纪人估计系统（IBES）估计的净收益之间的差异来衡量分类转移。IBES 的估计是基于分析师的普遍盈余预测，因此是对不包括特殊项目的核心盈余的估计。

第**12**章

准则制定：经济问题

本章语音导读

12.1 概 述

准则制定是管制的一种形式，而管制则是一个国家政府或立法机构（我们将交替使用这两个术语）的最终责任。政府通常将制定会计准则的责任委派给一个特定的机构，如证券监管机构。反过来，这些机构又将制定准则的责任委托给半自治的机构，如 IASB，AcSB 和 FASB。当不需要对这些机构进行区分的时候，我们经常用**管制机构**（regulator）来指代这些各种各样的准则制定机构。

之前，我们将准则制定机构视为投资者和经理人之间利益冲突的协调者。1.10 节中所述的一个"基本问题"就是，如何协调会计信息的决策有用与有效契约这双重角色之间的矛盾，换言之，对社会而言，如何确定信息的"适当数量"。从理论上说，经济学意义上的答案很简单，这个"适当数量"即为信息的社会边际成本与社会边际收益相等时的信息量。我们称其为信息生产的**最佳**（first-best）数量。

对于许多产品而言，无须过多管制，市场力量已经足以引导其生产接近最佳数量。然而，尽管有许多以市场为基础的激励机制来促进公司生产信息，但单靠市场力量是无法实现最佳数量的信息生产的。其中一个主要的原因就是信息不对称。由于财务会计信息具有公共物品的特征，信息提供者并不总能因他们所生产的信息而获得报酬。结果，信息提供者所生产的信息就会低于最佳数量。因此，信息不对称（会导致逆向选择与道德风险）程度比社会期望的更高。市场失灵支持了对财务披露进行管制的观点。然而，由于难以计量信息生产过程中复杂的成本和收益，准则制定机构也无法实现信息生产的最佳数量。由于管制同样存在成本，问题就转变为：准则制定应该达到何种程度。如前所述，制定的准则太少就会导致信息不对称程度过高；然而，制定的准则太多又会导致对公司、经理人和社会施加的成本超过降低信息不对称而带来的收益。

过去几年，许多行业解除了管制，公司在价格、生产数量和质量方面拥有更大的灵活性，能自行做出决策。人们普遍认为，在驱动产品与服务生产的作用上，市场优于管制。航空业、货运业、金融服务业、电信业以及电力生产业等就是放松管制的例子。将这种市场信念延伸到会计领域，则表明社会可以依靠市场力量来激励公司产生"足够的"财务信息。

然而，安然公司和世通公司的破产（见 1.2 节）以及 2007—2008 年的股市崩盘（见 1.3 节）引起了人们对缺乏管制的市场稳定性的强烈怀疑。这导致在金融服务等一些行业中，管制得到了加强。实际上，在随后的十多年会计管制也得到加强，如《萨班斯-奥克斯利法案》以及第 7 章所概述的一些新会计准则，如金融工具、终止确认和合并。

如果信息生产的管制程度发生变化，将会发生什么？加强管制是否会遏制竞争和创新，是否符合成本效益原则？放松管制是否会使信息生产陷入混乱？目前，这些问题的答案尚不可知。然而，讨论准则制定的利弊有助于我们了解其中的权衡取舍，并理解信息在社会中的关键作用。

会计人员不应该把特定的管制程度看作理所当然的事。管制作为会计环境的重要因素，它是不断变化的，这在很大程度上影响着会计人员的行为、法律义务及法律责任。

图 12-1 列出了本章内容的结构。

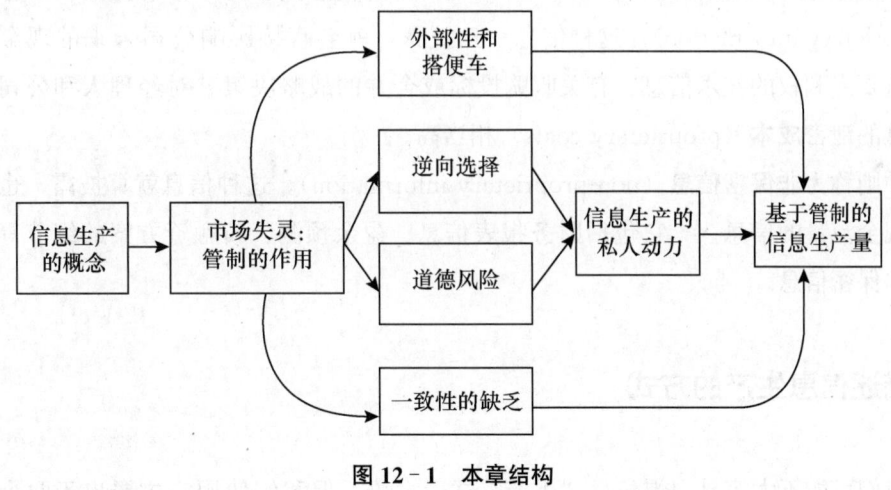

图 12-1 本章结构

12.2 对经济活动的管制

在我们的经济生活中，对经济活动实施管制的实例不胜枚举。拥有垄断专营权的公司，如电力传输公司、城市供水公司和地方电话公司，都是常见的例子。在这里，管制通常采用费率管制、价格上限管制或是资本投资回报率管制等形式。公共安全是经常受管制的领域，例如，电梯检查法、强制使用安全带、汽车轮胎制造标准、饮用水安全标准和防火规章都是这一领域的管制条例。在许多国家，通信基础设施是很容易受到管制的另一领域。

我们所感兴趣的是针对金融机构和证券市场的管制制度，这类管制往往出于两种原因。一种原因是源自会计信息的公共物品属性（见 5.5 节），管制机构试图增加信息生产来弥补由于公共物品属性所导致的生产不足。这些是**外部性**（externality）的例子，某个团体的行为（例如生产不足）可能会影响外部的其他组织。另一种原因则是为了保护那些由于信息不对称而处于信息劣势的投资者。如果经理人的行为和内部信息是能被所有人自由观察到的，那么就没有必要保护那些处于信息劣势的投资者了。

因此，外部性和信息不对称经常用来证明管制是为了对投资者进行保护。除了 GAAP，我们还有内部交易原则、要求披露的事项（例如管理层讨论与分析、高管薪酬、招股说明书）、公司电话会议记录的公开渠道以及法律对会计职业的管制。通过对普通投资者进行保护，这些管制增强了公众对市场的信心，并鼓励投资者广泛参与市场运行。高水平投资者的参与反过来也能改善市场的运行状况。

本章我们主要关注的是那些能影响对外披露的管制，例如公认的会计原则和审计准则、对上市公司实施审计的要求。公司并不能完全自主地控制其自身信息生产的数量和时点，必须要在许多管制下生产信息，我们将这些管制称为监管机构制定的准则。我们将使用**准则制定**（standard setting）这个术语来表示这些不同规则和管制的建立过程。

> **准则制定**是管制机构对公司外部信息生产决策所进行的管制。

在考虑信息生产问题时，区别经理人所拥有的两种信息类型是十分有益的。一种称为**保密信息**（proprietary information）。这种信息一旦披露，就会直接影响公司未来的现金流量，例如，关于重要专利权的技术信息、有关收购投标或合并的战略决策。对经理人和公司而言，披露保密信息的**泄密成本**（proprietary costs）相当高。

另一种则称为**非保密信息**（non-proprietary information）。这种信息就算披露，也不会直接影响公司现金流量的信息。[1] 它包括财务报表信息、盈余预测、新融资方案的细节等，审计信息也属于非保密信息。

12.3 描述信息生产的方式

尽管我们可能不太容易习惯信息"生产"这一术语，但我们使用它主要出于两个原因。其一，我们意欲将信息视为能被生产、销售的一种商品，那么，很自然地我们就会考虑信息生产的成本和收益问题，以及是否生产了对社会而言"最佳"的数量。其二，我们需要一种统一的方式来考虑信息生产的不同方式。信息是个复杂的商品。当我们谈到信息生产的数量时，所指的是什么？可从以下几个角度思考这个问题。

第一，我们来看什么是**更精准的信息**（finer information）。例如，一支温度计只能告诉你温度在 0 度之上或之下，而另一支能告诉你具体的度数，显然后者是一个更优的信息系统，因为它不仅能提供第一支温度计所能提供的信息，还能提供更多的信息。换言之，后者能使温度的读数更为精细。在会计环境下，更精准的报告系统会在现存的以历史成本为基础的报告中增添更多的细节。例如，扩展的附注披露、财务报表项目的额外单项信息、分部报告等。

根据第 3 章对决策理论的探讨，更精准的信息生产意味着能更好地区分不同自然事件的实现。在会计上，充分披露的概念意味着更精细的信息生产，充分披露提升了信息系统的信息含量，可以让人更好地分辨公司的相关情况。

第二，我们来看什么是**额外信息**（additional information）。例如，我们可以在温度计之外再加入气压计。对会计情景来说，额外信息意味着引入新的报告以披露目前未列入财务报表的有关事项。例如，将现行价值会计扩展到额外的资产和负债，将面向未来的财务信息包含在管理层讨论与分析中，对那些减少污染的活动进行披露，以及对公司风险的延伸披露。在决策理论中，额外信息意味着公司业绩所依赖的自然事件集的扩展。例如，一个温度计-气压计系统在报告温度的同时报告了气压。

在会计上，报告公司风险意味着对相关自然事件的延伸或者说是增加，高或低的未来业绩是否具有风险（这一点在例 3-1 中进行了讨论）。同样，我们在 7.2.2 节讨论过，如果报告是可靠的，公允价值会计能提升净收益反映经理人受托责任信息的能力。这样一来，这意味着好的或坏的经理人业绩能作为新增的相关自然事件。

信息生产的第三种思考角度是信息的**可信性**（credibility）。信息可信性的实质在于，信息接收者知道发送者有如实提供信息的激励。在温度计的例子中，购买者知道制造商为了在所属行业生存下去必须生产计量准确的产品。因此，购买者相信温度计能很好地指示温度。对会计情景来说，被"四大"会计师事务所审计过的财务报表要比被非"四大"会计师事务所审计过的报表更可信，因为在发生审计失败时大事务所会比小事务所付出更大的代价[2]，这代价包括被起诉时的声誉损失和"深口袋"（deep pocket）赔偿；因此，它们会保持较高的审计标准。一般而言，对经理人发布虚假信息的惩罚力度越大，投资者认为经理人披露的信息的可信性就越高。

本章中，我们不需要辨别信息生产的不同方式（更精准的、额外的或更可信的），而是笼统地将之称为**信息生产**（information production）。注意，不论我们如何看待信息生产，更多的信息生产总是意味着更高的成本，其中一些可能是泄密成本。

12.4　最佳的信息生产

从社会的角度来看，信息生产的社会最佳数量指的是当信息生产的社会边际成本等于社会边际收益时所生产的信息数量。这个最佳数量创造了最大化的社会信息收益。当信息生产达到这个数量时，任何增加的生产所需要的成本都大于其实现的收益；类似地，当信息生产少于这个数量时，社会将从追加的生产中获益。[3]

在本书中，我们已经讨论了许多有关信息生产的成本和收益问题。其中，收益包括更明智的投资决策（见 3.3.2 节）、公司通过信息生产可能降低资本成本（见 12.9 节）、逆向选择和道德风险的减少增强了投资者的信心以促使市场良性运行（见 4.6.1 节）；其他收益包括由于改善了潜在进入者识别有利可图的投资机会的能力从而减少了垄断（见 1.2 节）、对失败公司的及时识别（见 8.4.2 节）、更好地评估受托责任（见 10.5 节）、更好地评估某公司发布的有关其他公司的信息（见 12.9.1 节）。

信息生产的成本[4] 包括编制和发布信息的直接成本以及其他间接成本，如发布保密信息可能带来的成本（见 12.2 节），可能增加的契约成本，如公允价值会计导致盈余波动性增加而产生的契约成本（见 7.5.2 节）。

对于一些存在大量公司和客户的竞争性行业，例如农业和其他商品，在几乎没有管制的情况下，市场力量可以产生近似于最佳数量的均衡生产量。[5]

然而，由于信息的特征以及其社会生产成本和收益的复杂性，单靠市场力量无法实现最佳数量。

12.5 信息生产的市场失灵问题

下面我们讨论一些阻碍信息生产最佳数量实现的市场失灵问题。

12.5.1 外部性和搭便车

我们从两个定义开始：

外部性（externality）是指公司或个人采取行动所带来的成本或收益由其他公司或个人承担，而产生外部性的主体并未承担成本或取得收益。

搭便车（free-riding）是一家公司或个人以很少或零成本的方式从外部性中获取利益。

外部性和搭便车问题的关键在于，信息生产对公司的成本和效益，不同于对社会的成本和效益。

Anilowski，Feng 和 Skinner（2007）检验了管理层关于未来盈余的季度预告与股票市场整体表现的关系。举例来说，如果大量的经理人发布预期盈余将增加的报告，这将会产生一个传达了未来经济业绩信息的外部性，这对于投资者来说是很有用的。如果是这样，我们应该观察到在发布许多有关预期盈余的好消息之后，股票市场指数应该会上升。作者在其样本中规模最大的前 20 家"领头羊"公司中发现了这种效应[6]的证据。然而，他们得出结论，研究样本中的绝大多数公司遵循经济表现来发布盈余指南，而不是提供有关其未来业绩的信息。也就是说，盈余预测的数量和及时性达不到社会期望的水平。他们提出，如果更多的公司能更及时地发布盈余预测，那么外部性效应将扩大，社会将通过更优的投资决策获益。

关于搭便车问题，我们在 5.5 节中提到，由于会计信息的公共物品属性，一个人使用信息并不影响另一个人对信息的使用。因此，一些投资者可以搭便车。如果所有的投资者都意识到这点，就没有人有动机为此付费。因此，公司很难就生产会计信息进行收费，在这种情况下，公司的信息生产量将少于社会需求。

总之，如果外部性和搭便车的影响使公司无法从其全部信息生产中获得收益或其他收益，那么就会导致公司信息生产量下降。外部性和搭便车是市场力量无法实现信息生产最佳数量的一个众所周知的原因。因此，管制机构介入其中，尝试在信息收益和成本之间创造一种更好的社会平衡。

12.5.2 逆向选择问题

在这里，逆向选择问题有两个方面。第一，存在一个如第 4 章所讨论的内部交易问题。如果内部人面临着一个机会，即可以利用他们的内部信息进行交易并获取超额利润，那么愿意这样做的人就会被这个机会所吸引。这样，外部投资者就不会视证券市场为公平交易的场所。相反，他们会考虑自己的估计风险。他们会减少愿意用来购买股票的金额，或者完全退出市场。事实上，此时的信息生产数量不是最佳的，因为内部人为了自身的利益对市场隐瞒了有用的信息。

第二，经理人知道有关公司未来的坏消息，但不披露该消息，从而避免或至少推迟对公司产生的负面影响。这种及时性的欠缺也造成了信息生产的市场失灵问题。

12.5.3 道德风险问题

Bushman，Engel 和 Smith（2006）研究发现，净收益并不能完全反映经理人的努力程度。其中的一个原因是经理人可能通过机会主义盈余管理或者减少自愿披露来掩饰其偷懒行为和由此产生的低利润。因此，尽管存在经理人市场和激励契约，投资者依旧要考虑经理人的道德风险问题以及负面的盈余管理所产生的估计风险。

2007—2008 年的股市崩盘为道德风险引发市场失灵提供了一个实例。那些认为自己大而不倒的金融机构的经理人赌政府在必要的情况下会出手拯救他们。因此，他们有动机去承担过度风险（偷懒的一种形式），并通过例如避免表外实体合并等方法来进行掩饰。这导致了 1.3 节中所讨论的严重的市场失灵问题。

12.5.4 一致同意

2.5 节介绍了完全市场的概念。如果我们的经济系统具有完全市场且市场运行良好，股东们会一致支持使公司价值最大化的经理人。因此，假设经理人同时也是股东，那么第 9 章和第 10 章中讨论的激励问题就不会出现。由于具有运行良好的完全市场只存在于理想条件下，不完全市场（在这种市场下不是所有东西都有市场价格的）是一个更现实的假设。那么问题来了，股东们还会一致支持经理人实现公司价值最大化吗？

Ekern 和 Wilson（1974）关于公司实际生产问题（生产产品的类型和数量问题）的研究表明，在现实世界中，即使经理人选择最大化公司市场价值的生产计划，也不能得到所有股东的一致同意。[7] 实际上，利润最大化对不同的人具有不同的含义，经济系统的这种特点称为**缺乏一致同意**（lack of unanimity）。

类似的结果也适用于公司信息的生产。Blazenko 和 Scott（1986）认为，在因逆向选择而使信息市场无法正常运行的经济条件下，公司经理人会选择能使公司市场价值最大化的审计质量（审计也是一种信息生产的形式）和相关成本。然而，所有股东都更希望选择高质量的审计。原因在于，从股东角度看，审计具有双重功能。其中一种功能，如我们已提到的，是增加公司财务报表的可信性。这对于公司股东和经理人均有益。另一种功能是，审计提供了某种形式的保险。例如，它可能会迫使经理人披露之前不愿披露的信息，或者可能发现经理人试图机会主义地进行隐瞒或篡改内部信息。这个功能只对股东有利。因此，审计对股东更有价值，股东对审计质量的要求高于经理人。

我们得出结论，市场力量无法实现信息生产的最佳数量，信息生产需要一定程度的管制。然而，由于信息生产的社会成本和收益的复杂性和多样性，管制机构也无法实现信息生产的最佳数量。如果信息市场要运行良好，管制和私人信息生产的结合似乎是必要的。[8]

12.6 信息生产的契约动力

12.6.1 契约动力的例子

尽管管制和（或）市场力量不能实现信息生产的最佳数量，但还是存在大量的激励让公司愿意去生产信息。私人信息生产的动力源自公司缔结的契约。如我们在第 9 章看到的，信息对于监督契约的遵循情况是必需的。例如，如果经理人的努力是不可观察的，薪酬委员会会转而利用激励契约，而激励契约中的经理人薪酬将由一些可以观察的公司经营指标来决定，比如说净收益。同时，审计增加了报告净收益的可信性，以致公司的所有者和经理人都愿意将报告的净收益作为经理人业绩的计量指标。

同样，债务契约中必然包括债务条款。为了监督公司对债务条款的遵循情况，债权人会要求获得与债务条款相关的各种比率信息。而审计则增加了债务条款相关信息的可信性。

当私营公司走向上市时，私人信息生产的另一契约性原因就出现了。这可参见 Jensen 和 Meckling（1976）的模型。在公司上市的过程中，随着股份的全部或部分出让，其所有者-经理人就有了偷懒的动机。注意，在首次公开发行股票之前，偷懒问题被内部化了，因为所有者-经理人承担了所有成本。偷懒的成本是由于偷懒而导致的利润减少。首次公开发行股票之后，因为新股东也要承担相应比例的成本，所有者-经理人如果继续管理公司也不再承担全部成本，所有者-经理人在上市后偷懒的成本降低了，将更加愿意偷懒。进一步地，所有者-经理人有以牺牲新股东的利益为代价利用内部信息的激励，因此公司新的所有者面临着道德风险和逆向选择所带来的代理成本。

然而，投资者将意识到这种动机，并根据其预期的代理成本压低他们愿意为新股票支付的价格。为了减少这种惩罚，所有者-经理人有动力发布高质量的信息。一种可能是聘请有声望的审计师，另一种可能是利用（条件）稳健性会计政策，通过降低经理人确认未实现收益的能力来提升契约效率。

采用这种机会主义行为的动机来源于所有者与经理人的利益缺少一致性。利益一致性越差，提供可信信息的必要性就越大。LaFond 和 Roychowdhury（2008）得出了符合这种观点的证据，基于 1994—2004 年美国公司的大样本，他们报告了经理人持股越多越倾向于选择更稳健的财务报告，这与稳健性报告会抑制利益一致性较低（持股较低）的经理人高估收益的动机是相符的。

这里的关键问题在于，所有的契约场景下，公司有信息生产的私人动力——不需要任何管制机构来强制信息生产。信息生产的决定是契约当事人各方内部协调的结果。

12.6.2 科斯定理

罗纳德·科斯（Ronald Coase）在其 1960 年的一篇经典文献中论述了契约作为信息生产的关键机制的观点。科斯指出在特定条件下，外部性问题会内部化，从而减少对管制的需求。他的理论被称为**科斯定理**（Coase theorem）。

科斯举例，有两家农场彼此相邻。一个农场养牛，另一个农场种植庄稼。这里的外部性问题指的是牛闯进了庄稼地里践踏庄稼，导致庄稼受损、价值减少。一个解决办法就是管制——要求农场主用栅栏来保护他们的财产。然而，这只是选择之一。假设购买栅栏需要花费 $100，而庄稼的损失是 $150。首先假设养牛的农场主有权让牛进入隔壁农场的庄稼地里，那么种植庄稼的农场主将会设立栅栏，因为这个成本小于庄稼的损失；反过来，如果是种植庄稼的农场主有权向养牛的农场主追回损失，那么养牛的农场主则会设栅栏，因为这个成本小于他需要赔付的费用。

科斯定理的关键之处在于，无论权力属于哪一方，都是会设立栅栏的。这是社会需要的，因为设立栅栏的成本小于没有栅栏保护所造成的损失。[9] 事实上，利益集团之间的谈判和契约取代了管制。

将科斯定理放到会计背景下，考虑一个略微扩展的例子。假设一家公司发布消息的成本为 $100。然而，这个消息可以让投资者获利 $150。假定投资者有权要求发布信息，那么公司将发布消息，因为 $100 的发布成本小于如果没有发布消息需要补偿投资者的 $150。

然而，更合理的假设是，公司拥有其信息的产权。也就是说，公司拥有一定的垄断力量，因为投资者愿意为信息支付 $150，如果发布信息的成本只是 $100。接下来会发生什么取决于双方的相对议价能力。例如，如果他们最后谈判成功了，一个合理的契约是投资者出 $125 购买信息。

然而，无论采用何种机制，信息都是在没有外部管制的情况下发布的。对于社会而言这是合理的，因为信息的总收益是 $150，而其总成本是 $100。

原则上，科斯所述的信息生产的契约动力可以推广到所有契约缔结方。[10-11] 然而，通常来说，不同的投资者需要公司不同数量的信息。一个擅长财务分析的投资者可能需要一份非常详细的关于公司未来运作的计划，借此他可以估计公司未来的现金流量和投资回报。另一个投资者可能仅需要关于公司股利政策的信息。一个风险规避的投资者可能需要一个非常可靠但收费很高的审计师，而另一个投资者可能只愿选择收费低的审计师。还有一些投资者可能不需要任何信息，特别是在他们的投资组合合理分布的情况下，他们借由市场效率对自身进行价格保护。

如果经理人试图和每一个潜在的投资者就信息生产契约进行谈判，那么谈判的成本是非常高昂的。此外，如果不同的投资者想要不同的信息，公司生产信息的成本同样很高。相反如果经理人试图和所有投资者就同一个契约谈判，那么所有投资者必须就他们需要什么信息达成一致意见。又假设即使能够为不同投资者提供完全不同的信息，整个过程耗费的时间和成本也会非常高。因此，只有少数集团进入到契约谈判中似乎才是可行的。

即使契约缔结方就信息生产达成了共识，新的问题又产生了。除非协议能够得到执行（比如我们在第 8 章和第 9 章所讨论的非合作博弈），否则各个利益集团基于自身的短期利益有可能试图违反协议。例如，公司经理人的薪酬契约中规定了年终审计，年终审计的预期会促使经理人在这一年中努力工作。那么，因为经理人已经努力工作了，股东和投资者就会想辞去审计师，由此省下审计费用。但是，辞去了审计师后将降低对经理人在下一年度努力工作的激励。

显然，就信息生产直接订立契约看起来是很好的，但现实中却无法完全实施。当然，科斯本人也意识到当很多人介入其中的时候，议价成本会很高。因此，尽管契约是私人信息生产的重要动力，我们也不能完全依赖契约动力来满足社会的信息需求。

12.7 信息生产的市场动力

据此，我们现在转向私人生产公司信息的第二种动力，我们将其称为**市场动力**（market-based incentives）。这里的市场包括以下几个：

经理人市场通常对经理人业绩进行评价。因此，如果经理人发布虚假、不完整和误导性信息将会对他们的声誉造成影响。虽然在 10.2 节的讨论中指出，对声誉的考虑并不能完全替代激励契约，但它们的确减少了所需的激励数量。在例 9-2 中，经理人获得了利润的 32.37%，如果将声誉考虑进去，20% 可能就足够了。[12] 因此，（风险规避的）经理人所承担的风险也降低了，这使得他更愿意披露影响公司价值的信息。所以，经理人市场为信息生产提供了重要动力。

资本市场也能提供类似的动力。声誉和契约能够激励经理人提高公司价值，这促使他们向市场披露信息，因为更多的信息披露降低了对逆向选择的关注和估计风险（见 4.6.3 节），增强了投资者对公司的信心。这样一来，公司股票的市场价格将会上升，或者相应地，它的资本成本会下降。这将表现为提高公司的盈利能力和价值，由此增加经理人的保留效用和薪酬。

另外一个约束经理人的市场是接管市场，也称为公司控制权市场。如果经理人不能提高公司价值，公司就有可能被接管；如果接管成功，经理人就会被替代。股东的不满情绪越高，接管交易成功的可能性也越大。因此，接管市场激励经理人提高公司价值，也产生类似于经理人市场和资本市场的信息生产动力。

12.8 市场动力的详细分析

12.8.1 披露原则

一个简单的观点认为经理人会披露所有的信息，无论是好消息还是坏消息，这称为**披露原则**（disclosure principle）。[13] 如果理性投资者知道经理人拥有信息，但不知道是什么信息，他们就会设想，如果这是个好消息，经理人就会披露。因此，如果投资者没有观察到经理人披露信息，他们就会认定这是坏信息，并相应降低公司股票的市场价值。例如，假设投资者知道经理人拥有下一年度的盈余预测，但他们不知道预测的具体内容。经理人最好将其予以披露，因为不这么做，市场会认为预测的情况很糟。

经理人保持公司股价不下跌的动力也强化了这一观点。如前面所提及的，如果经理人的薪酬依赖于股票价格，股票价格的下跌，将通过向经理人支付低薪酬，或通过在经理人市场上降低经理人的价值损害经理人的利益。因为市场将认定如果信息不披露，就是最坏的信息，所以披露任何可靠的信息，股票价格和市场价值都不会比未披露信息下降得那么多。

毫无疑问，披露原则在许多情况下都是有效的——参见实务中的理论 12-1。然而，它并非总是有效的。Verrecchia（1983）曾试图解释披露原则与经理人并不总是充分披露这一实证观察结果之间的矛盾。Verrecchia 假设，如果进行了披露，那么披露就是真实的。然而，他又假设存在披露成本，该成本是个常数，与消息的性质无关。例如，披露有价值的专利信息必然存在泄密成本。他假设投资者知道经理人已掌握信息，并且知道信息披露是有成本的，但不知道信息的内容。

💡 实务中的理论 12-1

通用电气公司是一家位于美国的大型、复杂的集团，其营业范围从工业和医疗设备到飞机租赁、其他形式的贷款。2000—2002 年安然丑闻发生，并由此引发股票市场低迷和经济萧条，通用电气的股价下跌很多。尽管没有证据证明通用电气存在不规范的会计操作，但它的股票价格还是下跌了，这反映了当时公众对财务报告信心的普遍下降。

通用电气采用了许多策略来阻止和扭转公司股价的下跌，这些策略包括增加披露。在《华尔街日报》(Silverman，2002) 曾引用过通用电气首席执行官的这样一句话："如果财务报告……不得不像纽约市电话号码簿那么厚，那就是生活。"例如，通用电气 2002 年 3 月发布的 2001 年年度财务报告披露了公司 26 个商业部门的单独收入和营业利润，相关数据高于此前所披露的 12 个部门。鉴于安然公司对资产负债表表外实体进行的滥用，通用电气对表外实体进行了广泛的讨论并进行披露。公司披露的资产负债表表外实体都未持有公司股票，未参与投机活动或用来做任何公司业务的对冲。此外，通用电气的员工也不允许投资这些表外实体公司。

首席执行官还在此确认了公司 2002 年的盈余预测。公司开始提供分析师和投资者可获取的季度电话会议和网络公告，就盈余公告回答问题和提供其他信息。

通用电气还宣布，公司 2002 年起自愿将员工股权激励（ESO）费用化（FASB 准则对此的要求直到 2005 年才生效）。

Verrecchia 表明，如果我们将消息的性质按从坏到好的顺序排列，对于给定的披露成本，存在一个披露的临界点。为了使公司价值最大化，经理人只有当信息价值超过临界点的时候才会披露消息。披露成本越低，披露的临界点水平就越低，而如果披露成本为零，披露原则完全适用。实际上，Verrecchia 的模型暗示经理人更有可能披露好消息。

如前所述，Verrecchia 的模型适用于保密信息。如果要发布的信息是非保密的，比如说是一项预测，那会怎么样呢？Pae（2005）的研究表明，披露临界点仍然存在。在他的模型中，投资者不确定公司是否准备发布一项预测。如果发布预测，将影响投资者的不确定性和公司价值。因此，假设经理人的目标是最大化公司价值，只有当公司价值增加时，经理人才会发布预测。临界点是价值增量为正的点。如果预测值小于阈值，则不予披露，此时披露原则失效，因为投资者不知道公司已经准备发布一项预测——披露原则不会迫使经理人发布除了最糟糕的情况以外的信息，除非投资者知道经理人掌握了信息。

上述研究假设在披露原则下发布的信息是可信的。也就是说，投资者必须知道，经理人有如实披露信息的动机。显然，如果经理人对下一年度的净收益预测撒了谎，那就很难说这一信息正在被披露。在事件发生后需要核实的信息（如预测），其可信度取决于事后在多大程度上可以证实其错报并加以处罚。另一种确保可信度的方法是让第三方（比如审计师）对发布的信息进行鉴证。然而，由于很多内部信息即使在事实发生后也无法核实，因此如实披露不能总是得到保证。

Newman 和 Sansing（NS，1993）在一定程度上放松了对如实披露的要求。他们分析了一个由现有公司、股东代表和可能进入该行业的潜在竞争者组成的两期模型。他们假设公司经理人的行为是为了股东的最大利益，并且确切地知道公司的价值。假如没有潜在的进入者，如果公司承诺公开披露这一价值，股东的最大利益就会得到满足，因为股东可以在这两个时期最优地规划消费和投资。然而，公司价值的充分披露可能会导致竞争者进入市场并引发竞争，在这种情况下，现有公司将遭受利润和价值的损失。公司应该如何报告？

答案取决于进入者决定进入该行业的成本，以及由此给现有公司带来的利润损失。例如，如果进入成本很高，现有公司在进入时损失了大量利润，那么现有公司可能会披露关于其价值的不准确信息。也就是说，它将披露其价值所在的区间，而不是准确披露。如果它准确地报告了自己的价值，它所披露的信息将不可信，因为每个人都知道它有阻止潜在进入者进入市场的动机。[14]

NS 模型中的披露是真实的，因为公司可信地披露了其价值所在的区间。然而，该公司并没有充分披露真相，因为它并没有准确地报告其价值。有趣的是，Cotter，Tuna 和 Wysocki（2006）在一项关于管理层季度公开盈余预测的实证研究中指出，区间估计是样本中最常见的预测形式。[15] 同样地，Dye（1985）指出，如果投资者需要的信息和签订契约所需的信息之间存在冲突，披露原则也将失效。回顾我们在第 10 章所讨论的，经理人的薪酬至少部分是以股价表现为基础的。假设公司为编制净收益预测而产生了成本，市场知道这个预测的存在，但不知道具体数额。若报告了该预测，将会影响股价。这降低了股价反映经理人努力程度的能力，因为预测对股价的影响也会改变经理人激励薪酬的金额。实际上，该预测产生了代理成本，降低了经理人薪酬契约的效率。因而，正如财务会计理论的基本问题（见 1.10 节）所预测的，尽管报告该项预测对投资者提供了有用的信息，但阻止经理人报告该预测可能是更有利的。基于契约的最优信息可能不是投资者决策所需的最优信息，投资者需要的信息也可能因契约动因而不被报告。这意味着，与资本市场一样，经理人市场也不能保证信息的充分披露。Dye 的模型说明了披露的契约成本，并将代理成本添加到法律责任中作为潜在的预测成本。

总之，披露原则表明，资本市场鼓励自愿披露信息，使得没有必要进行管制。然而，这一原则是建立在多项假设之上的。当没有完全满足这些假设时，就像前述的模型一样，可能会导致部分披露或零披露。因此，管制的作用仍然存在。[16]

12.8.2 信号传递

公司在质量方面通常存在差异。例如，一家公司可能拥有比其他公司更好的投资机会。或者，一家公司可能从事更先进的研究开发，并形成具有潜在价值的专利。这类信息对于投资者来说是相当有用的。如果披露高质量项目和技术的细节，就可能会泄露有价值的保密信息。此外，即使经理人披露这些细节，市场也可能对此产生怀疑。在公司质量存在差异的情况下，经理人怎样才能可靠地披露公司的**类型**（type），而无须支付额外的成本呢？

区分不同类型公司的问题可以通过信号模型来研究。

> **信号**（signal）是公司为揭示自己的类型而采取的特定行动，如果该公司属于其他类型，那么其经理人采取该行动则是不理性的。

信号的一个必备条件是对于高质量公司的经理人而言，传递该信号的成本比低质量公司的经理人更低。这就赋予了信号可靠性，因为对于低质量公司的经理人而言，效仿高质量公司经理人的行为是不理性的，并且市场知道这一点。

Spence（1973）是第一个正式将信号均衡模型化的研究者，他的研究以职业市场为背景。由于高素质应聘者要比低素质应聘者更轻松（比如更少的努力）地获得特定的学位，Spence 认为存在一个均衡，也就是说，雇佣者可以用应聘者的学历水平作为其潜在能力的可靠信号。

随后的一些研究表明，许多信号与会计有关。Leland 和 Pyle（1977）指出当一家公司首次公开发行股份时，权益留存率是一个信号，因为对拥有坏消息的经理人而言，要保持高的权益比例是不理性的。Titman 和 Trueman（1986）；Datar，Feltham 和 Hughes（1991）拓展了模型，将审计质量作为一种信号纳入模型。类似的结论也适用于新发行股份时对承销商的选择。

预测也可以是一种信号。比如，一家类型为"高质量"的公司发布高质量的、"属于好消息"的预测信息只会花费很少的成本；而一家类型为"低质量"的公司，其预测的盈余不太可能达到"好消息"的标准，一旦发布后只会徒增投资者的强烈反感。在管理层讨论与分析（见3.6节）的披露管制中要求提供关于公司未来发展的信息，这属于预测信息的一种类型。然而，这些要求有足够的自由度，公司可以通过其预测质量传递信号。例如，我们在3.6.3节中所提及的，加拿大轮胎有限公司所获得的 CPAC 卓越奖及其广泛的风险披露表明，该公司的管理层讨论与分析报告中的前瞻性信息超过了最低要求。只要业绩较差的公司发现维持同样的披露水平成本高昂，那么加拿大轮胎有限公司的这种披露就带有信号的成分。因为，除了披露信息本身，该公司愿意选择高质量的披露原则来发布其管理层有信心且精心预测的内部信息，由此增加了预测的可靠性。

公司的资本结构也有信号的特征。例如，有证据表明，当公司发行新股时，现存的普通股市场价格将下跌。虽然现存股东权益被稀释是一种可能的解释，另一种解释是市场认为公司发行新股意味着公司属于低质量的类型——高质量公司更愿意发行债券或进行内部融资，发行债券的一个原因是高质量公司的高获利能力会使现行股东获得更高的价值增值，虽然杠杆利润是有风险的，但是高质量公司可以将其违约概率评估为较低，而低质量类型的公司则不能。

面向未来的信息可以是定量的（例如，盈余预测）或定性的（例如，未来战略计划的大纲，或对未来收入预测的讨论）。虽然预测可能是一个信号，但经理人通常也会发布定性信息，尤其是在盈余公告发布前后。这就提出了一个问题，定性信息是否具有信号传递的特征？Bozanic，Roulstone 和 Van Buskirk（BRVB，2018）研究了经理人发布的盈余公告中的定性信息的影响。他们在 2004—2014 年的大量盈余公告样本中识别出其中的前瞻性陈述，并将其分为盈余预测（即定量的）和其他（即定性的）。正如作者所指出的，比起定量陈述而言，经理人有较大的空间对定性陈述进行机会主义操纵。通常，很难核实诸如"我们计划将我们的海外业务增加20％"之类的陈述的准确性，而盈余预测则可以与实际的净收益相比较。不过，BRVB 发现，平均而言，公司盈余公告中前瞻性定性陈述的数量与在公告日期附近短窗口期内的股票回报之间存在正相关关系。他们还发现，分析师对盈余预测的准确性也有所提高。无论公司是否在盈余公告中发布了盈余预测，上述相关关系都存在，这表明，即使是独立的、面向未来的定性陈述也具有信息含量。

股利政策也是一个信号。股利的高支付率意味着公司对未来信心十足。然而，高支付率同时也意味着公司通过留存收益进行内部融资的投资前景不乐观。因而，股利政策不如其他信号那么有效。会计政策的选择也有信号的特征。例如，一家公司可能采用多种稳健的会计政策，高质量的公司这样做仍能产生利润，而低质量的公司则可能要报告亏损。因而，稳健的会计政策能传递经理人对公司未来充满信心的信号。

公司可能会使用多种信号。Callen，Chen，Dou 和 Xin（CCDX，2016）考虑公司发行债券的情况。公司拥有关于未来前景的内部信息，即有关偿债能力的信息。CCDX 根据公司未来的发展前景，将公司分为好和坏两种类型。

在没有关于公司类型的信息的情况下，投资者只能认为所有公司的偿债能力均处于平均水平（就像 4.6.1 节所述的柠檬市场），在这种情况下，好公司的利率将高于其财务状况所需的利率水平，反之亦然。因此，好公司有动力发送信号以表明它们的类型。

CCDX 指出，好公司可以通过它们选择的（条件）稳健性会计和债务契约的严格性（例如，3：1 的流动比率条款比 2：1 的更严格）的水平来表明它们的类型。坏公司不太可能模仿这些水平，因为它们违反契约的可能性太高了。因此，好公司的信号是可信的。作者假定好公司同时使用会计稳健性和严格的债务契约作为信号，因为信号的成本和收益是分散在两个信号而不是一个信号上的。请注意，这意味着稳健性和契约严格性是正相关的，因为更稳健和更严格的契约都有助于降低债务利率。

CCDX 接着指出，好公司发出信号的需求取决于信息不对称。投资者掌握的关于公司未来前景的信息越多，公司需要发出的信号就越少。因此，CCDX 预测，信息不对称程度高时会计稳健性水平和债务契约严格性之间的相关性高于信息不对称程度低时。

CCDX 以 2000—2007 年的美国借款公司为样本进行研究，研究结果与他们的预测一致，当信息不对称程度高时，两种信号之间的正相关性更高，而当信息不对称程度低时，两者之间的相关性接近于零。[17]

值得注意的是，信号要求经理人有选择权。事实上，Spence（1973）指出为了实现可行的信号均衡，经理人必须能够获取足够数量的、不同等级的信号。例如，如果管制机构对所有公司都规定了统一的审计质量标准，那么审计质量就不能作为可使用的信号。此外，降低管理层讨论与分析中预测质量水平选择的自由度，会降低信号的信息含量。

实行统一的会计准则损害了经理人传递信号的能力，这一论断对于准则制定很重要。在2.4.1节我们指出，历史成本会计的主要问题是，成本与收入匹配的方法缺乏唯一性。这意味着，报告实践的多样性降低了财务报表的可比性。这一含义就其过去的实际运行而言是正确的。报告实践的多样性给想要比较不同公司业绩的投资者带来了成本，因为在进行有效比较之前，他们必须将公司财务报表按共同基础加以重述。

然而，如果我们根据信号理论来重新考虑，会发现多样性并非先前假设的那般一无是处。只要公司对会计政策的选择能够揭示关于公司的可靠信息，报告实践的多样性就是可行的。我们在第11章关于盈余管理的讨论也强化了这一论点。我们认为，有些盈余管理具有正面作用，因为它能作为披露内部信息的工具。例如，能揭示有关持续盈利能力的内部隐藏信息的盈余管理可以被解释为一种信号，因为对于低质量公司的经理人来说，报告比可持续水平更高的盈余（由于应计项目的反转）时，其成本很高。显而易见，只有当存在一套丰富的会计政策（如GAAP）可供选择时，通过会计政策选择进行盈余管理才成为可能。信号理论是持续改进GAAP以消除会计政策选择的相反论调。

12.8.3　私人信息搜寻

到目前为止，我们对信息披露市场基础动力的研究集中在经理人身上。我们的论点是：高水平的信息披露将提高经理人的声誉，降低投资者的估计风险和公司的资本成本，对公司和经理人都有利。因此，披露信息的责任在于经理人。

在这样一种推理中隐含的逻辑是投资者是被动的。在确定是否购买公司发行的证券时，他们只关注经理人披露的信息。实际上，投资者受到了市场的价格保护。然而，许多投资者可能会积极地寻找信息，特别是在存在噪声交易者或者市场无效的情况下。例如，他们可能会调查并分析公司的基本面价值，或雇用分析专家和其他专家来帮助他们。他们可能会密切地观察他们怀疑拥有内部信息的人，并效仿他们的行动。

因此，投资者存在多种途径进行**私人信息搜寻**（private information search）。例3-1中比尔通过对年度报告的分析，运用贝叶斯定理处理信息，从而更新他之前对公司状况的认识。其他投资者也将知情，或者可能从比尔那里购买信息。只要这样的活动是成功的，内部信息很快就能为公众所知。这限制内部人利用内部信息获取收益，从而能降低逆向选择问题的严重性。

从社会角度看，私人信息搜寻成本相当高，因为不止一个投资者为发现相同的信息花费了成本。如果私人信息被公开，例如通过扩大会计准则来提高报告质量和增加公司间财务报表的可比性，这样信息生产所耗费的总资源将会更少。个人投资者将认为这些改进是有价值的——

他们将受益于更好的信息和更低的财务报表分析成本。然而，社会是否会从这些改进中受益是一个更困难的问题。

Hirshleifer（1971）在私人信息搜寻领域的分析是很经典的。Hirshleifer 认为，这是一种交换经济（即不生产商品和服务的经济）。他的分析意味着，即使信息搜寻对于个别投资者而言是有价值的，但信息搜寻的社会价值却是负的。由于没有生产，经济中的商品和服务数量是固定的。因此，即使信息公开了，信息披露也只是导致财富重新分配，它本身并不创造财富。由于信息搜寻是有成本的，所以其净社会效益[18] 是负的。

Hirshleifer 还讨论了产品经济。个人投资者仍然认为昂贵的信息搜寻是有价值的，但社会不会从中受益，因为知情投资者的收益会被那些不拥有该信息的人所遭受的损失所抵消。因此，当获取私人信息的成本高昂时，社会净效益是负的。然而，只要这些信息进入公共领域，投资者就会将其投资转向那些最能实现预期的公司，从而增加信息的社会生产。因此，社会可以从私人信息搜寻中获益。然而，生产和公开这些信息的成本仍然会抵消这些好处。

12.9　优质披露会得到奖励吗？

12.9.1　理论

如果市场力量可以激励优质披露，那么公司可以从更高的股价和更低的资本成本中获益。可以通过一些方法获得这样的收益。

第一种方法是提升投资者分散风险的能力。Merton（1987）提出了一个投资者之间存在信息不对称的模型：只有一部分投资者了解每家公司的情况，其他投资者无法通过完全分散投资来消除公司特定风险（见 3.5 节）。这样导致的结果是，公司的资本成本大于 CAPM 所得出的成本（见 4.5 节）。如果公司可以通过优质披露扩大其知情投资者的规模，那么在其他条件不变的情况下，其资本成本将下降，其市场价值将提升。实际上，公司特定风险通过更好的分散化而下降。

第二种从公司信息生产中获利的方法是提升公司股票交易的流动性。[19] 在 Diamond 和 Verrecchia（1991）的模型中，可信的[20] 自愿披露降低了公司和市场间的信息不对称，这将提高公司股票交易的流动性。优质披露会吸引大型机构投资者，因为这些机构投资者在今后出售大量优质披露的公司的股票时，其承担的价格风险较低。由于需求增加，优质披露的公司的股票价格将会上升。

公司也可能受益于较低的市场同步性。同步性就是公司之间股价同时变化的程度（见第 4 章注释 [12]）。在这方面，Lambert，Leuz 和 Verrecchia（LLV，2007）提出在一个有大量投资者的经济模型中，改善信息披露能降低该公司与其他公司股票收益的协方差。原因是，更好的信息披露可以为投资者提供更多的公司特定信息。因此，公司的股价较少受经济系统内信息的驱动（即同步性较低）。这降低了公司的 β 值，同时根据资本资产定价模型，降低了其资本成本。

同样有可能的是，一家公司特定的高质量信息可能会影响市场对其他公司的预期。例如，考虑像通用电气这样的大公司，如果通用电气提高了报告的信息含量，例如增加了对不同分部业务的披露，市场可以更好地预测通用电气的未来业绩。然而，由于通用电气的规模和多样性，它的业绩往往也向投资者传递了其他那些与通用电气的业务处于行业竞争地位公司未来业绩的信息，因此市场可以更好地预测那些公司未来的业绩与股价。当一家公司改进的信息披露影响了市场对其他公司的预期时，就会产生外部性，因为提高信息披露质量的公司不会从因其信息披露决策受益的其他公司那里得到任何补偿。因此，公司提高信息披露质量的原始动力低于信息披露决策的利益可以完全内部化时（例如，如果公司确实可以得到补偿）的动力。正如 LLV 所指出的，这意味着管制的作用——如果所有公司都被要求改善信息披露，投资者预测未来现金流量的能力将得到增强，这将有利于整个经济系统（除非增加的信息披露成本超过所有收益）。

然而，Johnstone（2016）对 LLV 的分析提出了一个警告。他指出，虽然公司改进披露可以通过降低 β 值（如 LLV 所示）来影响其资本成本，但改进披露中所包含的消息可能会影响投资者对公司未来现金流量的预期。如果是这样的话，他表明这一消息也影响了公司的 β 值，超过了 LLV 提出的协方差效应，进一步影响了公司的资本成本。[21]

如果消息是好消息，将增加投资者的回报预期，这种增加会增强有利的 LLV 协方差效应，从而进一步降低资本成本。然而，如果消息是坏消息，就会抵消协方差效应。如果消息足够糟糕，那么最终资本成本将会上升。

实际上，提高信息披露质量是一把双刃剑。高质量披露的好消息有助于降低资本成本，但公司应该意识到高质量披露的坏消息会增加资本成本。实务中的理论 12-2 说明了这一现象。

⚡ 实务中的理论 12-2

坏消息的影响可以从加拿大一家大型服装零售商马克公司（Mark's Work Wearhouse, Ltd.）的案例中看出。多年来，马克公司都在其管理层讨论与分析中高质量地预测其下一年度的盈余。然而，马克公司没有发布 1992 年的预测，因为这一年预计会出现亏损。其原因大概是，如果马克发布了坏消息预测，其高质量的预测水准将极大地影响投资者对该公司未来前景的预期，从而超过了高质量预测本身对其资金成本的有利影响。因此，高质量的披露倾向于披露好消息。

高阶信念的基础理论（见 6.5.2 节）为公司和市场可以从信息披露中获益提供了另一种工具。Arya 和 Mittendorf（2016）提出了一个模型，公司在计划一个新项目时会公开其意图。通常情况下，我们可能认为公司会尽可能长时间地保密其意图以保持在同行业中相对于其他公司的竞争优势。然而，Arya 和 Mittendorf 的研究显示，如果公司公开披露其意图，那么该公司和同行业的其他公司会获得更高的收益。

Arya 和 Mittendorf 的模型既包括所有公司都知道的公共信息，也包括每家公司特有的内部信息。例如，一家手机制造商计划采用一种更新、更快、更复杂的操作系统。有关该系统的公共信息表明，它有潜力但尚不确定它是否会成为行业标准。如果它能成为行业标准，那么会因为更高的手机需求、制造和分销领域更大的规模经济、更多的应用程序等，使所有的手机制造商都将受益于协调采用。如果它未能成为行业标准，采用新操作系统的公司将蒙受巨大损失。该公司基于其私人信息决定采用新操作系统。

那么问题就来了，采用新操作系统的公司是否应该披露其意图？Arya 和 Mittendorf 表示，答案取决于公共信息的噪声程度（即不精确程度）。如果它是非常精确的，那么每家公司都会采取行动，对上述公司来说，公布它的计划是没有意义的。然而，如果公共信息不够精确，就像我们在前一段中所描述的那样，那么公司披露其计划会更好。原因是它的披露会鼓励其他公司采用新操作系统，从而增加行业协调的利益。实际上，该公司公开了承诺将使用新操作系统这一内部信息。

Arya 和 Mittendorf 还表示，只有最初采用该技术的公司才会披露其计划。业内其他公司则不会，因为他们最好是等待市场对第一次披露的反应，并从第一次披露所增加的行业协调中受益。最终，该行业的所有公司都从最初的信息披露中受益。

请注意，这个情况与高阶信念是一致的，因为披露公司在其披露决策中考虑了它对其他公司的信念及其反应的信念。

我们可以得出结论，有许多理论可用来解释为什么高质量的披露可能有利于公司和市场。

12.9.2　报告质量的实证检验

披露质量的影响很难进行实证检验。披露质量不能被直接观察到，因此必须找到一些可衡量的代理变量。这些代理变量的研究通常试图将其与资本成本或证券回报率联系起来。如果发现了显著的正相关关系，就表明高披露质量的回报是投资者对高披露质量导致的估计风险降低的积极反应。下面的研究展示了披露质量的各种代理变量。

Botosan（1997）利用自己开发的衡量方法，在早期检验了披露质量。这是首次通过实证研究发现，披露质量越高，资本成本越低，至少对于那些只有较少分析师跟踪的公司而言是这样的。然而，Francis，Nanda 和 Olsson（2008）构建了与 Botosan 不同的衡量披露质量的模型，发现与其他盈余质量衡量标准相比，自愿披露对资本成本的影响很小，甚至没有影响。一种可能的解释是，自己构建的衡量披露质量的模型主观性较强，不同的模型反映的是披露的不同维度。

Lehavy 和 Sloan（2008）以 1982—2004 年大量的公司为样本，对 Merton 模型进行了检验。他们用大量持有某只股票的投资者的数量作为"了解"这只股票的人数的替代变量。在考虑了影响股票回报的其他因素后，他们发现，当了解股票的投资者的人数增加时，股票的未来回报降低（即资本成本降低），这与 Merton 的预测相一致。他们还发现，当公司特定风险增加时，该影响也会增强。也就是说，与特定风险低的公司相比，特定风险高的公司从提高投资者认知度中获益更多。

Hail 和 Leuz（2009）将交叉上市作为披露质量的代理变量。他们指出，在美国交叉上市的外国公司面临不断增加的披露义务，并且因为他们受到了证券交易委员会的管制而有机会通过增加的披露受益。他们以 1990—2005 年大量的外国公司为样本进行研究，分析这些公司选择交叉上市对资本成本的影响。他们发现，这些在美国证券交易所交叉上市的公司的资本成本持续显著下降，这与投资者对内部信息的关注减少是一致的。他们的结论与 Merton 模型一致，因为交叉上市扩大了了解公司的投资者群体。

Healy，Hutton 和 Palepu（1999）对 Diamond 和 Verrecchia 的模型进行了检验。他们用分析师对公司季度、年度报告以及投资者关系的评级来衡量披露质量。重要的是，分析师们评估的是披露质量，而不是公司的未来前景。他们发现在披露质量等级提高后的那个年度，公司的股价表现与同行业的其他公司相比有显著提高。他们还发现机构投资者对公司股票的持有量显著增加。这些发现都与 Diamond 和 Verrecchia 的预测一致。

Welker（1995）调查了披露质量对市场流动性中的买卖价差（bid-ask spread）组成部分的影响。买卖价差是信息不对称的一个衡量指标，因为当潜在买家担心与拥有私人信息的卖家进行交易时，他们会通过降低报价来保护自己；相应地，担心与知情买家进行交易的卖家会提高报价。Welker 预测公司披露政策越好，买卖价差越小。在控制了影响买卖价差的其他影响因素（如交易量[22]）后，Welker 发现披露质量（以分析师对披露质量的评级进行衡量）与买卖价差之间存在显著的负相关。这一结果也与 Diamond 和 Verrecchia 模型一致。

Sengupta（1998）对披露质量与债务成本之间的关系进行了研究。他发现，平均而言，在 1987—1991 年，分析师认为样本公司披露质量每提高 1%，利息成本就降低 0.02%。他还发现对于风险型公司这一结果更为显著，这些公司的风险是通过股票回报的标准差衡量的。根据 Sengupta 的解释，产生积极影响的原因是贷款者对披露政策好的公司赋予了较低的信用风险。

在对 12.9.1 节概述的 Lambert，Leuz 和 Verrecchia（LLV，2007）模型进行检验之后，Ashbaugh-Skaife，Collins，Kinney 和 LaFond（ACKL，2009）研究了《萨班斯-奥克斯利法案》的 404 条款（见 1.2 节）报告的内部控制缺陷的影响。回顾在这一法案之下，经理人与审计师必须报告公司内部控制（公司治理的一个重要因素）的状况，ACKL 发现，报告内部控制缺陷（即低质量的报告）公司的 β 值、估计风险和资本成本都高于没有报告这一缺陷的公司。这与 LLV 预期的估计风险对 β 值和资本成本的影响是一致的。ACKL 也发现一旦缺陷被修正，资本成本将显著下降。

Riedl 和 Serafeim（2011）也检验了 LLV（2007）的模型，他们指出，随着金融工具公允价值的确定从第一层次到第二、三层次（见 7.2.1 节），以公允价值为基础的估计风险提升，因为随着层次增加，经理人需要做出更多的判断。LLV（2007）的模型预测，主要持有第一层次金融工具的公司的估计风险相对较低，β 值[23] 也应该低于主要持有第三层次金融工具的类似公司，主要持有第二层次金融工具的公司的 β 值则介于两者之间。作者研究了美国 2007—2008 年金融机构的样本，对公司 β 值的估计基于修正的 CAPM 市场模型（见式（4.4））。他们发现，与 LLV 研究结果一致，随着公允价值估计层次的上升，公司的 β 值不断提升。

Riedl 和 Serafeim 之后将样本按照信息环境质量的高低进行了划分[24]，高质量的信息环境意味着更多的投资者"了解"公司。他们发现，相比信息环境质量较低的公司，信息环境质量较高的公司中三个层次估计的 β 值的差异更小，结果也与 Merton（1987）的模型相符。

市场对缺乏披露质量的反应也值得注意。Kravet 和 Shevlin（2010）研究了 1997—2002 年由于会计违规报告财务报表重述的样本公司，他们发现，重述公司显著增加的估计风险导致资本成本提升。他们采用 Dechow 和 Dichev 应计质量模型（见 5.4.1 节）衡量估计风险：更低的应计质量表明更高的估计风险，反之亦然。Dechow，Sloan 和 Sweeney（1996）得出了相关的结果，他们在对 SEC 针对违反 GAAP 进行调查的研究中发现，在公司被调查的信息宣布日，公司股价平均下降了 9%。

1.2 节概述的安然公司和世通公司的破产就是信息披露不良后果的典型例子。投资者信心的丧失严重到使这些公司的资本成本实际上已经变得无穷大。

实务中的理论 12-3 表明了低质量披露的其他后果。

> ### ⚡ 实务中的理论 12-3
>
> 2004 年 3 月，加拿大优质能源公司（Canadian Superior Energy Inc，现为 Sonde Resources Corp.）就最近公司放弃新斯科舍省海湾的 Mariner E-85 油井开发这一决策举行了电话会议。公司的首席执行官解释，这个油井是成功的，但公司的合作人——厄尔巴索公司（El Paso Corp.）决定不再在此项目上继续投资。首席执行官乐观地表示会寻找一位新的合作人，但拒绝回答听众任何问题。
>
> 此前，2004 年 1 月，加拿大优质能源公司已发布了对 Mariner 油井有利的报道。然而，公司的首席执行官却在同一个月卖出了其所持有的 430 万美元的公司股票。同年 3 月在发布放弃油井开发消息以及 CEO 拒绝回答问题后，公司的股价下跌了一半。而后发起了代表美国投资者利益的集体诉讼（该公司同时在美国和加拿大上市），该诉讼声称投资者被误导。2006 年，这一诉讼以 215 万美元的和解金结案。

我们的结论是，许多实证证据支持高质量的信息披露会对公司资本成本产生有利影响。这种更低的资本成本可以通过直接减少估计风险和（或）减少 β 值来实现。

12.9.3　估计风险能分散吗？*

本书已经多次指出，投资者会受到估计风险的影响。估计风险的定义为不知道影响公司未来业绩和投资者回报的公司关键参数的真实值，如持续盈利能力、公司治理和经理人诚信。上一节概述的许多研究表明，公司高质量的披露可以有效地降低估计风险，从而奖励并鼓励高质量的披露。

然而，为什么公司间的估计风险的变化不能像其他公司特定风险一样被分散呢？如果在一定程度上投资者可以分散估计风险，他们将不太关心这种风险，从而会大大降低公司的披露激励。这种可能性对会计人员和准则制定机构都很重要，因为如果公司不认为他们能从披露中获

---

*　本节为选学内容，可跳过，不影响全书的连贯性。

益，改善披露的努力将会遭到投资者的冷漠和经理人的反对。

如果估计风险是可分散的，那么为什么有大量的证据表明公司确实受益于高质量的披露？Francis，LaFond，Olsson 和 Schipper（FLOS，2005）提出了这个问题。他们使用应计质量（以 5.4.1 节中描述的 Dechow 和 Dichev 模型为代理变量）作为披露质量的衡量标准。在样本公司中，FLOS 报告发现应计质量与债务和权益资本成本负相关，这意味着股票价格反映了估计风险在市场的平均水平，就像 Akerlof 的柠檬市场的二手车价格（见 4.6.1 节）反映车辆的平均质量一样。FLOS 将他们的结果解释为估计风险不可分散的证据，因此具有较高应计质量的公司享有较低估计风险的好处，反之亦然。

然而，Core，Guay 和 Verdi（CGV，2008）认为，这并不能解决估计风险能否分散的问题。他们认为，虽然 FLOS 的结果反映了样本公司的平均估计风险水平（无法分散），但这并不一定意味着单个公司的估计风险会影响其资本成本。这些公司特定风险的影响可能在 FLOS 的样本中被分散了。如果是这样，就不能排除估计风险低但资本成本高的样本公司，反之亦然。CGV 使用与 FLOS 不同的实证方法，发现没有证据表明投资者因特定公司估计风险的高低而要求更高或更低的资本成本，由此他们得出结论，源自应计质量的估计风险是可分散的。

随后，Ogneva（2012）发现，具有较高应计质量的公司未来出现负现金流量冲击的概率平均较高（即出现大量现金流出）。使用 CGV 方法，在考虑了市场对这些未来现金流量冲击的预期对公司资本成本的影响后，Ogneva 发现样本公司的应计质量和其未来的股票回报率负相关。这意味着高应计质量导致更低的资本成本，反之亦然，这支持了估计风险不能分散的论点。[25]

Shroff，Sun，White 和 Zhang（2013）也给出了改善披露后资本成本降低的证据。他们研究了 2005 年 SEC 证券发行改革后一组公司的经理人预测和新闻发布行为。这一规定减少了知名公司在上市前的信息披露限制。改革的理由是，关于这些公司的很多信息已经出现在公共领域，这样投资者就可以根据他们已经知道的信息来评估证券发行期间提出的任何声明。他们没有发现公司利用放松的披露限制来"炒作"公司前景的证据。相反，他们报告了市场对用信息不对称（即买卖价差和其他几个信息不对称代理变量）衡量的估计风险的感知显著下降，以及销售新发行股票后资本成本降低。[26] 这表明公司以更好的信息披露来应对改革，从而增加了投资者的信心。

Clinton，White 和 Woidtke（2014）报道了改革后估计风险降低的相关结果。他们的发现包括：没有炒作、更好的披露、在 SEO 发行前 30 天管理层有更准确的盈余预测以及在 SEO 后有更高的股价信息含量。

如上所述，FLOS（2005）也发现，样本公司的 CAPM β 值随着应计质量的增加而下降。这就提出了另一种方法，即通过降低 β 值，公司可以从较低的估计风险中享受较低的资本成本。Lambert，Leuz 和 Verrecchia（LLV，2007）（见 12.9.1 节）指出了这种情况可能发生的原因。回想一下，他们的模型预测，公司的披露质量越高，股价的市场同步性就越低，因为相对于整体经济而言，更好的披露会增加公司特定信息的数量。因此，该公司的股票回报与其他公司的协方差降低，从而降低了 β 值和资本成本。正如 LLV 所指出的，当报告质量影响协方差时，财务报告中的估计风险不能分散，因为这些因素随着市场上公司数量的增加而大大增加。[27] 这就像我们在 12.9.2 节中总结的那样：披露质量高的公司可以从较低的 CAPM β 值中间接享有较低的资本成本。

Lambert，Leuz 和 Verrecchia（LLV，2012）对这些相反结果做出不同的解释，他们指出，如果一家公司股东的数量足够大，不存在包括知情人在内的个别投资者能通过买卖行为影响公司的股价和资本成本的情形（即投资者是价格接受者，或者说公司的股票是高度流动的）。因此，从作为价格接受者的投资者角度看，如果其他投资者买卖公司的股票，无论其他投资者是否具有内部信息，股价都不会受到这些交易的影响。如果知情人的交易不会影响股价，那么也没有必要担心内部信息，因此内部交易的威胁不会影响资本成本。

然而，如果公司中投资者的数量足够小，他们就不再是价格接受者，他们的买卖行为将影响资本成本。原因在于，如果投资者观察到其他投资者，如知情人在具有估计风险时买卖公司的股票，他们会认为这一投资者可能拥有他们不知道的信息[28]，并且这一买卖行为将影响股价。于是他们自己的买卖行为将跟随这名投资者，因此提升了初始交易对股价和资本成本的影响。对于给定的市场流动性水平，估计风险越大，这种影响就越强。如果是这样，估计风险将影响资本成本。

Armstrong，Core，Taylor 和 Verrecchia（ACTV，2011）基于 1976—2005 年上市交易股票的大样本检验了这一观点。对于每个样本公司，他们用多种方法衡量估计风险，包括买卖价差和应计质量，他们采用 4.5 节讨论的 CAPM 的扩展模型衡量资本成本。通过大量的检验排除了对他们结果的其他解释后，ACTV 发现，增加的估计风险对于股东数量排在前 20% 的样本公司的资本成本没有影响，这一结果更接近价格接受者的假设，而对于股东数量排在后 20% 的样本公司，几乎所有衡量信息不对称的指标都显示高盈余质量公司的资本成本显著降低，结果与 LLV（2012）的模型是一致的。

ACTV 的研究结果表明估计风险的分散化主要集中在股东相对较少（可能仍然是一个较大的数量）的公司中。

随后，Taylor 和 Verrecchia（2015）指出，许多投资者不是直接投资于公司的股票，而是通过机构投资者进行间接投资，如共同基金和交易所交易基金。作者指出，据报道，美国此类基金持有股票的比例超过 32%，而个人投资者持有的比例仅为 21% 左右。他们认为，这种间接投资的一个原因是，个人投资者评估一家公司所有特定信息的成本很高。机构投资者通过向客户收取费用以收回他们的信息收集成本，从而使其拥有获取信息的资源。实际上，他们通过自己的基金进行股票买卖，相当于将这些信息出售给小投资者。

因此，尽管个人投资者的数量非常大，但市场表现的数字似乎要小得多，因为每个机构投资者的买卖可能代表着成千上万的个人。这符合上述 LLV（2012）的"少数投资者"情景。

由于 Taylor 和 Verrecchia 对以大量个人投资者和一些机构投资者为特征的证券市场的描述似乎比只以大量小投资者为特征的市场更符合实际的证券市场，我们的结论是，估计风险对大多数公司来说是不能分散的。如果是这样的话，公司就能够从高质量的信息披露中获益。

12.10 分权管制

我们在 12.5 节指出，信息生产的市场严重失灵，因而需要一定程度的管制。然而，提到管制，人们会问是否可以提高管制的效率。一种可能是在财务报告方面给予经理人一些灵活性。

我们将这种灵活的方法称为**分权管制**（decentralized regulation）（也称"下放管理层法"），因为遵循性是授权至管理层的内部决策。虽然公司间的可比性降低了，但分权管制提高了报告的相关性，因为它是依据公司特定的情况调整的。

分部报告是分权管制的一个例子。公司可以用多种方式来划分分部，比如按产品、行业、地理位置或者这些标准的组合。公司的分部信息对于投资者来说是很有用的，特别是在对一家大型的复杂的公司进行评价时，一些相关信息（如各种风险、回报率以及成长机会等）可能被隐藏在合并的信息中。此外，不同公司的各个部门各不相同，分部信息能让投资者更好地评价每家公司。

尽管分部报告提升了相关性，但管理层在选择分部报告的基础和集中程度时可能会存在机会主义行为，这在一定程度上威胁了可信性。理论预计了机会主义的两种动机，一是报告分部业绩可能会为竞争者提供信息，因此产生泄密成本；二是管理层将业绩不佳的分部囊括在更大的总体中试图掩盖它的不佳业绩，因此产生经理人偷懒的代理成本。

Bens，Berger 和 Monahan（2011）基于 1987—1997 年美国公司的样本检验了这些问题。如果一家多分部公司的某个分部的毛利一直高于行业平均水平，那么该分部就不太可能被单独披露。因为高于行业平均水平的利润将会引致竞争，这支持了泄密成本动机。他们还发现，从总部获取融资的分部在一定程度上更不可能单独披露，因为这样的分部可能业绩不佳，合并披露支持了掩盖不佳业绩的动机。

因此，允许管理层自行选择分部报告的基础似乎已经把权力下放过头了。这就需要管制，至少在一定程度上消除经理人的机会主义。

IFRS 8（2006）规定了分部报告。一个类似的准则 ASC 280 - 10（之前为 SFAS 131（1997））在美国实施。这些准则要求公司通常在内部组织分部相同的基础上报告分部信息，划分基础与最高管理层决策和业绩评估所采用的划分方法一致。在我们看来，这一要求有两个方面是值得关注的。第一，在多种可能的分部划分基础中，与公司的商业模式一致（即与内部组织一致）作为分部报告的基础可能是对投资者最有用的，因为考虑到生产的产品和服务，面临的风险、回报以及成长机会，管理层是最清楚如何进行运营的。因此，外部报告采用与内部相同的基础，将有利于投资者洞察公司的运作。

这些要求仍然允许管理层拥有一些自由裁量权，因为内部报告的组织可以改变；尽管改变商业模式的成本可能很高，但是仍然有一些自由裁量权是可行的，例如分部的整合可能是不同的——如果两个分部向同一经理人报告，应该同时报告两个分部，还是报告一个更大的分部？

尽管保留了一定的自由裁量权，Berger 和 Hann（BH，2007）为新的分部报告基础是有用的提供了证据。他们将 1997 年（实行 SFAS 131 的第一年）美国公司样本对分部的披露与 1996 年同一家公司对分部的披露进行对比。SFAS 131 导致报告分部数量的增加，BH 检验了这些新的分部的特征。

BH 将样本公司分为有动机避免单独报告异常盈利分部（假设这些公司存在超过行业平均水平的超额销售回报率）和有动机隐藏业绩不佳分部（假设这些公司的资本投入超过现金流）的公司。他们发现，对于有动机隐藏低盈利分部的样本公司，其新报告的分部的平均利润低于非新报告分部的平均利润，这表明在 SFAS 131 实行前，经理人大量掩盖了那些业绩不佳的分部。因此，SFAS 131 似乎能将那些业绩不佳的分部暴露到阳光之下，通过鼓励经理人改善运营来减少代理成本。

对于有动机隐藏超额盈利分部的样本公司，BH 没有发现新报告分部报告了比非新报告分部显著更高的利润，这表明 SFAS 131 控制泄密成本动机的能力有限。

Cho（2015）构建了一组在 SFAS 131 生效后改变了分部披露基础的美国公司样本。为了与 SFAS 131 生效后进行有效比较，他重述了这些公司在 SFAS 131 生效前一年的分部披露，即假设 SFAS 131 在当时已生效进行分部披露。他发现，平均而言，相对于没有改变其分部披露基础的控制样本公司，在 SFAS 131 生效后，改变分部披露基础的样本公司增加了对利润潜力高的部门的资本分配，减少了对利润潜力低的部门的资本分配。内部资本配置效率的提高表明，SFAS 131 能激励更好地控制代理成本，这与 BH 的发现一致。

这些结果表明，SFAS 131 通过减少报告的自由裁量权至少降低了分部披露的代理成本。

分权管制的另一个例子是 IFRS 7 对金融工具风险披露的规定，要求依据提供给内部关键经理人的信息报告定量风险的汇总数据。相对来说，报告风险的最好方式就是与公司内部风险管理程序相一致。

会计准则允许公允价值的选择（见 7.5.3 节）也是一种分权管制，因为这向经理人提供了选择权。与严格的会计准则不同，允许选择的会计准则提供给管理层一种通过报告方法的选择来实现信号传递的能力。

我们的结论是，分权的会计准则能够生产出更多对决策有用的信息，尽管它会降低公司之间的可比性。

12.11　需要多少信息才足够？

尽管信息生产存在市场失灵，但我们并不必然认为日益增加的管制对社会来说是适宜的。这是因为管制会带来大量成本，包括制定和实施管制的机构运行成本和公司的遵循成本，可能更多的是间接成本。第一种间接成本是，当准则强制会计与报告的一致性时，经理人提供信号的机会就减少了。例如，对所有公司适用的审计准则和强制性的盈余预测要求，都会削弱潜在传递信号的机会。

第二种间接成本的产生，正如 12.5.4 节所得到的结论，是由于管制机构事实上无法计算社会最优的信息需求量。这是因为信息是一种复杂的商品，信息的私人生产以多种复杂的方式对管制进行补充，不同使用者有不同的决策需求以及不同的信息需求之间可能存在冲突，例如信息的决策有用需求与制定契约需求之间存在冲突。由于信息管制会影响公司筹资、投资和生产决策，所以任何"错误"数量的信息生产所带来的间接成本可能很大。

考虑到这些复杂的成本效益问题，我们很难简单地确定需要多大程度的管制。然而，可以肯定的是，完全放松管制对社会而言是不合适的。信息不对称、外部性和道德风险不受控制的影响可能非常严重，以致市场失效。完全管制也是不合适的，因为完全消除会计政策和信息披露选择的成本是巨大的。因此，这为应在多大程度上进行管制的讨论留下了很大的空间。

的确，我们可能永远无法知道管制的社会最优程度。这个观点源于**次优定理**（theorem of the second best）（Lipsey 和 Lancaster，1956—1957）。作者指出，在经济体系中增加或删除一项制约，比如一项会计准则，都会在整个经济中产生系统性影响，很难甚至无法确定新准则对经济的实际影响是净收益还是净损害。[29]

本书举了多个例子说明次优定理的应用。例如，我们在第 9 章采用一系列例子说明在敏感性与准确性之间合理权衡的会计准则改善了经理人薪酬契约的有效性。很显然，契约有效性的改善有利于公司的股东。然而，我们没有考虑到其他一些附带的联动效应。因此，就激励经理人更加努力工作而言，对于依赖志愿者的组织可能是不合适的（志愿者并不领取薪酬），更不用说对志愿者工作的激励可能导致其他潜在的、复杂的社会影响（如对休闲服装和高尔夫俱乐部需求的减少）。决定一项新准则对契约效率的改善是否具有社会价值，必须要考量为股东增加的财富能否超过各种外部性带来的成本。

然而，有些方法可以帮助我们理解准则制定的社会价值。例如，Laux 和 Stocken（2018）研究了会计准则在增加创新方面的作用。一般而言，创新的增加会改善社会福利。正如作者所指出的，高要求的 GAAP 鼓励投资者以合理的成本提供资本，鼓励创新活动。然而，由于难以达到过高的标准，投资者对 GAAP 下的信息质量产生了怀疑，因为过高的标准意味着违反 GAAP 的行为更多，从而增加了资本成本，阻碍了创新活动。

在 Laux 和 Stocken 的模型中，一位企业家[30] 努力评估一个创新项目并向资本市场寻求融资，这需要一份公开可观察的报告以使潜在投资者了解项目情况。如果报告显示"优秀"，投资者就会投资。然而，显示"优秀"的报告必须符合 GAAP 的标准。企业家发布"优秀"的报告时，有可能违反 GAAP 会计与报告标准，尽管融到了资金，但项目成功的可能性很低。[31] 但是，该报告是提交给证券监管机构的，证券监管机构可以在给定的概率下选择对其进行调查。如果进行调查并发现企业家违反了 GAAP，企业家将受到处罚。处罚的形式是该模型的一个重要变量，它包含一个固定组成部分（不管违规的严重性程度如何，都会受到一个较高的固定罚款）和一个基于违规严重性的变动组成部分（违反 GAAP 的程度越严重，罚款越高）。

请注意，当会计和报告准则越不严格时，发布"优秀"报告越不容易违反准则。现在假设 GAAP 的质量足够低，即使对一个低质量的项目发布了"优秀"的报告，也不可能违反 GAAP。由于所有的"优秀"报告都得到了融资，即使一个成功概率极低，甚至净现值为负的项目也将得到融资。实际上，这会导致社会过度投资于创新项目。投资者对较低的平均报告质量会做出消极反应，从而增加了企业家的资本成本，最终阻碍创新。

面对低标准的 GAAP 和由此导致的过度投资，证券监管机构可以加大监管力度，即增加违规被发现的概率，从而增加企业家的预期违规成本。因为企业家已经达到低标准的 GAAP 要求，这本身并不改变报告行为——之前已经达到低标准的报告在监管调查中将继续达到标准。

然而，增加企业家的预期违规成本将鼓励准则制定机构提高 GAAP 质量。如果是这样，这就产生了两个相反的效应。第一个是提高投资者对报告质量的信心，导致企业家的资本成本下降，创新活动增加。第二个影响是，随着 GAAP 质量的增加，违反 GAAP 的可能性增加。这对投资者信心和资本成本产生了相反的影响，最终阻碍创新。问题是，这两种影响哪种占主导地位？

答案取决于证券监管机构对固定和变动违规处罚的相对权重。首先，假设处罚主要是固定的。Laux 和 Stocken 指出，美国证券交易委员会最近强调追究轻微违规行为的做法与这种情况类似。然后，该模型预测，除非 GAAP 质量过高，否则第一个效应占主导地位。原因是，对 GAAP 的微小违反的高固定罚款、叠加被发现的概率增加，将增加如实报告的动机，并比因违反 GAAP 的可能性增加更能激励如实报告。Laux 和 Stocken 的研究表明，在一个具有高度监管执行力和对违规行为的高固定罚款的经济体中，相对较高的会计标准最能满足社会利益。[32]

相反，假设监管力度同样增加，但证券监管机构的罚款主要是变动的。那么，在 GAAP 质量相同情况下（与前述主要由固定罚款情形下相同），大量"优秀"报告将违反 GAAP。原因是，由于违规罚款是可变的，许多违反 GAAP 的报告被发现的预期成本相对较低（相对于高固定罚款的情况），因此更有可能被发布。这加大了第二种效应，即降低投资者信心。然后，准则制定机构需要降低 GAAP 的要求，使其第一种效应所获得的效益与第二种效应所产生的成本相等。Laux 和 Stocken 表明，在这种均衡中，GAAP 的质量相对较低，企业家可能会违反 GAAP，并且仍存在一些过度投资。

作者的结论是，经济中的最佳创新水平需要证券监管机构和准则制定机构之间进行谨慎协调。

《萨班斯-奥克斯利法案》（见 1.2 节）为管制的复杂性提供了另一个例子。该法案试图通过减少经理人的机会主义行为来增加社会福利。Hochberg，Sapienza 和 Vissing-Jørgensen（HSV-J，2009）对《萨班斯-奥克斯利法案》的影响进行了研究。他们考察了经理人、投资者以及其他受该法案影响的利益集团的游说行为。HSV-J 发现，平均来说，投资者支持该法案而经理人则是反对的。他们还发现，那些经理人游说反对《萨班斯-奥克斯利法案》的公司存在潜在的经理人机会主义行为，公司治理也相对较弱。与这些发现一致，在法案通过前的 24 周内，这些公司的股票回报比其他作为控制样本的公司（没有进行游说的类似公司）平均高 7%。所有这些发现都表明，投资者认为该法案所带来的益处要超过执行的成本，而主要的益处来自更好的公司治理和经理人机会主义行为的减少。作者还指出，随着法案的执行，那些有游说行为的公司的回报与控制样本的回报类似。这意味着投资者的良好预期实现了，如果该法案不起作用，有游说行为的公司的股票回报率就会降低，因为价值需要恢复到之前较低的水平。

这些结果说明《萨班斯-奥克斯利法案》对投资者的净效益是正的。然而，正如 HSV-J 所指出的，我们不能由此推断其社会效益也是正的，因为投资者的效益必须减去由此产生的其他社会成本。

Coates 和 Srinivasan（2014）评估了《萨班斯-奥克斯利法案》实施 10 年来对社会的影响，并得出结论：我们不知道《萨班斯-奥克斯利法案》是否对社会有益。正如他们所报告的一些调查证据表明，投资者甚至是管理者，总的来说都认为 SOX 是有益的。其他研究报告称，审计质量有所改善，市场流动性略有增加。此外，可以估计出满足法案要求的公司的直接成本（如增加的审计成本）。

然而，对《萨班斯-奥克斯利法案》成本和效益的直接衡量带来了一个严重的问题。Ge，Koester 和 McVay（GKM，2017）的研究说明了这一点。他们指出，小公司（市值低于 7 500 万美元）随后被免除了最初《萨班斯-奥克斯利法案》的要求，即对公司内部控制系统的运作出具独立审计报告的责任（见 1.2 节）。GKM 对这种豁免给小公司带来的成本和效益进行了衡量。

根据 2007—2014 年的小公司样本，GKM 估计小公司在此期间节省了 3.88 亿美元的审计费用，这一好处归属于这些小公司的所有投资者。

GKM 随后研究这一豁免所带来的一些成本。正如他们所指出的，没有内部控制审计，一些小公司可能无法意识到它们的内部控制系统是不完善的。因此，提供给管理层和董事会的信息质量降低，导致决策效率低下，从而使得收益减少。GKM 估计这些公司在此期间的利润损失为 7.19 亿美元，该损失亦由股东承担。其他一些公司可能知道他们的内部控制系统很差，但没有报告这一点。因此，它们的股价被夸大了，直到投资者最终意识到这一夸大情况，比如公司报告了减值冲销。GKM 估计，最终的股票市值损失为 9.35 亿美元，这些损失由那些在夸大报告期内购买了这些公司股票的投资者承担。

这些结果可能会造成这样的印象，即对小公司豁免是不可取的。然而，正如 GKM 所指出的那样，这是无法推断出来的。其中一个原因是，承担得与失的主体并不完全相同。阿罗不可能定理（见 1.2 节）告诉我们，一般来说，不同人的得与失不能组合成一个净社会价值。另一个原因是，豁免可能有其他的益处和成本，但无法衡量，如管理层的时间和诉讼可能性的变化。因此，GKM 得出了与 Coates 和 Srinivasan（2014）相似的结论，即不可能确切地说明《萨班斯-奥克斯利法案》是否改善了社会福利。

Deng，Melumad 和 Shibano（2012）进一步质疑了《萨班斯-奥克斯利法案》的社会效益。他们认为在该法案下，增加的审计责任导致审计师为了降低可能的法律责任而更加保守。例如，审计师可能坚持采用更频繁、更大规模的减值（条件稳健性）。作者指出，在这样低估的条件下，可能导致资本成本的增加和投资的减少。[33]

其他间接影响包括公司退出市场（证券交易委员会不再监督他们的证券），外国公司撤回它们在美国交易的证券，以及小公司拒绝增长至超过 7 500 万美元的市值门槛，因为低于这个门槛就不需要遵守《萨班斯-奥克斯利法案》。所有这些活动都会影响经济中的投资水平。

评估监管对投资者影响的另一种方法是，研究随着监管的增加，向市场提供信息时净收益的价值相关性。Ely 和 Waymire（EW，1999）对 1927—1993 年进行研究。和我们在 6.8 节提到的 Lev（1989）的步骤相似，他们对期间内每一年的公司股票价格对净收益的反应做了估计。

EW 发现，这期间 R^2 的平均值为 0.185，这说明在此期间，净收益信息解释股价变化的比例略高于 18%。

研究者还将研究期间分成四个阶段进行检验。第一阶段是 1927—1939 年。这是在美国注册会计师协会（AICPA）成立会计程序委员会（CAP）之前。CAP 是美国第一个专业的会计准则制定机构。随后考察的阶段与美国会计准则制定机构几次重大重组时期相吻合。比如，第四个阶段开始于设立 FASB 的 1973 年。总之，在 1927—1939 年是没有会计准则的。而在随后的三个阶段中，会计准则的数量稳步增加，FASB 是最新和最活跃的机构。

EW 认为，如果这些新会计准则对投资者是有利的，相较于 1927—1939 年，净收益的价值相关性在随后的期间会增加，并在每一成功的准则制定期间呈现递增趋势。然而，通过各种方法的检验，均未见显著增加。

尽管有这些相当消极的结果，Christensen，Hail 和 Leuz（CHL，2016）在确定新法规的社会效益（即不包括社会成本）方面取得了一些进展。他们研究了欧盟在 2003 年和 2004 年引入的两项法规对证券市场流动性的影响。第一个目标是减少内部交易的滥用。第二个目标是加强各项信息披露规定的执行力度，为投资者增加透明度。CHL 的研究涵盖了欧盟 26 个成员国和欧洲经济区中所有在受监管证券市场公开交易的公司。

回顾 7.7 节，当存在逆向选择和估计风险时，证券市场的流动性会受到影响。因此，流动性的改善意味着市场将变得更有效和更好。CHL 发现，平均而言，这两个标准导致流动性增加了 10%，这表明投资者获得了可观的利益。

然而，正如 CHL 所指出的，这些结果并不一定意味着这些法规对社会有益，因为难以观察的间接成本可能已经超过了收益。

我们的结论是，由次优定理所引起的效应是难以计算的。

⚡ 实务中的理论 12－4

Jamal，Maier 和 Sunder（JMS，2003）考察了隐私权政策和互联网产业的实践。在美国，互联网产业不受管制，结果产生了滥用网站访问者隐私权的逆向选择问题，比如访问者遭到来路不明的邮件的攻击，甚至包括网站将私人信息出售给第三方。

如 JMS 所指出的，市场力量会限制这种行为——网站会意识到保护用户的隐私是符合它们的长期利益的。比如，网站可以通过建立和遵循隐私政策，使网站的用户可以选择不接收后续的广告信息。这些政策可以通过自愿聘请鉴证服务来加强。有很多这样的服务，其中 AICPA 和 CPA Canada 共同制定的网站安全审计标准（WebTrust）就是一个例子，它包括了一整套用户隐私政策的审计标准。

考虑到这些因素，JMS 对 100 家高访问量的网站进行评估。其中，34 家网站有某种形式的鉴证服务，这 34 家网站都在其页面上发布了容易访问到的隐私政策。然而，在 66 家没有鉴证服务的网站中，有 63 家也公布了隐私政策。这说明大多数网站至少都意识到保护用户隐私对自身利益的意义。

为了评估这些网站是否确实遵守了它们公布的隐私政策，JMS 以不同的身份分别登录每个网站两次。一个身份，他们选择允许将个人信息分享给他人，另一个身份则选择不允许。随后的 26 周他们对每个身份收到的邮件进行跟踪。那些选择允许信息共享的登录者共收到了 15 143 封邮件。这些邮件大多来自五个网站，无一通过相关鉴证；那些不允许信息共享的登录者只收到了 501 封信。这似乎说明，即便没有管制，绝大多数网站也会尊重登录者的隐私意愿。

JMS 得出结论，市场力量使得网站自愿进行鉴证服务，并将此作为其自身诚信的信号，也使得消费者的利益得到了切实的保护。然而，他们担心互联网产业和会计行业不同，例如，二者处于发展的不同阶段。此外，他们的发现还提出了这样一个质疑：不断增加的、旨在确保诚信和保护客户（投资者）的会计监管到底是必要的还是有益的。

12.12 有关准则制定的经济问题的结论

社会应该在多大程度上实施信息生产管制是一个复杂的问题，这对会计人员来说也是一个重要的问题，因为准则在很大程度上决定了会计人员所处的行业环境。准则制定的程度对市场经济也很重要。目前，我们目睹了对公司信息生产决策的大量政府管制，这些管制包括内部交易规则和充分披露规则，还包括建立会计和审计职业的法律管制，并授权制定 GAAP 的机构，如 IASB，AcSB 和 FASB。然而，由于衡量社会成本的复杂性以及存在众多以市场为基础的激励让公司生产超过最小管制数量的信息，管制机构所推行的会计准则制定程度是否为社会所期望尚值得讨论。

实际上，理论上已表明，公司会出于多种原因自愿生产信息。这主要源自契约订立的信息需要和市场力量。契约各方都需要信息来激励努力和奖励成就。经理人市场、接管市场与证券市场相互作用，激励经理人通过披露信息来提高公司的市场价值。信号传递是披露可靠信息的一种重要机制。

这样的私人动力无疑会推动信息生产。然而，理论也表明，仅靠私人动力所产生的信息数量也可能无法满足社会需要。原因可以通过两个阶段进行论证。第一，当涉及很多人时，信息生产的契约动力便会失效，因为很难协调他们的许多利益。此外，契约假定执行和解决争端的法律制度运作良好。缔约双方的财富、权力和信息差异都可能损害任何法律制度的公正性。因而，我们不能依赖契约动力来满足社会对信息的所有需要。

第二，当契约失效时，市场价格（管理服务和证券的市场价格）将取而代之，成为信息生产的动力。然而，当存在信息不对称时，市场不能促使信息充分披露，并且由于信息披露存在成本，公司将在成本与收益之间进行权衡。因此，内部信息仍会存在，使得经理人对信息生产所做的决策与投资者对信息的需求不一致。投资者会要求进行管制以弥补这些可以被感知到的缺陷。

然而，重要的是要认识到，管制不是灵丹妙药。因为管制也有成本。这包括直接成本，如制定和实施准则的机构的运行成本和公司的遵循成本。更重要的是，还包括如果管制机构规定了"错误"的信息数量，将给社会带来的间接成本。由于信息是一种复杂的商品，这种情况很可能发生。考虑到信息对公司生产、筹资和投资决策的影响，以及它在经济中产生的连锁反应，所以给社会带来的这类成本可能是巨大的。

这样，准则制定的问题就转化为成本—收益的权衡问题。准则的成本不但包括实施成本，还包括制定机构任何决策错误带来的成本。收益是指，在私人市场力量已发挥最大作用的前提下，管制能减少仍然存在的市场失灵。目前，尽管给公司如何满足准则的要求提供一定的灵活性被认为是值得的，但我们仍无法知道管制收益在多大程度上超过管制成本。

最后，应注意到本章只关注社会全体的信息收益，而没有关注到这些收益如何分配。然而，一致同意的缺乏将导致信息分布的不公平问题。换言之，准则制定既要考虑经济因素也要考虑政治因素，我们将在第 13 章对此进行讨论。

第 12 章习题

📚 注释

[1] 保密信息和非保密信息间的分界线有些模棱两可。例如，看似非保密的信息（如一项财务预测），如果能吸引该行业准进入者的进入，那么其披露也会影响未来现金流量。然而，这种区分是很有用的。对保密信息和非保密信息之间相互联系的进一步讨论，见 Dye（1986）。

[2] 例如，参见 De Angelo（1981）。

[3] 在经济学术语中，这种情况称为**帕累托最优**（Pareto optimality），以意大利经济学家、哲学家帕累托（1848—1923）的名字命名。在这种情况下，不可能再改善某些人的境况，而不使任何其他人受损。信息生产的边际成本等于边际收益的准则即为帕累托最优，因为它创造了信息生产的最大化收益，在这种情况下如果某些人获取了较多的收益，必定有人遭受了损失。13.4 节就帕累托最优做了更进一步的讨论。

[4] 我们假设整个公司自愿承担自身信息生产所产生的直接或间接成本，并接受管制。另一种选择则是政府偿还公司信息生产的社会价值部分。然而，由于信息生产的收益难以衡量，因此这个选择作为一个实践方法似乎是行不通的。

[5] 福利经济学的基本原理决定了市场力量生产社会最佳产出的确切条件，例如，参见 Takayama（1985，pp. 185–201）。

[6] 正如 11.5.1 节所讨论的，管理层的盈余指南是会受到封锁的。在某种程度上，许多管理层报告类似于盈余指南，这也是突破封锁的另一种方式。

[7] 条件是，经理人的行为不能改变经济中自然事件的概率分布，或者所有投资者的效用只取决于他们预期收益的均值和方差。

[8] 在公允价值会计的背景下可能可以对这种结合进行分析，参见 Demski，Lin 和 Sappington（2008）。

[9] 这里假设 $100 设立栅栏的成本不至于高到让支付这笔费用的农场主就此破产。

[10] 在我们的例子中没有发生搭便车问题，因为我们假设只有一个投资者。如果扩展到其他没有付费的投资者从信息中获益，社会的总收益会增加，但是例子中为发布信息进行谈判的投资者的动机可能会受到影响。

[11] 严格地说，这些分析忽略了为社会提供信息的固定成本。这些固定成本包括公司准备生产信息的固定成本，以及其他专有成本。Coase（1960，及其参考文献）指出，通常来说，我们不能确定个人消费者是否愿意支付生产一个产品所需的固定成本。在我们的情境下，如果公司完全不生产信息，社会可能会更好。然而，对公司信息生产管制的完全放开可能会使社会陷入混乱。如果是这样，我们可以大胆地假设，信息生产的收益大到足以抵消其固定成本。

[12] 也就是说，必须通过增加薪资来补充经理人的契约，以满足其保留效用的要求。

[13] 披露原则是 Grossman（1981）和 Milgrom（1981）提出的。

[14] 这种游戏类型称为**廉价交谈游戏**（cheap talk game），因为不同于接下来要讨论的信号模型，它对于经理人不存在披露的直接成本。然而，披露的间接成本是存在的。因为披露不精确区间信息削弱了股东制订最佳计划的能力。这是在威慑进入者和准确报告之间的一种博弈。该模型最早由 Crawford 和 Sobel（1982）提出。

[15] 作者将预测的发布归因于经理人尝试将过于乐观的分析师预测降低至公司可达到的水平，而不是为了防止竞争者的进入。

[16] 模型预测没有披露的信息通常是坏消息。这为要求条件稳健性的管制提供理论上的支持，因为它促使了坏消息的披露。这与我们在实际中观察到的一致——参见第 7 章介绍的强制实行减值测试的会计准则。

[17] CCDX 对契约刚性的衡量包括基于样本中公司平均契约松弛度的衡量——较低的松弛度表明更严格的契约限制。测量稳健性的方法还包括 Basu（1997）的方法（见 6.10 节）。他们对信息不对称的衡量是基于公司异常现金支付的可变性。该措施旨在捕捉投资者对管理层的不确定性，即管理层向内部人士及股东支付巨额款项会损害贷款机构的利益。根据有效契约理论，这是贷款机构的一个主要关注点。

[18] 如果财富具有递减的边际效用，那么社会成本就会降低，而改善的财务报告将财富重新分配给不那么富有的投资者。然而，这样的好处很难衡量。参见 13.4 节。

[19] 参考第1章的注释 [26]，股票流动性指投资者可以以市场价格和合理的交易成本快速地买入并卖出大量股票的程度，并且这种买卖对市场价格几乎不造成影响。

[20] 可信度的实现策略涉及法律诉讼、审计、证券交易所和上市的国家。聘请高质量的审计师意味着承诺发布更好的信息。此外，如果将公司换到其他信息标准更高的国家的交易所上市，其经理人则是做出了更高信息生产水平的承诺。

[21] 正如 Johnstone 所指出的，LLV 意识到了这种效应，但在他们的研究中选择不去评估它，而是专注于对 β 值的影响。

[22] Lee, Mucklow 和 Ready（1993）发现当股票交易量异常大时，股票的买卖价差变大。他们指出，市场将认为大的交易量是由于内部人或其他具有信息优势的交易者利用优势信息进行交易的结果。在不知道这些信息内容的情况下，市场对股票的前景变得更加不确定，并提高买卖价差以保护自己。其他影响买卖价差的因素是买卖交易的成本、交易商持有股票以迅速实现交易的成本和交易商之间的竞争程度——竞争越激烈，买卖价差越小。一只股票报告的市价是买卖价差的中点。

[23] 正如 12.9.1 节讨论的 Lambert，Leuz 和 Verrecchia 的模型，投资者对内部交易更低的关注是对股价中包括更多公司特定信息的另一种表达方式，即市场的同步性更低。更低的同步性意味着股价的共同波动更小，即 β 值更低。

[24] 作者使用四种衡量信息环境质量的方式。分析师跟踪高于中位数、市场价值高于中位数、分析师盈余预测偏差低于中位数和分析师预测分散程度低于中位数的公司被认为信息环境质量更高。

[25] 如果投资者认为应计质量高的公司的（估计）风险较低，他们就愿意接受这种公司股票的实现回报较低，或者等价地，该公司享有较低的资本成本。

[26] 这些结果并不一定与 11.4.3 节中讨论了为了 SEO 和 IPO 而增加盈余管理的发现不一致。这些研究主要是 2005 年之前的。此外，我们的结论是，投资者预期了盈余管理，并在对新发行的股票进行估值时对此加以考虑。SEC 的放松措施可能会减轻市场的这种担忧。

[27] 对于 n 个证券的投资组合，协方差项数为 $n(n-1)/2=n^2/2-n/2$，由于平方项的存在，这一数值比 n 的增长速度更快。

[28] 这一观点来自噪声交易的理性预期模型中股价的部分信息含量本质，参见 4.4.1 节的讨论。

[29] 从技术层面上说，社会福利最大化可以模型化为数学推导问题，限制条件为财富、生产能力，在我们的情况里还有信息生产的会计准则。对限制条件最大化进行一阶求导，可以得到社会福利问题的帕累托最优解，各种限制条件的拉格朗日乘数表示各种限制的社会成本。Lipsey 和 Lancaster 指出，如果一个限制发生了变化，比如通过一个新的会计准则，那么所有的乘数都会变化，而不仅仅是会计准则这一项的乘数。这意味着一个新的会计准则是增加还是减少了社会福利，必须评价它对整个经济的影响，这是一项异常复杂的任务。特别

是我们无法确认一个能提高信息系统质量的会计准则是否有利于社会福利，即便它对于股票价格和公司治理都有利。然而，从会计的角度看，这个结果不像它看起来那样黯淡。这意味着在很长一段时间里，在设计和执行会计准则时我们需要专业的知识和判断。

[30]　企业家和投资者都被假定是风险中立的。

[31]　报告包括遵循 GAAP 的财务报表。

[32]　但不要太高。如果 GAAP 质量提高到企业家愿意遵守的水平以上，这将导致虚假报告，报告质量将下降，资本成本将增加，阻碍创新。

[33]　在这方面，2012 年美国颁布的《乔布斯法案》(Jobs Act) 通过降低小型公司的部分信息披露要求减少了《萨班斯-奥克斯利法案》的负面效应。特别地，发展阶段的成长型公司，即计划首次公开发行股票并且收入低于 10 亿美元的公司，依据《萨班斯-奥克斯利法案》404 条款由独立审计师出具财务报告内部控制有效性报告的要求得到放宽（也可参见第 13 章习题 15）。

第 **13** 章

准则制定：政治问题

13.1　概　述

在第 12 章，我们已经看到，从经济学的视角如何确定对会计与报告准则的社会最优管制程度这一问题仍然悬而未决。在缺少管制的情况下，我们提出了一些促进私人信息生产的契约性激励因素以及以市场为基础的激励因素，但我们也会发现这些激励有时还不足以产生充分真实的披露。归根结底，我们还是不清楚通过增加会计准则以减少市场失灵给社会带来的收益能否超过准则制定过程中的各种成本。然而，市场失灵似乎是个基本的问题。信息不对称（以及由此导致的道德风险和逆向选择问题），不仅导致对公司信息生产的需求，也会导致对信息生产管制的需求。问题在于信息需求与供给的不均衡——公司自发产生的信息量没有必要，也不会恰好等于投资者所需的信息量。因而，投资者便可能寻求会计管制以弥补其感知的信息不足。

第 12 章主要关注信息收益扣除成本以后的净收益大小，无论它是由市场力量、管制还是二者共同生产出来的，这个净收益越大，对社会公众越有利。然而，由于不同利益集团的利益经常发生冲突，利益集团之间信息生产的利益分配使得准则的制定进一步复杂化。制定准则时，管制机构和准则制定机构必须对经理人、大小投资者以及其他主体的利益进行权衡。但是关于权衡的价值判断却难以做出。

这说明，准则制定从根本上来说不仅是一个经济问题，同时也是一种政治程序。这种观点与会计利益团体的概念相一致，与第 8 章和第 9 章中有关利益冲突博弈论及代理理论相吻合，还与 2007—2008 年证券市场崩盘时政府试图影响准则制定机构也是相符的。当各种会计利益集团之间的利益冲突不能被契约和市场力量所化解时，它们就会很自然地求助于政治程序。

我们的第一个目的是回顾管制的两种理论，第一种是**公共利益理论**（public interest theory），这种理论认为管制将使社会福利最大化，这就是第 12 章所述的观点。第二种理论是管制的**利益**

集团理论（interest group theory），其认为个人组成联盟或利益集团，并通过游说政府来保护和提高自身的利益。这些联盟被视为相互冲突的集团，从管制中寻求各自的利益。

我们的第二个目标是要考虑准则制定机构为使其制定的准则被接受而必须考虑的条件。尽管对任何准则来说，决策有用性和减少信息不对称都是必要的，但准则想要被各方利益集团所接受还需要考虑更多的东西。这就要求准则制定机构认真关注准则制定的允当程序（due process）。

管制机构和被管制机构之间的信息不对称是管制的又一个复杂问题，这在第 12 章中很大程度上被忽略了。由于经理人最了解本公司的成本、需求来源以及信息环境等，管制机构面临着信息不对称的问题。实际上，公司本身是其自身信息的垄断生产者——我们不能假设经理人会心甘情愿而且诚实地把信息透露给管制机构。管制机构必须决定是利用所能获得的有关公司成本和收益的最优信息来制定会计准则，还是允许公司至少拥有一些自主权和决定权，从而依靠契约和市场力量来推动公司的信息生产。

最后，我们还需考虑由全球资本市场一体化和会计准则国际趋同所导致的财务报告和会计准则制定方面的挑战。

图 13-1 列出了本章内容的结构。

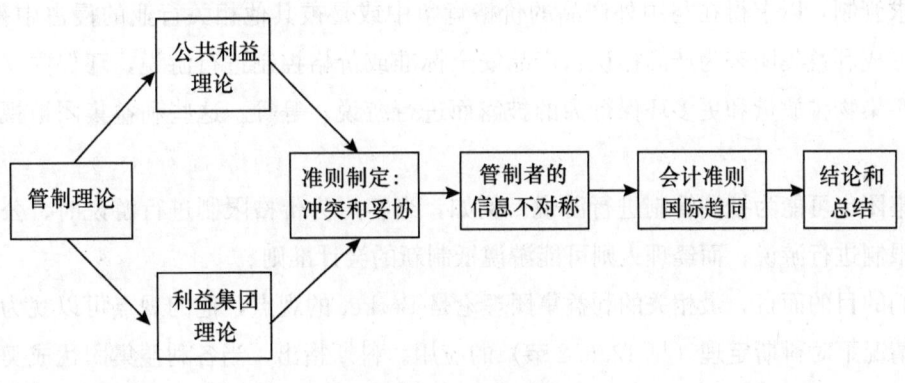

图 13-1 本章结构

13.2 管制的两种理论

13.2.1 公共利益理论

在第 12 章中，管制的公共利益理论实际已经隐含在我们对准则制定的研究中。这一理论认为，管制是因公众对纠正市场失灵的需求而产生的。在这一理论中，管制机构被假定尽力通过管制使社会福利最大化，即实现信息生产的最佳数量。因此，管制行为被认为是管制成本与市场运作改善后所带来的社会收益之间的权衡。第 12 章讨论了其中的各种成本和收益。

尽管这一观点代表了应该如何执行管制的一种理想状态，但在实际执行时仍存在诸多问题。其中一个问题是，确定恰当的管制程度具有相当高的复杂性。对于信息这种复杂的商品来讲，这个难题尤为突出，诚如第 12 章所阐明的，它不可能有效地满足每个人的需求。因此，如何确定管制程度的问题有待其他理论来解决。然而，一个同样严重的问题在于管制机构的动机。由于管制机构的信息劣势和衡量社会成本与收益的复杂性，政府很难监督管制机构的具体运作，即使管制机构是政府的代理机构。要想了解管制机构是否妥善履行职责需要通过高成本且冗长的听证会才能知道，这产生了道德风险问题，即形成了一种可能性，那就是管制机构将以自身利益为标准行事，而不是按公共利益标准行事。这个问题比在例 9-1 中所讨论的关于监督经理人的代理理论问题更复杂，在例 9-1 中由于经理人的行为无法为公司所有者所观测，经理人就有动机偷懒。而管制机构不像公司经理人那样面临资本市场的监督，因此管制机构偷懒所面临的约束也更少。这导致了另一种理论的出现。

13.2.2　利益集团理论

利益集团理论由 Stigler（1971）引入经济学领域。随后，Posner（1974），Peltzman（1976）和 Becker（1983）为该理论做出了贡献，他们认为行业是在各种利益集团的存在下运作的。以制造业为例，这一行业中的各种公司便组成了一个很明显的利益集团，它的客户和参加工会的工人也是利益集团。另一个利益集团则是环保主义者，他们关注这一行业的社会责任。这些利益集团将为管制的数量和类型而向立法机关游说。例如，这一行业自身和参加工会的工人可能要求管制，以求得在与国外产品的价格竞争中或是被其他相关行业的侵占中得到保护，客户可能形成利益集团来为产品标识、产品安全标准或价格控制进行游说，环保主义者可能为控制工厂污染物排放量和更多环保行为的披露而进行游说，等等。这些利益集团被视作管制的需求者。

利益集团也可能为抵制管制进行游说。例如，当客户为价格限制进行游说时，公司可能就抵制价格限制进行游说；而经理人则可能游说抵制新的会计准则。

就我们的目的而言，最相关的利益集团理论是 Becker 的观点，他的观点可以视为在存在议价成本的情况下对科斯定理（见 12.6.2 节）的应用。科斯指出，当各利益集团达成契约的议价成本过高时，便有可能需要政府部门介入。

Becker 认为利益集团就抵制管制和要求管制展开竞争，其结果取决于哪个利益集团相对有效地对管制机构施加了压力。当然，利益集团追逐自身利益的能力在一定程度上受法律、媒体以及公众舆论等的约束。然而，利益集团对管制机构施加压力可以采取多种形式，比如组织一个游说机构、进行政治捐款、进行成本收益分析，以及在媒体上宣传本集团的立场。

我们假定利益集团是理性的，不会做"赔了夫人又折兵"的事。当一个利益集团发现无法取得胜利时，会停止努力以减少损失，甚至可能一开始就懒得组织起来。如果一个集团分散得很广、组织涣散，或者该集团的成员搭别人的便车，就会导致组织失败。

哪个利益集团会占上风呢？这取决于各个利益集团所施加的压力，而压力的产生需要组织和支出。然而，竞争集团之间的压力会互相抵消——如果所有利益集团的各种支出相互抵消，那么所有利益集团的巨额支出可能毫无用处。因此，在由所花费的支出和组织效率来决定谁是赢家的时候，每个利益集团必须考虑其他集团的付出。事实上，压力的选择就是一种博弈，与8.10 节描述的非合作博弈类似。

在我们的情境下，利益集团理论做出了如下预测：

● 准则制定机构的创建。建立一个庞大而多样化的组织，让其作为一个具有凝聚力的利益集团与公司管理层谈判，或为自身利益进行游说，是一件花费巨大的事。除了沟通和组织费用，所需的成本还包括集资和克服其他投资者搭便车的倾向。因此，投资者会支持建立一个准则制定机构来代其行事。虽然运营这样一个机构可能耗资巨大，但其成本肯定低于由投资者自己建立组织来进行准则制定。

● 受市场失灵影响的行为。由于遭到市场失灵不利影响的利益集团的需求，导致市场失灵的行为更易受到管制。正如 12.5 节中所论述的，由于逆向选择和道德风险，信息生产中的市场失灵现象很普遍。Becker 的理论认为，对投资者来说，市场失灵增加了管制所带来的潜在利益。在一定程度上，公司管理层是这些市场失灵的根源，我们希望对他们的信息披露进行严格管制。

● 允当程序。很显然，如果想要参与其中，利益集团就必须在准则制定过程中占有一席之地。因此，我们希望公司管理层能参与到准则制定过程中，比如通过征求意见稿和准则理事会代表等形式。

公共利益理论没有做出相应的预测。在公共利益理论下，执行一个新的准则只要求管制机构评估该准则的社会成本和收益。如果收益超过了成本，即推行该准则，反之则拒绝。这个过程不需要利益集团的参与。

在 1.3 节中，我们希望从全球金融危机中吸取的会计教训不会被遗忘，尽管银行业对新管制（包括在第 7 章中描述的新会计准则）的成本压力可能会导致这些管制随着时间的推移而放松。

Bertomeu 和 Magee（BM，2011）将利益集团理论扩展到多个时期，展示了这一警告的严肃性。他们考虑了管制程度是如何随商业周期（例如在 1.3 节描述的股市崩盘前后一系列的事件）而变化的。在他们的模型中，经理人首先通过银行贷款为他们的项目融资，项目质量的高低只有经理人知道，银行随即提供了贷款。准则制定机构选择能平衡两个利益集团游说要求的准则。

之后，经理人根据准则制定机构选择的报告准则披露项目的进展，这些准则的质量越高，低质量项目被公开披露为"低质量"并被清算的可能性就越大。经理人在证券市场上卖出项目剩余的权益（扣除银行贷款后的净额）。[1] 需要注意的是，除非报告准则是完美的，否则未清算的项目混合了高质量与低质量的项目。因此，权益与贷款的市价由于质量的不确定性（见 4.6.1 节中关于柠檬问题的讨论）需要折价，正如作者所指出的，报告准则质量越高，折价越低。

接下来的问题是，准则制定机构需要选择怎样的报告质量。首先假设经济处于扩张态势，大多数项目是高质量的，因而经理人为高质量的财务报告游说以证实其质量，准则制定机构相应地制定高质量准则。如果经济状况开始恶化，低质量的项目增加，导致大量的经理人强烈游说低质量的准则以掩盖他们低质量的项目。在利益集团理论之下，准则制定机构相应地制定了低质量的准则。[2] 这样一来，银行了解到它们持有更多低质量的贷款，而经理人更好地隐瞒了项目的真实质量，这些低质量项目被报告的可能性同样下降。因此银行提升了利息率，也开始支持低质量的报告以隐瞒贷款价值的恶化。如果经济走向衰退，利息率和低质量项目的比例都会很高，以至于信贷市场面临崩溃的威胁。为了避免崩溃和降低利息率，经理人开始为更高质量的报告游说。相对应地，准则制定机构会制定高质量的准则。

这一模型表明，准则制定是一个动态的过程，受到经理人、银行以及政府需求的影响。这些需求根据经济状况而随时间变化。2007—2008 年市场崩盘时，银行要求放松公允价值会计，随后出台了一系列新的会计准则，这说明了这一动态过程。尽管准则制定机构需要关注投资者的利益，但其他强大利益集团的影响力表明，过去的经验教训可能确实会被遗忘，直到下一次危机到来。

13. 2. 3　哪种管制理论适用于准则制定

很显然，公共利益理论很难实施。第 12 章中讨论的信息生产中市场失灵的来源意味着我们不能完全依赖市场力量形成对社会而言"正确"的会计准则与程序。然而，投资者和经理人的不同利益以及多样化的信息需求所带来的复杂情况，以及如 12.11 节所述的准则的间接利益和成本是难以衡量的，使得准则制定机构不可能有效地制定出正确的会计准则。我们不知道如何计算出相互冲突的信息使用者——投资者和经理人——所需信息的最佳均衡点，而这个均衡点恰好是管制的公共利益理论所需要的。这也就是我们更喜欢把会计准则的选择看成各利益集团冲突的过程，而不是把会计准则的选择当作精确计算的过程的原因。在这场博弈中，受影响的各利益集团，各自选择游说战略来赞成或反对某一项提议中的新准则。

与博弈论的观点一致，我们在 1.12.5 节中看到，与财务报告利益关联的主要利益集团成为准则制定机构的代表。在一个新的准则颁布前，必须经过一些允当程序，比如公众听证会、征求意见稿等，通常情况下还需要取得绝大多数的赞成票。如果要使博弈的参与者接受某一结果（例如，一项新的准则），那就必须使他们认为这一程序是公正的、他们的意见被听取、他们的战略至少有机会奏效。这也就说明了，对允当程序的关注实际上是一种协调准则制定中利益集团内在冲突的方式。

以上的考虑说明，相比公共利益理论，管制的利益集团理论可能会更好地对新准则做出预测，因为利益集团理论正式承认了相互冲突的利益集团的存在。为了更深入地探讨这个问题，我们下面将考察一项与会计准则相关的利益冲突。

13. 3　冲突和妥协：利益集团冲突的一个例子

2009 年 11 月，在美国国会关于《强化金融稳定法案》（Financial Stability Improvement Act）的辩论中，众议院的两位成员提交了题为《审慎监督构成系统性风险的会计原则与准则》的修正案。该修正案将把对 FASB 的监管权从 SEC 转交给金融服务监督委员会，该委员会由来自美国财政部、银行管制机构、证券交易委员会和其他几个管制机构的代表组成。如果该委员会任何一位成员认为某个会计准则会威胁到美国金融体系的稳定，该委员会将进行调查。如果获得大多数赞成票，委员会可强制要求 SEC 采取纠正措施，包括修改或取消准则。

作为对银行会计重要且强势的一个利益集团，美国银行家协会支持这项修正案。其支持的根本原因可能涉及该协会对 2007—2008 年股市崩盘（见 1.3 节）期间金融工具公允价值会计对法定资本比率的影响的担忧，以及对 FASB 新准则提高表外活动合并要求的担忧。

由于其他利益方（包括投资者保护协会、美国商会、SEC 主席以及美国会计学会）的强烈反对，该修正案被驳回，取而代之的是要求会计准则由美国金融服务监督委员会成员进行"复核与评论"。在 FASB 的允当程序下，包括 SEC 在内的任意一个利益集团实际上已经拥有这种权力了，这个修正案与原定的效力相比已大幅削弱。

在准则制定机构和受影响的利益集团之间冲突的底线是：准则不能在真空的状态下制定。如果重要的利益集团得不到它们想要的，便会呼吁政治程序的介入。

13.4　信息的利益分配：公平披露的管制

讨论至此，很明显的是，会计准则制定的复杂问题是在各个利益集团之间关于信息生产的利益分配。因为涉及受影响各方之间公平问题的价值判断，所以经济利益的分配问题是很难的。为了说明这一点，我们假设信息生产的总量不变，并考虑两种情况。第一种情况是 10% 最富有的投资者拥有 80% 的信息利益，第二种情况是信息利益在所有投资者中平均分配。大多数人都不认为这两种情况是等价的。

因此，做大"蛋糕"不是准则制定机构唯一需要考虑的事情。例如，虽然科斯定理证明谈判和订立契约可以克服一些外部性问题，产权的分配决定谁为区分不同产权范围的"栅栏"买单。那么，分配是如何决定的呢？

个人效用在一般情况下无法合计加总为社会的偏好顺序，因此产生了由谁享有产权这一价值判断问题（见 1.2 节的论述）。当一个个人或集团的利益被转移至另一个个人或集团，与获得方得到的收益的效用相比较，我们无法计算出失去利益者在效用上的损失，也就无法断定利益转移之后获得的效用是否超过失去的效用，从而无法声称此时社会收益是最高的。经济学家经常使用帕累托最优这一个标准作为替代。帕累托最优即社会处于最优状态，在不使任何人境况变坏的前提下，也不能再使某些人的处境变好（见第 12 章注释 [3]）。这是一个相对较弱的标准，它有利于维持现状，因为实际上每个人都有否决权。无论一个人面临的损失多么微不足道，也无论有多少人从中受益，一个人的损失就足以阻止再分配。面对这些困难，社会将利益分配的问题留给谈判、订立契约以及市场力量解决，当上述这些措施都无效时便会介入管制。

为了说明管制旨在改善分配，SEC 于 2000 年通过了禁止公司选择性披露信息（例如向分析师提供信息）的公平披露管制规则（FD）。该规则源于这样一个观点，即实力雄厚的大投资者有更多的资源直接发现和分析信息，或者间接地通过分析师的特殊渠道获取信息。实力雄厚的大投资者还具有更强的谈判能力，能从公司管理层处直接取得公司的内部信息，这将使小投资者处于劣势。SEC认为，要求公司对所有投资者发布信息，能增加投资者对公平市场的信心，并提高市场的流动性。[3]

然而，公平披露管制的引入伴随着相当激烈的利益集团间的冲突。一种预测认为，由公司直接向市场发布新信息，相比信息经过分析师过滤后再发布，两次盈余公告之间的异常股票回报的波动性更大。许多人认为，在实施FD之前，分析师为了得益于提前获得消息，通常会淡化坏消息。请注意，股票回报的波动性是新信息进入市场的一个衡量指标（即新信息导致股票价格的变动）。因此，两次盈余公告之间的波动性加剧暗示着市场更快地接收到更多的信息——投资者不必等到盈余发布。站在小投资者的立场来看，这是最优的，因为这将减少内部交易者和大投资者利用内部消息获利的时间。代表分析师和大投资者的利益集团则对FD提出了批评，声称上市公司为了降低前述股票价格的波动性，将会减少两次盈余公告之间信息发布的数量以保护自身免受FD管制的责任。这将表现为有更多信息伴随盈余公告一同发布，并由此导致盈余公告日前后异常股票回报的波动性。

Francis，Nanda和Wang（2006）对FD实行前后各六个季度的公司样本进行检验，他们发现无论是盈余公告之间还是盈余公告日前后都没有出现股票异常回报增加的现象，这说明FD对进入市场的信息数量和时间影响都很小。

他们还发现，实行FD之后，在分析师盈余预测发布日前后只能带来较低的异常股票回报，这说明分析师盈余预测的信息含量也减少了。Kross和Suk（2012）的研究为这一结论提供了更有力的证据，他们检验了管理层披露公开信息（盈余公告、盈余预测和电话会议）之后的分析师盈余预测。他们发现，FD实行前后的四年时间里，相比于FD实行前，FD实行后分析师更快地根据管理层披露的信息修正了盈余预测并且对预测修正的幅度更大。他们还发现，预测的准确性提升且预测的分散程度下降。而对于股票在美国交易且不受FD管制的外国公司样本，他们发现分析师预测的特征没有变化。这些结果表明，FD实行后分析师更加依赖于公共信息，即内部信息的优势下降。

Lee，Strong和Zhu（2014）研究了包括FD在内的一组新规定之后的股票市场表现。他们发现，在盈余公告和分析师预测之后，样本公司的公告后漂移（PAD）有所下降。他们观察到信息环境最弱的公司（例如，低应计质量、高股价变动性）的改善最强。这表明在新规定下，股票市场运行更好，因为PAD的下降与公司通过盈余公告发布的高质量信息是一致的。

Eleswarapu，Thompson和Venkataraman（ETV，2004）检验了FD实行前后16个月纽约证券交易所的公司样本。他们发现，在FD实行之后样本公司股票的平均买卖价差变小了，这意味着投资者减少了对逆向选择及其带来的估计风险的关注。他们还发现在公司发布季度盈余公告的当天，股票买卖价差会变小。通常情况下，由于市场对盈余公告前后所涉及的内部交易的关注，买卖价差在这个时候会变大。买卖价差变小的这个发现表明投资者对公平市场的信心增加。

随后，Sidhu，Smith，Whaley和Willis（2008）指出，股票买卖价差还由担心逆向选择之外的其他因素决定（见第12章注释[22]），而这些因素同样受到了FD管制的影响。在对这些因素导致的股票价格变化进行控制后，他们发现，在纳斯达克证券交易所交易的样本公司，在

FD 生效前后逆向选择对股票买卖价差的影响确实增加了。

这个发现与 ETV 的结论相反，他们将逆向选择影响加重归因于 FD 实行后的公司倾向于将信息持有更长时间，因此增加了内部交易的潜在可能性，与此相对应，也增加了股票买卖价差。然而，在纳斯达克证券交易所交易的公司往往比在纽约证券交易所交易的公司规模小，而且科技公司所占比例更高。这说明 FD 的影响可能取决于公司规模和行业。例如，Chen，Dhaliwal 和 Xie（2010）发现大型和中型公司的隐含资本成本（见 6.9.4 节）在 FD 实行后显著降低，但小型公司没有。研发支出高的公司资本成本降低的幅度更大。

在这方面，Petacchi（2015）发现，在 FD 实行之前，小公司倾向于比大公司进行更少的公开披露，FD 实行之后吸引的分析师也更少。与大公司相比，小公司的信息披露持续减少，跟踪分析的分析师也更少，因此在 FD 实行之后，小公司的投资者处于信息劣势。[4] Petacchi 发现这样的小公司经历了资本成本的增加，原因可能是不知情的投资者要求更高的回报，以补偿他们持续的信息劣势导致的更大的估计风险。[5]

Petacchi 指出，FD 管制并没有阻止公司向债券评级机构和银行（即实力雄厚的大机构）披露私人信息。也就是说，FD 主要适用于股票市场，而不是债券市场。他发现，较小的公司面对更高的股权资本成本，但能够继续从向大银行披露私人信息中获益，小公司平均通过提高债务权益比率来改变其资本结构。股东信息劣势较小的大公司没有改变资本结构。

我们的结论是，尽管 FD 管制的目的是减少分析师的信息优势，但它在多大程度上有利于小投资者尚不清楚。有一些证据表明股票市场运行良好，但收益似乎是不均衡的，这取决于公司规模和行业等因素。

无论 FD 的目标是否实现，SEC 引入这项管制，尝试改善信息分配的公平性，是与公共利益理论相一致的，尽管 FD 实行之前的利益集团冲突说明利益集团理论也是有效的。也就是说，这两种理论是互相交织的，记住这一点，我们现在开始讨论准则制定的标准。

13.5 准则制定的标准

我们已经看到，影响准则制定过程的因素有很多。准则必须对投资者和债权人具有决策有用性，但它们也必须为其他利益集团，特别是公司管理层所接受。这将使准则制定机构置身于利益冲突之中，而且很难预测什么才是冲突的解决办法。尽管如此，现在我们还是建议一些在理解准则制定时应该记住的标准。

13.5.1 决策有用性

决策有用性的标准构成了第 5 章关于价值相关性实证研究的基础。在其他条件相同的情况下，信息系统所包含的公司未来的业绩信息越多，投资者对这一系统所产生的信息的反应就越强烈。因此，实证证据表明股票价格对会计信息产生反应也就意味着信息对投资者来说是有用的。

我们直观地发现：一项新准则成功的必要条件是决策有用性。当然，很难对此预先做出评估，因为市场还没有机会对这一准则做出反应。但是，投资者的理性决策理论可用来预测决策有用性。例如，Bandyopadhyay（1994）预测，石油天然气公司在成果法[6]下的报告利润比在完全成本法下的报告利润更具有信息含量，并对这一效应提供了支持证据。而且，正如第6章中所讨论的，在财务报告中引入公允价值将提高其决策有用性，使得现在和未来业绩的联系更为密切。

尽管决策有用性是一项成功准则的必要标准，但它还不足以保证其成功。在5.5节我们看到，由于会计信息的公共物品属性，不能认定最具决策有用性的准则一定是对社会最好的。因为投资者并不为会计信息直接付费，他们可能会过度使用这些信息。因而，一项准则可能看起来具有决策有用性，但社会却反受其害，因为未考虑信息生产的成本问题（这一方面参见习题15）。此外，准则改变可能增加公司和经理人的契约成本。实际上，财务会计理论中的基本问题（见1.10节）已向我们暗示了，准则制定机构必须考虑除决策有用性以外的标准。

13.5.2　减少信息不对称

在12.7节中，我们看到，市场力量会促使管理层和投资者生产信息，准则制定机构必须对这些因素了然于胸，并尽可能地利用它们来减少对准则的需求。遗憾的是，这些力量不能保证生产数量合适的信息。正如我们在12.5节中看到的，原因之一就是信息不对称。因此，准则制定机构应当把减少资本市场和经理人市场上的信息不对称作为准则制定的标准。

会计信息的公共物品属性使得作为准则制定标准的决策有用性变得复杂，正如前文指出的，公共物品属性意味着准则可以有效地减少信息不对称。也就是说，一个人使用财务会计信息并不妨碍另一个人的使用，因此准则制定中关于扩大披露的部分，其目的在于将信息利益在所有投资者中平均分配。这些利益可以直接为那些愿意并能够使用扩展信息的投资者所利用（如例3-1中比尔的情况），或者通过有效率的市场价格保护机制为其他投资者间接使用（见4.3.1节）。因此，减少信息不对称会改善市场的运行，因为投资者将视投资活动为"更公平的竞技场"。这将降低投资者对信息不对称及其所导致的估计风险的关注，降低买卖价差，扩大市场流动性，并从市场的良好运行中产生社会效益。

但是，减少信息不对称也只是新准则成功的必要条件而非充分条件。与提高信息的决策有用性一样，减少信息不对称也有成本。因而，很难知晓减少信息不对称的准则何时不再具有成本效益。

13.5.3　新准则的经济后果

如前面所提出的，新准则的成本之一是强制公司和经理人遵守准则的成本。这些成本不仅包含生产新的强制性信息带来的付现成本，还包括由于契约刚性带来的间接成本，例如新准则提高了违反债务协议的可能性，并影响了经理人未来奖金收入的水平和波动性。这些成本影响了经理人的经营和财务政策。此外，由于新准则可能要求披露保密信息，公司的未来盈利能力可能会受到由于竞争优势减少所带来的影响。

实施新准则后，通常会导致经理人在选择会计政策方面的自由减少，这也会产生经济后果。在 12.8.2 节我们讨论过公司可以通过会计政策选择传递内部信息。正如在 11.5 节中所讨论的那样，盈余管理也能传递内部信息。很明显，如果会计政策受到限制，信息生产的私人动力在一定程度上将受到削弱。

这些考量表明了准则制定机构必须认真考虑新准则可能带来的经济后果，并将其作为一种重要的成本动因，因为这种成本将影响对准则的需求及利益各方接受准则的意愿。当然，新准则的经济后果可能会在准则讨论期间被过分夸大。比如，如果真的完全按公允价值入账，银行真的会停止发放长期贷款吗？可能不会，但银行长期贷款的成本会上升，由此借款者的费用就有可能增加。

13.5.4　一致意见

经济后果直接导致了准则制定的最后一个标准，它源于准则制定的政治考量。实际上，准则制定机构必须促成足够牢固的一致意见，才会使不喜欢新准则的利益集团依然会接受它。如 1.12.5 节明确说明的，准则制定机构的结构和允当程序的设计都是为了要达成一致的意见。但正如 13.3 节所述，如果利益集团的冲突很严重，即便是允当程序也不总是能阻止政治程序的介入。

我们可以就此下结论：准则制定过程似乎最符合管制的利益集团理论。当然，技术上甚至理论上的正确性还不足以保证一项准则的成功。正如在 8.6 节所讨论的，没有将员工股票期权（ESO）确认为费用不仅高估了净收益，还降低了不同公司间报告盈余的可比性。回想一下，概念框架把可比性视为决策有用性的一种增强特征。

然而，1993 年 FASB 要求对 ESO 采用公允价值会计的征求意见稿遇到了阻力，不得不撤回，其 2005 年的费用化处理准则也遭到了类似的抵制（见习题 4）。尽管对于允当程序的认真关注可能是耗时的，然而如果要最小化撤销准则的高昂代价和令人难堪的境地，这种关注则是必需的。准则取消得过多将威胁准则制定机构的可信性甚至是准则制定机构主体的存在。

13.5.5　小结

会计准则制定机构可以以决策有用性和减少信息不对称为标准。但是，尽管这些标准是必要的，它们还不足以保证准则制定的成功。就如对允当程序所给予的关注一样，也必须考虑公司管理层和其他利益集团的合法利益。

在这方面，国际会计准则理事会（IASB）在 2008 年推行了**实施后审查**（post-implementation review），其目的是审查在推广准则时产生的争议问题并考虑后续成本或实施中的问题，通常该审查在准则施行两年后开始。第一次审查是对 IFRS 8 业务分部（2013 年）的实施后审查，12.10 节包括对了该项准则的讨论。审查的一个主要标准是透明度。因此，IASB 需要利益集团做出反应，并将收到的意见公开。IASB 也会回顾相关的学术研究。经过广泛的咨询，经理人、审计师、会计师事务所、准则制定机构和监管机构普遍支持该准则，而投资者的反应则褒贬不一。

虽然许多投资者喜欢这一准则关于分部划分的管理方式，但也有人持谨慎态度，担心分部被合并以掩盖公司的实际管理结构。此外，一些投资者认为，根据公司的组织结构划分分部业务，使得公司之间的比较变得困难。分部底行数字的名称不同，如"经营成果"或"经营现金流量"，也使公司之间的比较变得复杂。有建议提出应增加地区分部的披露。

该审查报告的结论是，总的来说，该准则实现了其目标，并改善了财务报告。但是，应考虑一些其余的关注和建议，以便今后执行。

这个关于允当程序的例子，特别是投资者对公司管理层报告选择动机的关注，说明了会计的基本问题，这也是我们在全书中所强调的。正如我们在 13.2.3 节中总结的那样，利益集团理论比起公共利益理论能更好地描述准则制定的实际过程。

13.6　管制机构的信息不对称 *

最近，管制理论开始意识到，像所有人那样，管制机构同样面临信息不对称的问题——管制机构需要的大量信息（如财务信息）都掌握在公司经理人手中，这些经理人实际上垄断了公司的信息生产。此外，管制机构无法观察到经理人的努力，因此，在试图实现最佳社会福利时，管制机构必须与投资者一样应对信息不对称问题：逆向选择和道德风险。为了说明在信息不对称的情况下，管制理论将如何继续，我们采用了 Laffont 和 Tirole（LT，1993）（见 2.6 节）在会计背景下的一个模型。

假设在一个经济环境中，投资者需要信息，经理人提供信息。设定 q 为上市公司披露信息的质量。如果公司是不受管制的，由经理人选择 q；如果公司是受管制的，则由管制机构选择 q。投资者从 q 中获利越多，就将奖励公司越低的资本成本，资本成本用 p 来表示。

不同的公司的内部信息数量是不同的。例如，一个大型的、复杂的处于高研发阶段的公司，它的内部信息数量就相对比较大。设定 β 为公司的特定参数，越低的 β 值表示越多的内部信息。假设 β 值越低，公司也就越容易达到给定的信息质量，或者说，所需的成本就越低。例如，一家大型的、复杂的公司可作为信号使用的信息范围较大，因此它就不必为披露信息承担泄密成本，同时这样的公司受到更多的媒体关注，也将从信息生产的经济规模中获益。

然而，经理人发现披露信息对于其个人来说是成本高昂的，他们必须为此付出努力。用 e 来表示公司经理人须付出的与信息相对应的努力，它包括设计和监控财务报告系统、与分析师和投资者召开电话会议、应对审计师、信号发送成本，等等。假定经理人是理性的、风险中性和厌恶努力的。设定经理人对努力的厌恶为 $\psi(e)$，ψ 是关于 e 的递增凸函数。

经理人必须因他的努力获得薪酬。要经理人能够留下来，他至少要获得 $\psi(e)$ 的薪酬。然而，如果内部信息参数 β 为经理人的个人信息，他就可以通过投机行为得到额外的薪酬和效用，例如通过负面的盈余管理（见 11.6 节）、操纵期权奖励的价值（见 8.6 节）、权力理论下获得的额外薪酬（见 10.7 节）。我们用 $X^{[7]}$ 来表示额外的薪酬。那么，经理人获得的所有薪酬即表示为：

---

* 本节为选学内容，可跳过，不影响全书的连贯性。

$$t = X + \psi(e)$$

公司从信息活动中获得的利润 π 则为：

$$\pi = pq - C - t$$

式中，pq 是公司通过生产质量为 q 的信息来达到资本成本 p 所获的利益。生产质量为 q 的信息所需的成本为 C，那么

$$C = (\beta - e)q$$

如上所述，β 越低，也就是内部信息越多，C 就越低。经理人为生产信息 q 投入的努力越多，其所需的成本就越低。这些努力包括信号发送成本、正向的盈余管理、减少债务契约违约风险的会计政策的选择，以及采用改进的信息技术。

现在，没有管制的存在，理性的经理人将选择 q，以便通过内部信息 β 实现额外薪酬 X 的最大化，这是通过减少公司利润并以牺牲投资者的利益为代价实现的。由此便产生了管制。

假设管制机构遵循的是管制的公共利益理论，那么，管制机构的目标是使信息的社会效益最大化，也就是信息对投资者的利益总和加上经理人的薪酬（经理人和投资者一样，都有权因自身的努力获得报酬）最大化。

首先假设所有的投资者和公司参数，包括内部信息 β，都为管制机构所了解。那么，这便不存在信息不对称。因此，管制机构了解公司资本成本 p 的决定因素（比如资本资产定价模型）、公司的成本 C（公司年度报告的文件形式由管制机构设定）、所有经理人的薪酬（年度委任契约中包括薪酬信息）以及经理人对努力的厌恶。如果管制机构还知道 β，那么就可以阻止经理人利用它获得额外薪酬。因此，管制机构拥有足够的信息设定 q，使得公司的利润为 0[8]，而经理人也无法获得额外薪酬。假设管制机构设定了 q，经理人则选择 e。LT 将以上条件表示如下：

$$\frac{\partial \varphi(e)}{\partial e} = q$$

也就是说，经理人努力的边际负效用等于投资者获得信息的边际效用。不同公司该结果各不相同。因为不同的经理人有不同的努力负效用、不同的公司有不同的 β 值，以及不同的资本成本。不过，对于每一家公司，这都是最好的社会化的管制结果。

现在，我们假设管制机构无法得知公司的 β 值，由此引入信息不对称问题。管制机构依旧可以得知总的信息生产成本 C 和公司利润的其他决定因素，因此它依旧可以将公司利润管制为 0。但是，管制机构无法得知 C 的组成部分——$(\beta - e)$，也就无法阻止经理人从中获取额外薪酬。因此，此时公司的利润还需包含额外薪酬的扣除额。最佳的管制是在这些条件下最大化信息的社会效益。LT 表示经理人会选择努力，因此：

$$\frac{\partial \varphi(e)}{\partial e} = q - \alpha \quad (\alpha \text{ 为一个正的常数})$$

如上所述，q 是不存在信息不对称时的信息质量，因此在信息不对称的条件下，受管制的

信息质量低于 q。因为经理人是厌恶努力的，这就意味着在给定 q 的情况下，经理人的努力程度小于最优条件下，因此增加了 C，减少了公司利润。但由于公司利润现在包含了额外薪酬的扣除额，不允许为 0，所以将减少经理人获取的额外薪酬的数额。事实上，在信息不对称的模型下，最优管制是以一定程度上降低投资者所获得的信息质量为成本，来限制社会化的不良经理人的额外薪酬。

从会计的角度来看，我们可以从这个模型中得出三点结论：

其一，如果准则制定机构依据公共利益理论，准则制定的社会最优水平允许盈余质量的下降，以限制经理人获取超过保留效用的薪酬的能力。

其二，只要会计人员能够减少内部信息的数量，经理人超额薪酬的问题就会减少。当然，由于消除公司所有内部信息的成本是高昂的，所以这种减少是不完全的。

其三，最优的管制因公司而异，因为不同的公司及其经理人的特点都是不同的。这表明不需要制定适用于所有公司的综合性的准则，管制机构在报告质量方面应该允许存在灵活性。这支持了准则制定的一个基本方法（见 1.6 节），即依赖会计师和审计师的判断量身定制相关准则以适用具体情况。12.10 节提到的分权管制依旧得到支持。

当然，前面概述的模型的假设是具有局限性的。一个主要的局限就是只考虑了与公司信息相关的活动。更精细的模型将考虑到公司的资本成本会影响其生产决策，从而运用模型分析信息管制对公司经营活动更大范围的影响。另一个局限在于该模型的假设基于管制的公共利益理论，而我们在前文已经得出结论，认为利益集团理论更适用于会计管制。因此，虽然 LT 的模型提供了一些启发，它并没有与我们在 12.11 节得出的结论相矛盾，即不可能精准地计算出社会管制的恰当程度。如果我们要更好地了解准则制定的过程，还需要进一步的理论研究。

为了说明未来的研究如何展开，现在我们勾勒一个更接近利益集团理论的管制模型。

具体来说，我们认为 Dessein（2002）的研究，通过模型分析管制机构和经理人之间战略报告博弈的结果，较之前提到的分析更进一步地探知了管制机构如何获取经理人的内部信息。我们将 Dessein 的模型应用于财务报告的情境中。

假设管制机构是一个证券监管机构，由政府任命，主要负责保护投资者的利益。该委员会需要做出一个决定——制定准则的程度。也就是说，是制定高质量但无弹性的会计准则，还是降低质量以允许公司经理人至少拥有一些会计政策的选择权。

如果管制机构选择第一种方案，则需要了解对于存在问题的公司而言什么会计政策是最有用的。然而，对此了如指掌的经理人可能不会将信息悉数告知管制机构。我们可以设想最有用的政策可能是能生成非操纵性的净收益的政策，或者是能通过“好的”收益平滑以揭示持续的盈利能力的政策（见 11.5 节）。由于缺乏内部信息，管制机构要尝试利用所能获得的最佳信息来制定准则。由于了解当前的经济条件、公司所处的行业、资本结构、发行在外的股票期权等，管制机构对什么是最有用的会计政策有一些先验信息，但了解得不精确。

如果管制机构选择第二种方案，经理人不可能如公众想象的那样披露大量的信息给投资者——在 12.5 节中我们已经讨论了信息生产的市场失灵问题。因此，经理人可能通过操纵性应计项目和其他会计政策的选择来操纵盈余。

那么，管制机构有两种选择。[9] 在沟通选项下，管制机构要求经理人提交一份信息申报表，包括收益表和 MD&A。在审查申报表后，管制机构修改其之前关于公司最佳会计政策的先验概率，然后制定准则，要求公司据此进行报告。相反，在授权选项下，由于将报告信息的决定授权给经理人，准则制定的范围被缩小。实际上，这允许盈余报告存在偏误，但依靠市场的力量至少会控制偏误的程度。

Dessein 指出，如果管制机构选择了沟通选项，经理人向管制机构报告一个区间值，非操纵性的净收益信息也在此区间内。如果经理人只是报告单一数字，管制机构会认为这是不可信的，因为管制机构知道经理人是有偏差的——管制机构会依据偏差的大小对所报告的数字做简单调整，并实施能修正这种偏差的会计准则。报告一个有噪声的盈余数据（例如，区间）降低了管制机构推定净收益有无操纵性的能力，从而可以设计出最优的会计政策，同时向管制机构提供部分可信的信息。[10] 这个区间可由经理人通过多种方式来确定。例如，低持续性项目的低质量披露使得管制机构对公司持续盈利能力的推断变得复杂。财务报表附注以及管理层讨论与分析部分关于风险、对冲、或有负债以及表外活动的不充分披露也使得管制机构对公司各种或有事项对净收益影响的估计变得更加复杂。

管制机构将会选择哪种方案？这依赖于管制机构关于什么是特定公司最有用的会计政策的先验信息。如果这个先验信息很弱，由于经理人报告了噪声信息，管制机构的后验信息也会不足。因此，管制机构会倾向于授权选项。因为允许经理人报告相对不受管制的净收益给投资者造成的决策有用性方面的损失，要小于管制机构根据低质量的信息制定出的"最佳"会计政策所造成的损失。

然而，如果管制机构的先验信息足够有效，沟通选项将更受青睐，因为管制机构所获得的后验信息也是高质量的。管制机构能更好地制定对决策有用的会计准则，因为经理人报告不受管制的信息给投资者造成的决策有用性方面的损失要大于不完美的会计准则所带来的损失。

在我们的情景下，基于管制机构的经验、研究和财务专业知识，我们期望管制机构拥有大量的先验信息。然后，理论将预测管制机构会进行准则制定，而不是不受管制的财务报告。

不过，如前文所述，决策有用性方面的损失仍然存在，因为当管制机构缺乏有关什么是对社会最有用的会计政策的完全信息时，就无法制定出完美的会计准则。

然而，Dessein 给出了如果管制机构引入中介机构来与经理人沟通并制定准则从而能减少决策有用性损失的条件。引入中介机构的一个关键条件是中介机构会偏向经理人，但不会比经理人自身更加偏颇。（如果中介机构是像管制机构那样不偏不倚的，那么引入中介机构就没有意义；如果中介机构完全代表了经理人的立场，中介机构的引入也一样没有任何意义。）

在我们看来，这个条件似乎是合理的。作为政府部门的证券监管机构以保护投资者利益为责任，如果被发现仅向公司管理层咨询，这在政治上是不明智的。然而，通过允当程序，作为中介的准则制定机构可以将经理人的立场和投资者利益都纳入考虑之中。一些对经理人的偏见被关注，其结果是中介机构与经理人进行更好的沟通，从而比管制机构更了解什么才是最好的准则。因此，引入中介机构能减少决策有用性方面的预期损失。

Dessein 模型进一步加深了我们对准则制定过程的理解。尽管这个模型假设证券监管机构的目标是最大限度地提高财务报告对投资者的决策有用性（公共利益理论），该委员会在管制机构与经理人之间发生冲突时决定准则制定的程度（利益集团理论）。进一步分析得出，证券监管机构将准则制定授权给中介机构的情形也符合实践中所观察到的情况。中介机构和公司管理层之间沟通所展现出来的社会效益支持允当程序，也支持我们的论点（见11.7节），即负责任的公司管理层在财务报告中拥有合法权益。

13.7 资本市场的国际一体化

13.7.1 会计准则的趋同

在每一个国家，会计都应用于社会、政治、司法、经济等领域。本书中，我们主要考虑北美以市场为导向的制度。然而，随着全球资本市场的进一步融合，越来越多的投资者投资于国外的公司，这些国家的惯例、制度以及会计准则都不同于投资者所在的母国。可以说，一体化的进程造就了一个更加有效的资本市场，降低了资本成本，增加了投资机会，提高了国际市场契约效率。因此，任何关于会计准则政治方面的评价都必须将国际一体化纳入其中。

对资本市场一体化的一个反应就是建立一套通用的国际会计准则。事实上，1.12.5节已提到，这是IASB的基本目标。若证券管制机构能接受用共同制定的准则来替代当地的会计准则，那么公司在多个股票市场同时上市的成本会降低，尤其是会降低公司财务报表的编制成本。这样还可能降低公司的资本成本，因为它们能够在其他国家获得更具流动性的融资来源。

此外，一套通用的国际准则会提高财务报表的**可比性**（comparability），并产生正的**网络外部性**（network externalities）。也就是说，增加的财务报表可比性能降低分析师与其他财务报表使用者的成本，因为他们不需要熟悉多套公认会计原则。因此，如果投资者能够从公司的财务报表中得到更多信息，那么可比性有助于证券市场更好地运行并增加跨境投资。

一些实证研究结果支持了这一观点。Covrig，DeFond和Hung（2007）采用来自29个国家（不包括美国、加拿大）的公司样本对共同基金所持有的股票进行研究。他们发现，外国共同基金（即基金与样本公司不位于同一个国家）的投资组合中相对于那些采用本国公认会计原则的公司，自愿采用IASB会计准则的公司的股票数量显著更高。同样地，Tan，Wang和Welker（2011）研究了1988—2007年采用IFRS的25个国家，发现跟踪采用IFRS公司的国外分析师（即位于未采纳IFRS的国家的分析师）的人数提升，且盈余预测的准确性也有所提升，准确性的提升随着IFRS与公司所在母国GAAP之间差别的增加而增加，并随着分析师所在母国的GAPP与IFRS相似性的增加而增加，这一结果表明，伴随着IFRS的采纳，财务报表可比性提升。

然而，美国的会计准则也会在全球范围内产生影响，特别是对于那些想在美国筹集资金的公司。趋同的问题就变成了，是趋同于国际会计准则，还是趋同于美国财务会计准则？一个办法是将这两个准则体系互相融合。

在这方面，2002年FASB和IASB之间的《诺沃克协议》（Norwalk Agreement）承诺两个机构将携手致力于建立一套共同的高质量会计准则。FASB 和 IASB 之间的准则趋同已经取得了一些进展。例如，IFRS 2 和 ASC 718 - 10 - 30（见 8.6 节）都要求将 ESO 费用化。IFRS 3 规定采用购买法对合并进行会计处理[11]，IAS 36 做了相关修正，对商誉不进行摊销但采用减值测试。这些规定和 SFAS 142（现在的 ASC 350 - 20 - 35，见 7.11.2 节）是类似的。IASB 与 FASB 目前均要求在综合收益表的净收益之后确认其他综合收益（见 1.10 节），或是列入利润表后的单独报表中。同样地，IFRS 9 中终止确认的规定也与 ASC 860 - 20（见 7.8 节）趋同。此外，2011 年双方联合发布了有关公允价值计量和合并的趋同化准则。

然而，差异依然存在。例如，IASB 准则不允许存货采用后进先出法，FASB 准则却是允许的。[12] IAS 16 允许向上重估不动产、厂房和设备的价值，而美国的准则不允许。IAS 38 允许开发成本的资本化，而在美国几乎所有的研发成本都要费用化。2018 年，IFRS 9 和 ASC 825 - 10 有关权益投资的公允价值计量准则是类似的，但 IFRS 9 允许公司在收购时选择将非转售资产的未实现公允价值利得和损失计入其他综合收益，美国则不允许这种选择（见 7.5.2 节和实务中的理论 13 - 1）。然而，双方于 2016 年各自独立地发布了非趋同的租赁准则。对于新准则的制定，重要的是 2018 年 IASB 发布了其更新的概念框架（见 3.7.1 节），FASB 同时也在自己的框架内审议重大事项。尽管无法实现完全的一致，但双方似乎已经开始密切合作，并认同在某些问题上存在分歧。

> ### 💡 实务中的理论 13 - 1
>
> 在 2011 年的年度报告中，宏利金融集团（Manulife Financial Corporation）依据 IFRS 报告的净收益为 2.45 亿加元，公司依据美国会计准则报告的净收益为 37.65 亿加元。公司将这一区别主要归因于变额年金担保负债与相关的套期在公允价值核算上的差异。
>
> 2012 年，其普通股股东净收益为 17.36 亿美元，而根据美国公认会计原则，其可比收益为 25.57 亿美元。2013 年的可比数字为 31.30 亿美元和 6.48 亿美元。2014 年，公司停止报告基于美国公认会计原则的收益，因为这样做会凸显 2007—2008 年市场崩盘后 IASB 和 FASB 公允价值会计准则之间的显著差异。

13.7.2 惯例和制度对财务报告的影响

如前所述，财务报告会受当地惯例和制度的影响，尤其是受法律环境的影响。Ball，Kothari 和 Robin（BKR，2000）在一项时间跨度为 1985—1995 年的研究中，比较了习惯法系国家（如澳大利亚、加拿大、英国、美国）和成文法系国家（如法国、德国、日本）的财务报告质量。在习惯法系国家，会计准则在不同的程度上由私人机构制定，主要是以投资者为导向的；成文法系国家的会计准则主要由政府部门制定，比习惯法系国家更多地受政治的影响。在成文法系国家，公司治理结构中包括其他利益集团代表，如银行、商会以及工会等。事实上，BKR 指出，在成文法系国家较少存在信息不对称现象，因为重要的利益集团都已进入公司内部，而不是被拒之门外。

如果是这样，内部的利益集团将迅速了解尚未入账的主要利得和损失。这样就不太需要及时地向公司外部传递信息。因此，BKR 预测，相对于习惯法系国家，成文法系国家的净收益确认具有更明显的时滞性。

BKR 还预测，成文法系国家的财务报告将更不趋于稳健。因为有影响力的内部人已经意识到重大损失，它们不会等到债务契约违约以及资本市场对坏消息的公布做出反应，就已快速将压力转嫁于管理层，由其进行预先阻止或修正。其结果是，相对于习惯法系国家，成文法系国家不太需要诸如减值测试这样稳健的会计准则。事实上，在成文法下，所有者和经理人之间契约的代理成本是比较低的。

为了检验他们的预测，BKR 对所涉及国家的公司进行了大样本研究。他们通过公司在过去一年股票价值的变化来衡量公司的经济收益（已做资本交易调整）。确认的滞后通过净收益和经济收益之间的关联来评估——越小的关联表明经济利得或损失发生的时间与将其纳入财务报告之间的时滞越大。BKR 的实证检验结果显示成文法系国家经济收益和净收益之间的关联显著较低，这与前面的预测一致。

为了检验稳健的财务报告，BKR 采用了与 Basu（1997）相类似的方法（见 6.10 节）。他们分别对正经济收益公司和负经济收益公司的经济收益与报告净收益之间的关联进行评估。在一个有效的市场里，当出现利好的经济消息时股价上升，出现利空的消息时股价下降。在稳健主义会计下，利空消息（比如负经济收益）的确认时滞要小于利好消息。因此，利空消息与净收益的关联要高于利好消息与净收益的关联。BKR 研究的实证结果大体上支持他们关于成文法系国家较少应用稳健的会计准则的预测。

高确认时滞和较少的稳健性会计意味着成文法系国家的财务报告质量要低于习惯法系国家。然而，这并不意味着成文法系下的财务报告必然比习惯法系下存在更多的投机行为。这些区别反映了在制度、代理成本以及公司治理结构方面的潜在差异。

总的来说，BKR 研究中所涉及的国家在当时都没有采用国际会计准则，例如，欧盟国家在当时还没有采用 IASB 准则。我们也许倾向于得出这样一个结论：如果所有国家都采用国际会计准则，那么投资者在分析外国公司的财务报表时因时效性和稳健性的差别所造成的更高的成本就会消失。然而，我们必须对这个结论提高警惕，即使是高质量的会计准则也应该是有弹性的——在具体运用会计政策的时候也允许一定程度的判断和自由裁量权。

在这方面，Ball，Robin 和 Wu（BRW，2003）研究了 1984—1996 年来自新加坡、马来西亚和泰国等国家和地区的公司样本。所有这些国家和地区都采用了高质量的会计准则，如 IASB，这些准则都来源于习惯法系国家。然而，这些国家和地区的制度却是典型的成文法系特征，即家族和银行有更大的影响力、有更多的私债。这些特点降低了管理和债务契约的代理成本，因为监督和修正行动所需要的信息可以通过内部交流而不是通过财务报告的披露获得。如 BKR 所研究的，这也减少了对及时性和稳健性报告的需求。BRW 发现，这些国家和地区的财务报告在确认时滞和会计稳健性方面和那些采用低质量会计准则的成文法系国家相似，虽然它们采用了与习惯法系国家类似的高质量的会计准则。这意味着我们不能想当然地认为高质量的会计准则本身就能改善财务报告的质量。

国际会计准则的另一个复杂因素是政府可能对财务报告施加影响。在一些国家，公司可能被允许，甚至被鼓励掩盖巨额损失以避免破产，从而避免让政府难堪。由于担心政府出于国家利益接管亏损公司，业绩差的公司自身的确会有平滑确认损失、提前确认利得的动机。反过来，公司也可能平滑巨额利得来缓和国内的紧张局势。对巨额的损失和利得做平滑处理，而不是在本期进行报告，会增加确认的时滞性。对巨额损失的平滑处理也降低了稳健性。

Bushman 和 Piotroski（2006）就 1992—2001 年 38 个国家的样本进行研究，对上述观点进行了检验。他们发现，在那些政府大力干涉经济的国家，利好消息的确认时滞相对较短，而利空消息的确认时滞相对较长。这种通过更快确认利好消息和平滑损失来最大化报告的盈余的趋势表明公司期望降低由于进一步政府干涉导致公司低质量的财务报告和可能的内部紧张关系的担忧。

13.7.3 发展中国家审计保护小投资者的作用

在很多国家，公司是由家族、大型机构或者政府控制的。在所有权高度集中的公司，少数股东可能会受到控股股东的影响。这导致了与本书中讨论的经理人-所有者的冲突不尽相同的代理问题。尽管高度集中的所有权可能会减少经理人和所有者之间的道德风险问题，但现在问题转移至控股股东与小股东之间。小股东将对这种道德风险提高警惕，有可能不投资，或者要求高回报。如果这样，经济增长将受限，资本市场也将无法良好运行。

因此，所有权高度集中的公司有动机向外部投资者传递他们的利益将受到保护的信号，一种这样的信号就是聘请高质量的审计师。

审计是增强投资者信心的重要执行机制。尤其是，充分披露可以保护小投资者的利益，它使得控制权更难通过超额薪酬、额外补贴和关联方交易等方式剥夺公司价值。在这方面，Fan 和 Wong（2005）研究了 1994—1996 年一些东亚国家聘用审计师的样本，他们发现，高所有权集中度的公司比低所有权集中度的公司聘用高声誉审计师的可能性显著更高，特别是对经常筹集外部股权资本的公司。后一个结果表明高所有权集中度的公司，原股东认为提升股价的收益高于降低的额外津贴和其他内部人收益的成本，这意味着高质量的审计可以有效地降低内外部股东的代理问题。

Guedhami 和 Pittman（2006）对审计与所有权集中度的关系进行了研究。选取世界多国的公司（除了加拿大、美国和英国）为研究样本，与 Fan 和 Wong 相同，他们以公司的所有权集中度作为控股股东和小股东之间代理问题的代理变量。他们发现，在法律强制执行审计责任的国家，所有权集中度较低。似乎在法律责任的威胁下，审计师会站在外部投资者的立场上更好地工作。所有权集中度降低，小投资者对投资也就不那么警惕了。这表明，面对诉讼和声誉损失的可能性，会计师事务所会根据被审计公司的监管环境调整审计质量。

在相关的研究中，Francis 和 Wang（2008）分析了 1994—2004 年 42 个国家的投资者保护环境，基于每个国家公司的样本发现，盈余质量（通过两种方式衡量：异常应计项目与报告损失的可能性）随着投资者保护的增强而增强，但这仅限于由"四大"会计师事务所审计的公司。

他们还发现，投资者保护与稳健主义会计（这对债券持有人有利）之间存在正相关，但同样仅适用于由"四大"会计师事务所审计的公司。这表明，规模较小的审计公司可能没有"四大"会计师事务所的潜在损失那么多，从而不太可能提供高质量的审计。

站在职业的角度来看，结论似乎是令人遗憾的，因为我们希望是道德行为而不是审计责任驱动审计师的审计表现。然而，这确实强化了我们在 1.5 节中提出的观点，即至少对于那些潜在损失更大的大型审计公司来说，避免法律责任等声誉考虑因素可以推动类似于道德动机所产生的行为。

13.7.4　采用高质量会计准则能提高财务报告质量吗?

会计和管制环境相对薄弱的国家将受益于采用更高质量的会计准则，因为更高质量的财务报告能改善其资本市场，12.9.1 节概述的理论预测了其中的许多好处。例如，在采用 IASB 准则提高资本市场流动性并降低同步性的基础上，12.9.1 节中讨论的 Diamond 和 Verrecchia（1991）以及 Lambert，Leuz 和 Verrecchia（2007）的模型预测了更低的资本成本和运行良好的资本市场。接下来问题在于，各国已实现的、符合理论预测的这些好处是因为采用 IASB 准则实现的吗?

首先要注意的是，为获得高质量会计准则的好处，如何执行准则是非常重要的一环。IASB 准则的执行尤其值得关注，因为正如 1.12.5 节所指出的，IOSCO 没有正式的执行权力，如何执行取决于采用 IASB 准则的不同司法管辖区。如果执行力度不够，我们无法确保高质量准则在实践中得到有效应用。如果法律制度、证券交易所和证券监管机构不加强会计准则的应用，不为高质量的财务报告及契约提供稳定的环境，投资者可能会面临由逆向选择和道德风险引起的估计风险。此外，市场运行不佳会降低自愿披露的动机，因为在这样的市场中高质量报告给公司股价带来的回报会降低。

在这方面，Christensen，Hail 和 Leuz（CHL，2013）以 2001—2009 年 56 个 IFRS 和非 IFRS 国家为样本，研究了采用 IFRS 对资本市场流动性的影响。要知道，流动性是衡量市场运行状况的重要指标。CHL 研究中大多数采用 IASB 准则的样本国家都是欧盟成员国，欧盟在 2005 年采用了 IFRS。CHL 报告称，在其样本中，市场流动性平均而言没有显著改善，甚至在实施 IASB 准则之前资本市场执法力度较强的国家的子样本也没有显著改善。

然而，在采用 IFRS 的同时，CHL 的五个欧盟国家样本显著加强了资本市场的执法力度。对于这些国家，CHL 确实发现了流动性的显著改善。由于流动性并没有随着 IFRS 的采用和强有力的事先执行机制而改善，而是随着执行机制的加强而改善，这表明流动性的改善是 IFRS 准则和执行机制改进的共同作用。在对他们的样本进行仔细的进一步分析后，CHL 得出了认同执行机制重要性的结论。也就是说他们的结论是，IFRS 本身不太可能成为改善市场流动性的主要或重要推动力。

虽然这一结论似乎令人沮丧，但其他研究对 IFRS 来说更令人鼓舞。Byard，Li 和 Yu（BLY，2011）研究了欧盟对 IASB 准则的采用对分析师盈余预测质量的影响。他们推测，财务报告质量的提高会让分析师获得更好的数据，从而做出更好的预测。BLY 分析了 27 个欧盟国家的样本发现，强制实施 IASB 两年后的样本公司相对于 2005 年前至少已有两年自愿采用 IASB 准则的控制样本公司，分析师盈余预测的准确性与一致性在总体上并未提升。然而，他们进一步检验了执行力度较强且之前的会计准则（如当地会计准则）显著不同于 IASB 的欧盟国家样本公司。在控制了可能影响分析师预测质量的其他因素后，他们发现这些公司的预测准确性显著提升，并且预测的离散度降低。作者得出结论，仅当之前的当地会计准则显著区别于 IASB 以及法律得到严格执行时，强制采用 IASB 才会提升分析师的预测质量。

在进一步的分析中，BLY 检验了执行力度相对较弱和与之前的会计准则有显著差别并有强烈的意愿进行高质量披露（例如，高质量的审计师、所有权分散的股东、高成长率）的样本公司，他们再次发现了分析师预测质量显著提升。这表明，即使采用 IFRS 的成本高昂且执行不力，具有强烈私人动机的公司也会发布高质量的 IFRS 报告。

进一步的证据涉及投资者对采用 IFRS 的反应。Landsman，Maydew 和 Thornock（LMT，2012）研究了在 2002—2007 年采用 IASB 准则的 16 个国家样本公司盈余的信息含量，并且与这一期间未采用 IASB 准则的 11 个国家的控制组样本，即继续采用当地会计准则的公司进行对比。LMT 对公司盈余信息含量的衡量包括基于盈余公告日前后三天的窗口期内股票回报的波动——更大的波动性意味着更高的信息含量。他们发现，相比于控制组样本，公司在采用 IASB 之后盈余的信息含量提升，如果采用 IASB 准则的公司具有较强的法律环境，这一提升更加显著。作者得出结论，对 IASB 准则的采用并叠加有力的执行机制导致盈余信息含量提升。

上述对采用 IASB 准则的研究基于定量分析——对流动性、分析师预测、股票市场反应等进行测量。最近，研究人员采用定性分析（如文本分析）来研究 IASB 准则的采用情况。例如，Lang 和 Stice-Lawrence（2015）对年报进行文本分析（即排除定量的内容，如财务报表等），他们评估了在 2005 年强制采用 IASB 准则之后，相对于没有采用 IASB 准则的控制样本公司的年报信息含量的变化。他们发现，年报的长度增加了、模板化文件减少了以及可比性增强了。作者将这些结果视为采用 IFRS 后年报信息含量增加的证据。与这个观点一致，他们还发现，相对于信息含量增加最少的公司，信息含量增加最多的公司在股价流动性、分析师跟踪和机构投资者的兴趣方面有更大的增长。

由于所有的 GAAP 体系都允许在会计政策的选择上具有一定的管理弹性，公司也可以借由 GAAP 的弹性选择高质量的会计政策，以此传递承诺高质量财务报告的信号。然而，由于 IASB 准则主要是原则导向的（见 1.6 节），它们可能特别具有灵活性，经理人可能会利用这种灵活性来增加或减少其报告的信息含量，我们应该预期，这种减少将稀释 IFRS 的潜在好处。

在这方面，Ahmed，Neel 和 Wang（2013）比较了强制采用 IASB 准则之前（2002—2003 年）和之后（2006—2007 年）的公司的会计质量，相对于未采用 IASB 准则的类似公司的控制样本。他们发现采用 IASB 准则后有更多的收益平滑、更多的提高收益的操纵性应计项目以及更少的稳健性。这些发现大部分是针对那些在采用 IASB 准则且具有较强执行机制的国家的公司。作者将采用 IFRS 后出现低质量报告的这一结果归因为经理人的机会主义。然而，虽然 IASB 准则可能允许相当大的经理人自由裁量权，基于盈余管理的正面视角（见 11.5 节），这些结果可能并非如作者得出的结论那样属于机会主义。此外，由于 IASB 准则以公允价值为导向

（见第 7 章），稳健性的减少也是意料之中的。

在另一项关于 GAAP 弹性的研究中，Daske，Hail，Leuz 和 Verdi（DHLV，2013）分析了 1990—2005 年声称自愿采用 IASB 准则的 30 个国家的样本公司，他们将样本区分为"认真的"和"标榜的"采用者。认真的采用者被认为是将采用 IASB 准则作为公司承诺高质量报告策略的一部分，DHLV 通过一系列与公司特征相关的变量如融资需求、股权分散性、应计项目对现金流量的比率和分析师跟踪数量衡量这一承诺，这些变量的数值越大（应计项目对现金流量的比率越小）表明公司有更强的动机承诺高质量的报告。公司采用 IASB 准则后，如果这些变量的提升超过平均值则划分为认真的采用者，相比之前依据当地会计准则的报告，这些公司将利用 IASB 准则的灵活性[13] 来提升报告质量。

如果公司中这些变量的平均变化低于平均值将被划分为标榜的采用者，DHLV 认为这些公司是出于高质量报告以外的原因采用 IASB 准则，例如声誉以及 IASB 准则被广泛接受，并且将利用 IASB 准则的灵活性对其在过去基于当地 GAAP 所使用的会计政策进行最小的改变。[14]

接下来的问题是，认真的采用者和标榜的采用者之间应用 IASB 准则的经济后果（通过公司股票交易的流动性、买卖价差和资本成本来衡量）是否存在区别？DHLV 预计在采用 IASB 准则之后，相比于标榜的采用者，认真的采用者的股票流动性更高、买卖价差更低、资本成本更低，他们的实证结果与预计相符。[15]

尽管上述研究结果不尽相同，我们仍能得出结论，从当地 GAAP 到 IASB 准则的转变有利于提高公司的财务报告质量，特别是当本地 GAAP 与 IASB 准则存在显著差异时，以及在采用 IFRS 时伴随着较强的法律和相关制度安排。

13.7.5　采用高质量会计准则能提高财务报表的可比性吗？

即使并非所有公司的会计质量（13.7.4 节回顾的大多数研究的重点）都得到改善，财务报表可比性的提高也有利于资本市场。可比性和盈余质量是不同的概念，正如我们在 13.7.1 节中所讨论的，更高的可比性降低了财务报表跨国分析的成本。

Wang（2014）研究了 2001—2008 年 21 个国家不同 GAAP 之间的可比性。这些国家包括加拿大、英国、澳大利亚、中国、日本以及其他几个亚洲和欧洲国家（但不包括美国）。Wang 评估了每个国家的 GAAP 质量[16]（质量越接近意味着可比性越高），并构建了这些国家中大公司组成的样本，样本由配对的公司组成。每对公司中的第一家公司在 2001—2008 年至少公布了一次盈余，而第二家公司则属于不同的国家的同一行业，且在第一家公司发布盈余公告的 3 天窗口期内没有公布盈余。这产生了 575 对公司样本。

然后，Wang 计算了每对样本中第一家公司的盈余反应系数（见 5.4 节），并将其与配对公司在这个 3 天窗口期内的股票回报进行了比较。请记住，第二家公司在一个不同的国家且在这个窗口期内没有报告自己的盈余。Wang 想知道第二家公司的股票回报是否会对第一家公司的盈余反应系数做出反应。如果是这样的话，这表明投资者除了能了解第一家公司的情况，还可以透过第一家公司的盈余公告了解第二家公司的一些情况。[17]

Wang 发现答案是肯定的，而且两个国家的公认会计原则越具有可比性，这种反应就越大。

这一结果支持了概念框架将可比性作为财务报表增强特征（见 3.7.1 节）。

如上所述，可比性和盈余质量是不同的概念。然而，Neel（2017）认为可比性和盈余质量是相关的，可比性比盈余质量的改善更有利于发挥采用 IFRS 的有利经济影响。Neel 研究了2005 年采用 IFRS 的欧盟公司样本，2005 年是欧盟要求公司采用 IFRS 的日期。样本涵盖2001—2005 年及 2005—2008 年，即强制性采用 IFRS 之前和之后的时期。

对于每个样本公司，Neel 估计了其财务报告在每个时期与同一行业但在其他国家的公司的可比性。这提供了一种衡量采用 IFRS 前后可比性变化的方法。他还估计了每家公司每一时期的盈余质量，以衡量其报告质量的变化。[18]

Neel 发现，与他的论点一致，采用 IFRS 后可比性提高的公司比盈利质量提高的公司从采用 IFRS 中获得更高的经济利益。这一结果可能有助于解释先前概述的研究中关于采用 IFRS 的好处的一些复杂的发现。

13.7.6　采用 IFRS 对契约效率的影响

13.7.4 节和 13.7.5 节阐述采用 IFRS 给资本市场带来的好处，但这只是一方面，现在我们来探讨采用 IFRS 对财务报告在促进契约效率方面的作用。

在薪酬契约方面，Ozkan，Singer 和 You（2012）研究了在 2005 年采用 IASB 的 15 个欧洲大陆国家的公司样本。他们发现，当 IASB 准则与公司之前采用的当地 GAAP 差异较大时，净收益在薪酬契约中的权重显著提升（但在准则差异较小的国家中不存在这一结论）。他们还发现，在相对业绩评价（RPE，见 10.4.3 节）中，包括外国公司的同行组净收益的权重也显著增加。作者得出结论，对 IASB 准则的采用提升了薪酬委员会对盈余质量和可比性的感知。

在债务契约方面，Ball，Li 和 Shivakumar（BLS，2015）指出，如果高质量的报告能够提高贷款人预测公司前景和业绩的能力，那么 IFRS 会提高债务契约效率。更好的预测将有助于债务契约条款的设计和有效性，从而提高以会计为基础的债务条款的使用和契约效率。

然而，BLS 也指出，基于 IFRS 的契约给借款公司带来了额外的成本。如前所述，这些成本源自 IFRS 原则导向的性质以及公允价值会计在 IFRS 中发挥更大的作用，相比以往采取规则导向的当地准则，这使得公司管理层在管理财务报表时拥有更大的弹性。如果是这样，贷款人将更担心管理层可能机会主义地利用这种弹性，从而将要求更高的利率或更大的安全性以弥补这种更大的风险。或者公司基于债务契约的目的可以继续使用以前的 GAAP，代价是要保持两套或两套以上账簿。成本的增加将减少以会计为基础的债务条款的使用，从而降低债务契约效率。

为了评估这些相反的情况，BLS 研究了 2001—2010 年 22 个采用 IFRS 的国家的公司债务和贷款契约样本，并与 21 个未采用 IFRS 的国家的控制组样本进行了比较。他们发现采用 IFRS 的国家的公司基于会计的债务条款的使用情况减少，而未采用 IFRS 的国家的公司没有减少。IFRS 和之前当地 GAAP 之间的差异越大，减少的幅度就越大；相比非银行公司，银行减少使用的幅度也更大，因为银行往往比其他公司拥有更多基于公允价值计量的资产和负债。IFRS 似乎是降低了而不是增加了债务契约效率，因为它降低了对用于债务契约的会计基础变量的信任。

这一发现与概念框架（见 3.7.1 节）不一致，概念框架试图用同一套财务报表既向投资者提供决策有用的信息，又激励经理人履行受托责任。因此，就债务契约而言，IFRS 遇到了财务会计理论的基本问题（见 1.10 节），即对投资者决策最有用的信息未必对于激励经理人履行受托责任也是最有用的。债务条款是重要的受托责任激励因素，因为它们鼓励经理人满足契约条款。

13.7.7　有关采用 IFRS 的好处的结论

我们的总体结论是，采用 IFRS 的社会效益尚不明确。一些证据表明，通过提高财务报告质量和各国财务报告的可比性，采用 IFRS 能改善资本市场的运行。然而，这些好处似乎是有条件的，在采用的同时要有强有力的执行机制、高质量的审计以及经理人对 IFRS 弹性的非机会主义使用。至于契约，虽然有一些证据表明经理人薪酬契约的效率提高，但债务契约的情况可能相反。正如 12.11 节所讨论的那样，IFRS 社会效益的范围更加复杂，这里讨论的研究都没有考虑到实施 IFRS 的间接成本。

13.8　美国是否应该采用 IASB 准则？

2010 年，SEC 开始评估采用 IASB 准则对美国证券市场的影响。之后，SEC 在 2012 年发布的工作人员报告详细审查了 IASB 准则应用的前景及可能性，基于这一报告，在美国类似加拿大发生的一次性大规模地采用 IASB 准则似乎是不可能的，更可能的是采用一个不断趋同的渐进过程。报告反映了诸多对 IASB 准则适用性的怀疑，并建议 FASB 能够在 IASB 准则适用美国需求的进程中保持重要的影响。

采用 IASB 准则的谨慎态度与本节前面所概述的很多国际会计研究的结论相一致。在前述的研究中，我们已经看到，采用 IASB 准则的好处大多发生在当地 GAAP 与 IASB 准则差异较大以及采用 IASB 准则前对资本市场的管制与执法相对较弱的国家。在美国，IASB 与 FASB 准则有许多相似之处，法律与监管系统的执行机制较强。此外，随着准则趋同的推进，两种准则的差异进一步减少，并且美国具有强有力的审计行业，因此，如果美国采用 IASB 准则，还远不能确定这是否有助于资本市场更好地运行。

然而，一些证据表明，即使是资本市场法规及执法有力的国家也能够通过采用 IFRS 受益。例如，Chalmers，Clinch 和 Godfrey（2011）研究得出在澳大利亚采用 IFRS 之后价值相关性与盈余持续性均得到提升。13.7 节所呈现的一些实证研究也说明了一些好处。

相对于全球采用同一套准则，Dye 和 Sunder（DS，2001）考虑了一个替代方案，即在会计准则制定过程中引入竞争机制。例如，美国证券交易委员会可以允许公司在财务报告中选择 IASB 准则或美国 GAAP。根据 DS 的说法，竞争的一个可能影响是使之成为一场"逐底竞赛"，即每个准则制定机构都通过降低准则制定标准以吸引公司及其管理层。由此将增加负面的盈余管理的可能性，这个结果类似于例 8-1 讨论的博弈的纳什均衡结果。

然而，DS 也讨论了控制这种倾向的力量。投资者会对选择低质量准则的公司做出反应。在 12.9.2 节我们讨论了市场力量会对那些充分且及时披露信息的经理人进行奖励。此外，"逐底竞赛"也和 IASB 以及 FASB 所声明的目标（制定高质量会计准则）不一致。

此外，公司本身也有进行高质量报告的动机，例如投资者估计风险的降低和股票流动性的增加将导致更低的资本成本。尽管公司可以自愿超出任何一套准则所规定的报告要求，选择其中质量更高的一套会计准则作为公司承诺高质量报告的信号。在极端的情况下，准则制定机构将通过竞争性地吸引实施高质量准则的公司而推动准则制定的"力争上游"（参见习题 8）。

然而，竞争将限制这两种倾向。如果出现"逐底竞赛"倾向，越来越多的公司期望传递其较高报告质量承诺的信号，低质量的准则制定机构"失去客户"。如果出现"力争上游"倾向，越来越多的公司将不愿意承受高质量报告所增加的成本，那么高质量的准则制定机构将"失去客户"。给定准确计算对社会而言最优的准则质量水平是不可能的，竞争有望将准则制定推向社会最优水平。正如管制的利益集团理论所预测的那样，竞争至少可以减少这样一种可能性：垄断的准则制定机构将准则制定的范围推向社会最优水平之上。

如前所述，如果允许公司在不同准则之间选择，这会产生负的网络外部性。然而，DS 却指出，这些成本将相对较低。例如，分析师和其他专家可以专注于解释某套特定的准则。鉴于证券市场具有合理的有效性，分析师的分析结果会很快纳入股票价格，从而对普通投资者形成"价格保护"。

总而言之，竞争的社会效益取决于在多大程度上能将准则制定推向社会最优水平。然而，这些好处必须与维持多套准则的成本进行权衡，目前尚不清楚这些好处是否大于这些成本。

美国资本市场是否能通过采用 IFRS 而受益尚不清楚。接下来的问题是，趋同带来的其他好处有哪些？一个好处是降低了美国跨国公司编制财务报表的成本，这些公司的很多子公司所在国家都采用了 IASB 准则，因此这些子公司需要向当地主管机构编制 IASB 准则下的财务报表，之后为了与母公司合并需要转变为依据 FASB 准则编制的财务报表。另一个可能的好处是，相对于 FASB 准则，IASB 准则具有更强的弹性和原则导向，这将使希望这样做的公司能够采用更适合主体特征的高质量财务报告。然而，由于这两套准则的总体质量几乎没有区别（见 13.7.5 节），这些好处都是很微弱的。

美国采用 IASB 准则的成本包括：编制财务报表的一次性转换成本、增加的审计费用和影响当前契约使用的会计变量而导致的契约成本。如前所述，由于美国国内投资者必须熟悉 IASB 准则以及这些准则在美国司法体系的应用，这也会产生额外的成本。

总的来说，最有可能的结果是，任何采用都是渐进的，并辅之以持续的准则趋同。这一趋同过程是否会持续到两套准则之间差异最小的程度，仍有待观察。然而，即使从经济角度来看，采用 IASB 准则是值得的，美国的政治和机构选民也可能会游说美国准则制定机构对美国会计准则保持重大影响力。

在这方面，FASB 和 IASB 关于其各自独立的概念框架项目的联合决定（见 13.7.1 节）非常重要。如果这两个机构采用不同的概念框架，未来的准则趋同也会受到威胁。

13.9 国际资本市场一体化的会计问题小结

应该强调的是，与北美相比，质量似乎更低的财务报告不一定是机会主义所致；相反，这可能有效地反映了惯例、制度结构、政府介入和执法方面的差异。然而，全球资本市场正在加速一体化。运行更加良好的资本市场通过提升市场流动性、提高可比性、降低资本成本、增加外国投资和提升契约效率来增加社会福利。

高质量的财务报告准则在促进市场更好运行方面发挥着作用。事实上，一些实证研究表明，采用 IASB 准则往往伴随着更高的市场流动性、盈余质量和财务报表可比性，并可以更好地吸引外国投资。然而，采用高质量准则本身并不能保证高质量的财务报告，这是因为任何一套准则在会计政策选择上都有相当大的自由裁量权，准则的应用需要通过强有力的管制环境和审计师的责任来执行。即便如此，投资者和准则制定机构还必须意识到不同的惯例与制度结构会持续地影响实际报告。

如果投资者投资于采用 IASB 准则的其他国家的公司且因财务报告错报而蒙受损失，他们可能会将责任归咎于该准则，而不是归咎于他们自己未能理解国家特定因素对报告质量的影响。由于改变惯例和制度要比改变会计准则困难得多，国外环境的差异可能会持续多年。因此，会计准则的完全一体化，包括在美国采用 IASB 准则，如果这确实是必要的话，也需要一些时间。在此期间，不应排除公司在相互竞争的会计准则中做出选择的能力。

13.10 结论和总结

从某种意义上说，本书是以准则制定为中心的。我们在第 2 章看到，在理想环境下，会计与报告准则是不必要的，这是因为此时只有一种计量方法：以公司未来现金流量的现值为基础。实际上，在理想环境下，人们会问：我们是否真的需要财务会计？很幸运，2.5 节中的结论认为在理想环境下不需要会计，但这种条件是不存在的。因此，财务会计变得更具挑战性，信息不对称正是这一挑战的主要来源。

我们已经看到两种类型的信息不对称，它们都会导致估计风险。第一种是逆向选择，即经理人和其他内部人员比外部人员更了解公司的现状及前景。在这里，会计的挑战就是要将信息从公司内部传递到外部。这将改善投资者的决策，也将限制内部人员利用其信息优势的能力，从而完善资本市场运行。

第二种信息不对称是道德风险。即除了最小规模的公司以外，经理人所做的努力对股东和贷款者来说是不可观察的。在这里，会计的挑战就是要提供一个更有信息含量的对经理人业绩的计量方式。这种计量方式使得激励性契约能够激励经理人的努力，保护债权人和股东不受经理人机会主义行为的影响，并为经理人市场提供足够的信息。

我们必须认识到，能最好解决第一个挑战的会计系统往往不能令人满意地解决第二个挑战，因此财务报告实际上体现了二者之间的权衡。具体而言，投资者需要与决策相关的信息以帮助他们预测公司未来的业绩。这意味着会计信息应以现行价值为基础，因为可靠的现行价值通常是预测未来价值最好的基础。但是，公允价值的波动性以及可能存在的低可靠性减少了净收益关于经理人业绩的信息含量。我们可以说，可靠和稳健的会计能更好地激励经理人的业绩表现。虽然概念框架确实认识到需要在相关性和可靠性之间进行一些取舍，但其谨慎性概念并未认识到稳健主义作为经理人努力和契约效率的激励因素所隐含的向下偏差。

正是由于财务报告要满足双重需求——投资者的信息需求和有效契约的需求，这才产生了财务会计理论的基本问题。投资者（包括代表他们利益行事的证券监管机构）努力寻求更多的信息（包括现行价值信息）；然而，当公司管理层认为拟议的准则将影响其已签订契约的弹性、抑制其通过会计政策选择与市场进行可信沟通的能力、减少他们通过机会主义盈余管理掩盖糟糕业绩的能力或减少其在向投资者充分披露信息和由此产生的代理成本之间进行权衡的能力时，他们可能会采取另外的行动。如前所述，准则制定机构必须在利益冲突之间寻求一种妥协。幸运的是，虽然这一财务会计理论的基本问题未写入概念框架中，但准则制定机构的成员结构设计旨在促进这种妥协。

伴随商业（包括证券市场）的日益全球化，对国际会计准则的需求将会持续扩大。但是，准则制定的难度也将增加。除了投资者与经理人的冲突以外，代表各种经济发展水平、各种商业惯例和不同文化的利益集团也将不断出现，准则制定机构和投资者必须适应这些新的挑战。

第 13 章习题

📖 注释

[1] 在 BM 的模型中，购买这些项目的投资者受到一个反映项目平均质量的有效资本市场的价格保护。因此，他们不会受到财务报告质量的直接影响，因而不会进行游说。该模型中准则的质量完全由经理人与银行的需求决定。

[2] 作者指出，我们无法观察到准则质量的实际下降，然而，低质量准则的来源是经理人的聪明才智，他们发现了规避当前准则的方式。如 1.3 节所述，为实现资产负债表外负债而创建预期损失就说明了这一点。除非准则制定机构设计并实施新准则以弥补此类漏洞，否则准则质量实际上就会下降。

[3] 例如，加拿大的《安大略证券交易法》禁止公司在向公众发布信息之前向特定对象散布信息。

[4] Petacchi 使用"外部信息不对称"这个词来形容我们所说的股东信息劣势。他通过研究股票市场交易的性质和时机来衡量信息劣势。例如，如果一家公司的信息发布与知情投资者进行的大量交易有关，这表明他们是基于私人信息进行交易的。这意味着其他股东在信息方面处于劣势。

[5] 这一发现是相对于不受 FD 管制影响的控制组样本公司而言的。

[6] 成果法是历史成本会计的一种形式。在这种方法下，开发成功的油井的成本被资本化；开发不成功的油井所花费的成本被注销。在完全成本会计下，开发成功和开发不成功的油井的成本都被资本化，理由是开发成功的油井的成本里也包括了开发不成功的油井的成本。规模较大的综合油气公司倾向于使用成果法，而规模较小的勘探公司则倾向于使用完全成本会计。

[7] 从经济角度来看，X 为寻租收入。

[8] 也就说，管制机构知道公司利润 π 的所有组成部分。因此，通过管制将利润和超额薪酬变为零，会强迫经理人付出努力来实现同样的结果。请注意，在经济学上零利润是可以实现正常的投资回报的。

[9] 第三种选择可能是管制机构和经理人约定使用对决策最有用的会计政策。然而，在9.3.2节，我们讨论了披露原则，这有可能被运用到从经理人那里提取这些会计政策。但正如我们得到的结论，当管制机构不能保证不使用不利于经理人的真相时，这一原则就不适用。这里，通过提取真相（如对决策最有用的会计政策）和执行要求管理层采用的会计准则，管制机构是在利用真相对付管理者，因为管理者可能更喜欢其他政策。由此，从管制机构的角度来看，公司会计政策的交流是"温和"的。管制机构无法验证其提供的会计政策是否为最佳的，所以双方无法达成一致。

[10] Dessein 的分析基于 Crawford 和 Sobel（1982）的"廉价磋商"模型，可参考12.8.1节和第 12 章注释 [14]。Dessein 也表明，非操纵性净收益更高或更低时，报告披露的区间会更大。这反映了这样一个事实，如果经理人想要操纵盈余报告的消息被外界得知，数额越大，非操纵性净收益嫌疑越大。为了掩盖嫌疑，经理人报告的范围将更大。

[11] 在 IFRS 3 中称为购买法。

[12] 在美国，目前若出于税收目的，是可以使用后进先出法的，但前提是后进先出法也被用在财务报表中。但如果为了降低财政赤字，出于税收目的的后进先出法在美国也不被允许。这样一来将会促进 FASB 与 IASB 存货准则的趋同。

[13] 然而需要指出的是，基于经理人契约目的的盈余质量的提升并不等同于提升了针对投资者的决策有用性，这是由于针对投资者的盈余质量受到相关性和可靠性之间权衡的影响，而薪酬契约的盈余质量依赖于敏感性与准确性之间的权衡。这些不同的权衡是财务会计理论基本问题的结果（见1.10节）。

[14] 任何一套 GAAP 都具有弹性，有时候会说 IASB 准则在某种程度上比其他的 GAAP

弹性更强，一个原因是 IASB 准则需要适应各种不同的经济与制度结构。例如，根据 IAS 16，IASB 准则比 FASB 准则在应用现行价值会计上具有更大灵活性，它允许对不动产、厂房和设备进行重新估值（见 7.3.4 节）。

[15] DHLV 指出，这不一定表明标榜的采用者的财务报告在采用 FASB 前是低质量的，所有这些表明的是采用 FASB 之后，它们提升财务报告质量的动机几乎没有变化。

[16] Wang 基于 Bae，Tan 和 Welker（2008）的研究方法并稍经修改，来评估 GAAP 质量。

[17] 这里的理由类似于 12.9.1 节中对通用电气盈余公告的讨论。像通用电气这样的大公司在报告盈余时，会向投资者提供有关经济和行业的经济状况信息，这些信息会影响相关公司的预期盈余。由于 Wang 的样本公司规模较大，因此很可能是跨国公司，而且配对的公司是同一行业的，这样一家公司的盈余公告包含了与其他国家有关公司的相关经济状况信息。

[18] Neel 通过一家公司与另一个国家类似公司的每股盈余、盈余现金比率、应计项目与现金流比率的相似性来衡量可比性。其基本原理是，使用相同的公认会计原则和具有可比性的财务报表的公司在这三个比率上应该表面出相似的值。Neel 通过收益平滑程度和应计质量来衡量盈余质量。

请扫描上方二维码获取本书相关参考文献。

图书在版编目（CIP）数据

财务会计理论：第 8 版 /（加）威廉·斯科特，（加）
帕特里夏·奥布赖恩著；陈汉文等译. -- 北京：中国
人民大学出版社，2024.6
（工商管理经典译丛. 会计与财务系列）
ISBN 978-7-300-32520-0

Ⅰ.①财… Ⅱ.①威… ②帕… ③陈… Ⅲ.①财务会
计 Ⅳ.①F234.4

中国国家版本馆 CIP 数据核字（2024）第 016202 号

工商管理经典译丛·会计与财务系列
财务会计理论（第 8 版）
［加］ 威廉·斯科特
     著
帕特里夏·奥布赖恩
陈汉文　韩洪灵　等　译
Caiwu Kuaiji Lilun

出版发行	中国人民大学出版社
社　　址	北京中关村大街 31 号
电　　话	010 - 62511242（总编室）
	010 - 82501766（邮购部）
	010 - 62515195（发行公司）
网　　址	http://www.crup.com.cn
经　　销	新华书店
印　　刷	三河市恒彩印务有限公司
开　　本	890 mm×1240 mm　1/16
印　　张	26 插页 2
字　　数	602 000

邮政编码　100080
010 - 62511770（质管部）
010 - 62514148（门市部）
010 - 62515275（盗版举报）

版　　次　2024 年 6 月第 1 版
印　　次　2024 年 6 月第 1 次印刷
定　　价　108.00 元

中国人民大学出版社　管理分社

教师教学服务说明

　　中国人民大学出版社管理分社以出版工商管理和公共管理类精品图书为宗旨。为更好地服务一线教师，我们着力建设了一批数字化、立体化的网络教学资源。教师可以通过以下方式获得免费下载教学资源的权限：

★　在中国人民大学出版社网站 www.crup.com.cn 进行注册，注册后进入"会员中心"，在左侧点击"我的教师认证"，填写相关信息，提交后等待审核。我们将在一个工作日内为您开通相关资源的下载权限。

★　如您急需教学资源或需要其他帮助，请加入教师 QQ 群或在工作时间与我们联络。

中国人民大学出版社　管理分社

🔔　**教师 QQ 群：** 648333426（工商管理）　114970332（财会）　648117133（公共管理）
　　　教师群仅限教师加入，入群请备注（学校＋姓名）

☎　**联系电话：** 010-62515735，62515987，62515782，82501048，62514760

✉　**电子邮箱：** glcbfs@crup.com.cn

📍　**通讯地址：** 北京市海淀区中关村大街甲 59 号文化大厦 1501 室（100872）

管理书社

人大社财会

公共管理与政治学悦读坊